西南政法大学教育部涉外法律人才教育培养基地实务教材

西南政法大学
Southwest University of
Political Science & Law

涉外法律实务系列

总主编　张晓君

海商法律实务

The Law and Practice of Martime

主　编／王玫黎

副主编／倪学伟

撰稿人（按章节先后）：

王玫黎　倪学伟　刘　畅

禹华英　陈小曼　张芷凡

厦门大学出版社　国家一级出版社
XIAMEN UNIVERSITY PRESS　全国百佳图书出版单位

图书在版编目(CIP)数据

海商法律实务/王玫黎主编.—厦门:厦门大学出版社,2017.9
(涉外法律实务系列)
ISBN 978-7-5615-6436-3

Ⅰ.①海… Ⅱ.①王… Ⅲ.①海商法-教材 Ⅳ.①D996.19

中国版本图书馆 CIP 数据核字(2017)第 038125 号

出 版 人	蒋东明
责任编辑	邓 臻
封面设计	李嘉彬
技术编辑	许克华

出版发行 厦门大学出版社

社　　址	厦门市软件园二期望海路 39 号
邮政编码	361008
总 编 办	0592-2182177　0592-2181406(传真)
营销中心	0592-2184458　0592-2181365
网　　址	http://www.xmupress.com
邮　　箱	xmup@xmupress.com
印　　刷	厦门市明亮彩印有限公司

开本	720mm×1000mm　1/16
印张	36.5
字数	572 千字
插页	2
版次	2017 年 9 月第 1 版
印次	2017 年 9 月第 1 次印刷
定价	82.00 元

本书如有印装质量问题请直接寄承印厂调换

厦门大学出版社
微信二维码

厦门大学出版社
微博二维码

西南政法大学涉外法律实务系列编委会

总　序

2013 年,西南政法大学获批为教育部涉外法律人才教育培养基地,由国际法学院具体牵头建设。近些年,国际法学院积极探索创新涉外法律人才培养机制,努力培养一批具有国际视野、通晓国际规则,能够参与国际法律事务和维护国家利益的涉外法律人才;依托各种政策和发展契机,协同海内外高校和实务部门,以开设涉外法律人才实验班为重要抓手和创新载体,进一步探索实践涉外法律人才培养新模式新方式。涉外法律人才培养目标的实现需要与之相适应的教材系列。为此,在学校支持下,国际法学院精心组织策划涉外法律实务教材的系列编写,邀请来自高校和实务部门的专家学者参与本系列各教材的编写。这种"五湖四海"式组建编写团队,目的是保证本系列的实务性和高水准。

本系列围绕涉外法律实务能力和专业素质,着力突出专业和实务特色。一方面,本系列各教材主题的选定,以涉外法律人才要接触到的最广泛和经常性的国际法律实务为依据,涵盖了涉外法律实务的实体性和程序性问题,包括世界贸易组织法律实务、涉外工程法律实务、涉外民事诉讼法律实务、海商法律实务、涉外知识产权法律实务、涉外货物买卖法律实务、涉外金融法律实务、涉外民事关系法律适用实务、涉外投资法律实务等,着重阐述主要国际法律实务问题,基本涵盖了高端国际法律人才从事涉外法律实务工作必须学习和掌握的实务性专业知识。另一方面,本系列在内容结构和体例设计上,体现注重涉外法律实务知识和实务能力提高的总体要求。各教材编写,力求配合案例

总　序　●●●

教学讨论式授课模式。严格统一编写体例，每章各节在内容结构上分成知识背景或知识点、案例裁决或法律文书摘录、延伸阅读三个板块，对涉外法律实务知识进行讲解。先系统性阐释专业知识内容，之后以真实案例为素材进行案例教学，精选的经典和富有代表性案例，都摘编节选自案例原文，这样既保持案例的本来面貌，又能深化读者对基础知识和案例内容的理解和掌握。专业知识衔接案例分析或法律文书摘录学习，配以延伸知识阅读，通过这样的体例设计，帮助学生切实有效地将知识转化为运用法律解决实际问题的能力，培养学生运用法律逻辑分析问题和独立思考的习惯。

西南政法大学涉外法律实务系列，是从以灌输知识为主，向培养能力为主的教学理念和教学方法转变的有益尝试，是涉外法律人才教育培养的经验总结和创新成果，也是深化涉外法律人才教育培养的重要内容和教学载体。期望这套丛书能够不断得到完善，在推进中国涉外法律人才教育培养事业中发挥作用。

西南政法大学校长　　**付子堂**
教授、博士生导师

西南政法大学国际法学院院长　　**张晓君**
教授、博士生导师

2017 年 5 月

作者简介
（按章节顺序）

　　王玫黎，西南政法大学国际法学院教授，博士研究生导师，中国国际法学会理事，中国-东盟法律研究中心理事，中国太平洋学会常务理事，重庆国家安全学会常务理事，重庆海事仲裁委员会长江海事仲裁中心调解员等。主要授课研究方向：国际法和海商法。主要学术成就：出版《海商法学》《中国船舶油污损害赔偿制度研究》等专著8种，主编或参编《国际法学》等教材十余种，发表《我国船舶油污损害赔偿案件的法律适用——以国内法和国际法的关系为中心》《海事仲裁协议独立性探讨》等文章60余篇，其中核心期刊文章有30余篇，内容涉及国际法、海商法、民商法及法学理论等。联系方式：wangmeili@swupl.edu.cn

　　倪学伟，男，法学硕士，广州海事法院审监庭庭长，高级法官。曾任教于西南政法大学，讲授海商法、国际法等课程。主编著作《中国海商法通论》，担任本科教材《国际法》副主编，参加大型专著《走向二十一世纪的中国知识产权法》撰稿，发表有《国际海运惯例若干问题》《航海过失免责存废论》等论译文，共有90余万字的科研成果公开发表。联系方式：598758107@qq.com

　　刘畅，女，四川成都人，法学博士，现为西南政法大学国际法学院副教授、硕士研究生导师，主要研究方向为国际法、海商法，在《暨南学报（哲学社会科学版）》《社会科学家》等中文核心期刊发表学术论文十余篇，撰写个人专著1

部,合著 1 部,编写教科书等教辅资料 4 部,主持、参与多项国家社科基金项目及教育部和中国法学会等省部级课题并承担主要研究工作。联系方式:l-changang@163.com

禹华英,女,重庆人,西南政法大学副教授,硕士研究生导师,中国国际私法学会理事。1984 年西南政法大学法律系本科毕业,获学士学位,2001 年西南政法大学研究生法律专业课程进修班毕业。现任职于西南政法大学国际法学院国际私法教研室,主要从事国际私法和海商法的教学研究工作。著有《出入境与国际经贸法律问题研究》《法人与公证律师事务》《中国海商法通论》《海商法学》,并参编多部教材,在国家核心学术期刊杂志上公开发表《论海事国际私法中的法律适用》《国际技术贸易中的限制性商业条款》《海难救助的性质与法律适用》等多篇学术论文。1986 年开始从事律师兼职工作,现为重庆丽达律师事务所兼职律师,承办各类民商事案件若干,其中包括涉外海商事的诉讼及非诉讼代理,积累了丰富的涉外法律实务实践经验。联系方式:qtxm411@126.com

陈小曼,女,重庆人,中国政法大学法学学士,英国南安普顿大学法学硕士,西南政法大学法学博士。现为西南政法大学民商法学院讲师,研究领域为公司法、证券法、海商法。曾赴英国牛津大学、美国芝加哥大学访问学习。在《政法论坛》《学术交流》《湘潭大学学报(哲学社会科学版)》《贵州民族学院学报(哲学社会科学版)》等期刊上发表学术论文十余篇,主持、参与多项国家社科基金项目及司法部、重庆市教委、校级课题,参编著作四种。联系方式:10605714@qq.com

张芷凡,女,四川泸州人,法学博士,西南政法大学国际法学院教师,从事海商法的教学研究。主持教育部、重庆市科研项目两项,并参与多项国家级、省部级项目,先后在《法学评论》《中国海商法研究》等刊物上公开发表论文数篇。联系方式:zhifan369@163.com

编写说明

为全面贯彻落实教育部关于培养高层次卓越法律实务人才的相关精神,推进我校建设的教育部涉外法律人才教育培养基地建设,提高涉外法律人才教育教学质量,我们编写了《海商法律实务》一书。

《海商法律实务》一书在结构设计和内容安排上大胆创新,力求突出实务性。本书是以《中华人民共和国海商法》为基础来研究的,以我国海商法立法体系为主线,以海商法真实案例为素材,精选经典案例,摘编节选其原文,置于各章节知识内容之后,这既能保持案例的本来面貌,又能深化学生对基础知识和案例内容的理解和掌握,力求帮助学生切实有效地将知识转化为运用法律解决实际问题的能力,培养学生运用法律逻辑分析问题和独立思考的习惯。为此,本书旨在大力提倡以学生为中心、注重培养学生思辨批判能力和实务运用能力。本书适宜于法学高年级本科生和研究生,同样也适宜于学习涉外法律及其实务知识的其他读者。

本书是西南政法大学国际法学院组织编写的"涉外法律实务系列"丛书之一,主要由西南政法大学从事海商法教学与研究的教师与来自海事审判实务工作的法官共同编写,是各位作者集体智慧和研究心得的结晶。本书具体撰稿人及分工如下(以撰写章节先后为顺序):

第一章、第九章:王玫黎

第二章、第三章、第四章、第十一章:倪学伟

第五章、第七章:刘畅

第六章、第八章:禹华英

第十章:陈小曼

第十二章、第十三章:张芷凡

本书在编写过程中,得到原中国远洋控股股份有限公司董事会秘书张永坚的帮助和指导;另外,本书出版还受到厦门大学出版社及其编辑的大力支持,在此一并表示衷心的感谢!

虽然本书在结构设计和内容安排上都做了一定程度的新尝试,但是限于时间和水平,书中内容错误和遗漏之处恐在所难免,敬请各位读者惠予批评指正,俾便我们在本书再版时修订完善。

最后需要说明的是,本书各章节摘录的"案例裁决/法律文书"中注释符号和一些格式根据本书的编排格式做了一定的调整,特此说明。

编 者

2017 年 3 月

目　　录

第一章　海商法的基本理论问题……………………………………………… 1

　第一节　海商法的概述……………………………………………………… 1

　　【知识背景】……………………………………………………………… 1

　　海商法概念的相关理论…………………………………………………… 1

　　【延伸阅读】……………………………………………………………… 11

　第二节　海商法的渊源……………………………………………………… 11

　　【知识背景】……………………………………………………………… 11

　　海商法渊源的概念………………………………………………………… 11

　　【案例裁决/法律文书摘录】……………………………………………… 16

　　【延伸阅读】……………………………………………………………… 20

　第三节　海商法的发展趋势………………………………………………… 20

　　【知识背景】……………………………………………………………… 20

　　海商法发展趋势的基本理论……………………………………………… 20

　　【案例裁决/法律文书摘录】……………………………………………… 25

　　【延伸阅读】……………………………………………………………… 30

第二章　船舶与船舶物权……………………………………………………… 32

　第一节　船舶概述…………………………………………………………… 32

　　【知识背景】……………………………………………………………… 32

　　　　船舶的若干基本法律问题 ·············· 32

　　　　【案例裁决/法律文书摘录】 ·············· 38

　　　　【延伸阅读】 ·············· 44

　　第二节　船舶所有权 ·············· 45

　　　　【知识背景】 ·············· 45

　　　　船舶所有权的特征与法律关系 ·············· 45

　　　　【案例裁决/法律文书摘录】 ·············· 49

　　　　【延伸阅读】 ·············· 52

　　第三节　船舶抵押权 ·············· 53

　　　　【知识背景】 ·············· 53

　　　　船舶抵押权的特征与法律实务问题 ·············· 53

　　　　【案例裁决/法律文书摘录】 ·············· 57

　　　　【延伸阅读】 ·············· 62

　　第四节　船舶优先权 ·············· 63

　　　　【知识背景】 ·············· 63

　　　　船舶优先权的特征与实务问题 ·············· 63

　　　　【案例裁决/法律文书摘录】 ·············· 67

　　　　【延伸阅读】 ·············· 71

第三章　海上货物运输合同 ·············· 72

　　第一节　海上货物运输合同概述 ·············· 73

　　　　【知识背景】 ·············· 73

　　　　海上货物运输合同的若干基本法律问题 ·············· 73

　　　　【案例裁决/法律文书摘录】 ·············· 81

　　　　【延伸阅读】 ·············· 87

　　第二节　提单 ·············· 87

　　　　【知识背景】 ·············· 87

　　　　提单的法律功能与种类 ·············· 87

【案例裁决/法律文书摘录】 ·· 94

【延伸阅读】 ·· 101

第三节　承运人的权利 ··· 102

【知识背景】 ·· 102

承运人的航海过失免责权及其他权利 ············· 102

【案例裁决/法律文书摘录】 ································ 106

【延伸阅读】 ·· 109

第四节　承运人的义务 ··· 110

【知识背景】 ·· 110

承运人提供适航船舶的义务及其他义务 ··········· 110

【案例裁决/法律文书摘录】 ································ 115

【延伸阅读】 ·· 121

第四章　海上人身损害责任法 ··· 122

第一节　海上人身损害责任法的主体 ············· 123

【知识背景】 ·· 123

海上人身损害责任法的主体概述 ······················ 123

【案例裁决/法律文书摘录】 ································ 130

【延伸阅读】 ·· 136

第二节　海上人身损害的归责原则 ················· 137

【知识背景】 ·· 137

海上人身损害归责原则概述 ······························· 137

【案例裁决/法律文书摘录】 ································ 143

【延伸阅读】 ·· 150

第三节　海上人身损害的赔偿范围与金额 ······· 150

【知识背景】 ·· 150

海上人身损害赔偿范围与金额概述 ··················· 150

【案例裁决/法律文书摘录】 ································ 157

【延伸阅读】 …………………………………………………………… 162

第五章　船舶租用合同 ………………………………………………… 163

　第一节　船舶租用合同概述 …………………………………………… 163

　　【知识背景】 ………………………………………………………… 163

　　一、船舶租用合同的概念 …………………………………………… 163

　　二、船舶租用合同的特点 …………………………………………… 164

　　三、租船运输的参与方 ……………………………………………… 166

　　四、船舶租用合同的基本类型 ……………………………………… 168

　　五、船舶租用合同的法律适用 ……………………………………… 170

　　【延伸阅读】 ………………………………………………………… 171

　第二节　航次租船合同 ………………………………………………… 171

　　【知识背景】 ………………………………………………………… 171

　　一、航次租船合同的概念与类型 …………………………………… 171

　　二、航次租船合同的法律特征 ……………………………………… 173

　　三、航次租船合同格式 ……………………………………………… 174

　　四、航次租船合同的主要内容 ……………………………………… 176

　　【案例裁决/法律文书摘录】 ……………………………………… 187

　　【延伸阅读】 ………………………………………………………… 192

　第三节　定期租船合同 ………………………………………………… 193

　　【知识背景】 ………………………………………………………… 193

　　一、定期租船合同的概念和特征 …………………………………… 193

　　二、定期租船合同与航次租船合同的区别 ………………………… 194

　　三、定期租船合同格式 ……………………………………………… 195

　　四、定期租船合同的主要内容 ……………………………………… 196

　　【案例裁决/法律文书摘录】 ……………………………………… 206

　　【延伸阅读】 ………………………………………………………… 213

　第四节　光船租赁合同 ………………………………………………… 213

【知识背景】 ·· 213

一、光船租赁合同的概念 ···························· 213

二、光船租赁合同的特征 ···························· 214

三、光船租赁合同格式 ······························ 216

四、光船租赁合同的主要内容 ······················ 216

【案例裁决/法律文书摘录】 ························ 220

【延伸阅读】 ······································ 226

第六章　船舶碰撞 ···································· 228

第一节　船舶碰撞概述 ···························· 228

【知识背景】 ································ 228

船舶碰撞的基本概念和责任认定 ············ 228

【案例裁决/法律文书摘录】 ················ 236

【延伸阅读】 ······························ 251

第二节　船舶碰撞损害赔偿 ······················ 255

【知识背景】 ································ 255

船舶损害赔偿的基本法律问题 ·············· 255

【案例裁决/法律文书摘录】 ················ 262

【延伸阅读】 ······························ 273

第七章　海难救助 ···································· 275

第一节　海难救助概述 ···························· 276

【知识背景】 ································ 276

一、海难救助的概念 ························ 276

二、海难救助的法律性质 ···················· 277

三、海难救助的类型 ························ 278

四、海难救助的作业方式 ···················· 280

五、海难救助的立法演变 ···················· 281

【案例裁决/法律文书摘录】 ·· 283

【延伸阅读】 ··· 289

第二节　海难救助的成立条件 ·· 289

【知识背景】 ··· 289

【案例裁决/法律文书摘录】 ·· 296

【延伸阅读】 ··· 300

第三节　海难救助合同 ·· 301

【知识背景】 ··· 301

一、救助合同的类别 ·· 301

二、救助合同的订立 ·· 302

三、救助合同当事人的权利与义务 ·· 305

【案例裁决/法律文书摘录】 ·· 308

【延伸阅读】 ··· 310

第四节　救助报酬 ··· 310

【知识背景】 ··· 310

一、救助报酬的确定 ·· 311

二、救助报酬的承担与分配 ·· 315

三、特别补偿 ··· 319

【案例裁决/法律文书摘录】 ·· 321

【延伸阅读】 ··· 329

第八章　共同海损 ··· 330

第一节　共同海损概述 ·· 330

【知识背景】 ··· 330

共同海损的成立和损失范围 ·· 330

【案例裁决/法律文书摘录】 ·· 341

【延伸阅读】 ··· 346

第二节　共同海损理算 ·· 347

【知识背景】·· 347

共同海损理算的若干法律问题·· 347

【案例裁决/法律文书摘录】··· 356

【延伸阅读】·· 366

第九章　船舶污染责任法··· 368

第一节　船舶污染责任法的立法框架·· 370

【知识背景】·· 370

船舶污染责任的主要立法··· 370

【案例裁决/法律文书摘录】··· 376

【延伸阅读】·· 378

第二节　船舶污染责任法的主体··· 379

【知识背景】·· 379

船舶污染责任法主体的基本理论·· 379

【案例裁决/法律文书摘录】··· 386

【延伸阅读】·· 393

第三节　船舶油污损害赔偿的范围·· 393

【知识背景】·· 394

一、适用的船舶和油类··· 394

二、适用的地域··· 397

三、赔偿的范围··· 398

四、损害的计算··· 400

【案例裁决/法律文书摘录】··· 404

【延伸阅读】·· 408

第十章　海事赔偿责任限制·· 410

第一节　海事赔偿责任限制的适用船舶··· 411

【知识背景】·· 411

　　　海事赔偿责任限制的适用船舶······························411

　　　【案例裁决/法律文书摘录】······························414

　　　【延伸阅读】··416

　第二节　海事赔偿责任限制的权利主体························416

　　　【知识背景】··417

　　　海事赔偿责任限制的权利主体····························417

　　　【案例裁决/法律文书摘录】······························420

　　　【延伸阅读】··422

　第三节　限制性与非限制性海事请求··························423

　　　【知识背景】··423

　　　限制性与非限制性海事请求······························423

　　　【案例裁决/法律文书摘录】······························431

　　　【延伸阅读】··433

　第四节　海事赔偿责任限制权利的丧失························433

　　　【知识背景】··433

　　　海事赔偿责任限制权利的丧失····························433

　　　【案例裁决/法律文书摘录】······························437

　　　【延伸阅读】··438

　第五节　海事赔偿责任限额··································439

　　　【知识背景】··439

　　　海事赔偿责任限额··439

　　　【案例裁决/法律文书摘录】······························444

　　　【延伸阅读】··445

　第六节　海事赔偿责任限制程序······························446

　　　【知识背景】··446

　　　海事赔偿责任限制程序····································446

　　　【案例裁决/法律文书摘录】······························450

　　　【延伸阅读】··455

第十一章　海上保险合同…………………………………………… 456

　第一节　海上保险合同概述……………………………………… 457

　　【知识背景】…………………………………………………… 457

　　海上保险合同的若干基本法律问题…………………………… 457

　　【案例裁决/法律文书摘录】………………………………… 471

　　【延伸阅读】…………………………………………………… 476

　第二节　船舶保险合同…………………………………………… 476

　　【知识背景】…………………………………………………… 476

　　船舶保险合同的若干基本法律问题…………………………… 476

　　【案例裁决/法律文书摘录】………………………………… 481

　　【延伸阅读】…………………………………………………… 488

　第三节　海上货物运输保险合同………………………………… 488

　　【知识背景】…………………………………………………… 488

　　海上货物运输保险合同的若干基本法律问题………………… 488

　　【案例裁决/法律文书摘录】………………………………… 492

　　【延伸阅读】…………………………………………………… 495

第十二章　船舶扣押与拍卖………………………………………… 497

　第一节　船舶扣押制度概述……………………………………… 497

　　【知识背景】…………………………………………………… 497

　　船舶的若干基本法律问题……………………………………… 497

　　【案例裁决/法律文书摘录】………………………………… 505

　第二节　船舶扣押的程序与方式………………………………… 507

　　【知识背景】…………………………………………………… 507

　　船舶的若干基本法律问题……………………………………… 507

　　【案例裁决/法律文书摘录】………………………………… 511

　第三节　错误扣船………………………………………………… 513

【知识背景】·· 513

船舶的若干基本法律问题 ·································· 513

【案例裁决/法律文书摘录】 ·························· 516

第四节　船舶拍卖 ·· 520

【知识背景】·· 520

船舶的若干基本法律问题 ·································· 520

【案例裁决/法律文书摘录】 ·························· 525

【延伸阅读】·· 532

第十三章　海事诉讼程序 ···································· 533

第一节　概述 ··· 533

【知识背景】·· 533

海事诉讼程序基本内容概述 ····························· 533

【案例裁决/法律文书摘录】 ·························· 536

第二节　海事诉讼管辖 ····································· 538

【知识背景】·· 538

我国海事诉讼管辖制度 ···································· 538

第三节　海事保全相关制度 ······························ 543

【知识背景】·· 543

我国海事保全相关制度介绍 ····························· 543

【案例裁决/法律文书摘录】 ·························· 551

第四节　海事审判程序 ····································· 554

【知识背景】·· 554

海事审判规则及程序介绍 ································· 554

【案例裁决/法律文书摘录】 ·························· 558

【延伸阅读】·· 562

第一章
海商法的基本理论问题

【内容摘要】海商法第一章的教学目的是使学生理解海商法的主要框架和基本理论内容，包括海商法的概念、海上运输关系和船舶关系的含义，了解海商法渊源的多样性，明确海商法的性质，掌握海商法与民法的关系，重、难点是海商法的调整对象以及发展趋势。

第一节　海商法的概述

【知识背景】

海商法概念的相关理论

海商法是关于"海"和"商"有关的法律，简而言之是有关海洋商业的法律。按照我国《海商法》第 1 条的规定，海商法的目的是"调整海上运输关系、船舶关系，维护当事人各方的合法权益，促进海上运输和经济贸易的发展"。由此可以得出，海商法调整的是海上运输中发生的法律关系和与船舶有关的法律关系的法律规范的总和。[1]

"海商法"一词有两层含义：一是指作为法律的海商法，如我国《海商法》《英国海上货物运输法》等；二是指海商法法律部门，即以海商法为主要研究对象的法学分支，一般又称为海商法学。我们在本书中一般交替使用"海商法"的这两层含义，但更主要的是从第一种含义上使用海商法一词，而且主要以 1992 年 11 月 7 日第七届全国人民代表大会常务委员会第 28 次会议通过的《海商法》为基础来研究的。[2]"海商法"一词在大陆法系国家称为 Maritime Law[3] 或 The Law of Admiralty，[4]在英美法系国家称为 Shipping Law。[5] 从具体规范来讲，海商法有广义和狭义之分，狭义的海商法主要是运输法，广义的海商法既包括狭义的海商法，又包括海事法，其中含海上救助、船舶碰撞、共同海损、海上保险等内容，这主要是我国海事法院的分类，其体系并不完全具有科学性和逻辑性。

（一）海商法调整海上运输各当事人之间的法律关系

海上运输所涉及的关系人很多，如承运人、托运人、船舶出租人、承租人、收货人、船舶所有人、经纪人等，对这些关系人的法律地位、权利、义务等海商法都要进行调整。一般而言，海商法主要调整船方和货方的权利义务关系。在启运港，船方要提供适航的船舶，货方要交付合法的货物，船方在掌管货物期间要谨慎地管理货物；在目的港，船方要把货物完好地交给货方，货方要支付运费和其他费用。

---

① 傅旭梅：《中华人民共和国海商法诠释》，人民法院出版社 1995 年版，第 5 页。

② 该法于 1993 年 7 月 1 日起实施。

③ "海商"（Maritime）一词的最早源头是拉丁词"Mare"。［加］威廉·泰雷特著：《国际海商法》，张永坚译，法律出版社 2005 年版，第 1 页。

④ Maritime Law 的概念本意要远远广于 Admiralty Law，因为前者还涵盖了公法领域中海洋法的大部分。但这两个词发展到现在又基本合二为一，因为随着时间的推移，特别是由于如此众多的航运公约都是国际性的，Maritime Law 和 Admiralty Law 已基本不再是代表不同含义的两个专门用语。而两词之间的差别正随着海商法的一体化而日趋融合。参见薛波：《元照英美法词典》，法律出版社 2003 年版，第 37 页；王千华、白越先：《海商法》，中山大学出版社 2003 年版，第 2 页；［加］威廉·泰特雷著：《海商法术语》，陈海波、邬先江译，大连海事出版社 2005 年版，第 109 页。

⑤ 参见《英国大百科全书》第 11 卷、《美国大百科全书》第 18 卷"Maritime"条目。

1.海商法调整与船舶有关的法律关系

一切海上活动,无论是客货运输、海上碰撞、共同海损,还是拖航、海上救助等都与船舶有关,必须有船舶参加。使用船舶各种海上活动最基本的特征,这就产生了与船舶有关的法律关系。

(1)运输工具——船舶(vessel)。用什么样的船舶把货物或旅客从启运港运送到目的港,在海商法中一般都要作原则的或具体的规定,因为不同的货物或旅客对船舶的要求不一样。另外,在船舶在建造或运输途中,需要资金时,就需向银行贷款,要贷款就要提供担保,航运界通常用船舶抵押的做法来提供担保。如果船舶抵押贷款发生争议,起诉到法院后,就要适用海商法中关于船舶担保物权的法律规定来调整债权人与债务人之间的法律关系。

此外,船舶登记、船舶检验、船员配备以及远洋船队管理等都与船舶有关,都要由海商法进行调整。

(2)运送对象——货物(cargo)或旅客(passenger)。在海上运输实践中,货物运送占绝大的比重,旅客运送不多,所以海商法的大部分条款都是围绕着货物运送制定的。

(3)运送水道——海道(sea way)。在船舶运输中,启运地和目的地之间的距离,就是海道,又称水程。在运输过程中,可能是风平浪静,安全抵达,也可能会遭遇暴风袭击,发生碰撞、搁浅、触礁等海损事故。因而在当事人中间将出现责任划分、损害赔偿等一系列的法律问题。

2.海商法调整海上特殊的法律关系

海上货物运输是一种风险性极大的冒险事业,在航海实践中,有一系列限制、分担这种风险的制度,如海上救助、共同海损、海上保险、船舶碰撞、船舶所有人责任限制等等。这些特殊的法律关系一般只由海商法进行调整。

(二)海商法与民法的关系

海商法同其他法律一样,是属于上层建筑的范畴,是一定经济基础的产物,并反作用于经济基础。海上运输的性质决定了为其服务的上层建筑海商法的性质。由于对海上运输性质的不同理解,导致了对海商法法律属性的不同认识,主要就是厘清海商法与民商法的关系问题。

1. 海商法是商法的一部分,是商法的特别法。以德、法、日为代表的大陆法系民商分立的国家的一种法律分类方法,这种方法把海上运输视为一种商业行为,把海商法作为商法的一个部分。在欧洲一直沿用"航海贸易"来概括海上运输活动,它与亚洲的"海商"一词是相通的,都是把海上运输理解为是商业行为,出现这种现象有其历史原因。在帆船时代,商人和船舶所有人往往是同一的,贸易方既是做买卖的,又是搞运输的,而主要目的是进行贸易,运输不过是作为完成商品交换的手段。船货一家的经济结构是符合当时生产力发展水平的。既然认为海上运输是一种商业活动,那么,调整海上运输关系的海商法就是商法或是商法的一部分,构成商法的特别法,并将其归入商法典之中。如1807年《法国商法典》规定:"凡是航海的法律关系都是商业行为关系。"但随着海运的发展,国家干预海运的情况越来越多,使得海商法在其商事规范之外又增加了许多行政法的内容。因此,把海商法看成是单纯的商法的观点,已经不能适应当代海商法发展的要求了。

2. 海商法是海法的一部分。这是法、德、日大陆法系国家学者提出的另一种观点,他们认为海法是所有关于海洋的法律规范。海法分为公海法(海洋法)、私海法(海商法和海事私法)和国际海法(国际的全部规定)。由于这种分类不够科学,苏联曾经采用过,目前有《瑞典海商法典》也是如此。这种观点将海洋有关的法律包容在有关法律学科中,使海法的内容过于庞大,反而影响了其合理性。

3. 海商法是民法的一部分,是民法的特别法。[①] 采取民商合一的国家(和地区)或未制定海商法的国家(和地区)往往采用此方法。他们认为,海上运输是生产活动,理由是:18世纪末和19世纪初西欧诸国完成了工业革命,向海外殖民地倾销工业品并从那里掠夺资源的需要,刺激了贸易往来的发展,同时,蒸汽机在船上得到了广泛的应用,商船的质量和数量起了根本的变化,人为的贸易和航海限制也逐渐废除。这些都极大地促进了国际海上运输事业的兴旺,贸易和航海为一体的经济结构失去了继续存在下去的经济基础,二者开始分离,一直发展到自成体系。既然海上运输是生产活动,那么,基于海上运输所产生的关系则基本上属于民事法律关系,因此,海商法应以民法的基本原则作为其法律基础。波兰《海商法》第1条

---

① 司玉琢、单红军:《海商法》,中国人民大学出版社2008年版,第21页。

规定:"本法典未规定事宜,民法中的规定适用于航运中产生的民事纠纷。"我国台湾地区"海商法"第 6 条规定:"船舶除本法有特别规定外,适用民法关于动产之规定。"

持该主张的学者主张,海上运输是一种生产活动,海商法应属民法范畴,民法典不能容纳的海商法内容,另外制定单行法作为民法的特别法,如果特别法与民法的规定不一致,以特别法为准。① 改革开放以来,我国法律中引入了经济法的概念,于是有学者将其列入经济法或国际经济法的范畴,认为海商法"是国内经济法兼具国际经济法性质的法律"②。原国家教委在学科分类时,将海商法作为二级学科——国际经济法的一个分支。③

也有不少海商法学者从海商法拥有独立的调整对象、独立的调整方法、独特的法律条文(强制性和任意性规范的角度),主张海商法是独立的法律部门。④

虽然,海商法与民法存在着一些区别:其一,法的渊源不同。民法主要表现为国内立法,基本不会涉及外国法或国际条约和习惯的效力问题。海商法除了表现为国内立法之外,还大量地表现为国际条约和航运习惯。其二,法的对象不同。民法是调整平等主体的公民之间、法人之间以及他们相互之间的财产关系和人身非财产关系。海商法主要是调整平等主体之间的财产关系,且这种主体之间的财产关系具有强烈的涉外性。其三,遵循的基本原则不同。民法的调整对象不具有涉外性,因而不涉及国家主权原则问题,只要能正确处理国家、集体和个人的利益关系,即达到实施民法的目的。海商法是国家进行对外经济交往的有效工具之一,必须严格遵循国家主权原则,维护国家主权独立,才可能正常实施海商法的规定,推动对外经济交往的发展。但是,海商法与民法又有一定的交叉和重叠现象,海商法不可能离开民商法而自存。它要使用民商法的基本概念,如物权、债权、侵权等;要

① 张新平:《海商法》,中国政法大学出版社 2002 年版,第 19 页。
② 《中国大百科全书·法学卷》,中国大百科全书出版社 1984 年版,第 260 页。
③ 司玉琢:《海商法》,法律出版社 2003 年版,第 5 页。
④ 倪学伟:《中国海商法通论》,重庆大学出版社 1998 年版,第 24 页;司玉琢:《海商法》,法律出版社 2003 年版,第 6 页;张湘兰、邓瑞平、姚天冲:《海商法论》,武汉大学出版社 2003 年修订版,第 4 页;杨仁寿:《海商法论》,台湾三民书局 1988 年版,第 1 页。

借助民商法的基本制度,如合同成立的要约承诺制度、违约赔偿的计算方法、共同侵权的连带责任等;要遵守民商法的基本原则,如损害赔偿原则、公平原则、支付劳务报酬原则等,脱离了民商法的支撑,海商法就无以自立。① 海商法调整的船舶远洋运输关系及社会法律关系,是广义民法关系中的一种。海商法作为民法的特别法这一观点不仅是我国理论界的通说,也比较符合今天中国的立法及司法实践。在《海商法》的起草过程中,起草者就明确了海商法作为民事特别法的性质和地位。在第七届全国人大常委会第二十六次会议上所作的"关于《中华人民共和国海商法(草案)的说明》"中明文指出,海商法调整的法律关系的性质决定了它属于民事法律范畴;同时它又有别于一般民事法律,因而被视为特别民事法律。②

(三)海商法的基本原则

法律的基本原则是指反映法律精髓的、体现该法律根本价值的法律原则。在法律内部运行中居于根本性地位,在法律适用中,对理解法律规则、解释法律具有指导意义,甚至在法律缺失时,还可以作为法官审理案件的依据,起到填补法律漏洞的作用。即使最好的法律,也存在漏洞。③ 对于海商法来说,其基本原则是指那些公认的、贯穿海商法始终的、对整个海商法体系具有指导意义的法律原则。

笔者认为,海商法的基本原则有:国家主权与独立原则、平等互利原则、信守国际条约原则和尊重与参照执行国际航运习惯原则。④

1. 国家主权与独立原则

国家主权与独立在海商法中表现为国家管理国内远洋运输系统的最高权力和国家在国际远洋运输中的独立权力。主权是一个国家最重要的属性和要素,国家若没有主权就够不上真正的国家。国家主权与独立原则是中国海商法中最重要的

---

① 郭瑜:《海商法的精神——中国的实践和理论》,北京大学出版社 2005 年版,第 66 页。
② 张湘兰主编:《海商法问题专论》,武汉大学出版社 2007 年版,第 5 页。
③ 梁慧星:《民法解释学》,中国政法大学出版社 1995 年版,第 71 页。
④ 目前,研究者提出的海商法基本原则有不同看法。吴煦、阚占文提出了最大诚信原则、不完全过失责任原则、衡平与平等原则、法律适度开放原则。吴煦、阚占文:《略论海商法的若干基本原则》,载《上海海运学院学报》2003 年第 1 期。郑曦提出了效率原则、维护海事活动安全原则。郑曦:《各国海商法基础理论的比较研究》,大连海事大学硕士学位论文,2001 年。

基本原则,是中国不受外来干涉地处理自己的航运事务,独立自主地管理船舶远洋运输的法律原则。在半封建、半殖民地的旧中国,帝国主义攫取了中国的航政管理权、港口引航权、沿海及内河航行权、领事裁判权等一系列特权,外国船舶在中国水域肆无忌惮、为所欲为,中国主权和独立丧失殆尽。中华人民共和国成立后,废除了领事裁判权,将航政管理权、港口引航权收归国有,沿海及内河航运由国家统管,逐步建立了具有中国特色的国际远洋运输体系,恢复和维护了国家的主权与独立。国家主权与独立是一个国家的本质特征和重要属性,也是海商法得以存在和有效实施的根本保证。在海商法中遵循国家主权与独立原则,不仅要求坚持我国的主权与独立,不受制于海洋大国的约束和钳制,而且要求我国在对外运输交往中,尊重对方国家的主权与独立,在国际远洋运输舞台上,不论国家大小、运力强弱,在法律上都一律平等,不受任何歧视。

国家主权与独立原则在海商法中的具体体现是:第一,尊重国家的海事海商司法管辖权,在不违反本国的公共秩序和善良风俗的前提下,互相承认和协助执行对方国家的司法判决。国家的海事海商司法管辖权是国家主权与独立在法律上的重要体现,排除这种司法管辖权来侈谈国家的主权与独立是毫无意义的。帝国主义在旧中国享有的领事裁判权,即是对中国司法管辖权的剥夺,是对中国主权与独立的粗暴侵犯。第二,彼此尊重国家及国家财产享有的司法豁免权。国家及国家财产享有的司法豁免权是指对国家及国家财产免于提起诉讼,不能扣押和强制执行国家财产。我国在船舶远洋运输中主张国家财产的职能豁免说。我国的社会主义性质决定了我国从事远洋运输的船舶都是国家财产,如果这些国家财产都要求享有司法豁免权,显然不利于开展对外经济交往,因而我国的态度是:国有船舶从事公务活动,享有司法豁免权;国有船舶从事商务活动,不享有司法豁免权。第三,我国海事法院审理涉外海事案件,应使用我国通用的语言文字进行,从我国目前海事法院地理位置的分布情况来看,应一律使用汉字和汉语进行,不得使用我国其他语言文字,更不得使用外国语言文字。这既是维护国家主权的需要,更是为了保障诉讼的顺利进行。在我国审理的涉外海事案件,外国一方当事人需要委托律师代理诉讼的,应一律委托中国律师,而不得委托其本国或任何第三国的律师。这是因为律师制度是司法制度的有机组成部分,是国家主权的构成要素之一,任何一个有独立主权的国家都不可能允许外国司法制度在其领域内开展业务,干预其司法事务。

2. 平等互利原则

平等互利原则起源于 1804 年的《法国民法典》的规定。该法典第 11 条规定:"外国人,如果其本国与法国订有条约,允许法国人在其本国享有某种民事权利者,在法国亦得享有同等的权利。"

平等互利原则作为海商法的一项基本原则,它包括以下平等和互利两个方面的内容:平等意味着船舶远洋运输的各当事人机会均等,在法律限定的范围内,给予每个人的准入机会是相同的,不因为国家强弱、远洋运力大小而在法律地位上有所差别。所谓互利是指海运法律关系的各当事人在海商法律关系中,不应该以损害他方的利益来满足自己的要求,更不能以牺牲他方的权利来达到自己的目的,而应做到顾及彼此的利益。平等、互利两者的关系是辩证统一的:平等是基础,互利是结果,两者互为保证,互相制约,不可分割。

平等互利原则要求海商法切实保障船舶远洋运输各方当事人的合法经济利益,不得因为国家大小、航运能力强弱而偏袒一方,有损于另一方。在现行的国际远洋运输法律体系中,有相当一部分规章制度是 20 世纪或 21 世纪初的规章制度的延续,多倾向于保护航运大国的利益,与平等互利原则相悖,第三世界国家多持批评与反对的态度。我国坚决站在第三世界国家一边,主张在海商法中切实贯彻执行平等互利原则,逐步取消或更改偏袒航运大国利益的法律规定。我国 1975 年 1 月 1 日的《中国国际贸易促进委员会共同海损理算暂行规则》第 1 条就明确规定,安全续航费用不得作为共同海损费用要求补偿,从而否定了片面保护航运大国利益的共同利益派的主张,力图在船、货利益之间建立一种公正衡平的关系。当然,一个国家的法律规定并不能左右国际航运界根深蒂固的传统制度,有鉴于此,该规则同时也规定,在目前情况下安全续航费用可列为共同海损。

我国在海商法领域中贯彻平等互利原则的一个重要表现是,我国海事法院审理涉外海事案件时,贯彻执行了当事人海事诉讼权利同等原则和海事诉讼权利对等原则。海事诉讼权利同等原则,是指在我国海事法院提起诉讼或应诉的一方外国当事人应与我国的一方当事人同等地享受海事诉讼权利,同等地承担海事诉讼义务;如果双方当事人都是外国人,那么双方当事人享有的海事诉讼权利和承担的海事诉讼义务也应当是同等的。我国海事法院既不因为是外国人而限制其诉讼权利,也不因为是本国人而扩大其诉讼权利。如果某外国法院对我国公民或法人在其国家内的海事诉讼权利进行限制,那么我国海事法院就要对等地限制该外国的自然人或法人在我国的海事诉讼权利,即实行海事诉讼权利对等原则。很明显,海事诉讼权利同等原则是平等互利原则的直接体现,而海事诉讼权利对等原则是对违反平等互利原则的行为的反报,其目的还是要达到两国和两国当事人之间的平等互利。

3. 信守国际条约原则

海商法中的国际条约,是指有关国际组织和国家(政府)之间缔结的据以确定远洋运输中当事各方相互权利和义务的书面协议。海商法调整的对象都具有强烈的涉外性,单靠一个国家的法律进行调整是不现实的,并且还可能产生多重法律冲突,造成航运秩序混乱。订立海运国际条约的目的,是统一各国的海运立法及远洋运输实务,减少和消除国际海上运输中的法律冲突,促进海上运输和国际货物贸易的发展与繁荣。

海商法中的信守国际条约原则,要求各缔约国在条约的有效期间,应保证严格地、善意地履行条约所规定的义务,不得以国内法规定为理由而不履行条约义务。我国一贯信守国际条约,严格履行自己所承担的条约义务,在国内法规定与我国参加的国际条约不一致时,各有关法规都规定优先适用国际条约。在船舶远洋运输方面,我国参加的国际条约较多,如《1972年国际海上避碰规则公约》《1979年国际海上搜寻救助公约》等等。我国参加的这些国际公约是我国海商法的重要渊源,也是我国海商法的有机组成部分,有关各方都必须严格遵照执行。当然,如果我国声明保留的条款,则对我国没有拘束力,不能成为我国海商法的渊源。对条约的保留与信守国际条约并不矛盾,对条约提出保留的目的,恰好是更有效地履行条约义务,更切实地信守国际条约的规定。

4. 尊重与参照执行国际航运习惯原则

国际航运习惯①是指在国际船舶远洋运输中逐渐形成的不成文的行为规则。一般来说,国际航运习惯是海商法最古老的渊源,对于国内法和国际法都没有规定的事项,可以考虑适用国际航运习惯。国际航运习惯有以下几个特点:其一是没有通过正式立法程序或国际条约形式加以规定,具有不成文性,或仅仅是国际民间航运组织整理成文、未经过政府签订条约予以认可;其二是在国际船舶远洋运输中经过反复实践而逐步形成的,一般都要经过漫长的历史时期,但随着科学技术的发展与进步,国际航运习惯产生、形成的时间大为缩短;其三是国际航运习惯的内容是国内法和国际法都未涉及的,且不违反社会公共秩序和善良风俗,与有关法律不相抵触;其四是为国际航运界所公认。

海商法涉及的内容相当广泛,国际条约和国家的法律不论如何详尽,都不可能毫无遗漏。事实上,国际条约和国内法也没有必要规定海商法的所有方面的问题。同时,海商法所调整的船舶远洋运输关系又必然涉及不同法系、不同国家的规定,法律冲突在所难免。因此,国际航运习惯就成了国际条约和国内立法的必要补充,在船舶远洋运输领域中发挥着积极的作用。

由于海商法具有强烈的国际性,这就决定了在我国海商法中贯彻尊重与参照执行国际航运习惯原则的可能性。另外,国际航运习惯的形成不是以国家的意志为转移的,它更多地取决于航运科技的发展水平和人们对方便、实效信念的崇尚,因而具有更多的客观性。我国对这种国际航运习惯的尊重就是对这种客观性的尊重,即对客观世界发展规律的尊重。参照执行国际航运习惯,是指中国海商法和有关法规以及中国参加的国际条约都没有规定的事宜,可以参照适用国际航运习惯,规范和约束船舶远洋运输各当事人的权利义务关系。在参照执行国际航运习惯时,该习惯必须不违反我国的社会公共秩序和善良风俗,不与我国现行的法律原则相抵触,否则,不得适用该国际航运习惯。

---

① 20世纪50年代初起草《海商法》时,周恩来总理提出了立法三原则,"独立自主、自力更生、适当参照国际惯例"。

【延伸阅读】

1.司玉琢主编:《海商法》,法律出版社 2012 年版。

2.张湘兰主编:《海商法问题专论》,武汉大学出版社 2007 年版。

3.[加]威廉·泰雷特:《国际海商法》,张永坚等译,法律出版社 2005 年版。

4.郭瑜:《海商法的精神——中国的实践和理论》,北京大学出版社 2005 年版。

5.王玫黎、倪学伟、禹华英:《海商法学》,武汉大学出版社 2010 年版。

6.陈宪民:《海商法理论与司法实践》,北京大学出版社 2006 年版。

7.郑玉波:《海商法》,台湾三民书局 1964 年版。

第二节 海商法的渊源

【知识背景】

海商法渊源的概念

"渊源"一词含有源头、水源的意思。根据马列主义的法学基础理论,"法律渊源"这一概念具有双重意义:一是实体意义的"渊源",二是形式意义的"渊源"。所谓实体意义的"渊源",是指统治阶级所赖以生存的物质基础,也可以说成是法的"根源"。所谓形式意义上的渊源,是指法律规范的表现形式。一般法学上提到的"法律渊源"大都是指形式意义的渊源,实体意义的"法律渊源"主要是法理学研究的对象。

由于海商法调整对象的特殊性,决定了海商法规范的表现形式的多样性,即海商法渊源的多样性。具体地说,海商法的渊源有:国内立法、国际公约、航运习惯、判例等。① 这里有必要将海商法的法律渊源与海商法的历史渊源相区别。海商法

---

① 司玉琢主编:《海商法》,法律出版社 2007 年第 2 版,第 6 页。

的历史渊源是指海商法的规章制度第一次出现的地方,历史渊源不具有法律拘束力,但历史渊源是法律渊源的基础,法律渊源是历史渊源上升为有法律拘束力的规范的结果。

(一)国内法

国内法是海商法最重要的渊源,即国家立法机关通过立法程序而制定的有关海事方面的法律、法规、条例、规定、办法、决议、指示等规范性文件。国内法的立法形式大致有三种:一是国家立法机关制定海商法典,如苏联;或者在商法典中规定海商法部分,如法国在 1807 年制定的《法国商法典》,其中专门一篇为"海商篇"。二是国家立法机关和政府主管部门制定单行法规。英美法系的国家多采取这种形式,这些国家一般都没有统一的海商法典。如英国制定的 1855 年的《提单法》、1894 年的《商船法》、1906 年的《海上保险法》、1971 年的《海上货物运输法》等,却专门制定海商法典。三是既制定统一的海商法典,又制定各种单行法规。

我国海商法的立法模式属于第三种。在其国内立法渊源上,核心为《海商法》,[①]另外还包括各种相关法律及单行法规,如《海上交通安全法》《海洋环境保护法》《民法通则》《民事诉讼法》《外国籍船舶管理规则》《国际海运条例》《国内水路货物运输规则》以及全国人大及其常务委员会、国务院、交通部和地方人民代表大会、地方人民政府制定颁布的有关海上运输、航政管理、海上交通事故处理的法规、法令、条例、规章、办法等等。我国海商方面的国内法规,经过十一届三中全会以来30 多年的立法工作和修订工作,已经形成了较为完整的法律体系,特别是 1993 年7 月 1 日生效施行的《海商法》,奠定了中国特色的海商法制的基础,在国内外航运界、保险界、法学界引起了强烈的反响。

(二)国际条约

国际条约是国际法主体依据国际法订立的规范彼此权利义务的书面协议。

---

① 我国《海商法》共有法律条款 278 条,被称为"海商法典",是当时颁布的所有法律、法规中条文最多的一部法律,内容包括 15 章,即总则、船舶、船员、海上货物运输合同、海上旅客运输合同、船舶租用合同、海上拖航合同、船舶碰撞、海难救助、共同海损、海事赔偿责任限制、海上保险合同、时效、涉外关系的法律适用、附则等。

1969 年 5 月 23 日签订的《维也纳条约法公约》第 2 条规定,"称'条约'者谓国家间所缔结而以国际法为准之国际书面协定,不论其载于一项单独文书或两项以上相互有关之文书内,亦不论其特定名称为何"。国际条约有狭义和广义之分,狭义的国际条约必须是名称中有"条约"二字的国际文件。以上国际条约的定义是广义的国际条约,包括国际公约、协定、议定书、规则、换文等。国际公约通常是许多国家为解决某一重大问题而举行国际会议,最后缔结的多边条约,内容多系造法性的行为规则和其他制度,它是国际条约的一种。我国与其他国家之间所订立的双边航运协定,也是国际条约的一种,构成我国海商法的渊源,但这种双边航运协定只能在两个成员国间有效,对第三国不具有法律拘束力,任何第三国都不能以这种双边航运协定对我国主张权利或要求我国履行义务。这是"条约不及第三国"原则在海商法领域中的表现。

国际条约是海商法的主要渊源之一,但必须注意,国际条约一定要经过本国政府的批准和承认才能在该国领土内生效。[①] 我国《海商法》以及中国远洋运输公司各分公司的提单条款关于远洋货物运输中承运人的最低责任及其免责权利的规定,与《海牙规则》《海牙—维斯比规则》《汉堡规则》的规定是一致的,但由于中国政府并未在这三个海运公约上签字,不是这三个公约的成员国,因而不能认为这三个公约是我国海商法的法律渊源。

政府间签署的国际条约与民间航运团体等提出的建议性规则有着本质的区别。前者是由各国政府正式委派全权代表缔结的,生效后,对缔约国强制适用。后者是由航运界、保险界的民间团体组织制定的,在协议中通过协商的方式自愿采用的,如《约克·安特卫普规则》就是这种性质的规则。我们通常把这种由民间团体整理、制定的规则称为航运习惯。

(三)航运习惯

在长期的航运交往中逐渐形成的不成文的行为规则和默示协议是航运习惯(International practice/usage),它是人们长期重复类似行为而被认为具有法律拘束力的结果。一般而言,可以将航运惯例分为强制性的航运习惯和非强制性的航

---

① 梁西主编:《国际法》,武汉大学出版社 2008 年第 2 版,第 291 页。

运习惯两类。前者被称为强制性的航运习惯,这是任何国家和当事人都必须遵守的不成文的行为规则,是海商法律关系主体长期重复类似的行为而把它认为有法律拘束力的结果,某种常例或通例要成为航运习惯,必须符合两个条件:一是物质因素,它来自国家在相当长时期内"反复"和"前后一致"的实践,即惯例的产生。这里包含时间、数量和性质三个内容,即许多国家在一段(相当长的)时期内反复前后一致的实践,当然,各国重复的类似行为必须是合法的行为,非法行为如未经许可进入他国的非对外开放港口或他国内河,无论重复多长时间,最终都将为国际社会所禁止,不能成为航运习惯。二是各国认为它有法律拘束力。惯例能不能被接受为法律,取决于是否被各国接受。这是一个"心理因素"。如国家认为这种规则是国际法所必需的,便相约接受它的拘束。这在国际法理论上被称为"法律确信"或"法律的必要确信"。随着国际关系的产生,国家交往中必然会形成许多惯例,这些惯例如被接受为法律,就成为"国际习惯",或"习惯国际法"。各国的这种"心理因素"是形成航运习惯的关键要素,是航运习惯具有法律拘束力的直接原因。

后者即任意性的航运习惯,它是指只有当事人在其法律关系中选择适用时才有法律拘束力的默示行为规则。在海商法中,这种任意性的航运习惯最为常见,也是我们教材研讨的内容。

航运习惯是海商法最古老的渊源,具有悠久的历史和旺盛的生命力以及法律的稳定性。当行之有效的航运习惯被制定为航运公约后,又有新的航运习惯产生,并依此循环。航运习惯的不足之处在于,以不成文性和默示协议作为表现形式,有时内容显得不够确切,且习惯本身的成立与否,有时也不很明确,容易引起纠纷。有些国际航运民间组织将航运惯例加以编纂,如《约克·安特卫普规则》就是对共同海损制度的编纂的航运惯例,这种编纂有利于减少和避免这方面的纠纷。我国社会主义市场经济体制确立后,要将远洋运输业全面推向国际市场,更积极地参与国际竞争。航运惯例作为航运公约必不可少的补充,我们有必要予以深入研究,取其有益部分为我所用。

国内法规、航运公约、航运习惯都是我国海商法的渊源,在航运实务和审判实践中如何来处理这三者之间的关系呢?按照我国《海商法》第268条的规定,我国所缔结或参加的航运公约的效力是高于国内法规的,对我国法律和我国所参加或缔结的航运公约都没有规定的事项,可以适用航运惯例,也就是说,航运惯例的效力是低于航运公约和国内法的。这里需要注意的是,由于海商法的许多内容都是非强制性的,允许当事人通过协议予以变更,对于非强制性的规定,如果当事人选择适用航运惯例的,则不能再优先适用航运公约或国内法规。

（四）司法判例

在我国,法院的判决仅对本案发生法律效力,对其他案件没有约束力,也就说,司法判例不是我国海商法的渊源,不能作为审判案件的法律依据。当然,虽然我国不承认判例可以作为法院判决的依据,但是判例对类似案件的审理具有参考价值,这是不容置疑的。

在英美法系国家,根据"遵循先例"的原则,上级法院的判例作为先例(Precedent),对下级法院具有法律拘束力,司法判例是海商法极为重要的渊源,可以作为对新审理案件判决的依据。可以说,司法判例作为英美法系国家海商法的重要渊源,与其法律传统有关。但是,近半个世纪以来,对司法判例的效力已经有人提出异议。

（五）一般法律原则与权威学者的学说

一般法律原则是指各国法律体系中所包含的共同的原则,一般法律原则不是从航运公约或航运习惯中得来的,也不是世界各民族的一般法律意识的表现,它是通过比较和分析各独立主权国家国内实体法和程序法而得到的那些普遍一致的原则和规则。尽管各国社会经济制度不同,但人类基本的、最低限度的共同价值标准总是存在的,在法律上的表现就是这种普遍一致的原则和规则。"公允及善良"原则可以说是一般法律原则的最高表现形式。一般法律原则只是在既无国内法规,又无航运公约、航运惯例的场合下适用,以弥补其不足。由于国内法规、航运公约、航运惯例的覆盖面很广,内容也异常丰富,在现实生活中,各国航运实务和审判实践采用一般法律原则的机会是非常稀少的。

权威学者的学说在古代和近代海商法不发达的时代具有重要的作用,有的权威学说甚至直接构成法官审判海商案件的依据,把这种学说认定为是海商法的渊源无疑是正确的。在现代国际社会中,某种学说无论具有多大的权威性,在未经立法程序制定为法律之前,都不具有强制力,不构成海商法的渊源。当然,我们也应该看到,权威学者的学说是海商法发展的结晶,它可以提供可靠的证据和资料,对海商法的制定有重要的影响,对指导审判工作也有积极的意义。

【案例裁决/法律文书摘录】

山东省高级人民法院 2003 年受理上诉人金荣航运有限公司与被上诉人王本全、戚秀娟、柳运花、王晨梅船舶碰撞损害赔偿纠纷,[①]该民事判决书摘录如下:

上诉人(原审被告)金荣航运有限公司(Jin Rong Shipping Limited)。

被上诉人(原审原告)王本全、戚秀娟、柳运花、王晨梅。

上诉人金荣航运有限公司因船舶碰撞损害赔偿一案,不服中华人民共和国青岛海事法院(2000)青海法烟事初字第 47 号民事判决,向山东省高级人民法院提起上诉。

经审理查明:"鲁文渔 2333"号渔船系船舶所有人王本全、王志强所有(王志强已在碰撞事故中身亡,王本全为其父亲、戚秀娟是其母亲,柳运花是其妻子,王晨梅是其女儿),二人各占 50%股份。2000 年 5 月 20 日"鲁文渔 2333"号渔船由船长王志强驾驶从王家村渔港出发,船上另有雇工王西成、王平亚。该船以东偏北方向航行,航速 7~8 节。离港后开启了一盏白色桅灯并打开了左红右绿的舷灯及尾灯等航行灯。当时海上有雾,能见度约 100 米,西偏北风 4~5 级,西北流向约 0.7 节,"鲁文渔 2333"号渔船在 04:54 左右开始下网并开启了上绿下白拖网号灯,随即该船向东北方向进行拖网作业,"鲁文渔 2333"号船船长王志强在舵楼中掌舵并不时地敲钟,王平亚、王西成二人在收拾网具的同时按船长的要求不时观察周围船只情况,"鲁文渔 2333"号拖网约半小时,王西成在瞭望时突然发现本船右舷有一条大船向其驶来。该船船头很高,不太陡,紫红色且该船船速很快,王西成大喊并向船头跑去。紧接着,"鲁文渔 2333"号渔船与大船发生了碰撞,碰撞部位在"鲁文渔 2333"号船的右舷舵楼处,王平亚、王西成、王志强三人被抛入水中,三人落水后随即大声呼救,但肇事大船并未减速,反而迅速驶离现场。王西成在水中挣扎一会

---

① 上诉人金荣航运有限公司与被上诉人王本全、戚秀娟、柳运花、王晨梅船舶碰撞损害赔偿纠纷,http://www.ccmt.org.cn/showws.php? id=1860,下载日期:2016 年 10 月 12 日。

后,爬上半沉的"鲁文渔 2333"号,并再也找不到同时落水的其他两人,大约 20 分钟,"鲁文渔 2333"号渔船沉没,王西成抓住机舱盖随水漂流不久后失去知觉。

事故发生后,烟台海事局随即对事故进行了调查,并认定"金荣"轮为本次海事的肇事船舶。

2000 年 8 月 28 日,死者王志强的父亲王本全、母亲戚秀娟、妻子柳运花、女儿王晨梅向原审法院提起诉讼,请求金荣航运有限公司支付因王志强死亡引起的人身损害赔偿费用 80 万元及相应利息。王本全、戚秀娟、柳运花、王晨梅与死者王志强之间的关系由威海市公安局环翠分局孙家疃派出所出具的户籍证明予以证实。

就本次事故责任而言,"金荣"轮在成山头转向之后即进入了渔船密集区,而且当日浓雾,视距仅 100 米左右,"金荣"轮的驾驶台到船首就有 92 米长之多,仅凭驾驶台上的值班人员的目力瞭望以及开启的雷达观测根本不能满足《1972 年国际海上避碰规则》在能见度不良情况下对船舶瞭望的要求,而"金荣"轮没有按航海习惯增派水手"了头",实际上已经放弃了"听觉"和"视觉"瞭望。在本案中,如果"金荣"轮派有"了头"水手就完全有可能提前听到"鲁文渔 2333"号渔船不时地敲钟警示声,并且能看到"鲁文渔 2333"号渔船,这样就能将可能发生危险的信号及早传递给驾驶人员,驾驶人员就可以结合雷达数据资料提前作出反应,说明"金荣"轮未能应用适合当时环境情况的一切有效手段进行瞭望。虽然"金荣"轮开启了两部雷达,但是仍在大幅度转向避让时撞沉了带有雷达反射器的"鲁文渔 2333"号渔船,说明"金荣"轮未能做到正确使用雷达,没有对探测到的物标进行雷达标绘或与其相当的系统观察,仅根据不充分的雷达资料作出错误的推断进行避让,因而撞沉了"鲁文渔 2333"号船,严重违反了《1972 年国际海上避碰规则》第 5 条、第 7 条的规定。

《1972 年国际海上避碰规则》虽未对安全航速的定义作出明确的规定,但鉴别任何船舶的航速是否安全的标准都不能离开对其当时所处环境的依赖,"0520"海难事发凌晨,"金荣"轮所经海域能见度严重受限,且渔船众多,而且"金荣"轮在严重瞭望疏忽的情况下,为赶船期而置有可能发生碰撞危险的客观情况于不顾,以 14 节左右的航速高速前进,是造成本次事故的又一重要原因。雷达观测到的目标不等于人眼直接看到,必须经过绘图或分析,才能了解来船的基本动态,因此必须适当减速以留有更多时间来估计局面,否则就无法做到"采取适当有效的避碰行动,并能在适合当时环境和情况的距离内把船停住"的规定要求,因而,"金荣"轮违反了《1972 年国际海上避碰规则》第 6 条及第 19 条的规定。

"金荣"轮在雾中行驶却没有按照规定鸣放雾号,违反了《1972 年国际海上避碰规则》第 35 条的规定;虽然"金荣"轮拒不承认与任何船舶发生过碰撞,但"金荣"轮的雷达只要性能正常就一定能够发现正在拖网作业的"鲁文渔 2333"号渔船,而"金荣"轮的驾驶人员未能提早进行避让,导致与"鲁文渔 2333"号渔船形成紧迫局面,在当日 05:20—05:30 时间段内,"金荣"轮仅仅作出大幅度转向动作,而船速不仅未减甚至达到了 14 节之多,直接导致与"鲁文渔 2333"号渔船发生碰撞,显然"金荣"轮未能运用良好的船艺在紧迫局面下及时作出正确的避让行动,违反了《1972 年国际海上避碰规则》第 8 条的规定。

另外,"鲁文渔 2333"号在和"金荣"轮发生碰撞之后并未直接沉没,如果"金荣"轮能够及时停船履行法定的救助义务,还可以减轻本次海事所造成的损失,正是由于"金荣"轮的肇事逃逸加重了碰撞事故的损失,综上所述,"金荣"轮在本次海事中犯有严重过失,应对碰撞事故承担 90% 的责任。"鲁文渔 2333"号渔船在能见度不良的情况下,应使用一切可行的手段鸣示警报,表示本船正在进行拖网作业以提示他船注意,避免危险,但其不时以敲钟的方式显然不能满足避碰规则中对其声号鸣放的要求,违反了《1972 年国际海上避碰规则》第 35 条的规定,因而对本次海事"鲁文渔 2333"号渔船应承担 10% 的责任。"金荣"轮与"鲁文渔 2333"号船的责任分担应为 9:1。

"鲁文渔 2333"号渔船的船长王志强在船舶碰撞当时并未直接死亡,而是与同时落水的王西成一起在水中大声呼救,但"金荣"轮没有履行法定的施救义务而是迅速驶离事发现场,致使落水的王志强后来死亡。正是由于"金荣"轮的碰撞及肇事逃逸造成了王志强在水中死亡的严重后果。王本全、戚秀娟、柳运花、王晨梅请求金荣航运有限公司支付因王志强死亡发生的死亡赔偿金的诉讼请求,法院认为理由正当,应予支持。金荣航运有限公司承担对死者王志强家属的赔偿义务。认定王志强收入损失 751308.75 元,遗属安抚费每人 50000 元,丧葬费 500 元,搜寻尸体等费用 15960 元,共计 817768.75 元。根据最高人民法院《关于审理涉外海上人身死亡案件损害赔偿的具体规定(施行)》的有关规定,应以80万元人民币为限。依照《民法通则》第119条、最高人民法院《关于审理涉外海上人身死亡案件损害赔偿的具体规定(试行)》的有关规定,判决:金荣航运有限公司给付王本全、戚秀娟、柳运花、王晨梅对死者王志强死亡赔偿金人民币80万元;上述赔偿金金荣航运有限公司于本判决生效之日起15日内付清,逾期,加倍支付迟延履行期间的债务利息;驳回王本全、戚秀娟、柳运花、王晨梅对金荣航运有限公司的其他诉讼请求。案件受理费13010元由金荣航运有限公司承担。

笔者认为该案件值得关注的问题有两个方面:

首先,该案适用的法律是我国参加的国际条约。按照《海商法》第268条的规定:"中华人民共和国缔结或者参加的国际条约同本法有不同规定的,适用国际条约的规定;但是,中华人民共和国声明保留的条款除外。中华人民共和国法律和中华人民共和国缔结或者参加的国际条约没有规定的,可以适用国际惯例。"由于该法是在第十四章"涉外关系的法律适用"里,国际条约在我国的适用应当符合三个条件:一是案件具有涉外关系;二是该条约是我们缔结或参加的;三是国际条约与我国法律规定不一致的。本来该案并没有涉外因素,不具备适用国际条约的条件。但是由于我国交通部下达的通知里对我国参加的《1972年国际海上避碰规则》应当"执行"的要求,即交通部以下发通知的方式规定该海事国际公约的适用范围,因此该案适用国际条约。1980年4月6日交通部在下发的《关于执行〈1972年国际海上避碰规则公约〉若干问题的通知》中指出:"一切船舶在海上和海港航行或在停泊时,其操作和显示的信号应执行'本规则'。"此种情况的规定是对于一些技术性较强,或者没有必要区分涉内、涉外因素的,我国在加入国际公约,交通部有时用下发通知的方式明确公约的适用范围。

其次,船舶碰撞案件的责任承担采取按比例分担原则确定。该案认定"金荣"轮与"鲁文渔2333"号渔船的责任分担应为9:1。"金荣"轮未能运用良好的船艺在紧迫局面下及时作出正确的避让行动,违反了《1972年国际海上避碰规则》第8条的规定,承担主要责任。"鲁文渔2333"号渔船在能见度不良的情况下,应使用一切可行的手段鸣示警报,表示本船正在进行拖网作业以提示他船注意,避免危险,但其不时以敲钟的方式显然不能满足避碰规则中对其声号鸣放的要求,违反了

《1972年国际海上避碰规则》第35条的规定,因而对本次海事"鲁文渔2333"号渔船应承担10％的责任。

【延伸阅读】

1.司玉琢主编:《海商法》,法律出版社2003年版。

2.王玫黎、倪学伟、禹华英:《海商法学》,武汉大学出版社2010年版。

3.陈宪民:《海商法理论与司法实践》,北京大学出版社2006年版。

4.郭瑜:《海商法的精神——中国的实践和精神》,北京大学出版社2005年版。

5.张新平:《海商法》,中国政法大学出版社2002年版。

第三节　海商法的发展趋势

● ● ●

在商事法中,最先发展的为海商法。这是因为海商法较其他之商事法,与人类的生存最早发生联系。[①] 人类为了生存,不得不进行各种活动,相对于陆上活动,人类海上活动的时间较久远,为了适应航海贸易的需要,产生了某些海商法规则。海商法的起源和发展,必须提到欧洲的海商法,这是因为世界各国现代海上运输的法律起源于欧洲。

【知识背景】

海商法发展趋势的基本理论

海商法与其他法律相比,具有一些特殊性,这些特殊性就构成了海商法的特点:

---

① 梁宇贤:《海商法论》,台湾三民书局1994年版,第7页。

（一）海商法拥有悠久的历史

在商事法中,最先发展的为海商法。这是因为海商法较其他之商事法,对人类的生存最早发生联系。[1] 人类为了生存,不得不进行各种活动,相对于陆上活动,人类海上活动的时间较久远,为了适应航海贸易的需要,产生了某些海商法规则。海商法早于一般的商法,是商法发展的雏形。公元前 2000 年左右,在世界文明的发祥地之一波斯湾的幼发拉底河和底格里斯河流域,造船技术较高,水上运输较为发达,有关水上运输的法律规定时有所见。公元前 18 世纪古巴比伦王国的第六代国王汉穆拉比颁布了著名的《汉穆拉比法典》(*Code of Hammurabi*),共 282 条,是古代两河流域及其邻近地区楔形文字法中具有代表性的一部法典,也是世界上迄今完整保存下来的最早的一部法典。[2] 在这部法典中,已经有了关于船舶制造、租船、保证适航、水上承运人的责任、救助报酬的数额、船长工资、船舶碰撞责任、海上冒险借贷等的规定。这是目前所见的有关海商法的最早的文字记载。由这些记载我们可以推测,在公元前 2000 年左右,两河流域水运的发达与繁荣程度,而有关的法律规定已具备了现代海商法的雏形。

海商法的启蒙时期完全是处于对于海上贸易的简单认识阶段,这时期的海商立法主要表现为商人活动频繁地区所确立、汇集和编纂而成的商人习惯法和行业习惯。到了中世纪,随着经济的发展,海上贸易出现了位于地中海、大西洋、北海等区域的几个中心港口,众多城邦相继成立特别法庭或法院,以解决海上航运纠纷。这一时期形成了三大海法:《奥列隆法集》《康苏拉度法集》和《维斯比法》。三大海法均由私人编纂,是将解决海事纠纷的判例、学说进行的汇编,其效力也极为有限。这是与当时欧洲经济的发展相适应的,即以城市为中心的立法体系,只适用于某一地区的若干城市,尚未形成国家统一的法律。

（二）责任限制的特殊性

责任限制是海上运输中发生损害赔偿时的一种特别的法律制度,一旦发生事

---

[1] 梁宇贤:《海商法论》,台湾三民书局 1994 年版,第 7 页。

[2] 沈木珠:《海商法比较研究》,中国政法大学出版社 1997 年版,第 9 页;陈宪民:《海商法理论与司法实践》,北京大学出版社 2006 年版,第 9 页。

故,无论损失数额大小,超出了限额,船舶所有人根据法律的规定,免除责任。船舶所有人的赔偿限额均以该航次的船舶价值和应该收入的运费为限,超出此限额的,船舶所有人免予赔偿。如 1974 年《雅典公约》规定,旅客人身伤亡的,不超过 70 万金法郎。这是由于传统海上运输被公认为是一项"冒险事业",为鼓励从事这种"冒险事业",各国海商法一般都有减免船方责任的规定。[①] 海商法的风险性的一个理由是保护主义和历史主义。[②] 其目的在于加强一国的商船在国际上的竞争能力。责任限制制度可以吸引人们对这一行业进行投资以建立一个富有竞争性的重商主义的航运业。虽然近代以来科技取得了长足的进步,人类增强了预测天气与地理环境的能力,但是海洋的变幻无常还是显示了人类理性的不及。各国政府为了促进航海事业的发展,对于从事海运的人,在法律上给予特别保障。各国海商法和相关国际公约中都设有船舶所有人责任限制的规定,此外,共同海损、海上救助制度都是典型体现其风险性的制度,从产生的那一天起,海商法就和海上风险紧密相连,海商法中绝大多数特殊制度都是围绕对海上运输所具有的特殊风险进行防范和分配而建立起来的。[③]

(三)海商法具有较强的技术性

海商法具有较强的专业性和技术性,无论是在船舶制造和驾驶方面,还是在货物照管、海上保险等方面,都体现出这一特性,从业人员应当有个专业的培训和学习过程。在船舶方面,船舶的构造、性能、设备和安全条件等必须符合一定的标准和等级,这是海上安全航行所必需的;在船员与海上航运方面,航海是技术性很强的专业活动,船员首先必须具备船舶驾驶、航线测定、雷达观测、气象报告、海上避碰以及轮机操作等方面的专业知识和技能,此外还要具备有关货物的特性、配载、装运、保管、照料以及危险货物的照管和处置等的知识和技能,因此各国及国际公

---

① 台湾地区的海商法理论称其为"重视航海危险之因应",将海上保险、共同海损、船舶共有等作为克服海运危险的因应之道。张新平:《海商法》,中国政法大学出版社 2002 年版,第 23 页。

② W. W. Eyre, Ship-owners Limitation of Liability-New Directions for an Old Doctrine, *Stanford Law Review*, Vol. 16, 1964, p. 370.

③ 郭瑜:《海商法的精神——中国的实践和理论》,北京大学出版社 2005 年版,第 69 页。

约都规定了船员的资格、培训、值班和发证等方面的制度。海商法产生于商务实践，它的形成与存在是为了通过法律途径来解决海上运送中产生的问题。因此，要掌握海商法，就应该全面深入地熟悉航运业的实务和理论。[①] 海商法是航海技术和航海业务紧密结合的法律，这也是海商法特有的，区别于其他民事法律法规的特点。

（四）海商法具有一定的拟人性

海商法是调整船舶和海上运输关系的法律，与船舶有关的法律关系是海商法调整的一项内容，船舶某些方面具有跟人类似的特征，如有自己的名称、重量、国籍、船籍港以及所谓的"对物诉讼"（Action in Rem）。船舶这种拟人化（Personification of Vessels）是海商法中的一个古老制度，把船舶当作"人"对待，即船舶人格化，当船舶造成损害时，受害者就可以直接起诉或扣押船舶。另外，海商法设有保证船员待遇的规定也是其人性的表现。海商法规定船员与船舶所有人的关系是一种特殊的雇佣关系。例如，船员的薪水、医疗费、丧葬费、退职加薪等在海商法中都有明确的规定。这些规定都具有强制性，当事人不得以任何特别协议加以变更。船员，尤其是远洋船舶的船员，工作既艰苦又危险，所以享有陆地工作更优惠的待遇。为了保障船员的合法权益，保证本国航海事业的发展，很多国家制定了专门的船员劳动法规。这些法规通常要求船舶所有人或其他海上营运企业保证船员享有以下权利：获得规定或约定的生活舱室的权利，获得日常供应和淡水供应的权利，获得医疗服务的权利，获得遣返费用的权利，依照有关规定获得安全保护的权利，船员不能任意被解雇，享有休假、退休的权利。

（五）海商法具有较强的国际性

海商法所规定的内容以海运为中心，其调整的法律关系大部分具有涉外因素，效力范围及于本国水域的外国船舶和外国水域的本国船舶以及外国水域的外国船舶，这就要求调整其法律关系的法律规范不能只是国内法。我国《海商法》第四章规定的海上货物运输合同只适用于国际海上货物运输，而不适用于沿海、内海货物

---

① ［美］G.吉尔摩、C.L.布莱克：《海商法（上）》，杨召南、毛俊纯、王君粹译，中国大百科全书出版社 2000 年版，第 7 页。

运输就是重要的证明。在海商法的渊源中,除了国内法外,还包括国际公约和国际航运习惯,故为国际性之法律。① 同时,一国海商法的制定,必须符合国际的通常标准。我国《海商法》的许多章节是按照国际标准制定的,如海上旅客合同一章、船舶碰撞一章、海难救助一章、海事赔偿责任限制一章,完全是按照《1974 年海上旅客及其行李运输雅典公约》《1910 年统一船舶碰撞某些法律规定的国际公约》《1989 年国际救助公约》《1976 年海事赔偿责任限制公约》拟定的,吸收了这些公约的主要条款。船舶一章的船舶抵押权、船舶优先权两节重点吸收了《1976 年统一海事优先权及抵押权的若干规定的国际公约》的内容。就是最重要的第四章海上货物运输合同一章,也是参考《1968 年修改统一提单若干法律规定的国际公约》(以下简称《海牙—维斯比规则》)、《1978 年联合国海上货物运输合同公约》(以下简称《汉堡规则》)的主要规定而拟定的。②

　　海商法的国际性既是海商法的自身涉外因素决定的,又是符合国际标准的需要。当代,海商法呈现出不断国际化,统一化的趋势。表现在海事实体法的统一、用海事冲突法进行统一。前者海事实体法的统一是各国为了避免国内法的不统一,通过召开国际会议,缔结国际公约的做法,近年来缔结的国际公约是在相当多国家参与下制定的,有着广泛的实施基础,同时为了力求统一,避免冲突,一般不允许国家对公约进行保留,通过这些手段,以获得海事实体法的统一。在整个 20 世纪,海商法的国际化得到了突飞猛进的发展,先后制定了 100 多个国际公约,形成了较完整的国际海运法律体系。后者海事冲突法的统一是指用冲突法这种间接调整的方法来解决法律冲突。冲突规范本身并不直接调整当事人的权利义务关系,而只是指出某个具有涉外因素的法律关系应该用何国法律进行处理。1983 年,国际海事委员会为研究统一海事国际私法问题,编制了一份"海事国际私法问题单"(Private international maritime law questionnaire),发给各国海商法协会,并把会员所提供的答案作为进一步研究的基础,随后就一些达成共识的问题制定了相关

---

① 梁宇贤:《海商法论》,台湾三民书局 1984 年版,第 3 页。
② 交通部政策法规司、交通部交通法律事务中心:《海商法学习必读》,人民交通出版社 1993 年版,第 4～24 页。

公约:《1928 年关于国际私法的公约》及其所附的《国际私法典》《1977 年统一船舶碰撞中有关民事管辖权、法律选择、判决的承认和执行方面若干规定的国际公约》《1980 年关于合同义务法律适用的公约》《1985 年国际货物销售合同适用法律公约》。这些公约的制定为解决国际海事法律的国际化问题提供了又一种途径,促进了海商法的统一化。①

海商法的这一突出特点就是希望法制走向统一化,这既是由海商法内在因素决定的,也是当今国际经济发展的必然要求。

【案例裁决/法律文书摘录】

(一)海事责任人赔偿责任限制可否适用于国内案件

广州海事法院(1999)广海法事字第 76 号民事裁定书,②是一份申请人中国船舶燃料供应福建有限公司申请海事赔偿责任限制一案,广州海事法院受理后,依法组成合议庭,公开开庭进行了审理。

申请人:中国船舶燃料供应福建有限公司。

异议人:珠海市环境保护局。

异议人:珠海市环境卫生管理处。

异议人:珠海市淇澳管理区。

异议人:珠海市菱角咀海滨游泳场。

异议人:珠海市航务发展公司。

异议人:珠海市海滨游乐中心。

申请人中国船舶燃料供应福建有限公司申请海事赔偿责任限制一案,于 1999 年 6 月 6 日向广州海事法院提出申请,该院受理后,依法组成合议庭进行了审理,并分别于 1999 年 6 月 27 日、28 日、29 日在《人民日报》(海外版)、《南方日报》《珠海特区报》发布公告,以公告的方式通知利害关系人,如对申请人的申请有异议,应

---

① 邹彦:《海商法的发展及其趋势对我国〈海商法〉修改的启示》,http://chinalawlib.com/181680150.html,下载日期:2013 年 10 月 12 日。

② 广州海事法院(1999)广海法事字第 76 号民事裁定书。

自公告发布之日起 30 日内向该院提出。在公告期限内,珠海市环境保护局、珠海市环境卫生管理处、珠海市淇澳管理区、珠海市菱角咀海滨游泳场、珠海市航务发展公司、珠海市海滨游乐中心提出了异议。

申请人中国船舶燃料供应福建有限公司称:1999 年 3 月 24 日,申请人所属的"闽燃供 2"轮与台州东海海运有限公司所属的"东海 209"轮在广州港 7 号浮附近水域发生碰撞,"闽燃供 2"轮沉没,部分货油泄漏海面,造成环境污染。该轮船舶总吨位为 497 吨。根据《海商法》第 210 条和交通部《关于不满 300 总吨船舶及沿海运输、沿海作业船舶海事赔偿限额的规定》之规定,"闽燃供 2"轮的海事赔偿责任限额为 83500 计算单位。申请人请求法院裁定准予申请人设立本次事故海事赔偿责任限制基金 83500 计算单位。

珠海市环境保护局、珠海市环境卫生管理处、珠海市淇澳管理区、珠海市菱角咀海滨游泳场、珠海市航务发展公司、珠海市海滨游乐中心提出异议称:"闽燃供 2"轮违反航行规定,在航经广州港 7 号、8 号浮时,不但没有根据航道情况向右转向,反而错误地使用左满舵;同时,"闽燃供 2"轮违反了广州港有关进出港和雾航的规定,没有使用声号和甚高频无线电话联系,存在严重疏忽。异议人认为申请人的上述行为构成了《海商法》第 209 条规定的"明知可能造成损失而轻率地作为或者不作为",以致酿成船舶碰撞、油污损害的严重事故。因此,申请人无权依照《海商法》和《关于不满 300 总吨船舶及沿海运输、沿海作业船舶海事赔偿限额的规定》进行限制赔偿责任,请求法院驳回申请人海事赔偿责任限制的申请。上述利害关系人提出异议时,没有提交相关的证据。

经审理查明:申请人中国船舶燃料供应福建有限公司于 1993 年 8 月 13 日取得"闽燃供 2"轮的船舶所有权。根据"闽燃供 2"轮的《船舶检验证书簿》记载,该轮是一艘钢质油船,船籍港厦门,1980 年 6 月日本伯方造船厂建造。船舶总长 59.10 米,两柱间厂 55.00 米,型宽 9.60 米,型深 4.60 米。根据该轮《船舶吨位证书》记载,该轮总吨位 497 吨,净吨位 325 吨。根据该轮的《船舶营业运输证》记载,该轮的经营范围为福建与上海以南沿海航线。根据该轮《适航证书》记载,该轮准予航行三类航区及港澳航线。根据该轮《船舶最低安全配员证书》记载,该轮的最低安全配员为:船长、大副、二副、轮机长、大管轮、二管轮、报务员各 1 名,水手 3 名,机工 2 名。

1999 年 3 月 22 日 21:15 时,"闽燃供 2"轮从厦门满载 1032.067 吨 180 号燃料油开航,准备运往东莞沙田。3 月 24 日 02:25 时,该轮在广州港伶仃水道 7—8♯浮附近水域与台州东海海运有限公司所属的油船"东海 209"轮发生碰撞,"东海 209"轮船艏撞入"闽燃供 2"轮 2—3♯油舱,"闽燃供 2"轮 2♯右货油舱、3♯左右货油舱破裂。"闽燃供 2"轮所载的 180♯燃料油泄入事故水域。"闽燃供 2"轮碰撞后沉没。

碰撞事故发生前,"闽燃供 2"轮船舶技术状况正常,《船舶国籍证书》《适航证书》《船舶最低安全配员证书》《船舶载重线证书》《船舶营业运输证》《船舶吨位证书》等船舶证书均处于有效期内。该航次开航前和开航当时"闽燃供 2"轮船上共有 12 名船员,主要船员船长、大副、二副、轮机长、大管轮、二管轮、报务员均持有港务监督签发的有效适任证书。

法院认为:该案是一宗海事赔偿责任限制案件。申请人是"闽燃供 2"轮的船舶所有人,其申请限制海事赔偿责任所涉及的请求是因船舶碰撞引起的非人身伤亡之损失,包括油污损害。在我国调整油污损害民事法律关系应适用相关的国际公约和国内法规。相关的国际公约主要应是《1969 年国际油污损害民事赔偿责任公约》(以下简称《1969 年责任公约》)。该公约于 1982 年 4 月 29 日对我国生效。在处理国际公约与国内法规关系问题上,如国际公约与国内法规有不同规定时,我国采用的是国际公约优先适用的原则,如没有涉外因素的争议,均应适用国内法规,除非相关的法规明确规定适用国际公约。我国《防止船舶污染海域管理条例》第 13 条规定,"航行国际航线,载运 2000 吨以上的散装货油的船舶,除执行本条例规定外,并适用于我国参加的《1969 年国际油污损害民事责任公约》"。上述条例的这一规定应理解为未作特殊规定的载运 2000 吨以下散装货油、从事沿海运输的油轮不适用 1969 年公约,仍然适用国内法规。"闽燃供 2"轮本航次装运的货油在 2000 吨以下,其从事的是沿海运输,因此,因"闽燃供 2"轮在运输过程中发生船舶碰撞所产生的油污损害民事赔偿责任纠纷,应适用国内法规来解决。目前国内法规还没有专门调整油污损害民事赔偿责任的法律,而《海商法》是一部调整海上运输关系、船舶关系的法律,是《民法通则》的特别法,在处理因船舶碰撞造成的包括油污损害在内的损失赔偿方面,应优先适用。根据《海商法》第207条第1款第(3)项的规定,与船舶营运或者救助作业直接相关的,侵犯非合同权利的行为造成其他损失的赔偿请求,责任人可以限制赔偿责任。该案事故是因"闽燃供2"轮在营运过程中,与"东海209"轮发生碰撞造成的,所造成的包括油污损害在内的损失是侵犯非合同权利造成的损失,如果申请人没有故意或者明知可能造成损失而轻率地作为或者不作为,申请人应当享受海事赔偿责任限制。

碰撞事故发生前,"闽燃供2"轮船舶技术状况正常,各种船舶证书均处于有效期内。该航次"闽燃供2"轮主要船员均持有港务监督签发的有效适任证书,在本航次开航前和开航当时船上配备的人员符合《船舶最低安全配员证书》的要求。没有证据证明,对本次碰撞事故引起赔偿请求的损失,申请人有故意或者明知可能造成损失而轻率地作为或不作为。异议人珠海市环境保护局、珠海市环境卫生管理处、珠海市淇澳管理区、珠海市菱角咀海滨游泳场、珠海市航务发展公司、珠海市海滨游乐中心认为"闽燃供2"轮违反航行规定,在航经广州港7号、8号浮时,不但没有根据航道情况向右转向,反而错误地使用左满舵;同时,"闽燃供2"轮违反了广州港有关进出港和雾航的规定,没有使用声号和甚高频无线电话联系,存在严重疏忽,构成了申请人明知可能造成损失而轻率地作为或者不作为。异议人提出的上述事实均属船员驾驶船舶的过失,并不能当然推定本次碰撞事故的发生是由于申请人的故意或者明知可能造成损失而轻率地作为或不作为造成的,异议人的上述主张不能成立,法院不予支持。

综上所述,上述异议人提出异议的理由不成立,申请人申请限制其因本次碰撞事故产生的包括油污损害在内的海事赔偿责任的请求,符合法律规定,应予支持。

根据《海商法》第210条第2款的规定,总吨位不满300吨的船舶,从事中华人民共和国港口之间的运输的船舶,其赔偿限额由国务院交通主管部门制定。根据"闽燃供2"轮《适航证书》和《船舶运输许可证》记载,该轮核定航区为三类航区和港澳航线,事故航次的航线为厦门至沙田,"闽燃供2"轮属国内港口之间运输的船舶。申请人申请设立的海事赔偿限额,应适用交通部《关于不满300总吨船舶及沿海运输、沿海作业船舶海事赔偿限额的规定》的有关规定。

"闽燃供2"轮的总吨位为497吨,根据交通部《关于不满300总吨船舶及沿海运输、沿海作业船舶海事赔偿限额的规定》第 4 条规定,"闽燃供 2"轮的海事赔偿责任限额为 83500 计算单位。

依照《海商法》第 204 条、第 207 条第 1 款第(3)项、第 210 条、第 213 条和《民事诉讼法》第 140 条第 1 款第(11)项的规定,裁定:准许申请人中国船舶燃料供应福建有限公司提出的包括油污损害在内的海事赔偿责任限制申请。申请人中国船舶燃料供应福建有限公司应在本裁定送达之日起 10 日内,向本院设立责任限制基金。基金数额为本次事故非人身伤亡包括油污损害在内的海事赔偿限额 83500 计算单位(该计算单位是指国际货币基金组织规定的特别提款权,其人民币数额按照本裁定作出之日的国家外汇主管机关公布的特别提款权对人民币的换算办法计算),及该限额自责任产生之日(即 1999 年 3 月 24 日)起至基金设立之日止的中国人民银行人民币同期流动资金贷款利息。

笔者认为,该案适用国际条约是误用。

虽然海商法的国际性特点非常突出,但是,按照我国《海商法》第 268 条、《民法通则》第 142 条第 1 款的规定,在我国法院适用国际条约必须具备三个条件:一是案件具有涉外性,二是该条约是我国缔结或参加的,三是该条约与我国法律规定不同时。该案所涉及的当事人均为国内法人,发生油污的水域属于中华人民共和国水域,因此本案没有涉外因素,且《民法通则》第 142 条是《民法通则》第 8 章"涉外关系的法律适用",《海商法》第 14 章"涉外关系的法律适用"的第一个条款,理应在处理涉外关系时适用,故申请人无权依据《1969 年国际油污损害民事责任公约》享受责任限制。①

(二)申请扣船请求属于诉前海事请求保全申请

广州海事法院(2014)广海法保字第 22-2 号民事裁定书,是一份申请人先锋出口公司向被申请人福建冠海海运有限公司因船舶提供物资被拖欠货款而向广州海事法院提出扣押船舶一案的民事法律文件。②

---

① 郭瑜:《海商法的精神——中国的实践和理论》,北京大学出版社 2005 年版,第 23 页。
② 申请人先锋出口公司(Pioneer Export)申请诉前保全案,http://www.ccmt.org.cn/showws.php? id=8491,下载日期:2016 年 10 月 12 日。

申请人：先锋出口公司（Pioneer Export）。

被申请人：福建冠海海运有限公司。

申请人嘉德能源有限公司因与被申请人福建冠海海运有限公司船舶物料供应合同纠纷一案，于2014年2月24日向广州海事法院提出诉前海事请求保全申请称：申请人曾多次为被申请人所有的"冠海208"轮及其所有的或经营的其他船舶供应燃油。截至申请日，被申请人拖欠申请人油款共计1656074.99美元及被申请人此前确认支付的利息约7万美元，合计1726074.99美元。考虑到后续利息、费用和违约金，申请人至少遭受2080000美元（折合人民币12826528元）的经济损失。申请人申请扣押被申请人福建冠海海运有限公司所有的、现停泊于东莞港的"冠海208"轮，责令被申请人提供2080000美元（或人民币12826528元）担保。申请人已向本院提供担保。

法院经审查认为，申请人关于为船舶提供物资被拖欠货款的请求，属于可以申请扣押船舶的海事请求，申请人以该海事请求向本院申请扣押被申请人所有的船舶，符合法律规定，应予准许。依照《海事诉讼特别程序法》第17条、第21条第(12)项、第23条以及第28条的规定，裁定：准许申请人嘉德能源有限公司的诉前海事请求保全申请；自即日起扣押被申请人所有的、停泊于广东省东莞港的"冠海208"轮；责令被申请人向法院提供2080000美元（或人民币12826528元）担保。

笔者认为，按照我国《海事诉讼特别程序法》的规定，申请扣船请求属于诉前海事请求保全申请，而非英美法系国家的"对物诉讼"，虽然海商法有着"拟人性"的特点，但是在我国申请人先锋出口公司是向被申请人福建冠海海运有限公司因船舶提供物资被拖欠货款而向广州海事法院提出扣押船舶的请求。

【延伸阅读】

1. 司玉琢主编：《海商法》，法律出版社2003年版。

2. 王玫黎、倪学伟、禹华英：《海商法学》，武汉大学出版社2010年版。

3. 陈宪民：《海商法理论与司法实践》，北京大学出版社2006年版。

4. 郭瑜：《海商法的精神——中国的实践和精神》，北京大学出版社2005年版。

5. 张新平：《海商法》，中国政法大学出版社2002年版。

6.吴焕宁主编:《海商法学》,法律出版社1996年版。

7.刘家琛主编:《海商法案例选编》,法律出版社1998年版。

8.[美]G.吉尔摩、C.L.布莱克:《海商法》(上)(下),杨召南、毛俊纯、王君粹译,中国大百科全书出版社2000年版。

第二章
船舶与船舶物权

【内容摘要】海商法意义上的船舶有其特定的内涵与外延,正确理解海商法关于船舶范围与法律性质的规定,可以为海商法的学习奠定良好的基础。船舶所有权是最完整的船舶物权,具有对船舶进行占有、使用、收益和处分的全部权能。船舶抵押权、船舶优先权等以船舶为客体的担保物权,则既有一般担保法意义上的功能,又具有海商特别法上的担保作用,而船舶优先权作为海商法所特有的法律制度,在保护以船员为代表的债权人利益方面发挥着独特的作用。我国海商法的大部分内容都是围绕船舶作出规定的,因此,掌握了船舶的基本法律知识,就拥有了学好海商法的金钥匙和敲门砖。

第一节　船舶概述

●●●

【知识背景】

船舶的若干基本法律问题

(一)船舶的概念与法律性质

船舶是一种水面浮动装置,受海商法所调整的船舶仅是其中的一小部分,即海商法调整供海上航行的商船,包括货船、客船和客货船三种。《海商法》第 3 条规定:"本法所称船舶,是指海船和其他海上移动式装置,但是用于军事的、政府公务的船舶和 20 总吨以下的小型船艇除外。前款所称船舶,包括船舶属具。"据此,内河船不受《海商法》调整,而应按《民法通则》《合同法》等的规定处理。海上平台是海上固定装置,不可移动,故不属于《海商法》调整的对象。用于军事、政府公务的船舶,并非商船,且军舰和政府公务船从事公务活动时具有司法豁免权,因而不是《海商法》意义的船舶。小于 20 总吨的船舶,一般不可能在海上从事货物和旅客运输,我国《海商法》将其排除在适用范围之外。

根据通说,船舶具有以下三个方面的法律性质:

1. 船舶是一个合成物

船舶是由龙骨、肋骨、船体、推进器、船机、甲板、船舱等两个以上的个体结合而成的一个统一体,即合成物。作为合成物,船舶的每一个个体都是不可缺少的,每一个个体都不能脱离整体而在法律上单独存在。船舶失去任何一个个体,都会直接影响船舶的经济用途甚至使其丧失船舶的性质。

在构成船舶这一合成物的各个个体之外,为了航海而经常使用的舢板、锚、罗经、海图、救生用具等,尽管其附属于船舶上,却仍作为独立物而保存其权利客体的性质,被统称为船舶属具。在实务中,船舶属具常常是根据船舶的处理而同时被处理的,譬如,在船舶抵押、转让、继承、保险委付时,船舶属具通常与船舶共命运。可见,船舶不仅包括船体、船舱等合成物,也包括海上航行所必须的附属物,即船舶属具。我国《海商法》第 3 条明确规定,本法所谓的船舶,"包括船舶属具"。

2. 船舶是动产,但具有不动产的性质

船舶可以移动而不损害其法律价值,从某种意义上讲,船舶只有移动,才能发挥其效用、体现其价值,不能移动的装置甚至不能称之为船舶。因此,船舶是动产,这是毫无疑义的。

但由于船舶的形态和其他许多方面都有类似于不动产的地方,所以传统的海商法又将其视为不动产。把船舶作为不动产看待的原因是:船舶是运输工具,把它作为买卖交易的客体并非原本的目的,其所有人的变更并不频繁,在性质上和不动产相似。船价昂贵,无论建造或购买船舶,都需要一大笔资金,这亦类似于不动产。

船舶要进行登记才能取得有关权利,登记使船舶易于同一性识别,故可与不动产一样,承认船舶抵押登记、租赁登记的效力。

3. 视船舶为权利主体的拟人化处理

所谓船舶拟人化,是指在处理有关船舶的法律行为时,把船舶视同为法人或权利主体。船舶之所以能拟人处理,是因为船舶具有名称和国籍,类似于自然人的姓名和国籍;船舶具有船籍港,类似于自然人的住所;船舶具有吨位和年限,类似于自然人的体重和年龄。

船舶拟人处理主要是为了诉讼的方便。在英美法律中,原告可以对船舶提起对物诉讼,即原告首先不是对船舶所有人提起诉讼,而是把船舶作为当事人的一方进行诉讼。当然,船舶毕竟是权利的客体,把船舶视为"人"只是为了法律程序上的方便。事实上,船舶并非真正的诉讼主体,如果船主前来应诉,对物诉讼即失去意义,最终的当事人还是船舶所有人。

大陆法系国家没有对物诉讼程序,其对船舶的扣押只是作为诉讼保全的措施而已。我国《民事诉讼法》明确规定,诉讼当事人只能是自然人和法人,船舶作为运输工具,不能作为诉讼主体参加诉讼。但我国《海事诉讼特别程序法》借鉴了对物诉讼的合理内容,其第25条规定:"海事请求人申请扣押当事船舶,不能立即查明被请求人名称的,不影响申请的提出。"据此,扣船申请书和法院扣船裁定书中,对被申请人的表述为"某某船舶"或"某某船舶的船东与光船租船人"。这就是对物诉讼的体现,即在特定情况下把船舶作为诉讼的一方主体对待,弥补了对人诉讼的不足,也适应了紧急情况下对船舶扣押的需要。

在司玉琢教授主编的《海商法学案例教程》中,将船舶的法律性质归纳为:(1)船舶是物,但有时作拟人处理。在我国和大陆法系国家,船舶只能属法律关系客体的范畴,而不能作法律关系的主体。但另一方面,船舶有船名、国籍、船龄及登记港等,似乎又具有某些"人"的特征;特别是在一些英美法系国家,存在将船舶规定为法律关系主体的情况,如在"对物诉讼"中,将船舶作为诉讼主体。(2)船舶是动产,但也有按不动产处理的情况。船舶的功能就是在海上移动,并且不会因为移动而损害其经济价值。这就决定了它属动产的范畴。但由于船舶的价值很大,并且主要不是用作交易的对象,而是运输工具,因而具有将其按不动产处理的条件。事实上,船舶登记及船舶抵押权的设定等,都将船舶按不动产处理。(3)船舶是不可分物,但有例外情况。船舶是由船体、船机及属具等组成,缺少任何一部分都无法构成船舶。因此,这就决定了船舶在法律上应属不可分物。只有那些船舶适航所必备的船上设备,才能构成船舶的一部分,成为船舶属具。但由于各部分又有相对独立的使用功能及自身的价值,因此,海上保险中存在将船体、船机或属具分别保险的情况。[①]

我国台湾地区学者将船舶的性质归纳为人格性和不动产性,认为船舶是领土的延伸,在台湾地区领域之外的台湾船舰或航空机内犯罪者,以在台湾地区领域内犯罪论,船舶因之被视为法定领土,具有不动产性。[②]

(二)船舶的种类

根据不同的标准,可以对船舶进行不同的分类。常见的船舶分类是:

1. 本国船和外国船

以船舶拥有的国籍为标准,将船舶分为本国船和外国船。凡是拥有本国国籍的船舶为本国船,没有本国国籍而拥有外国国籍的船舶是外国船,无国籍船被认为是外国船。

国籍本来是指自然人的国籍,即个人属于某个特定国家的国民或公民的法律资格,是个人与特定国家之间固定的法律联系。船舶的国籍是对自然人国籍的借用,是指船舶所有人按船舶登记规则进行登记,取得国籍证书,从而使船舶从属于某个国家。

船舶国籍在国际公法和行政法上具有重要意义:在公海上航行的船舶,仅受船旗的专属管辖,并受船旗国的法律保护;在沿海运输、沿海捕鱼方面本国船舶享有专属经营权,在造船政策、海运管制、船舶税收方面,通常对本国船舶予以优惠或特别保护。具体说来,本国船享有以下权利:登记并领受国籍证书,悬挂本国国旗;享有在沿海和内河的航运权,有权在本国未对外开放的港口停靠;享受国家税收优惠和领取国家津贴,在外国根据条约享受最惠国待遇;请求并享受本国使领馆的保

① 司玉琢主编:《海商法学案例教程》,知识产权出版社 2008 年第 2 版,第 1~2 页。
② 张新平:《海商法》,中国政法大学出版社 2002 年版,第 42~44 页。

护与帮助,在特定时期享受本国军舰护航。

船舶国籍的取得在国际上并无统一标准,任何国家都可以根据主权原则,确定赋予船舶本国国籍的条件。从各国的立法与实践来看,给予船舶国籍的标准主要有三个:船舶所有人制度,即根据船舶所有人的国籍来确定船舶国籍;造船地制度,即以造船地是否在国内来确定船舶国籍;船员制度,即依据一定船员人数的国籍以确定船舶国籍。目前多数国家以船舶所有人制度为主,以船员制度为附带条件确定船舶国籍。至于造船地制度,虽具有保护本国造船工业和海运业的作用,却少有国家单独采用来确定船舶国籍。

2. 商船和非商船

以船舶是否以商业行为为目的,分为商船和非商船。就海商法所调整的船舶而言,商船是指以商业行为为目的供航海使用的船舶。非商船是指以商业以外的行为为目的而从事航行的船舶。当然,以商业行为为目的,在内河、湖泊上航行的船舶,也是商船,只是根据我国《海商法》的规定,它们不是海商法意义上的船舶。

3. 登记船和非登记船

以是否在船舶登记机关进行登记为标准,将船舶分为登记船和非登记船。登记船是指根据船舶登记规则,必须在登记机关进行注册登记、且已实际注册登记的船舶。除此之外的其他船舶称为非登记船。船舶是动产,但与普通动产有着重大区别,各国一般将船舶视为不动产或者作为特别动产处理,船舶所有权的转让、船舶抵押权的设立、船舶租赁等,只有经过法定机关的登记,才具有对抗第三人的公信效力。

4. 海船和内河船

在航运界,通常把船舶航行的区域划分为远洋、近洋、沿海、内水四个不同的水域。海船是指供海上航行使用的船舶,我国《海商法》原则上只适用于航海船。内河船是指航行于湖川江河等的船舶。区分海船和内河船的原因,主要是船舶航行区域不同,国家对船员定额、船舶适航程度、船级等都有不同的规定。

目前我国的沿海货物运输、内河货物运输统称为"水路货物运输",由《民法通则》《合同法》等调整,承运人对货物承担严格的赔偿责任,除因不可抗力、货物固有瑕疵、货方过错造成货物损失外,承运人均负赔偿责任,且按货物的实际价值赔偿,不享受单位责任限制。我国远洋货物运输由《海商法》调整,实行非完全过失责任制度,承运人享有航海过失免责权,享受单位责任限制和海事赔偿责任限制。这就是说,海船在适用法律上存在交叉,其从事沿海运输时适用《民法通则》《合同法》,从事远洋运输时则适用《海商法》。

(三)船舶登记

船舶登记是一项法律行为,是国家船舶登记机关按照法定程序,对该国国家、法人和私人所拥有的船舶和该国法律准予接受的船舶所进行的注册与登记。船舶登记是依法强制进行的,任何符合规定的船舶都必须进行登记。登记的目的,在于确定船舶的所有权关系,便于国家对船舶监督管理,掌握船舶数、吨位总数等航运能力,了解船舶航行中发生海事等情况,便于制定和采取预防措施,以及对已经发生的海事进行处理。

船舶登记分为所有权登记、抵押权登记、光船租赁登记、变更登记、注销登记和临时登记。船舶所有人建造、购买或以其他合法方式取得船舶后,应在登记机关规定的期限内,持适当的证明文件,如建造合同、买卖合同、继承书、转让书等和船舶检验机构签发的合格技术证明文件,到登记机关为船舶办理注册登记。船舶登记的内容包括:船舶的名称、种类、用途、营运性能(主要尺码、吨位、结构特点、主机种类、马力等)、船体材料、建设(或购买、转让、继承)日期、租赁权、抵押权、所有权及船舶所有人的名称和住址等。船舶在某一个国家登记,经批准后,便有权悬挂这个国家的国旗即船旗,并取得该国的国籍。

不同国家实行不同的船舶登记制度。有的国家的船舶登记,对船公司经营机构、经营人员、本国资本参与、船员配备等方面无任何限定性要求,只要船舶所有人向登记国交纳一定的登记费,都准许船舶在本国登记,取得本国国籍并悬挂本国国旗航行。这就是所谓的船舶开放登记制度。在该制度下,船舶与登记国之间除交纳登记费和象征性年税外,并无真正的联系,船舶并非登记国的财产,亦不受登记国的管辖和保护。船舶所有人实际上是购买登记国的一面国旗供航海使用,这种船舶通常称为方便旗船。利比里亚、巴拿马、塞浦路斯等国实行开放登记制度。美国、日本、我国香港特区是经营方便旗船最多的国家和地区,我国船舶挂方便旗亦有增多的趋势。

我国台湾地区将方便旗船称为权宜船（flag of convenience），即船舶所有人基于特殊考虑，采取权宜之计，将其船舶登记在他国，取得他国国籍并悬挂他国国旗。权宜船产生的原因是：登记国的船舶安全检查标准低，船员雇佣、配额限制少，税额低，无被本国政府征用之虞，易于向国外银行贷款，营运所得汇往国外不受外汇管制，不受营运区域限制。权宜船的负面影响是：违反船舶设籍之国际法原则；减缩国轮船队，不利国力之发展；易疏忽海上安全及船员福利与工作条件，不利航运管理及安全；船舶真正所属国无法行使、伸张行政司法管辖权；当发生事故时，真正所属国并无涉入之名义，登记国伸援手者又极为有限，欠缺对船舶之保护。总之，权宜船似可降低成本，提高竞争力，但其实质对国际航运秩序及法治观念之建立，具有极大的负面影响，因此，各国及地区除政策因素外，原则上均不鼓励本国船舶登记为他国之权宜船。①

【案例裁决/法律文书摘录】

（一）暂时未查清船舶所有人或光船承租人的扣押船舶裁定书

广州海事法院（2010）广海法保字第 59-1 号民事裁定书，是一份关于诉前扣押船舶的法律文书，因扣船申请人一时不能查明拟扣押船舶的所有人或光船承租人，而扣船情况紧急，不立即扣押船舶可能导致船舶逃逸，因此，根据船舶具有拟人化处理的法律性质，直接把船舶作为一方当事人，以"对物诉讼"的方式对船舶进行扣押。该民事裁定书摘录如下：②

申请人：湛江港（集团）股份有限公司。

被申请人："宁顺 9"轮船舶所有权人、光船承租人。

申请人湛江港（集团）股份有限公司于 2010 年 5 月 20 日向本院书面申请称：4 月 30 日，"宁顺 9"轮在湛江港不慎触碰了申请人码头的连系桥，造成经济损失约 500 万元。为了保证将来判决的执行，特申请法院扣押"宁顺 9"轮，并责令被申请人提供 500 万元的担保。为此，申请人已向本院提供了适当担保。

---

① 张新平：《海商法》，中国政法大学出版社 2002 年版，第 44～46 页。
② 详见广州海事法院（2010）广海法保字第 59-1 号民事裁定书。

经审查,合议庭成员一致认为:申请人的申请符合法律规定,依法准允。根据《海事诉讼特别程序法》第21条第(1)项之规定,裁定如下:(1)准许申请人湛江港(集团)股份有限公司的扣押船舶申请;(2)自即日起扣押"宁顺9"轮;(3)责令被申请人"宁顺9"轮的船舶所有人、光船承租人向本院提供500万元的担保;(4)申请人应当在本院采取扣押船舶措施后30日内起诉,逾期不起诉的,本院将解除船舶扣押。

(二)未经登记的建造中的船舶如何确定所有权人

建造中的船舶可能因种种原因不进行所有权登记,但当某种特殊情况发生而需要明确其所有权归属时,则可以通过司法程序,根据建造合同的约定、建造资金与材料的提供等情况,由法院作出明确的裁判。广州海事法院对建造中的油轮"嘉隆"(Carlung)轮所有权归属的判决,即体现了这一司法确权做法。以下为广州海事法院(2012)广海法初字第272号民事判决书的主要内容:①

原告:香港嘉陵有限公司(Callany Limited)。

被告:广东江门船厂有限公司。

原告诉称:原被告签订船舶建造合同,约定被告为原告建造"嘉隆"油轮。该轮技术指标满足中国船级社有关规范及香港海事处的认可条例,适合航行于香港水域;本船造价2939万港元(不含原告采购提供给被告的设备),分6期支付;本船,包括所有用于船舶建造的设备和材料,其所有权属于原告;在建造期间及试航时至本船交付时,被告应根据建造保险条款以原告为受益人向国内保险公司投保。原告依约支付了前三期进度款1616.45万港元。因被告无法按约定日期交船,2012年2月27日双方签订交接协议,约定解除船舶建造合同,被告以该轮现状交付给原告。鉴于该轮尚不具备航行能力,交接后该轮剩余工程项目仍交由被告承揽。2012年3月16日,广东省江门市蓬江区人民法院(下称蓬江法院)根据江门融和农村商业银行股份有限公司(下称融和银行)的申请,裁定扣押了该轮。至起诉时该轮仍处于建造阶段。原告是在香港注册的中国石油化工集团公司的全资子公司,该轮建造竣工后拟在香港登记,原告无法依据《船舶登记条例》在内地办理该轮

---

① http://www.ccmt.org.cn/showws.php? id=7048,下载日期:2014年7月17日。

的所有权登记手续。自开工建造至起诉时,该轮所有权由原告持续地享有,被告从未取得该轮的所有权。蓬江法院的保全措施导致该轮建造工作停顿,损害了原告的权益。原告对该轮的权属处于不安状态。故诉请法院经普通程序确认"嘉隆"轮的所有权归原告香港嘉陵有限公司所有。

被告承认原告起诉主张的事实,对"嘉隆"轮所有权属于原告没有异议。

经审理查明:2010 年 6 月 1 日,原、被告签订 JMSY201005-02A 号船舶建造合同,约定被告为原告承建"嘉隆"轮;原告负责船舶的图纸设计并送中国船级社审批,再将船级社的批复图送香港海事处审批,被告按审批图及香港海事处的出牌要求建造船舶。本船造价为 2939 万港元;船舶的进口设备如船用柴油主机、齿轮箱、柴油发电机、货油泵各两台由原告提供,价值 1913520 美元;其他设备由被告提供。本船总值为 44315456 港元。双方约定本船的所有权属于原告,被告不得对本船进行买卖、转让、设置抵押等处分或者限制性措施。

2010 年 11 月 25 日,被告根据约定为该轮向中国大地财产保险股份有限公司投保,约定保单第一受益人为本案原告。

建造中的"嘉隆"轮系 2500 吨成品油船,原告已向香港船舶注册处提出注册申请。香港船舶注册处于 2011 年 12 月 1 日出具的船舶标记纪要及标记证明书记载,船名"Carlung 嘉隆",编号 HK-3360,呼号 VRJV6。该轮在香港船舶注册处档案编号为 SD/L-13094,在国际海事组织的编号为 9637997。

"嘉隆"轮于 2010 年 9 月 29 日安装龙骨,2012 年 2 月 22 日下水,现停泊在被告船厂附近水域。船名"Carlung 嘉隆"已经以油漆髹上船身的方式予以标记。因被告未依约交船,双方于 2012 年 2 月 27 日签订交接协议解除船舶建造合同,约定被告以该轮现状交付给原告,还约定交付后由被告继续占有该轮完成剩余工程项目。

另查明:蓬江法院受理融和银行诉广东江门船厂有限公司、广东天健实业集团有限公司金融借款合同纠纷案。该院于 2012 年 3 月 16 日以(2012)江蓬法民二初字第 321 号、第 322 号民事裁定书裁定扣押"嘉隆"轮。

合议庭认为:本案是船舶权属纠纷。船舶建造合同、补充协议及油船交接协议是双方的真实意思;双方船舶建造合同关系成立并有效,对双方均具有约束力。

《物权法》第 33 条规定:"因物权的归属、内容发生争议的,利害关系人可以请求确认权利。"本案"嘉隆"轮在建造中尚未进行所有权登记,案外人融和银行申请蓬江法院对该轮进行保全,而该轮的权属在原告与被告间不明确。该轮权属的不明确导致原告的权利或其他法律上之地位有不安之危险,而其不安之危险有以确认判决除去之必要。因此原告作为利害关系人有权提起确认之诉,请求确认权利。

建造中的"嘉隆"轮已经下水,属海上移动式装置即海商法上之船舶。该轮船名"Carlung 嘉隆"已经以油漆髹上船身的方式予以标记,并且具有国际海事组织的编号,因此该轮在法律上是独立之物。

《船舶登记条例》第 13 条第 3 款规定:"就新造船舶申请船舶所有权登记的,应当提供船舶建造合同和交接文件。但是,就建造中的船舶申请船舶所有权登记的,仅需提供船舶建造合同。"据此,船舶建造合同是船舶和建造中的船舶所有权取得的证明文件之一。原告持有 JMSY201005-02A 号"嘉隆"轮建造合同并且是定作人,是其享有所有权的初步证据。

在本案开庭审理中,被告作为承揽人确认"嘉隆"轮所有权属原告所有。双方在"嘉隆"轮建造合同中明确约定该轮(含所有用于本船建造的设备和材料)的所有权属于原告。双方在签订交接协议解除船舶建造合同时再次约定该轮所有权、收益权、处分权及其他附着于本船的所有权益归原告拥有。双方还约定船舶保险保单第一受益人为原告。上述约定是双方的真实意思表示,是有效的,可据此认定该轮物权属定作人香港嘉陵有限公司所有。

因建造而取得所有权是船舶所有权原始取得的方式之一。在本案中,"嘉隆"轮的进口设备如船用柴油主机、齿轮箱、柴油发电机、货油泵均由原告提供,而该轮是由原告作为定作人委由被告承揽建造,由原告负责船舶的图纸设计及报批;而双方还约定所有用于该轮建造的设备和材料的所有权属于原告。因此,原告作为主物所有人因建造取得合成物"嘉隆"轮之所有权。

综上所述,根据《物权法》第 33 条、《民事诉讼法》第 13 条之规定,判决确认"嘉隆"(Carlung)轮的所有权属原告香港嘉陵有限公司所有。

（三）船舶从事沿海货物运输所发生的纠纷不适用《海商法》第 4 章的规定

《海商法》作为特别法，优先适用于海上货物运输合同纠纷案件的审理；依照《海商法》第 2 条第 2 款的规定，我国港口之间的海上货物运输，包括内河货物运输和沿海货物运输，不能适用《海商法》第 4 章的规定，应当适用《合同法》的有关规定。"富源口"轮水路货物运输合同货损赔偿纠纷一案，经海口海事法院一审、海南省高级人民法院二审、最高人民法院再审，确立了如上审判原则。本案案情梗概如下：①

原告（二审上诉人、再审被申请人）：中国太平洋财产保险股份有限公司海南分公司（下称太保海南公司）。

被告（二审上诉人、再审申请人）：中远航运股份有限公司（下称中远公司）。

第三人：海南一汽海马汽车销售有限公司（下称海马销售公司）。

太保海南公司向一审海口海事法院起诉称：2007 年 1 月 1 日，海南金盘物流有限公司（下称金盘物流公司）代表海马销售公司，与中远公司签订了《车辆运输合作协议》。12 月 17 日，中远公司"富源口"轮装运海马销售公司所有的海马牌商品车 610 台，由海口开往上海。海马销售公司同时就该批汽车向太保海南公司投保了水路运输保险。12 月 23 日，当上述商品车到达上海时，发现大部分车辆严重受损。太保海南公司共向海马销售公司赔偿保险理赔款 16395960 元，并支付了其他相关费用 807804 元。请求判令中远公司赔偿保险理赔款和其他费用损失及上述两项损失的利息。

海口海事法院经审理认为，本案系水路货物运输合同货损赔偿纠纷。《车辆运输合作协议》在性质上属于水路货物运输合同，其虽系金盘物流公司与中远公司签订，因金盘物流公司是海马销售公司的委托代理人，该协议项下所约定的金盘物流公司的权利和义务应由海马销售公司享有和承担。因此，海马销售公司与中远公司之间存在水路货物运输合同关系。太保海南公司是本案所涉汽车的保险人，其

---

① 《最高人民法院公报》2012 年第 8 期，第 16～27 页。

已向被保险人海马销售公司支付了保险赔偿金及相关施救费用,有权行使代位求偿权向承运人中远公司提出索赔。

太保海南公司在本案中代位的是被保险人海马销售公司在水路货物运输合同项下的地位,故其应受该水路运输合同的调整。该运输合同,双方当事人意思表示真实,内容明确、规范,不违反国家法律、行政法规的强制性规定,依法确认有效。中远公司作为本航次货物运输的承运人,其责任期间为从货物装上船时起至卸下船时止。承运船舶"富源口"轮的总吨为 8533,核定的经营范围为国内沿海及长江下游各港口间商品汽车整车运输。按照《国内水路货物运输规则》第 48 条和《合同法》第 311 条的规定,沿海货物运输承运人承担的是一种较为严格的赔偿责任,除因不可抗力、货物本身的原因、托运人或收货人本身的过错所造成的货物损失外,承运人均应承担赔偿责任,并且承运人对其除外责任负有举证责任。"富源口"轮在运输途中,因船舱发生火灾事故,造成其承运的汽车受损,中远公司虽主张本案火灾事故是因托运人交付的汽车自燃引起,但不能举证证明本案火灾事故属于汽车自燃以及属于《国内水路货物运输规则》和《合同法》规定的其他免责事项;且由于中远公司未能及时报告和申请公安消防机构进行调查、鉴定,导致本案火灾事故因时过境迁而无法查明其原因,中远公司的免责主张不成立。中远公司应对本案中太保海南公司所遭受的损失及其利息承担赔偿责任。

"富源口"轮属于从事国内沿海运输的适航船舶,中远公司有权依据《海商法》第 11 章有关海事赔偿责任限制及交通部《关于不满 300 总吨船舶及沿海运、沿海作业船舶海事赔偿限额的规定》所规定的赔偿限额赔偿损失,根据国际货币基金组织 2009 年 10 月 23 日公布的特别提款权对人民币的折算率为 1 特别提款权兑换 10.9057 元人民币,中远公司可享受的海事赔偿责任限额为 8243897 元。太保海南公司请求的超过赔偿限额部分的损失,不予支持。依照《合同法》第 311 条、第 403 条、《海商法》第 11 章、第 240 条第 1 款、第 252 条第 1 款、第 277 条之规定,一审判决:中远公司赔偿太保海南公司经济损失 8243897 元;驳回太保海南公司对中远公司的其他诉讼请求。

中远公司、太保海南公司均不服一审判决,向海南省高级人民法院提起上诉。海南省高级人民法院经审理认为:《海商法》第 54 条规定承运人应对在航运过程中所产生的货物灭失、损坏的免责事由承担举证责任,中远公司未能申请公安消防机构对火灾原因进行查明,其对火灾原因负有举证不能之责。判决:驳回上诉,维持原判。

中远公司以二审法律适用错误等理由,向最高人民法院申请再审。最高人民法院经再审认为:本案为水路货物运输合同货损赔偿纠纷,《海商法》作为特别法应当优先适用,但本案所涉运输为海口至上海,系中华人民共和国港口之间的海上运输,根据《海商法》第2条第2款"本法第4章海上货物运输合同的规定,不适用于中华人民共和国港口之间的海上货物运输"的规定,《海商法》第4章不适用于本案,本案应当适用《海商法》第4章之外的其他规定,《海商法》没有规定的,应当适用《合同法》的有关规定。二审判决适用《海商法》第4章中的第42条、第54条、第58条、第59条认定海马销售公司为实际托运人、火灾原因的举证责任划分以及中远公司有权享受海事赔偿责任限制,属于适用法律明显错误,应予纠正。但二审认定事实清楚,判决结果正确,本院予以维持。

【延伸阅读】

1.张既义、司玉琢、尹东年、於世成编著:《海商法概论》,人民交通出版社1983年版。

2.沈木珠:《海商法比较研究》,中国政法大学出版社1997年版。

3.司玉琢:《海商法专论》,中国人民大学出版社2007年版。

4.黄伟青:《一宗船舶买卖连环合同纠纷案》,载司玉琢主编:《中国海商法年刊(1997)》,大连海事大学出版社1998年版。

5.饶中享:《论内河船舶》,载饶中享主编:《海事应用法学研究》,湖北人民出版社2004年版。

第二节　船舶所有权

【知识背景】

船舶所有权的特征与法律关系

(一)船舶所有权的特征

《海商法》第 7 条规定:"船舶所有权,是指船舶所有人依法对其船舶享有占有、使用、收益和处分的权利。"船舶所有权人依法独占其船舶,并可依自己的意愿通过占有、使用、收益及处分等方式利用船舶,以实现其作为船舶所有人的应享利益。船舶所有权具有如下特征:

1.船舶所有权是自物权

所有权人是对自己的船舶享有物权,具有船舶主人的法律地位。这与船舶抵押权人的权利不同,抵押权人是在他人的船舶上行使权利,属于他物权的范畴。

2.船舶所有权为独占权

船舶所有人独占其船舶,独享船舶的价值与使用价值。除了依照行政法、税法等的规定向国家负担一定税费外,船舶所有人使用其船舶,在私法范围内无须向任何人支付对价或报酬。他人需使用船舶所有人的船舶的,应向所有人支付相应的对价或报酬。

3.船舶所有权为一种完全物权

船舶所有权是一种全面的、总括的、一般的支配权,全部囊括了对船舶的占有、使用、收益和处分四项权能。船舶所有人行使这些权能,除受法律的限制外,不受他人的单方面限制,具有充分的自由权。船舶所有人可根据自己的利益需要,亲自行使对船舶的占有、使用、收益和处分四项权能,也可将部分权能转给他人行使。而船舶抵押权、船舶优先权、船舶留置权等,都是在他人的船舶所有权基础上行使的权利,因而都是不完全的和不充分的物权,只能行使占有、使用、收益、处分四项权能中的一项、两项或三项权能,即使享有全部四项权能,也须受船舶所有权人的制约和限制,不可能是完全的物权。

4.船舶所有权是一种具有弹性力、回归力的物权

船舶所有人根据自己的需要在其船舶上为他人设定他物权,如船舶抵押权,即构成了对船舶所有权的限制,使其所有权处于一种不圆满状态。但日后他物权消灭,被担保的债务得到清偿,船舶抵押权不复存在,船舶所有权所受的限制被除去,所有权又回复到了圆满状态。

5.船舶所有权为原始物权

船舶所有权不是从其他财产权派生出来的,而是法律直接确认财产归属关系的结果。《海商法》第9条规定:"船舶所有权的取得、转让和消灭,应当向船舶登记机关登记;未经登记的,不得对抗第三人。船舶所有权的转让,应当签订书面合同。"这是指船舶所有权的变动应予公示,而《海商法》的规定采取了登记对抗主义的立法例,《物权法》第24条亦作了相似的规定,即"船舶、航空器和机动车等物权的设立、变更、转让和消灭,未经登记,不得对抗善意第三人"。这里的登记对抗主义,是指船舶所有权的变动不论登记与否,均在双方当事人之间生效;未经登记的,原船舶所有人不得以船舶所有权已变动为由免除其对第三人的责任,船舶受让人亦不得以船舶所有权变动未经登记为由不对第三人承担责任。

(二)船舶所有权法律关系的主体

这是指在船舶所有权法律关系中享受权利、承担义务的自然人和法人。基于所有权是对世权的认识,船舶所有权的义务主体是指除船舶所有人之外的一切人,权利主体即是船舶所有权人。

我国从事远洋运输的船舶绝大多数为国家所有,即全民所有,另有一部分为集体或私人所有。《海商法》第8条规定:"国家所有的船舶由国家授予具有法人资格的全民所有制企业经营管理的,本法有关船舶所有人的规定适用于该法人。"我国从事远洋运输的船舶绝大多数为国家所有,但国家不可能直接从事远洋运输活动,我国的做法是将船舶授予国有运输企业经营,而国家以控股的形式行使船舶所有权。事实上,国有船舶的经营单位对船舶进行登记时,船舶登记机关是直接将经营人登记为船舶所有人的。

船舶共有人是指共同拥有船舶并把船舶用于海上运输的人。船舶共有可以是按份共有,也可以是共同共有。按份共有是指各共有人按确定的份额对船舶享有权利、分担义务的共有,绝大多数的船舶共有都是按份共有。共同共有是指共有人对船舶不分份额地享受权利和承担义务的共有,是较按份共有更为紧密的共有,各共有人只有在共有关系消灭时才能协商确定各自的财产份额。船舶共同共有以家庭共有为其主要形式。共有人对共有的船舶没有约定为按份共有或共同共有,或者约定不明确的,除共有人具有家庭关系等外,均视为按份共有。按份共有人对共有的船舶享有的份额,没有约定或者约定不明的,按照出资额确定;不能确定出资额的,视为等额享有。①

《海商法》第10条规定:"船舶由两个以上的法人或者个人共有的,应当向船舶登记机关登记;未经登记的,不得对抗第三人。"由此可见,在我国的船舶共有制度中,共有的主体可以是法人,也可以是自然人,且这种共有关系只有在依法登记后才具有对抗第三人的公信力。

（三）船舶所有权法律关系的内容

这是指船舶所有权法律关系中权利人享有的权利和义务人所承担的义务。由于船舶所有权是一种绝对权,因而其义务人所承担的义务是不作为的义务,即不得作出任何有碍于船舶所有权人行使权利的行为。船舶所有权人的权利则较为复杂,分述如下:

1. 船舶所有权人对船舶占有的权利

这是指船舶所有权人拥有对船舶的实际掌握和控制权。行使对船舶的占有权是行使船舶使用权的前提条件,但在航运实务中,船舶所有人一般不直接行使对船舶的占有权,船舶经常性地处于承租人或船舶经营人的占有和控制之下,或者处于船舶所有人所雇佣的船长、船员的控制和管理之下。

2. 船舶所有权人对船舶使用的权利

这是指船舶所有权人按照船舶的性能和用途对船舶加以利用,以满足海上运输需要的权利。对船舶行使使用权,是实现船舶使用价值的手段。对船舶的使用

---

① 见《物权法》第103条、第104条。

权与占有权一样,可以与所有权相分离,即由非所有人对船舶行使使用权。在租船合同中,租船人将所租船舶用来运输自己的货物或他人的货物,即属此种情况。非所有人对船舶行使使用权一般是有偿的,并应按照双方约定的方式合理使用,否则,船舶所有人可以收回其使用权。

3. 船舶所有人对船舶行使收益的权利

这是指船舶所有人收取由船舶产生出来的新增经济价值的权利。收益权是市场经济条件下所有权中最重要、最基本的一个权能,船舶所有人在运输活动中所追求的主要目标就是船舶收益权,即将船舶投入营运,通过对船舶使用价值的利用,创造出新增价值。在海上运输实务中,船舶所有人通常将船舶的占有权、使用权和部分收益权通过订立合同的形式让与他人,而由自己保留部分收益权和全部的处分权。

4. 船舶所有人对船舶行使处分的权利

这是指船舶所有人依法对船舶进行处置,从而决定船舶命运的权利。对船舶的处分包括事实上的处分和法律上的处分。事实上的处分是指对船舶在实物形态上的处分,如在船舶因海事而沉没海底后放弃打捞,对旧船进行拆解等;法律上的处分是指通过不同的法律行为而对船舶进行的处置,如转让船舶的所有权、对船舶设定抵押权等。

5. 船舶所有人排除他人干涉、妨碍的权利

船舶所有权是一项对世权、自物权,要求船舶所有人之外的一切人负有不干涉、不妨碍的义务。当船舶所有人在行使对船舶的占有权、使用权、收益权、处分权时,如果遇到他人非法干涉和妨碍,船舶所有权人可以根据具体情况请求排除妨碍、恢复原状、返还原物、赔偿损失等。这是船舶所有人享有的一项消极权利,只有在其占有权、使用权、收益权、处分权等积极权利受到不法侵犯时才会行使,在平时则处于休眠状态。

(四)船舶所有权法律关系的客体

这是指船舶所有权法律关系的权利义务所指向的对象,即船舶本身。如前所述,船舶是一个合成物,由船体和属具组成。船体由龙骨、外板、推进器、船舱等构成,具有不可分割性,任何一部分脱离整体即失去意义、不再具有船舶的属性,而船

舶本身可能在失去其船体的任何一部分之后也将不再成其为船舶。这一特点决定了在分割船舶时只能给予经济补偿,而不能将船舶切分为几个部分。

【案例裁决/法律文书摘录】

(一)船舶未经登记不影响权利人的所有权

《海商法》第9条规定,船舶所有权的取得、转让和消灭,应当向船舶登记机关登记,未登记的,不得对抗第三人。显然,该立法例采取了登记对抗主义。其后的《物权法》与此规定是一致的。《海商法》上的船舶所有权转让采登记对抗,以充分尊重当事人的意志,而不适用《海商法》的船舶发生所有权转让,则更应由当事人的意思表示来确定物权的变动。广州海事法院关于何世福等"三无"船舶的权属纠纷案判决,即体现了这一船舶物权变动的做法。其判决梗概如下:①

原告:何世福、何观仁、何洪达。

被告:梁光民。

原告何世福、何观仁、何洪达诉称:2003年初,梁光民称其在湛江港领有200万立方米沙方,需要原告的抽沙船抽沙。双方约定梁光民先付给三原告进场费2万元,修理抽沙船机械费10万元,共计12万元。原告按约定拖船至湛江霞山港后,梁光民称没有钱,不履行合同的约定。在原告回家取伙食费时,梁光民却将抽沙船拖走卖掉。请求法院判令:(1)被告返还拖走的价值40多万元的抽沙船一艘;(2)被告向原告赔偿每天1000元,自2003年5月31日起至2008年5月21日止共计179万元,并计算至被告返还船舶之日止;(3)被告梁光民赔偿合同违约金50万元。

法院经审理查明:2002年9月19日,原告何洪达与被告梁光民签订一份合同书,约定梁光民将其承接的湛江霞山至南油新建跨海大桥南油吹填工程之送沙工程承包给原告何洪达,工程量为200万立方米。进场付款办法,梁光民先付2万元,总共应付进场费、机械修理费12万元给原告。

合同签订后,原告从被告梁光民及其合作伙伴处共领到现金25375元。原告

---

① http://www.ccmt.org.cn/showws.php? id=3440,下载日期:2014年7月19日。

于 2002 年 9 月下旬将其抽沙船拖到湛江市霞山区麻章水产批发市场码头。

梁光民在湛江市公安局水上派出所陈述称：经原告何洪达请来的修船师傅实地考察后认为，涉案船舶的修理费需要 25 万元至 28 万元，大大高于双方预计的 10 万元，梁因此表示无法承受多出部分的资金，希望何洪达能找人来参股，但何表示办不到，因而原被告之间的合作无法进行。原告则声称是被告梁光民未履行合同，没有依约垫付船舶修理费，以致合作不能进行，且被告不付钱给原告将船舶拖回廉江安铺港，使得船舶被迫停在海富码头。

在看船人即原告何观仁回家取伙食款期间，梁光民以何洪达拖欠其 25000 元借款为由，于 2003 年 5 月 21 日上午通过中间人将涉案船舶以 46300 元的价格卖给东莞东方工程机械有限公司的钟镜波，在扣除给中间人 3000 元中介费后，梁光民实际收取了船舶变卖款 43300 元。在公安机关的询问笔录以及本案庭审中，梁光民称变卖涉案船舶，其通过电话取得了何洪达的同意。而原告方面则认为，梁光民仅是电话征询过意见，原告方并未同意卖船。

2003 年 5 月 31 日，何观仁发现船舶失踪，便向警方报案。警方以该案属经济纠纷为由，不予立案。

另查明，涉案的绞吸船舶是由原告从广西购买的三艘旧船改装而成，长约 18 米、宽约 6 米，船舱深度约 1.6 米至 1.8 米，柴油机为济南产 12V190,1200 马力，船舶总吨约 70。涉案抽沙船是一艘无船名、船号，无船舶证书，无船籍港的"三无"船舶。

原告何观仁、何洪达系原告何世福的儿子。庭审中，原告强调被告必须返还船舶，或者按船舶原样新造一艘船舶，拒绝接受船舶灭失的赔款。

合议庭认为：本案是船舶权属纠纷。三原告为父子关系，其并未主张涉案船舶为按份共有，因而应认定该船系原告的家庭共同共有之财产。该船乃原告自行组装的一艘"三无"船舶，因不符合国家海事行政主管部门的有关要求而不能进行合法的营运并取得收益。但是，根据《船舶登记条例》第 5 条"船舶所有权的取得、转让和消灭，应当向船舶登记机关登记；未经登记的，不得对抗第三人"之规定，船舶所有权的取得不以船舶登记为先决条件，未经登记的，并非不能取得船舶所有权，只是该所有权不能对抗第三人。因此，原告对涉案船舶享有受法律保护的所有权，其他人不得侵害这种所有权或妨碍所有权人合法地行使对船舶占有、使用、收益和处分的权利。

被告梁光民称其将涉案船舶卖与钟镜波,电话取得了何洪达的同意,一方面梁光民并未向法庭提供何洪达同意其卖船的证据,另一方面何洪达等原告否认同意梁光民变卖其船舶,因此,梁光民变卖涉案船舶并非原告事前同意的结果,原告事后也未予以追认,实属梁光民擅自处分了原告享有所有权的财产,构成对原告的侵权。

根据我国法律的规定,船舶所有权的转让应当向船舶登记机关登记,而钟镜波购买的涉案船舶系"三无"船,未办理所有权登记手续或过户手续,因此即使其支付的对价是合理的,也不能对抗第三人,更不能对抗船舶所有权人。梁光民无权处分涉案船舶,其转让行为并不受法律保护。目前没有证据证明涉案船舶不存在,根据《民法通则》第117条第1款"侵占国家的、集体的财产或者他人财产的,应当返还财产,不能返还财产的,应当折价赔偿"的规定,原告作为船舶的所有权人,有权追回船舶,被告梁光民负有返还原告船舶之法律义务。

梁光民与何洪达之间签订的租船合同并未约定合同不履行给原告造成损失的赔偿责任,且合同不能履行系船舶修理费超过合同约定的数额、双方不能达成新的协议所致。船舶尚未修好,不可能进行抽沙作业,即船舶不具有进行经营的前提条件,且该抽沙船系"三无"船舶,不能进行合法经营并获得合法收益。因此,原告主张每天1000元损失赔偿,自2003年5月31日起至2008年5月21日止共计179万元,并计算至被告返还船舶之日止的诉讼请求,没有合同依据和法律根据,依法应予驳回。原告主张被告梁光民赔偿合同违约金50万元,并无合同依据,亦应予以驳回。

法院根据《民法通则》第117条第1款的规定,判决:被告梁光民于本判决生效之日起30日内向原告何世福、何观仁、何洪达返还涉案船舶;驳回原告的其他诉讼请求。

(二)船舶"活扣押":限制对船舶所有权处分的保全措施

《海事诉讼特别程序法》第27条规定:"海事法院对船舶实施保全后,经海事请求人同意,可以采取限制船舶处分或者抵押等方式允许该船舶继续营运。"这就是司法实务中所谓的船舶"活扣押"。"活扣押"往往能产生类似于设定船舶抵押权的效果,但也会使船舶在营运过程中产生船舶优先权,甚至发生船舶灭失的风险。厦门海事法院对"捷运 18"轮的"活扣押"具有典型意义,其裁定内容如下:①

申请人:高吓龙。

被申请人:福州捷航船务有限公司。

申请人高吓龙于 2005 年 11 月 23 日向厦门海事法院提出诉前海事请求保全,称:被申请人福州捷航船务有限公司为购买"捷运 18"轮而向申请人借款 480 万元,月利率 1‰,还款期为 2005 年 9 月 30 日,但被申请人至今未履行还款义务,为此,申请人请求法院禁止"捷运 18"轮办理船舶过户、更名、设定船舶抵押权及光船租赁手续,为解除上述保全措施被申请人应提供 499 万元的担保。申请人已为其申请提供了福州闽富达船务有限公司、王灿明共同所有的"金闽江 8"轮作为本次申请的担保。

法院经审查认为,申请人提供了其具有海事请求权的初步证据材料,并就其申请提供了担保,申请人的申请符合法律规定,应予准许。2005 年 11 月 23 日,厦门海事法院根据《海事诉讼特别程序法》第 17 条、第 21 条、第 23 条、第 28 条的规定,作出如下裁定:(1)准许申请人高吓龙的诉前海事请求保全申请;(2)即日起禁止"捷运 18"轮更名、变更船籍港、办理过户登记、设置抵押权及光船租赁手续;(3)为使"捷运 18"轮得以解除上述保全措施,被申请人应提供 499 万元的现金担保或其他可靠担保;(4)即日起禁止"金闽江 8"轮更名、变更船籍港,办理过户登记、设置抵押权及光船租赁登记手续。

【延伸阅读】

1. 张新平:《海商法》,中国政法大学出版社 2002 年版。

2. 沈木珠:《海商法比较研究》,中国政法大学出版社 1998 年版。

3. 司玉琢主编:《海商法》,法律出版社 2007 年第 2 版。

4. 李海:《船舶物权之研究》,法律出版社 2002 年版。

---

① 司玉琢主编:《海商法学案例教程》,知识产权出版社 2008 年第 2 版,第 7～8 页。

5. 倪学伟:《船舶活扣押的若干理论与实务问题研究》,载《广东法学》2010 年第 3 期。

6. 刘乔发:《苏忠伟、杨克珍诉李日坤、杨克凤船舶共有纠纷案》,http://www.ccmt.org.cn/shownews.php? id=10709,下载日期:2014 年 7 月 22 日。

7. 伍载阳:《对〈海商法〉第九条规定的理解与适用》,载《珠江水运》2001 年第 10 期。

第三节 船舶抵押权

【知识背景】

船舶抵押权的特征与法律实务问题

(一)船舶抵押权的概念与特征

《海商法》第 11 条规定:"船舶抵押权,是指抵押权人对于抵押人提供的作为债务担保的船舶,在抵押人不履行债务时,可以依法拍卖,从卖得的价款中优先受偿的权利。"船舶抵押权是担保物权,具有以下法律特征:

1. 抵押物只能是船舶

船舶抵押的首要法律特征,就是以船舶,包括船舶属具为抵押标的物,而不是以其他财产为标的。船舶虽是动产,但并不将船舶以动产质押,因为质押不能充分发挥船舶作为运输工具的效用,质权人可能不懂船舶的经营和管理,其占有船舶只会徒增其负担。《物权法》第 180 条、第 181 条规定可以用作抵押的物,已经不再区分动产与不动产,只要抵押人有权处分的财产均可作为抵押的标的。而海商法历来把船舶视为不动产,以船舶为抵押向银行融资,这是海运业中常规的做法。

2. 船舶抵押权具有从属性

从属性是指从属于被担保的债权。船舶抵押权的从属性表现在以下三个方面：

第一，船舶抵押权成立上的从属性，即船舶抵押权的成立应以被担保债权的成立为前提，没有有效成立的债权，船舶抵押权就不可能成立。在船舶抵押贷款实务操作中，银行方面为了保证其借款的安全性，往往要求借款人先签订船舶抵押合同提供抵押担保，其后再签订贷款合同并放款给借款人，这即是较为典型的抵押权成立在先、主债权成立在后的实例。可见，船舶抵押权成立上的从属性，并不是指主债权和抵押权成立时间先后上的从属性，而是指抵押权人实行抵押权时，必须有主债权的存在，否则抵押权因不具有从属性而应归于无效。

第二，船舶抵押权转移上的从属性，即船舶抵押权人既不能单独转让抵押权而保留债权，或单独转让债权而保留抵押权，也不能将主债权与抵押权分别转让给不同的人，船舶抵押权必须随主债权的转让而转让。主债权因为转让而发生主体变化时，船舶抵押权由受让债权的新债权人享有，但新债权人可以自愿放弃抵押权而使其受让的债权成为一般债权。

第三，船舶抵押权消灭上的从属性，即船舶抵押权随被担保的主债权的消灭而消灭。船舶抵押权是为担保主债权而存在的，如果主债权因为清偿、放弃、混同、抵消等原因而全部消灭时，船舶抵押权作为从属性权利便随之消灭。但如果主债权只是部分消灭，船舶抵押权并不因此而消灭，它仍然附着在尚未消灭的主债权之上，成为未消灭的主债权的担保。

3.船舶抵押权具有物上代位性

《海商法》第 20 条规定："被抵押船舶灭失，抵押权随之消灭。由于船舶灭失得到的保险赔偿，抵押权人有权优先于其他债权人受偿。"这即是船舶抵押权的物上代位性，即当被抵押的船舶发生毁损或价值形态的变化，抵押权人获得代替抵押物价值形态的其他物作为其债权的担保。

4.船舶抵押权具有追及性

即被抵押的船舶不论转让于何人，抵押权人均可追及该船舶以行使其权利。《海商法》第 17 条规定："船舶抵押权设定后，未经抵押权人同意，抵押人不得将被抵押船舶转让给他人。"这一规定体现了船舶抵押权追及性的一方面属性。其另一方面的属性是，经抵押权人同意后，抵押人可以将抵押船舶转让于他人，该转让是合法有效的,但船舶抵押权仍然附着在船舶上,抵押权人可以依法行使权利,实现其抵押权。因此,受让人应充分考虑所受让船舶已设立抵押权的情况,其受让船舶后即取得船舶抵押人的身份与地位,应尽抵押人的义务,因而应仔细权衡利弊,以保护自身的利益。

(二)船舶抵押权的设立

船舶抵押权是意定的担保物权,船舶所有人或者船舶所有人授权的人可以设立船舶抵押权。《海商法》第12条第2款规定:"船舶抵押权的设定,应当签订书面合同。"因船舶价值甚大,船舶抵押权所担保的债权亦可能数额不菲,所以法律要求以书面合同明确双方的权利义务。同样是因船舶价值巨大,故船舶可以为若干个债权设立抵押权,其顺序以登记的先后为准。[①] 船舶抵押权人为主债权人,抵押人则可能是主债务人,亦可能是第三人,但必定是船舶所有权人,非船舶所有权人对船舶不享有物权,不得设立船舶抵押权。

(三)船舶抵押权的登记

船舶抵押合同经双方当事人签字或盖章后即成立并生效,它并不以抵押权登记作为合同生效的条件。船舶抵押权自抵押合同生效时即设立,[②]但若该设立的船舶抵押权未经登记的,不得对抗第三人。因此,对船舶抵押权人而言,登记可以使其抵押权取得对抗第三人的效力,使抵押权获得更进一步的法律保护,因而在一般情况下均应作抵押权登记。

抵押权登记,由抵押权人和抵押人共同向船舶登记机关办理。目前我国办理船舶抵押权登记的机关为船籍港所在地的海事管理机关即海事局。船舶抵押权登记包括以下主要项目:船舶抵押权人和抵押人的姓名或者名称、地址;被抵押船舶的名称、国籍、船舶所有权证书的颁发机关和证书号码;所担保的债权数额、利息率、受偿期限。海事局同意该抵押权登记的,即将有关内容记载于船舶档案,并在

---

① 在抵押权设立之前,各个抵押权人可以就抵押权的顺位事先约定,并根据约定先后登记设立船舶抵押权。一经登记,其顺位必须依法定原则予以确定。参见尹田:《物权法》,北京大学出版社2013年版,第536页。

② 参见《物权法》第188条的规定。

船舶所有权证书他项权利中载明船舶抵押权的情况。船舶抵押权的登记状况是公开的,允许公众查询。

(四)船舶抵押权的实现

《物权法》第 195 条规定抵押权实现的方式为,抵押权人与抵押人通过协议,以抵押财产折价或拍卖、变卖抵押财产;协议不成的,抵押权人可以请求人民法院拍卖、变卖抵押财产。根据《民事诉讼法》第 196 条、第 197 条规定的实现担保物权案件的程序,船舶抵押权人可以依照海商法、物权法等法律,向船舶所在地或船舶抵押权登记地的海事法院提出实现船舶抵押权的申请。海事法院受理申请后,经审查,符合法律规定的,裁定拍卖抵押船舶,当事人根据该裁定向海事法院申请执行;不符合法律规定的,裁定驳回申请,抵押权人可以向海事法院提起诉讼。

《海商法》第 11 条规定,船舶抵押权的实现须通过拍卖进行,而不能以折价或变卖的方式处理。这里的拍卖,应理解为通过海事法院依法拍卖,而不是委托商业拍卖,这是因为船舶上往往附着了船舶优先权,而船舶优先权应当通过法院扣押产生优先权的船舶行使,只有通过法院拍卖,才能使船舶成为一艘"清洁的"不附着优先权和其他权利的船舶。

同一船舶设定两个以上抵押权的,抵押权人按照以下规则受偿:以抵押权登记的先后顺序,从船舶拍卖所得价款中依次受偿,同日登记的抵押权,按照同一顺序依债权比例受偿;抵押权已登记的先于未登记的受偿;抵押权未登记的,按照债权比例受偿。[①]

(五)船舶抵押权的消灭

《海商法》第 20 条规定:"被抵押船舶灭失,抵押权随之消灭。"而《物权法》第 177 条规定了担保物权消灭的四种情形,即主债权消灭、担保物权实现、债权人放弃担保物权以及法律规定担保物权消灭的其他情形。因此,船舶抵押权消灭的情形是:

1. 被抵押船舶灭失,抵押权随之消灭,但抵押权人对因船舶灭失得到的保险赔偿,有权优先于其他债权人受偿。

---

① 见《海商法》第 19 条第 2 款,《物权法》第 199 条。

2. 主债权消灭,船舶抵押权随之消灭。

3. 船舶抵押权因通过法院拍卖船舶,实现抵押权而消灭。

4. 船舶抵押权人放弃抵押权而消灭。

5. 船舶抵押权与船舶所有权混同而消灭。

【案例裁决/法律文书摘录】

(一)船舶抵押权的实现

广州海事法院审理的"航海者"(M. T. Mariner)轮抵押权纠纷案,是中国海事审判 30 年来的十大经典案件之一。"航海者"轮载重吨 26 万吨,是世界上为数不多的巨型油轮,该轮是我国有史以来司法拍卖的最大吨位的外轮,被称为"海上巨无霸"。案件的审理正确处理了涉外民商事案件中的定性、管辖权和法律适用三个基本问题,尤其是在查明与适用外国法、审核英文书证等方面作出了有益尝试。该案判决书的主要内容如下:[①]

原告:JP 摩根大通银行(JP Morgan Chase Bank)。

被告:海流航运公司(Seastream Shipping Inc.)。

1997 年 6 月 19 日,原告与被告、航海者航运公司、曼特玛航运公司、海威德航运公司、塔拉玛航运公司等 5 家借贷人订立贷款合同,约定由原告向 5 借贷人提供贷款 3500 万美元。2001 年 9 月 3 日,原告又与包括被告在内的上述 5 名借贷人就上述贷款合同签订补充协议,确认截止该补充协议签订之日贷款数额为10130987 美元。

1997 年 6 月 27 日,原告与被告签订担保契据,约定以被告所有的"航海者"轮向原告抵押,为上述贷款合同项下 3500 万美元贷款设立第一优先抵押权。同日,原被告在伦敦巴哈马籍船舶注册官处办理了"航海者"轮的船舶抵押登记手续。

1999 年 7 月 7 日,原告与海运国际公司签订一份透支协议,约定由原告向海运国际公司提供透支贷款 200 万美元,海运国际公司应在原告要求时立即偿还透支贷款。2000 年 7 月 17 日,被告及其他 4 个担保人公司与原告签订担保合同,约

---

① 金正佳主编:《海事裁判文书精选》,中山大学出版社 2004 年版,第 19~24 页。

定包括被告在内的 5 位担保人为上述 200 万美元透支贷款承担连带清偿责任。次日，被告与原告签署一份第二优先担保契据，约定被告以其"航海者"轮作抵押，为上述透支贷款提供担保。被告按照透支协议、担保合同的约定，在伦敦巴哈马籍船舶注册官处办理了"航海者"轮的抵押登记手续。2001 年 9 月 3 日，原告与包括被告在内的 5 个担保公司确认，截至该签约日借贷人海运国际公司透支总额为1993615.64 美元。

2002 年 3 月 7 日，原告为上述两笔贷款向被告发出催款通知。4 月 5 日，被告函复称：确认收悉该催款通知，截至 2002 年 3 月 15 日，透支到期应付的欠款4804072.37 美元，贷款到期应付欠款 2241136.27 美元。被告授权原告向中国广州的法院出示本确认书，被告对原告在广州的法院提起有关"航海者"轮的索赔无意提出抗辩；被告没有足够的资金偿还以上欠款，对于原告申请广州的法院司法出售"航海者"轮，被告确认不提出任何异议。在庭审中，原告确认以上两笔欠款的数额无误。

伦敦的巴哈马籍船舶注册官于 2002 年 2 月 8 日摘录的"航海者"轮的船舶登记资料表明，"航海者"轮船籍港为巴哈马拿索(Nassau)港，1976 年韩国建造，钢质油轮，总吨 130421 吨，净吨 100598 吨，船舶所有人为被告，该轮分 64 股，全部由被告拥有。该轮先后设立了三次抵押登记，分别为：1997 年 6 月 27 日以该轮 64 股抵押担保应付原告的欠款及利息；2000 年 7 月 18 日以该轮 64 股抵押担保应付原告的欠款及利息；2001 年 9 月 20 日以该轮 64 股抵押担保应付普尔托努公司的欠款及利息。上述船舶抵押登记没有具体载明所担保的债权数额、利息率和受偿期限。

原告诉请法院判令被告偿付所欠的贷款、透支款、利息及费用共计7045208.64 美元，并确认原告基于上述债权对"航海者"轮享有船舶抵押权，有权从船舶拍卖款项中优先受偿。

应原告申请，法院扣押并拍卖了"航海者"轮，原告以 594 万美元买得。在扣除扣押、拍卖费用及吨税共 678628.17 美元后，余款为 5261371.83 美元。

合议庭认为：本案属涉外船舶抵押权纠纷。《海商法》第 271 条规定："船舶抵押权适用船旗国法律。"抵押船舶"航海者"轮的船旗国为巴哈马，因此，本案船舶抵押权纠纷应适用《巴哈马商船法》(*Bahamas Merchant Shipping Act*)。

原告向本院提供了《巴哈马商船法》英文文本,经巴哈马公证机关公证并经中华人民共和国驻巴哈马大使馆认证,证明该法律文本于1976年11月29日颁布,自1976年12月31日生效,现为有效。该法律文本"抵押权"部分第33条至第41条的中文翻译件经公证与原文内容相符。

本案所涉合同均为合同双方当事人真实的意思表示,不违反中华人民共和国的公共利益和法律的强制性规定,合法有效,对当事人具有法律约束力,当事人应依约履行义务。虽然原告未提供证据证明实际贷款的数额,但原告与被告一致确认截至2002年3月15日被告欠原告上述两笔贷款本息及相关费用分别为4804072.37美元与2241136.27美元,合计7045208.64美元。被告应当向原告清偿上述欠款。

被告为担保本案两笔贷款的清偿,以其所属的"航海者"轮设立了抵押,并在船旗国巴哈马的船舶登记机构办理了抵押登记手续。《巴哈马商船法》对船舶抵押登记的规定除强调登记的时间外没有规定其他必备内容,根据该法第33条第1款、第2款,第35条,第37条的规定,并按照巴哈马船舶登记机构的船舶抵押登记记载,担保本案所涉两笔贷款的船舶抵押分别为第一、第二顺序抵押。该两项船舶抵押登记不违反《巴哈马商船法》关于船舶抵押权的规定,故原告就本案所涉两笔贷款2241136.27美元与4804072.37美元,在"航海者"轮被本院拍卖前分别对该轮享有第一、第二优先抵押权。因贷款到期后,被告没有清偿上述款项,原告有权申请法院扣押并拍卖"航海者"轮,从该轮拍卖款中优先受偿。

依照《巴哈马商船法》第35条、第37条的规定,判决:被告海流航运公司偿付原告JP摩根大通银行贷款、透支款及其利息与相关费用共7045208.64美元,原告该债权在本院拍卖"航海者"轮拍卖款项中优先受偿。

(二)船舶抵押权的消灭

船舶抵押权因法定事由的出现而消灭,其中较为常见的是法院强制拍卖船舶而使抵押权归于消灭。抵押权人为避免抵押权的该项消灭,既可以申请法院拍卖抵押的船舶,也可以在其他债权人提起的拍卖程序中登记债权,从而在拍卖价款中优先受偿,实现抵押权。拍卖船舶后,未办理船舶抵押权注销登记的,不影响法院拍卖导致船舶抵押权消灭的效力。天津海事法院对"凤凰"(Phoenix)轮船舶抵押权纠纷案的审理,对抵押权人提防抵押权消灭是一个很好的警醒。该案判决书的主要内容如下:①

原告:北欧商业银行-欧洲银行(Bcen-Euro Bank)(下称北欧银行)。

被告:佛他贸易有限公司(Ferta Trade Ltd. S. A.)(下称佛他公司)。

1999年11月4日,原告北欧银行和案外人海洋资源贸易商业公司(Ocean Resource Trade Commerce Ag)(下称资源公司)签订贷款协议,由原告向资源公司提供500万美元贷款,兰德尔公司(Rendell Associates Corp)为担保资源公司按时还款,将其所有的"凤凰"轮抵押担保资源公司的债务,于同日办理了抵押登记。后因资源公司未能归还贷款,原告于2001年12月11日向法国巴黎商业法庭提起诉讼。2003年9月11日,该法庭判决资源公司偿还原告200万美元借款及利息。

因资源公司未履行上述判决,原告以行使船舶抵押权为由,于2005年6月24日申请天津海事法院扣押"联盟"(Union)轮,该院于7月27日裁定准许并扣押了"联盟"轮。被告佛他公司作为"联盟"轮所有人随即向法院提出异议,11月8日,被告向法院提交了支持其异议理由的相关证据,法院于11月13日裁定解除了对"联盟"轮的扣押。

"凤凰"轮船籍国为圣文森特和格林纳丁斯,所有人为兰德尔公司,光船租赁给西珊瑚公司(Atoll-west Company)12年,光租期间悬挂俄罗斯旗,1999年7月办理光租登记,原告为"凤凰"轮第一优先顺序抵押权人,1999年11月办理抵押登记。为更换船员和维修船舶,"凤凰"轮于2003年5月13日驶抵朝鲜罗津(Rason)港,因船东拖欠船员工资、港口费和黄金三角洲贸易银行贷款而被朝鲜罗津法院扣留。2004年9月20日,上述债权人共同向罗津法院递交拍卖船舶申请。11月1日,罗津法院发布关于强制出售"凤凰"轮的通知。11月5日,罗津法院将"凤凰"轮拍卖给朝鲜罗津石油公司,罗津石油公司分别于2004年11月5日和26日向罗津法院支付1525424美元买船款。11月26日,罗津法院收到全部卖船款后出具

---

① http://www.ccmt.org.cn/showws.php? id=5425,下载日期:2014年9月10日。

裁定,确认"凤凰"轮已经于2004年11月26日出卖给罗津石油公司。2005年1月18日,罗津石油公司将"凤凰"轮更名为"罗津"(Rason)轮并在朝鲜海事局办理了临时登记,朝鲜海事局向该公司颁发了没有第三人索赔证书,记载:"罗津"轮"自登记之日起不存在任何的抵押权和第三人的索赔"。2005年6月8日,罗津石油公司与被告佛他公司签订"罗津"轮买卖合同,将"罗津"轮转让给被告,被告将"罗津"轮更名为"联盟"轮,并于2005年7月7日在伯里兹国际商船登记处办理了船舶登记。经朝鲜罗津法院拍卖后,"凤凰"轮在圣文森特和格林纳丁斯的抵押登记和船舶注册登记均未注销。

原告诉称,"凤凰"轮抵押给原告并办理了抵押登记,该轮更名为"联盟"轮,船东变更为被告,但"凤凰"轮的抵押登记依然存在且合法有效,船舶更名损害了原告的抵押权,更换船东违反了国际公约的规定。请求法院判令确认原告对"联盟"轮享有抵押权,有权追偿原告在巴黎商业法庭裁决项下的债权200万美元及利息。

天津海事法院认为:原告自涉案抵押协议成立之日依法取得"凤凰"轮的抵押权,但船舶抵押权并非永恒存续,得因一定的法律事实出现而消灭。法院强制拍卖船舶即可以使船舶抵押权消灭。法院拍卖船舶是通过司法程序强制改变船舶所有权的一种措施,买受人取得船舶所有权不以原所有人的意志为转移,该取得属于原始取得,即买受人购买的是除去各种负担的船舶,自船舶移交之日起,买受人对依附于原船舶上的各种债务不承担任何责任。罗津石油公司自朝鲜罗津法院购买"凤凰"轮后,朝鲜海事局颁发了没有第三人索赔证书,可见该轮原有的船舶抵押权已经消灭。根据《中华人民共和国海商法》的规定,依法拍卖并从拍卖价款中优先受偿是实现船舶抵押权的唯一途径,抵押权人既可以自行申请法院拍卖抵押船舶,也可以在其他债权人已经提起的拍卖程序中进行债权登记,从拍卖价款中优先受偿,无论其债权是否得到满足,均属抵押权的实现,其未满足的部分债权成为普通债权。原告未在朝鲜罗津法院拍卖"凤凰"轮时主张并实行其抵押权,也就丧失了实现其抵押权的唯一机会,其抵押权应随朝鲜罗津法院拍卖船舶程序的结束而消灭。

朝鲜罗津法院拍卖"凤凰"轮后,该轮原所有人兰德尔公司应办理抵押权的注销登记,但其一直未履行该项义务,导致原告本已消灭的抵押权在形式上依然存在,原告也以此为由认为其仍享有抵押权。显然,原告只注意到抵押权取得的条件而忽视了抵押权消灭的原因,兰德尔公司不办理抵押权的注销登记并不影响"凤凰"轮抵押权依法消灭。国家主权平等、主权国家之间互无管辖权是国际法的一项基本原则,朝鲜罗津法院拍卖"凤凰"轮是否符合其本国法不属于本院的审查范围,原告认为朝鲜罗津法院拍卖"凤凰"轮不合法,应按朝鲜的法律程序,通过朝鲜司法机关解决。

法律事实是指法律所确认的足以引起法律关系产生、变更和消灭的事件和行为。朝鲜法院拍卖"凤凰"轮引起了法律关系的变更,使"凤凰"轮的所有人由兰德尔公司变更为罗津石油公司,这种变更受到朝鲜法律的确认,因此朝鲜法院拍卖"凤凰"轮的行为是一件法律事实。法律事实只有发生和未发生的区别,而不管他人是否承认。朝鲜法院拍卖"凤凰"轮的法律事实已经发生且被朝鲜法院的法律文书所证明,它不依任何人的意志为转移而客观存在着,虽然原告否认朝鲜法院拍卖程序的合法性,但是不能否认朝鲜法院强制拍卖"凤凰"轮的法律事实,因此本院确认"凤凰"轮已被朝鲜法院强制拍卖,属于对法律事实的认定,而不是对朝鲜法院判决的承认。原告认为承认朝鲜法院拍卖"凤凰"轮就等于承认朝鲜法院判决的主张缺乏事实和法律依据,本院不予支持。

综上所述,"凤凰"轮被朝鲜法院拍卖后,原告对该轮享有的抵押权即行消灭,其无权向买受人罗津石油公司主张该轮的抵押权,更无权向"凤凰"轮的转受让人即本案被告佛他公司主张抵押权。依据《中华人民共和国海商法》第11条的规定,判决驳回原告北欧银行的诉讼请求。

北欧银行不服该判决,向天津市高级人民法院提起上诉。2006 年 12 月 21日,二审法院终审判决:驳回上诉,维持原判。[①]

【延伸阅读】

1.司玉琢、李志文主编:《中国海商法基本理论专题研究》,北京大学出版社

---

① 该案二审判决书见贺荣主编:《中国海事审判精品案例》,人民法院出版社 2014 年版,第 11~22 页。

2009 年版。

2．[美]G. 吉尔摩、C. L. 布莱克著：《海商法》，杨召南、毛俊纯、王君粹译，吴焕宁校，中国大百科全书出版社 2000 年版。

3．赵德铭主编：《国际海事法学》，北京大学出版社 1999 年版。

4．张湘兰主编：《海商法问题专论》，武汉大学出版社 2007 年版。

5．李海：《船舶物权之研究》，法律出版社 2002 年版。

6．蒋跃川：《论船舶抵押权的几个法律问题》，载司玉琢主编：《中国海商法年刊（1999）》，大连海事大学出版社 2000 年版。

7．翟寅生：《新〈民事诉讼法〉视野下的船舶抵押权实现程序》，载《中国海商法研究》2013 年第 3 期。

8．许俊强：《适用非讼程序实现船舶抵押权——厦门海事法院裁定中信银行厦门分行申请实现船舶抵押权案》，载《人民法院报》2014 年 8 月 7 日。

第四节　船舶优先权

● ● ●

【知识背景】

船舶优先权的特征与实务问题

（一）船舶优先权的法律特征

《海商法》第 21 条规定："船舶优先权，是指海事请求人依照本法第 22 条的规定，向船舶所有人、光船承租人、船舶经营人提出海事请求，对产生该海事请求的船舶具有优先受偿的权利。"船舶优先权是以船舶为担保的债权受偿优先权，即以船舶作为担保物，为了特定债权的实现，通过司法程序扣押或拍卖船舶，使债权人的债权得以优先受偿的权利。船舶优先权的法律特征是：

1.船舶优先权具有法定性

船舶优先权是法定的船舶担保物权。船舶优先权的主体、客体、内容等均为法律的明确规定,我国《海商法》仅规定了五种类型的海事债权享有船舶优先权,法律未作规定的权利种类不得享有船舶优先权,当事人之间不能通过合同约定增加或者变更船舶优先权的有关内容。

2.船舶优先权具有优先性

受船舶优先权担保的债权,通过法定程序主张权利的,即可在船舶拍卖款中优先受偿。船舶优先权所担保的债权,优先于船舶留置权和抵押权受偿,是法定的顶级的优先权。

3.船舶优先权具有秘密性

受船舶优先权担保的债权一旦产生,即自动地依附于当事船舶上,受该当事船舶的担保。船舶优先权无须登记和公示,债权人不必占有船舶。船舶优先权的成立与否,仅有债权人和债务人明白,其他人无从知晓船舶上是否附有优先权及多少优先权。

4.船舶优先权具有追及性

船舶优先权总是无条件地依附于当事船舶上,不因船舶所有权的转让而消灭,也不受船舶抵押权、留置权的影响,在法定的期限以内与船舶共存亡,除非被法院依法公告除权或者船舶被法院依法拍卖。

(二)船舶优先权的种类

哪些债权享受船舶的法定担保,即哪些债权属于船舶优先权,由一个国家的国内法规定。一般说来,美国规定的船舶优先权范围最广,而英国的范围最窄。由于船舶优先权先于船舶抵押权受偿,优先权的范围过大,容易造成船舶抵押融资的困难,因而在国际上船舶优先权的范围有缩小的趋势。根据我国《海商法》第22条的规定,下列各项海事请求具有船舶优先权:

1.船长、船员和在船上工作的其他在编人员根据劳动法律、行政法规或者劳动合同所产生的工资、其他劳动报酬、船员遣返费用和社会保险费用的给付请求。

2.在船舶营运中发生的人身伤亡的赔偿请求。

3.船舶吨税、引航费、港务费和其他港口规费的缴付请求。

4.海难救助之救助款项的给付请求。

5.船舶在营运中因侵权行为产生的财产赔偿请求。[1] 但是,载运2000吨以上的散装货油的船舶,持有有效的证书,证明已经进行油污损害民事责任保险或者具有相应的财务保证的,对其造成的油污损害的赔偿请求除外。

(三)船舶优先权的受偿顺序

船舶优先权的受偿顺序或位次,由一国法律明确规定。一般都会遵循以下原则来确定受偿顺序:船员个人利益优先,人身伤亡之债优于财产损害之债,国家税收优先,为其他债权受偿创造条件的债权优先,侵权之债优于合同之债。根据《海商法》第23条的规定,我国船舶优先权的受偿顺序是:

1.船员工资等劳动报酬列为第一顺序受偿,体现法律对船员个人利益的最优先保护。需要注意的是,我国《海商法》第3条规定的船舶为"海船",内河船不属于海商法意义上的船舶,不受《海商法》调整,因而内河船的船员工资等劳动报酬不享有船舶优先权。[2]

2.船舶营运中发生人身伤亡的赔偿请求为第二顺序受偿,体现法律的人道主义关怀。

3.船舶吨税、引航费、港务费和其他港口规费为第三顺序受偿。税费为国家的财政收入,涉及一个国家的公共利益,因而列为较优先的位次。

4.海难救助报酬为第四顺序受偿,但如果海难救助后于上列三项债权发生,则应当优先于上列三项债权受偿。如果船舶发生两次海难救助的,则后发生的救助报酬先受偿。这是因为海难救助的成功,为先前已存在的债权的受偿创造了条件,若海难救助不成功或不进行海难救助,船舶灭失的,则先已存在的债权因没有船舶的担保而丧失船舶优先权。这就是所谓的"时间倒序原则",即时间在先,权利在后。只有当船员工资、人身伤亡等债权发生于海难救助之后的,才先于救助报酬

---

[1] 因侵权行为产生的财产赔偿请求,是指由于船舶在营运中的侵权行为直接造成的有形财产的灭失或者损坏,不包括经营利润损失及经营利润的利息损失。

[2] 参见广州海事法院(2009)广海法终字第1号民事判决书。www.ccmt.org.cn/ss/writ/judgementDetial.php? sId=3614,下载日期:2014年7月18日。

受偿。

5.船舶在营运中因侵权而产生的财产赔偿请求为第五顺序受偿。

对于 1、2、3、5 位次中,若有两个以上海事债权的,不分先后,同时受偿;不足受偿的,按照比例受偿。

船舶优先权和船舶留置权属于法定的船舶担保物权,无须当事人约定;船舶抵押权是通过合同双方意定的船舶担保物权。当船舶优先权、留置权、抵押权并存于同一船舶上时,根据法定担保物权优先于意定担保物权的原则,《海商法》第 25 条第 1 款规定:"船舶优先权先于船舶留置权受偿,船舶抵押权后于船舶留置权受偿。"

(四)船舶优先权的实现

《海商法》第 28 条规定:"船舶优先权应当通过法院扣押产生优先权的船舶行使。"此乃法律规定的实现船舶优先权的唯一途径。这是由船舶优先权的特点所决定的:优先权人具有法律所赋予的特别权利,这种权利的行使必须有国家公权力的保障,同时也应严格依程序进行,防止权利的不当行使甚至滥用。另外,船舶优先权依附于当事船舶,当船舶所有权发生转让时,不通过法院扣押该船舶,新船主可能根本不承认船舶上附着了优先权,个人很难通过自己的力量实现船舶优先权。

如果船舶已经因另外的事由被法院扣押的,船舶优先权人无须另行申请扣押船舶,而径直向扣船法院主张实现船舶优先权即可。

(五)船舶优先权的消灭

船舶优先权的消灭是指船舶所担保的优先受偿权的消灭,并不是指债权本身的消灭。船舶优先权消灭后,如果债权根据法律规定还继续存在的,则该债权成为普通债权,不再具有优先受偿的权利。船舶优先权因以下原因而消灭:

1. 具有船舶优先权的海事请求,自优先权产生之日起满 1 年不行使。该 1 年期间为除斥期间,不得中止或中断,1 年之内船舶优先权不行使的,该优先权即不复存在。

2. 船舶经法院强制出售,即船舶经法院拍卖或变卖。经过法院司法程序拍卖或变卖的船舶,是不附着优先权、留置权、抵押权的"清洁"船舶。船舶优先权人在法院拍卖船舶的公告发出后,应进行债权登记并提起确权诉讼,将对船舶的优先权转变为对拍卖款的优先权,在拍卖款分配时优先受偿。

3. 船舶灭失。船舶优先权的客体是船舶,船舶灭失,客体不复存在,相应的权利也就随之灭失。船舶优先权不具有物上代位性,债权人对船舶灭失后的保险金、补偿金等不享有优先的权利。

4. 船舶所有权转让时,受让人向法院申请对船舶优先权催告,法院受理后进行为期 60 天的公告,公告期结束,无人主张船舶优先权的,法院即作出除权判决,宣布船舶不再附有船舶优先权,有关的船舶优先权即告消灭。

5. 主债权消灭。船舶优先权所担保的主债权因债务人清偿、债权人放弃等原因而消灭时,船舶优先权失去存在意义而消灭。

【案例裁决/法律文书摘录】

(一)海船的船员工资享有船舶优先权

船员工资是典型的受船舶优先权担保的债权。船员工作生活在船上,是船舶劳务的提供者和船舶营运的直接参与者,与船舶共命运。船员工资与船舶的其他债权相比,数额极小,但对船员来说则是维持家庭生计的根本,赋予其最优先受偿的权利,直接体现法律的公平与人文关怀。广州海事法院对"东方公主"(M. V. Orient Princess)轮一案的判决,其意义即在于此。该案判决书的相关内容如下:[①]

原告:广州远洋运输公司(下称广远公司)。

被告:帕里斯特集团有限公司(Pallister Group Limited)(下称帕里斯特公司)。

被告:东方公主邮轮有限公司(下称东方公主公司)。

被告:华庆时代国际(香港)集团有限公司(下称香港华庆公司)。

被告:华庆时代投资集团有限责任公司(下称北京华庆公司)。

被告:上海华庆创业投资有限公司。

原告广远公司与被告帕里斯特公司、东方公主公司、香港华庆公司、北京华庆公司、上海华庆创业投资有限公司船员雇佣合同纠纷一案,本院于 2002 年 5 月 27

---

① http://www.ccmt.org.cn/showws.php? id=938,下载日期:2014 年 7 月 18 日。

日受理后,由审判员吴自力独任审判,于 8 月 13 日公开开庭进行了审理。

原告广远公司诉称:自 90 年代开始,原告陆续派船员至帕里斯特公司所有的、东方公主公司以船东名义经营的"东方公主"轮工作。90 年代末,由于经营不善,东方公主公司屡欠原告船员工资及相关报酬费用。请求法院判令:(1)五被告连带偿还原告 2001 年 3 月前及 2002 年 3 月后发生的船员工资及其他报酬费用 3880730 港元(暂计至 2002 年 5 月 9 日);(2)五被告连带偿还原告垫付各类款项共计人民币 92132 元(以下未特别说明的,均指人民币);(3)五被告支付上述工资及其他报酬、费用的利息;(4)上述款项在"东方公主"轮拍卖价款中优先受偿。

经审理查明:1999 年 4 月 24 日,原告与东方公主公司签订一份船员雇佣协议书,约定东方公主公司雇请原告 48 名船员上"东方公主"轮工作;船员自离开中国国境之日(在国内任何港口上船者,从上船之日)起至返回香港或国内港口离船之日止,东方公主公司以双方商定的船员职务基薪标准,按雇请船员实际数以港币结算,于每季度后 10 天内将该季度薪金(除去原告委托东方公主公司代发的船员生活津贴)支付港币额给原告;船员合同期自船员上船之日起计算,期限 12 个月,可适当提前或推后,但一般不超过 14 个月;船员超合同期,东方公主公司向船员个人发给超合同奖(高级船员每人每月 400 港元,普通船员每人每月 350 港元。从第 15 个月开始,超合同奖增加 1 倍);所有船员伙食由东方公主公司提供,高级船员每月 1320 港元,普通船员每月 1030 港元。

庭审查明了有关"东方公主"轮对原告欠款,相关公司向原告还款或承诺还款的事实。

2002 年 4 月 8 日,"东方公主"轮船长张其祥等 51 名船员向本院提出海事请求保全,请求扣押"东方公主"轮,本院于同日裁定将该轮扣押于广州黄埔港。7 月 16 日,因船东帕里斯特公司没有在本院裁定的期限内提供担保,张其祥等 51 名船员向本院申请拍卖"东方公主"轮。同日,本院准许申请人的请求,裁定拍卖该轮。8 月 29 日,本院公开拍卖了"东方公主"轮。

本审判员认为:本案属船员雇佣合同纠纷,原、被告没有约定就处理双方实体争议所适用的准据法,但本案船舶扣押、拍卖地在中国,原告住所地在中国,船员雇佣合同履行地之一在中国,根据最密切联系原则,本案的实体争议应适用中华人民共和国法律。由于受理拍卖船舶案件的法院为本院,根据《海商法》第 272 条的规定,处理原告行使船舶优先权争议也应适用中华人民共和国法律。

原告按照其与东方公主公司所签订的船员雇佣协议,指派船员到"东方公主"轮服务,有权要求东方公主公司按照协议支付船员工资及其他报酬。东方公主公司拖欠部分船员工资及其他报酬,已构成违约,应向原告支付 2001 年 3 月之前的工资及其他报酬数额 3431933.61 港元及 2002 年 4 月 1 日至 9 月 11 日期间的船员工资及其他报酬 883997.2 港元,共计 4315930.81 港元。"东方公主"轮被扣押前原告为该轮垫付了营运的必需费用,原告请求被告支付垫付费用 92132 元,理由充分,且没有超过其实际垫付的共计 78080 元和 8439.8 美元的范围,应予支持。

鉴于香港华庆公司和北京华庆公司在与原告签订的还款协议中,承诺对"东方公主"轮船员的工资和劳动报酬承担支付义务,因此,原告主张两公司应对诉请的工资、其他劳动报酬及垫付的费用承担连带责任,该请求应予支持。

帕里斯特公司虽是"东方公主"轮的船东,但其未与原告签订船员雇佣合同,也未承诺对该轮船员的工资和劳动报酬承担支付义务,因此,原告主张帕里斯特公司直接对其请求的工资、其他劳动报酬及垫付的费用承担连带责任,依据不足,不予支持。但由于原告所派的船员在该公司所属"东方公主"轮服务,根据《海商法》第 22 条第 1 款第(1)项的规定,原告请求的 2002 年 4 月 1 日至 9 月 9 日期间的船员工资及其他报酬 883997.2 港元及利息具有船舶优先权。鉴于"东方公主"轮已经法院拍卖,故对该部分请求,原告有权从拍卖价款中依照法律规定的顺序优先受偿。原告请求的 2001 年 2 月份以前的船员工资及其他报酬 3431933.61 港元的船舶优先权,因自其发生之日起至起诉请求之日止已超过 1 年时间而消灭,故该部分船员工资及其他报酬不再具有船舶优先权。

依照《民法通则》第 106 条第 1 款、第 111 条、第 145 条第 2 款和《海商法》第 22 条第 1 款的规定,判决如下:

1. 被告东方公主公司支付原告广远公司 2001 年 2 月之前的工资及其他报酬 3431933.61 港元及 2002 年 4 月 1 日至 9 月 11 日期间的船员工资及其他报酬 883997.2 港元,共计 4315930.81 港元及其利息;

2. 被告东方公主公司支付原告广远公司垫付的费用 92132 元及其利息;

3. 原告广远公司对于 2002 年 4 月 1 日至 9 月 11 日期间的船员工资及其他报酬 883997.2 港元及其利息具有船舶优先权,在本院拍卖"东方公主"轮所得价款中依法律规定的船舶优先权顺序受偿;

4. 被告香港华庆公司、北京华庆公司对上述第 1、第 2 判项确定的被告东方公主公司所应负担的债务承担连带清偿责任;

5. 驳回原告广远公司的其他诉讼请求。

(二)内河船的船员工资不享有船舶优先权

内河船舶不适用《海商法》的规定,因而内河船舶上的船员工资等,不享有船舶优先权。武汉海事法院审理大量长江上航行船舶的船员报酬案件,并一直努力推动内河船舶具有船舶优先权的修法工作,但目前未取得立法机关的认可。广州海事法院 2012 年扣押、拍卖了穗粤公司名下的 70 多艘船舶,审理了相关联的 190 件船员劳务合同纠纷案。相关判决明确指出,对内河船舶不适用《海商法》关于船舶优先权的规定。以下是其中一份判决书的主要内容:①

原告:彭振胜。

被告:广州市穗粤船务有限公司。

原告彭振胜诉被告广州市穗粤船务有限公司船员劳务合同纠纷一案,本院受理后,依法由代理审判员吴贵宁适用简易程序,于 2012 年 3 月 2 日召集双方当事人进行庭前证据交换,并公开开庭进行了审理。

原告诉称:2006 年至 2011 年 6 月期间,原告在被告所属的"广旺"轮担任船长和负责人。被告未能按时向原告支付工资,截至 2011 年 11 月,被告拖欠原告工资 148492.81 元。请求判令被告支付拖欠的工资 148492.81 元,确认原告该请求具有船舶优先权,由被告承担诉讼费用。

经审理查明:"广旺"轮登记为内河船舶,船舶所有人和经营人为被告。2006 年至 2011 年 5 月,原告在"广旺"轮任船长和负责人,但一直未与被告签订书面的劳动合同。原、被告共同确认,"广旺"轮所有船员均与被告形成劳动法律关系,被告指定原告管理"广旺"轮,被告将应发给船员的工资付给原告,再由原告付给船

---

① http://www.ccmt.org.cn/showws.php? id=6794,下载日期:2014 年 7 月 27 日。

员。被告拖欠"广旺"轮船员的工资,已由原告代被告向船员垫付。经原、被告结算,被告共拖欠原告工资 148492.81 元。

本院认为:本案是一宗船员劳务合同纠纷。被告是"广旺"轮的所有人和经营人,原告在该轮任船长和负责人,尽管原、被告之间没有签订书面劳动合同,但双方已经形成事实上的劳动合同关系。该劳动合同关系不违反我国法律的强制性规定,合法有效,双方均应依法享受权利,并承担和履行相应的义务。根据《劳动法》第 50 条的规定,被告作为用人单位,负有向作为劳动者的原告及时足额支付工资的义务,即应向原告支付拖欠的工资 148492.81 元。因"广旺"轮为内河船而非海船,依照《海商法》第 3 条的规定,该轮不适用《海商法》有关船舶优先权的规定,原告主张其工资债权享有船舶优先权,没有法律根据,不予支持。

根据《劳动法》第 50 条和《海商法》第 3 条的规定,判决:(1)被告广州市穗粤船务有限公司向原告彭振胜支付拖欠的工资 148492.81 元;(2)驳回原告彭振胜的其他诉讼请求。

【延伸阅读】

1.司玉琢、李志文主编:《中国海商法基本理论专题研究》,北京大学出版社 2009 年版。

2.徐新铭:《租船优先权》,大连海事大学出版社 1995 年版。

3.李海:《船舶物权之研究》,法律出版社 2002 年版。

4.张湘兰主编:《海商法问题专论》,武汉大学出版社 2007 年版。

5.赵德铭主编:《国际海事法学》,北京大学出版社 1999 年版。

6.张辉:《船舶优先权法律制度研究》,武汉大学出版社 2005 年版。

第三章
海上货物运输合同

【内容摘要】承运人将货物经由海路，从一国运往他国，而由托运人或收货人支付运费，由此构成海上货物运输合同法律关系。海上货物运输合同是海商法学的核心内容之一，也是航运实务和海事审判实务中经常处理的主要问题之一。提单是海上货物运输中的重要单据，具有货物运输合同的证明、货物收据以及货物的物权凭证三大法律功能。提单上的管辖权条款、法律适用条款、仲裁条款等，是航运实务中经常引发争议和纠纷的内容，应予认真对待、仔细研习。围绕提单所发生的纠纷，包括提单的签发、批注、转让、凭提单或无提单放货等，一直都是海事审判中的热点与难点。海上货物运输合同是双务、有偿合同，合同主体即承运人与托运人的权利义务具有对称性，承运人的权利即为托运人的义务，而托运人的权利就是承运人的义务，因而只要掌握了承运人的权利义务，即可明晰海上货物运输合同的内容。

第一节　海上货物运输合同概述

【知识背景】

海上货物运输合同的若干基本法律问题

（一）海上货物运输合同的概念及其种类

《海商法》第41条规定："海上货物运输合同，是指承运人收取运费，负责将托运人托运的货物经海路由一港运至另一港的合同。"

根据不同的标准，可将海上货物运输合同进行不同的分类。常见的分类是：

1. 国际海上货物运输合同与沿海、内河货物运输合同

这是根据运输水域的不同而进行的分类。将货物经由海路从一国运至另一国，即起运港、目的港在不同国家境内，由此而签订的合同就是国际海上货物运输合同。而起运港、目的港在同一个国家境内的水上货物运输合同，即为沿海、内河货物运输合同。在海事审判实务中，将内地与港、澳、台之间的海上货物运输按国际海上货物运输处理。本章关于海上货物运输合同的内容，未经特别说明的，均指国际海上货物运输合同。

这一分类的意义在于，《海商法》第4章关于海上货物运输合同的规定，仅适用于国际海上货物运输，承运人享有航海过失免责权。沿海、内河货物运输不适用《海商法》第4章的规定，而应适用《合同法》或《民法通则》的规定，承运人的赔偿责任为严格责任。需要注意的是，2011年的《民事案件案由规定》，仅规定了"海上、通海水域货物运输合同纠纷"这一案由，这意味着在"海上货物运输合同纠纷"的案由之下，需要审理国际与沿海货物运输两种不同的法律纠纷，适用两种不同的法律规定。

2. 班轮运输合同和不定期船运输合同

以船舶经营方式的不同,将海上货物运输合同分为班轮运输合同和不定期船运输合同。前者是指承运人将不同托运人的货物装于同一船舶,按固定船期、航线和港口顺序将货物运往目的港,并收取运费的合同。该合同以承运人向托运人签发提单为表现形式,所运货物通常为件杂货即零担货物,因而又称为提单运输合同或件杂货运输合同、零担运输合同。不定期船运输合同是指船舶出租人以一定条件向租船人提供船舶的全部或部分舱位,装运约定的货物从一国港口运至另一国港口,由承租人支付约定运费的合同。根据我国《海商法》第 4 章的规定,不定期船运输合同主要是指航次租船合同。

3. 海上直达货物运输合同、海上货物联运合同、国际海上货物多式联运合同

这是根据货物是否转装船舶及运输方式的不同而进行的分类。海上直达货物运输合同是指货物由一艘船舶自起运港运至目的港,中途不需要换装船舶的运输合同,其特点是货物运输相对安全。海上货物联运合同是指货物从起运港至目的港需要两艘以上船舶运输的合同,其特点为货物在运输途中需要转船,运输风险相对较大。国际海上货物多式联运合同是指多式联运经营人以两种以上的不同运输方式,其中一种是海上运输方式,负责将货物从接收地运至目的地交付收货人,并收取全程运费的合同,①其特点在于效率高,费用低,速度较快,即托运人只需签订一份合同、交纳一次费用,办理一次托运手续,便可将货物运抵目的地。

清华大学的傅廷中教授认为,国际货物多式联运之所以显示出强大的生命力,一方面的原因是可以极大地方便货主。由一个多式联运经营人负责,将两种或两种以上的不同运输方式有机地结合起来,在全球范围内实现货物的下海、登陆、上天,在有条件的地方,甚至实现了门到门的运输方式,即由多式联运经营人在托运人所在的工厂或仓库接收货物,再到收货人所在的工厂或仓库交付货物,在运输途中,不论货物转换几个运输工具,对货主来讲均可以实现一次托运、一次保险,从而大大简化了程序。另一方面的原因是实现了一票到底的货运方式,即一张多式联运单证贯穿全程,货主通过查阅该单证,就可了解运输所适用的法律以及与多式联

---

① 见《海商法》第 102 条的规定。

运经营人之间的权利义务的划分情况,不论货运事故发生在哪一个区段,都统一由多式联运经营人负责处理,解除了货主的后顾之忧。[①]

(二)海上货物运输合同的订立

《海商法》第43条规定:"承运人或者托运人可以要求书面确认海上货物运输合同。但是,航次租船合同应当书面订立。电报、电传和传真具有书面效力。"在航运实务中,当承运人和托运人就运输条件、承运船舶、运载的货物与船期、起运港目的港、运费的数额与支付等协商一致时,海上货物运输合同即告成立。根据航运习惯,海上货物运输合同的成立,以托运人持托运单向承运人订舱、承运人接受订舱为标志。各国法律并不要求合同必须采用书面订立。事实上,口头的海上货物运输合同是常见形式,书面合同反倒是一种例外。航次租船合同因涉及双方的权利义务关系比较复杂,为有效避免歧义和纠纷,以书面形式订立就成为法律的强制要求。随着通信技术的发达,通过传真、电子邮件签订合同的形式越来越普遍,这满足了市场经济条件下人们对商业效率的追求,但这种合同一旦发生纠纷,举证比较困难。

海上货物运输合同是双务合同、有偿合同,合同双方主体承运人和托运人的权利义务具有对称性,即承运人的权利即为托运人的义务,反之亦然。海上货物运输合同是诺成性合同,[②]不以交付货物或支付运费为合同生效条件,合同成立即生效。

海上货物运输合同的客体为运输行为,即承托双方权利义务所指向的对象;货物只是运输行为的载体而并非运输合同的客体。海上运输合同要实现货物跨国越境的位移,且目的港的收货人通常并不是起运港的托运人,而是国际贸易中货物的购买人,收货人根据法律的规定具有合同主体的地位,依法享有运输合同下的权利

---

① 傅廷中:《论我国海上货物运输法的统一》,载《中国法学》2003年第3期。

② 根据传统民法,货物运输合同属实践性合同。参见彭万林主编:《民法学(修订本)》,中国政法大学出版社1999年版,第715页。但是,目前许多国家的立法为保障承运人的利益,不再确认货物运输合同为实践性合同,而将其规定为诺成性合同。参见王利明、崔建远:《合同法新论·总则》,中国政法大学出版社1996年版,第45页。

并承担相应的义务,即海上货物运输合同是为第三人利益订立的合同,或称涉他合同。①

（三）海上货物运输合同的承运人

《海商法》第42条规定:承运人是指"本人或者委托他人以本人名义与托运人订立海上货物运输合同的人"。承运人的概念是开放式的,凡与托运人订立海上货物运输合同的人均为承运人。因其与托运人订立合同的特点,时常又称之为合同承运人或契约承运人,以便与实际承运人相区别。承运人不要求以拥有船舶为必要条件,只要具备法律规定的相应资质,就可以成为与托运人签订货物运输合同的承运人。因此,承运人可能是船舶所有人、船舶承租人、船舶经营人、多式联运经营人、无船承运人等。

实际承运人又称履约承运人,是指"接受承运人委托,从事货物运输或者部分运输的人,包括接受转委托从事此项运输的其他人"。当船舶所有人与托运人订立运输合同,并由其完成运输任务时,合同承运人与实际承运人竞合。除此之外,都存在实际承运人的情形,如在租船运输的情况下,与托运人订立运输合同的租船人是合同承运人,船舶所有人是实际承运人;在国际货物多式联运的情况下,多式联运经营人是合同承运人,各运输区段的承运人为实际承运人;在直达运输的情况下,货物因意外情况而中途转船,则接受转运而完成运输任务的船方为实际承运人。

实际承运人是否存在于航次租船运输中,在审判实务和理论界存在着较大的分歧。一种观点认为,《海商法》将航次租船合同作为特别的海上货物运输合同予以规定,航次租船合同当事人的权利义务主要来源于合同的约定。在航次租船合同有明确约定的情形下,出租人应当按照航次租船合同的约定履行义务,并履行《海商法》第47条、第49条规定的义务。在航次租船合同没有约定或者没有不同约定时,出租人和承租人之间的权利义务适用《海商法》第4章的规定,但并非第4章所有的规定均适用于航次租船合同的当事人,所应适用的仅为海上货物运输合

① 尹田:《论涉他契约——兼评〈合同法〉第64条、第65条之规定》,载《法学研究》2001年第1期。

同当事人即承运人和托运人之间的权利义务规定,并不包括实际承运人的规定。实际承运人是接受承运人委托,从事货物运输或者部分运输的人,包括接受转委托从事此项运输的其他人。在提单证明的海上货物运输法律关系中,法律规定承运人的责任扩大适用于非合同当事人方的实际承运人,但实际承运人是接受海上货物运输承运人的委托,不是接受航次租船合同出租人的委托,实际承运人及其法律责任限定在提单的法律关系中。在提单证明的海上货物运输合同项下,合法的提单持有人可以向承运人和/或实际承运人主张提单上所载明的权利。实际承运人并非航次租船合同法律关系的当事方,承租人就航次租船合同向实际承运人提出赔偿要求缺乏法律依据。①

另有观点认为,法律设立实际承运人制度的目的,在于赋予货主直接起诉实际承运人的权利,而非将实际承运人作为合同的一方。实际承运人制度对航次租船合同的适用,本身就来源于《海商法》的规定,可以说是对合同相对性原则的突破。《海商法》第62条的规定表明,如果航次租船合同的出租人在航次租船合同中约定的责任与法定的不一致,实际承运人并不受该种不一致的约定的影响,而仍以《海商法》第4章的法定范围承担责任。实际承运人的责任在性质上是一种"法定责任"而非"约定责任",其承担的承运人的"责任"一词应扩大解释为包括了承运人的权利、义务、赔偿责任和豁免。在航次租船合同法律关系下,实际承运人并不按照航次租船合同承担责任,而应依照《海商法》第4章的规定承担法定的承运人的责任,其承担责任的基础是侵权。②

2002年1月1日实施的我国《国际海运条例》规定了无船承运人这一全新的航运主体。无船承运人是指不经营国际运输船舶,但以承运人身份接受托运人的货载,签发自己的提单或者其他运输单证,向托运人收取运费,通过国际船舶运输经营者完成国际海上货物运输,承担承运人责任的国际海上运输经营者。无船承运人通过双重身份完成货物运输任务,即对货物托运人来说是承运人,对国际船舶

---

① 《最高人民法院公报》2011年第8期。

② 郑蕾等:《实际承运人制度在航次租船合同中的适用》,载《中国海商法研究》2013年第1期。

运输经营者而言是托运人。由于无船承运人不经营船舶,其作为承运人承揽的货物只能通过有船承运人进行运输,并为此需订立一个新的海上货物运输合同,该新合同可以通过班轮运输的订舱实现,亦可以通过航次租船合同或期租船合同缔结。此外,如果货物需通过包括海运在内的两种以上的运输方式才能运抵目的地,无船承运人则应负责安排从货物接收地运至目的地的运输事宜,此时无船承运人又成了多式联运经营人。

《国内水路货物运输规则》参照《海商法》的规定,规定了承运人和实际承运人制度,即在沿海、内河货物运输中,同样有承运人和实际承运人的区分。

(四)海上货物运输合同的托运人

《海商法》第 42 条规定,托运人包括合同托运人和发货托运人两种。合同托运人是指"本人或者委托他人以本人名义或者委托他人为本人与承运人订立海上货物运输合同的人"。合同托运人是传统合同法意义下的托运人,即直接与承运人订立运输合同的人。合同托运人是海上货物运输合同中重要的一方主体,其权利义务亦是海商法重点关注的内容。

发货托运人又称实际托运人,是指"本人或者委托他人以本人名义或者委托他人为本人将货物交给与海上货物运输合同有关的承运人的人"。发货托运人是《汉堡规则》中首次出现的一种运输合同主体,我国《海商法》对其作了明确的规定。

发货托运人的立法背景是:发展中国家出口货物大多采用 FOB 价格条件成交,且以信用证方式付款。根据该价格条件,须由国外的买方租船订舱、支付海运费用,由国内的卖方将货物交与承运人并取得有关运输单证。因租船订舱而成立的货物运输合同,主体之一托运人是国外的买方,另一主体即承运人是船方,国内的卖家与货物运输合同并无关联,既不是托运人,更不可能是承运人。这就意味着,国内卖方在向承运人交付货物后,根本不可能根据运输合同控制在承运人掌管下的货物,如果在交单结汇环节出现差错或收货人拒绝支付货款,则该卖方很可能面临钱货两空的结局。为了保护 FOB 价格条件下卖方的利益,法律直接将其规定为运输合同的一方主体,享有托运人的权利并承担相应的义务。

发货托运人具有以下三个方面的法律特征:第一,法律地位具有法定性,即它是因为法律的直接的强制性的规定而成为运输合同一方主体的,不以双方当事人的意思表示一致为依托。第二,未与承运人签订运输合同,而只是将有关货物交与承运人运输。提单中可能将发货托运人记载为托运人,亦有可能相关运输单证对其没有任何记载。第三,法律地位具有隐蔽性,即它是隐藏在合同托运人背后的一种法定的合同主体,隐蔽性的结果可能是,法律权利被无意间侵害、法律义务得以轻松规避、法律责任可以轻易逃脱。

沿海、内河货物运输中,不存在货物 FOB 价格条件交易的问题,因而没有发货托运人或实际托运人这一运输合同主体,只有与承运人订立运输合同的托运人这种主体类型。

(五)提单转让对托运人、收货人法律地位的影响

根据《海商法》第 42 条的规定,收货人是指有权提取货物的人。收货人通常是国际贸易合同下的买家,即提单的最终受让人,个别情况下也有可能是托运人本人。收货人在目的港凭提单向承运人提取货物,如果货物与提单记载不符,或者货物发生运输过程中的损坏,收货人可以凭提单向承运人要求赔偿。

英国 1855 年的《提单法》第 1 条规定:"提单记名的收货人,和因发运货物或提单背书而受让货物所有权的提单被背书人,应受让所有诉权,并承担和货物有关的义务,就如同提单所证明的合同是和他本人签订的。"[1]如果说该提单法尚未明确提单转让后托运人的地位,那么英国 1992 年的《海上货物运输法》第 2 条第 5 款对此的规定就更为直白:提单权利转让后,则一方因为是运输合同的最初缔约方而取得的任何权利也因而被消灭。[2] 传统的海商法理论认为,提单是海上货物运输合同的证明,当提单由托运人转让给第三人后,即形成了独立于运输合同关系的提单法律关系,并以此替代了运输合同关系,托运人不复为提单法律关系的当事人。但这一理论并不排斥承运人在目的港因提货人拒绝提货、不能依提单收取到付运费等遭受损失时,转而向托运人依运输合同追索损失的权利。

显然,上述理论不周延,特别是托运人在提单转让后即不享有包括诉权在内的运输合同下的权利,却要承担运输合同下的义务,使人难以释怀。该理论与传统海

---

[1]　郭瑜:《提单法律制度研究》,北京大学出版社 1997 年版,第 161 页。
[2]　郭瑜:《提单法律制度研究》,北京大学出版社 1997 年版,第 121、163 页。

商法倾斜保护承运人利益一脉相承,而在以《2008 年鹿特丹规则》为代表的国际海运立法已经朝公平保护承托双方利益方向发展的大趋势之下,摒弃或改造这种不合时宜的理论就是顺理成章的了。

我们认为,海上货物运输合同是托运人为第三人即收货人利益而与承运人订立的合同,是典型的为第三人利益的合同。罗马法上有"任何人不得为他人订约"的古老法谚,在古典契约法上即表现为"契约仅在诸缔约当事人之间发生效力","契约不损害第三人",除非法律另有规定,"才能使第三人享受利益"[1],也就是著名的合同相对性原则。但是,随着现代商品经济对传统交易架构封闭性、孤立性的突破,在货物运输、人身保险、连锁买卖等合同领域,法律早已不再固守合同相对性原则,而准许为第三人设定合同权利义务。《合同法》第 64 条、第 65 条就是这种涉他合同的表现。

在海上货物运输合同中,根据合同的性质与目的,应认定托运人与承运人约定由承运人直接向持有提单的收货人交付货物,且提单持有人享有对承运人的直接请求权。这就是合同法理论上的"向第三人给付的契约"[2]。受让提单的收货人即是享受合同利益的第三人,当承运人拒绝交货或发生货物损害时,其直接取得要求承运人交付货物或货损赔偿的请求权,同时也应承担支付到付运费等合同义务。但提单持有人的这种权利并非是债权让与的结果,托运人仍是海上货物运输合同的当事人,仍保留着对承运人的合同权利与义务。《合同法》第 64 条"当事人约定由债务人向第三人履行债务的,债务人未向第三人履行债务或者履行债务不符合约定,应当向债权人承担违约责任"的规定,也表明提单持有人所取得的权利并非债权让与,作为"债权人"的托运人仍然享有对承运人的违约请求权,并因而当然地享有对承运人的诉权。

总之,托运人和承运人是海上货物运输合同的当事人,而提单法律关系的当事人则为提单持有人和承运人。运输合同是提单关系的基础,没有运输合同这一原

---

① 罗结珍译:《法国民法典》第 1165 条,中国法制出版社 1999 年版,第 293 页。
② 又称使第三人取得债权的契约,或利他契约。参见郑玉波:《民法债编总论》,台湾三民书局 1996 年版,第 395 页。

因行为,就无所谓提单关系,即提单关系并非货物运输合同之外的独立的法律关系,审判实务中并无"提单纠纷"这类案由即是佐证。提单持有人对承运人的违约请求权及其诉权,是海上货物运输合同作为"向第三人给付的契约"而由法律特别赋予的权利,但并不因此而使托运人丧失合同当事人的资格,即不产生债权让与的结果。我国《海商法》《海事诉讼特别程序法》《合同法》等法律,并没有类似于英国法上的托运人转让提单后即丧失包括诉权在内的任何权利的规定。故此,在海上货物运输合同纠纷中,托运人和提单持有人均是适格的当事人,但在实务中应适当地考虑提单的持有情况以及诉讼的方便原则,以确定由谁行使诉权。

【案例裁决/法律文书摘录】

(一)海上货物运输合同各关系人的法律地位与责任

海上货物运输合同往往涉及众多的关系人,各关系人的法律地位如何、应承担何种责任,是该类案件审判中经常引发争议的问题。上海市高级人民法院对美国博联集团公司、法国达飞轮船有限公司海上货物运输合同无单放货损害赔偿纠纷一案所作的判决,较好地解决了这一问题。该案判决书对承运人与实际承运人的责任基础和承担依据作了精彩论述,值得借鉴,其主要内容如下:①

上诉人(原审原告):中化江苏连云港公司(下称中化公司)。

上诉人(原审被告):美国博联集团公司(brilliant logistics group inc.)(下称博联公司)。

被上诉人(原审被告):法国达飞轮船有限公司(cma cgm s.a.)(下称达飞公司)。

被上诉人(原审被告):江苏环球国际货运公司上海分公司(下称环球公司)。

上诉人中化公司、博联公司因与被上诉人达飞公司、环球公司海上货物运输合同无单放货损害赔偿纠纷一案,不服上海海事法院(2000)沪海法连商初字第45号民事判决,向本院提起上诉。

原审查明:2000年2月28日,中化公司作为销售方,与美国国际化工采购有

---

① http://www.ccmt.org.cn/showws.php? id=8041 下载日期:2014年8月1日。

限公司(下称国际化工)签订贸易条件为 FOB、金额为 97200 美元的国际货物买卖合同。4月10日,经博联公司授权,环球公司代理博联公司签发了托运人为中化公司、收货人凭国际化工指示的涉案货物货代提单(house B/L)。同日,博联公司将货物交达飞公司运输,并取得达飞公司签发的托运人、收货人均为博联公司的海运提单。上述提单记载的装运船名均为 cma cgm delacroix e01d,装货港上海,卸货港纽约,货名香兰素。5月3日,博联公司传真达飞公司的目的港代理 inchcape公司,要求务必收回其正本提单才能放货。11月6日,国际化工与博联公司就涉案货物下落传真交涉;11月9日,博联公司的代理环球公司传真中化公司称货物已被达飞公司无单放行。

货物出口报关单记载总货值 97200 美元。经计算,该货物出口可退税额为人民币 121014 元。在一审庭审中,中化公司称达飞公司侵权,博联公司违约,请求法院依据《海商法》第63条判令承运人博联公司及实际承运人达飞公司等承担侵权连带赔偿责任。

原审上海海事法院认为:中化公司选择侵权之诉,但未能证明博联公司实施了无单放货的侵权行为。而中化公司与博联公司之间形成了海上货物运输合同关系,博联公司应承担无法凭正本提单交货的违约责任。因此,可通过由博联公司承担违约责任的方式支持中化公司对博联公司之诉请。中化公司与达飞公司之间未建立直接的海上货物运输合同关系,达飞公司仅就其与博联公司之间的海上货物运输合同关系向博联公司承担凭正本提单交货的合同义务。且中化公司并未提供达飞公司实施无单放货侵权行为的证据,故达飞公司不应向中化公司承担责任。环球公司是博联公司授权委托的签单代理人,不应对涉案货物的损失承担责任。依照《合同法》第107条、《海商法》第46条第1款、第48条、第78条第1款和第257条的规定,判决:(1)博联公司向中化公司支付货款 97200 美元和出口退税损失人民币 121014 元以及利息;(2)对中化公司的其他诉讼请求不予支持。

中化公司、博联公司不服该判决,提起上诉。二审上海市高级人民法院认为:本案系原告诉请承运人、实际承运人等多个被告承担连带责任的共同诉讼。中化公司已明确其诉请依据为《海商法》第63条之规定,而本案争议事实因中化公司持有提单所证明的其与博联公司之间海上货物运输合同的履行而产生,博联公司亦因履行该合同而委托达飞公司运输涉案货物。据此,原告的诉请依据及本案当事人之间法律关系的产生等均与海上货物运输合同的履行有关,本案应为涉外海上货物运输合同无单放货损害赔偿纠纷。承运人与实际承运人承担连带责任仅以两者均负有赔偿责任为法定条件,在本案中,承运人可能基于运输合同承担责任,实际承运人则可能基于《海商法》第61条的规定,而非直接的运输合同关系承担责任。因此,承运人与实际承运人连带责任的产生依据并不仅限于我国传统民法规定的共同侵权或违约等行为,而是《海商法》第63条的特别规定,中化公司对本案诉由的选择因而具有不确定性。虽然中化公司在原审法院令其选定诉由时作出了侵权之诉的表述,但其以《海商法》第63条规定作为诉请基础及法律依据之意思表示清楚,符合法律规定。故中化公司的表述不影响本院依法确定本案纠纷的性质。

中化公司向博联公司交付涉案货物,并成为博联公司指示提单记载的托运人,该提单系两者之间建立海上货物运输合同关系的证明。博联公司提单并未发生流转,中化公司仍系该指示提单的合法持有人,对提单项下货物享有权利,博联公司则处于承运人之地位。根据《海商法》第60条、第71条的规定,博联公司虽将货物运输委托他人实际履行,但仍应对全部运输负责,其不能履行保证凭正本提单交付货物之义务,应承担相应的赔偿责任。博联公司提单背面格式条款虽规定货物在海运承运人掌管期间发生的灭失和损坏,仅由海运承运人承担赔偿责任,但该提单并未明确约定由实际承运人负责的特定运输部分,也未表明特定的实际承运人名称,不符合《海商法》第60条第2款之规定,不能证明博联公司与提单持有人之间就货物分段责任达成了合意。博联公司据此免责的抗辩理由不能成立。

达飞公司向博联公司签发的提单已构成其接受承运人委托,从事涉案货物运输的初步证据。达飞公司尚未证实关于其系涉案船舶承租人的主张。即使该主张成立,其以自己名义对外接受承运人委托并签发提单、利用自己租赁或经营的船舶从事运输活动并负责交货,该行为亦符合《海商法》第42条第1款第(2)项规定的"实际承运人"之特征。根据《海商法》第61条的规定,在海上货物运输合同的履行范围之内,《海商法》对承运人责任的规定,也适用于实际承运人。因此,达飞公司应就其控制、运输涉案货物等范围内造成的损失承担承运人之法定责任。现达飞公司并未履行凭其签发的正本提单向博联公司交货的义务,博联公司已确认涉案货物被无单提取。达飞公司虽否认其存在无单放货的行为,但无法提供其与目的港代理人关于放货的代理协议,亦无法证实其对货物的具体处分方式及货物下落,且其一审中已经确认对涉案货物失去控制。综合本案现有证据,达飞公司在其控制、运输货物期间未能履行妥善保管及正当交付货物之义务,存在过错,实际损害了中化公司的权利,应承担赔偿责任。根据《海商法》第 63 条的规定,承运人博联公司与实际承运人达飞公司应对中化公司因此遭受的损失承担连带赔偿责任,而博联公司与达飞公司之间的责任划分及追偿关系则不属于本案处理范围。

环球公司经博联公司授权签发提单,由此产生的相应法律后果由博联公司承担。现无证据表明环球公司实施或参与了无单放货的行为,中化公司要求其承担赔偿责任的诉请不能成立。

依照《民事诉讼法》第 153 条第 1 款第(2)项、第 158 条、《海商法》第 61 条、第 63 条、第 71 条之规定,判决如下:(1)维持上海海事法院(2002)沪海法连商初字第 45 号民事判决第 1 项,撤销该判决第 2 项;(2)被上诉人达飞公司对上诉人博联公司的赔偿款项及利息承担连带责任;(3)对上诉人中化公司的其他诉讼请求不予支持。

(二)传真签订海上货物运输合同的效力

通过传真远距离签订海上货物运输合同,极大地提高了工作效率,但合同履行中产生纠纷时却面临举证困难,而如何判断传真件的真伪、原件与非原件,是该类案件审判中法官必须解决的事实问题。广州海事法院及其上诉审广东省高级人民法院对广西振海船务有限公司传真签订海上货物运输合同案的处理,合乎技术进步与法律规范,具有一定的典型性和代表性。该两级法院关于传真件的观点如下:①

原告(被上诉人):广西振海船务有限公司(下称振海公司)。

被告(上诉人):广州市番禺区石楼镇恒兴油库有限公司(下称恒兴公司)。

---

① 倪学伟、杨优升:《广西振海船务有限公司诉广州市番禺区石楼镇恒兴油库有限公司海上货物运输合同案》,载最高人民法院中国应用法学研究所编:《人民法院案例选》2008 年第 3 期,人民法院出版社 2009 年版。

　　原告诉称:根据原被告订立的《租船运输合同》,原告派"浩航2"船将被告984.096吨柴油运抵目的港海南洋浦,但被告拒不支付运费等费用。特请求法院判令被告清偿拖欠的运费72000元、清舱费26000元、滞期费67500元及利息。

　　被告辩称:我方未与原告签订过合同,原告提交的《租船运输合同》是传真的复印件,不清楚该合同上的印章是否是我公司的,也不清楚在合同上签字的人是否为我公司职员,该复印件完全可以伪造。请法院驳回原告的诉讼请求。

　　一审法院查明:2006年1月4日,原、被告通过传真签订了一份《租船运输合同》,约定以原告的"浩航2"船承运被告的非标柴油1000吨自广东万倾沙至海南洋浦;船舶在装港和卸港作业停留时间分别不能超过24小时和12小时,如超过该期限,被告按每天1万元支付滞期费;全程运费每吨72元。合同有原告方代表陈志、被告方代表曾伟平的签名,并盖有原告的公章、被告的合同专用章。被告以该《租船运输合同》是传真的复印件为由,不予认可。

　　一审法院认为:本案是一宗海上货物运输合同运费纠纷。原告提交的航海日志、船舶签证簿系原件,是船舶在航行过程中形成的法定文件,有国家海事主管部门的签章并需要随时接受国家海事主管部门的查验,应确认其真实性与合法性。通过传真往来签订合同,是通信技术发达时代的常见形式,《合同法》第11条"书面形式是指合同书、信件和数据电文(包括电报、电传、传真、电子数据交换和电子邮件)等可以有形地表现所载内容的形式"的规定,即确认了传真签订合同的合法性;原告提交的证据材料《租船运输合同》虽说是传真的复印件,但其内容与"浩航2"船的航海日志、签证簿等法定文件能相互印证,足可证明其真实性、合法性、关联性,因而该《租船运输合同》可以作为本案的证据。

　　一审法院根据查明的其他案件事实,依照《合同法》第60条、第292条之规定,判决被告恒兴公司向原告振海公司清偿运费72000元、清舱费26000元、滞期费57654元以及该三项费用的利息。

　　恒兴公司不服该判决,向广东省高级人民法院上诉称:振海公司在一审中提交的关键证据《租船运输合同》是传真的复印件,未提交原件。传真件的可伪造性很强,而传真的复印件可伪造性就更强。振海公司提交的航海日志、签证簿等只能反映船舶日常工作和航行情况,不能反映船舶航行与恒兴公司有关,因此不能必然证明两公司之间签订过《租船运输合同》。振海公司没有证据证明是恒兴公司将柴油交付其运输,也不能证明其将柴油交付给第三人是恒兴公司指定的,恒兴公司与振海公司之间并不存在海上货物运输合同关系。请求二审法院依法改判。

广东省高级人民法院经审理认为:振海公司在一审已提交了双方签订的《租船运输合同》传真的复印件,二审提交的该传真的原件是对复印件效力的补强,不影响该证据的效力。在一、二审的庭审中,当问及恒兴公司代理人在《租船运输合同》上的印章是否为该公司所盖,签字人"曾伟平"是否为该公司职员,该公司的传真标志及号码是否为"HENG XIGN 02034860098"等问题时,其代理人均回答"不清楚",既不表示承认,也不表示否认。由于恒兴公司完全知悉自己传真机标志和号码以及"曾伟平"是否为本公司职员,其特别授权的代理人完全可以明确地作出承认或者否认的回答,而代理人在一审中回答"不清楚",在二审的回答仍然是"不清楚",这在客观上不符合情理,应是主观上的消极回避,因而应认定恒兴公司对上述事实予以承认。恒兴公司在一、二审均以传真的复印件和传真的原件极易伪造为由而否认该合同的真实性,但未提供该合同系伪造的证据,其主张不予采信。

振海公司二审提交的"桂油围1号"船租赁合同系一审庭审结束后从案外人李成文处发现取得,依法为新证据,恒兴公司确认该租赁合同的真实性。租赁合同上加盖有"广州市番禺区石楼镇恒兴油库有限公司合同专用章,开户行:莲花山农村信用社,账号:801022268,地址:广州市番禺区石楼镇海心工业区,电话:84650966"字样的印文原件,与原告提交的《租船运输合同》传真原件上的印文一致,印证了《租船运输合同》的真实性。航海日志、签证簿是船舶在航行中形成的法定文件,该两份文件记载"浩航2"船从万倾沙装运非标柴油到海南洋浦,印证了《租船运输合同》所约定的航线。上述多个证据的相互印证,足以证明《租船运输合同》的真实性、合法性和关联性,因而可以作为认定本案事实的证据。

振海公司据《租船运输合同》将恒兴公司货物安全运抵目的地,其有权按合同约定向恒兴公司收取运费、滞期费和清舱费,恒兴公司拒不支付,应承担违约责任。根据《民事诉讼法》第153条第1款第(1)项的规定,判决驳回上诉,维持原判。

【延伸阅读】

1.司玉琢、李志文主编:《中国海商法基本理论专题研究》,北京大学出版社2009年版。

2.司玉琢主编:《国际海事立法趋势及对策研究》,法律出版社2002年版。

3.尹东年、郭瑜:《海上货物运输法》,人民法院出版社2000年版。

4.马德懿:《海商法及其哲理化初论》,中国商务出版社2008年版。

5.李守芹、李洪积:《中国的海事审判》,法律出版社2002年版。

6.杨良宜:《合约的解释》,法律出版社2007年版。

7.傅廷中:《论我国海上货物运输法的统一》,载《中国法学》2003年第3期。

第二节　提　　单

【知识背景】

提单的法律功能与种类

(一)提单的概念及其法律功能

《海商法》第71条规定:"提单,是指用以证明海上货物运输合同和货物已经由承运人接收或者装船,以及承运人保证据以交付货物的单证。"提单在国际海上货物运输和国际贸易中占据重要地位,是国际货物买卖、运输、结汇等环节中的一种十分重要的单证。

提单由航运公司自行制定。提单格式的风格、提单内容的取舍等,除部分背面条款受提单法的强制规定外,完全由各国航运公司自行决定,各国法律及有关航运公约并无统一的要求。提单分正面和背面,正面一般是关于承运人、托运人、收货人或受货人、起运港、目的港、运费、货物的名称、标志、号码、件数、毛重、尺码、外表状况等情况的记载。提单的背面通常为打印的条款,内容较多、文字较小,是典型的格式条款,其内容主要有:定义性条款、首要条款、管辖权条款、责任期间条款、责任条款、免责条款、运费条款、装货、卸货与交货条款、留置权条款、赔偿金额、货物灭失或损坏的通知与时效、关于特殊货物的约定、共同海损与新杰森条款、双方互有过失碰撞条款、战争、检疫、冰冻、罢工等条款。

提单在不同的关系人之间,具有不同的法律功能与作用。我国学界的通说认为,提单具有以下三个方面的功能:

1. 提单是货物收据

承运人收到托运人托运的货物后,应根据托运人的请求签发提单。提单的签发不仅表明了承运人、托运人双方的身份与地位,而且还意味着承运人已在某一时间按照提单上所列的内容收到托运的货物,并已装上特定的船舶。

提单上关于货物情况的记载具有收据性质,可以作为证据使用。譬如,提单的签发日期就是指装船完毕的日期,如果倒签提单或预借提单,可能会承担严重的法律责任。而提单上关于承运人所收货物的标志、件数、数量、重量及其货物表面状况的记载,即表明承运人从托运人处收到了符合该记载事项的货物,因而有义务在目的港向收货人交付该货物。

提单作为承运人收到货物的收据,其证据效力应从两个方面考虑:第一,对托运人而言,提单只是承运人收到货物的初步证据,不具有绝对效力,反证有效。这是因为在航运实务中,承运人对货物的了解往往是由托运人书面提供的,如果承运人有充分理由证明货物的缺陷是装船时就存在的,或者是因托运人的欺诈所致,则承运人在赔偿收货人损失后,可以向托运人追偿。第二,对提单受让人而言,提单是承运人按提单记载接收到货物的终局性证据,反证无效;即使货物实际并未装船,承运人亦不能免除其对提单受让人的责任,除非提单受让人已得知货物未实际装船后仍然受让提单。这是因为提单受让人在受让提单时,并无机会检查实际装船的货物,只能完全相信承运人在提单中的记载,承运人有义务按提单记载向提单受让人交付货物,而不得以提单中的"未知条款"对抗善意的提单受让人。

2. 提单是海上货物运输合同的证明

在航运实务中,海上运输合同并非要式合同,合同的成立以订舱为特征,通常没有书面的合同,提单即该合同的证明而非合同本身。《海商法》第72条第1款规定:"货物由承运人接收或者装船后,应托运人的要求,承运人应当签发提单。"这也表明,提单是在运输合同已经部分履行的情况下签发的,而且如果托运人没有要求签发提单的,承运人可以不签发提单。

提单是海上货物运输合同的证明,理由如下:订立合同是一种双方的法律行为,双方订立合同之前并无相对的权利与义务,只有合同订立后才会有请求权等相对权利的发生。承运人有义务按托运人的请求签发提单,这表明在签发提单之前,双方已有了相对权利的存在——签发提单是由另一个法律事实所引起,该事实正是托运人向承运人的订舱。订舱以前,双方仅负有绝对的互不干涉的权利与义务,托运人请求订舱及承运人接受订舱的行为,才使他们建立了积极作为的权利义务关系,即合同关系。提单的签发,是在已有合同的基础上作出的,是履行合同的一种方式。另外,合同是双方的行为共同作用的结果,而提单的签发仅是承运人单方面完成的,并不需要托运人的配合,因而提单的签发也不可能是合同的订立。

在提单签发之前,运输合同已经成立,而合同的内容可能只包括提单条款,也可能还包括双方的其他约定。提单的作用是证明存在这样一个合同,并且双方已经开始履行这个合同。当提单条款与运输合同相冲突时,应以运输合同为准,提单只是在运输合同没有另外约定的情况下,起到规范双方权利义务的作用。

3. 提单是物权凭证

这是指提单是货物的象征,可以代表货物进行各种流转;谁持有提单谁就拥有提单所载货物的所有权,处分提单的效力等同于处分货物本身的效力。

提单的物权凭证功能,决定了提单类似于有价证券,可以自由流转。卖方可以通过背书出让提单,转移货物的所有权;买方取得提单即取得了货物的所有权,既可以凭提单在目的港向承运人提取货物,也可以再次将提单转让以赚取利润;向承运人实际提取货物的提单最后受让人取得海上货物运输合同的主体地位,不仅取得提单项下的货物,而且还取得就货物灭失或损害向承运人要求赔偿的权利;托运人在背书转让提单后,对货物本身不再享有权利。

(二)提单的种类

根据不同的标准,可以对提单进行不同分类。常见的分类主要是:

1. 已装船提单和收货待运提单

根据货物是否已装船,可以将提单分为已装船提单和收货待运提单两类。

已装船提单,是指在货物实际装船后由承运人签发给托运人的提单。该提单除载明一般事项外,还应注明装载货物的船舶名称及装船日期。承运人一旦签发了已装船提单,就表明其确认了货物已经装在船上。在航运实践中,除集装箱运输外,货物运输大多采用已装船提单。由于该类提单对收货人按时收到货物有相当的保障,所以,货物买卖合同一般都要求卖方提供已装船提单。在跟单信用证付款方式的国际贸易中,广泛采用已装船提单,以确认卖方已按买卖合同如期将货物装船运出。

已装船提单签发后,如果货物未实际装船(预借提单),承运人对托运人可不负责任,但对收货人或提单受让人须负提单签发的责任,除非提单持有人在取得提单时已知未装船的事实,或者提单签发人能证明其签发提单是托运人、提单持有人等共谋的恶意造成。

收货待运提单,又称备运提单,是指承运人收到托运人交来的货物,在尚未装船的情况下签发的提单。承运人签发收货待运提单,只能说明确认货物已交由承运人保管并置于其控制之下,而不能说明确认货物已装船。收货待运提单可能载明货物将要装上某船,即使以后货物不是装上预定的船舶,承运人对此亦无责任。当货物装船后,托运人可以用收货待运提单向承运人换取已装船提单。在实践中通常是承运人在收货待运提单上加盖"已装船"字样,并载明装货船舶及日期,以使收货待运提单转为已装船提单。

2. 清洁提单和不清洁提单

根据提单上有无批注,可将提单分为清洁提单和不清洁提单两种。

清洁提单,即货物交运时外表状态良好,承运人在签发提单时未加任何影响到货物外表状况的批注的提单。外表状况是指货物的包装,没有包装的是指货物本身的外表情况。外表状况良好的货物是指肉眼视力所及范围内的货物状况良好,经过合理检查仍不能发现的货物缺陷和内在瑕疵不影响清洁提单的效力。

清洁提单在国际货物买卖中具有十分重要的意义。买方希望收到完好无损的货物,首先就要求卖方在货物装船时必须保持货物的外观良好,因而货物买卖合同均要求卖方提供清洁提单。在跟单信用证付款方式下,卖方只有向银行提交清洁提单才能结汇取得货款,否则将被银行退单而钱货两空。

不清洁提单,即提单上记载有货物外表状况不良等批注的提单。承运人的运输责任从货物装船时开始,在装船当时所存在的货物损坏,不属于承运人的责任。作为对船舶收货直接负责的大副,为了在需要的时候明确责任的归属和程度,必须在装船完毕后在大副收据上载明货物有无损坏及其范围,并将大副收据的内容,包括货物外表不良或损坏的批注无遗漏地转批于提单,该提单即为不清洁提单。

不清洁提单表明货物是在表面状况不良的情况下装船的,如果由于这些批注事项的原因而使货物发生损坏或灭失,承运人即可减免责任。不清洁提单中常见的批注有箱子损坏、渗漏、钩损、海水湿损等。但对以下批注则不应视为不清洁提单,如:重量内容不详、托运人提供货物重量和尺码、不负汗湿责任、不负破碎责任。

不清洁提单对作为卖方的托运人十分不利,卖方通常总是尽可能让承运人在提单上不作批注而签发清洁提单。航运中的通常做法是,托运人向承运人提供保函,声明由于货物外表状况不良而可能引起的损失由托运人负责,承运人接受保函后,不将货物外表不良的状况记载于提单,而向托运人签发清洁提单。

3. 记名提单、不记名提单和指示提单

根据提单上"收货人"栏内关于收货人的记载方式不同,可将提单分为记名提单、不记名提单和指示提单三类。

记名提单,又称收货人抬头提单,是指在提单正面"收货人"栏内填写明确的收货人名称的提单。这种提单一般应托运人的要求,在提单正面"收货人"一栏中注明特定的收货人,承运人只能将货物交给该特定收货人。

记名提单只能由记名的收货人向承运人提货,不能转让,因而又称为不可流通提单。该提单不具有物权凭证的作用,银行一般不愿开具记名提单的信用证。这种提单很少在国际贸易中采用,一般只用来运送贵重货物或援助物质等。

托运人不能将记名提单转让,但记名提单指定的收货人可以转让该提单。如果记名提单上有禁止转让的记载或者有关国家的法律,如美国,有禁止记名提单背书转让的规定,则任何人都不能转让记名提单。

不记名提单,是指在提单正面"收货人"栏内没有填写任何收货人,或仅填写

"提单持有人"字样的提单,又称空白提单。承运人在目的港向这种提单的持有人交货,即见单交货。不记名提单可转让性最强,且转让时无须背书,只要将提单交给受让人即可,手续极为方便。这种提单一旦遗失,容易引起纠纷,风险很大,目前已很少采用。

指示提单,是指按收货人的指示交货的提单。指示提单是一种可转让的提单,在国际航运业中使用广泛。"指示"往往通过背书方式进行。根据是否明确了指示人,指示提单又可分为记名指示提单和不记名指示提单两类。

指示提单具有有价证券的性质,可以通过背书后转让。背书是指转让人在提单的背面写明受让人并签名的转让手续。指示提单背书的方式有完全背书、空白背书、选择不记名背书人和指示背书四种形式,实践中常见的是完全背书和空白背书两种。

4. 直达提单、海上联运提单和多式联运提单

根据运输方式的不同,可以将提单分为直达提单、海上联运提单和多式联运提单三种类型。

直达提单,即船舶从装船港装货后,中途不换装船舶而直接驶往目的港卸货的情况下签发的提单。在直达提单中仅填写起运港和目的港的名称,没有中途转船港的批注。有的提单在背面条款中规定承运人有权将所承运的货物转装他船的所谓"自己转船条款",但如果没有转船的批注,这种提单仍然是直达提单。直达提单对货方来说较为有利,可节省费用,少担风险。在国际贸易中,信用证规定不准转船的,就必须取得直达提单才能结汇。

海上联运提单,即海上货物运输的全程需一艘以上的船舶完成,中途需要转换船舶,由此而签发的提单,又称转船提单。海上联运的做法是:由第一程船的承运人将货物从起运港运往中途转运港,交第二程的承运人,由其运往目的港,或再转交第三程船承运人运往目的港。海上联运提单由第一程船承运人在装货港签发,包括全程运输,各程船之间又签发分程提单,以分清各程承运人的责任。

多式联运提单,是指由海上、陆上、空中等两种或两种以上的运输方式进行联运而签发的一份适用于全程运输的提单。其法律性质与海上联运提单相似,但因多式联运提单涉及不同的运输工具,各运输工具承运人的责任和赔偿责任限制各

不相同,因而发生货损后的处理更为复杂。

5. 无船承运人提单和船长提单

通过无船承运人而完成的国际海上货物运输,通常会出现两套提单,即无船承运人提单和船长提单。

无船承运人提单,是指无船承运人或其代理人签发给托运人的提单。该提单通常为指示提单,用于托运人根据信用证结汇收取货款,目的港的收货人付款后取得无船承运人提单,凭该提单向无船承运人在目的港的代理换取提货单后提货。该提单可以多次转让,具有物权凭证功能。[①]

《国际海运条例》第7条要求无船承运人向国务院交通主管部门办理提单登记,其目的在于通过行政监控以防范和减少海运欺诈,而实务中常见无船承运人签发未经登记的提单。该提单是否合法有效,经常是案件审判争议的焦点。我们认为,无船承运人签发未经登记的提单,应受到交通行政主管部门的处罚,但其签发提单的行为不属于《合同法》第52条第(5)项规定的违反法律、行政法规强制性规定的情形,该提单应认定为有效。

船长提单,又称海运提单,是指载货船舶的所有人、经营人或其代理人及船长签发给无船承运人的提单。无船承运人作为托运人将货物交载货船舶的经营者承运,后者出具船长提单给无船承运人,无船承运人将该提单及自己的副本提单转寄卸货港自己的代理;无船承运人的卸货港代理凭船长提单到载货船舶经营者或其代理处换取提货单;收货人到无船承运人的卸货港代理处用无船承运人提单换取提货单,凭提货单提货。船长提单是无船承运人为履行在目的港交货义务而必须控制和掌握的提单,该提单应为不可转让的记名提单,且记名的收货人应为无船承运人,这样才能达到其在目的港掌控货物的目的。

6. 倒签提单和预借提单

根据提单上注明的签发时间与货物实际装船完毕的时间的关系,将提单分为倒签提单和预借提单。

---

① 有学者主张无船承运人提单因不能向国际船舶运输经营者提货而不具有物权凭证功能。见司玉琢主编:《国际海事立法趋势及对策研究》,法律出版社2002年版,第44页。

倒签提单,是指承运人应托运人的要求,在货物装船后,填发早于实际装船完毕时间的提单。在国际贸易信用证付款方式下,信用证有两个明确的时间要求,一是装船时间,一是交单结汇时间,即有效时间。签发倒签提单时,信用证上的装船时间已过期,交单结汇时间未过期,在托运人提供保函的情况下,承运人在装船完毕后签发的早于实际装船完毕时间的提单,其目的是使提单上的装船时间符合信用证上的装船时间的规定,以便托运人顺利结汇。承运人签发倒签提单,在货物行情不好甚至下跌的时候,可能会承担巨大的风险。

预借提单,这是指承运人应托运人的要求,在货物装船之前或装船完毕之前签发的"已装船提单"。预借提单的签发是因为货物在装船之时或装船完毕之时,信用证上的装船时间和交单结汇时间(即有效时间)均已过期,托运人为了能在信用证的装船时间和交单结汇时间过期之前及时结汇,而向承运人要求预先"借用"提单,从而签发预借提单。

在装船之前或装船完毕之前签发的"已装船提单"(即所谓预借提单),风险极大。签发预借提单后,货物在装船前可能因为种种原因而发生灭失、损坏或退关,而提单已由托运人向银行结汇后转寄国外的收货人,这将使承运人处于十分被动的地位,严重危及承运人的声誉。预借提单签发后发生的货损,承运人要全部赔偿,不能享受责任限制权利,更不能免责。

【案例裁决/法律文书摘录】

(一)关于提单背面管辖权条款的法律效力

提单背面的管辖权条款,往往规定由船舶登记地、船公司所在地的法院管辖,提单持有人提起的海上货物运输合同纠纷诉讼,可能首先就会面对管辖权方面的抗辩。提单背面的管辖权条款是否具有法律效力,必须根据案件的具体情况依法作出判断,不能一概而论。福建省高级人民法院对香港鹏达船务有限公司管辖权异议的处理,具有一定的代表性,其裁定书的主要内容如下:①

上诉人(一审被告):香港鹏达船务有限公司(Rich Shipping Company Limited)(下

---

① http://www.ccmt.org.cn/showws.php? id=5962,下载日期:2014年8月2日。

称鹏达公司)。

被上诉人(一审原告):厦门中海联合贸易有限公司(下称中海公司)。

上诉人鹏达不服厦门海事法院(2010)厦海法商初字第119号民事裁定,向本院提起上诉称:案涉提单管辖权条款合法有效,双方当事人应受其约束。被上诉人接受提单且未对提单内容提出异议,视为其已充分理解并默示接受所有条款,包括背面的管辖权条款。香港是上诉人的主要营业地,香港法院与本案争议有实际联系,提单约定的管辖法院为香港法院,符合《民事诉讼法》第242条的规定。提单对管辖权的约定没有排除被上诉人的权利,由香港法院管辖不存在不便利的情况。请求撤销一审裁定,驳回被上诉人的起诉。

被上诉人中海公司答辩称:提单背面管辖权条款无效,该条款实际上排除了答辩人在运输始发地起诉的权利,且上诉人未采取合理方式提请答辩人注意;案涉提单由承运人签发,事实上排除了答辩人对争议解决方式的选择权,答辩人不受该条款的约束。

本院经审查认为:本案系海上货物运输合同纠纷,承运人鹏达公司与提单持有人中海公司之间的权利义务关系应当适用案涉提单的约定。虽然提单约定"如发生诉讼或仲裁,双方同意由承运人主要营业地香港的法院进行审理",但该管辖条款系承运人鹏达公司事先以较小的字体印制在提单背面,且未尽到足够的提醒义务;中海公司交付货物取得提单后,已无法更改提单,事实上排除了中海公司作为提单关系人对争议解决方式的选择权,提单管辖条款成为承运人单方的意思表示;中海公司在厦门海事法院提起诉讼,表明其不认可该提单管辖条款的约定。在没有证据证明提单持有人同意或提单持有人与承运人双方协商一致的情况下,该提单管辖条款的约定对提单持有人不具有约束力。依照《民事诉讼法》第28条、第154条、第158条之规定,裁定驳回上诉,维持原裁定。

(二)关于提单背面首要条款的法律效力

提单背面的首要条款是关于法律适用的规定。远洋运输跨越国界,一旦发生纠纷,适用什么法律处理是各方当事人极为关心的问题。首要条款可以规定适用国际航运公约或有关国家的国内法处理提单关系。首要条款关于法律适用的规定,通常会受到各方当事人及有关国家法院的尊重。武汉海事法院审理的美国博联国际有限公司无单放货纠纷一案,就提单首要条款的法律效力、记名提单是否需要凭单放货、准据法的确定、外国法的查明等难点问题作出处理,当事人服判息诉。该案判决书的主要内容如下:①

原告:江苏省轻工业品进出口集团股份有限公司(下称江苏轻工)。

被告:江苏环球国际货运有限公司(下称江苏环球)。

被告:博联国际有限公司(Brilliant International Corp. USA)(下称美国博联)。

原告江苏轻工因与被告江苏环球、美国博联海上货物运输合同纠纷,于1999年7月30日起诉至本院。本案所涉提单签发地、运输始发地以及被告江苏环球住所地均在中华人民共和国南京,本院以合同履行地及被告住所地取得管辖权。

原告诉称,1998年7月至12月,原告委托被告江苏环球出运一批货物,江苏环球以被告美国博联的名义向原告签发4套正本记名提单。提单记载托运人均为原告,收货人均为M/S中国(美国)公司[M/S China(USA)Inc.](下称美国M/S公司)。两被告没有收回正本提单就将货物交给记名收货人,造成原告无法收回货款。诉请判令两被告连带赔偿经济损失150542.75美元(折合人民币1249504.83元)及利息。

被告江苏环球辩称,在涉案货物运输业务中,其为美国博联的揽货与签发提单代理人,依法不应承担涉案经济损失。

被告美国博联辩称,货物运抵目的港美国迈阿密(Miami)后,记名收货人称未收到正本提单,便以出具保函的形式提取货物。依据提单的背面条款约定及《海商法》第269条的规定,处理本案应适用《1936年美国海上货物运输法》(COGSA 1936)及美国相关法律。根据美国法律(含判例),记名提单为不可转让提单,承运人将货物交付给记名提单注明的收货人,即完成交货义务,无须收货人出示正本提单。

经庭审查明:1998年7月、9月、12月,江苏轻工为履行其与美国M/S公司的售货合同,委托江苏环球向美国博联托运4票箱包产品。江苏环球接受委托,办理

---

① http://www.ccmt.org.cn/showws.php? id=579,下载日期:2014年8月2日。

了 4 票货物的订舱、报关、向承运人交付货物等委托事务。4 票货物价格条件为 FOB 中国,货物价款共 150542.75 美元,约定付款条件为 D/A120 日或 30 日。8 月 9 日、9 月 26 日、10 月 6 日、12 月 18 日,江苏环球代表美国博联向江苏轻工签发了以美国博联为承运人抬头的 4 套正本记名提单,并将提单交付江苏轻工。提单载明装货港分别为宁波、南京、宁波、南通;卸货港均为美国佛罗里达州的迈阿密;运费到付;收货人和通知人均为美国 M/S 公司。4 票货物装运后,分别于 9 月 2 日、10 月 29 日、11 月 1 日和 1999 年 2 月 10 日运抵美国迈阿密。

正本提单是由江苏轻工直接寄给其在美国的关联公司 JSL 国际公司,由其提示要求收货人付款赎单。收货人美国 M/S 公司提货时称未收到正本提单,于 1998 年 11 月 16 日、12 月 4 日,1999 年 1 月 29 日、3 月 5 日向美国博联出具提货保函,付清运输费用后,提取了货物。

1999 年 2 月 23 日,江苏轻工传真江苏环球查询货物到岸情况,未明确要求停止交货。3 月 8 日,江苏轻工传真江苏环球称已得知收货人提走货物,要求江苏环球承担无单放货责任。

4 票货物的正本提单均载明:经美国港口运输的货物的提单应适用《1936 年美国海上货物运输法》。否则,提单应适用在货物运输国已经颁布为法律的海牙规则或海牙—威斯比规则,但在没有上述颁布的法律可以适用的情况下,应适用海牙规则的内容。

本案在诉讼过程中,美国博联向本院提供了《1936 年美国海上货物运输法》《美国统一商法典》(*Uniform Commercial Code of America*)和经美国公证机构公证及中国驻纽约总领事馆认证的美国海利—贝利律师事务所律师、纽约大学法学院教授约翰·D. 凯姆鲍博士(John D. Kimball)关于美国法律对记名提单问题的《宣誓法律意见书》。该意见书依据美国相关法律和判例,作出的结论为:在提单中没有载明要求凭正本提单交付货物的合同条款且托运人也没有指示承运人不要放货的情况下,承运人将货物交给了记名提单的收货人,是履行与托运人之间的提单条款的行为,依据美国法律,承运人不违反提单条款或任何义务。

本院认为,提单是托运人与承运人之间海上货物运输合同的证明,双方应依提单约定履行合同义务。原告江苏轻工起诉被告美国博联和江苏环球无正本提单放货属合同纠纷。

双方当事人在提单首要条款中约定《1936年美国海上货物运输法》为处理本案的法律,符合我国法律关于合同当事人可以选择合同适用的法律的规定。本案所涉的主要争议是承运人能否不凭正本提单向记名收货人交付货物,而《1936年美国海上货物运输法》对此未作明确的规定,即当事人选择的法律不能适用合同所涉全部内容,只调整合同当事人部分权利义务关系,应视为双方当事人在合同中对该项争议的处理没有选择适用的法律。根据《海商法》第269条的规定,合同当事人对该项争议所适用的法律没有选择的,应依照最密切联系原则确定其所适用的法律。

最密切联系原则注重法律关系与地域的联系,采用连结因素作为媒介来确定合同的准据法,且所有与某个特定的争议有关的连结因素都应在决定该争议适用的准据法时被考虑,只有与合同存在密切联系的法律才能确定为准据法。本案所涉的海上货物运输合同主要有合同签订地、履行地(包括运输始发地和目的地)、当事人营业所所在地、标的物所在地等连结因素,而当事人之间争议的主要问题是承运人交货行为的法律后果。该项争议是承运人在美国港口交货中产生的,而不是在提单签发地或运输始发地产生的,由于承运人在运输目的地的交货行为直接受交货行为地法律的约束,与交货行为地美国法律的联系比其与合同签订地或运输始发地中国法律的联系更为真实具体,存在着实质性的联系,交货行为地法律是事实上支配争议最有效的法律。因此,合同签订地的中国法律不是与该项争议最密切联系的法律。同时本案当事人之间的国际海上货物运输合同是采用由承运人提供的格式合同(提单),其首先必须符合承运人营业所所在地法的规定,承运人营业所所在地亦与国际海上货物运输合同联系最密切。本案中运输目的地、标点物所在地、承运人营业所所在地均在美国,因此,本案应适用相关的美国法律为准据法。被告美国博联认为本案应适用《美国统一商法典》等美国相关法律的主张,应予支持。

被告美国博联提交的美国海利—贝利律师事务所律师约翰·D.凯姆鲍博士的《宣誓法律意见书》,虽然是就本案的法律适用提出的个人意见,但是该意见书同时也提供了相关的美国法律,且经美国公证机关公证和中国驻纽约总领事馆认证,符合最高人民法院《关于贯彻执行〈民法通则〉若干问题的意见》中关于外国法的查明途径可由当事人提供的规定,对其提供的美国相关法律的真实性和有效性,本院予以认定。该法律意见书运用美国相关法律和判例对《美国统一商法典》关于记名提单问题的规定作出了解释,且货物运输目的地所在的佛罗里达州立法部门已接受《美国统一商法典》为本州法律,原告江苏轻工对该法律意见也没有举出相反的依据加以排斥,因此,该法律意见可作为处理本案争议的参考,本案应适用《美国统一商法典》。

本案4份记名提单均载明收货人是美国 M/S 公司,依照《美国统一商法典》第7—104 条第2款的规定为不可转让提单,不具有流通性。《美国统一商法典》第7—303 条第1款第C项规定:除非提单另有规定,承运人在接到不可流通提单的收货人的指示后,只要发货人未有相反指示,且货物已到达提单所注明的目的地或收货人已占有提单,可以依指示将货物交付给非提单注明的人或目的地或以其他方式处置货物。即承运人交付货物前,只要发货人未有相反要求,在货物已到达提单所注明的目的地后,可以将货物交付给提单注明的收货人。原告江苏轻工在记名提单中未增加约定凭正本提单交货的条款,也没有及时在被告美国博联向记名收货人交付货物前,指示承运人不要交货。因此,被告美国博联依据提单将货物交给指定的记名收货人,应为适当交货,符合美国法律规定,被告美国博联对原告江苏轻工的经济损失不应承担赔偿责任。

被告江苏环球代理被告美国博联揽货、签发提单,没有超越代理权,对江苏轻工经济损失没有过错,不应承担责任。

依照《海商法》第269条、《民法通则》第63条第1款、第2款,《美国统一商法典》(Uniform Commercial Code of America)第7篇第1章第4条第2款、第7篇第3章第3条第1款第C项,以及《民事诉讼法》第5条第1款、第128条的规定,判决如下:驳回原告的诉讼请求。

(三)关于提单背面仲裁条款的法律效力

提单背面通常会有关于租约中的仲裁条款并入提单的规定。该仲裁条款是否有效并入提单,仲裁条款是否具有法律效力,是海事审判中常见的争议事项。根据最高人民法院《关于人民法院处理与涉外仲裁及外国仲裁事项有关问题的通知》

(法发[1995]18号)的规定,法院若认定涉外仲裁条款无效的,应事先层报最高人民法院审核,即所谓涉外仲裁条款效力的内审制度。对于"伊莎贝莉塔"轮提单仲裁条款效力的审查,即为这种内审制度的体现。有关情况如下:①

原告:连云港祥顺矿产资源有限公司(下称祥顺公司)。

被告:挪威尤格兰航运有限公司(Uglang Shipping A/S)(下称尤格兰公司)。

祥顺公司向天津海事法院起诉称,2010年11月14日,尤格兰公司所属的"伊莎贝莉塔"轮03L航次在印度尼西亚中苏拉威西考隆诺达尔受载了56800湿公吨镍矿,并签发了编号为 KLN/CHN—101001 的清洁提单。在祥顺公司取得全套正本提单后,尤格兰公司未能按时在提单载明的"中国天津港"交付货物。祥顺公司诉请判令尤格兰公司赔偿有关损失和费用。

尤格兰公司在答辩期间向天津海事法院提出管辖权异议称:祥顺公司据以提起诉讼的提单是金康提单1994版本,提单上有清楚的提单提示条款和并入条款,且载明了并入该提单的租约日期。据此,本案租约中的仲裁条款已有效并入提单,祥顺公司应按仲裁条款将本案提交仲裁,请求法院驳回祥顺公司的起诉。

天津海事法院经审查认为,本案系海上货物运输合同纠纷,祥顺公司为正本提单持有人。提单正面记载"请看背面的运输条款",提单背面条款第1条记载"提单正面所示租约中所有的责任和除外条款,包括法律适用和仲裁条款,都并入提单"。提单条款为承运人事先拟定的格式条款,在持有提单的祥顺公司不是租船人时,要使租船合同中的仲裁条款约束提单持有人,应在提单正面明示租船合同中的仲裁条款并入提单,且以显著区别于其他条款形式表示出来,提请对方注意。本案中提单正面及背面记载的有关并入的格式条款不能构成租约仲裁条款的有效并入,不产生约束提单持有人的法律效果。涉案海上货物运输卸货港为中国天津港,本院对本案具有管辖权。依据《民事诉讼法》第38条的规定,裁定驳回尤格兰公司对管辖权提出的异议。

---

① 最高人民法院《关于连云港祥顺矿产资源有限公司与尤格兰航运有限公司海上货物运输合同纠纷管辖权异议一案的请示的复函》,载江必新主编:《涉外商事海事审判指导》,2013年第1期,人民法院出版社2014年版。

天津市高级人民法院经审查,认为本案不产生租船合同仲裁条款有效并入提单的法律效果,该仲裁条款不能约束祥顺公司。

最高人民法院对于本案的请示,复函认为:尽管提单背面约定了提单正面所示租船合同中的仲裁条款并入提单,但提单背面并入条款的约定不产生约束提单持有人的效力。该提单正面并未载明租船合同中的仲裁条款并入提单。关于"运费按 2010 年 9 月 19 日 1015NICKEL 号租船合同支付"的记载,亦不能产生租船合同仲裁条款并入提单、约束提单持有人的法律效果。据此,尤格兰公司不能举证证明其与祥顺公司之间存在仲裁协议,其管辖权异议没有事实依据,天津海事法院对本案具有管辖权。

【延伸阅读】

1. 郭瑜:《提单法律制度研究》,北京大学出版社 1997 年版。

2. 司玉琢:《海商法专论》,中国人民大学出版社 2007 年版。

3. 杨良宜:《提单及其付运单证》,中国政法大学出版社 2001 年版。

4. 刘昕:《提单权利研究》,知识产权出版社 2008 年版。

5. 王伟:《无正本提单交付货物的法律与实践——国际海上货物运输法若干问题的比较研究》,法律出版社 2010 年版。

6. 刘萍:《无单放货中国际私法问题研究——基于中国的理论分析与实证考察》,法律出版社 2008 年版。

7. 何丽新:《无单放货法律问题研究》,法律出版社 2006 年版。

8. 王玫黎、葛存军:《提单无因性的法律探讨》,载北京大学法学院海商法研究中心主办:《海商法研究》,法律出版社 2002 年第 1 期。

9. 司玉琢、汪杰、祝默泉、沈晓平:《关于无单放货的理论与实践——兼论提单的物权性问题》,载司玉琢主编:《中国海商法年刊(2000)》,大连海事大学出版社 2001 年版。

第三节　承运人的权利

●　●　●

【知识背景】

承运人的航海过失免责权及其他权利

（一）承运人对航海过失造成货损的免责权

《海商法》第51条第（1）项规定，"船长、船员引航员或者承运人的其他受雇人在驾驶船舶或者管理船舶中的过失"造成的货损，承运人不负赔偿责任。这就是我国《海商法》所规定的承运人驾驶和管理船舶过失免责权，即航海过失免责权。

驾驶船舶过失是指船长、船员在海上航行中驾驶船舶方面的疏忽或过失，如测定船位的过失和错误、疏忽瞭望、避碰不当等，由此造成的货损，承运人免责。这是因为船长、船员是经过国家考试和任命的，高级船员需取得国家颁发的相应职务证书后才能任职，因而都符合船舶适航要求；海上航行风险莫测，意外事故的发生殊难完全避免，要求不在船上的承运人承担赔偿责任，在某种意义上讲过于严苛；国家需要通过壮大其远洋船队以增强整体实力，因此，几乎所有国家的海商法及大多数航运公约均规定承运人驾驶船舶过失免责。

管理船舶过失是指船长、船员对船舶缺少应有的注意与照料而造成的疏忽或错误。由此引起的货损，承运人不承担赔偿责任。如船舶航行途中需往压载舱打入压舱水以增加船舶稳性，因船员疏忽，压舱水被注入货舱湿损了货物，此货损即是管船过失所致，承运人不承担责任。

（二）承运人对火灾造成货损的免责权

《海商法》第51条第（2）项规定，因火灾造成的货损，承运人免责，但由于承运人本人的过失造成的火灾除外。所谓承运人本人的过失，通常仅指承运人自己的过失，而不包括承运人的雇佣人或代理人的过失。如果承运人系航运企业，则承运人本人的过失是指企业高级管理人员如总经理、副总经理等人的过失,而不包括一般工作人员的过失。承运人本人过失造成的火灾,大多数情况下与船舶不适航有关,如电线老化引起火灾,因而又可以根据承运人的适航义务要求其承担赔偿责任。除此之外,船上一旦发生火灾造成货损,承运人都可要求免责,且不承担举证责任。如果货方认为火灾是由于船舶不适航或承运人本人的过失造成的,则由货方承担这方面的举证责任。

(三)承运人对货方过失造成货损的免责权

《海商法》第 70 条规定:"托运人对承运人、实际承运人所遭受的损失或者船舶所遭受的损坏,不负赔偿责任;但是,此种损失或者损坏是由于托运人或者托运人的受雇人、代理人的过失造成的除外。"这意味着对托运人、收货人、货物所有人或其代理人的行为或不行为造成的货损,承运人不承担赔偿责任。如托运人在托运货物时隐瞒了货物的爆炸性,货物在运输途中发生爆炸,则承运人对此不仅没有赔偿责任,而且对因爆炸造成的船舶损失还可以要求托运人赔偿。

因货物的自然特性或固有缺陷造成的货损,承运人免责。如谷物会生虫、煤炭会自燃、蔬菜水果等易腐货物会变坏,这些都是货物自然特性或固有缺陷使然,因此原因而发生货损时,承运人免除赔偿责任。另外,由货物的自然特性与固有缺陷所造成的容积或重量的损失,如装载原油会有部分黏附在舱壁,装载谷物会有水分蒸发,装载矿砂会在装卸时部分货物随风飘散,即所谓的正常损耗,只要不超过正常的损耗量,承运人即可免责。如我国对原油等液体货物,允许 0.5% 的误差率,即只要货差不超过 0.5%,承运人便不承担赔偿责任,但对超过该误差率者,须承担全部货差的赔偿责任而不扣减该项误差比率。另有观点认为,一票货物重量的真值在理论上是存在且是唯一的,但由于使用任何计量方式皆有误差的可能,且误差有正误差和负误差之分,对于现实中通过一定计量方式来获得的某次具体重量数值,是难以确定其是否与真值一致、与真值差距多少的。因此,只要是按既定操作规程进行检验后得出的结论,尤其是法定检验机构出具的正式检验结果,就应被视为真值,否则重量检验便失去意义。在"水尺计重存在 0.5% 误差"的主张缺乏规范性文件或行业惯例等明确依据的情况下,若货物实际到港数量少于运输单证所记载的装船数量,则足以认定货物发生短少。[①]

(四)承运人对不可抗拒的自然力量造成货损的免责权

《海商法》第 51 条第(3)项规定,"天灾、海上或者其他可航水域的危险或者意外事故"造成的货损,承运人不负赔偿责任。在航运实务中,承运人要据此免责,须符合以下条件:天灾、海上或者其他可航水域的危险或者意外事故是承运人在开航前无法预料的,不属于预定航线上的常见危险,且承运人在合理范围内无法避免和抵御。如果船舶所遭遇的是预定航线上常见的海上风浪且造成货损,则承运人不仅不能免责,还可能会承担因船舶不适航而引起的赔偿责任。值得一提的是,随着天气预报能力的增强,人类已经能够对台风的风力、时间、影响范围等作出准确的预报,船舶亦可提前采取措施避风,因而对海上航行的船舶来说,台风通常不再被认为是不可抗力。当然,对码头设施、渔排等不可移动的设施而言,台风仍可能被认为是不可抗力;当台风的风力等明显超过预报的范围时,对避风港中避风的船舶来说,该台风可能构成不可抗力。

另外,承运人对不可抗拒的战争或武装冲突造成的货损,对政府或主管部门的行为、检疫限制或者司法扣押造成的货损,对罢工、停工或者劳动受到限制引起的货损享有免责权。

(五)承运人对海上救助行为造成货损的免责权

《海商法》第 51 条第(7)项规定,"在海上救助或企图救助人命或者财产"所产生的货物灭失或损坏,承运人不负赔偿责任。在 19 世纪以前英国的普通法中,只有救助海上遇难人命的绕航才是合理的,有关货损承运人免责;为救助海上遇难财产进行的绕航则不合理,所产生的货损承运人不能免责。这是因为当时船舶抵御海上风险的能力很低,船舶在海上多停留一分钟,货物就多负担一分风险。为了避免货物遭受不必要的危险,法律总是鼓励承运人尽快将货物运到目的港。随着船舶航海技术的提高,以及海上遇难财产价值日益巨大,为救助海上遇难财产而绕航

---

① 莫菲:《大宗散货水尺计重误差及短量保险赔付责任的认定——广州植之元油脂实业有限公司诉中银保险有限公司广东分公司海上保险合同纠纷案》,载钟健平主编:《中国海事审判(2013)》,广东人民出版社 2014 年版。

被认为是合理的,因此产生的货损承运人可以免责。

（六）承运人对船舶潜在缺陷造成货损的免责权

船舶潜在缺陷是指谨慎的或勤勉的专业人员以通常方法检查船舶所不能发现的缺陷,法律并不要求检查船舶时特别地谨慎或特别地勤勉。如验船师对船舶减速齿轮的检查,通常都是通过检查盖进行的,而不需要移去机盖、擦干净齿轮上的油来检查,因而通过检查盖检查而未发现齿轮已有轻微裂痕的,该裂痕即属于船舶的潜在缺陷,因此导致货损的,承运人不承担赔偿责任。

（七）承运人的运费收取权

运费是指承运人将货物从起运港运至目的港而由货方向承运人支付的一种对价或报酬。运费的数额没有统一的标准,一般根据班轮公司公布的运费率或根据货物的重量、件数、体积、价值等,由承运人与托运人随行就市协商约定。意思自治原则在这一问题上具有重要意义,法院极少以显失公平为由推翻双方关于运费数额的约定。

运费可分为预付运费和到付运费两种。预付运费通常在签发提单之前由托运人支付,也可在签发提单之后支付,对此,提单记载为"运费已付",但该记载仅是表面证据,如果事实上承运人并未收取预付运费,承运人有权要求托运人支付。在预付运费时,若货物在运输途中发生灭失,则一般不退还该运费。

到付运费是指承运人将货物运到目的港后才能收取的运费,它以在提单上特别载明为前提条件,同时提单的记载也是未收取该运费时留置货物的依据。倘若提单上未注明运费是预付抑或是到付,则视为预付运费。到付运费在货物运抵目的港后支付,具体时间可以是目的港卸货前、卸货中或卸货后。在未收取到付运费的情况下,承运人有权留置货物。在航运实务中,若货物未运到目的港而在中途灭失,货方无须支付该运费。

（八）承运人的货物留置权

货物所有人应当向承运人支付的运费、共同海损分摊、滞期费、亏舱费和承运人为货物垫付的必要费用,以及应当向承运人支付的其他费用没有付清,又没有提供适当担保的,承运人可以在合理范围内留置其货物。

【案例裁决/法律文书摘录】

(一)承运人对火灾造成的货损免除赔偿责任

火灾免责权是承运人的一项重要权利。除非是由于承运人本人的过失引起的火灾,否则,因火灾而造成的货损由货方自行承担,承运人不负赔偿责任,且无须对火灾产生原因及过错承担举证责任。上海海事法院对"韩进宾西法尼亚"(Hanjin Pennsylvania)轮火灾造成货损一案的审理,依法保护了承运人这一特殊的免责权利。该判决的主要内容如下:①

原告:温州宇宙集团有限公司(下称温州宇宙)。

被告:中外运集装箱运输有限公司(下称中外运公司)。

2002年10月,温州宇宙的代理人上海运鸿储运有限公司(下称运鸿公司)向中外运公司的代理人上海船务代理有限公司(下称上海船代)提出要求为温州宇宙的3个内装毛毯的集装箱,配载"韩进比勒陀利亚"(Hanjin Pretoria)轮第0004W航次,从上海运往汉堡,上海船代接受了这一订舱。嗣后,因"韩进比勒陀利亚"轮漏装,涉案集装箱被改配至11月2日出发的"韩进宾西法尼亚"轮第0005W航次。11月4日,运鸿公司接受了涉案货物的提单。此后,其中2个集装箱装上"韩进宾西法尼亚"轮,上海船代将提单拆分为3套,载明托运人为温州宇宙,承运人为中外运公司,上述两个集装箱被实际装于该轮第4舱的第340614和第340412箱位。

2002年11月11日,"韩进宾西法尼亚"轮在航行于斯里兰卡南部印度洋海域途中,第4舱突然发生爆炸进而引发船上大火。次日,由于无法控制火势,船员选择弃船。11月15日,在对该轮的救助过程中,第6舱发生剧烈爆炸,造成船舶第二次失火。11月25日船上火势最终得到了控制。新加坡的海事索赔服务有限公司(Maritime Claims & Services Pte Ltd.)接受西英保赔协会(卢森堡)香港办事处的委托,对"韩进宾西法尼亚"轮发生火灾事故的经过及船载货物的处理作出总结报告。据此报告,涉案货物已在火灾事故中遭受全损。

原告诉称,被告作为其货物的承运人,未能在运输途中尽到妥善、谨慎地保管、照料货物的义务,请求判令被告赔偿货物损失49504美元及其利息。

---

① http://www.ccmt.org.cn/shownews.php? id=6010,下载日期:2014年8月3日。

上海海事法院根据查明的事实,经审理认为:原被告之间存在以涉案提单所证明的海上货物运输合同关系,原告为托运人和提单持有人,被告为承运人。"韩进宾西法尼亚"轮因第4舱发生爆炸进而引发大火,造成船舶和所承载的货物严重损坏,这是不争的事实。涉案货物处于发生第一次爆炸的第4舱,其受损原因存在两种情况:一是货物因遭受爆炸产生的气流直接冲击造成损坏;二是货物被爆炸引发的大火烧毁。由于大火持续了14天,发生爆炸的第4舱已面目全非,而爆炸和大火之间并无时间上的间隔,要严格区分这两种情况显然非常困难,也不实际。对此,本院认为火灾事故的形成是一个阶段性的过程,可分为起因、燃烧、大火、救火、清理事故现场等几个阶段,每一个阶段都应认定为火灾的一个组成部分,而不能仅认为只有被火烧毁的货物才是火灾造成的损失,譬如在救火过程中货物被灭火液体浸泡发生的湿损,也应认定为火灾损失。同样,如果爆炸是引发物质燃烧进而引发大火的一个直接原因,则该爆炸仍应属于《海商法》第51条第1款第(2)项中火灾的范畴。因此,无论是上述哪一种情况或两种情况共同造成了涉案货物的损失,都应认定为是火灾造成的。从涉案货物毛毯的属性判断,其在第一次爆炸中受到严重损坏的可能性并不大,而造成其彻底损毁的原因只能是火烧。除非原告能证明火灾是由于被告本人的过失造成的,而在本案中原告显然未能证明此点。因此,本院认为涉案货物损失的直接原因是船上发生的火灾,根据《海商法》第51条第1款第(2)项的规定,被告中外运公司不应承担赔偿责任,判决驳回原告温州宇宙的诉讼请求。

(二)承运人对船长驾驶过失及船舶潜在缺陷造成货损的免责权

驾驶船舶过失、管理船舶过失造成的货损,承运人免除赔偿责任。这种航海过失免责权被学者称为"海商法的基础"。[①] 船舶潜在缺陷造成的货损,承运人亦予免责。厦门海事法院对"景云"(Golden Cloud)轮船长驾驶过失以及船舶潜在缺陷造成的货损,承运人免除赔偿责任的判决,具有较为典型的意义。该判决的相关内

① 杨树明编著:《海商法基础》,重庆大学出版社1989年版。

容如下:①

原告:阳明海运股份有限公司(Yang Ming Marine Transport Corporation)(下称阳明公司)。

被告:美达船务有限公司(Smart Point Shipping Limited)(下称美达公司)。

被告:大诺控股有限公司(Great Promise Holdings Limited)(下称大诺公司)。

原告诉称:原告是经营集装箱运输的国际班轮公司。2005 年 7 月,原告将所承揽的一批集装箱货物(原告对相关货主签发了全程提单)从福州到高雄区段的运输任务委托给船舶经营人美达公司。美达公司签发了提单,货物实际由大诺公司所有的"景云"轮承运。该轮在高雄外海遭遇"海棠"台风,造成大量集装箱落海的严重货损事故。原告作为全程承运人遭到货方的索赔,产生的损失和费用共计 388749.74 美元。原告在对货损承担了赔偿责任后,有权向负责区段运输的承运人追偿,故请求判令两被告连带赔偿 388749.74 美元及利息。

厦门海事法院在查明相关案件事实的基础上,经审理认为:本案为海上货物运输中因货损产生的赔偿纠纷。美达公司为提单承运人,原告与美达公司依法为海上货物运输合同的双方当事人,原告可以自己的名义提起诉讼并主张对货物的权利。被告大诺公司系外国法人,作为实际承运人,原告对其提起的诉讼属于侵权之诉。

货物在被告掌管期间因集装箱倒塌、落海而发生灭失损害,原告要求被告赔偿损失,并提出被告存在船舶不适航、未尽管货义务、船舶安全管理存在问题等主张,被告则以不可抗力、海上风险或天灾等法定免责事由为抗辩。

"海棠"台风逆时针打转虽属罕见,但就实际的风力和海况而言,"景云"轮在开离福建马尾港时已知该台风的来临,按航海日志的记载,离港后当日即遭遇 8 级风,次日凌晨风力已达 9~10 级,船舶完全应当预见未来海上风力可能也有 9 级或更高,实际上第一次集装箱落海时的风力也仅为 9 级。尽管台风出现打转一圈的情况不可预测,但在台风变向之初,船长如能注意及时获取台风的新信息,分析台

---

① http://www.ccmt.org.cn/showws.php? id ＝ 2738; http://www.ccmt.org.cn/showws.php? id＝2739,下载日期:2014 年 8 月 5 日。

风有自西至南移动的趋势,则可以调整航向,远离台风,避免事故。直接造成集装箱的倒塌、落海,是缘于船长抛锚抗台时没有注意受风的船体方向,使船舶在调头过程中受横浪冲击,即由于船长的驾驶过失所致。同时,舱盖板上固定式集装箱绑扎设备因存在缺陷不堪受力,也是导致集装箱掉落的另一原因;舱盖板上固定式绑扎设备的脱焊缺陷,经船员以通常的方法检查而不能发现,在原告没有相反证据的情况下,应认定该缺陷为承运人经谨慎处理仍未发现的潜在缺陷。

总之,风浪的作用仅为事故的自然原因,法律上的原因为船长驾驶船舶的过失和船舶的潜在缺陷,后者均属于《海商法》规定承运人可免责的事由,故被告美达公司可以免除货损的赔偿责任。被告大诺公司作为实际承运人,根据《海商法》第61条之规定,亦可以免责。

依照《民法通则》第146条第1款,《海商法》第269条、第275条、第51条第1款第(1)项、第(11)项、第61条、第204条,最高人民法院《关于审理涉外民事或商事合同纠纷案件法律适用若干问题的规定》第11条的规定,判决驳回原告阳明公司的诉讼请求。

【延伸阅读】

1.司玉琢、李志文主编:《中国海商法基本理论专题研究》,北京大学出版社2009年版。

2.[美]G. 吉尔摩、C. L. 布莱克著:《海商法》,杨召南、毛俊纯、王君粹译,吴焕宁校,中国大百科全书出版社2000年版。

3.[英]Stewart C. Body 等著:《SCRUTTON 租船合同与提单》,郭国汀译,朱曾杰审校,法律出版社2001年版。

4.司玉琢主编:《海商法(第二版)》,法律出版社2007年版。

5.邢海宝:《海商提单法》,法律出版社1999年版。

6.金正佳主编:《海商法案例与评析》,中山大学出版社2004年版。

第四节 承运人的义务

●　●　●

【知识背景】

承运人提供适航船舶的义务及其他义务

(一)承运人提供适航船舶的义务

《海商法》第 47 条规定:"承运人在船舶开航前和开航当时,应当谨慎处理,使船舶处于适航状态,妥善配备船员、装备船舶和配备供应品,并使货舱、冷藏舱、冷气舱和其他载货处所适于并能安全收受、载运和保管货物。"这就是承运人提供适航船舶义务的法律规定。该义务是强制性的,是承运人最低限度的责任,即无论提单条款如何约定,承运人都必须履行,而不得援用提单免责条款来推卸这种起码的责任。

1. 船舶适航的标准

所谓船舶适航,是指船舶的设计构造和性能等各个方面都能满足预定航线的安全要求。一般说来,应符合下面三个方面的要求才能认为船舶适航:

第一,船舶适宜于航行。这是指船舶狭义的适航,即船舶在船体构造、性能和设备等方面具备在特定航次中安全航行的能力,并具备抵御该特定航次中通常海上危险的能力。

第二,承运人妥善地配备船员、装备船舶和配备供应品。妥善地配备船员是指船舶必须配备足够的合格的船员。"足够"是指对船员配备的数量要求;"合格"是指船员必须持有相应的合格证书,具备相应的工作能力,能够胜任工作,即对船员质量的要求。妥善地装备船舶,是指船舶要妥善地备有航海所需要的各种仪器设备以及必要的文件等。一般来说,要求船舶配备足够的最新的海图、航行资料以及有关的资料,各种设备如雷达、回波测声仪、无线电测向仪、罗经以及船锚等要始终处于正常工作的状态,在使用方面必须可靠。妥善地供应船舶,是指船舶在航行中要备有适当的燃料、淡水、食物、药品以及其他供应品。

第三,船舶适货。这是指承运人在开航前和开航时谨慎处理,使货舱、冷藏舱、冷气舱和其他载货处所能适宜和安全地收受、载运和保管货物。船舶是否适货,要根据货物的特性而定。货物的特性千差万别,船舶适宜于装载此种货物,并不表明也适宜于装载彼种货物。譬如,船舶拟运载铁矿石,舱内未严格消毒而残余有农药,但对铁矿石毫无影响,船舱适货;但若该船舶运载水果,残余农药对水果有害,因而船舱不适货,即船舶不适航。

2. 船舶适航的程度

法律仅要求承运人谨慎处理,使船舶适航即可,而并不要求承运人提供绝对适航的船舶,事实上很难找到一艘这样的船舶。《海牙规则》第 3 条规定:"承运人有义务在开航前和开航当时克尽职责,以便:(1)使船舶适航;(2)妥善地配备船员、装备船舶和配备供应品;(3)货舱、冷藏舱和该船其他载货处所适于并能安全收受、载运和保管货物。"我国《海商法》要求承运人谨慎处理使船舶适航,这与《海牙规则》要求承运人克尽职责使船舶适航,并无本质的区别。谨慎处理使船舶适航是一种折中性的适航义务,这也是世界上绝大多数国家的通行做法。

克尽职责或者说谨慎处理,一般认为与"合理的注意"同义,即指一切谨慎的承运人都能办到的正常的注意,是正常、认真的承运人所能做到的小心与注意。"谨慎处理"具有很大的伸缩性,不可能有一个法律上的标准,承运人是否已经做到谨慎处理,是一个事实问题,应根据具体案件,结合船舶的构造和类型、所装货物的种类以及所航行的路线等因素来综合考虑。衡量有关人员是否已经谨慎处理,必须参照实践中采用的通常标准,而不应有特别的更高的要求。

承运人必须谨慎处理使船舶适航,并非限于承运人本人,还应包括他们的代理人、雇佣人和其他人员,如验船师等。这些人员均须谨慎处理使船舶本身具有适航能力,经得起一般的海上风浪,能将货物安全运抵目的港。

在谨慎处理之后仍然不能发现的潜在缺陷所引起的货损,承运人可以免责,但承运人须负举证责任,证明船舶在开航前和开航时已尽到了谨慎处理之义务。

3. 适航的时间

法律仅要求承运人在船舶开航前和开航当时谨慎处理使船舶适航,而不要求承运人在整个航程中使船舶适航。在开航前谨慎处理使船舶适航是指,船舶在开始接受货物至开航前这一段期间内,要适于接受货物并能经受装货阶段港内的一般风险。这是一个较低的适航要求,只要船舶的货舱适货、船舶能够经受住港口内的一般风险即可,并不要求在装货阶段船舶就具有抵御预定航线上的风险的能力。如果在开航前船舶尚未备足燃油、食物、淡水,亦未准备好海图、救生用具等,船舶仍然是适航的。

在开航当时谨慎处理使船舶适航,是指在开航当时,船舶除了具备在开航前应该具备的适航条件外,还必须适宜于该航次、该航线、该季节海上一般风险的航行。"开航当时"是一个时间点,而并非一段时间,只要船舶在该时间点符合适航的上述要求,即满足了法律的规定。也就是说,法律并不要求在整个航程期间的任何时间段内船舶都必须保持适航状态,相反,法律仅规定在开航当时具备适航的能力,如果开航之后船舶不适航的,承运人不承担责任。

(二)承运人管货的义务

《海商法》第 48 条规定:"承运人应当妥善地、谨慎地装载、搬移、积载、运输、保管、照料和卸载所运货物。"这一规定就是承运人合理管理货物的义务,它直接导源于《海牙规则》第 3 条第 2 款的规定,即"承运人应当适当而谨慎地装载、操作、积载、运输、保管、照料和卸下所运货物"。

1. 管货的程度

这是指承运人妥善而谨慎地管理货物。妥善是指货物在装载、搬移、积载、运输、保管、照料和卸载等七个环节中都要有一个良好的技术性系统,需要一定的业务水平才能做到"妥善",因而其本质是技术性的。谨慎是指承运人从装船到卸船这一整个过程要对货物予以合理的注意,要以通常的、合理的方式来处理货物。

管货过失造成的货损,承运人不能免责;而管船过失造成的货损,承运人不负赔偿责任。货损是管货过失造成还是管船过失所致,有时很难区别。如船舶航行途中遇到恶劣天气,为稳定船舶需打入大量的压载水,因船员疏忽,打入压载舱的水过多而溢进货舱,而货舱内的排水沟堵塞无法将水排出,积水过深致货物受损。

该货损是管船过失造成,抑或是管货过失所致,就值得认真考量的。

在航行实务中,区别管船过失和管货过失的方法是:若行为的直接目的是针对船舶本身或船舶航行的,一般可认为是管船过失或驾驶过失,如测定船位有错、疏于瞭望、避碰不当造成船舶碰撞、触礁、搁浅;若行为的直接目的是针对货物的,则可认为是管货过失。另外,作为或不作为的结果直接引起货损的,可认为是管货过失,如舱盖板未及时盖好、货物被雨水湿损;作为或不作为的结果间接引起货损的,为管船过失或驾驶过失,如避碰不当引起货损。

2. 开航前的管货义务

承运人在开航前应妥善和谨慎地装载、搬移和积载货物。妥善和谨慎地装载货物,是对承运人负责货物装船工作而言的。装船时的适当和谨慎要达到何种程度,取决于装货港的习惯做法和货物的具体特性。当承运人将货物的装船工作交由第三人即装卸公司进行时,若装卸公司未妥善、谨慎地装货,承运人应对此造成的损失负责。妥善和谨慎地搬移、积载货物,是指承运人对货物的搬移应有一套适当的技术性方法,货物在船上的放置要有一套科学的方法并给予合理的注意。如果在不能承受重压的货物上堆放其他重物,或者在食品旁放置散发异味的货物,或者将只能装在舱内的货物装于舱面等,都可视为承运人未妥善和谨慎地积载货物。

3. 运输途中的管货义务

承运人在运输途中应妥善和谨慎地运送、保管和照料货物。从货物装船到卸船的整个运输过程中,承运人都必须承担妥善、谨慎运送货物的责任,即应按照预定航线尽快地、直接地和安全地把船舶开往目的港交货。没有正当理由,不得脱离习惯上或地理上的航线,也不得无故延迟开航时间,使货物受到延长运送等额外风险的损失。承运人在货物运输途中,负有妥善和谨慎地保管及照料货物的责任。何种货物需要何种特殊的照料,除托运人在托运时已经声明外,一般应根据常识加以判断。承运人不具备这类常识,不能成为免除其妥善、谨慎保管、照料货物责任的理由。

4. 在目的港的管货义务

承运人在目的港应妥善和谨慎地卸下货物。所谓卸货,就是指将货物从船上卸到码头上。承运人只要将货物妥善和谨慎地卸到码头上,便是履行了卸货责任。

收货人在目的港提取货物前或承运人在目的港交付货物前,可以要求检验机构对货物状态进行检验,检验费用由要求检验的一方支付,但有权向造成货损的一方追偿。

货物未能在明确约定的时间内、在约定的卸货港交付的,即为迟延交付。在航运实务中,海上货物运输合同大多没有明确约定承运人在目的港交付货物的时间,因而不论迟延多长时间交付货物,按《海商法》第 50 条第 1 款"货物未能在明确约定的时间内、在约定的卸货港交付的,为迟延交付"的规定,均不构成迟延交付。

5. 管货的责任期间

所谓管货的责任期间,是指承运人对承运的货物的责任从什么时候开始到什么时候结束的一段时间。在承运人的责任期间内发生的货物灭失或损坏,除法律明确规定可以免责的情况外,承运人都应承担赔偿责任。

第一,非集装箱货物的责任期间。承运人对于非集装箱装运的货物,其责任期间是指从货物装上船时起至卸下船时止,货物处于承运人掌管之下的全部期间。这一责任期间与《海牙规则》中承运人责任期间完全相同,因而又称为"海牙时间"。对于非集装箱装运的货物,承运人可以就装船前、卸船后所承担的责任问题,根据合同自由原则与托运人达成任何协议。承运人为了争取货源,通常愿意把管货责任延展到承运人所有的码头仓库,货主交货或提货都在船公司所有的仓库进行。

第二,集装箱货物的责任期间。承运人对于集装箱货物的责任期间,是指从装货港接收货物时起至卸货港交付货物时止,货物处于承运人掌管之下的全部期间。集装箱作为一种运输设备,是 20 世纪 60 年代以后发展起来的,具有安全、便捷等优越性,给运输业带来了重大变革。承运人对于集装箱货物的责任期间长于非集装箱货物,且不能通过当事人的约定来缩短该责任期间,但约定延长该责任期间,则并不为法律所禁止。《海商法》第 42 条第(5)项规定,货物,是指"包括活动物和由托运人提供的用于集装货物的集装箱、货盘或者类似的装运器具"。这表明,如果集装箱是托运人提供的,集装箱本身即被视为货物,享受与货物相同的待遇。

【案例裁决/法律文书摘录】

（一）关于承运人的管货义务

管货义务是《海商法》规定的承运人最低义务之一。在管货责任期间内,因未履行或未妥善履行管货义务而造成货损的,承运人应承担赔偿责任。广州海事法院对"韩进大马"(Hanjin Tacoma)轮一案的判决,明确了承运人对于非集装箱货物的责任期间,是始于货物装上船、止于货物卸下船的承运人掌管之下的全部期间。船舶已做好卸货准备而由于收货人原因暂不能卸货的,承运人管货的责任仍应终止于货物卸离船舶之际,而非终止于可以卸船之时。另外,对于承运人提供适货船舶的义务、混合过错导致的赔偿等,判决也作了合乎法律规定的处理。判决书的相关内容如下:[①]

原告(上诉人):中国平安财产保险股份有限公司深圳分公司(下称平保深圳公司)。

被告(被上诉人):韩进船务有限公司(Hanjin Shipping Co.,Ltd.)(下称韩进公司)。

被告(被上诉人):中国再保险(集团)股份有限公司(下称中再保公司)。

原告诉称:2004年5月7日,广东富虹油品有限公司(以下简称富虹公司)将其从巴西进口的57750吨大豆装上被告韩进公司所属的"韩进大马"轮,从巴西的桑托斯(Santos)港运往中国湛江港;8月1日,在该轮靠泊湛江港405号泊位开舱验货时,发现货物表面有大量不同程度的发霉、变质现象;货物全部卸毕后,经各相关方初步估计,货损金额约人民币2400万元(以下未特别说明的,均指人民币)。韩进公司是货物的实际承运人,负有将货物完好运抵目的港的义务。富虹公司系提单持有人及收货人,有权就该货损向韩进公司索赔。在诉前扣押"韩进大马"轮后,中再保公司为韩进公司提供了400万美元的连带担保。根据有关生效判决书的要求,平保深圳公司已于2006年6月1日支付了保险责任范围内对被保险人富虹公司的全部保险赔款19245818元,取得了相应的保险代位求偿权,故请求判令

[①]　http://www.ccmt.org.cn/showws.php? id=8094,下载日期:2014年8月7日。

两被告向其赔偿货物等相关损失 19245818 元及其利息。

被告辩称："韩进大马"轮适航、适货，船舶于 2004 年 5 月 7 日起航，6 月 12 日已到达湛江港外锚地，只因货方未取得进口许可证不得不停航等待，其间船员关闭所有通风口，未发生货损；6 月 19 日到达湛江港，并递交了卸货准备就绪通知书。此后，因货方原因导致船舶不能靠泊卸货，不得不在锚地等待长达 42 天，尽管船员谨慎照料货物，但部分货物在此期间发生货损已不可避免。原告无权要求赔偿。

广州海事法院根据审理查明的事实，认为本案系保险人平保深圳公司根据保险合同赔付被保险人富虹公司货物损失后，代位被保险人提起的涉外海上货物运输合同纠纷案。平保深圳公司已向被保险人富虹公司赔付了全部保险赔款及利息共计 19245818 元，其有权在该范围内代位向韩进公司提出赔偿要求。在代位求偿诉讼中，平保深圳公司的诉讼地位相当于海上货物运输提单持有人即收货人富虹公司的地位，平保深圳公司享有相当于富虹公司的诉讼权利，同时也需承担相当于富虹公司的诉讼义务。

富虹公司通过申请开立信用证的方式付款赎单，成为涉案提单的合法持有人和涉案大豆的合法提货人。被告韩进公司与富虹公司之间成立了以提单为证明的海上货物运输合同关系。作为承运人，韩进公司负有使船舶适航的责任和对货物进行管理的责任。"韩进大马"轮在巴西桑托斯港开航前和开航当时，已经配备了足够的适格船长和船员，并且取得了熏蒸证明、清舱证明等文件，因而可以证明船舶在开航前和开航当时对涉案航次是适航的，对所运载的大豆是适货的。

根据《海商法》第 46 条"承运人对非集装箱装运的货物的责任期间，是指从货物装上船时起至卸下船时止，货物处于承运人掌管之下的全部期间"的规定，韩进公司在 2004 年 5 月 4 日至 9 月 3 日对涉案的在船大豆负有责任，对装船前和卸货后的大豆不承担责任。虽说 6 月 19 日船长递交了装卸准备就绪通知书，卸货时间自该通知书提交的下一个工作日 08：00 开始计算，但由于种种原因货物并未依时卸船，因而韩进公司对在船货物的保管、照料等责任并未因提交了装卸准备就绪通知书而终止，其对货物的责任依法应终止于货物实际卸离船舶之时，而不是货物可以卸船之日。

"韩进大马"轮从正处于冬季的巴西桑托斯港到处于夏季的中国湛江港，温度跨度较大。船舶在这种特定时间的预定航线上航行,如果对货舱没有良好的温度和通风控制,即如果不严格控制货舱内的温度及湿度,任由大豆的温度自由变化,则随着船舶从寒冷海域向热带海域航行,必然会使暖空气中的湿气遇冷凝聚成水滴,从而增加大豆的含水量,使货物受损。作为一个从事专业运输的谨慎的承运人,韩进公司并没有关于货舱温度、湿度的控制方案,在5月8日至6月16日航行期间,全部通风口均处于关闭状态,而这期间船舶已从正处于冬季的南半球巴西航行到了正处于夏季的北半球中国海域,因而实难认定韩进公司尽到了一个承运人妥善管理货物的责任。自6月16日至8月1日卸货时止,"韩进大马"轮除恶劣天气外,晚上打开全部自然通风口至次日早上关闭,这表明韩进公司对货物进行了管理,但显然未取得满意的效果。

船长于2004年6月19日10:24即递交装卸装备就绪通知书,从承运人方面来说已做好了卸货准备,可以卸货。按照货物买卖合同的约定,卸货时间将从6月20日08:00开始计算。但因涉案大豆属转基因生物,应经中国政府特别许可方能进口,而收货人富虹公司并未在6月20日之前办妥有关的特别许可手续,该公司迟至7月27日才获得中国国家质量监督检验检疫总局颁发的《进境动植物检疫许可证》,此时货方才满足了涉案大豆进口的法律要求,货物才可以卸下船舶。富虹公司迟延38天办妥转基因大豆进口许可手续,直接导致了货物在船上多滞留38天之久,由此导致的损失扩大的后果理应由富虹公司承担法律责任。

根据庭审查明的事实,货损主要是由于船舶未进行通风或通风不良,从而产生高温及热量聚集、使货物产生大量汗水等原因造成的。船舶未进行通风或通风不良,是承运人韩进公司未妥善而谨慎地履行管货责任的表现,由此产生的货损应由其承担赔偿责任。虽说货物在船时,韩进公司负有法定的管货责任,但在已递交装卸准备就绪通知书、船舶已做好了卸货准备时,及时将货物卸下显然可以减轻货物损坏的程度。在货物已经受损的情况下,采取适当措施防止损失的进一步扩大就具有特别重要的意义,而如果并不需要额外地采取措施,仅仅是要求及时采取本来就应采取的措施即可防止损失进一步扩大时,则有义务采取该措施的一方更应积极而为,而不是放任损失程度的不断加重和损失数量的持续扩大。因此,根据《合同法》第119条"当事人一方违约后,对方应当采取适当措施防止损失的扩大;没有采取适当措施致使损失扩大的,不得就扩大的损失要求赔偿"的规定,收货人富虹公司有义务防止损失的扩大,在船舶递交了装卸准备就绪通知书的情况下,理当及时安排卸货,其未能及时安排卸货,在船舶递交装卸准备就绪通知书后38天才取得货物的进口许可手续,因而富虹公司不得就扩大的损失推卸其应负的责任。综合考虑韩进公司的管货责任、富虹公司应采取适当措施防止损失扩大的责任等情况,韩进公司承担70%的货损责任,富虹公司承担30%的货损责任为宜。

根据《海商法》第46条、第48条及《合同法》第119条第1款之规定,判决被告韩进公司、中再保公司连带赔偿原告平保深圳公司货物损失13472072.60元及利息,驳回原告的其他诉讼请求。

(二)关于承运人对集装箱货物在卸货港的责任期间

承运人在卸货港交付货物,依我国法律,指的是实体货物的交付,而非指提单换取提货单的单据交付或拟制交付。托运人将提单转让给第三人后,托运人仍然是海上货物运输合同的当事人,仍保留着对承运人的权利与义务,并因此当然地享有对承运人的诉权。广东省高级人民法院对于中进公司海上货物运输合同纠纷一案的判决,就承运人在目的港交货义务的厘定,具有自英国法回归中国法的意义,值得认真体悟。该案的二审判决主要内容如下:[①]

上诉人(一审原告):中国人民财产保险股份有限公司深圳市分公司(下称人保深圳公司)。

被上诉人(一审被告):深圳市中进国际货运代理有限公司(下称中进公司)。

人保深圳公司一审诉称:2009年8月18日,中进公司作为承运人,自中国深圳蛇口港承运一个20米集装箱所装的3050只干电池,卸货港为土耳其的卡姆波特(Kumport)港。9月15日货物从船上卸到卡姆波特港后,在集装箱堆场叠放作业时从高层摔落,致箱内干电池损坏,扣除货物残值14000美元,货物损失为37888美元。原告作为该货物的保险人,向被保险人海志电池有限公司(以下简称海志公司)赔付37888美元,并支付检验费5447美元,共折合人民币293754.96元(以下未特别说明的,均指人民币)。货损发生在货物交付之前的被告责任期间,请

---

① 见广东省高级人民法院(2012)粤高法民四终字第104号民事判决书。

求判令被告赔偿货物损失和检验费共293754.96元及利息,并承担本案的诉讼费。

中进公司一审辩称:中进公司签发提单时表明是承运人的代理人,其代理行为所产生的法律后果应由被代理人承担,即运输合同应直接约束承运人与发货人海志公司。海志公司既非货物的被保险人,也非保险合同的合法受让人,货损发生时,收货人已向承运人交回正本提单并提取了货物,货权已转移给收货人,人保深圳公司向海志公司赔付没有依据,更不能代位海志公司求偿。涉案货物为跟单信用证付款,买方须支付货款后才能取得运输单据,正本提单现已转移至收货人,可以推定发货人已收回货款,货损是否发生都不会造成发货人损失。请求驳回人保深圳公司的诉讼请求。

广州海事法院经审理查明:2009年7月,海志公司向恩特尔公司出口一批共3050件干电池,中进公司为该批货物的运输签发提单,记载托运人为海志公司,装货港为中国深圳蛇口,卸货港和交货地为土耳其的卡姆波特港。该提单右下角有"作为承运人阳明公司(Yang Ming Line)代理人"的字样。

2009年9月10日,货物运抵目的港。9月14日,中进公司目的港代理思沃(Sea World)公司和收货人恩特尔公司在涉案提单背面签字盖章。9月15日,装有涉案货物的集装箱在港口堆场移箱时,从集装箱高堆层摔落。后经检验,货物构成全损,应按照"现状和现地点"出售。2010年5月10日,残损货物出售给当地买家布尔梅特有限公司,收回14000美元货款。中进公司在2011年1月18日、19日与其目的港代理思沃公司来往的电子邮件显示,思沃公司持有涉案正本提单。

2009年10月8日,海志公司向人保深圳公司出具权益转让书。2010年8月13日,人保深圳公司向海志公司支付保险赔款37888美元。双方当事人均主张本案适用中国法律处理实体纠纷。

广州海事法院一审认为:中进公司以其名义签发提单,是涉案货物的承运人,托运人为海志公司,两公司之间成立海上货物运输合同关系。人保深圳公司依保险合同向被保险人海志公司赔付,依法取得代位求偿权,可代位被保险人请求责任人赔偿货物损失。人保深圳公司在本案的诉讼地位相当于海上货物运输合同托运人即海志公司的地位。2009年9月10日货物在目的港卸货,中进公司签发的指示提单于9月14日由收货人恩特尔公司背书,即意味着该提单已经转让给收货人,提单项下的货物权利亦发生相应转移。而货损事故发生于 9 月 15 日,此时,海志公司作为托运人已不再具有提单下货物的权利,已不是海上货物运输合同的当事人,因此,人保深圳公司依据海志公司与承运人的运输合同向承运人索赔没有事实和法律依据。另外,中进公司的目的港代理思沃公司 9 月 14 日在提单上背书,并收回正本提单,9 月 15 日货损发生时,货物已不处于承运人中进公司的掌管期间,故人保深圳公司要求中进公司赔偿货物损失的请求亦应驳回。依照《海商法》第 46 条第 1 款、第 71 条、第 78 条第 1 款以及第 252 条第 1 款之规定,判决驳回人保深圳公司的诉讼请求。

人保深圳公司不服该判决,向广东省高级人民法院上诉称:收货人恩特尔公司提交其已背书的正本提单给承运人的目的港代理思沃公司,但货损发生后,经恩特尔公司要求,提货行为已经撤销,该提单已退回恩特尔公司,目前该正本提单由人保深圳公司持有。没有证据表明思沃公司向恩特尔公司出具了提货单,即使出具,也不能说明货物已交付,只有货物实际交付给收货人时才构成交付。恩特尔公司仅是曾经的提单持有人,并非最终提单持有人和收货人,不能因为其曾经持有提单而否定海志公司的权利。即便提单因 2009 年 9 月 14 日恩特尔公司办理提货手续而终止流转,海志公司也可以通过转让的方式获得提单下货损的索赔权。请求撤销一审判决,支付其全部诉讼请求。

广东省高级人民法院二审认为:本案为保险人代位求偿提起的海上货物运输合同纠纷。人保深圳公司对被保险人海志公司保险赔付后,依法取得代位求偿权,故其在本案运输中的地位及权利义务应依海志公司的地位确定。海志公司向中进公司托运货物,中进公司签发了以海志公司为托运人的指示提单,两者成立海上货物运输合同关系。涉案货物已在目的港提货,并由人保深圳公司在目的港处理完毕,但海志公司作为运输合同托运人的地位并不因运输合同履行完毕而改变,对于因运输合同履行而造成的属于海志公司的损失,其有权索赔。受损货物在目的港处理,收回残值 14000 美元,实际损失为 37888 美元。海志公司主张收货人已将提单正本、信用证等退回,即收货人并未向海志公司支付货款;中进公司也确认事故发生至今,收货人并未向其提起索赔。因此,货物的损失在海志公司,其有权就该货损向责任人索赔,人保深圳公司依法取得代位求偿权后,该索赔权应由人保深圳公司行使。

收货人已向承运人中进公司的目的港代理思沃公司换领提货单,但货物在目的港码头移箱发生跌落事故时,尚未实际提取货物。承运人对集装箱装运的货物的责任期间,是指从装货港接收货物时起至卸货港交付货物时止,货物处于承运人掌管之下的全部期间;在该责任期间发生货损,除法律另有规定外,承运人应负赔偿责任。涉案货物在实际交付收货人前损坏,属承运人的责任期间,中进公司未能证明其具有法定或约定的免责事由,依法应承担赔偿责任。

原审判决认定事实基本清楚,但适用法律有误,处理结果不当,本院予以纠正。依照《海商法》第46条、《民事诉讼法》第153条第1款第(2)项的规定,判决撤销广州海事法院(2010)广海法初字第483号民事判决;中进公司赔偿人保深圳公司货物损失252686元及其利息。

【延伸阅读】

1. 司玉琢主编:《海商法》,法律出版社2007年第2版。

2. 沈志先主编:《海事审判精要》,法律出版社2011年版。

3. 李守芹、李洪积:《中国的海事审判》,法律出版社2002年版。

4. [加]威廉·泰特雷威廉·泰特雷著:《国际海商法》,张永坚等译,法律出版社2005年版。

5. 尹东年、郭瑜:《海上货物运输法》,人民法院出版社2000年版。

6. 司玉琢主编:《海商法学案例教程》,知识产权出版社2008年版。

第四章
海上人身损害责任法

【内容摘要】海上人身损害的对象只能是自然人,因而海上人身损害责任法的权利主体非自然人莫属,而责任主体则既包括自然人,也包括法人和其他组织。过错责任原则是海上人身损害责任的基本归责原则,过错推定责任原则是过错责任原则的发展与延伸,两者都以加害人有过错为承担责任的基础,但前者奉行谁主张谁举证准则,后者推行举证责任倒置。无过错责任原则并非字面上的"无过错"才承担责任,而是不论有无过错都须依法承担责任。公平责任原则适用的概率不高,但仍应予以掌握,以备周全保护受损权益的需要。发生海上人身伤亡事故后,权利主体除了关心能否获得赔偿之外,最关心的莫过于能获得多少赔偿,因而有关赔偿范围与金额的规定,在审判实务中具有重要的意义。

第一节 海上人身损害责任法的主体

●　●　●

【知识背景】

海上人身损害责任法的主体概述

在海上或者通海水域以及在与航运相关的活动中,发生自然人的生命、健康、身体受到不法侵害,导致受害人死亡或者伤残时,权利主体有权依据法律规定或者合同约定,向责任主体请求赔偿。海上航运活动的种类多、领域广、风险大,因而海上人身损害责任法的主体,包括权利主体和责任主体亦具有与之相应的复杂性和多样性。

(一)权利主体

这是指发生海上人身伤亡事故时,有权向责任方提出赔偿要求的人。当发生伤残事故,即受害人身体的生理意义上的完好性受到破坏时,权利主体为受害人本人,我国司法实践不支持受害人近亲属的间接精神损害赔偿要求。[1] 当发生死亡即人的生命的终结时,权利主体为死亡者的第一顺序法定继承人,没有第一顺序法定继承人的,则为第二顺序法定继承人。除此之外,依法由受害人承担扶养义务的被扶养人,因受害人伤残或死亡而失去生活来源的,有权作为权利主体向责任方索赔。海上人身损害的对象只能是自然人,因而其权利主体非自然人莫属,法人和其他组织可以支持权利主体向法院起诉,但不具有以原告身份提起诉讼、受领人身损害赔偿金的主体资格。

从不同的职业身份来考察,可以将权利主体作以下大体的区分。

---

① 参见林劲标、林修佳、廖炎昌:《交通事故导致丈夫性功能障碍,妻子向肇事方诉讨精神损害赔偿被驳回》,载《人民法院报》2014 年 7 月 22 日。

1. 船长、船员

根据我国 2007 年 9 月 1 日施行的《船员条例》第 4 条第 1 款的规定,经船员注册取得船员服务簿,并在船上担任职务、提供劳务的人员,统称为船员。船员包括船长、高级船员和普通船员三类。船长、船员是在海上驾驶和管理船舶的人,与船舶朝夕相处。当船舶发生碰撞、触碰、沉没、爆炸、火灾等事故,以及船舶遭遇海盗、战争等情况时,多会导致船长、船员的人身伤亡。可以说,船长、船员是海上人身损害事故中最常见的受害人和权利主体。

船长、船员在履行职务过程中受到人身损害,可依据与船东的劳动合同或雇佣合同的约定要求赔偿,也可根据侵权法的规定提起侵权之诉获得赔偿。在船员劳务外派实践中,外派船员在船上遭遇人身损害,一般由国内的外派单位先行垫付抢救治疗及处理事故的费用,然后根据与外方的劳务雇佣合同,以外派单位的名义向外方提出人身损害索赔。但这并不意味着外派单位是海上人身损害的权利主体,其索赔所得的赔偿金应交付伤残者本人和死者遗属,垫付的医疗费、护理费、诉讼费等可从赔偿金中扣还。

船长、船员在本船与他船的碰撞事故中遭受人身损害,其应以何种身份、在哪一种法律关系中索赔,是审判实务中争议较多的问题。《海商法》第 169 条第 2 款规定:"互有过失的船舶,对碰撞造成的船舶以及船上货物和其他财产的损失,依照前款规定的比例负赔偿责任。碰撞造成第三人财产损失的,各船的赔偿责任均不超过其应当承担的比例。"第 3 款规定:"互有过失的船舶,对造成的第三人的人身伤亡,负连带赔偿责任。"该两款条文比较,第 2 款在船上货物、其他财产与第三人财产之间作了区分,第 3 款则只提及第三人的人身伤亡。那么,是否应该比照第 2 款所作的区分,将第三人的人身伤亡认定为不包括船上人员的人身伤亡? 若是,则本船上的船长、船员不属于船舶碰撞中应获赔偿的"第三人"。出于生命价值优先的考虑,2008 年最高人民法院《关于审理船舶碰撞纠纷案件若干问题的规定》第 5 条明确规定:"因船舶碰撞发生的船上人员的人身伤亡属于海商法第一百六十九条第三款规定的第三人的人身伤亡",即船长、船员属于船舶碰撞中应获赔偿的"第三人",从而统一了司法标准,终结了认识分歧。这也可以看出,对船舶碰撞造成的财产损失和第三人人身损害,法律规定了不同的侵权责任形态,体现了法律对人身的特别保护。

2. 引航员

引航员是指持有引航员证书,在规定或约定的航区或航段内,指导和引领船舶安全航行、靠离码头、通过船闸或其他限定水域的航海技术人员。《海上交通安全法》第 13 条规定:"外国籍船舶进出中华人民共和国港口或者在港内航行、移泊以及靠离港外系泊点、装卸站,必须由主管机关指派引航员引航。"引航有强制性引航和服务性引航之分。出于维护国家主权和保障航行安全的考虑,各国普遍对外籍船舶实施强制引航。

引航员负有引领和指挥船舶安全航行的权利和义务,但引航员不享有独立指挥船舶的权力,引航员在船,并不解除船长管理和驾驶船舶的责任。引航员与船长是指导与被指导的关系,引航员通过船长指挥和驾驶船舶。引航员在引航过程中的过失造成的船舶交通事故和人命财产损害,由船舶所有人承担赔偿责任,引航员及其派出单位不负担经济责任,但可能承担行政或刑事责任。

引航员在工作中遭受人身损害,包括上下被引领的船舶时发生人身损害事故的,可以作为权利主体提出索赔。

3. 旅客

根据《海商法》第 108 条第(3)项的规定,旅客是指根据海上旅客运输合同运送的人;经承运人同意,根据海上货物运输合同,随船护送货物的人,视为旅客。

旅客人身损害多见于船舶沉没事故中,往往一次事故就有数十人甚至数百人、上千人伤亡。1912 年 4 月 14 日的"皇家邮轮泰坦尼克"(RMS Titanic)号触碰冰山沉没,造成 1523 人死亡。2014 年 4 月 16 日,韩国的"岁月"(Sewol)轮在韩国全罗南道珍岛郡屏风岛以北海域发生意外进水事故并最终沉没,船上共 476 人,仅有 172 人获救。

需要承运人赔偿的旅客人身损害,应发生在海上旅客运输的运送期间,即自旅客登船时起至旅客离船时止。客票票价含接送费用的,该运送期间包括承运人经水路将旅客从岸上接到船上和从船上送到岸上的时间,但不包括旅客在港站内、码头上或者在港口其他设施内的时间。若旅客在港站内、码头上发生人身损害,可要求港站经营人、码头业主承担赔偿责任。

4. 港口作业人员

港口作业一般包括对船舶进出港口进行调度、装卸货物、排除障碍等作业。港口作业具有流动分散、操作复杂、劳动密集、人机交叉、露天操作的性质,并且通常要进行 24 小时的 3 班连续作业和货物的空间位移。港口作业的复杂性和连续性,使得港口作业的事故具有多发性、随机性和严重性的特点。一旦发生港口作业安全事故,往往导致港口作业人员的人身伤亡。如从事危险货物的装卸作业,因防护不当而造成人员伤亡;进行上、下船搬运装卸作业,因天气原因或船舶过往造成波浪冲击,影响船体稳定而发生作业人员落水伤亡。

港口作业人员发生人身损害的,可根据劳动合同或雇佣合同提起违约赔偿诉讼,也可根据具体的事故原因提起侵权之诉进行索赔。

5. 渔民

渔民是指以捕鱼为职业和收入来源的人。我国除一部分渔业公司以法人的形式进行渔业生产经营外,大多数的海上捕捞、养殖经营是以渔民个体户或松散合伙的形式,雇请少量打工的渔民进行生产作业的。由于渔船技术设备落后,管理不规范甚至疏于安全管理,渔民人身伤亡事故时有发生,伤亡的渔民及其亲属有权作为权利主体向责任方提出损害赔偿要求。

渔船的所有人即雇主出于生活压力和生产成本的考虑,往往和雇员渔民共同出海作业,一旦发生事故,可能全船人员无一生还。在司法实务中就出现寡妇告寡妇的人身损害责任纠纷案件。在这类案件中,因作为渔民家庭主要财产的渔船灭失,被告几乎处于家破人亡之境地,原告即使官司胜诉往往也难以获得满意的赔偿。

在渔民的人身损害责任纠纷案件中,被告通常以双方约定捕鱼或挖螺所得 5:5 分成为由,抗辩双方是权利共享、风险共担的合伙关系,在人身伤亡的处理上被害人亦应承担一定的损害责任。

海上个人合伙合同是指两个以上的自然人各自提供资金、实物、技术等,合伙经营船舶而达成的有关权利义务的协议。在海上个人合伙关系中,当事人具有以下权利:各合伙人具有合伙事务的经营执行权,即合伙人共同经营合伙事务;合伙的重大事务须由全体合伙人共同决定;对合伙经营的各种情况行使监督检查权;合伙经营积累的财产由合伙人共有,即各合伙人享有盈余分配权。同时合伙人承担以下义务:合伙人实际缴付出资,出资的方式可以是资金、技术、实物、劳务、知识产权等;承担合伙事务,分担合伙亏损;保护合伙财产;竞业禁止。

若根据案情认定渔民之间是合伙关系,则在履行合伙合同过程中发生合伙人人身伤亡的,应按合伙合同的约定处理,若合同未约定的,则由其他合伙人进行适当的经济补偿,补偿的最高限额为合伙盈余或合伙收益。

6. 其他人员

海上人身损害的发生地是海上或与海相通的水域,包括可供船舶航行的江、河、湖、海边、岸边。对于海边、岸边的造船厂、修船厂、拆船厂内发生的人身伤亡事故,如拆船工人从船台上跌落摔伤、修理工人因船舶发生火灾被烧伤等,属于海上人身损害事故,伤亡人员及其亲属是权利主体,有权向责任方提出索赔。

在市场经济条件下,各种用工形式纷繁复杂,人身损害的被害人是否为权利主体,应根据具体情况仔细辨别。若受害人本人是海上承揽合同的一方主体,其是否构成人身损害责任法的权利主体,就值得认真考量了。

海上承揽合同是指承揽人按照定作人的要求完成海上工作或与船舶有关的工作,向定作人交付工作成果,并由定作人给付报酬的合同。常见的海上承揽合同有船舶修理合同、船舶建造合同等。如某小型船舶需修理,船主与一木匠口头签订修理合同,在修船过程中,因船舱钢板需电焊,木匠遂请一名有资质的焊工经船主同意后自带工具上船作业,木匠、焊工与船主三方口头约定,电焊作业结束后由船主支付工钱。焊工上船作业的第 15 天,在电焊作业过程中触电身亡。死者家属以海上雇佣合同为由状告船主赔偿损失 22 万元,船主抗辩其与焊工为海上承揽合同关系,不应承担赔偿责任。在本案中,船主与焊工之间不存在控制、支配和从属关系,焊工虽说在船主的船舶上工作,但电焊工具为焊工自带,船主未限定工作时间,工作报酬为电焊作业结束后统一支付而非定期支付,焊工的电焊作业不是船主生产经营活动的组成部分。因此,本案认定为海上承揽合同人身伤亡赔偿纠纷较为妥当。在履行海上承揽合同时,承揽人在完成工作过程中造成自身人身伤亡或造成第三人人身伤亡,定作人没有过错的,不承担赔偿责任。当然,出于道义,定作人给予适当的经济补偿是可以的。

（二）责任主体

这是指发生海上人身伤亡事故时，有义务向权利主体赔偿损失的人。与人身损害的权利主体只能是自然人不同，责任主体既可能是自然人，也可能是法人和其他组织。除渔民人身损害责任纠纷案件之外，其他的海上人身损害案件的责任主体通常为法人或其他组织。

人身损害事故中的同一个受害人，以侵权之诉要求赔偿和以违约之诉要求赔偿，可能指向同一个责任主体，也可能指向不同的责任主体，这取决于违约与侵权的相对方是否竞合。譬如，在单方过失造成的船舶碰撞事故中，无过失船上的船员受伤，当其提起违约之诉时，责任主体为船员劳动合同或雇佣合同的相对方，当其提起侵权之诉时，责任主体则为过失船舶的所有人或经营人。而修船工人在修理船舶过程中受伤，则无论以何种诉因提出请求，责任主体都是其劳动合同或雇佣合同的相对方，通常不会涉及被修理船舶的所有人侵权的可能。

与权利主体相对应，海上人身损害的责任主体主要有以下类型：

1. 船舶所有人、经营人、承租人

在海上人身损害侵权纠纷案件中，责任主体通常为船舶所有人、经营人和承租人。

船舶所有人是指对船舶享有所有权的人，包括登记为船舶所有权的人和实际拥有船舶所有权的人。根据《海商法》第9条"船舶所有权的取得、转让和消灭，应当向船舶登记机关登记；未经登记的，不得对抗第三人"的规定，一旦船舶发生侵权责任事故，则船舶的登记所有权人和实际所有权人都是侵权人，是人身损害的责任主体。在经依法登记的光船租赁期间，船舶发生海上人身损害侵权事故，责任主体为有"小船东"之称的光租人，船舶所有人是把船舶作为财产出租，不配备船长、船员，对船舶营运不具有指挥权、控制权，因而船舶所有人不是责任主体。但是，如果权利主体申请且法院决定扣押、拍卖船舶的，则船舶所有人可能间接地承担了责任。

《海商法》第21条、第204条规定了船舶经营人，但未规定明确的定义。《1986年联合国船舶登记条件公约》规定，船舶经营人是指船舶所有人或光船承租人，或者经正式转让承担所有人或光船承租人责任的企业法人。台湾学者张新平教授主张,船舶"经理人系指就航行船舶受委任经营其航运业务之人;营运人系指航行船舶之船舶所有权人、船舶承租人、经理人以外有权为船舶营运之人"①。为此,可将船舶经营人定义为:受船舶所有人委托经营管理其船舶的企业法人,对船舶享有占有、使用以及有条件的收益和处分权能。由于船舶经营人实际控制、管理、运营船舶,并从船舶经营中获利,故其是海上人身损害责任纠纷案件的责任主体,对外承担类似于船舶所有人的责任。

需要注意的是,在沿海及内河运输中,常见船舶挂靠经营的情况,即船舶所有权人将船舶挂靠于某一运输企业,以被挂靠人的名义经营和管理船舶,并向被挂靠人支付一定数额的管理费用。挂靠经营并不符合《海商法》关于船舶经营人的规定,实际上是利用了船舶登记制度的审查漏洞,通过挂靠的方式,使不具有运输资质的主体借用有运输资质的主体名义从事水路运输。当发生海上人身损害责任纠纷时,一般应把挂靠方和被挂靠方视为船舶所有人,由双方承担连带责任。

2. 承运人

当旅客发生海上人身伤亡时,承运人是承担损害赔偿责任的主要的责任主体。承运人与船舶所有人具有交叉关系,光船出租人是船舶所有人但不是承运人,无船承运人则既非船舶所有人,也非船舶经营人,但属于法律认可的承运人。只有船舶所有人作为合同主体签订运输合同,享有承运人权利并承担承运人义务时,才具有船舶所有人和承运人的双重身份。承运人并不限定于船舶所有人或船舶经营人,只要是与托运人、旅客订立海上运输合同的人,都取得承运人的法律身份和法律地位。当发生海上人身伤亡事故,权利主体依据运输合同要求赔偿时,承运人便成为责任主体。

3. 渔船所有人

渔船所有人亦属于船舶所有人,但由于渔民海上人身伤亡具有普遍性、特殊性,故将其单列为一类责任主体予以特别说明。渔船所有人通常亲自出海,与雇请的渔民共同劳动,其抵抗风险的能力弱,一旦遇到海上事故即可能倾家荡产;其文化、法律知识低下,对自身权利和他人权利淡漠,遇到海上人身伤亡事故,往往通过

---

① 张新平著:《海商法》,中国政法大学出版社 2002 年版。

逃避、私了等方式推脱责任。

4. 港站经营人

根据 1991 年《联合国国际贸易运输港站经营人赔偿责任公约》的规定,港站经营人是指在其业务过程中,在其控制下的某一区域内或在其有权出入或使用的某一区域内,负责接管国际运输的货物,以便对这些货物从事或安排从事与运输有关的服务的人。但是,凡属于适用货物运输的法律且身为承运人的人,不视为港站经营人。在航运实务中,专门从事内贸运输装卸作业、境内旅客运输业务的港口,其经营人亦称为港站经营人或港口经营人。在港站经营人的控制区域范围内,发生装卸工人、旅客或其他人员的人身伤亡事故的,港站经营人为海上人身损害赔偿的责任主体。

如果船舶使用船上自备的装卸设备如船吊等进行装卸作业,导致人身伤亡事故的,则责任方在船舶,而不是港站经营人。

5. 造船厂、修船厂、拆船厂

造船厂、修船厂、拆船厂的地理位置处于海边、江边或与海相通的可航水域,在生产作业中发生人身伤亡事故的,船厂是海上人身损害赔偿的责任主体。

6. 船舶救助人

船舶发生碰撞、火灾、沉没等海难事故,救助人在救助作业中因其过失行为造成人身伤亡的,救助人是赔偿责任主体。但海难事故直接造成的人身伤亡,则由相应的责任主体承担赔偿责任,不属于船舶救助人的责任。

7. 承拖方、被拖方

承拖方用拖轮将被拖物经海路从一地拖至另一地,由被拖方支付拖航费,双方即成立海上拖航合同。在海上拖航过程中,由于承拖方或者被拖方的过失,造成第三人人身伤亡的,承拖方和被拖方对第三人负连带赔偿责任。

【案例裁决/法律文书摘录】

(一)海上旅客人身损害权利主体和责任主体的认定

在海上旅客运输中发生旅客死亡的,死者的第一顺序法定继承人是索赔的权利主体,旅客运输的承运人是赔偿责任主体。船舶所有人是否为责任主体,取决于是否属于实际承运人,若船舶光租并依法办理登记,则初步排除船舶所有人作为责任主体的可能,否则,船舶所有人通常被认定为旅客运输的实际承运人,应承担海上人身伤亡的赔偿责任。广州海事法院对"特机802"轮发生的旅客人身伤亡事故的审判,对有关权利主体和责任主体的认定是上述要求的生动诠释。该判决的主要内容如下:①

原告:王才贵(系死者杨槐之妻)。

原告:杨永界、杨永汉、杨永英(均系死者杨槐之子)。

被告:湛江市交通局地方公路管理总站(下称公路管理总站)。

被告:湛江市霞山区特呈岛渡口所(下称特呈渡口所)。

死者杨槐生于1931年8月13日,城镇居民。杨槐生前曾于2007年6月1日至9日在广东医学院附属医院住院治疗继发性贫血、慢性肾功能不全等病。

2007年7月29日晨,杨槐一个人搭乘张国富的摩托艇从湛江霞山海滨码头到对岸的特呈岛,杨槐因头晕,让张国富的摩托艇开慢一点,平时5分钟的行程,结果用时20分钟。约08:05时,杨槐乘坐"特机802"轮从特呈岛返回霞山海滨码头,其登船时由船上工作人员搀扶上船并安排座位坐下。据在船上过渡的许团在法庭上作证证实,杨槐上船后,被安排坐在船前部右边的座位,当时还有一个老太婆坐在一起聊天。约08:15时,船行至油轮锚地处,不知何因,杨槐从右边的座位站起来,绕过许团的粤G36771汽车后从船的左边落海,许团即第一个呼叫有人落海。随后,船上工作人员立即开展救生工作,但最后证实杨槐已溺水身亡。

经查,在"特机802"轮的两侧,均有绞锚机,没有固定的栏杆,而用活动的铁链连接。该处未设立警示标志。

原告诉称,由于两被告对"特机802"轮管理不善,该船安全防护措施缺失,导致杨槐途中落水身亡。请求判令两被告连带赔偿四原告损害赔偿金95801.95元、精神损害抚慰金3万元。

合议庭成员一致认为:本案是一宗水上旅客运输人身损害赔偿纠纷。杨槐与被告特呈渡口所之间成立事实上的水路旅客运输合同关系,该合同合法有效。杨

---

① http://www.ccmt.org.cn/showws.php? id=4322,下载日期:2014年9月2日。

槐系该旅客运输合同的旅客,特呈渡口所为该合同之承运人,双方当事人依法享有权利,并应承担相应的义务。作为承运人之特呈渡口所,有义务将旅客安全运抵目的地,倘若未适当履行该义务造成旅客人身伤亡的,应承担相应的赔偿责任。根据船舶登记机关签发的船舶证书的记载,被告公路管理总站是"特机802"轮的所有权人。公路管理总站作为船舶所有权人,即该旅客运输合同的实际承运人,负有安全运输旅客的义务,其未适当履行该义务造成旅客人身伤亡,亦应承担相应的赔偿责任。根据《海商法》第123条"承运人与实际承运人均负有赔偿责任的,应当在此项责任限度内负连带责任"的规定,被告公路管理总站和特呈渡口所应对杨槐的死亡承担连带赔偿责任。

由于事发船舶绞锚机处有一开口,而该处没有警示标志,且在杨槐向该位置靠近时,被告没有及时提醒并加以阻止,这是造成杨槐落海的主要原因,因而被告应承担主要责任。杨槐已经76岁高龄,且有病在身,他育有3个健康的成年子女,根据法律,其子女对杨槐有监护的法定义务,在杨槐外出,尤其是搭乘摩托艇、渡船等具有高风险的交通工具在海上旅行时,其子女更应随身搀扶、妥为照料,以免发生不测。而3个健康成年子女竟然没有一个人在其身边尽法定的监护义务,是为过失,其子女对杨槐的死亡除了因未履行监护义务而应在内心深感愧疚和自责之外,还应当承担一定的法律责任。杨槐上渡船后,船方已安排座位让其坐下,而杨槐却在船舶航行途中擅离座位,横穿船舶,走向不安全的地方,以致遭遇不测,杨槐对该不幸事件的发生也有一定的责任。综上所述,被告应承担杨槐死亡事件51%的责任,原告方面应承担49%的责任。

杨槐殁年已超过75岁,根据最高人民法院《关于审理人身损害赔偿案件适用法律若干问题的解释》(下称《人身损害赔偿司法解释》)第27条、第29条的规定,死亡赔偿金按5年计算,当地城镇居民人均可支配收入为每年16015元,5年共计80075元;丧葬费按6个月当地职工平均工资计算,当地职工平均工资为每年28025元,故丧葬费共14012.50元。四原告办理丧事支出交通费420元,误工损失共914.70元,通讯费245.05元。死亡赔偿金是对死亡者家庭整体减少的收入的赔偿,而精神损害赔偿是对死者家属精神的抚慰,两者并不矛盾,故对原告精神损害抚慰金的诉请予以支持;考虑到杨槐已76岁高龄、患病在身,尤其是子女未尽到监护责任等因素,被告酌情给予5000元的精神损害抚慰金为宜。以上赔偿金额总计100667.25元,两被告连带承担51%的责任,即51340.30元。

根据《海商法》第114条第3款、第115条第1款和第123条之规定,判决被告公路管理总站、特呈渡口所连带赔偿原告王才贵、杨永界、杨永汉、杨永英死亡赔偿金、丧葬费、交通费、误工费、通讯费、精神损害抚慰金共计51340.30元。

(二)船舶装卸作业中人身损害赔偿责任主体的确定

船舶装卸作业中发生人身伤亡事故,责任主体可能是港站经营人,也可能是船舶所有人、经营人或承租人,这取决于侵权行为的实施主体和受害人选择的诉由。天津海事法院对"马林一戈"(Marine Eagle)轮人身损害赔偿纠纷一案的审判,准确地认定了船舶光租人为责任主体,是一个较为成功的判例。该案的主要审判情况是:[1]

原告:崔德海。

被告:韩国进洋海运有限公司(Jin Yang Shipping Co. Ltd.)(下称进洋公司)。

原告崔德海系越泉通商海运有限公司(下称越泉公司)职工,专门负责该公司在天津新港装运货物的港口作业协调等工作。

2002年11月15日,被告进洋公司光租的巴拿马籍"马林一戈"轮抵达天津新港,右舷停靠7、8段码头卸货。因越泉公司下一航次租该轮装运出口货物,11月16日晨,原告受越泉公司委派,在天津港第三港埠公司了解该轮的卸货情况后,于08:35时持合法登轮证明登上"马林一戈"轮,进一步核实舱口情况并了解卸货速度。当时,天津港第三港埠公司所属8组16班次的3名装卸工人正在"马林一戈"轮的2舱前位置操作船吊卸货。当原告站在该轮右舷第2货舱舱口甲板距舱口约1米处观看舱内情况时,被2舱正在卸货作业的吊杆钩头击中腰部后坠入2号

---

[1] 徐富斌:《崔德海诉进洋海运有限公司港口作业人身伤害赔偿纠纷案》,载http://www.ccmt.org.cn/shownews.php? id=5592,下载日期:2014年9月2日。并参见天津市高级人民法院对本案的二审判决书,http://www.ccmt.org.cn/showws.php? id=171,下载日期:2014年9月2日。

货舱。

事发后,原告被送至天津医院治疗。该医院的初步诊断结果为:腰部第 3 椎爆裂骨折伴外伤性腰椎管狭窄第二型,马尾神经不全损伤,腰部第 2 锥骨压缩性骨折,腰部第 3、4 锥骨右横突骨折,肾挫伤,双侧腰臀部皮肤软组织挫伤。

2002 年 12 月 17 日,原告向天津海事法院提起诉讼,请求判令被告赔偿收入损失、医疗护理费、安抚费和其他费用等共 100 万元。2003 年 2 月 14 日,原告以需要支付治疗费等为由,向法院提出先予执行申请,要求责令被告先行支付 30 万元。

2003 年 8 月 29 日,原告经 4 次手术和康复治疗后出院。10 月 31 日,原告申请并经天津海事法院委托,天津市高级人民法院司法技术处对崔德海的伤残进行鉴定:"崔德海的损伤,参照《道路交通事故受伤人员伤残评定》第 4.4.1.d 条之规定,应评定为四级伤残。"

2004 年 2 月 24 日,原告将诉讼请求数额变更为 1223154.95 元。原告认为,被告在港口装卸作业中疏于管理,未能谨慎操作,将原告撞入舱底致其重伤。依据最高人民法院《关于审理涉外海上人身伤亡案件损害赔偿的具体规定(试行)》(下称《审理涉外海上人身伤亡规定》)①第 2 条的规定,被告对此应承担全部责任。

被告开庭前辩称:其作为"马林一戈"轮的光船承租人应诉。原告在右舷第 2 货舱舱口甲板处,被 2 舱正在卸货作业的吊杆钩头击中后坠入 2 号货舱受伤,因此,本案系涉外侵权行为导致的人身损害赔偿纠纷。"马林一戈"轮该航次已航租,且与航次租船人订立的是 FIOST 条款(Free In and Out, Stowed and Trimmed,即出租人不负担装卸费用、积载及平舱费用),因此对于原告的损害,被告不应承担赔偿责任。

被告在庭审后辩称:本案事故发生前和当时,只有 3 名装卸工人在场,认定原告如何落舱的事实,应当采信 3 名装卸工人的证言和出庭陈述。3 名装卸工人均

---

① 该规定已被《海商法》和最高人民法院《关于审理人身损害赔偿案件适用法律若干问题的解释》代替,最高人民法院于 2013 年 1 月 14 日宣布予以废止。见《最高人民法院公报》,2013 年第 9 期,第 27 页。

出庭证实,他们只看到原告伸手去抓吊钩,但没有抓到,然后落入货舱,没有任何人看到吊钩撞击了原告的身体。从装卸工人的陈述和原告落舱后的脸朝上的状态可知,原告是以背朝舱底、脸朝天的方式落入货舱的,这完全是失足所致。原告作为一名专业人员,应该了解擅自进入作业区的危险性,由此产生的损害应由其承担。

天津海事法院经审理认为,本案双方争议焦点为:(1)原、被告之间是否存在侵权法律关系;(2)原告在本案中的人身伤害赔偿数额。在审理期间,由于崔德海正在住院治疗,短期内不能确定其伤残等级,因此,第2个争议焦点只能待原告治疗康复后才能审理。

被告在答辩状中已承认崔德海"被钩头击中后坠舱受伤"的事实,但在第一次庭审后又予以否认。根据最高人民法院《关于民事诉讼证据的若干规定》之规定,被告如果对前面的对己方不利的事实反悔,应举出相反的足以推翻前面事实的证据,但其没有这种举证,故确认被告在首次答辩状中承认的事实。

根据3名装卸工人的当庭陈述,结合原告伤情照片及其本人的陈述,可以认定事故原因是钩头对崔德海的撞击。在卸货操作过程中,3名装卸工人作为专门技术操作人员,应高度谨慎以避免造成对他人的损害,即应对其工作的危险性有特殊的注意义务,该注意义务应高于其他人员。3名装卸工人未尽到对他人安全的注意义务,是导致崔德海坠入2号货舱受伤的原因之一。

装卸工人使用船上吊车作业,该装卸工人应为进洋公司所雇佣。进洋公司以"马林一戈"轮光船承租人身份应诉,并否认是该航次的航次承租人,那么进洋公司就应该与航次承租人之间存在航次租船合同关系。但其在庭审中明确表示不能提供航次租船合同,且未说明不能提供的原因。进洋公司在持有证据的情况下无正当理由拒不提供,应承担举证不能的不利后果。即便能认定进洋公司与航次承租人之间约定"卸货的费用由承租人负担",那也仅是航次租船合同关于卸货费的约定,对在船舶卸货过程中人身伤害事故的被侵权人来说,显然不受该约定的约束。依据《审理涉外海上人身伤亡规定》,进洋公司应对其受雇人天津港第三港埠公司3名装卸工人的行为承担赔偿责任。

本案为一般侵权案件,崔德海在观看卸货情况时,对身处卸货作业区的危险性应有所预见或者能够预见,但其没有预见,以致事故发生,因此崔德海在本案中存有过失。

2003年6月19日,天津海事法院依据《民事诉讼法》第139条的规定,就已经查清的第1个争议焦点"原被告之间是否存在侵权法律关系"先行判决:被告进洋公司与原告崔德海之间因港口作业导致的涉外人身伤害侵权法律关系成立;被告对原告的人身伤害负70%的赔偿责任。该法院同时作出先予执行民事裁定,要求被告先行支付原告10万元。

被告按照先予执行裁定先行支付原告10万元,但被告不服判决,向天津市高级人民法院提起上诉。2004年2月2日,二审判决驳回上诉,维持原判。

2004年4月1日,天津海事法院对本案的第2个争议焦点"原告在本案中的人身伤害赔偿数额"进行审理。经法院主持调解,双方自愿达成如下协议:被告进洋公司确认一次性赔付原告崔德海人身伤害赔偿费用70万元(含先予执行的10万元)。

【延伸阅读】

1.司玉琢、李志文主编:《中国海商法基本理论专题研究》,北京大学出版社2009年版。

2.[加]威廉·泰特雷著:《国际海商法》,张永坚等译,法律出版社2005年版。

3.李守芹、李洪积:《中国的海事审判》,法律出版社2002年版。

4.[美]G.吉尔摩、C.L.布莱克著:《海商法》,杨召南、毛俊纯、王君粹译,吴焕宁校,中国大百科全书出版社2000年版。

5.邓瑞平:《船舶侵权行为法基础理论问题研究》,法律出版社1999年版。

6.赵桂兰:《论我国船员海上人身伤亡损害赔偿之法律适用》,载《海大法律评论》2007年版。

第二节　海上人身损害的归责原则

【知识背景】

海上人身损害归责原则概述

归责原则是指确定责任归属所必须依据的法律准则,是解决依据何种事实状态确定责任归属的问题。民事责任的归责原则大体上有两类:一是主观归责原则,即以行为人的主观意志状态作为确定责任归属的根据,有过错始有责任,无过错即无责任;二是客观归责原则,即以人的意志以外的某种客观事实作为确定责任归属的根据,如以特定损害结果或致害原因为构成责任的充分条件,只要有特定损害结果或致害原因存在,便不免责任之课负。[①] 在民事法律上,对一般侵权行为,通常采用主观归责原则,而对特种侵权行为,则客观归责居多。

海上人身伤亡的原因,不外乎是海上侵权或海上违约。《海商法》关于海上人身损害的归责原则,并未形成一个完整的体系,不同的归责原则散见于不同的章节。

(一)过错责任原则

过错责任原则是民事责任归责原则的基石和核心,是指行为人实施某一行为并造成损害并不必然承担赔偿责任,而必须要考察行为人是否有过错,有过错则有责任,无过错即无责任。

过错是行为人行为时的一种应受法律谴责和否定的主观心理状态,包括故意和过失两种情形。故意是指行为人已经预见到自己的行为会导致某一损害结果而希望或放任该结果发生的一种主观心理状态,即行为人对损害结果抱一种追求、放

---

① 王家福主编:《民法债权》,法律出版社 1991 年版,第 453 页。

任的心态。过失是指行为人因疏忽或者轻信而使自己未履行注意义务的一种心理状态,行为人的心态是不希望、不追求、不放任损害后果的发生。判断行为人的心理状态时,首先应确定行为人对损害结果的发生有无预见,如有预见,则要考察行为人对行为及其结果持何种态度,如无预见,则考察其是否应当预见或者能够预见。故意的心理状态表现为:知道情况并且希望结果发生,或者预见到该结果在行为人的行为之后必定发生。过失的心理状态表现为:非故意地造成行为人本应避免发生的损害,包括放任的过失,即预见到结果可能发生或者意识到某种情况可能存在,但并不希望其发生;不经意的过失,即对结果的发生既不希望也无预见,但是法律要求应当预见并避免其发生。[①]

过错尽管是行为人的主观心理状态,但若以主观的标准进行判断,如以行为人对其行为或后果的理解、判断、控制、认知的状况及能力等确定行为人是否存在过错,则举证责任过于严苛,不利于保护受害人的利益。现代法律对过错这一心理状态的认定,逐渐由主观判断标准转变为客观判断标准,即以主观心理状态所对应的外部行为来考察行为人是否有主观上的过错,若外部行为违反了法律所规定的特定领域的行为标准、违反了多数人在特定情况下应当达到的注意义务,则可以判断行为人主观上有过错。对于船长、船员等专业技术人员,不能以普通人如旅客的标准来要求,而应以本领域内合格船长、船员的标准予以衡量,即应履行一个合格船长、船员的注意义务,否则便可能构成主观上的故意或过失。

在海上人身伤亡事故中,《海商法》明确规定适用过错责任原则的情况是:

1. 非航运事故造成的海上旅客人身伤亡

《海商法》第7章"海上旅客运输合同"是以1974年《雅典公约》为蓝本制定的,对非航运事故造成的人身伤亡,实行过错责任原则。从旅客登船时起至旅客离船时止,因承运人或者承运人的受雇人、代理人在受雇或者受委托的范围内的过失引起事故,造成旅客人身伤亡的,承运人因该过失而承担赔偿责任。权利主体在索赔时,应对责任方的有关过失负举证责任。[②]

---

① 王家福主编:《民法债权》,法律出版社1991年版,第465页以下。
② 见《海商法》第114条第2款。

2. 海上拖航中造成的人身伤亡

在海上拖航合同履行过程中,承拖方或者被拖方船上的人员受伤亡,由一方的过失造成的,有过失的一方应当负赔偿责任,由双方过失造成的,各方按照过失程度比例负赔偿责任。

《海商法》第163条规定,在海上拖航过程中,由于承拖方或者被拖方的过失,造成第三人人身伤亡的,承拖方和被拖方负连带赔偿责任。此处的"第三人"是否包括了承拖方或被拖方船上的船长、船员,是一个易于引起争议的问题。从法条的文义上理解,该"第三人"是指海上拖航合同当事人之外的其他的人。这就意味着根据《海商法》第162条第2款的规定,经承拖方证明,被拖方的损失包括人身伤亡,是由于拖轮船长、船员驾驶、管理拖轮中的过失,或者在海上救助人命或财产时的过失造成的,承拖方不负赔偿责任。显然,这种理解不利于对人命的尊重与保护。参照2008年最高人民法院《关于审理船舶碰撞纠纷案件若干问题的规定》第5条之规定,将"第三人"类推解释为包括承拖方、被拖方船上的船长、船员,更符合法律尊重、保护人的生命、健康的发展趋势。

3. 船舶过失碰撞造成的人身伤亡

因单方过失的船舶碰撞造成人身伤亡的,由过失船舶承担人身伤亡的赔偿责任。双方过失的船舶碰撞造成人身伤亡的,两船负连带赔偿责任;一船连带支付的赔偿超过其过失程度比例的,有权向其他有过失的船舶追偿。

"沪宝渔2228"船与"沪宝捞1"船相撞,即是较典型的单方过失造成的船舶碰撞,有关的人身损害应由过失船"沪宝渔2228"承担全部责任。该案简要案情是:2004年春节期间,原告王森到其父亲工作的"沪宝捞1"船上探亲。2月3日上午,被告朱小林所属的"沪宝渔2228"船在出港时,船头不慎碰撞了停泊在码头的"沪宝捞1"船的左后舷,造成放在"沪宝捞1"船后甲板的一只铁锚移位,挤伤当时正好站在后甲板的原告王森的脚。事发后,原告被送往上海市第一人民医院宝山分院治疗,产生医疗费11094.24元。后经鉴定,原告伤势构成10级伤残。

上海海事法院经审理认为,被告朱小林所属的"沪宝渔2228"船在出港时,碰撞了停泊在码头的"沪宝捞1"船,应对本起事故承担赔偿责任。原告及其父亲虽不是船员,但对于停泊的船舶来讲,并无要求船上的所有人员均需要船员证书,故原告在船上没有过错,且船上人员是否具有船员证与事故的发生并无直接的因果关系,被告以原告并非船上人员为由要求原告自行承担部分责任的抗辩理由,法院不予采纳。①

(二)过错推定责任原则

过错推定责任原则是指根据法律的规定,从损害事实的本身推定加害人有过错,加害人不能举证证明其无过错的,即确定造成他人损害的加害人承担赔偿责任的原则。

过错推定责任原则是从过错责任原则发展而来的,是介于过错责任原则与无过错责任原则之间的一种责任认定法律准则。过错责任原则要求“谁主张,谁举证”,即受害人要求行为人承担人身损害赔偿责任时,需要举证证明行为人主观上具有故意或过失。而过错推定责任原则将举证责任倒置,当人身伤亡事故发生后,由加害人证明自己没有过错,否则即从侵害事实中推定加害人有过错,需承担相应的法律责任。

伴随着工业化的发展,各种机器设备大量出现,专业分工越来越细,为了在不根本性地动摇过错责任原则的前提下,解决受害人因专业知识所限而难以证明加害人主观过错的困境,过错推定责任原则便得以逐步确立。过错推定的实质就是从侵害事实中推定行为人有过错,免除受害人对过错的举证责任,加重行为人的证明责任,从而有利于保护受害一方的利益,更有效地制裁侵权行为。但过错推定责任原则只能适用于法律有明确规定的场合,②否则会过于加大行为人的负担,造成当事人利益之间新的不平衡,破坏法律的公平正义价值。

在海上人身伤亡事故中,《海商法》明确规定适用过错推定责任原则的情况是航运事故造成的旅客人身伤亡。《海商法》第 114 条第 3 款规定,对于因船舶的沉没、碰撞、搁浅、爆炸、火灾所引起的或者由于船舶缺陷所引起的旅客人身伤亡,承

---

① 沈志先主编:《海事审判精要》,法律出版社 2011 年版,第 147～148 页。

② 《侵权责任法》第 6 条第 2 款规定了过错推定责任原则:“根据法律规定推定行为人有过错,行为人不能证明自己没有过错的,应当承担侵权责任。”该法规定的过错推定主要适用于机动车交通事故责任、物件损害责任、无民事行为能力人在幼儿园、学校内受到损害的责任。

运人或者承运人的受雇人、代理人除非提出反证,应当推定其有过失。旅客只需证明人身伤亡的事实、损害结果以及两者之间的因果关系,无须对旅客运输承运人是否有过错加以举证,若承运人不能证明其对损害结果的发生没有过错,便要承担相应的赔偿责任。但经承运人证明,旅客的人身伤亡是由于旅客本人的过失或者旅客和承运人的共同过失造成的,可以免除或者相应减轻承运人的赔偿责任。经承运人证明,旅客的人身伤亡是由于旅客本人的故意造成的,或者旅客的人身伤亡是由于旅客本人健康状况造成的,承运人不负赔偿责任。

（三）无过错责任原则

无过错责任原则是指不以行为人的过错为条件,只要行为人的行为造成他人的损害,除非有法定的免责事由,行为人就要承担民事责任的归责原则。《侵权责任法》第 7 条规定:"行为人损害他人民事权益,不论行为人有无过错,法律规定应当承担侵权责任的,依照其规定。"《民法通则》第 106 条第 3 款规定:"无过错,但法律规定应当承担民事责任的,应当承担民事责任。"

无过错责任原则不是指行为人无过错才承担责任,而是指不论有无过错,只要行为与损害结果之间具有因果关系,行为人均应根据法律的规定承担民事责任。这一原则产生的背景在于,大型危险性工业兴起,使得工业活动充满不同寻常的危险,且危险多数是难以控制甚至不可控制的,而这些活动又是社会经济发展所必须的,法律便须给予受害者更完善的保护。无过错责任原则的立法目的,不是让没有过错的人承担侵权责任,而是通过免除受害人的举证责任而使其易于获得赔偿,使侵权人不能逃脱侵权责任。无过错责任并不是结果责任的回归,[①]侵权人的责任也并非绝对的,若受害人故意造成损害或者因不可抗力的原因,侵权人可以免责或者减轻责任。

无过错责任原则必须有法律的明确规定才能适用。《侵权责任法》规定适用该

---

① 结果责任不考虑行为人实施行为时是否有过错,谁造成损害谁承担责任,在责任方式上呈现同态复仇的特点。以 1804 年《法国民法典》规定过错责任原则为标志,结果责任原则逐渐退出法律舞台。参见王胜明主编:《〈侵权责任法〉条文解释与立法背景》,人民法院出版社 2010 年版。

原则的案件是:产品责任,环境污染责任和高度危险责任。单行法可根据促进社会进步和保障人的行为自由的需要,规定适用无过错责任原则的领域。《侵权责任法》第 9 章"高度危险责任"的适用范围不包括海上运输,且《海商法》并无适用无过错责任原则的条文规定,因而似可推断海上运输及海上生产作业不属于无过错责任原则的适用范围。当然,《侵权责任法》第 69 条规定从事高度危险作业造成他人损害适用无过错责任原则,而对"高度危险作业"的内涵与外延并无明文限定,而是开放和动态的。这就为我们根据社会实践需要,通过立法或司法解释的形式,将海上运输或海上作业的某些方面规定为"高度危险作业"留出了空间。

我国学者建议,就船舶沉没、碰撞、搁浅、爆炸、火灾所引起的或者因船舶缺陷所引起的旅客人身伤亡,适用无过错责任原则,以保证最大限度地提起承运人的注意义务,保证受害人权利的实现。[①]

有学者直接主张,我国"在旅客运输方面仍然存在承运人的无过错责任主义",《海商法》第 114 条第 1 款关于承运人的受雇人、代理人在受雇或受委托范围内的过失引起事故,造成旅客人身伤亡,由承运人承担赔偿责任的规定即体现了"无过错责任原则"。[②] 这一认识至少存在表述上的不严谨。受害旅客的索赔基础是该条第 2 款、第 3 款规定的过错责任原则、推定过错责任原则,承运人是因为其受雇人、代理人的过错而承担责任,若受雇人、代理人无过错,承运人无须承担责任。承运人所承担的这种责任,在理论上称为替代责任,即替代其受雇人、代理人对外承担责任。承运人在承担替代责任时,不考虑其是否有过错,在这个意义上讲,承运人承担的是无过错责任,即不能通过抗辩自己在选任或监督受雇人、代理人方面尽到相应义务来免除对外的赔偿责任。若认为承运人直接对旅客的人身伤亡承担无过错责任,那么承运人就没有法律根据在对外承担赔偿责任后,向有重大过错的受雇人、代理人追偿;同时该认识也与该条第 2 款、第 3 款的规定相矛盾。

(四)公平责任原则

公平责任原则是指双方当事人对海上人身伤亡均无过错,由法院根据公平原

---

① 司玉琢主编:《国际海事立法趋势及对策研究》,法律出版社 2002 年版,第 340 页。

② 邓瑞平著:《船舶侵权行为法基础理论问题研究》,法律出版社 1999 年版,第 199 页。

则,在考虑当事人的财产状况及其他情况的基础上,责令责任主体对权利主体予以适当补偿的归责原则。《民法通则》第132条规定:"当事人对造成损害都没有过错的,可以根据实际情况,由当事人分担民事责任。"无过错即无责任是承担侵权责任的基本原则,该规定使无过错的人分担民事责任,理论上难以周延,因此,《侵权责任法》第24条将其修改为:"受害人和行为人对损害的发生都没有过错的,可以根据实际情况,由双方分担损失。"

公平责任原则适用的前提是双方当事人均无过错。如对于双方无过失的船舶碰撞造成人身伤亡的,受害人即可依据公平责任原则,请求法院判定一方或双方予以适当补偿。但《海商法》第169条第1款关于船舶发生碰撞,两船"过失程度相当或者过失程度的比例无法判定的,平均负赔偿责任"的规定,并不是公平责任原则的体现,而是适用过错责任原则的结果。

与过错推定责任原则、无过错责任原则须以法律的明确规定为适用条件不同,法律并没有规定适用公平责任原则的案件类型,实践中一般由法官根据案件的具体情况进行裁判。

【案例裁决/法律文书摘录】

(一)海上人身伤亡一般侵权行为的归责原则

一般侵权行为适用过错责任原则归责,高度危险作业的特殊侵权行为则适用无过错责任原则归责。船员因船上煤气灶做饭引发火灾爆炸的人身伤亡,应适用何种归责原则判明责任,取决于对煤气灶爆炸是属于一般侵权行为还是高度危险作业特殊侵权行为的认识。特殊侵权行为中的高度危险作业是指高度的和异常的危险活动。煤气虽属易燃物品,但在船舶生活舱使用煤气灶已较普遍,且根据现有的科技水平,煤气灶的使用已较为安全,故不宜将船上使用煤气灶认定为高度危险的作业,从而采用无过错责任原则。广州海事法院对"粤广州货0428"轮人身损害赔偿案的判决,对归责原则、船舶挂靠经营的责任主体、雇主替代责任等作了细致

的分析,其结论令人信服。该判决的相关内容如下:①

原告:李祖军。

被告:广州市浩雄船务有限公司(下称浩雄公司)。

被告:林永雄。

被告:黎惠韫。

"粤广州货0428"轮的船舶所有权登记证书记载船舶所有人为被告林永雄、黎惠韫,两人分别占50%的股份;船舶国籍证书和内河船舶检验证书簿记载被告浩雄公司为该轮的船舶经营人。浩雄公司与林永雄、黎惠韫签订了船舶挂靠经营协议书,约定林、黎将其所有的"粤广州货0428"轮委托给浩雄公司经营。

2006年11月21日约10时,原告和尹爱兵、凌振等在"粤广州货0428"轮船员生活舱中打牌,另有多名船员围观。约11时,刘桂棠、刘家强、冯星强三人驾驶无名小船载着液化石油气瓶和电焊机,到"粤广州货0428"轮对船员生活舱左舷尾部修理顶棚损坏部位,使用液化石油气进行切割。期间,"粤广州货0428"轮轮机长唐青云在生活舱使用液化石油气炉做午饭。约12:20,船员生活舱内一声闷响,发生起火爆炸事故。事故造成1人死亡,原告等11人受伤。中山大学法医鉴定中心司法鉴定书认定原告所受损伤属交通9级伤残。

广州海事局于2007年2月9日出具"粤广州货0428"轮火灾事故调查报告,对事故原因分析如下:(1)约12:00船舶损坏的部位修复,刘家强关闭小艇上的液化石油气阀和烧焊电源,烧焊工作停止,而事故发生时间约在12:20。因此,排除船舶修理烧焊引起火灾的可能。(2)经勘查,机舱主机、发电机以及燃油柜均完好无损,机舱无火烧、爆炸痕迹。故排除机舱主机、发电机及燃油柜油气爆炸引起火灾的可能。(3)据当事人凌柱东和尹爱兵陈述,约12:20,船员生活舱一声闷响,看到从液化石油气炉方向喷来一团火,瞬间蔓延整个船员生活舱。因此,可以确定液化石油气泄漏,遇火燃烧迅速蔓延。约12:00,冯星强施工完毕进入船员生活舱,

---

① 熊绍辉、韦恩臻:《船舶火灾事故的责任认定——李祖军诉广州市浩雄船务有限公司水上人身损害赔偿纠纷案》,http://www.ccmt.org.cn/shownews.php? id=9321,下载日期:2014年9月3日。

闻到很浓的煤气味,说明已有少量液化石油气泄漏。通过对船员生活舱的勘查,发现尾门左侧一高约1米的直角曲尺形金属框架内,倒伏着一个完好无损的液化石油气瓶罐体,该气瓶的液化石油气减压阀和阀门手轮不知去向,连接减压阀的螺纹接口处有残段,直角曲尺形金属框架内地面散落着大理石碎块。说明液化石油气泄漏时,曾发生威力很大的爆炸,震碎了在直角曲尺形金属框架上的大理石板,造成液化石油气减压阀和阀门手轮丢失。(4)液化石油气泄漏的原因。引起液化石油气泄漏的原因,一是船员唐青云使用液化石油气炉做饭时操作错误,但调查中未发现其存在违章操作的行为;二是液化石油气瓶的减压阀、炉具或连接的胶管可能存在缺陷。事故后,广州五和海事处曾要求船舶所有人申请公安消防部门对事故作出火灾原因鉴定,但未能获得公安消防部门的火灾事故原因认定书,因此,无法确定引起液化石油气泄漏的确切原因。

原告请求法院判令三被告赔偿误工费、残疾赔偿金、精神损害抚慰金等合计121444.26元及其利息。

广州海事法院经审理认为:本案属水上人身损害赔偿纠纷。根据事故调查报告,引起液化石油气泄漏的原因可能是船员使用液化石油气炉做饭时操作错误,也可能是液化石油气瓶的减压阀、炉具或连接的胶管存在缺陷。虽现有证据不能确定引起液化石油气泄漏的确切原因,但无论是船员操作失误,还是设备缺陷,均表明事故的产生是船员操作过失或管理过失所致。船员受雇期间在船舶生活舱内使用煤气灶或对燃气设备进行管理,属于船东雇请的人员所进行的行为。根据《人身损害赔偿司法解释》第9条"雇员在从事雇佣活动中致人损害的,雇主应当承担赔偿责任"的规定,船舶所有人即本案被告林永雄、黎惠韫应对原告的损失承担赔偿责任。

船舶国籍证书和船舶检验证书簿记载被告浩雄公司为涉案船舶的经营人,该记载具有公示性与公信力。浩雄公司虽然提供了与林、黎的船舶挂靠经营协议书,并主张双方已经因林、黎未按约定交纳委托费而解除了挂靠关系,但该协议书系浩雄公司与林永雄、黎惠韫双方之间的协议,不能对抗作为第三人的原告。浩雄公司应对涉案船舶承担安全管理责任,其未尽安全管理义务而造成本案事故,主观上存在过错,应当对涉案事故给原告造成的损害承担连带赔偿责任。

(二)个人合伙海上人身伤亡的归责原则

个人合伙是我国渔业生产中较为常见的一种海上捕捞、养殖经营方式。当合伙人因人身伤亡要求赔偿时,需考察其他合伙人对事故的发生是否有过错,若无过错则无须承担责任,但基于道义可给予适当补偿。宁波海事法院对"元沙岗008"轮人身伤亡损害赔偿纠纷案的处理,适用过错责任原则认定被告无故意与过失责任,同时判决适当补偿,这一处理体现了法律的人文关怀。该判决的主要内容如下:①

原告:朱珠莲,女,系死者庄忠荣妻子。

原告:庄永奶,男,系死者庄忠荣父亲。

原告:颜美香,女,系死者庄忠荣母亲。

原告:庄乐丹,女,系死者庄忠荣长女。

原告:庄晓丹,女,系死者庄忠荣次女。

被告:张孚喜。

"元沙岗008"轮由庄忠荣与被告张孚喜于2006年共同购入并从事近海蟹笼作业,份额均等。2011年4月19日7时许,庄忠荣与张孚喜共同出海在元觉小北呙青山海域作业时,庄忠荣遇难。经搜寻,其遗体于4月28日在灵昆海域被发现。双方确认庄忠荣因意外落海溺水死亡。事故经元觉街道办事处多次调解,未能达成调解协议。

"元沙岗008"轮已加入浙江省渔业互保协会。庄忠荣死亡后,其家属已领取保险赔款12万元。

原告起诉称,死者庄忠荣与被告张孚喜合伙出资拥有"元沙岗008"轮,庄忠荣与张孚喜共同出海作业时遇难身亡。请求判令被告赔付死亡补偿金和被扶养人生活费、丧葬费、误工费、交通费、精神损害抚慰金等共计333318元。

宁波海事法院认为:庄忠荣与张孚喜以共有的"元沙岗008"轮自2006年起共同从事近海蟹笼作业,构成个人合伙关系。庄忠荣在从事合伙事务中,意外落水死亡,被告张孚喜无过错,依法不承担过错赔偿责任。但根据《侵权责任法》第24条

---

① http://www.ccmt.org.cn/showws.php? id=8057,下载日期:2014年9月5日。

和最高人民法院《关于个人合伙成员从事经营活动中不慎死亡，其他成员应否承担民事责任问题的批复》，被告张孚喜应按实际情况对庄忠荣遗属予以适当补偿。综合因庄忠荣死亡造成原告的经济损失、双方对事故的发生均无过错、渔船已参加渔业互保以及渔船收入情况等因素，酌情由被告补偿原告 7 万元。原告诉讼请求，以此为限予以支持，超过部分不予保护。被告关于损失计算以及其不负过错赔偿责任的抗辩有理，予以采纳。

庄忠荣生前与张孚喜既为近邻，也系同伴，同舟共济，患难与共，实属不易。现庄忠荣出海生产作业意外落水死亡，张孚喜予其遗属适当补偿体恤，合法、合情、合理。悲剧已发，逝者不能复生，冲突再起，徒令生者不宁，既于事无补，也有伤和睦，实不足取。解纷息诉，相谅相让，斯是至理。

综上所述，依照《侵权责任法》第 24 条的规定，判决被告张孚喜补偿原告 7 万元。

（三）关于海上人身伤亡中混合过错的认定

《侵权责任法》第 26 条规定："被侵权人对损害的发生也有过错的，可以减轻侵权人的责任。"此乃确认混合过错责任的法律依据。所谓混合过错，是指对于侵权行为所造成的损害结果的发生或者扩大，加害人和受害人两者均有过错。混合过错不同于共同过错，共同过错是指两个以上的侵权人在致人损害时，主观上具有共同的故意或者过失。天津市高级人民法院对于王柱江等人身伤亡损害赔偿案混合过错的认定，具有一定的代表性，其判决书的相关内容如下：[①]

上诉人（一审原告）：王柱江，男，系死者王东兴之父。

上诉人（一审原告）：荆香玲，女，系死者王东兴之母。

上诉人（一审原告）：王东祥，男。

上诉人（一审原告）：王付军，男，系死者王珍珍、伤者王东祥之父。

上诉人（一审原告）：史云香，女，系死者王珍珍、伤者王东祥之母。

被上诉人（一审被告）：中国石油天然气股份有限公司大港油田分公司（下称大港油田公司）。

---

① http://www.ccmt.org.cn/showws.php? id＝7968，下载日期：2014 年 9 月 6 日。

被上诉人(一审被告):山东省高密市海建建筑工程有限公司(下称海建公司)。

天津海事法院一审查明:2001 年 12 月 29 日,海建公司与建设单位大港油田公司签订建设工程施工合同,由海建公司承建大港滩海道路工程,修建长 1.385 公里、宽 4.5 米的滩海进海道路及人工岛。2002 年 3 月 2 日前,施工现场设有警示标志,但其在工程建设过程中曾多次被毁。

2002 年 7 月 27 日,王付军、史云香的 15 岁女儿王珍珍、11 岁儿子王东祥和同宗 9 岁的胞弟王东兴(王柱江、荆香玲之子)到人工岛上看涨潮。海建公司现场施工队队长丰兆南停车下来,劝说 3 个孩子上车离开,但 3 人未听劝说,继续观潮玩耍。约 17:30,3 人从人工岛回家,在离人工岛 400 米处的进海路边(距岸边约 1000 米),王珍珍不慎掉入海中,王东兴、王东祥赶去救助,亦落入海中,后王东祥被在人工岛上的束树峰救起。王珍珍、王东兴死亡。

事发时,出事海岸有风暴潮,东风 5 到 6 级转 6 到 7 级,浪高 1.4 米至 1.6 米。

天津海事法院认为:本案是海上人身伤亡损害赔偿纠纷,不属于法律规定的特殊侵权损害赔偿的情形,对侵权责任的认定应遵循一般侵权损害赔偿的过错责任原则。海建公司在施工现场的进海路口设有警示标志,王珍珍 3 人在不是游玩场所的进海路观潮玩耍之际,海建公司的现场工作人员予以警示、劝离,在其不听劝阻的情况下发生的落水死亡、受伤与施工单位海建公司无关,海建公司已尽到安全警示的职责,不存在任何过错。原告明知风暴潮来临,作为监护人的王柱江等人应预见到在海边观潮的危险性,尽到监护孩子不要到危险海边去观潮玩耍的职责,王珍珍自己过失落水,王东兴、王东祥为救助王珍珍落水,导致两死一伤的后果,与王珍珍本人的过失及 3 个孩子监护人未尽到监护职责有直接的因果关系,监护人负有疏忽的责任。海建公司的现场人员对涉案死伤者的当场警示、劝离行为,要远远高于仅设立警示标志对死伤者的安全保护义务,因此原告以施工区内无人管理、没有设立警示标志为由,主张两被告承担责任的诉讼请求缺乏事实依据。依照《民事诉讼法》第 64 条第 1 款、第 13 条的规定,判决驳回原告诉讼请求,海建公司自愿补偿王付军、史云香 1.5 万元(王珍珍死亡补偿)、王东祥 5000 元、王柱江、荆香玲 1 万元(王东兴死亡补偿),法院予以支持。

原告不服一审判决提起上诉。

　　天津市高级人民法院经审理认为：王珍珍、王东祥、王东兴均为未成年人，生性活泼、爱动，却又缺乏辨认和自控的能力，对危险的发生是无法预见的，这就首先需要监护人依法履行对未成年人的监护职责，教育、引导其进行有益身心健康的活动，预防和制止危及人身安全的行为。而作为3个孩子的法定监护人，王付军、史云香、王柱江、荆香玲明知风暴潮来临，却未能阻止孩子去海上观潮，以致孩子涉险遇难，应当依法承担监护不力的责任。

　　海建公司作为施工单位，负有对施工现场维护安全、防范危险的职责，应在施工现场设置明确醒目的警示标志和采取必要的安全防护措施。这种安全职责必须以达到有效地安全防护目的为标准。事发当日海建公司在进海路口未设置安全警示标志，也未对容易进入场地的路口由专人看管或采取相应措施防范非施工人员，尤其是未成年人进入，整个工地是开放式的，任何人均可以自由出入。3个孩子就是在这种情况下，未经任何阻碍地进入了进海路，并在其中玩耍、逗留了数小时。期间，海建公司的丰兆南等人虽然对3个孩子进行过劝离，但是并未有效地制止孩子的危险行为，或者采取其他必要的安全保护措施。在劝离无效后，丰兆南等人在风暴潮已经来临的情况下，应该预见到孩子留在进海路的危险性，却任由孩子们继续向人工岛深入，最终孩子们在距岸1000米处落海遇难。海建公司在施工现场存在安全隐患，并在已经预见到未成年人人身面临危险时，未采取行之有效的防护措施，造成两死一伤的后果，应对孩子伤亡承担主要责任。鉴于3个孩子未听从劝告，自身对损害的发生也有过错，并且海建公司在孩子落海后积极进行了营救，使王东祥得以生还，可以酌情减轻海建公司承担的责任。

　　大港油田公司作为工程的建设单位，应尽到对工程的管理和监督职责，对于施工单位在施工现场的安全隐患，应及时发现，敦促施工单位及时采取补救措施。大港油田公司抗辩称，根据与海建公司签订的安全环保施工协议书，其不应承担安全责任。但是，安全生产是建设单位、施工单位的共同职责，这种责任并不因双方的约定而得以免除，合同双方相对性的约定不应对抗合同以外的第三人。双方在对外承担民事责任后，可依合同约定另行解决双方之间的纠纷。由于大港油田公司对施工现场疏于管理，未能及时发现和消除海建公司的施工安全隐患，亦应对孩子伤亡承担相应的责任。

根据各方的过错程度,确定:海建公司承担 40% 的赔偿责任;大港油田公司承担 30% 的赔偿责任;上诉人王付军、史云香、王柱江、荆香玲、王东祥自行承担 30% 的责任。

【延伸阅读】

1. 司玉琢、李志文主编:《中国海商法基本理论专题研究》,北京大学出版社 2009 年版。

2. 沈志先主编:《海事审判精要》,法律出版社 2011 年版。

3. 邓瑞平:《船舶侵权行为法基础理论问题研究》,法律出版社 1999 年版。

4. 王家福主编:《民法债权》,法律出版社 1991 年版。

5. 余中根:《论侵权责任的归责原则——兼评〈侵权责任法〉第 6 条、第 7 条、第 24 条之规定》,载《河南科技学院学报》2013 年第 7 期。

第三节　海上人身损害的赔偿范围与金额

【知识背景】

海上人身损害赔偿范围与金额概述

(一)海上人身损害违约责任与侵权责任的竞合

违约责任与侵权责任的竞合是指行为人的某一民事行为具有违约和侵权之双重特征,从而导致违约责任和侵权责任在法律上并存的一种法律现象。"责任竞合并非反常现象,因为社会生活千姿百态,无论法律规定如何精细,责任竞合都是不可避免的。"①《合同法》第 122 条规定:"因当事人一方的违约行为,侵害对方人身、财产权益的,受损害方有权选择依照本法要求其承担违约责任或者依照其他法律要求其承担侵权责任。"这是我国法律首次赋予当事人违约之诉或侵权之诉的选择权。确立责任竞合制度的目的在于强化对受害人的救济,最大限度地保护受害人的权利和利益,受害人所应受到的限制仅在于"不得就同一法律事实或法律行为,分别以不同的诉因提起两个诉讼"②,即不能双重请求。

海上人身伤亡事故发生后,权利主体既可以根据船员劳动合同、旅客运输合同等合同的约定,向责任主体提起违约之诉,也可以根据《侵权责任法》第 3 条"被侵权人有权请求侵权人承担侵权责任"的规定,向责任主体提起侵权之诉。

违约责任与侵权责任存在以下区别:

1. 构成要件不同

违约责任实行严格责任原则或称无过错责任原则,违约方没有免责事由即应承担违约之责,且不以损害结果的发生为要件。如《合同法》第 107 条规定:"当事人一方不履行合同或者履行合同义务不符合约定的,应当承担继续履行、采取补救措施或者赔偿损失等违约责任。"侵权责任则有过错责任、推定过错责任、无过错责任、公平责任之区别,侵权责任的承担须以损害结果的发生为要件。

2. 举证责任的要求不同

违约责任的承担仅需债权人证明违约事实即可,违约方请求免责的,负有证明免责事由存在的义务。在侵权责任的场合,若系过错责任,则受害人应举证证明加害人具有过错;若系过错推定责任,加害人请求免责的,则应举证证明其无过错。

3. 赔偿范围不同

违约给对方造成损失的,赔偿额应相当于因违约所造成的损失,包括合同履行后可以获得的利益,但不得超过违约方订立合同时预见到或应当预见到的因违约

① 王利明:《侵权责任法与合同法的界分——以侵权责任法的扩张为视野》,载《中国法学》2011 年第 3 期。

② 见 1989 年 6 月 12 日最高人民法院下发的《全国沿海地区涉外、涉港澳经济审判工作座谈会纪要》。

可能造成的损失。侵权责任的赔偿范围包括直接损失和间接损失以及精神损害赔偿、被扶养人生活费等。人身伤亡侵权责任比人身伤亡违约责任的赔偿范围宽泛，只有在侵权的诉因之下才有精神损害的赔偿项目。

4. 责任方式不同

违约责任主要是财产责任，如赔偿损失、支付违约金等。侵权责任既包括财产责任，也包括非财产责任，如赔礼道歉、消除影响、停止侵害、排除妨碍、消除危险、恢复原状等。

5. 免责条款不同

免除违约责任的条款较之免除侵权责任的条款更易于被法律所承认，但对于免除人身损害责任的条款一般都不予承认其效力。

在海上人身损害责任纠纷案件中，受害人主张违约责任还是侵权责任，直接关系其切身利益，而根据具体案情，受害人有时选择违约责任较为有利，有时选择侵权责任则更好。因此，法律赋予了受害人选择权，以达到周全保护受害人合法权益的目的。

（二）海上人身损害侵权责任的赔偿范围与金额

最高人民法院《人身损害赔偿司法解释》是我国迄今为止最为完善的统一人身损害赔偿法律适用的司法文件，是目前法院审理人身损害责任纠纷案件的主要法律依据之一，其中对有关赔偿范围和计算标准的规定填补了我国多年以来的法律空白，使之有了一个统一的规范可供司法审判遵循。在海上人身损害责任案件审判中，在无专门法律规定有关赔偿范围和金额标准的情况下，各海事法院普遍适用该司法解释进行裁判。

根据《人身损害赔偿司法解释》的规定，海上人身伤亡侵权责任的赔偿范围和金额标准是：

1. 死亡赔偿金

侵害他人生命致人死亡，不仅侵害其生命利益本身，而且造成受害人剩余时间中的收入丧失，使得这些原本可以作为受害人的财产为其继承人所继承的可能收入因加害人的侵害而丧失，故对于此种损害应予赔偿。依据该解释第 29 条的规定，死亡赔偿金的计算公式为：

60 周岁以下的死亡赔偿金＝法院地上一年度城镇居民人均可支配收入或农村居民人均纯收入×20 年(需注意的是对不满 16 周岁的,没有每小 1 岁减 1 年的规定)。

60 周岁以上的死亡赔偿金＝法院地上一年度城镇居民人均可支配收入或农村居民人均纯收入×(20 年－60 周岁以上的岁数)。

75 周岁以上的死亡赔偿金＝法院地上一年度城镇居民人均可支配收入或农村居民人均纯收入×5 年。

2. 残疾赔偿金

受害人因伤致残,导致其劳动能力丧失的,应对丧失的劳动能力给予补偿,该补偿即是残疾赔偿金。残疾赔偿金与受害人事实上的收入是否发生变化没有关系,即劳动能力丧失这一事实本身就应该获得赔偿,而不是赔偿收入的差额。依据该解释第 25 条的规定,残疾赔偿金的计算公式为:

60 周岁以下的残疾赔偿金＝伤残等级(一级伤残按 100%计算,伤残每低一级减 10%)×法院地上一年度城镇居民人均可支配收入或农村居民人均纯收入×20 年。

60 周岁以上的残疾赔偿金＝伤残等级×法院地上一年度城镇居民人均可支配收入或农村居民人均纯收入×(20 年－60 周岁以上的岁数)。

75 周岁以上的残疾赔偿金＝伤残等级×法院地上一年度城镇居民人均可支配收入或农村居民人均纯收入×5 年。

计算残疾赔偿金时,受害人因伤致残但实际收入未减少,或者伤残等级较轻但造成职业妨害严重影响其劳动就业的,可对计算结果进行相应的调整。

3. 被扶养人生活费

需要受害人扶养的人因受害人丧失劳动能力而失去生活来源,加害人应该赔偿被扶养人的生活费。致人死亡的赔偿费用亦包括被扶养人的生活费。依据该解释第 28 条的规定,被扶养人生活费的计算公式为:

未成年人生活费＝伤残等级×法院地上一年度城镇居民人均消费性支出或农村居民人均年生活消费支出×(18 岁－年龄)。

无劳动能力又无其他生活来源的被扶养人的生活费＝伤残等级×法院地上一

年度城镇居民人均消费性支出或农村居民人均年生活消费支出×20年。

60周岁以上被扶养人的生活费＝伤残等级×法院地上一年度城镇居民人均消费性支出或农村居民人均年生活消费支出×（20年－60周岁以上的岁数）。

75周岁以上被扶养人的生活费＝伤残等级×法院地上一年度城镇居民人均消费性支出或农村居民人均年生活消费支出×5年。

需要注意的是,被扶养人还有其他扶养人的,赔偿义务人只赔偿受害人依法应负担的部分。

死亡赔偿金、残疾赔偿金、被扶养人生活费一般以法院地的标准计算,如果权利主体举证证明其住所地或经常居住地城镇居民人均可支配收入或农村居民人均纯收入高于法院地标准的,可以按其住所地或经常居住地的相关标准计算。同一事故造成城镇居民和农村居民人身伤亡的,应按相同标准进行赔偿,以避免"同命不同价"。另外,《人身损害赔偿司法解释》还规定了医疗费、误工费、护理费、交通费、住宿费、住院伙食补助费、必要的营养费、残疾辅助器具费、康复费、后续治疗费、丧葬费的赔偿计算标准,这也是海上人身伤亡计算赔偿数额时应予遵循的。

该解释第18条规定受害人或者死者近亲属遭受精神损害时,可以要求精神损害赔偿。《侵权责任法》第22条规定:"侵害他人人身权益,造成他人严重精神损害的,被侵权人可以请求精神损害赔偿。"法律的规定厘清了关于死亡赔偿金是因受害人死亡导致其近亲属精神痛苦而发生的精神损害赔偿的错误认识,[①]明确了死亡赔偿金和精神损害赔偿是两种不同的赔偿项目,受害人可根据情况同时获得两种赔偿。精神损害赔偿的数额,可根据侵权人的过错程度,侵害的手段、场合、行为方式等具体情节,侵权行为所造成的后果,侵权人的获利情况,侵权人承担责任的经济能力,受诉法院所在地的平均生活水平等因素,由法官自由裁量。

依上述标准计算出的人身伤亡赔偿费用,并不是最终的赔偿数额,因为按《海商法》规定,船舶所有人、承租人、经营人享有海事赔偿责任限制的权利。如果船舶

---

① 最高人民法院《关于确定民事侵权精神损害赔偿责任若干问题的解释》第9条规定:"精神损害抚慰金包括以下方式:(一)致人残疾的,为残疾赔偿金;(二)致人死亡的,为死亡赔偿金;(三)其他损害情形的精神抚慰金。"

所有人等责任主体有权限制赔偿责任并设立了人身伤亡和非人身伤亡的赔偿基金,那么,当上述计算的数额超出了人身伤亡海事赔偿责任限制基金时,其差额当与非人身伤亡赔偿请求并列,从非人身伤亡赔偿基金中按比例受偿。

（三）海上人身损害违约责任的赔偿范围与金额

1. 海上旅客运输合同履行中的人身伤亡赔偿范围与金额

《海商法》第 5 章"海上旅客运输合同"所规定的承运人及旅客的权利义务内容,适用于我国港口之间以及我国与他国港口间的旅客运输,而唯有合同履行过程中发生的海上旅客人身伤亡损害赔偿数额,法律规定了内外有别的双重标准,这是颇具特色的一个规定。

对涉外海上旅客运输造成的人身伤亡,承运人对每名旅客的赔偿额不超过46666 特别提款权（折合人民币约 60 万元）;承运人申请海事赔偿责任限制的,以46666 特别提款权乘以船舶证书规定的载客定额计算赔偿限额,但最高不得超过2500 万特别提款权。[①]

对于我国港口之间海上旅客运输造成的旅客人身伤亡,承运人对每名旅客的赔偿限额不超过 4 万元人民币;承运人申请海事赔偿责任限制的,以 4 万元人民币乘以船舶证书规定的载客定额计算赔偿限额,但最高不得超过 2100 万元人民币。[②] 该 4 万元人民币赔偿限额既是保守立法所致,同时也是基于国家产业政策的考虑,为有意扶植和鼓励海上运输业发展而规定的。该赔偿限额正式规定于1994 年 1 月 1 日起施行的《中华人民共和国港口间海上旅客运输赔偿责任限额规定》,这一规定目前未明文废止,但在法院的审判实务中,已经按照最高人民法院《人身损害赔偿司法解释》规定的赔偿范围和标准进行裁判,4 万元人民币的人身伤亡赔偿限额事实上已不再执行。

2. 海上劳动合同人身伤亡赔偿范围与标准

海上劳动合同是指受《劳动法》《劳动合同法》调整的海上企业与劳动者之间确立劳动关系并明确双方权利义务内容的协议。

---

① 见《海商法》第 211 条。

② 见 1994 年 1 月 1 日起施行的《港口间海上旅客运输赔偿责任限额规定》第 4 条。

在履行海上劳动合同过程中发生的海上人身伤亡事故,受害人或其近亲属应按照国务院《工伤保险条例》(2010年修订)规定的标准享受工伤保险待遇。

海上因工死亡的,根据《工伤保险条例》第39条的规定,死者的近亲属可以按照上一年度全国城镇居民人均可支配收入的20倍领取一次性工亡补助金。另外,还可以领取6个月的统筹地区上年度职工月平均工资的丧葬补助金。因工死亡职工生前提供主要生活来源、无劳动能力的亲属可向工伤保险基金领取供养亲属抚恤金,即按照职工本人工资的一定比例发给,标准为,配偶每月40%,其他亲属每人每月30%,孤寡老人或者孤儿每人每月在上述标准的基础上增加10%。核定的各供养亲属的抚恤金之和不应高于因工死亡职工生前的工资。

海上因工致残被鉴定为一至四级伤残的,根据《工伤保险条例》第35条的规定,职工保留劳动关系,退出工作岗位,享受以下待遇:从工伤保险基金按伤残等级支付一次性伤残补助金,标准为,一级伤残为27个月的本人工资,二级伤残为25个月的本人工资,三级伤残为23个月的本人工资,四级伤残为21个月的本人工资;从工伤保险基金按月支付伤残津贴,标准为,一级伤残为本人工资的90%,二级伤残为本人工资的85%,三级伤残为本人工资的80%,四级伤残为本人工资的75%。伤残津贴实际金额低于当地最低工资标准的,由工伤保险基金补足差额;工伤职工达到退休年龄并办理退休手续后,停发伤残津贴,按照国家有关规定享受基本养老保险待遇。基本养老保险待遇低于伤残津贴的,由工伤保险基金补足差额。

海上因工致残被鉴定为五至六级伤残的,根据《工伤保险条例》第36条的规定享受以下待遇:从工伤保险基金按伤残等级支付一次性伤残补助金,标准为,五级伤残为18个月的本人工资,六级伤残为16个月的本人工资;保留与用人单位的劳动关系,由用人单位安排适当工作。难以安排工作的,由用人单位按月发给伤残津贴,标准为,五级伤残为本人工资的70%,六级伤残为本人工资的60%,并由用人单位按照规定为其缴纳应缴纳的各项社会保险费。伤残津贴实际金额低于当地最低工资标准的,由用人单位补足差额。

海上因工致残被鉴定为七至十级伤残的,根据《工伤保险条例》第37条的规定享受以下待遇:从工伤保险基金按伤残等级支付一次性伤残补助金,标准为,七级伤残为13个月的本人工资,八级伤残为11个月的本人工资,九级伤残为9个月的本人工资,十级伤残为 7 个月的本人工资。

《工伤保险条例》具有强烈的社会法功能,其中所规定的工伤保险是社会保险制度的重要组成部分。工伤保险与民事侵权法的冲突与竞合是必然的。《人身损害赔偿司法解释》第 12 条第 1 款规定:"依法应当参加工伤保险统筹的用人单位的劳动者,因工伤事故遭受人身损害,劳动者或者其近亲属向人民法院起诉请求用人单位承担民事赔偿责任的,告知其按《工伤保险条例》的规定处理。"可见,我国采取了工伤保险取代民事赔偿的做法,用人单位以缴纳保险费的方式承担工伤责任,劳动者发生属于用人单位责任的工伤事故时,不能提起民事损害赔偿诉讼,而只能按照《工伤保险条例》的规定获得工伤赔偿。

《人身损害赔偿司法解释》第 12 条第 2 款规定:"因用人单位以外的第三人侵权造成劳动者人身损害,赔偿权利人请求第三人承担民事赔偿责任的,人民法院应予支持。"这意味着海上因工伤亡是第三人侵权造成的,则工伤事故与第三人侵权竞合,权利主体可分别根据不同的法律,要求获得工伤保险待遇和侵权损害赔偿。

【案例裁决/法律文书摘录】

(一)海上人身伤亡的赔偿项目与金额

发生海上人身伤亡而诉诸法院时,责任主体应赔偿哪些项目以及赔偿的标准如何,一方面取决于权利主体的诉讼请求范围与数额,不告不理,另一方面则取决于法律的规定,超出法定范围的项目与标准不能获得法院的支持。广西高级人民法院对"富顺 8668"轮人身伤亡赔偿项目与金额的判决,具有一定的代表性,其相关内容如下:[①]

上诉人(一审原告):唐宇标。

上诉人(一审被告):陈广新。

上诉人(一审被告):梁锦山。

被上诉人(一审被告):广西贵港市富顺船务有限责任公司(下称富顺公司)。

一审第三人:广西凤顺航运有限公司(下称凤顺公司)。

---

① http://www.ccmt.org.cn/showws.php? id=7525,下载日期:2014 年 9 月 6 日。

北海海事法院一审查明:2010年12月29日,被告陈广新、梁锦山所属的"富顺8668"轮(下称富顺船)与第三人风顺公司所属的"风顺1088"轮(下称风顺船)并排停泊于贵港郁江大东码头对开水域,其中富顺船由船长徐伟峰一人看管,风顺船由原告唐宇标一人看管。当天中午,原告、徐伟峰、第三人员工龙伟良及为第三人检修风顺船电气的电工陈继超4人一起在风顺船吃午饭。之后,徐伟峰将富顺船开离泊位,让约好前来的照相人员照船相。陈继超午饭后一直在风顺船机舱和驾驶楼内检修电气。拍完船照后,龙伟良搭乘照相人员的小艇上岸直接回第三人住所地。徐伟峰将富顺船驶回原水域靠泊风顺船。靠泊后,原告拿着一根缆绳从风顺船跳到富顺船,不慎跌落富顺船舱底甲板受伤。

原告于2010年12月29日至2011年2月23日共住院57天,住院医疗费76325.90元,及2011年3月14日回医院门诊的费用83.60元,合计76409.50元。

2011年5月11日,广西盛邦司法鉴定中心对原告进行伤残鉴定,其鉴定意见是:被鉴定人唐宇标双眼无光感,属于三级伤残;护理依赖程度为二级护理依赖;双侧桡骨内固定物取出费用为11000元。

第一次庭审辩论结束前,原告将诉讼请求由704739.50元增加为731661.50元,即残疾赔偿金变更为按《2011年赔偿标准》计算,其余赔偿项目仍按《2010年赔偿标准》计算。

另查明,富顺船为钢质集装箱船,所有人系被告梁锦山、陈广新,取得所有权日期为2010年12月8日,于2011年1月5日挂靠登记在被告富顺公司名下经营;风顺船所有人系第三人。原告系城镇居民,拥有船员适任证书,证书有效期至2013年5月21日。

一审法院认为,原告与被告陈广新、梁锦山构成帮工关系,根据《人身损害赔偿司法解释》第14条第1款的规定,原告因帮工活动遭受人身损害,被告陈广新、梁锦山作为被帮工人,依法应承担赔偿责任。原告是拥有船员适任证书的老船员,从业经验较丰富,明知自己是年满60周岁的老人,在行动和判断力等方面已有所减弱,且工作地点是在船上,但仍过于自信而未采取必要的安全措施,未尽谨慎义务,严重不注意安全,对造成自身人身损害存在重大过失,依法可减轻被帮工人的赔偿责任。从公平原则考虑,酌定由被告陈广新、梁锦山赔偿原告经济损失的30%,其余损失由原告自负。

原告损失包含以下内容：医疗费 76409.50 元，误工费 7980 元，护理费 2696 元，定残后的护理费 196815.30 元，交通费 800 元，住院伙食补助费 2280 元，残疾赔偿金 238896 元，鉴定费 2500 元。事故并非被告侵权造成，而是原告自身重大过失引起，故原告请求赔偿精神损害抚慰金 5 万元，依据不足，不予支持。原告主张 11000 元后续治疗费并非必然发生，不予支持，原告可待将来实际发生后另行起诉。

综上所述，原告经济损失合计 528376.80 元，被告陈广新、梁锦山承担 30% 赔偿责任，即 158513 元，其已向原告支付的 15000 元医疗费应予扣减，故还应赔偿原告 143513 元。一审判决：被告陈广新、梁锦山赔偿原告唐宇标经济损失 143513 元。

广西高级人民法院二审认为：唐宇标自愿无偿为他人提供劳务，他人接受其劳务的行为属于帮工行为。唐宇标身体受伤之原因为其到富顺船帮忙时跌落船舱所致。唐宇标系受富顺船船长徐伟锋的请求而为帮助行为，该船长的行为代表了富顺船所有权人，且唐宇标的帮助行为客观上使该所有权人受益，故本案的被帮工人为富顺船所有权人，即上诉人唐宇标与上诉人陈广新、梁锦山构成帮工法律关系。

没有证据表明徐伟锋对唐宇标的帮助行为予以了拒绝，相反相关证人均证实唐宇标是应徐伟锋的请求到富顺船上帮忙，故该船所有权人陈广新、梁锦山应当对唐宇标身体受伤承担赔偿责任。富顺公司在事故发生之后才与陈广新、梁锦山签订船舶挂靠经营合同，故在事发时，唐宇标与富顺公司之间并不构成帮工关系。根据《人身损害赔偿司法解释》第 2 条"受害人对同一损害的发生或者扩大有故意、过失的，依照民法通则第一百三十一条的规定，可以减轻或者免除赔偿义务人的赔偿责任"的规定，唐宇标作为持有船员适任证书的三等驾驶员，对船舶作业应当具有相当熟练程度及丰富的经验，在帮助富顺船靠泊时，应当利用其经验谨慎作业，其未尽到谨慎义务，对损害的发生有一定的过错。但因唐宇标受伤系在正常的船舶作业过程中不慎行为所致，该过错程度不应超过被帮工人应当承担的责任比例，故本院酌情认定上诉人唐宇标自身承担 40% 的过错责任，上诉人陈广新、梁锦山承担 60% 的责任，一审判决唐宇标作为受害人承担 70% 的责任不当，本院予以纠正。

本院确认一审认定的唐宇标身体受损的损失数额共为 528376.80 元。按照陈广新、梁锦山承担 60% 责任比例计算,其应当赔偿 317026.08 元。唐宇标系到富顺船进行帮工时受伤,故有权主张精神损害抚慰金,本院根据双方的过错程度、被上诉人的伤情及当地社会生活水平,酌定陈广新、梁锦山应当赔偿精神损害抚慰金 5000 元。陈广新、梁锦山已支付医疗费 15000 元,故其实际应当支付的赔偿款为 307026.08 元。

综上所述,根据《人身损害赔偿司法解释》第 13 条、第 17 条、第 18 条的规定,判决陈广新、梁锦山赔偿唐宇标损失 307026.08 元。

(二)引航员人身损害的赔偿数额

引航员在执行职务过程中受伤,请求法院判令责任主体赔偿 700 余万元。而最高人民法院《审理涉外海上人身伤亡规定》第 7 条"海上人身伤亡损害赔偿的最高限额为每人 80 万元人民币"的规定,应否在案件审判中适用,是案件处理的一大法律难题,考验法官的经验与智慧。宁波海事法院对"春天商人"(Spring Trader)轮人身损害赔偿纠纷案的审判,较好地平衡了双方当事人的利益,值得参考。该案一审判决书的相关内容如下:①

原告:俞小洪。

被告:巴拿马古德吉尔航运股份有限公司(Goodhill Navigation, S. A., Panama)(下称古德公司)。

1999 年 3 月 29 日上午,被告古德公司所属的"春天商人"轮与宁波港务局联系,拟在北仑电厂码头附近海域接引航员上船引航。10:34 时,原告俞小洪和沈勇两名引航员乘坐的"甬港引 1 号"艇从"春天商人"轮左舷过船尾后,并靠该轮的右舷驾驶台前部放置引航软梯处。当时海域偏东风 5.6 米/秒,轻浪。引航员沈勇首先登引航软梯,在其登上 2.5 米左右后,由原告登上该软梯。此时,引航软梯的绳索突然断裂,沈勇从高处摔落到业已登梯的原告身上,使原告跌压在"甬港引 1 号"艇的舷墙上而受伤。

经抢救治疗,原告 1999 年 4 月 11 日出院诊断为 T11-12 压缩性骨折、脱位、截

① http://www.ccmt.org.cn/showws.php? id=846,下载日期:2014 年 9 月 11 日。

瘫,双侧胸腔积液,右第7、第8根肋骨骨折,右肾挫伤。1999年4月12日至2000年1月26日,原告先后转到长征医院、北京博爱医院等医院住院治疗。经宁波市劳动鉴定委员会鉴定,原告伤残为二级,生活不能自理,大部分依赖护理。

原告已发生的医疗费、残疾用具费、护理费、营养费、差旅费等计291082.10元,继续治疗费为1686400.80元,出院后护理费240320元,收入损失为1367778.63元。

原告起诉要求被告赔偿受伤致残的收入损失、医疗费、继续治疗费、护理费、残疾用具费、交通费、住宿费、精神损失费、营养费、律师费等680万元。在审理过程中,原告将诉讼请求变更为7593761.30元。

宁波海事法院认为:受宁波港务局指派,原告乘坐"甬港引1号"艇驶向"春天商人"轮之时,开始执行引航任务。原告是在"甬港引1号"艇靠拢"春天商人"轮后,踏上了被告所属船舶的引航软梯且在攀登过程中,由于被告未按《1974年国际人命安全公约》第5章第17条的规定,未对引航员登船安全防范措施尽到谨慎处理义务,致使原告因引航软梯断裂而遭受严重伤害,且被告不能证明原告对引航软梯断裂及自身受伤有过错,故被告应对原告所遭受的损害负责。

原告受伤后虽经治疗,但终身截瘫,今后仍需继续治疗,继续治疗费用是必需的。原告由于该起事故而产生的医疗费、护理费、差旅费、收入损失及继续治疗费等诉请的合理部分予以支持。劳动法中的"工资"是指用人单位依据国家有关规定或劳动合同的约定,以货币形式直接支付给劳动者的劳动报酬,一般包括计时工资、计件工资、奖金、津贴和补贴、延长工作时间的工资报酬以及特殊情况下支付的工资等。单位支付给劳动者个人的社会保险福利费用、劳动保护方面的费用及按规定未列入工资总额的各种劳动报酬等虽不属于工资范围,但均是劳动收入。综上所述,原告的工资、津贴、船岸差、伙食贴、三产奖、引航特别奖、速遣奖、冷饮费、口岸办奖等均属其劳动收入,应予以保护。

对于原告100万元精神损失费的请求。原告是二级引航员,年仅38岁就遭受终身截瘫,不能享受健康人的正常生活,且要承受肉体和精神的双重痛苦。精神损害难以用金钱计算,但予以适当的金钱赔偿,可以抚慰受害人的感情,平复其精神创伤。根据原告职业和伤残程度、当地生活水平以及被告的履行能力等综合因素,认定被告赔偿精神损失费 10 万元。

1992 年施行的《审理涉外海上人身伤亡规定》,是最高人民法院根据《民法通则》,结合当时的物价水平、工资收入等情况,作出最高赔偿限额 80 万元的司法解释,在当时是合理的,对各级法院审理涉外海上人身伤亡案件均有指导意义。但从 1992 年至 1999 年,我国物价指数发生了重大变化,医疗费用也迅速增加。而且,1993 年施行的《海商法》对海上人身伤亡的最高赔偿限额有专门的规定。综上所述,就本案而言,原告的损失已远远超过 80 万元的限额,被告应根据实际损失予以赔偿。故判决:被告古德公司赔偿原告俞小洪医疗费、差旅费、护理费、营养费、继续治疗费、收入损失、精神损失费等共计 3685581.53 元。

【延伸阅读】

1. 司玉琢、李志文主编:《中国海商法基本理论专题研究》,北京大学出版社 2009 年版。

2. 沈志先主编:《海事审判精要》,法律出版社 2011 年版。

3. 邓瑞平:《船舶侵权行为法基础理论问题研究》,法律出版社 1999 年版。

4. 司玉琢、吴兆麟:《船舶碰撞法》,大连海事大学出版社 1995 年版。

5. 李守芹、李洪积:《中国的海事审判》,法律出版社 2002 年版。

6. 倪学伟:《海上人身伤亡损害赔偿标准类型化研究》,载万鄂湘主编:《涉外商事海事审判指导》2007 年第 1 期,人民法院出版社 2007 年版。

第五章
船舶租用合同

【内容摘要】在实践中,为使船舶经营效能得以充分利用,航运企业间常通过船舶租赁来调配运力,以满足不同航运需求。以船舶租用合同为起点,一则明确租船运输与班轮运输间的基本区别;二则了解船舶租用合同的成立与运输参与方;三则知晓船舶租用合同的基本类型,并由此就航次租船合同、定期租船合同、光船租船合同三者间的区别与联系有所辨析。通过对船舶租用合同三大基本类型的分别探讨,围绕其适用格式、必要条款、重要术语及法律适用等方面形成较为系统的概念图谱与理论掌握。

第一节 船舶租用合同概述

【知识背景】

一、船舶租用合同的概念

船舶,既可以作为交通运输工具,为船舶所有人自用,通过承揽货物运输或其他经营业务的方式,以获取运费等为其收益;也可以作为财产,通过出租给非船舶所有人使用,以收取租金为其收益。后一船舶利用过程,需通过缔结船舶租用合同完成。

船舶租用合同,简称租约(charter party),是指船舶出租人(shipowner)向承租人(charterer)提供约定的、由出租人配备船员或者不配备船员的船舶,由承租人在约定的期间内按照约定的用途使用并支付租金的一种协议。

"A charterparty is a contract with a shipowner for the use of the whole carrying capacity of a ship by the charterer. The name 'charterparty' is derived from the Latin *carta partita*. In times past the contract was inscribed by hand in duplicate, then divided in two by deliberately jagged or indented cut lines; the shipowner and the charterer then each received a *carta partita*, which could be quickly matched in the event of a dispute over terms by the indentations along the line of partition."[1]

二、船舶租用合同的特点

依国际航运的营运方式,海上货物运输可概分为两种:一为班轮运输(liner),也称公共运输(common carriage),主要提供成品和半成品,如计算机、制造产品和其他消费品等货物的运输;二为不定期船运输(tramp ship),也称私人运输(private carriage),主要通过缔结船舶租用合同以提供原材料,如原油、煤炭、铁矿石和谷物的运输服务。虽然就所承运货物的价值而言,前者占据了世界海运货价总值的3/4;但就全球海运货量(吨)而言,通过租船运输实现的后者却担当主要的角色并占据大部分份额。

"Different kinds of cargoes not only demand different types of ships but, more importantly from a legal perspective, different modes of operation. A bulk cargo, as the name suggests, generally occupies all the carrying space of the

---

① Edgar Gold, Aldo Chircop, Hugh Kindred: *Maritime Law*, Irwin Law Inc., 2003, pp. 378~379.

ship, which, accordingly, will be directly to a selected destination. Therefore, ships that carry bulk goods tramp from port to port around the world, as cargoes are available and cargo owners engage them. Such tramp ships do not sail to a schedule but carry their cargoes by individual agreements with the cargo owners in contracts known as charterparties. Packaged goods may be numerous but not individually bulky and, so, they need to be combined to fill the holds of a ship. In fact, a modern container ship may carry several thousand containers of goods belonging to hundreds of different owners. Such multiple ownership of cargoes on the same ship inevitably means the vessel must sail on a pre-arranged schedule of ports and timetable. Equally, the shipowner cannot negotiate individual terms of carriage with each cargo owner but offers transportation service on set of standard trading conditions made available in advance. Such liner service, as it is called, is recorded for each cargo in a bill of lading or similar document. ”[①]

因而,相较于班轮运输,承载不定期运输的船舶租用合同(charter party)的主要特点为:

1. 船舶租用合同所涉运输标的通常为未包装货物。或是干货如谷物和矿石,或者是湿货如石油产品的散装运输,货物价值较低,并且通常整船装的是一种单一的货物。

2. 每一租约均根据货物的要求独立安排船舶就航。没有固定的班期,没有固定的航线,也没有固定的挂靠港,包括租金(或运费)每航程金额在内的双方权利与义务都以租约为依据,双方可以充分议价。

3. 各国法律较少管制船舶租用合同。租船合同中的双方当事人缔约地位与谈判能力并无明显的不平等,他们之间的权利义务,基本依赖于租约条款,而条款内容又取决于船舶出租与承租双方的洽谈能力和市场总趋势。总体而言,租约应

---

① Edgar Gold, Aldo Chircop, Hugh Kindred: *Maritime Law*, Irwin Law Inc. , 2003, pp. 358～359.

适用合同法原则和规定。[①]

"A charterparty is *the* contract, a private contract between two principal parties. It is this one basic fact that distinguishes a voyage charterparty from what is too loosely described as a bill of lading contract. A bill of lading is *never the* contract. It is, when first issued, the best available evidence of the contract of carriage best only eventually is said to *contain* the contract when it reaches the hands, properly and unconditionally, of an 'innocent' third party for value.

Thus a charterparty is a private agreement between two parties, individual or corporate. Like any other contract only those who entered into it can sue or be sued upon it."[②]

4. 船舶租用合同的订立过程比较复杂,通常由经纪人完成,一般应有书面形式。[③] 租约的成立是经双方协商而最终达成一致意见的结果,因而书面形式并不拘泥于正式合同的签署,只要存在租船合同的书面证据,并且合同的主要内容能够得以确定,租约亦可得以认定。

5. 作为高度标准化的合同,船舶租用合同一般都纳入仲裁条款为争端解决途径,并订有其他共同性条款。租船合同中的共同性的条款,许多都已在海商事司法实践中被反复分析、阐释,并不断得到相关案例的引证与说明。

三、租船运输的参与方

船舶租用合同的当事人一方是拥有或经营船舶的人(即船舶出租人、定期承租人或二船东),另一方具有海上运输需求的人(即承租人)。在实践中,双方当事人

---

① 尤其在英美海商法实践中,作为公共承运人,班轮运输通常被认为比其交易对方具备更为强大有利的交易地位,法律对其规范得更为细致严格,其缔约自由因而从一开始便受到限制。参见冯辉:《美国海商法案例选评》,对外经济贸易大学出版社 2003 年版,第 193~194 页。

② Christopher Hill, *Maritime Law*, 5th edition, LLP Reference Publishing, 1998, p. 177.

③ 如我国《海商法》第 128 条规定:"船舶租用合同,包括定期租船合同和光船租赁合同,均应当书面订立。"船舶租用合同通常是在双方当事人选定的合同格式基础上,据当事人意图对格式中所列条款修改、删减和补充后达成的。

往往通过租船经纪人为中间人进行洽谈。

（一）船舶出租人（shipowner）

作为与船舶承租人订立租船合同的人，船舶出租人既可能为船舶所有人也可能为将所租用船舶进一步转租的二船东或定期租船出租人。

（1）船舶所有人

船舶所有人所拥有的财产规模与财产归属各有不同。就财产规模而言，有的船舶出租人仅拥有一条船，有的则拥有大型船队，有的船舶出租人却专注于某一特定类型的船舶。就财产归属而言，有的船舶出租人是国家控股或在本国注册挂旗，另一些船舶出租人则以方便旗形式经营船舶，而有的出租人所拥有的船舶是根据租购协议安排购买，在法律意义上实为金融机构拥有等等。

（2）二船东或定期船舶出租人

当租用船舶的经营人为进一步的业务将船舶转租出去时，其角色便转化为二船东或定期租船出租人。所谓二船东，是指以定期租船租进船舶的承租人在将船舶转租时被认作出租人的身份。

在航运习惯中，船舶租用合同通常都规定承租人有转租全部或部分船舶舱位的权利，但承租人仍然担负着对船舶出租人履行原租船合同的责任。这项权利对承租人相当重要，它意味着承租人由此获得一定的自由从而可以最经济的方式来利用船舶。转租在实务中经常发生。承租人或单纯为获取利润而转租；或因航运市场运费的上升而判定转租船舶比使用船舶直接运输更有利可图；或由于原本意图运输的货物不适宜该船，而寻求机会转租船舶以便涵盖支付给船舶出租人的运费或租金。

因此，在航运实践中，一条船可能同时涉及多个不同船舶租用合同，涉及实际船东和二船东的桥接与辨识。以如下租船链为例：甲是船舶的登记人或所有人，由于甲只对投资于航运感兴趣，遂与乙订立了光船租船合同；乙又将船舶以定期租船形式转租给丙，则在乙与丙的关系中，乙为二船东，丙为定期租船的承租人；丙再将船舶以航次租船形式租给丁，而在丙和丁的关系中，丙成为二船东，丁为航次租船的承租人。

（二）船舶承租人（charterer）

船舶承租人是指为运输本人或他们的货物寻求舱位与船舶出租人订立船舶租用合同的人。承租人可能是、亦可能不是运输货物的货主。如,货物的卖方、买方以及介于买卖双方之间为其运输需求作出安排的中间人,均可能成为承租人。这些涉及租船业务的中间人包括货运代理人、报关员、经纪人和多式联运经营人。[1]值得注意的是,即使是船东亦可能成为承租人。在航运实践中,从事班轮运输的船东往往以定期租船方式为班轮运输服务补充运力;甚至根本没有自己的船舶,完全使用租用船舶来实现班轮运输经营。而在班轮运输之外,其他船东也在需要补充运力时不可避免地成为承租人。以大型石油公司为例,其拥有大型自有船队以运输自己的货物,但仍可能在特定时期租进船舶以应对额外运力需求。

（三）租船经纪人（chartering broker）

租船经纪人,是受船舶出租人或者承租人的委托,代表出租人或者承租人专门从事租船业务磋商的航运业务专家。租船经纪人为其客户提供船舶及贸易相关的专业知识,保持向双方当事人提供关于市场现况及发展、装运货物及运输可行性等信息,以促成船舶出租人和承租人双方当事人的顺畅沟通与合意达成,极大地提升了租船实践的效率。

四、船舶租用合同的基本类型

在航运实践中,最具代表性的船舶租用合同主要有以下三种类型:航次租船合同（Voyage Charter Party）、定期租船合同（Time Charter Party）及光船租船合同（Demise Charter Party）。[2] 不过,就法律性质而言,上述三者中仅航次租船合同可被直接归属于运输合同关系的基本范畴之中。因而,在我国《海商法》中,其第六章"船舶租用合同"仅将定期租船合同和光船租船合同两种类型纳入,而将航次租船

---

[1]　苏同江主编:《租船运输实务与法律》,大连海事大学出版社 2010 年版,第 27 页。

[2]　在上述三种合同类型之外,一些适用特定货物或融合多种运输需求的其他船舶租用形式也逐渐发展起来。如,集装箱货位租用（Slot charter）方式,以租用标准集装箱（TEU）舱位而非船舶整体的计量方式实现适用于集装箱运输的灵活规划。

合同单独列于"海上货物运输合同"之第四章。随着船舶租用合同的标准化程度的不断提高,航次租船合同、定期租船合同及光船租船合同三者既在法律上拥有诸多共通之处,也在航运实务中体现出各自特色与差别。

"There are various forms of charterparty. For example, there is the demise, or 'bareboat', charter, under which the charterer not only has the use of the vessel, but also engages its own crew. However, more usual are those charterparties under which the crew are employed directly by the shipowner. There are two basic types of such charter: the voyage charter and the time charter."[1]

"In general, there are three types of charterparty: charters by demise, voyage charters, and time charters. A charter by demise is not a carriage contract at all; rather, it is a lease of a vessel without regard to the charterer's purposes for the use of it ... Voyage and time charters are simply different ways of contracting for the shipowner's provision of the services of the ship. Under a voyage charterparty, the shipowner agrees to accept a cargo for a specified voyage between two named ports. By a time charterparty, the shipowner contracts to hire out the vessel for the carriage of cargo for as many voyages and ports, within agreed limits, as the charterer desires within a specified time. These categories of charterparty are not rigid. The freedom of contract ensures that varieties of agreement within and between voyage and time charters are concluded. For instance an agreement for as many consecutive voyages as possible within a specified time is a consecutive voyage charterparty, although its purpose hardly differs from a time charter. Conversely, a trip time charter is a charter for the time it takes the ship to complete a specified voyage or round trip, which appears to be similar to a voyage charterparty. From a legal perspective, however, significant differences exist in the allocation of responsibility for the

---

[1] Simon Baughen, *Shipping Law*, 5th Edition, Taylor and Francis, 2012, p. 184.

running costs of the ship. "①

五、船舶租用合同的法律适用

由于国际上尚无关于船舶租用合同的专门公约,船舶租用合同仍只能受制于各国海商事的国内法。不过,无论是英美法系的法律还是大陆法系的法律,对此种合同均不做规定或不做强制性规定,仍在"契约自由原则"(Freedom of Contract)或"意思自治"原则支配之下予其以较大的自由。在这一境况下,各国法律对租船合同的干预比对提单条款的干预要少得多;船舶租用合同的双方当事人,在不违反强制性法律规定的条件下,可对合同作出独立灵活的条款设计。

在我国,《海商法》对于海运提单和船舶租用合同的适用程度同样不一。《海商法》为提单项下的承运人规定了最低限度的义务和责任与最大限度的权利,且承运人不得在提单中规定以任何形式降低或减轻自己义务或增加自己权利的条款。相较之下,《海商法》对船舶租用合同下承运人的责任规定要宽松许多。

我国《海商法》第四章中,仅关于承运人适航保证的第 47 条及关于承运人不得作不合理绕航的第 49 条两个条款强制适用于航次租船合同的出租人。② 至于该章其他有关合同当事人之间权利、义务的规定,仅在航次租船合同没有约定或者没有不同约定时,适用于出租人和承租人。③ 而在《海商法》第六章关于定期租船合同和光船租船合同的专门规定中,其第 127 条明言:"本章关于出租人和承租人之间权利、义务的规定,仅在船舶租用合同没有约定或者没有不同约定时适用。"意即,该章有关船舶租用合同双方当事人权利、义务的规定均为任意性条款;反之,同一章中非有关于船舶租用合同双方当事人权利、义务的其他规定,如第 128 条关于船舶租用合同应当书面订立的规定,为强制性条款。因此,船舶租用合同的法律适用通常由双方当事人约定,并在合同中以法律适用条款体现出来。

---

① Edgar Gold, Aldo Chircop, Hugh Kindred: *Maritime Law*, Irwin Law Inc., 2003, p. 379.

② 《海商法》第 94 条:"本法第 47 条和第 49 条的规定,适用于航次租船合同的出租人。"

③ 如,《海商法》第 98 条:"航次租船合同的装货、卸货期限及其计算方法,超过装货、卸货期限后的滞期费和提前完成装货、卸货的速遣费,由双方约定。"

【延伸阅读】

1. 杨良宜编著:《期租合约》,大连海事大学出版社 1997 年版。

2. 苏同江主编:《租船运输法律与实务》,大连海事大学出版社 2010 年版。

3. Edgar Gold, Aldo Chircop, Hugh Kindred, *Maritime Law*, Irwin Law Inc., 2003.

4. The Law Dictionary ,"What is CHARTER－PARTY?", http://thelawdictionary. org/charter－party/.

第二节 航次租船合同

【知识背景】

一、航次租船合同的概念与类型

航次租船合同(Voyage Charter Party, Voy. C/P)又称航程租船合同,它是指船舶出租人向承租人提供船舶的全部或部分的舱位,装运约定的货物,从一港运至另一港,由承租人支付约定运费(Freight)的合同。按照这种合同,承租人只要依照合同的规定将货物装运后,就可以在目的港等待提货;出租人只要依照合同的规定将货物准时运至目的港,就可以收取合同约定的运费。

"Voyage charters are those by which the owner agrees to perform one or more designated voyages in return for the payment of fright and (when appropriate) demurrage; the costs of and responsibility for cargo handling are left to the terms of the specific agreement. "[1]

---

[1] Julian Cooke, et al, *Voyage Charters* , 2nd Edition, LLP, 2001, p. 3.

依据航次多少的不同需要,航次租船合同可分为多种类型。实践所采用具体类型将根据货物的数量、类别和航行时间由船舶承租人和出租人协商决定。其主要类型包括:

第一,单航次租船合同。即,租用一个航次,由出租人负责从一个港口装货至另一个港口卸货结束,航次租船合同即告终止。

第二,来回程租船合同。即,同一艘船舶在同一航线上完成一个往复航次后终止。出租人完成一个单航次后,再于上航次的卸货港或其附近港口装运货物,而后将货物运回原出发港或其附近港口卸货,本次租船合同才告结束。

第三,连续单航次租船合同。即,出租人在同一航线同一方向连续完成两个或者两个以上单航次租船的合同。这种合同必须定明船舶第一航次的受载日期以及连续次数。而出租人在不影响下一航次时间的前提下,可另揽回程货。

第四,包运合同或包租船合同。即,出租人负责将整批货物从起运港运至目的地港,而对航运次数不作限制的合同。这种合同须确定货物的数量和期限,而具体承运过程则留待船公司(出租人)较为自由灵活地安排。

"Voyage charters for more than one voyage may fall into a number of different categories. They may be 'consecutive voyage charters' where each voyage follows on directly from the previous one, they may be 'intermittent voyage charters', or they may be so-called 'contract of affreightment' or 'tonnage contracts' for a series of periodic voyages in a vessel or vessels to be nominated thereafter. Since all contracts of carriage by sea may accurately be called 'contracts of affreightment', contracts of this last kind are often referred to merely as 'C. O. A. s' in order to highlight their particular characteristics. It is common for single voyage charter forms to be adapted to cover multiple voyage contracts, and this can lead to particular incorporated. These difficulties will be considered in the appropriate chapters below. "①

---

① Julian Cooke, et al, *Voyage Charters* , 2nd Edition, LLP, 2001, pp. 3~4.

二、航次租船合同的法律特征

相较于提单运输及其他基本租船运输类型,航次租船合同的主要特征在于:

(一)出租人负责船舶营运并负担相关费用

出租人享有船舶所有权、调动权和管理权。在航次租船中,出租人通过雇佣船长和船员占有和控制船舶,负责船舶的营运管理和维持,并支付包括燃料、物料、港口费、船员工资、船舶维修保养、保险等在内的费用;同时,不得将已租用船舶或空余舱位出租给任何第三人。

(二)承租人享有对所租用船舶或舱位的使用权

承租人可以租用船舶的全部或部分舱位,提供货物的名称、种类、数量及装卸港口等相关信息供进一步协商。在航次租船中,承租人仅负担运费、装卸费和滞期费等,多数情况下运费按货物数量计算。

(三)出租人对货物运输负有妥善和谨慎的责任

与提单运输一样,出租人(船方)不仅要尽适当的谨慎使船舶适航、维持船舶的有效状态,还应对货物负有妥善而谨慎的照管义务。

"Depending on the terms, and the governing law, of the bill of lading issued under a time or a voyage or a slot charter, either the shipowner or the charterer, or both, may be the 'carrier' of the goods shipped thereunder, and liable as such to the owner of the goods shipped during the period of the charter. However, whilst it is not uncommon for a time charterer to assume the role of carrier under the bills of lading it is rare for a voyage charterer to do so … "[1]

(四)约定货物装卸期限并计算滞期费和速遣费

航次租船合同均应订立装卸期限与装卸率。装卸期限和装卸率的订立,为判断承租人的货物装卸效率、计算滞期费和速遣费提供依据和标准。

(五)适用于运输大宗货物

作为货主或货运代理人,承租人选择航次租船合同的订立,通常是为了实现大

---

[1]　Julian Cooke, et al, *Voyage Charters* , 2nd Edition, LLP, 2001, p. 3.

宗货物,如粮食、食糖、饲料、矿砂、石油、煤炭、硫黄、化肥等的运输。

三、航次租船合同格式

为了节省订立合同的时间和费用,简化合同订立和过程,各国际航运机构设计和公布的租船合同范本应运而生。这些由权威机构签发或批准的标准格式或正式范本,意在通过预设的条款避免不合理或意外的风险承担,减少合同双方的误解与争端,从而使双方在较为紧迫的时间既能获得合同订立的便利,又能有效地据特定航运类型量体裁衣。

对于航次租船合同而言,经英国航运总会及波罗的海国际航运公会审定公布的标准合同格式就达 50 余种。其中,适用最为广泛的合同范本为统一杂货租船合同(Uniform General Charter),简称"金康格式",租约代号"金康"(GENCON)。该标准合同格式由国际船东组织波罗的海国际航运公会(BIMCO)1922 年制定,后于 1976 年及 1994 年两次修订,适用于多种货物。这也是当前我国众多航运公司普遍采用的程租格式之一。

其他主要航次租船标准合同见下表。[1]

合同名称	发布及修订日期	合同代码	发布方
North American Grain	1973(amended 1989)	NORGRAIN 89	Association of Ship Brokers & Agents (ASBA)
Australian Wheat	1990	AUSTWHEAT	Australian Wheat Board
Australian Barley	1975(revised 1980)	AUSTBAR	Australian Barley Board
Fertilizer Charter	1942(amended 1974)	FERTICON	UK Chamber of Shipping

---

[1] 参见苏同江主编:《租船运输实务与法律》,大连海事大学出版社 2010 年版,第 38 页。

续表

合同名称	发布及修订日期	合同代码	发布方
North American Fertilizer	1978(revised 1988)	FERTIVOY 88	Canpotex Shipping Services
Americanized Welsh Coal	1953(revised 1993)	AMWELSH	ASBA
Standard Ore	1980	OREVOY	BIMCO
Voyage Charter Party for the Transportation of Bulk Cement	1990(revised 2006)	CEMENTVOY 2006	BIMCO
Iron Ore	1973	NIPPONORE	Japan Shipping Ex. Inc.
Baltic Wood	1964(revised 1997)	NUBLTWOOD	UK Chamber of Shipping
Russian Wood	1995	RUSWOOD	BIMCO
C/P for Logs	1967	NANYOZAI	Japan Shipping Exchange Inc
Tanker Voyage C/P	1994	TEXACOVOY 94	TEXACO
Tanker Voyage C/P	1990	EXXONVOY 90	Exxon International
Tanker Voyage C/P	1994	VELAVOY 94	Vela International Marine Ltd.
Tanker Voyage C/P	1987	TANKERVOY 87	INTERTANKO
Gas Voyage Charter Party	2005	GASVOY 2005	BIMCO

四、航次租船合同的主要内容

以"金康"(GENCON)标准合同格式及我国《海商法》为参照,航次租船合同所含条款应主要有:

(一)租船合同当事方(Parties to the Charter)

出租人与承租人为航次租船合同的当事人。在通常情况下,出租人即为船东;承租人即为货主或代理人。为清晰判断租船合同关系人,应写明出租人和承租人的全称。但在实践中,即使填写于标准合同格式中的"出租人"与"承租人"一栏中,也并不一定就为承受合同权利义务的真实的合同当事方,尚有赖于对合同后续条款与执行情况而作整体考量。

"The intention of the draftsman of the Gencon form is that the persons whose names are inserted in Box 3 and Box 4 will be those who, as principals, assume the rights and obligations of owner and of charterer under the contract embodied in the charterparty ... There are, however, several reasons why the designation of a person as 'owner' or 'charterer' in the preamble to the charter is not necessarily conclusive of the question who are the contracting parties. First, it may be clear from the other terms of the charter, or from the manner in which it is signed, that some other person is intended to be a party, either in addition to or instead of the person designated. Secondly, the principal of the person who enters into the charter can normally sue and be sued upon it as a contracting party, whether or not the name or even the existence of the principal has been disclosed to the other party; and thirdly the broker or agent who enters into the charter purporting to act for a principal may lack authority to contract on behalf of the principal. "[1]

(二)船舶说明(Description of the Ship)

船舶说明是出租人对已指定的出租船舶所作的具体陈述,它不仅是对相关船

---

[1] Julian Cooke, et al,*Voyage Charters* , 2nd Edition, LLP, 2001, p. 42.

舶的特定描述，也是航次租船合同的重要条款。出租人必须保证他所提供的船舶说明是真实可靠的，若因其提供错误陈述（misrepresentation），导致合同履行受阻及承租人利益受损的，承租方可以解除合同，并要求出租方承担法律责任。[①]

船舶说明事项通常包括：船名、船龄、船籍、船级、船舶吨位、船速、船位（Present Position）等等。双方当事人通常根据货物、航线、港口等的不同需要在合同条款中对相关事项作进一步明晰，如具体说明船舶货舱的设计与条件、货舱口的长宽与数量、起货机或吊车等船舶装卸设备的类型与运转等。

"As a general rule words in a charter which describe the ship or her equipment are not mere representation, but are terms of the charter. As a result，if the ship fails to comply with the description the charterer will be entitled to damages for breach of contract. If the term is a condition，or if the breach goes to the root of the contract，the charterer will also be entitled，if he so elects，to refuse to ship the cargo and to terminate the charter. Alternatively，he may exercise any right to rescind or to claim damages which may be available to him in respect of the misrepresentation. "[②]

（三）预备航次（Preliminary Voyage/Approach Voyage）

"金康"标准合同格式（1994 年）第 1 条规定："一经完成前一合同承诺，约定船舶即应前往第 10 栏所称装货港或装货地点，或者前往其可安全抵达并始终保持浮泊的邻近装货地点……"[③]船舶从前一合同卸货港前往当前合同装货港或装货地点的这一段航程即预备航次。

对于承租人或托运人来说，船舶将要抵达装货港并做好装货准备的日期极为

---

① 《海商法》第 96 条规定："出租人应当提供约定的船舶；经承租人同意，可以更换船舶。但是，提供的船舶或者更换的船舶不符合合同约定的，承租人有权拒绝或者解除合同。因出租人过失未提供约定的船舶致使承租人遭受损失的，出租人应当负赔偿责任。"

② Julian Cooke, et al.：*Voyage Charters*，2nd Edition，LLP，2001，p. 63.

③ "Gencon" Charter（As Revised 1922，1976 and 1994）："1 ... The said Vessel shall，as soon as her prior commitments have been completed，proceed to the loading port(s) or place(s) stated in Box 10 or so near thereto as she may safely get and lie always afloat,... "

重要。一方面,承租人希望能够尽早并尽量准确地知晓这一日期以便在装货港将货物准备就绪,避免运货延迟的损失;另一方面,出租人却通常无法准确地预测当前航程的完成时间或已介入航次中可能遭遇的状况,从而希望能留出充分的时间余地以保证其能及时抵港。

为平衡双方的这一利益冲突,通常在合同中应就预备航次明确以下内容:租约达成日的船舶位置(the position of the vessel at the date of the charter)、船舶到港装货准备的预计日期(expected ready to load)、船舶在预备航次应保持"最适宜速度"(with all convenient speed)或"最大速度"(all possible speed)、船长应就船舶预期到达装货港日期通知承租人或托运人、承租人在船舶未能于特定日期在装货港就绪时有解除租约的权利等。[①] 其中,船舶到港就绪的预计日期与承租人解除租约的权利始终为航运实践中最受关注的两项内容。

1. 受载期(laydays)

受载期,亦即前述船舶到达装运港并做好装货准备的预计日期(expected ready to load),是指航次租船合同中所租船舶抵达装货港并做好一切准备工作使船舶处于可以装货的预定期限。首先,出租人应在诚实(honestly)、合理(on reasonable ground)的基础上对船舶抵港就绪时间作出预期和承诺。其次,出租人负有尽速派遣并以适宜航速前往装货港的明示或默示义务,从而合理确保预备航次中的船舶可在正常行进状态下按规定日期抵达。最后,由于船舶营运中可能出现影响船期的意外事故,受载期往往被规定为一段时间(about),船舶在规定时间段内到达装运港即可。

2. 解约日(cancelling date)

解约日是航次租船合同解除的特定日期,通常为受载期的最后一天。如果出租人未能将船舶在规定的受载期内到达装运港,承租人即有权解除合同,并要求赔偿损失。值得注意的是,若出租人已明确告之承租人船舶不能在合同规定的受载期内到达,而承租人未作出解约明示的,应视为受载期的延长。在船舶延迟到达是出租人不能控制、不能预料或不可归责的因素所致的情形下,承租人可以解除合

---

① Julian Cooke, et al, *Voyage Charters*, 2nd Edition, LLP, 2001, p.83.

同,但不能要求赔偿。① 这一内容在"金康"格式1994年修订中也未受影响。

"Although protection is provided to the owner in the event of a late departure on the approach voyage, the charterer still has the benefit of the cancelling clause. Further, nothing in the amendment affects the obligation on the owner, when giving a date of expected readiness to load, that he is 'undertaking that (they) honestly and on reasonable grounds believe(s) at the time of the contract that the date named is the date when the vessel will be ready to load'."②

(四)货物说明(The Cargo)

1.货物的种类

不同货物需要的船舶类型不同,如果货物种类与货舱性质不符,往往会使航行成为不可能。因而,航次租船合同必须载明货物的种类甚至货物的名称。这种货物种类的说明可能是具体的也可能是概括的。在有具体说明的情形下,承租人应依据合同条款与装运港实际准备特定种类及特定状态的货物。在只做概括说明如"合法商品"("lawful merchandise")的情形下,承租人装备某种货物时仍应合理考虑所有相关情况,包括租约中对船舶的描述条款,租约确定前就已知晓的船舶特点,以及约定装运港的习惯运货种类等。在实践中,承租人一般拥有"货物选择权",即在需要时可以用其他货物代替原来约定的货物;但所替代货物须与原来货物性质类似,即仍须符合合同条款及船舶装运条件。③

2.货物的数量

航次租船合同通常对货物数量规定了双向义务要求:出租人应接收货物上船,

---

① 参见《海商法》第97条:"出租人在约定的受载期限内未能提供船舶的,承租人有权解除合同。但是,出租人将船舶延误情况和船舶预期抵达装货港的日期通知承租人的,承租人应当自收到通知时起四十八小时内,将是否解除合同的决定通知出租人。因出租人过失延误提供船舶致使承租人遭受损失的,出租人应当负赔偿责任。"

② Julian Cooke, et al, *Voyage Charters*, 2nd Edition, LLP, 2001, pp. 683~684.

③ 参见《海商法》第100条:"承租人应当提供约定的货物;经出租人同意,可以更换货物。但是,更换的货物对出租人不利的,出租人有权拒绝或者解除合同。因未提供约定的货物致使出租人遭受损失的,承租人应当负赔偿责任。"

而承租人应托运满舱满载货物("full and complete" cargo)。满舱满载货物是指，在适当积载的状况下，货物应能占据船舶货运空间的全部体积，或能利用船舶全部的载重能力。[①]

出租人应对船舶载货量（载重量和容积量）予以说明。而船舶实际的货物装载量，需要在船舶到达装货港受载之前，由船长在合同约定的范围内就本航次接受货物量向租船人表明，是为"宣载"（declaration of deadweight tonnage of cargo）。船长宣载之前，应当仔细计算船上储备的燃料、物料和供应品的数量，保证宣载的数量切实可靠。

如果承租人不能提供合同规定的货物数量，或承租人装运货物少于船长宣载的数量，承租人应就不足部分支付亏舱费；相反，如果出租人的船舶载货量不能达到其宣布的载货量，承租人有权解除合同并要求出租人赔偿承租人的损失。

（五）装卸作业（Loading and Discharging Operations）

1. 装卸港口（Ports）和泊位（Berth）

租约中应指明船舶靠岸的港口或泊位。通常，装卸港或泊位或由承租人提出并在合同中注明，或由出租人可以指定港口范围或港口的特定区域供承租人选择，或在合同预留特定时间段供双方选择装卸港口或泊位。

若装卸港或泊位由承租人选择或待指定，承租人一般应保证，在其作出选择的当时该港口或泊位仍是安全的。所谓安全港（Safe Ports），是指在特定的时间内，对特定的船舶而言，可以安全到达、安全使用和安全驶离而不会使船舶遭受损害风险的港口，涉及物理上的安全（Physical Safety）、政治上的安全（Political Safety）和气象上的安全（Meteorological Safety）等多个方面。出租人可以拒绝将船舶驶向不安全的地点，并在因不安全港口或泊位造成船舶损失时，要求承租人承担赔偿责任。

"A requirement on the charterer to name a safe port or berth switches the risk of damage to the ship from the shipowner to the charterer. His or her nomination of a place is taken to warrant that it is safe for the ship ... If the ship

---

① Julian Cooke, et al, *Voyage Charters*, 2nd Edition, LLP, 2001, p. 133.

enters a nominated port or berth that is unsafe, the shipowner may seek damages from the charterer for breach of contract. The time at which this determination of safety has to be made is at the moment the charterer makes the nomination. The charterer is not in breach of the charterparty if, when he or she names the port or berth, it is prospectively safe for the ship, even though it becomes unsafe later."[1]

2. 装卸费用

"金康格式"(1994)第 5 条对装卸工人的雇佣、装卸费用的承担、装卸期间的船舶或货物损坏风险等都作出了原则性的规定。据该第 5 条,承租人应自行雇佣装卸工人将货物搬运入舱,并负责装载、积载、平舱、绑扎及卸载;上述各项工作的风险、责任与费用均与出租人无关。但在租船实践中,具体采用何种装卸费用及风险分担方式,仍应对接货物种类和合同贸易术语而作出调整和明确。实践中的相关约定方式主要包括:[2]

(1)出租人既承担装货费用也承担卸货费用的情形:

"班轮条款"(liner terms),也称"泊位条款"(berth terms)、"总承兑条款"(gross terms)、"船边交接货物"(free alongside ship—FAS)。

(2)出租人既不承担装货费用也不承担卸货费用的情形:

"出租人不承担装卸费用"(free in and out—F.I.O);"出租人不承担装卸费用、积载及平舱费用"(free in and out, stowed and trimmed—F.I.O.S.T.)。

(3)出租人不承担装货费用或卸货费用的情形:

"出租人不承担装货费用"(free in—F.I.);"出租人不承担卸货费用"(free out—F.O.);"出租人承担装货费用,但不承担卸货费用"(liner in, free out);"出租人不承担装货费用,但承担卸货费用"(free in, liner out)。

---

① Edgar Gold, Aldo Chircop, Hugh Kindred, *Maritime Law*, Irwin Law Inc., 2003, p. 385.

② 司玉琢:《海商法专论》,中国人民大学出版社 2010 年版,第 110~111 页。

3. 装卸时间的计算(laytime calculation)

装卸时间是指合同当事人约定的,出租人保证船舶适于装卸、承租人使用船舶装卸,而不支付运费外任何费用的期间。[①] 每一位出租人都期待将一个航次所耗费的时间压缩到最低,以便尽快地投入下一个航次的运输以最大化地赚取利润。因而,装卸时间的计算是航次租船合同中直接关联出租人经济效益的必备条款。

(1)装卸时间的起算

通常认为,装卸时间的起算必须同时满足三个条件:

第一,船舶到达指定港口或泊位。其中,港口是指船舶装货或卸货的区域,涵盖泊位、锚地、浮筒或类似地点。而泊位是指船舶在港内进行装货或卸货的特定地点。

第二,船舶已为装卸做好各项准备。如,载有约定的货物装卸设备、船舶状态适合装载约定货物、按要求取得检验合格证书、按要求通过海关、边防、检疫机关和港务机关的检查等。

第三,递交"装卸准备就绪通知书"(Notice of Readiness,NOR)。装卸时间通常自船长或出租人代理人向承租人或其代理人递交"装卸准备就绪通知书"后的一定时间起算(视合同规定为之)。"装卸准备就绪通知书"与承租人装卸义务的履行、滞期和速遣的计算密切相关。

(2)装卸时间的规定方式

有关计算装卸货时间的规定方式,在航次租船实践中通常有固定装卸时间与非固定装卸时间两种。

第一,固定装卸时间。以装卸时间具体为几日,或时间段的装卸定额来作出明确的约定。日数计算的规定包括,"净日"(clear day)、"工作日"(working days)、"日历日"(calendar day)、"晴天工作日"(weather working days-W. W. D.)、"24小时工作日"(working days of 24 hours)、"连续工作日"(running working days)等。装卸定额的规定包括,"每日每舱口"(per hatch per day)、"每日每作业舱口"

---

① 参见《1993 年航次船舶合同装卸时间解释规则》(*Voyage Charter Party Laytime Interpretation Rules* 1993)第 4 项。

(per working hatch per day)、"每日每作业舱口"(per workable hatch per day)等。

第二,非固定装卸时间。合同中并无具体时限,装卸时间视港口装卸习惯和船舶接受能力而定。规定方式如,"按习惯尽快装卸"(customary quick dispatch－CQD),或"以船舶能接货或交货的最快速度"(as fast as the vessel can receive/deliver)。

（六）运费（Freight）

向出租人支付运费,是航次租船合同承租人的基本义务。货物种类、航次远近、停港次数、装卸费用等因素都将影响运费高低。

"Freight is the remuneration payable for the carriage of the cargo … In order to earn freight, the shipowner must, unless otherwise agreed, carry the cargo to the destination provided for in the charterparty and be ready to deliver it there … Under the printed terms of the Gencon charterparty the common law rules as to the earning of freight are modified by the prvision in clause 4 for an advance of cash at the loading port, and they may be modified more extensively, depending upon the way in which Box 13 is completed. "[1]

运费的确定方式,或按载重吨数计算,或按包干运费计算。前者以货物数量为据,如每吨 X 美元或每箱 X 美元。后者以船舶载重吨为据,无关货物数量,采用"运费总付"(lumpsum freight)方式。在包干运费条件下,出租人不得将空余的舱位出租给其他人。

运费支付的时间、方式、使用的外币和汇率等内容由当事人在合同中约定。运费既可以是预付运费,即出租人接管货物或签发提单前收取,规定如"签发提单之时";也可以是到付运费,即在卸货港开始卸载之前收取,规定如"在装卸完毕之时"或"随卸随付运费"等。对预付运费而言,无论船舶与货物灭失与否,一概不予退还。

---

① Julian Cooke, et al,*Voyage Charters* , 2nd Edition, LLP, 2001, pp. 265~266.

(七)滞期费与速遣费(Demurrage/Dispatch Money)

1.滞期费

在合同规定装卸时间内,承租人如未能完成装卸任务,将因此向出租人支付一定数额的款项,即滞期费。由于滞期费通常被认为是一种约定损害赔偿金,一方面,滞期费的获取不以其所受损失为前提,也不以提供附加的或特殊的劳务为条件;另一方面,滞期费的约定数额也不会因高于或低于出租人的实际损失而在支付时有所变化。即使在支付滞期费的情形下,滞期时间仍是有限的。若承租人在滞期期限内仍未完成装卸而需要继续延长的,是为超滞期,应向出租人支付延期损失(damage for detention)。延期损失数额由合同条款约定;在没有约定时,通常按出租人在延期内遭受的实际损失计算。

2.速遣费

如果承租人在合同规定装卸时间届满前完成装卸任务,可从出租人处获得一定的款项,是为速遣费。速遣费的数额决定于船舶速遣时间与合同约定的速遣费率。船舶速遣时间即合同约定装卸时间与实际装卸时间之差,速遣费率通常为滞期费率的一半。由于装货港和卸货港往往独立计算滞期费与速遣费,在实践中承租人多希望将装货港所节省的时间直接用于补偿于卸货港,从而在速遣条款中也出现"装卸时间可以调剂"(laytime shall be reversible)或"装卸时间可以平均计算"(laytime shall be averaged)等灵活处理表达。

(八)提单条款(Bill of Lading Clause)

航次租船合同下的提单条款(bill of lading under Charterparty,B/L under C/P),是承租人在相关条件下要求出租人及其代理人签发提单,并在出租人因提单责任大于租船合同责任而遭受损失的情形下对其进行赔付的相关规定。

1.航次租船合同下的提单持有人

作为租船运输合同的一种,航次租船合同下所签发的提单可能因其持有人的不同而在性质和效果上有所区别,从而并不完全一致于班轮运输下签发的提单状态。

当提单持有人为承租人,在无任何相反意思表示的情形下,即使提单条款与租船合同内容有所不符,出租人与承租人双方的权利义务仍由船舶租用合同的专门调整,提单仅作为承运人收货的确认收据而存在。

当提单持有人为提单受让人的第三人(托运人、收货人、被背书人等),提单将构成独立的合同条款,从而拘束提单签发人(通常为出租人)与提单受让人间的权利与义务。

"… under a charterparty on usual terms in those cases the bill of lading, whilst in the hands of the charterer, is a mere receipt for the goods, the terms of the contract between the shipowners and the charterer being contained exclusively in the charterparty. But so long as the bill of lading is hold by a third party, either as shipper, or as consignee or indorsee, it will normally constitute a separate and distinct contract between the carrier(i. e. , usually the shipowner) and the holder. The terms of this contract may differ from those of the charterparty, and may confer upon the owner less generous rights and impose more onerous obligations and responsibilities than those which arise between owner and charterer under the charterparty, and in such a case the owner may have a right of recourse against the charterer. "[①]

2. 租约并入提单

为使出租人根据提单所承受的对货物运输的权利与义务尽可能与租船合同相一致,也为明确制约着运输双方的是租船合同而非提单,出租人往往要求在提单中订入租船合同的某些条款,即所谓"并入条款"(incorporation clause)。实践中存在形式多样的"并入条款",根据不同的适用需求,其所关联的租船合同范围亦各有宽狭。如,"运费及所有其他条件按租约",仅涵盖运费及相关收货人义务;"所有条件和除外按租约",明确提及除外条款;"所有术语规定和除外按租约",将租船合同术语规定均并入提单;"所有术语、条件、条款和除外按租约",意图最大限度地覆盖租船合同的所有规定。

(九)免责条款(Immunities Clause)

航次租船合同通常都载有免责条款,以避免合同义务过于严苛。出租人可能

---

① Julian Cooke, et al,*Voyage Charters* , 2nd Edition, LLP, 2001, pp. 438～439.

在管船管货疏忽、火灾、战争、罢工、暴动等情形下对货物毁损、灭失、延迟免责。承租人也可能因罢工、风雪或工厂由于机械损坏不能供货等，而对未能及时提供货源等违约行为免责。

在航运实践中，常以纳入首要条款方式，约定合同免责条款应适用《海牙规则》《海牙－维斯比规则》或某一国内法。对出租人（承运人）而言，适用法律的不同往往带来免责依据及范围的变化。如，据中国《海商法》，承运人谨慎处理使船舶适航的责任亦强制适用于航次租船合同的出租方。[①] 但据"金康格式"（1994），出租人在未能谨慎处理使船舶适航而造成货物损坏、灭失或延迟交付的情形下，仍可免责。[②] 因此，在租船合同并入"金康格式"（1994）相应条款时，出租人（承运人）的适航责任低于中国《海商法》、其免责范围扩大。[③]

（十）留置权与责任终止条款（Lien and Cesser Clause）

留置权与责任终止条款包含着两层含义：一指出租人对货物享有留置权，二指承租人由此可免除履行合同的进一步责任。在 CIF 或 CFR 贸易术语条件下，一方面，承租人因对船舶在卸货港的卸货作业无法控制，而试图通过这一条款以排除其在船舶卸货时的相关责任；另一方面，出租人为避免运费、亏舱费、滞期费、共同海损分摊等费用落空，而在这一条款中以获取留置权作为责任终止的前提。不过，即使在合同中订有这一条款，出租人的留置权确立仍然面临着风险，在依据国内法不允许留置货物的某些国家，这一条款的实施将面临困难。

"This clause is in the Gencon form might appropriately be entitled 'Lien and Cesser Clause ' in that it is principally concerned with the extent to which the

---

① 《海商法》第 94 条第 1 款："本法第四十七条和第四十九条的规定，适用于航次租船合同的出租人。"第 47 条："承运人在船舶开航前和开航当时，应当谨慎处理，使船舶处于适航状态，妥善配备船员、装备船舶和配备供应品，并使货舱、冷藏舱、冷气舱和其他载货处所适于并能安全收受、载运和保管货物。"

② 《统一杂货租船合同》（1994）第 2 条："对货物的灭失、损坏或者延迟交付，只有当灭失、损坏或延迟是由于货物积载不当或者疏忽，或者，由于出租人或者其经理人本人未谨慎处理使船舶在各方面适航，保证妥善配备船员，装备船舶和配备供应品，或者由于出租人或者其经理人本人的行为或者不履行职责所致时，出租人才予以负责。"

③ 司玉琢：《海商法专论》，中国人民大学出版社 2010 年版，第 113 页。

charterer's liability ceases upon the creation of a lien on the cargo shipped. ... The premise underlying all such clauses is that the cessation of liability should be coextensive with the ambit of the lien created. It is not enough, however, that a right of lien is theoretically available; the owner's ability to obtain payment is crucial to the cessation of the charterer's liability and the lien must be effective and available in fact to the owner when delivery is demanded. "[1]

【案例裁决/法律文书摘录】

(一)航次租船合同的性质

在同一海上货物运输中,原告同时为航次租船合同关系中的航次租船人和海上货物运输合同中的托运人,并将航次出租人和海上货物运输承运人两个相对合同方在本案中同时提起诉讼,要求二被告依据不同的合同关系承担连带责任。在原告最终选择航次租船合同关系诉讼后,该诉讼请求能否得到支持?

"新兴铸管股份有限公司诉中国环洋国际运输有限公司、东桥海运公司航次租船合同纠纷案"[2]

原　告:新兴铸管股份有限公司。

被　告:中国环洋国际运输有限公司(原名新泰船务有限公司)。

被　告:东桥海运公司(Eastern Bridge MC)。

据原告提供的证据,结合庭审中原告的陈述,可以认定以下事实:

原告新兴铸管(甲方)就售予西班牙 OHL 公司(OBRASCON HUARTE LAIN,S. A.)的球墨铸铁管、管件和配件货物的海上运输,于 2007 年 2 月 28 日与新泰船务(乙方)签订了《海上运输合同》。合同约定了承运船舶为"MV MAKRA";装货港为青岛;卸货港西班牙萨贡托(SAGUNTO);受载期为 2007 年 3 月 1 日至 5 日;海运费率为 FIO 条款 55.0USD/CBM。合同第 10 条约定"乙方预计承运船舶在装货完毕后 60 天内到达卸货港。如在规定时间内船舶未能到达

---

① 　Julian Cooke, et al. : *Voyage Charters* , 2nd Edition, LLP, 2001, p. 407.

② 　摘自青岛海事法院(2008)青海法海商初字第 165 号民事判决书。

卸货港,则按每晚到一周罚款 12000.00USD 进行赔偿,但由于不可抗力导致的延误除外"。

2007 年 3 月 5 日,货物装上承运船舶"MV MAKRA",青岛新泰国际船舶代理有限公司代表承运人被告东桥海运签发了已装船清洁提单。提单载明:托运人为新兴铸管,收货人凭指示,通知方为西班牙 OHL 公司,装货港为中国青岛,卸货港为西班牙萨贡托,运费预付。

据原告新兴铸管称,该航次的海运费其已按运输合同的约定支付给新泰船务,并提交了由青岛新泰国际船舶代理有限公司于 2007 年 3 月 12 日开具的数额为 559201.50USD 的海运费发票。

2007 年 5 月 17 日,承运船舶"MV MAKRA"抵达西班牙萨贡托港,该轮船长递交了卸货准备就绪通知书。西班牙 OHL 公司通过银行付款取得提单并提取了货物。

本院认为:本案系因履行航次租船合同产生的争议,是涉外海上运输合同纠纷。

根据《海商法》第 92 条的规定,原告新兴铸管与被告环洋运输之间的《海上运输合同》属于航次租船合同,系双方的真实意思表示,依法成立并有效。合同第 10 条"乙方预计承运船舶在装货完毕后 60 天内到达卸货港。如在规定时间内船舶未能到达卸货港,则按每晚到一周罚款 12000.00USD 进行赔偿,但由于不可抗力导致的延误除外"的规定,构成了双方对于一方违约时应当支付违约金的明确约定。在本案中,承运船舶于 2007 年 3 月 5 日装货完毕,约定的 60 天应为 5 月 3 日到达卸货港,但实际上于 5 月 17 日才抵港准备好卸货,迟延了 14 天即两周时间。据此,违约金应为 24000 美元。对此,被告环洋运输依约应予支付。利息损失亦应予赔偿,但因双方对于违约金的支付时间没有约定,可自原告起诉之日即 2008 年 6 月 26 日起算。

原告新兴铸管主张被告东桥海运承担连带责任没有事实和法律依据。东桥海运和新兴铸管系提单关系的承运人和托运人,双方并不存在关于货物交付事宜的其他约定。新兴铸管取得提单后经银行议付转让了该提单,不再享有对承运人的提单项下请求权。

综上所述,本院认为,原告新兴铸管依航次租船合同对被告环洋运输的诉讼请求,事实清楚,理由得当,应予支持;但基于提单关系要求被告东桥海运承担连带责任不能成立,本院不予支持。

(二)装卸时间的起算:船舶到达港口的认定

在关于船舶到达指定地点的条款中,有的仅指定到达的港口,即"港口租约";有的则指定了到达泊位,即"泊位租约"。在"港口租约"的情形下,未能指定泊位的船舶应停靠至宽泛港口范围何处才能算做"到达港口"? 当船舶停靠在港口外的但由港口管理当局要求的锚地或泊区,是否可视为"到达港口"?

E. L OldendorffQ' Co. GmbH v. Tradax Export SA (The Johanna Oldendorff)

[1974]AC 479 (HL)[①]

LORD REID: My lords, by a voyage charterparty of December 1, 1967, the appellants undertook that their ship The Johanna Oldendorff should load a bulk grain cargo in the United States and "therewith proceed to London or Avonmouth or Glasgow or Belfast or Liverpool/Birkenead (counting as one port) or Hull". The charterer, the respondents duly gave instructions to proceed "to the port of Liverpool/Birkenhead to discharge". The charterers were informed that the vessel was due at Mersey Bar anchorage at 17:00 hours on January 2, 1968, but no berth was nominated by them. When she arrived she anchored there. The next day she proceeded to Prince's Pier landing stage, Liverpool, and cleared with the customs. She was then ordered by the port authority to leave and proceed to anchor at the bar light vessel. She did so arriving at that anchorage at 14:40.

Meanwhile the owners gave to the charterers notice of readiness. This was received at 14:30 on January 3. The vessel lay at anchor at the bar from January 3 to 20 ready, so far as she was concerned, to discharge.

---

① [1974] A. C. 479, House of Lords, 1973-07-18.

The question at issue is who is liable to pay for the delay. The owners claimed demurrage and the matter was submitted to arbitration in accordance with the charterparty. ...

The argument, before your Lordships tuned on the time when the vessel became an arrived ship. The main contention for the owners is that she became an arrived ship when she anchored at the bar anchorage because that is within the port of Liverpool, it is the usual place where vessels lie awaiting a berth, and it was the place to which she had been ordered to go by the port authority. The reply of the charterers is that anchorage is at least 17 miles from the dock area, or commercial area of the port, that arrival at that anchorage is not arrival at the port of Liverpool/Birkenhead and that the ship did not arrive until she proceeded to her unloading berth in the Birkenhead docks.

If a berth is not available when a ship reaches her destination the ship must wait. Waiting costs money and for a very long riffle the question who is to pay has been a prolific source of litigation. The risk is foreseeable and no doubt in an ideal world the parties to every contract would settle the matter when they contracted. But experience shows that business is no done in that way. Parties are inclined to adopt well—tried forms leaving it to the court to determine their meanings. There appear to be three common forms of voyage charterparty where the destination is said to be a port or a dock or a berth. To say when a vessel arrives at a dock or a berth may be easy, but it is not easy when the destination is a port.

There are a number of passages in the judgment of Kennedy L. J. which must be considered [in Leonis Steamship Co. Ltd. v Rank Ltd. (1908) 1 K. B. 499, 517]... he says that her destination is that point which the parties have chosen to designate as the destination, and says that in practice this is generally a port or dock with a berth. Then, having said that the limits of a port may be very wide, he continued, at p. 519:

In the case of a port, and nothing more, being designated in a charter party as the point of destination our courts have acted in accordance with those dictates of reason and practical expediency which ought to be paramount especially in the region of mercantile business. Just as a port may have one set of limits, if viewed geographically, and another for fiscal or for pilotage purposes, so when it is named in a commercial document, and for commercial purposes, the term is to be construed in a commercial sense in relation to the objects of the particular transaction. ...

This appears to me to make it perfectly clear that Kennedy L. J. meant that the commercial area includes the area within the port at which waiting vessels lie. It is true that in Leonis that area was close to the loading berth and it may be that in 1907 it was unusual for the waiting area to be at any great distance from the loading berths; ships were smaller, congestion may not have been so great and communication between ship and shore was not so rapid. So there was no reason for Kennedy L. J. to have prominently in mind a case where the waiting area was distant from the loading berth. But he was not basing his judgment on distance. He was basing it on commercial good sense and I find it quite incredible that if he had been faced with a case where, although the waiting area was distant, that had no commercial significance and the ship was as fully at the disposal of the charterer as if she had been within a few hundred yards, he would have decided the case the other way.

On the whole matter I think that it ought to be made clear that the essential factor is that before a ship can be treated as an arrived ship she must be within the port and at the immediate and effective disposition of the charterer and that her geographical position is of secondary importance. But for practical purposes it is so much easier to establish that, if the ship is at a usual waiting place within the port, it can generally be presumed that she is there fully at the charterer's disposal.

I would therefore state what I would hope to be the true legal position in this way. Before a ship can be said to have arrived at a port she must，if she cannot proceed immediately to a berth，have reached a position within the port where she is at the immediate and effective disposition of the charterer. If she is at a place where waiting ships usually lie，she will be in such a position unless in some extraordinary circumstances proof of which would lie in the charterer.

【延伸阅读】

1. 杨良宜:《装卸时间与滞期费》,大连海事大学出版社 2006 年版。

2. Julian Cooke，Tim Young，Michael Ashcroft，Andrew Taylor，John Kimball，David Martowski，LeRoy Lambert，Michael Sturley：*Voyage Charters* (4th *Edition*)，Informa Law from Routledge,2014.

3. John Schofield：*Laytime and Demurrage*（6th *Edition*），Informa Law from Routledge,2011.

4. 翁子明:《论航次租船合同当事人的法定义务》,载《中国海商法年刊》1997 年。

5. 姚洪秀:《对我国〈海商法〉中有关航次租船合同的某些问题探讨》,载《中国海商法年刊》2003 年。

6. 高月芬、徐文君:《航次租船合同下与提单有关的滞期费纠纷》,载《海洋科学》2005 年第 3 期。

7. 郑蕾、钱舒鸿:《实际承运人制度在航次租船合同中的适用》,载《中国海商法研究》2013 年第 1 期。

第三节　定期租船合同

【知识背景】

一、定期租船合同的概念和特征

定期租船合同（Time Charter，Time Charterparty），又称期租合同，是指"船舶出租人向承租人提供约定的由出租人配备船员的船舶，由承租人在约定期限内按照约定用途使用，并支付租金的合同"[①]。

"As the word implies they are agreements to hire a vessel for a period of time. Under the provisions of the time charterparty the shipowner agrees that the ship named in the document，including her Master and crew，shall be placed at the time. "[②]

据此，定期租船合同体现出以下几个方面的特征：

第一，定期租船合同的当事人是出租人和承租人。出租人通常是船舶所有人，也可能是光船租船或定期租船的承租人；承租人是租用船舶的人，他可以是货主，但更多情况下是通过租用他人船舶来经营海上运输业务的承运方。

第二，出租人享有船舶所有权和（或）管理权。一方面，出租人配备船长和船员，负责船舶航行和内部管理事务，并负担包括船员工资、伙食、船舶的维修保养、物料和供应品的准备及相关费用；另一方面，出租人按租船合同要求提供整船出租而非部分舱位。

---

① 见《海商法》第 129 条。

② Christopher Hill，*Maritime Law*，5th edition，LLP Reference Publishing，1998，p. 179.

第三,承租人享有船舶使用权。承租人按合同约定用途使用船舶,负责船舶的营运调度,并负担如燃油费、港口使用费、货物装卸费等相应的费用。

第四,按约定的船舶租用时间和租金率计算租金。在定期租船合同下,租金视承租人租用船舶的时间长短与船舶状况来确定。

二、定期租船合同与航次租船合同的区别

正如本章第一节所指,定期租船合同和航次租船合同在我国《海商法》体例中分属于不同两处。被纳入"海上运输合同"的航次租船合同与被纳入"船舶租用合同"的定期租船合同,二者间确有显著的区别:

(一)关于租用船舶的计算方式

航次租船合同以租用一个或数个航次来计算,其费用计算按租用的舱位、包干费、装卸吨位和船舶载重吨计算,对货物的装卸时间也有要求;而定期租船合同以租用一个固定期来计算,如一年、半年或两年,其费用计算以租用船舶的时间支付。

(二)关于船舶营运管理权

在航次租船合同中,出租人必须负责船舶的管理和营运;在定期租船合同中,出租人只配备适航的船舶并任命船长船员,而船舶的调度和指挥归于承租人,承租人有权在约定范围内将租用的船舶按自己的意图投入营运。

(三)关于费用承担主体

航次租船合同中,无论是营运成本还是船舶航程使用维持费用,均由出租人承担;在定期租船合同中,正如"特征"中所述,出租人仍支付如船员工资、船舶保险费、船舶维修和保养费等营运成本,而装卸费、燃油费、港口费等航程使用费则由承租人承担。

(四)关于承租人租用船舶的目的

在航次租船合同中,承租人通常为货主或托运人,以租用船舶运输特定货物;而在定期租船合同中,承租人既可能作为货主以所租船舶运输自己的货物,也可能利用所租船舶从事运输或转租以经营谋利。

"... the time charter is like a voyage charter in that, in both arrangements, the shipowner continues to have control of the ship and, hence, the responsibility to manage and navigate it, while the charterer has the right to direct its employment. Therefore, most of the standard provisions of voyage charterparties find counterparts in time charterparties. The differences in their terms are mostly from the need for additional clauses in time charters to regulate the charterer's greater powers to determine the cargoes to be loaded, the ports to be visited, and the voyages to be made within the period specified in the charter."①

可以看到,定期租船合同处理的是承租人与出租人之间关于在约定期限内使用船舶和支付约定租金的关系,而并不直接对应于货物运输中承运人和托运人之间的权利义务,具有明显的财产租赁性质。因而,在大多数情况下,期租船都以运输特定货物为目的,其合同涉及货物运输关系;在少数情况下,期租船仅以财产使用为主要目的,如作为水上仓库,其合同即为财产租赁合同。由此,定期租船合同既有运输合同的特征,又有租赁合同的特征,可被视为财产租赁和货物运输的混合合同。

三、定期租船合同格式

同航次租船合同一样,为提高订约效率,主要航运公司也制订了不同定期租船合同格式范本,以供承租方选用。目前国际航运界和我国常用的定期租船合同的格式有:

合同名称	发布及修订日期	合同代码	发布方	利益倾向
纽约土产交易所定期租船合同（New York Produce Exchange T/C）	1913（amended 1921, 1931, 1946, 1993）	NYPE 93	ASBA	权利义务设置较为合理,对合同双方利益无明显偏向

---

① Edgar Gold, Aldo Chircop, Hugh Kindred, *Maritime Law*, Irwin Law Inc., 2003, p. 399.

续表

合同名称	发布及修订日期	合同代码	发布方	利益倾向
统一定期租船合同（Uniform Time Charter）	1939（amended 1974,revised 2001）	BALTIME	BIMCO	较偏向于出租方
中国定期租船合同标准格式（China National Chartering Corporation Time Charter Party）	1980	SINOTIME 1980	中国租船有限公司	较偏向于承租方
集装箱船舶统一定期租船合同（Uniform Time Charter for Container Vessels）	1990（revised 2004）	BOXTIME	BIMCO	
油轮定期租船合同（Tanker Time Charter）	2001	BPTIME	BP Shipping Limited	

四、定期租船合同的主要内容

我国《海商法》第 130 条规定："定期租船合同的内容，主要包括出租人和承租人的名称、船名、船籍、船级、吨位、容积、船速、燃料消耗、航区、用途、租船时间、交船和还船的时间以及条件、租金及其支付，以及其他有关事项。"结合 1993 年纽约土产格式（NYPE 93），定期船舶合同的条款主要包含以下内容：

（一）船舶说明（Description of Vessel）

出租人必须保证所提供的船舶情况真实可靠，否则，承租人可以根据出租人所误述的事项对合同影响严重与否来决定是否可以取消合同。出于对承租人利益的维护，定期租船合同中的船舶说明条款相较于航次租船合同更为重要。

1.船名、船籍、船龄、船舶尺寸及其他作业设备

船舶的名称、国籍和船龄关系到船舶的信誉和性能，船舶的尺寸（船长、船高、船宽等）关系到船舶的大小、承载能力和可以通过的航道。上述内容不能随意变更。若需变更船名，应用同型号的船更换，更换后的船舶应适合于约定的用途；若

需变更船籍,则在变更后严重影响船舶的安全或贸易机会时,如使船舶卷入战争或被征用等,承租人可以解除合同,并要求出租人赔偿损失。而为确保船舶适于特定货物的运输,其他如货物的作业设备、吊机的外展程度、货船的机构强度等等基本情况也应在说明之列。

2.船舶载重量

载重量意在体现船舶在营运中的载重能力。对承租人而言,若租用船舶无法装载承租人计划中的所有货物,他将失去预计的市场,或只能支付额外的运输及仓储费以安排代替运力。因而,出租人必须尽可能准确地申报这些细节。关于船舶货物的运载能力的不正确信息可能导致扣除租金,差别较大时承租人甚至有权取消合同并索赔损失。

在船舶的总载重吨中,通常包含一定比例的燃料、淡水和补给品。若这一比例过高,承租人所能享受到的船舶载重能力的权利势必会遭受影响。对此,1993 年纽约土产格式(NYPE 93)将载重量定义为船舶运载货物与燃料包括不超过一定数量的淡水和备用品的能力,但对淡水和备用品的数量没有明确的限定,而留给当事人协商。

3.船舶适航

由于强制性规范的欠缺,定期船舶合同的适航要求通常只能遵从于习惯法,并随航线、航区、货物和季节的不同而有所变化。参照 NYPE 93 第 2 条及第 6 条中关于出租人须提供适航船舶的规定,除去除"航次"措辞之外,其适航概念与提单公约规定的适航概念并无本质的不同。在定期租船合同下,适航状态并不要求贯穿于租期始终。只要出租人保证所交船舶可供承租人立即开始营运,船舶无须在租期内随时随地处于适航状态,也无须在每一航次开航前都做到适航。

4.船速和燃油消耗

船速和燃油消耗条款是判断所租用船舶经营潜力的重要内容。一方面,定期租船合同按租用时间计算并支付租金;另一方面,包括燃油在内的营运费用均由承租人负担。因此,船舶航行速度与燃油消耗直接关系承租人的租船成本与船舶使用的经济效益。

在定期租船合同中,船速与燃油消耗规定通常与天气条件、装载吃水状况及燃油型号等因素密切相关。如 NYPE 93 第 18 条、第 19 条载明:"在风力不超过并包括蒲氏(Beaufort)……级的良好天气条件下,船舶满载时,每小时能航行约……海里,消耗约……长吨/公吨。"当事人应当在合同中明确约定船舶的航速和燃料消耗量条款:若实际船速低于合同约定而造成时间损失,承租人可向出租人提出船速索赔;若实际船舶燃油消耗量高于合同约定而造成额外支出,承租人也可就多消耗燃油的损失要求出租人赔偿。

(二)货物说明(Cargo)

与明确特定船舶、特定货物的航次租船合同不同,定期租船合同通常只笼统地约定在租期内允许装船的货物种类。为了对承租人所获得的船舶使用和营运自由有所限制,定期租船合同要求租用船舶所运送的货物必须是"合法"的。所谓"合法货物"(Lawful Merchandise),可作三层次的理解:(1)"合法"的范围包括装货港、卸货港、船舶中途挂靠港口所在地法律、船旗国法律以及合同适用的其他法律;(2)排除"危险货物",除有合同约定并符合相关国家主管当局的运输要求及建议的情形外,禁止运送危险的、有害的、易燃的或腐蚀性的货物;(3)排除"除外货物"(Excluded Cargo),即使合法且不"危险",任何特定或约定的除外货物仍在禁止运输之列,如按照 NYPE 93,活牲畜、武器、弹药、爆炸物、核材料、放射性材料均属特定除外货物。船长有权拒绝装运承租人指示的非法的、危险的或除外货物,或在该类货物已经装船时将其卸船,并要求承租人承担由此而生的费用和风险。正如我国《海商法》第 135 条的规定:"承租人应当保证船舶用于运输约定的合法的货物。承租人将船舶用于运输活物或者危险货物的,应当事先征得出租人的同意。承租人违反本条第一款或者第二款的规定致使出租人遭受损失的,应当负赔偿责任。"

(三)航区(Trading Limits)与安全港(Safe Ports)

航区与安全港条款是对承租人使用和营运所租船舶自由的又一重要限制。定期租船合同明确要求,承租人可以指示船舶前往的地区应被限定于一定的范围之内,同时承租人须保证其指示船舶前往的港口、泊位、码头或其他地点是安全的。

航区是承租人调度运用船舶的地理界限。设定航区条款的因由大致有三:其一,某些船舶的自身设计便存在航行区域的限制;其二,世界各海域的自然状况不同,其允许航行的船舶规格和技术条件各有要求;其三,海域可能存在特殊政治状态,或是战争多发区,或与船旗国没有航海贸易关系,或与船旗国处于敌对状态的国家或地区等等。航区条款的范围大小将视航程实况与运营需要由当事人协商。

安全港为船舶能安全地进入、停靠、驶离的港口,在无异常事件(abnormal occurrence)发生的情形下,船舶不会在此期间遭遇运用了良好的航海技术和船艺仍不能避免的危险所带来的损害。一个安全的港口或泊位,首先应在地理上为安全,即港口的航道规模、助航措施、系泊设备等均能保证船舶在任何潮汐的起浮与安全地进港口、停港与离港;其次应在政治上为安全,即船舶不会遭遇战争、敌对行为、恐怖活动、捕获、充公等风险。安全港口应自船舶开往这一港口至船舶到达时,都仍应是安全的。若港口的安全情势在承租人指定后发生变化,可由船长作出暂时障碍的判断,或由承租人重新指定安全港。

承租人应当按照合同的约定,在所列明航区内的安全港口间航行。如果承租人的指示超出航区限制或指向不安全港口,船长有权拒绝装运并由承租人承担相应的责任。我国《海商法》第134条规定,承租人应当保证船舶在约定航区内的安全港口或者地点之间从事约定的海上运输;"承租人违反前款规定的,出租人有权解除合同,并有权要求赔偿因此而遭受的损失"。

(四)租期(Period of Hire)

租期即为承租人租用船舶的期限。租期长短关系到租金和双方当事人权利义务的起讫。出租人须不迟于某一特定日期将船舶交付承租人,而承租人须在租期届满时还船。在实践中,由于所租用船舶的最后航次结束之日与合同租期届满之日很难吻合,期租合同往往都定有一个伸缩期限,即宽限期(Grace Period)。宽限期可以是明示的,由当事人在租船合同中协商订立准确的宽限时间;也可以是默示的,即在合同未能涉及这一问题时,由法院确定合理的宽限期。在租船合同未明确排除宽限期的情形下,承租人安排的最后航程即使超出预计租期,但只要尚处明示或默示的宽限期内,承租人还船仍不能被视为违反合同义务。

(五)交船与还船(Delivery and Redelivery of Vessel)

笼统而言,定期租船合同的履行以交船开始,以还船结束。交船,是出租人在某一特定日期前把船舶和船员交给承租人使用和支配的行为;还船,是承租人在船期结束时按照约定的时间、地点和条件将船舶交还出租人的行为。

1.交还船时间

第一,交船时间与解除租约。

交船时间是出租人交付船舶从而承租人能够使用船舶的具体时间。这一时间既是合同约定租期的起算时间(起租时间),也是租金开始计算的时间。交船时间通常表述为一段期间,即所谓的受载期。如果船舶在受载期开始前到达,承租人没有义务在此时接船;如果船舶在受载期的最后一天仍未到达,承租人有权解除租船合同。据我国《海商法》第131条规定,"出租人应当按照合同约定的时间交付船舶","出租人违反前款规定的,承租人有权解除合同";"因出租人过失延误提供船舶致使承租人遭受损失的,出租人应当负赔偿责任"。但该条同时规定,出租人可"将船舶延误情况和船舶预期抵达交船港的日期通知承租人"以进行"质询"(inter-pellation);若承租人在接到通知时起的48小时内,未能将解除合同或继续租用船舶的决定通知出租人,将被视为放弃解除合同的权利。

第二,还船时间与最终航次。

原则上,承租人应当在约定的还船日期或期间还船。在实践中,承租人既可能在租期未满时提前还船,也可能在租期届满后延期还船,这与船舶的最终航次(last voyage)密切相关。诚如"租期"条款所述,船舶最终航次的结束之日很难在定约当时就准确预计从而与船舶租期完全吻合,但承租人是否已经合理安排其最终航次,将使延期还船面临不同的状态。

如果承租人在指示船舶最终航次时,合理地预期该航次能在租期届满前结束,出租人有义务服从指示、履行该航次。若由非任何一方的原因导致还船超期的,承租人应按照合同约定的费率或更高的市场费率支付超期内的租金。①

如果承租人在指示船舶最终航次时,不能合理地预期最终航次在租期届满前

---

① 《海商法》第143条:"经合理计算,完成最后航次的日期约为合同约定的还船日期,但可能超过合同约定的还船日期的,承租人有权超期用船以完成该航次。超期期间,承租人应当按照合同约定的租金率支付租金;市场的租金率高于合同约定的租金率的,承租人应当按照市场租金率支付租金。"

结束,出租人或船长有权拒绝接受承租人指示,并要求承租人另行指示合法的最终航次。如承租人未能另行指示,出租人有权解除合同,并就合同提前终止期间的租金损失向承租人索赔。

2.交还船地点

交还船地点由当事双方在合同中约定,或为某一具体港口或泊位,或为两个或多个港口范围,或为一个区域。

当合同约定的交还船地点为两个及以上港口或区域范围时,通常由出租人选择具体的交船地点,由承租人在租期届满前决定最后还船地点。具体交还船地点选定后,应在约定的时间内或者无约定时在合理的时间内,将选定的具体还船地点通知对方。

当合同约定的交还船地点为某一港口时,通常尚载有下述交还船条款以作进一步的明确,如:"船舶到达一个安全港引航站交还船",指到达引航站的特定地点交还船;"船舶在一个安全港引航员上船时交还船",意即当引航员登船时的到达地点处交还船;"船舶在一个安全港引航员下船时交还船",指于船舶从港口向外航行时的引航员下船地点完成交还船。[①]

3.交还船状态

船舶交给承租人时应当适航以及与合同要求一致。

出租人将船舶交至承租人时,船舶适应当适航并符合合同的约定。这一适格状态应至少在两个方面体现出来:其一,船舶装卸准备就绪。要求船舶货舱清洁、装卸工具良好、应处于随时随地可进行装卸作业的状态。其二,船舶达到适航状态。一方面,要求船舶办结一切进口报关、检疫手续,取得必备的证书条件;另一方面,要求船员配备齐全、船舶所存淡水和油料符合合同的约定,保证交付时谨慎适航。对船上所余的燃料和淡水,通常由承租人按所在港口的市场价格,或按合同约定的燃料和淡水价值购买。

承租人将船舶交还出租人时,船舶应处于与交船时同样良好的状态。依据我国《海商法》第 142 条的规定,除自然磨损外,"船舶未能保持与交船时相同的良好

---

① 　苏同江主编:《租船运输实务与法律》,大连海事大学出版社 2010 年版,第 206 页。

状态的,承租人应当负责修复或者给予赔偿"。不过,即使船舶尚未修复,承租人仍可在租期结束时将受损船舶有效交还出租人,从而终止租金支付义务。出租人不能拒绝接受受损的船舶,但可以要求承租人承担损坏赔偿责任,就船舶维修费用以及包括时间损失在内的其他营运损失向其索赔。

为避免或减少交还船过程中的分歧和纠纷,合同通常约定,应由出租人和承租人各自或共同指定船舶检验师,在交船时进行起租检验,在还船时进行退租检验,从而确定船舶交出和归还时的真实状态、测算船舶所剩燃油和淡水存量等,并出具相关检验报告。通常,起租检验的时间损失由承租人承担,而退租检验的时间损失由出租人承担。

（六）租金义务与撤船权利（Obligation to Pay Hire and Right of Withdrawal of Vessel）

租金,是承租人在租期内按合同约定的租金率向出租人支付的使用船舶的费用。依合同约定的金额、货币、时间、地点和方式支付租金是承租人的主要义务,获取租金则是出租人出租船舶的基本目的。

就计算方式而言,租金或按每月每一船舶载重吨若干金额计收,或按每天固定的日租金率计收,纽约土产格式等标准合同多同时规定两者以供当事人选择。就支付方式而言,租金往往要求以"现金"（in cash）支付。但此处所指"现金"并不仅限于包括日常所言的现钞,其他如支票、汇票、银行支付单等也同样属于"现金"支付的范畴。就支付时间而言,期租合同通常为租金预付,约定每隔半月预收一次。在租赁期间内,除船方自己的原因以外,不论租方是否实际上使用船舶,租金都应按期预付。即使船舶在航行中,因气候恶劣暂时驶向安全港口避难或者进入浅滩港口只能等候,这一期间的租金也同样存在。就租金扣减而言,在合同已有约定的情形下,对于在支付到期日之前发生船舶停租而为出租人垫付的款项,承租人可以从租金中扣减。

为保证租金支付义务的履行,在承租人到期不支付或未适当支付租金的情形下,出租人得到终止合同的权利,即撤船。我国《海商法》第140条规定:"承运人未按照合同约定支付租金的,出租人有权解除合同,并有权要求赔偿因此遭受的损失。"据此,出租人即使因撤船而解除合同,仍可向承租人追偿拖欠的租金。不过,出租人的撤船权利可能在以下几种情形下被视为放弃:(1)出租人未能在合理时间内发出撤船通知(notice of withdrawal);(2)出租人已接受延迟支付的租金;(3)出租人对承租人延迟支付租金或擅自扣减租金未及时表示反对。

值得注意的是,由于当前的款项支付多通过银行办理,若付款到期日适逢为星期日或其他非银行工作日,承租人的支付有必要提前实施。而在实践中,由于银行业务操作带来的意外延迟,即使承租人已经留出相应的提前时间,出租人仍可能无法如期收取租金。在此情形下,被称为"反技术性条款"(anti-technicality clause)的内容被普遍引入定期租船合同,要求出租人在撤船前应书面通知承租人并予其若干工作日的弥补时间,如果此期间内承租人仍未及时支付租金,出租人方可撤船。

（七）出租人和承租人负责提供的项目（Owners to Provide and Charterers to Provide）

在定期船舶合同中,有关船舶的航行管理由出租人配备的船长和船员负责;而有关营运业务如航线、装卸港口、装货日期等内容的确定由承租人负责。这种业务分工决定了承租人和出租人各自应提供的项目和分担的费用。

出租人提供项目以支付满额船员工资和提供适航船舶所需要为原则,主要包括:船长及船员的工资、伙食费、给养,船长及船员的港口服务费用,船舱、甲板、机房等所需的备用品,船用物料费、装卸货用的工具,船舶保险费、修理费以及其他与船舶保养与船级保留有关的各种费用。

承租人提供项目为船舶投入营运所需及其他特别费用,主要包括:船舶燃油费、货物装卸安排及费用、垫舱物料费、锅炉用淡水、港口使用费、拖轮费、与承租人业务相关的代理费、交通费、佣金、照明费、领事费、税金等。对船员在工作时间之外由承租人指示进行的加班费,一般先由出租人支付船员,然后再由承租人偿还出租人。

（八）停租（Off-hire）

为保护承租人在租期内正常使用船舶的合法权益,定期租船合同一般都订明,在履行合同过程中,非承租人自身原因而使承租人不能正常使用船舶时,承租人有权停止支付租金,即停租。我国《海商法》中没有关于停租条款的专门规定,只是在其第 133 条第 2 款中规定:"船舶不符合约定的适航状态或者其他状态而不能正常营运连续 24 小时的,对由此而损失的营运时间,承租人不付租金,但是上述状态是出于承租人造成的除外。"定期租船合同中一般都订有停租条款,列明船舶不能投入营运从而予承租人以停租权的各约定事由,主要涉及:

(1)船长、船员或物品物料缺乏,包括船员人数配备不足,或船员配备人数足额但因罢工、疾病、检疫及酗酒过度等而无法正常工作,或按合同应由出租人准备的燃料、润滑油、淡水或垫舱、隔舱物料等未能备足。

(2)船体、船机或设备的故障或损害。船舶出现故障或发生海损事故,因进坞修理而停船或不能进行其他作业造成时间损失,承租人可就船舶滞泊要求停租。

(3)船舶或货物遭遇海损事故。因搁浅、触礁等海损事故令船舶正常营运受阻,不论船舶或货物是否受到损害,承租人均可就船舶延误时间停租。

(4)船舶进干坞以履行保养船舶的义务。为维持船舶的有效状态,在装卸货物完毕以后船舶就地进坞清理和油漆船底。有合同规定船舶进坞修整或清洗锅炉等不超过 24 小时不得停租,也有合同规定船舶一旦进坞修理就停止租金。

(5)船舶非因承租人或其受雇人、代理人等的责任被扣押。由于战争、敌对行为或船员走私及其他不法行为等引起的船舶扣押导致船舶延误。

(6)绕航或返航。船长、船员拒绝承租人的指示或命令,违背租船合同约定,为个人利益绕航或返航。

需要注意的是:第一,停租不等于停止支付本应由承租人负担的港口使用费等费用。第二,在停租事项虽已发生但未影响船舶的使用时,承租人不能停租。例如船上的起重设备在海上航行时发生故障不能使用,却并不影响船舶航行,因而不能成立为航行过程中的停租理由。第三,停租或起航时,都必须编制停租或起航证书。证书应载明时间、地点、燃料存量、锅炉用水存量,以作为承租人和出租人之间进行结算的依据。

(九)转租(Sublet)

转租是指承租人根据合同的规定或者出租人的同意,在租期内将船舶再租给第三者的行为。定期租船合同一般都订有转租条款,如 NYPE 93 格式第 18 条规定:"除非另有协议,承租人可以在该租船合同规定的租期内将船舶的部分或全部进行转租,但承租人始终负有履行该租船合同的责任。"

就转租的条件而言,若定期租船合同订有转租条款,承租人可依照该条款实施转租;若租船合同不包含转租条款,承租人的转租权利不受影响,然正如我国《海商法》第137条前段所规定的:"承租人可以将租用的船舶转租,但是应当将转租的情况及时通知出租人。"

就转租的效果而言,船舶转租后存在着两个租船合同:一是原租船合同,由出租人与承租人签订;二是转租合同,由原租船合同中的承租人与新的租船人订立。原承租人成了新合同中的出租人(即二船东),新租船人成为新合同中的承租人。在转租情形下,出租人与转租承租人之间并无契约关系,亦如上述《海商法》第137条后续所规定,"租用的船舶转租后,原租船合同约定的权利和义务不受影响"。

就转租合同的履行而言,新租船合同的条款责任如航区限制、货物范围等不能超出原合同条款。如转租合同规定的权利义务与原合同不符,以原租船合同的规定为准。承租人转租违背转租条款及原合同相关要求的,船长可以拒绝执行其指示。

(十)使用与赔偿条款(Employment and Indemnity Clause)

我国《海商法》第136条规定:"承租人有权就船舶的营运向船长发出指示,但是不得违反定期租船合同的约定。"这意味着:其一,出租人所雇佣的船长,应在船舶使用、代理及其他营运相关事项上服从承租人的指示;其二,租期内,承租人应遵照合同的约定使用营运船舶。为对合同中承租人与船长关系作出定位,并对该关系中引发的损害赔偿问题有所安排,定期租船合同中常纳入使用与赔偿条款。

该条款中的"使用",是指租期内承租人对船舶营运的安排,如航线、港口、装卸、货物种类及数量等,有向船长发出指示的自由和权利。在定期租船合同中,船长一方面是出租人的雇佣人,另一方面又以劳务供给的方式随船为承租人服务并遵从其指示。不过,当承租人发出的指示不符合合同的约定,或其指示违反诚信原则及有违法因素时,船长仍有权拒绝。

该条款中的"赔偿",是指出租人及船长由于服从承租人指示,而在船舶使用、代理或其他的安排中产生损害赔偿责任时,若出租人因此需承担高于其按定期租船合同本应承担的损害赔偿限度时,该额外损失应由承租人负责。即使承租人的指示没有违背合同约定或超出合同范围,但只要给船舶或第三人造成损失的,出租人仍可就相应赔偿责任向承租人索赔或追偿。

【案例裁决/法律文书摘录】

(一)船舶转租情形下的租船合同当事人以及原定期租船合同承租人的义务履行)

承租人转租船舶后,其在原定期租船合同中应履行的义务是否也由此转移至转租后的新承租方? 船舶转租后,期租合同中的租金条款及停租条款又应如何实施?

"香港明高船务有限公司诉马绍尔海东船务有限公司定期租船合同纠纷"案①

原告:香港明高船务有限公司(下称明高公司)。

被告:马绍尔海东船务有限公司(下称海东公司)。

基于上述证据认定与当事人陈述,本院确认如下事实:

2003年12月12日,原告明高公司以船东身份、原船东元山公司(朝鲜)以确认人身份与被告海东公司以租船人身份签订"高马山3"(MV"KOMALSAN-3")轮期租合同,合同约定:船东保证在交船之日使船舶处于适航状态;租船人承租本船期限为5年,以本船在舟山港修毕并获得海事部门出具的出港证之日起算。……同年12月16日,原告明高公司及元山公司以船东身份与被告海东公司以租船人身份在原合同基础上,签订补充合同,增补租船人有权另行指派船员上船工作、船东同意将原船舶证书改为方便旗船籍、船东尽快办妥朝鲜海事部门注销原船舶国籍证书、送交租船人办理新的方便旗国籍证书等条款。同年12月底,原告明高公司将船舶交于被告海东公司进行修理。

2004年8月14日,"海望冷8"号("高马山3"号)船在舟山沈家门海事处办理出口岸手续。……在"海望冷8"号船驶离舟山沈家门之前,由柬埔寨国际船舶登记局授权的联合船籍株式会社海事检验员对"海望冷8"号船进行了检验。联合船

---

① 摘自宁波海事法院(2006)甬海法舟商初字第13号民事判决书。

籍株式会社于同年 9 月 5 日出具了检验报告,认为该轮基本船舶各种设施、装备严重不足,机器设备老化损坏,船舶性能不符合 IMO 安全管理规范,不能取得适航证书,必须立即进干坞维修和补充设备,以保持船舶基本适航性能。

2004 年 9 月 15 日,"海望冷 8"号从北太平洋公海入境舟山。……根据舟山海洋渔业公司渔轮厂"海望冷 8"号项目预估清单,该轮在该厂进行了修理级别为"年检"的修理工程,该厂收取的基本费用中显示,"码头费"按 100 天计收,"边检执勤费"按 100 天计收。

2005 年 10 月 25 日,朝鲜乐园船舶公司就涉案船舶租船事宜,向原告明高公司发出解除合同、收回船舶的通知。据原告当庭陈述,朝鲜乐园船舶公司系船东元山公司的对外代理。原告明高公司由于海东公司租用船舶后未向其支付租金,诉至本院,要求被告支付自 2004 年 8 月 14 日起至 2005 年 10 月 13 日止的租金。原告确认,其向被告借款 5 万元,由被告为其垫付方便旗登记手续费 7 万元。被告亦确认,自 2004 年 8 月 14 日至 2005 年 10 月 13 日,涉案船舶确为被告海东公司租用之下。

经审理,本案双方当事人主要对下列问题有争议,本院分析认定如下:

1. 关于租船合同主体

原告认为,明高公司作为转租的出租人将船舶租给被告海东公司,海东公司作为租船人有义务支付租金。被告则认为,根据 2003 年 12 月 12 日、12 月 16 日签订的租船合同及补充合同,出租船舶的主体应当是原告明高公司和原船东朝鲜元山渔业公司,故原告无权单独起诉被告主张租金请求权。本院经审理认为,2003 年 12 月 12 日的租船合同清楚表明,元山公司系以确认人的身份签署合同,合同约定的船东和租船人的权利义务分别归属于原告明高公司和被告海东公司,有关租金条款涉及的船东和租船人亦分别指向原告和被告,故明高公司向海东公司主张租金请求权,并无不当,被告抗辩意见不予采纳。

2. 关于租船合同租金条款的理解和租金的计算

原、被告对租船合同有关租金条款的理解各异。

租船合同对租金作了以下约定:从本船在舟山港取得有效出港证之日起按每日 1200 美元计算,其中租期第一年的全额租金抵充租船人投资投入"高马山 3"轮装配全套船舶冷藏设备、扩大舱容及货舱改造所需全部资金。租期第一年内船东借用船员工资每月 4000 美元,在租期内第二个年度起按每日 150 美元扣回。扣除租船人投入船舶维修和设备添置款等每日 200 美元(分 4 年支付)。船舶开始营运的第一年支付船东款 150 美元。船舶营运的第二年租船人应付船东租金每日 850 美元,第三年起每天支付船东 1000 美元,每月的租金在每月的 15 日之前支付。如租船人遇资金周转困难,允许拖欠的租金在 1 个月内支付。

原告认为,根据该租金条款,双方约定"船舶开始营运的第一年支付船东款每日 150 美元""租金从本船在舟山港取得有效出港证之日起按每日 1200 美元计算",故在营运第一年,被告有义务按照每日 150 美元的标准支付租金,此后在第二年度内,基于原告并未向被告借款 220 万元的前提,被告有义务按照 1200 美元标准支付租金。

······

本院经审理认为,原告有关租金条款的理解,不符合期租合同的原意。第一,"租金从本船在舟山港取得有效出港证之日起按每日 1200 美元计算,其中租期第一年的全额租金抵充租船人投入高马山轮装配全套船舶冷藏设备、扩大舱容及货舱改造所需全部资金",是期租合同租金条款的第一句话,应当认为如果没有其他但书条款,船东无权向承租人收取任何租金。在庭审中,原、被告双方一致确认不管租船人投入资金多少,第一年租金都是用来抵充租船人的投资。因此,有关第一年的租金系全额用于抵充投资款,船东无权收取。第二,"船舶开始营运的第一年支付船东款每日 150 美元",原告认为,该 150 美元系承租人应当支付的第一年租金。但是,此种理解缺少一个合理的基础。因为在第一句话中已经明确第一年全额租金用于抵充租船人的投资款,如果认为租船人还需要另付每日 150 美元租金的话,应当在租金条款中提出,基于什么考虑,租船人仍需付每日 150 美元租金。但从前后行文来看,缺少合理的过渡。此外,该条款中其他涉及租金的地方,都用"租金"两字出现,唯独此处用了"船东款"三个字,应当认为文字上的区别并非疏忽所致,简单地将"支付船东款"解释成"支付租金",并不可行。第三,分析租金条款,撇开中间"船舶开始营运的第一年支付船东款 150 美元"这句,其他几句前后都有内在合理的逻辑。即第一句明确了租金标准每日 1200 美元。第二句明确了船东借用工资金额和第二年按 150 美元每日扣回。第三句明确了船东借用 220 万元按 200 美元每日扣回。第四句则是第二年租金每日 850 美元,第三年起每日 1000 美元。分析"船舶开始营运的第一年支付船东款 150 美元"这句话所在的位置,应该看出它是在明确船东借用工资、第二年度起按每天 150 美元扣回、船东借用的 220 万元按每天 200 美元扣回三个事实之后提出的,那么,"船东款"对应的既可能是"投入船舶维修和设置添置"的借用款项,也可能是"船员工资"的借用款项,联系案件具体事实,对 220 万元的借款来说,按 150 美元每天计,支付一年,并不可能达到 220 万元的借款金额。对船员工资来说,虽然有每月 4000 美元总额在先,按 150 美元每天计,每月金额会达 4500 美元,不相一致,但是,对于还款扣回标准来说,这个金额又有一定的合理性,因为第二年扣回的金额也是按每日 150 美元来计的,实际扣回的船员工资也是每月 4500 美元。因此,原告关于每日 150 美元船东款的意见,本院不予采纳。

3. 关于停租时间的计算

原告认为,被告主张的 8 个月的停租时间证据不够充分,被告要求按照租船合同约定予以抵扣没有依据。被告认为,根据海关和边防的证明,船舶实际修理时间应自 2004 年 11 月 1 日计至 2005 年 7 月 10 日,实际停租时间为 252 天。本院经审理认为,依照租船合同约定,若由于修船期、进干坞或保持本船性能所采取的其他必要措施造成船舶停航或停工的,租船人有权扣除租期,被告提供的海关和边防的证明不能直接证明船舶修理的时间,故被告主张的停租时间 252 天的主张不予采信。根据舟山海洋渔业公司渔轮厂的修理清单,码头费按 100 天计收,在原告没有进一步举证反驳的情况下,停租时间按 100 天计算。即租期自 2004 年 8 月 14 日至 2005 年 10 月 13 日止共 426 天,扣除停租时间 100 天,实际租期为 326 天。

(二)定期租船合同下承租人指定安全港的责任判定

如何理解定期租船合同中有关安全港条款的"异常事件"(abnormal occurrence)?同为对安全港口或安全泊位的要求,定期租船合同下与航次租船合同下承租人的责任认定是否有所区别?

Kodros Shipping Corp. of Monrovia v. Empresa Cubana de Fletes

(The Evia) (No. 2)①

[1983] 1 AC 736 (HL)

The appellants chartered the Evia to the respondents on 12 Novermber 1979 for 18 months, two months more or less in charterers' option, vessel to be employed "between good and safe ports". In March 1980 she was ordered to load a cargo of cement and building materials in Cuba for Basrah in Iraq. She berthed in Basrah on 20 August, but by the time she had completed discharge of the cargo on 22 September the Evia, along with many other ships, was trapped in the Shatt—al—Arab waterway by the outbreak of the Iran—Iraq war.

LORD ROSKILL: My lord, I propose to consider first the question which arises on clause 2. ... I will consider only the eight words "The vessel to be employed ... between ... safe ports ... " The argument for the appellants is simple. The relevant restriction during her employment is to safe ports. Her employment took her to Basrah. Basrah, though safe when nominated, on September 22, 1980, became, and thereafter remained, unsafe. The Evia was trapped. Those eight words applied. The respondents were therefore in breach.

... [T]he first question is whether, apart from authority, these words are to be construed in the manner suggested. In order to consider the scope of the contractual promise which these eight words impose upon a charterer, it must be determined how a charterer would exercise his undoubted right to require the shipowner to perform his contractual obligations to render services with his ship, his master, officers and crew, ... The answer must be that a charterer will exercise that undoubted contractual right by giving the shipowner orders to go to a particular port or place of loading or discharge. It is clearly at that point of time when that order is given that that contractual promise to the charterer regarding the safety of that intended port or place must be fulfilled. But that contractual

---

① [1983] 1 A.C. 736, House of Lords, 1982—07—29.

promise cannot mean that that port or place must be safe when that order is given, for were that so, a charterer could not legitimately give orders to go to an ice—bound port which he and the owner both knew is all human probability would be ice — free by the time that vessel reached it. ... the charterer's contractual promise must, I think, relate to the characteristics of the port or place in question and in my view means that when the order is given that port or place is prospectively safe for the ship to get to, stay at, so far as necessary, and in due course, leave. But if those characteristics are such as to make that port or place prospectively safe in this way, I cannot think that if, in spite of them, some unexpected and abnormal event thereafter suddenly occurs which creates conditions of unsafely where conditions of safety had previously existed and as a result the ship is delayed, damaged or destroyed, that contractual promise extends to making the charterer liable for any resulting loss or damage, physical or financial. So to hold would make the charterer the insurer of such unexpected and abnormal risks which in my view should properly fall upon the ship's insurers under the policies of insurance the effecting of which is the owner's responsibility under clause 3 unless, of course, the owner chooses to be his own insurer in these respects.

...

My Lords, on the view of the which I take, since Basrah was prospectively safe at the time of nomination, and since the unsafety arose after the Evia's arrival and was due to an unexpected and abnormal event, there was at the former time no breach of clause 2 by the respondents, and that is the first ground upon which I would dismiss this appeal.

...

[I]n considering whether there is any residual or remaining obligation after nomination it is necessary to have in mind one fundamental distinction between a time charterer and a voyage charterer. In the farmer case, the time charterer is in complete control of the employment of the ship. It is in his power by appropriate orders timeously   given to change the ship's employment so as to prevent her proceeding to or remaining at a port initially safe which has since it was nominated become unsafe. But a voyage charterer may not have the same power. If there is a single loading or discharging port named in the voyage charterparty then, unless the charterparty specifically otherwise provides, a voyage chaterer may not be able to order that ship elsewhere.

...

In my opinion, while the primary obligation of a time charterer under clause 2 of this charterparty is that which I have already stated, namely, to order the ship to go only to a port which, at the time when the order is given, is prospectively safe for her, there may be circumstances in which, by reason of a port, which was prospectively safe when the order to go to it was given, subsequently becoming unsafe, clause 2, on its true construction, imposes a further and secondary obligation on the charterer.

In this connection two possible situations require to be considered. ...

In the second situation the question whether clause 2, on its true construction, imposes a further and secondary obligation on the time charterer will depend on whether, having regard to the nature and consequences of the new danger in the port which has arisen, it is possible for the ship to avoid such danger by leaving the port. ...

My Lords, on the basis that time charterers were potentially under the further and secondary obligations which I have held that clause 2 may impose on them, it cannot avail the appellants against the respondents since the events giving rise to the unsafety did not occur until after the Evia had entered Basrah, and an order to leave the port and proceed to another port could not have been effective.

【延伸阅读】

1.陈宪民主编:《新编海商法教程》,北京大学出版社2011年版。

2.司玉琢主编:《海商法学案例教程》,知识产权出版社2007年第2版。

3. Terence Coghlin, Andrew W. Baker, Julian Kenny, John D. Kimball, Tom Belknap: *Time Charters* (7ᵗʰ *edition*), Informa Law, UK, 2014.

4.刘兴莉:《定期租船合同下承运人识别问题研究》,载《中山大学学报(社会科学版)》2002年第1期。

5.袁绍春:《定期租船合同法定解除事由评析——兼论〈海商法〉相关条款的修订》,载《中国海商法年刊》2005年。

6.初北平、史强:《英国法下停租条款的作用与解释原则——评定期租船合同下的停租纠纷》,载《世界海运》2011年第9期。

7.鲁杨、郑雷:《对"维多利亚号"租船纠纷案的评析》,载《武大国际法评论》2011年第2期。

8. Law and Sea：Time Charters, http://www.lawandsea.net/CP_Time/1_index_Charterparty_Time.html,下载日期:2014年8月1日。

第四节　光船租赁合同

【知识背景】

一、光船租赁合同的概念

光船租赁合同(Demise Charterparty/Bareboat Charterparty)又称光船租船合同,是指出租人保留船舶的所有权,而将船舶的占有权转移给承租人,由承租人雇佣船长、船员来管理船舶,并支付租金的合同。如,我国《海商法》第144条对光船租船合同的界定为："光船租赁合同,是指船舶出租人向承租人提供不配备船员的船舶,在约定的期间内由承租人占有、使用和营运,并向出租人支付租金的合同。"

"A charter by demise is a lease of the hull and equipment of a ship. The charterer must crew it, provision it and supply it: in short, he or she accepts a bare—boat charter and agrees to run it at his or her risk and expense."[①]

以光船租赁方式利用船舶的动机多样。对船舶所有人而言,或由于不善经营船舶运输,而愿意将自己的船舶以光租的形式租给别人使用;或由于运力的相对过剩及各航运公司间竞争的日益激烈,而将船舶光租给他人,以顺应国际航运市场的变化、回避风险、获取更大的利润。对租船人而言,通过光租方式,其无须花费资金建造和购买船舶,即可利用已有的经营管理队伍和劳动力资源,将自己的国际航运业务开展起来。近年来,租船市场上光船租赁业务的上升趋势,正反映出发达国家的船东与发展中国家的航运企业在这一需求下建立起来的优势互补状态。一方面,发达国家虽有能力购船和造船,但国内船员资源匮乏,导致其船员工资的不断提升,船舶营运成本不断增加;另一方面,发展中国家虽大力发展对外贸易,但买船或造船资金的缺乏,阻碍其远洋船队在短时间内的建立和发展。因此,发达国家的船舶所有人放弃船舶经营,向发展中国家寻求劳动力资源;而发展中国家航运业租用国外船舶,相对轻松和廉价地配备自己的船员,保证本国的国际贸易和海上运输的顺利发展。

二、光船租赁合同的特征

光船租船合同的权利义务履行与性质归属,使其与航次租船合同与定期租船合同明显区别开来:

第一,承租人享有船舶占有权和使用权,并承担一切营运风险与责任。就出租人保留船舶处分权及收取租金的权利而言,其类似于定期租船合同,但不同于航次租船合同。

---

① Edgar Gold, Aldo Chircop, Hugh Kindred, *Maritime Law*, Irwin Law Inc., 2003, p. 380.

第二,承租人直接控制船舶并负责船舶营运,自配船长、船员并负责船长、船员的工资、营运费用以及包括财产保险在内的其他费用;出租人仅提供一艘适航的、未配备船员的"空船"(bare boat)。

第三,出租人(船舶所有人、船东)对托运人无法律责任。承租人作为二船东,对运输合同的义务履行承担责任,其与托运人间的货损、货差等纠纷,与船舶所有人无直接关联。由此,船舶因承租人应当负责的海事请求而被扣押的,只能扣押本船或承租人所有的船舶,而不能扣押船东(出租人)的其他船舶;承租人应当迅速赔偿或提供充分的担保,使之释放;如果出租人被迫提供担保,承租人应当向出租人赔偿损失。

第四,出租人(船舶所有人、船东)对海损赔偿无法律责任。海损事故通常由船长和船员的过失造成,船长和船员又均为承租人所雇佣,因而,由船长、船员工作中的过失行为所造成的海损事故应当由承租人承担,出租人对此无法律责任。

第五,租赁物必须是特定船舶。所谓特定船舶,是指当事人订立租赁合同时所约定的船舶,该船舶既是出租人应该交付的对象,也是承租人在合同期满时所应返还的客体,非经双方约定,不得以替代船舶来履行义务。

"One of the main features of such a charterparty is that the charterer has the right to engage and pay the Master and crew so that they are his, the charterers, employees for the period of the charter. The charterer will also be responsible for victualling and supplying the ship. Thus, the shipowner fades into the background, as it were, and merely collects his hire payments for the period of the charter. It is for these reasons that a demise or bareboat charterer is virtually on a par with the owner of a ship in regard to the scope and range of his exposure to liabilities and thus a demise charterer would more advantageously obtain his liability or P & I insurance in a shipowner's P & I Association despite the fact that he is only a charterer and not the actual owner. By reason of the fact that the charterer is the engager and employer of the Master and crew, the demise charterer is the principal party to the contract of carriage contained in bills of lading covering cargo carried on the chartered ship. "①

由以上方面来看,光船租赁符合财产租赁的特征。与普通的财产租赁一样,光船租赁的目的是承租人获得对租赁船舶的使用权和收益权,而作为对价,出租人有权收取约定的租金。因此,其一,在我国,除《海商法》第六章中的"光船租赁合同"一节外,《合同法》总则及第十三章"租赁合同"部分也同样适用于光船租赁合同。如《合同法》第 214 条对财产租赁的最大期限的限制性规定,也同样适用于光船租赁。即,光船租赁合同期限不得超过 20 年;租赁期限届满,当事人可以续订租赁合同,但租赁期限从续订之日起亦不得超过 20 年。其二,正因为承租人所获取的租赁权有类似于用益物权的特征,其也受到相应的法律规定的倾斜与保护。如,除《合同法》第 229 条关于"买卖不破租赁"原则的规定外,《海商法》还在其第 151 条中规定:"未经承租人事先书面同意,出租人不得在光船租赁期间对船舶设定抵押权。出租人违反前款规定,致使承租人遭受损失的,应当负赔偿责任。"

三、光船租赁合同格式

光船租赁合同是要式合同,应以书面形式订立。目前,国际上使用得较多的标准格式是波罗的海航运公会在 1974 年制定(1989 年、2001 年修订)的"标准光船租船合同"(Standard Bareboat Charter,代号 BARECON)。该标准格式有两种合同模板可供当事人选择采用:一为"贝尔康 A"(BARECON A),适用于一般光船租船合同;二为"贝尔康 B"(BARECON B),适用于以抵押融资来租赁新建船舶的光船租船方式。上述格式已被英国航运委员会和日本航运交易所的文件委员会所采纳。当事人可以根据航运实际,有选择地组合适用标准格式合同中的主要条款,对合同模板中不符合要求的相关内容,可以在协商基础上加以修改、删除或补充。

四、光船租赁合同的主要内容

我国《海商法》第 145 条规定:"光船租赁合同的内容,主要包括出租人和承租

---

① Christopher Hill: *Maritime Law*, 5th edition, LLP Reference Publishing, 1998, p. 177.

人的名称、船名、船籍、船级、吨位、容积、航区、用途、租船期间、交船和还船的时间和地点以及条件、船舶检验、船舶的保养维修、租金及其支付、船舶保险、合同解除的时间和条件,以及其他有关事项。"由此看来,光船租赁合同的内容与定期租船合同基本相同,但仍有应和其特殊性质与履行需要的条款设计或内容侧重。

（一）交还船条款

出租人应按约定的时间、地点和条件,将船舶交给承租人使用;若出租人不能依约交付适格船舶,承租人有权解除合同,并就所受损失请求赔偿。而承租人应在租期届满时,在合同约定的安全港口将船舶返还出租人,并确保除不影响船级的自然耗损外,船舶处于交船时相同的状态、结构和船级。

1.交船

第一,交船标准。出租人交船时应做到:谨慎处理使船舶适航;交付的船舶的船体、船机、设备等各方面适合约定的用途;相关各文件与证书齐全有效。

第二,交船通知。通常要求,合同中应约定好交船时间与解约日,并由出租人将交船的时间预先通知承租方。

第三,交船检验。在交船之前和交船当时,双方当事人应各自指定验船师,对船体、设备、燃料、物料等进行全面的检验,以确定船舶在交船时的状态。交船时的检验费用和时间损耗一般由出租人承担。

第四,交船后果。为了防止交船状态在未来的潜在争议,许多合同还规定,如果出租人已按约定将船舶交给承租人,并且船舶已被承租人所接受,承租人嗣后将不能以出租人对船舶概况的说明有误或违反保证为由,向出租人提出索赔。当然,出租人应负责消除或弥补在交船时所不能发现的潜在缺陷,以承租人在一定时间发现为限。

2.还船

第一,还船条件。承租人必须按照约定的地点和时间还船。还船时,船舶状态应以交船检验报告为依据,承租人必须按照合同和交船检验所确定的条件还船。

第二,还船通知。据"贝尔康A"格式的相关条款,在还船前,承租人应提前至少30天向出租人发出预备通知,提前14天发出确切通知,以便出租人安排营运和接船。

第三,还船检验。与交船时相仿,还船也应由双方当事人派出的验船师对船舶的状态及燃料、船用物料、供应品、淡水等进行检验,并作出检验报告。还船时的检验费用与时间损耗一般由承租人承租。

3.交还船时的剩余燃物料及供应品处理

无论是在交船或还船时,船上均可能剩有部分燃油、淡水、食品、润滑油、油漆、缆索等消耗品,双方应在核查后对剩余物资列出清单,验船师也将对船舶的现存燃料、淡水、供应品、物料等出具报告。对于剩余消耗物料,在交船环节中,由承租人按交船地的当时市价购买;在还船环节中,由出租人按还船港的当时市价计算回收。为了减少不必要的纠纷,光船租赁合同通常会就剩余消耗品的数量进行限制。

(二)船舶保养与维修

在光船租赁合同下,承租人对其所租用经营的船舶,如其自有船舶一样享有完全的占有权、绝对的支配权及自主的管理权。与此同时,为了使船舶保持良好的适航状态,承租人也须相应地承担起对船舶进行即时维修和有效保养的合同义务。正如我国《海商法》第147条的规定,承租人对所租船舶负有维护、保养之责。在租期之内,承租人应保持船体、船机、锅炉、船舶属具和设备处于良好的状态,并在租期内维持交船时的船级及其他所需船舶证书的应有效力。

在承租人方面,在租期内,若船舶在使用中发生损坏,承租人有义务进行修理、修复或更换,以保证还船时大体维持船舶交付时的状态;若按照船级要求,需要对船舶的结构或设备进行更新或改造,且这种更新或改造可能超过一定的标准的,双方可以事先在合同中约定对这种费用所应承担的比例。

在出租人方面,一方面,其有权在租期持续期间指定验船师对船舶进行检验,以确定承租人对船舶的维护与保养状况;另一方面,其有权对船舶的安全状况和航行事务进行检查,包括检查航海日志,并要求承租人提供海损事故状况和通报船舶使用情况。如果承租人未能对船舶进行正常的维修保养,出租人有权要求承租人及时正常修理并承担相应的费用。承租人违反维修和保养义务的,出租人可以撤船并要求赔偿。

(三)租金

承租人应按合同约定的时间、地点、方式和数额预付每期租金。光船租赁合同往往为租金交付保留有宽限期,当承租人未按约定时间支付租金时,出租人可催告承租人在宽限期内完成支付。正如我国《海商法》第 152 条所规定,承租人未按照合同约定的时间支付租金连续超过 7 日的,出租人有权解除合同,并有权要求赔偿因此遭受的损失。不过,该条第 2 款也同时明确,船舶若发生灭失或者失踪,自船舶灭失或者得知其最后消息之日起,租金应停止支付。对于已预付的租金,则应按照比例退还。

（四）船舶保险

在光船租赁合同中,应由承租人对所租用船舶可能遭遇的风险和事故投保并支付保险费。按我国《海商法》第 148 条的规定,承租人应以出租人同意的投保方式,以合同中约定的船舶价值为保险价值向保险人投保,并承担保险费用。据此,在实践中承租人投保必须得到出租人同意并由出租人和承租人共同署名。如果承租人没有按照合同规定的保险种类和保险时间进行投保的,出租人有权要求承租人补保,否则出租人有权撤回船舶并提出索赔。光船租船的投保险种一般包括海损险、战争险和保赔险等。当发生保险理赔事故时,赔付款项将由出租人和承租人按各自利益受到损害的程度进行分配。

（五）船舶抵押

光船租赁合同通常约定,租期内未经承租人的书面同意,出租人不得将船舶进行抵押。光船租赁情形下,由于所租船舶的所有权和经营权相分离,出租人对船舶的抵押一般不易为承租人所知晓,若确认出租人单方面抵押权利的存在将极不公平。因此,对于交船前已经发生的抵押,出租人应在合同中予以说明,并将抵押合同的相关内容告知承租人;对于交船后可能发生的抵押,出租人须事先征得承租人的书面同意,否则承租人将有权解约并要求赔偿。在承租人作出许可的情形下,船舶抵押合同的相关义务将由承租人接受并履行。

（六）合同转让与船舶转租

在光船租赁合同租期内,未经出租人书面同意,承租人不得转让合同的权利义务,也不得以光船租赁合同的方式将船舶进行转租。该合同条款的设定,意在避免承租人将船舶转租给经营能力较差的另一承租方,从而使原租船合同中本属承租人的船舶保养和维修义务的履行水平降低甚至落空,最终损害出租人的利益。

在这一条款之下,其一,承租人未经同意即以光船租赁方式转租的,出租人有权收回船舶并要求承租人赔偿损失;其二,非经同意,承租人不能以光船租船合同的方式转租船舶,但以定期租船合同或航次租船合同的方式转租的,不在此限。

(七)光船租购条款

在光船租船实践中,可以通过在光船租赁合同基础上订入租购条款而成立光船租购合同(Bareboat Charter with Hire Purchase)。作为光船租赁合同的特殊形式,光船租购合同是指由出租人向承租人提供不配备船员的船舶,承租人在约定的期间内占有、使用并定期支付租购费,从而在约定期间届满并租购费付清时由承租人获得船舶所有权的合同类别。

不同于一般船舶租用合同,光船租购合同的主要目的在于船舶买卖。对于船舶卖出方而言,光船租购既可以令其在租期届满时卖出船舶,也保证了其在租期届满前对船舶的所有权,从而有效避免船舶价款无法收回的风险;对于船舶买入方而言,光船租购将巨额购船款转化为租期内小额租金的支付,并使其在获得船舶所有权之前便可以占有船舶开始营运。可知,对于缺乏购船资金的航运企业而言,光船租购合同无疑是现代船舶融资的有效机制。

【案例裁决/法律文书摘录】

光船租赁合同中承租人在船舶维修保养、租金支付、保险等方面的义务应如何履行? 出租人要求撤船的权利在何种情形下才能有效行使?

"国鸿"轮光租合同争议案①

(2005 年 2 月 5 日 上海)

申请人与被申请人于 2003 年 4 月 19 日签订了"国鸿"轮光船租赁合同(以下简称光租合同),根据光租合同,申请人交付"国鸿"轮给被申请人使用。2004 年 5 月 21 日,申请人向上海分会提出申请,称被申请人在租期内存在种种违约行为,因此请求仲裁庭裁决:申请人从被申请人处撤回"国鸿"轮;终止"国鸿"轮光租合同;

---

① http://www.cmla.org.cn/article/article.do? method = viewDetail&id = 302&father_category_id=1955,下载日期:2014 年 10 月 23 日。

被申请人承担本案仲裁所引起的各种费用……

仲裁庭意见：

（一）关于船舶的维修保养问题

申请人提供了涉案光租合同的复印件，被申请人对该复印件的真实性没有提出异议。光租合同第二部分第 8 条（a）款中规定："租船人应对船舶、船机、锅炉、装置和备件进行良好的保养维修，使之处于有效营运状态，并要按照良好的商业上保养做法进行保养。另除了第 12 条（1）规定者除外，他们应使第 12 框框内提到的船级不过期并保持其他必需的证书始终有效。对于必需的修理，租船人应立即采取步骤在合理的时间内搞好，如租船人没有这样做，船东有权将船舶从租船人处撤回，船东这样做不必提出什么抗议书……"从该款规定的文字内容来看，其中对承租人的要求可划分为两个层次：一个是进行"良好的保养维修"，使船舶、船机、锅炉、装置和备件处于有效营运状态，并按照良好的商业上的保养做法进行保养，船级不过期并保持其他必需的证书始终有效；另一个是对于"必需的修理"，承租人应立即采取步骤在合理的时间内搞好，如承租人没有这样做，船东有权将船舶从承租人处撤回。该条款中明确赋予船东的撤船权是针对以上第二个层次的情况，即"必需的修理"。而对于第一个层次的"良好的保养维修"，该条款中并没规定船东可以此为理由撤船，但根据《合同法》原则，当承租人迟延履行主要的保养维修义务且经催告后仍不在合理期限内履行，或其迟延履行保养维修义务致使光租合同的目的不能实现时，船东可以解除光租合同，亦即撤船。因此，在考虑申请人是否有权以被申请人违反光租合同中关于船舶的维修保养方面的规定为由撤船时，应当考虑：(1)是否存在"必需的修理"项目而被申请人没立即采取步骤在合理的时间内完成修理；(2)被申请人是否经催告仍不在合理的期限内履行主要的保养维修义务；(3)迟延履行保养维修义务是否导致光租合同的目的不能实现。

1. 关于主机换向机构

……

仲裁庭认为，主机换向机构关系到船舶的航行及操作安全，如其机械运转系统本身存在问题，则属于"必需的修理"，必须立即修理并在合理的时间内修理完毕。但如仅仅是仪表指示系统出现故障，或不能确定其机械运转系统确有故障，则在保持有效观察、操控和航行安全的情况下,可根据船舶的航行和靠港计划等综合因素,在尽早且便利的时间内进行检查和维修。在本案中……关于"访船摘要"上记载的主机换向问题,申请人并没有证明其确是机械运转系统故障,而被申请人也没有证明该问题仅仅是仪表指示器的偶然故障现象。然而,既然申请人以主机换向机构问题属于"必需的修理"为理由主张撤船,申请人便应对主机换向机构存在机械运转系统故障负举证责任。由于申请人没能提供这样的证据,申请人并没有证明"访船摘要"中提出的船舶主机换向机构问题属于应立即进行的"必需的修理"。

……

因此,对申请人以主机换向机构存在缺陷为由撤船的主张,仲裁庭不予支持。

2. 关于副机的保养维修

……

根据"国鸿"轮船舶证书的记载,该轮的建造完工日期是 1986 年 3 月 4 日,申请人在向被申请人交船时,该轮船龄已超过 17 年,双方代表在交接船时已确认其副机工况存在的问题。但根据被申请人提供的海事局各次"船舶安全检查通知书"复印件的记载,三台副机的工况问题并没被视为船舶的安全缺陷。可见,三台副机虽然工况不佳,但是均能使用……

根据以上情况,仲裁庭认为,船舶在交接时及申请人代表于 2004 年 4 月 18 日访船时所发现的情况表明,其三台副机的工况确实不佳,甚至问题较多,但申请人并没有证明该副机工况问题足以构成船舶的安全缺陷。在此情况下,被申请人对副机的保养维修不能视为是不适当的或存在迟延,也不能推定副机存在"必需的修理"而被申请人没立即进行修理。申请人以副机保养维修不当为由的撤船主张缺乏根据。

……

(二)关于船舶的保险问题

……

仲裁庭认为,在光船租赁中,出租人将船舶的占有权和使用权交给承租人后,对船舶没有直接的控制,只能依赖承租人完全按租约的规定行事,以保障出租人的船舶财产权益和其他相关权益。因此,如果承租人违反了租约中规定的关于船舶保险的义务,不但将增加出租人的风险,也会影响出租人对整个租约履行的安全感,出租人可以按租约中的规定撤船,而不必考虑承租人此项违约的严重程度及是否已确给出租人造成损害。

本案中关于船舶保险的争议涉及水险及保赔责任险的保险单抬头以及战争险。

1. 关于保险单抬头

关于申请人是否已放弃在光租合同租期内作被保险人的权利

仲裁庭认为,本案光租合同第二部分第 11 条(a)款中所要求的"所有保险单上的抬头应以他们的共同的名义"应合理理解为保险单中的被保险人应为光租合同的双方,即本案申请人及被申请人。

……

仲裁庭认为,在海上保险实务中,投保人经常就是被保险人自己,但有时也有第三人作为投保人为被保险人投保的情况。因此,仅凭前述 2003 年 7 月 28 日函中"所以请贵司作为投保人对该轮进行投保"的文字表述难以断定申请人确实同意变更被保险人。另外,根据该函的文字表述,无法确定该函究竟是针对申请人所称的"临时性保险",还是针对整个光租合同的租期。然而,如果本案中确实根据该函中的要求投保了从国外接船到开回国内期间的"临时性保险",则这便说明申请人发出该函确实只是针对"临时性保险"的,而不涉及光租合同的整个租期;如果本案中并没有投保"临时性保险",则说明,或者该函因没被收件人及被申请人接受而并没有产生效力,或者根据该函所投保的保险单实际上就是前述保险期间从 2003 年 8 月 11 日至 12 月 31 日的两份船舶保险单。由于该两份保险单中标明的被保险人都是申请人而不是"中海发展货轮公司",如果当时确实是按申请人 2003 年 7 月 28 日函的要求投保的,则只能说明各方当时都清楚该函的意思并不是申请人同意不作被保险人。由上可见,不论在以上何种情况下,根据申请人 2003 年 7 月 28 日的函都不能推论出申请人已放弃在光租合同租期内作被保险人的权利。

……

(三)关于光船租赁登记

光租合同中并没规定如果船舶没办理光船租赁登记,申请人便可以撤船。仲裁庭认为,在光租合同中并没将没办理光租登记作为可撤船理由的情况下,只有当光租登记构成被申请人的主要合同义务且其经申请人催告后仍不履行该义务时,或不办理光租登记将导致光租合同的目的不能实现时,申请人才有权以此为由撤船。本案光租合同中并没有规定双方应如何办理光租登记。根据有关船舶登记的法律规定,办理光租登记是出租方及承租方双方在行政法规项下的共同义务。在光租合同双方并没有将办理光租登记纳入双方的合同义务范畴的情况下,一方在办理该登记方面的不作为固然可能导致行政法规项下的后果及光租合同不能对抗第三人,但并不当然赋予另一方撤船的权利,除非前者的这种不作为已使得光租合同的目的不能实现。在本案中没办理光租登记并没导致光租合同的目的不能实现。

......

综上所述,对于申请人以没办理光船租赁登记为由的撤船主张,仲裁庭不予支持。

(四)关于租金

......

仲裁庭认为,在光船租赁的情况下,按时支付租金是承租人的一项重要义务,也是出租人据以信赖承租人能够继续履行租约的一个主要因素。如果承租人在非经出租人许可的情况下拖欠租金超过租约中或法律所规定的期限,出租人有权据此撤船。

在本案中,申请人称被申请人一直没有预付5月份的租金,直到6月1日才将5、6月份的租金汇出,被申请人对申请人的这一主张没有提出异议,但认为所谓欠付租金完全是事出有因。......

被申请人称,由于申请人欠被申请人"国鹏"轮及"国鸿"轮的运费一直没付,应被申请人的要求,申请人的子公司上海福建国航远洋运输有限公司曾两次传真给被申请人,确认将申请人所欠运费在被申请人应付的5、6两个月的租金中扣除。......然而,仲裁庭认为,由于该公司并非申请人,即便该公司是申请人的子公司,该公司自己的意思表示也并不能代表或约束申请人。......在上海福建国航远洋运输有限公司向被申请人发出前述2004年5月12日及24日传真时,光租合同第二部分第 9 条(e)款中规定的 7 个连续日已过,此时,由于被申请人超过连续 7 日没付 5 月份租金,申请人已获得撤船权。……

由于被申请人并没有证明其延迟支付 5 月份租金是已经过申请人同意的或是由于申请人方面的原因所造成的,申请人有权以延迟支付租金为理由主张撤船。

(五)关于申请人是否合理行使撤船权

仲裁庭认为,出租人依租约规定或法律规定撤船时,应当将此撤船决定通知承租人,如果承租人实际上已知或能合理判断出出租人的撤船理由,出租人在通知时可以不具体示明撤船理由,否则,出租人在通知撤船时应示明撤船理由,以便承租人有合理的机会及时核查撤船理由是否成立并提出回辩意见。

1. 关于申请人主张的 2004 年 5 月 2 日以实际行动撤船

申请人称,其于 2004 年 5 月 2 日在上海港占有 4 份船舶证书,以实际行动撤船。仲裁庭认为,不论申请人以何种方式和理由取得并占有上述船舶证书,由于其并没有通知被申请人其已决定撤船,申请人所主张的以占有船舶证书的实际行动撤船不符合法律要求,也无法由此推断出这种行动就是撤船行为。因此,对申请人的这种主张,仲裁庭不予采信。

2. 关于申请人以战争险为由撤船

申请人提供了其 2004 年 5 月 20 日致被申请人的"'国鸿'轮撤船函"复印件,该函中明确列明导致其决定撤船的被申请人的两种违约行为,但却没有列明战争险的问题。通过该函的词语表述,即便被申请人确于当天收到了该函,被申请人所能够得出的合理判断也只能是申请人因该函中列明的两种违约行为而撤船,而无法推断出申请人是因战争险问题而撤船。因此,该函并不产生因战争险的理由而撤船的通知效力。

……

关于被申请人提出的申请人没在合理时间内行使撤船权及事实上已放弃撤船权的问题,仲裁庭认为,撤船权是出租人的一项实体权利,在光租合同中没有约定行使撤船权的期限的情况下,该项权利是否有效行使应该考虑三个方面的情况:一是承租人在出租人宣布撤船时的合理时间前是否已向出租人催问过其是否行使撤船权;二是出租人宣布撤船之时是否已知道承租人已改正违约行为;三是出租人是否已明示或有实际行为表明其已接受承租人的违约并放弃撤船权。在本案中,被申请人并没有证明其就迟延投保战争险问题催问过申请人是否撤船。……申请人开出"租金"发票这一行为本身似乎显示申请人可能是事后同意船舶在 6 月份仍然在租,但从申请人此前于 2004 年 5 月 21 日已通过提交仲裁申请书所明示的态度来看,申请人在本案中要求撤船的请求及相应的理由并没有撤销或变更过。在申请人明示的态度与其行为显示的可能存在不一致的情况下,应以其明示的态度为准。因此,申请人开具 5、6 月份的"租金"发票并不能构成申请人已明示或以实际行为接受被申请人的违约或放弃撤船权。对被申请人以超过合理时间及放弃撤船权为由反对申请人撤权的主张,仲裁庭不予支持。……

3. 关于申请人以拖欠租金为由撤船

仲裁庭认为,申请人于 2004 年 5 月 20 日致被申请人的"'国鸿'轮撤船函"中所列明的违约事项中并没有包括租金问题,被申请人通过该函也不可能合理判断出申请人有以拖欠租金为由撤船的意思,故该函并不产生因被申请人拖欠支付 5 月份租金而撤船的通知效力。

……

仲裁庭多数仲裁员认为,被申请人并没有证明其就拖欠 5 月份租金问题催问过申请人是否撤船,也没有在申请人的仲裁申请书提交之日 2004 年 5 月 21 日前补付 5 月份租金,且申请人于 2004 年 6 月 1 日后签发 6 月份"租金"发票的行为也不足以否定申请人在本案仲裁中明确表示的撤船的态度,并无证据显示申请人已明示或以实际行动显示其接受迟付租金的违约或放弃就此撤船的权利。少数仲裁员认为,申请人 2004 年 6 月 1 日接受了 5、6 月份的租金,已经用行动表明对原有因迟付租金而享有的撤船权的放弃,被申请人无须另外举证证明其他问题。

鉴于以上情况,仲裁庭依照多数仲裁员的意见,对于被申请人关于申请人在庭审前和庭审期间从未提出以拖欠租金为由撤船以及申请人在接受 5、6 月份租金后已放弃撤船权的主张,不予支持。

【延伸阅读】

1. 司玉琢:《海商法专论》,中国人民大学出版社 2010 年版。

2.邢海宝:《海商法教程》,中国人民大学出版社 2008 年版。

3. Ademuni-Odeke，Dr.：*Bareboat and charter（ship）registration*，Kluwer Law International，1998.

4.张丽、韩立新:《光船租赁合同下船舶所有人的风险问题研究——兼谈〈联合国国际货物运输合同公约〉的相关规定》,载《法学杂志》2010 年第 3 期。

5.曲涛:《光船租赁登记对认定船舶碰撞责任主体之影响》,载《中国海商法年刊》2010 年。

6.刘雪、郭萍:《光船租赁权的法律性质探讨》,载《中国海商法研究》2013 年第 1 期。

第六章
船舶碰撞

【内容摘要】受海洋气候、可航水域、航海技术及船舶自身状况等因素影响,船舶碰撞事故时有发生,并因此导致巨大的人身伤亡和财产损失。由于船舶碰撞是发生在海上航行中的一种侵权行为,较之于陆上交通事故具有损害大、取证难等特点,因此海商法发展出了一些特殊制度来处理这些特殊问题,从而构成了船舶碰撞法的主要内容。本章重点介绍船舶碰撞的概念及其构成要件、探讨船舶碰撞中的过错和责任,阐述相关赔偿制度。学生通过对赔偿责任的认定、损害赔偿的范围和计算方法等内容的学习,把握我国《海商法》的相关规定,了解相关国际公约的内容和发展。

第一节　船舶碰撞概述

【知识背景】

船舶碰撞的基本概念和责任认定

（一）船舶碰撞的概念

船舶碰撞是指海船与海船或海船与内河船在任何水域发生接触,致使有关船舶或船上人身、财物遭受损害的事故。① 这一概念在法学理论上被称为船舶碰撞的传统概念,它强调了构成船舶碰撞的直接接触这一必备要件,即船体与船体必须有实际相碰触。但随着航海事业的发展及海上侵权行为的多样化,实践中出现越来越多的船舶并未实际接触却造成损害的事实,开始有了船舶碰撞的新概念,即船舶碰撞既包括船舶间的直接接触也包括船舶间的间接接触。②

我国《海商法》第 165 条规定:"船舶碰撞,是指船舶在海上或者与海相通的可航水域发生接触造成损害的事故。"由此可知,除船舶碰撞水域更狭小些外,我国《海商法》所给出的定义与《1910 年统一船舶碰撞若干法律规定的国际公约》(以下简称《1910 年船舶碰撞公约》)所规定的完全相同。

海商法研究船舶碰撞的内容主要是关于碰撞责任的确定以及如何处理碰撞所造成的船舶、人身、货物及有关财产的损害赔偿问题,因此,理解我国《海商法》规定的船舶碰撞的概念,需要注意以下几个方面的问题:

1. 碰撞须发生在船舶间

船舶碰撞是指船舶和船舶之间的接触,即两艘船舶的某一部分同时占据同一空间的物理状态。所以,船舶与灯塔码头、浮筒等的接触不是船舶碰撞。船舶碰撞除了包括在航船舶的碰撞外,还包括对虽然已经沉没但是准备打捞的船舶的碰撞。对已经沉没,并放弃打捞的船舶(弃船)的碰撞不适用船舶碰撞的有关规定,因为放弃所有权的船舶已经丧失了海商法意义上的船舶的属性,不再属于海商法的调整对象,只能算作障碍物。船舶在航行中碰撞了码头、建筑物、港内外灯塔船、浮筒、标志、浮动码头、竹排、木排、水上浮吊等,都不属于船舶碰撞事故。但是任何一方所受的损失仍应按碰撞规则向过失方起诉要求赔偿。对这种船舶与海上设施或障碍物发生接触并造成损害的海损事故,我国的海商法学者称为"船舶触碰",1995 年最高人民法院的《关于审理船舶碰撞和触碰案件财产损害赔偿的规定》,是关于船舶触碰的有权规定,其处理规范与船舶碰撞并无实质性的区别。

---

① 参见 1910 年《统一船舶碰撞某些法律规定的国际公约》(简称碰撞公约)第 1 条。

② 参见 1987 年《船舶碰撞损害赔偿草案》(简称里斯本规则)第 1 条。

2. 碰撞一方须为海船

船舶碰撞是指海船之间的碰撞,对于海船与内河船之间的碰撞,类推适用海商法的规定。内河船与内河船之间的碰撞,按国内有关法规处理,不属于海商法所调整的范围。在发生碰撞的航次中,如果船舶的航行目的和任务是军事性的或政府管理性的,则不适用海商法关于船舶碰撞的规定。

3. 碰撞须有损害结果

船舶与船舶接触造成了有关船舶或船上人身、财产遭受损害的,才属于海商法所讲的船舶碰撞。因为船舶间的接触没有发生这些损害,就没有适用法律的必要,更无从谈及责任分担、损害赔偿等问题。

4. 碰撞须发生在海上或与海相通的可航水域

由于船舶碰撞是指海船之间或海船与内河船之间的碰撞,因而碰撞发生的水域应该是与海(或洋)相通的,可供 20 总吨以上海船自由航行的水域。任何与海相通但不可航行水域发生的船舶碰撞,都不适用海商法关于船舶碰撞的规定。

5. 间接碰撞须因过失所致

船舶碰撞分为直接碰撞与间接碰撞两种,间接碰撞须因过失所致。直接碰撞是指船舶之间发生实际接触,致使船舶或船上人身、财产遭受损害。间接碰撞是指船舶虽然没有实际接触,但是因船舶的某一项操纵的作为或不作为,或因不遵守航行规则,致使另一船或任何一方的船舶、船上货物、人身遭受损害。如:大船在港内违章高速航行掀起波浪,造成附近的小船倾覆或者其他船舶的浪损,即属于间接碰撞。再如,一船为了避让他船的不正当航行,被迫搁浅所造成的损害也属于间接碰撞。

我国《海商法》第 170 条规定:"船舶因操纵不当或者不遵守航行规章,虽然实际上没有同其他船舶发生碰撞,但是使其他船舶以及船上的人员、货物或者其他财产遭受损失的,适用本章的规定。"这里的"适用本章的规定"就是指的适用第 8 章"船舶碰撞"的有关规定。在我国,直接碰撞不以过失为要件,而间接碰撞必须因操纵不当或违反航行规则所致,且损害结果与过失之间存在因果关系,间接碰撞所引起的损害,应由肇事船舶负责。

（二）船舶碰撞责任认定

虽然船舶碰撞属于民法中所讲的侵权行为，但是海上船舶碰撞这种侵权行为有它自身的独特性，引起碰撞的原因十分复杂，对其责任关系的判别非常困难，仅依靠民法中的侵权行为法来调整船舶碰撞所引起的各种关系明显不足，所以各国海商法中都辟专章予以规定。

在海商法中，船舶碰撞责任是指船舶碰撞造成的损害赔偿责任。也就是说，在船舶碰撞事故中，有过失的船舶有赔偿对方因自己过失而造成的损害的责任，这种赔偿的责任就是船舶碰撞责任。另外，船舶碰撞责任还包括：船长救助人命和财产的责任；清除碰撞物的责任；预防碰撞的责任。我们将船员法规定的船长救助人命和财产的责任称为公法上的责任，将因碰撞是一种侵权行为而承认的预防碰撞和清除碰撞物的责任，以及最主要的损害赔偿的责任称为私法上的责任。当然，在海商法中，着重研究的还是船舶碰撞的损害赔偿责任。

鉴于船舶碰撞是一种侵权行为的认识，因而船舶碰撞的损害赔偿请求权，是以有过失为前提的。在船舶发生碰撞时，对于究竟哪一艘船舶负有有过失的问题，要根据船舶的结构、风向、风力、潮流、两船相遇的关系以及接触的状态等各种情况来判断。由于海上航行的技术性，特别要考虑的是有关避碰规则的规定，对于过失，必须在技术上予以确认，而不能只作常识上的判断。关于船舶碰撞，法律上并没有推定过失的规定，但对于违反有关海上避碰规则的规定的行为，实际上可以初步推定为有过失。总之，对过失的判断和确定不仅是理论上分歧较大的学术问题，也是司法审判实践中难以把握的实务问题。

2008 年《最高人民法院关于审理船舶碰撞纠纷案件若干问题的规定》第 4 条规定："船舶碰撞产生的赔偿责任由船舶所有人承担，碰撞船舶在光船租赁期间并经依法登记的，由光船承租人承担。"船舶经营人或管理人对船舶碰撞有过失的，与船舶所有人或光船经营人承担连带责任，但不影响主体之间的追偿。船舶所有人是指依法登记为船舶所有人的人；船舶没有依法登记的，指实际占有船舶的人。①

根据《1910 年船舶碰撞公约》和我国《海商法》第 8 章的规定，船舶碰撞大致可

---

① 　邢海宝：《海商法教程》，中国人民大学出版社 2008 年版，第 342 页。

分为两种：即船员（包括船长和其他船员）无过失的碰撞和由于船员的过失而引起的碰撞。

1. 无过失碰撞

我国《海商法》第167条规定："船舶发生碰撞，是由于不可抗力或者其他不能归责于任何一方的原因或者无法查明的原因造成的，碰撞各方互相不负赔偿责任。"《1910年船舶碰撞公约》第2条规定："如果碰撞的发生是出于意外，或者出于不可抗力，或者碰撞原因不明，其损害应由遭受者自行承担。"这就是关于船员无过失碰撞的规定。船员无过失碰撞所造成的损害由遭受者自行承担。

(1)意外的船舶碰撞。意外的船舶碰撞，或称意外事故，是指船方已经做到了克尽职责，根据情况采取了应该采取的防范措施，既没有违章，又运用了良好的船艺仍不能避免的船舶碰撞。英文用"不可避免事故"（Inevitable Accident）表示。意外事故中必须符合以下四个要件：其一，非有意行为；其二，已尽合理的谨慎；其三，不可避免；其四，不可预测。① 当然，意欲援引这一理由进行抗辩的一方负有举证的责任，如果所提出的材料不足以证明碰撞是因为意外引起的，则不能免除应负的责任。事实上，符合意外条件的碰撞并不多见。

(2)不可抗力造成的船舶碰撞。我国《民法通则》第153条所讲的不可抗力是指不能预见、不能避免并不能克服的客观情况。我们这里所讲的不可抗力是指不能克服、不能避免的客观情况，能够预见，但不能克服、不能避免的客观情况也属于不可抗力。

地震、海啸、台风等都属于不可抗力，其中以台风为多见。当然，并非在台风期间造成的任何船舶碰撞都作为不可抗力处理。船舶在台风中发生走锚导致船舶碰撞必须具备一定的条件才能构成不可抗力，这些条件是：其一，如果船舶在台风中走锚，首先推定走锚船有过失，没有做到谨慎处理，从而构成疏忽行为的初步证据。在台风到来之前未采取相应的措施防止船舶走锚，结果碰撞了附近系泊的船舶，这种情况不能作为不可抗力，除非同时发生附近船舶也走锚的情况。其二，从船舶走锚到发生船舶碰撞的一段合理时间内，走锚船应开动主机控制自己的船舶，防止碰

---

① 司玉琢：《海商法专论》，中国人民大学出版社2007年版，第405页。

撞事故的发生。如果走锚船未开动主机控制自己的船舶,这是走锚船的疏忽,不能作为不可抗力免除责任。其三,如果在台风中走锚的船舶因本身主机无法起动或其他外来原因无法采取适当措施避碰,那么,面临被碰危险的船舶就有责任采取避碰措施。如果被碰船舶疏忽瞭望,没有采取避碰措施而被碰撞,那么被碰船舶应对其损害负责。

并非任何一种自然灾害都是不可抗力,而必须符合一定的条件,最基本的条件是双方船舶都没有过失,否则就由过失方负赔偿之责。

(3)原因不明的船舶碰撞。原因不明的碰撞,是指事故原因完全无法查明的碰撞。如事故发生前后,天气晴朗、海面平静、能见度良好,两船却发生碰撞而沉没,船员全部遇难,也无证人提供相关情况,事故无法查明。原因不明并非没有原因,其中也不能排除人的过失,只是由于无法查明是否有行为人的过失。[①]《1910 年船舶碰撞公约》第 6 条明确规定:"对因碰撞而引起的损害要求赔偿的起诉权,不以提出海事报告或履行其他特殊手续为条件。关于在碰撞责任方面的过失问题的一切法律推定,均应废除。"

在确定碰撞责任时,必须有确凿的事实为依据,不能仅凭推理和假定。也就是说,原因不明的船舶碰撞,在确定碰撞责任方面的过失问题时不能采用法律推定的方法归责于任何一方。

根据《1910 年船舶碰撞公约》第 2 条和我国《海商法》第 167 条的规定,船舶碰撞凡因意外事故、不可抗力或原因不明三种原因所致,责任均按"损失自负"原则承担。损失自负原则是指损失完全是因客观原因或不明原因造成的船舶碰撞所致,碰撞方互相不负赔偿责任而由损失方自负。这项原则同样适用于停泊船舶之间、在航[②]与停泊[③]船舶之间的碰撞。

但是,在确定船舶碰撞属于以上任何一种原因所致时,主张方须负举证责任。

---

① 　傅廷中:《海商法论》,法律出版社 2007 年版,第 315 页。

② 　船舶不在锚泊,系岸或搁浅状态就属于在航。狭义的理解,是指船舶动用主机航行或利用其惯性在水中移动的情况。

③ 　船舶停靠在泊位。

在主张属于意外事故时,主张方应证明其已恪尽职责,运用了良好的船艺,采取了相应的防范措施,并遵守了避碰规则。如因机械故障,还因证明机械的缺陷是潜在的,是经合理谨慎也不能发现的,因而碰撞是无法避免的。在主张属于不可抗力时,主张方应说明自然灾害是不可预见的,船方已采取了哪些合理措施仍不可避免,管理船舶方面不存在过失,既遵守避碰规则又使用了良好的船艺等。①

2. 过失所致的碰撞

在船舶碰撞案件中,属于船员无过失的碰撞所占的比例很小,大部分都是因为船员过失所引起的碰撞事故。

船舶碰撞责任中的过失,是指未遵守海上避碰规则的过失。在船舶撞碰中,未遵守海上避碰规则造成碰撞事故紧迫局面的过失是判定责任大小的主要标准;在碰撞前一瞬间双方企图避免碰撞的发生而采取的紧急避碰措施,不论其正确与否,在衡量责任大小时仅属次要标准。过失责任一经确定,并且过失与船舶的碰撞存在因果关系,那就意味着过失方对被碰船舶所受的损害必须承担经济上的赔偿责任。

船员过失引起的船舶碰撞有以下两种情况:

(1)单方面过失所致的船舶碰撞。船舶碰撞事故是由一方的过失造成的。所谓单方过失是指船长、船员应该注意并能注意而不注意,或应为而不为或不应为而为。

每一艘船舶在任何时候都应用安全航速行驶,经常用视觉、听觉以及适合当时环境和情况的一切手段保持正规的瞭望,注意本船的安全和他船的安全。凡是应为而不为,不应为而为,都是过失;如果因此而和他船碰撞,就应负过失责任。

我国《海商法》第168条明确规定:"船舶发生碰撞,是由于一船的过失造成的,由有过失的船舶负赔偿责任。"该项规定确定了单方负责原则,即在单方犯有过失的情况下所致的船舶碰撞,损失完全由该过失方单独承担。所谓单方过失是指船长、船员应该注意并能注意而不注意,或应为而不为或不应为而为。《1910年船舶碰撞公约》第3条的规定与我国《海商法》的规定完全一致,同样确定了单方负责的

---

① 杨军:《海商法案例教程》,北京大学出版社2003年版,第307页。

原则。

在船员过失引起的碰撞事故中,单方面过失所致的碰撞不多,一般见于在港内行驶或锚泊、移泊等过程中。例如,在航船舶碰撞系泊船舶,这类事故现象的本身就是证据,只要在航船舶不能证明系泊船舶的过失存在,又不能举证说明事故系不可抗力等其他可免除责任的原因所致,就得负单方面的过失责任。在间接碰撞的场合,过失方仍须负责。单方面过失造成的船舶碰撞,应负 100% 的过失责任。

船舶单方面过失所致的碰撞多发生在港口内,在宽阔的海面上航行,较少有单方面过失导致碰撞情况的发生。

(2)双方互有过失的碰撞。双方互有过失的碰撞,是指碰撞的双方虽然都应该预见到船舶有发生碰撞的可能性,但是由于疏忽没有预见而导致了事故的发生。

当船舶发生互有过失的碰撞造成船舶、船上货物和其他财产损失时,依比例过失原则承担赔偿责任。所谓比例过失原则,是指对互有过失的船舶碰撞当事方,按各自所犯的过失程度来分担碰撞损害。但在各方过失程度相当,或过失程度比例无法判定的情况下,则平均分担原则仍然适用。

比例过失原则最先为《1910 年船舶碰撞公约》所确立,并逐步为各国海商法和审判实践所接受。我国《海商法》第 169 条第 1 款规定:"船舶发生碰撞,碰撞的船舶互有过失的,各船按照过失程度的比例负赔偿责任;过失程度相当或者过失程度的比例无法判定的,平均负赔偿责任。"

互有过失的船舶碰撞往往是由于船舶在航行时各自互相避让或协助避让的过程中的疏忽、错误所造成的。首先造成碰撞事故紧迫局面的船舶应负主要责任,在船舶碰撞紧迫局面下采取的避碰措施是否得当则是次要的因素。在已经存在的船舶碰撞紧迫局面下,如果依照国际海上避碰规则进行操作势必造成碰撞,而违反避碰规则则可以避免碰撞或减轻损失的,那么,船长应该而且必须违反避碰规则,否则将要承担一定的责任。

《1910 年船舶碰撞公约》第 4 条第 2 款规定:"船舶或其所载货物,或船员、旅客或船上其他人员的行李或财物所受的损害,应由过失船舶按上述比例承担。即使对于第三者的损害,一艘船舶也不承担较此种损害比例为多的责任。"也就是说,如果甲、乙两船舶碰撞,波及了丙船,尽管丙船完全是无辜的,但丙船也只能向甲、乙两船要求按比例承担赔偿责任,而不能要求甲、乙两船承担连带责任。我国《海商法》第 169 条第 2 款也规定:"互有过失的船舶,对碰撞造成的船舶以及船上货物和其他财产的损失,依照前款规定的比例负赔偿责任。碰撞造成第三人财产损失的,各船的赔偿责任均不超过其应当承担的比例。"2008 年《最高人民法院关于审理船舶碰撞纠纷案件若干问题的规定》第 7 条规定:"船载货物的权利人因船舶碰撞造成其货物损失向承运货物的本船提起诉讼的,承运船舶可以依照《海商法》第 169 条第 2 款的规定主张按照过失程度的比例承担赔偿责任。"碰撞船舶船载货物权利人或者第三人向碰撞船舶一方或者双方就货物或其他财产损失提出赔偿请求的,由碰撞船舶方提供证据证明过失程度的比例。无正当理由拒不提供证据的,由碰撞船舶一方承担全部赔偿责任或者由双方承担连带赔偿责任。①

在双方互有责任的船舶碰撞关系中,各过失船对无辜的第三者各负各的责任,而不是将其视为民法上的共同侵权行为而承担连带责任,是因为船舶碰撞作为一种特殊的侵权行为,其造成的损害十分巨大,且多是因为船舶所有人的雇佣人员的疏忽造成的,法律规定使其承担较为严格的责任,可以在一定程度上加强有关人员的责任心,提高驾驶船舶的业务技能,遏制船舶碰撞事件的发生。当然,从无辜受害船的角度来讲,自己所遭受的损害须按不同的比例向不同的加害船要求赔偿,无疑会增大其负担,不如按民法规定作为共同侵权行为向任何一艘侵权船要求全部赔偿来得方便。因此,也有不少海商法学者提出,各过失船对无辜第三者承担连带责任,而不是各负各的责任。他们指出,即使各船东不按民法规定作为共同侵权行为而承担连带责任,也应该把船舶碰撞作为一种同时发生的事件和现象,或因共同过失所发生的损害的附带关系,由加害船进行连带赔偿。

【案例裁决/法律文书摘录】

(一)浙江省高级人民法院审理的上诉人阿莱士航运有限公司诉被上诉人海南通利船务有限公司船舶碰撞损害赔偿纠纷案即是单方过失

---

① 参见 2008 年《最高人民法院关于审理船舶碰撞纠纷案件若干问题的规定》第 8 条。

责任碰撞的典型案例,以下为浙江省高级人民法院民事判决书的主要内容:①

上诉人(原审被告):阿莱士航运有限公司(ALEX SHIPPING CO.，LIMIT-ED)。

被上诉人(原审原告):海南通利船务有限公司。

上诉人阿莱士航运有限公司(以下简称阿莱士公司)为与被上诉人海南通利船务有限公司(以下简称海南通利公司)船舶碰撞损害赔偿纠纷一案,不服宁波海事法院(2010)甬海法事初字第 34 号民事判决,向本院提起上诉。

原审法院审理查明,阿莱士公司系涉案"滨东山 35"轮船舶所有人。"滨东山 35"为钢质散货船,长 243.8 米,宽 42 米,型深 19.2 米,总吨 54263 吨,净吨 23219 吨,最大航速 11.5 节,最小回旋半径 776 米。2010 年 2 月 28 日 13:10,该轮修船完毕驶离舟山鑫亚船厂,驶往马峙锚地锚泊待边检。15:25,航速 7.9 节,距离右前方"鑫通海"轮约 1.9 海里,右转,拟在"鑫通海"轮西南水域抛锚。15:30,航速 7.6 节,距离右前方的"鑫通海"轮约 1.3 海里。15:35,航速 7.5 节,距离左前方的"鑫通海"轮约 0.73 海里。15:37,航速 7.6 节,距离"鑫通海"轮约 0.4 海里,减速,左满舵掉头。15:40,航速 5.5 节,距离"鑫通海"轮约 0.15 海里,继续掉头。15:41,船首与"鑫通海"轮左舷第 6 号压载舱发生碰撞,碰撞时船位 29°54′.1N,122°14′.5E。

"鑫通海"轮为海口籍钢质油轮,船舶所有人为海南通利公司。1981 年建造,总长 225 米,型宽 32.2 米,型深 18.4 米,总吨 35403 吨,净吨 19826 吨,主机功率 10600 千瓦。2010 年 2 月 20 日,该轮放空自锦州港驶往舟山港,在马峙锚地清舱后拟到岱山县海舟修造船有限公司修船。2 月 27 日 20:20,该轮锚泊马峙锚地,右锚 7 节落水。2 月 28 日 12:00,二副与水手上驾驶台值班。14:00,锚位 29°54′.1N,122°14′.5E。15:30(原判笔误为 15:25),二副雷达且视觉发现左舷处距离约 1.3 海里有船驶来。15:35,发现"滨东山 35"轮继续航行,有接近趋势,用 VHF 联系要求宽让驶过,对方应答会安全驶过。15:40,发现"滨东山 35"轮朝左舷驾驶台

① http://www.ccmt.org.cn/showws.php? id=6609,下载日期:2014 年 8 月 14 日。

接近,遂鸣笛警告并 VHF 联系,再次要求宽让并报告船长。随后,船长上驾驶台,下令备车绞锚。15:41,左舷第 6 号压载舱与"滨东山 35"轮船首发生碰撞。

碰撞事故发生时,偏南风 6—7/8 级,落潮流,流速 0.5 节左右,能见度良好。

碰撞事故发生后,海南通利公司对"鑫通海"轮所受损坏进行了相应的修理。该院认定损失为:船舶修理费 602603 元,救生艇修复费 25782 元,清舱费 22000 元,船期损失 96000 元,合计 746385 元。

海南通利公司则主张"鑫通海"轮修理后,产生船体修理费 602603 元、救生艇修理费 25782 元、清舱费 22000 元、船期损失 192000 元(诉讼中变更为 323637 元)以及因处理碰撞事故发生的差旅费 15000 元。请求法院判令阿莱士公司赔偿各项损失合计 989022 元及该款自 2010 年 4 月 1 日至判决生效日止按中国人民银行同期贷款利率计算的利息。

原审法院审理认为,本案系船舶碰撞引起的损害赔偿纠纷。《海商法》第 169 条第 1 款、第 2 款规定,船舶发生碰撞,碰撞的船舶互有过失的,对碰撞造成的船舶及其他财产损失,各船按照过失程度的比例负赔偿责任;《海商法》第 168 条则规定,船舶碰撞是由于一船的过失造成的,由有过失的船舶负赔偿责任。本案碰撞事故发生在锚地水域,"鑫通海"轮作为锚泊船,已经显示锚泊号灯号型,发现情况时经与"滨东山 35"轮 VHF 联系后得到会安全驶过的肯定答复,并在事态进一步发展时采取了鸣笛警告、备车起锚等措施,对事故发生并无过失。"滨东山 35"轮作为在航船舶,锚地掉头时,本应充分考虑各种操纵要素并估计现实局面再进行适当操作,但其在收到锚泊的"鑫通海"轮的宽让警告并答复能安全驶过后,在实际操纵时对局面估计不足,操作不当,直接导致碰撞事故的发生,应对事故负全部责任。阿莱士公司关于"滨东山 35"轮当时舵机失灵主机车钟无应答,系失控船的抗辩未能提供证据予以证明,阿莱士公司关于"鑫通海"轮存在严重瞭望疏忽的抗辩,因"鑫通海"轮二副正在值班,已发现"滨东山 35"轮对本船的危险并与对方进行了沟通,并不存在瞭望疏忽,该抗辩亦不能成立。综上所述,该院认为,本案碰撞事故系因"滨东山 35"轮一船的过失所造成,"鑫通海"轮对事故发生并无过失,其因本次碰撞事故造成的损失 746385 元,应由"滨东山 35"轮的船舶所有人即阿莱士公司进行赔偿。依照《中华人民共和国海商法》第 168 条,《最高人民法院关于审理船舶碰撞纠纷案件若干问题的规定》第 4 条,《民事诉讼法》第 235 条、第 64 条第 1 款之规定,原审法院于 2011 年 4 月 7 日判决:阿莱士公司于判决生效后 15 日内赔偿海南通利公司 746385 元及该款自 2010 年 4 月 1 日起至判决确定的履行日止按中国人民银行同期贷款利率计算的利息;驳回海南通利公司的其余诉讼请求。如果未按判决指定的期限履行给付金钱义务,应当依照《民事诉讼法》第 229 条之规定,加倍支付迟延履行期间的债务利息。案件受理费 12370 元,增加诉讼请求后为 13690 元,由海南通利公司负担 3360 元,阿莱士公司负担 10330 元。

阿莱士公司不服原审判决,向本院提起上诉,请求二审法院:(1)依法改判海南通利公司承担 50%的碰撞责任;(2)依法改判因本次碰撞事故由阿莱士公司承担的赔偿数额。

根据双方当事人的上诉请求和理由以及书面答辩意见,本案二审审理的争议焦点是:(1)海南通利公司对船舶碰撞事故是否有责任;(2)海南通利公司的碰撞修理费和船期损失的金额。

针对争议焦点,本院分析认定如下:

(1)海南通利公司对船舶碰撞事故是否有责任

首先,关于船舶碰撞的事实认定。阿莱士公司上诉称原审法院认定的两船间距在"15:25"前面认定是 1.9 海里,后面又认定是 1.3 海里,前后矛盾。本院认为,原审法院对船舶碰撞所发生的事实认定主要系采信了舟山沈家门海事处出具的《水上交通事故调查报告》所形成。经本院核对《水上交通事故调查报告》,原审判决书中第 15 页最后一行处"15:25"系"15:30"之笔误。"鑫通海"轮 VHF 呼叫、鸣笛警告等事实,在《水上交通事故调查报告》中均有记载,阿莱士公司没有证据推翻海事调查报告记载的事实,阿莱士公司的该上诉理由不能成立。

其次,关于船舶碰撞的责任认定。阿莱士公司上诉认为"鑫通海"轮不应当只采取鸣笛警告的措施,在特殊情况下,根据《避碰规则》第 2 条第 2 款之背离规则,"鑫通海"轮有采取紧急避碰措施的义务。本院认为,阿莱士公司提出当时恶劣天气,"鑫通海"轮应当保持备车没有事实依据。"鑫通海"轮为在公共锚地的锚泊船,其根据《避碰规则》第 5 条已尽到保持正规瞭望的义务。"滨东山 35"轮作为在航船,是让路船,根据《避碰规则》第 7 条、第 30 条、第 35 条的规定,无法得出要求锚泊船主动避让的结论。海事调查报告系由海事行政部门依法调查作出,本案《水上交通事故调查报告》已认定阿莱士公司应当对船舶碰撞负事故全部责任,阿莱士公司没有事实证据和理由推翻该结论,故对阿莱士公司的该上诉请求不予支持。

(2)海南通利公司的碰撞修理费和船期损失的金额

阿莱士公司上诉认为根据《船舶保险检验报告》本次碰撞修理费应为406372元,原审认定的修理费602603元没有区分本次碰撞修理费和常规修理费。本院认为,《船舶保险检验报告》中的维修项目与原判认定基本一致,维修费用系估算所得,不足以否定碰撞后实际发生的修理费用。海南通利公司二审中提交的常规修理费发票及项目清单已证明碰撞修理费中不包括常规修理费用,故对《船舶保险检验报告》关于本次碰撞修理费为406372元的结论不予采信;关于"鑫通海"轮的船期损失,原审认定的金额96000元与《船舶保险检验报告》估算的金额96000元一致,阿莱士公司上诉认为海南通利公司一审庭审后又增加诉讼请求违反《最高人民法院关于民事诉讼证据的若干规定》。本院认为,海南通利公司诉讼中对船期损失的金额从19200元变更到323637元,仅是金额上的调整,没有影响到阿莱士公司的答辩,且原审对该金额也未予支持,阿莱士公司的该上诉理由亦不能成立。

综上所述,本院认为,本案为涉港船舶碰撞损害赔偿纠纷,可由碰撞发生地法院管辖,对于原审法院的管辖权以及确认的法律适用,当事人均无异议,本院予以确认。阿莱士公司上诉认为海南通利公司应承担50%责任及原审判决认定的损失数额错误的上诉主张,缺乏证据与理由,本院不予支持。原审判决认定事实清楚,适用法律正确。依照《民事诉讼法》第153条第1款第(1)项之规定,判决如下:

驳回上诉,维持原判。

二审案件受理费5820元,由上诉人阿莱士航运有限公司负担。

(二)厦门海事法院审理的南京长江油运公司诉福建省粮食海运公司海上雾航中船舶碰撞赔偿案

厦门海事法院审理的南京长江油运公司诉福建省粮食海运公司海上雾航中船舶碰撞赔偿案中,双方虽然都互有过失,但是因过失程度相当,应当平均承担赔偿

责任,本案案情梗概如下:①

1994 年 5 月 1 日 00:35,原告南京长江油运公司所属的"大庆 416"轮船位于北纬 26°19′09″、东经 120°39′01″,航向 210°,航速约 9.6 节;海面西南风 5—6 级,中浪,能见度小于 1 海里。原告船雷达观测发现被告福建省粮食海运公司所属"明隆"轮位于其船前方,在被告船右前方还有一艘不知名的北上"A"小船。原告用 VHF16 频道与"A"小船联系商定右舷会让,并向左转向。5 月 1 日 00:15,被告船 GPS 卫导仪船位于北纬 26°05′08″东经 120°27′0″,航向 030°,其雷达观测到船艏正前方至右舷 60°范围有四个目标回波(12 海里档量程)。被告船船长经雷达观测,判断其船艏正前方及右舷 10°左右两船均为南下船,航向约 210°左右,形成对遇局面;被告船右舷约 20°的回波为"A"小船,向北航行。被告船用 VHF16 频道与正前方约 7 海里的"扬子江 6 号"轮取得联系,双方同意左舷会让。00:25,位于"扬子江 6 号"轮左舷横距约 1.2 海里的"大庆 416"轮在"明隆"轮右舷约 12°,距离 4 海里,此时位于被告船右舷约 15°距离 1 海里的"A"小船回波舷角减小,被告船右转向,改航向为 60°,00:38 继续右转至航向 93°。00:43 被告船发现原告船方位变化甚小,距离减小,认为碰撞危险不可避免,00:44 采取右满舵,船艏向转到 128°。当原告船雷达观测到被告船回波已接近其右舷正横,仍继续以大于 90°的夹角逼近时,立即左满舵。约 00:45,两船发生碰撞,原告船船艏与被告船舯楼相撞,随后被告船船艉与原告船舯楼再次相撞。碰撞后,双方均作碰撞现场察看确认书,并由双方船长签字,双方对确认书均无异议。后原告南京长江油运公司诉至厦门海事法院请求被告福建省粮食海运公司赔偿其船舶修理费损失。

厦门海事法院审理认为:本案原、被告在能见度小于 1 海里的情况下进行雾航,双方仅依据雷达观测和 VHF 监听与联系进行避让行动;在海况复杂,有"A"小船横越时,原、被告双方均避让"A"小船,原告左舷避让,被告右舷避让,双方均忽略对《1972 年国际海上避碰规则》第 2 条第 1 项规定的遵守,并违反第 6 条关于安全航速和第 19 条第 3 项、第 4 项、第 5 项的规定。因此,原、被告双方对该起碰撞

---

① 最高人民法院中国应用法学研究所:《人民法院案例选》(海事·交通运输卷),中国法制出版社 2000 年版,第 379~381 页。

事故应各承担50%责任。

(三)宁波海事法院审理的威海强宇航运有限责任公司诉台州旺达渔业有限公司、郭文义船舶碰撞损害责任纠纷案

互有过失的船舶碰撞往往是由于船舶在航行时各自互相避让或协助避让的过程中的疏忽、错误所造成的。过失责任一经确定,并且过失与船舶的碰撞存在因果关系,那就意味着过失方对被碰船舶所受的损害必须承担经济上的赔偿责任。在本案中,碰撞一方因未持有船舶证书,且未按照标准定额配备适格船员,致使船舶并不具备安全航行基本条件,且在航行中未保持正规瞭望应当承担相应的责任;另一方也因存在瞭望疏忽、避让不及时,而对事故的发生负有过失。本案的民事判决书主要内容如下:①

原告:威海强宇航运有限责任公司(以下简称强宇公司)。

原告:阳光财产保险股份有限公司江苏省分公司(以下简称阳光保险公司)。

被告:台州旺达渔业有限公司(以下简称旺达公司)。

被告:郭文义。

原告强宇公司起诉称:2011年8月23日,原告所属的"恒盛188"轮装运小麦4800吨从江苏运往东莞,同年8月25日凌晨,在航经浙江台州海域时与被告所属的"浙台渔冷057"轮发生碰撞,导致"恒盛188"轮倾覆并沉没,原告因碰撞事故造成的损失包括但不限于"恒盛188"轮的抢险费、打捞费、防止油污费、船舶修理费、船舶停运损失等,因各项损失尚未最终确定,初步暂定损失为12000000元,两被告作为"浙台渔冷057"轮所有人,应向原告赔偿上述损失,故请求判令:(1)两被告连带赔偿原告损失人民币12000000元及利息(自2011年8月25日起按照中国人民银行同期贷款利率计算至判决生效之日);(2)由两被告承担本案全部诉讼费用及诉前保全费用;(3)确认原告的海事请求对"浙台渔冷057"轮具有船舶优先权。本案在审理过程中,原告先后多次变更诉讼请求,并在第三次庭审中明确其第一项诉讼请求为判令两被告连带赔偿原告损失人民币5225576元及利息(自2011年8月

---

① http://www.ccmt.org.cn/showws.php? id=7872,下载日期:2014年9月13日。

25日起按照中国人民银行同期贷款利率计算至判决生效之日），其余两项诉讼请求不变。

原告阳光保险公司起诉称：原告作为"恒盛188"轮的油污责任保险人，因涉案碰撞事故发生后，已根据被保险人原告强宇公司的指示，将保险赔偿金人民币1108800元直接支付给了宁波市镇海满洋船务有限公司春晓分公司，故依法提起代为请求赔偿的权利，要求被告旺达公司、郭文义赔偿损失人民币554400元及利息（按照中国人民银行同期贷款利率自2012年12月20日起计算至判决生效之日止），后原告增加诉讼请求，要求确认对"浙台渔冷057"轮具有船舶优先权。

就原告强宇公司的诉讼请求，被告旺达公司答辩称：(1)被告旺达公司并非涉案船舶所有人；(2)被告旺达公司与被告郭文义所达成的初步法律关系与本案碰撞事故也没有因果关系；(3)根据最高人民法院关于船舶碰撞的司法解释，明确了船舶的碰撞主体是船舶所有人，故原告将被告旺达公司列为被告是错误的，被告旺达公司并非适格的被告，不应承担任何责任。

就原告强宇公司的诉讼请求，被告郭文义答辩称：(1)就本案碰撞发生经过而言，"恒盛188"轮为让路船，"浙台渔冷057"轮为直行船，碰撞事故发生前"浙台渔冷057"轮已经进行了大幅度的转向，但"恒盛188"轮未进行变向，所以"恒盛188"轮应承担不低于80％的碰撞责任，故原告所讲的其只承担50％的责任违反事实；(2)对原告诉请的各项损失金额存在异议；(3)被告郭文义享有海事赔偿责任限制，按照"浙台渔冷057"轮的总吨位计算，被告享有128000的计算单位；(4)原告诉请的船舶优先权是不能成立的，根据海商法的规定，本案的事故为2011年8月23日，但原告至今未扣押"浙台渔冷057"轮，已经超出了一年的法定期间，丧失了船舶优先权。

就原告阳光保险公司的诉讼请求，被告旺达公司、郭文义共同答辩称：(1)原告诉请的费用没有客观依据，其所提供的证据无法证明发生涉案清污费用，清污费用的真实性、合理性均存在异议；(2)原告诉请要求确认对"浙台渔冷057"轮的优先权不符合船舶优先权的条件；(3)被告旺达公司不是"浙台渔冷057"轮所有权人，不应承担赔偿责任；(4)被告郭文义享有海事赔偿责任限制。

法院认定事实如下："恒盛188"轮，船舶所有权人强宇公司，干货船，2007年2

月 7 日建造,总吨 2734 吨,净吨 1531 吨。2011 年 8 月 23 日 21:20,该轮装载 4800 吨小麦由江苏靖江开往广东东莞,8 月 25 日 04:40,该船船位 28°18′.277N,121°54′.212E,航向 213 度,航速 9.5 节,"恒盛 188"轮大副吴标通过雷达发现"浙台渔冷 057"轮,位于"恒盛 188"轮右舷约 37 度,两船相距约 2.8 海里。"恒盛 188"轮用高频呼叫对方船,要求其不要穿越本船船首,"浙台渔冷 057"轮无应答,"恒盛 188"轮按计划航线航行,04:45,"恒盛 188"轮船位 28°17′.650N,121°53′.717E,航向 213 度,航速 9.3 节,"浙台渔冷 057"轮位于"恒盛 188"轮右舷约 38 度,两船相距约 1.4 海里。"恒盛 188"轮大副吴标发现汽笛不能发声,改用探照灯照射提醒对方注意。04:50,"恒盛 188"轮航向 210 度,航速 9.3 节,两船相距约 0.2 海里。"恒盛 188"轮大副吴标下令左满舵。约 04:53,"恒盛 188"轮航向 161 度,航速 6.5 节,"浙台渔冷 057"轮船艏撞击到"恒盛 188"轮船艏右舷,碰撞位置为 28°16′.6N,121°53′.0E。碰撞发生后,"恒盛 188"轮发现船舶艏尖舱进水,启用一台水泵排水,并报台州市海上搜救中心,"浙台渔冷 057"轮并靠"恒盛 188"轮右舷。约 05:30,"恒盛 188"轮左倾,船长及船员全部转移到"浙台渔冷 057"轮,"浙台渔冷 057"轮建议"恒盛 188"轮就近冲滩。约 05:40,船长、大副等 7 名船员返回"恒盛 188"轮,并在"浙台渔冷 057"轮的护航下往洛屿西北方向航行。07:00,"恒盛 188"轮左倾 17°—18°,船长下令弃船,7 名船员重新转移至"浙台渔冷 057"轮,"恒盛 188"轮倾覆漂移。

"浙台渔冷 057"轮,船舶所有人被告郭文义,挂靠被告旺达公司经营,冷藏运输船,2011 年 6 月 17 日建造完工,船长 55.98 米,型宽 9.6 米,型深 4.6 米,总吨 986 吨,最大航速 11.5 节。2011 年 8 月 25 日 03:30,该轮自温岭礁山放空驶往外海接鲜。04:40,该轮船位 28°17′.065N,121°50′.946E,航向 86 度,航速 9 节。04:45,该轮船位 28°16′.966N,121°51′.793E,航向 97 度,航速 9.2 节。约 04:49,该轮船位 28°16′N,121°52′.5E,航向 104 度,航速 9.3 节,发现"恒盛 188"轮的绿灯,"浙台渔冷 057"轮拉一长声汽笛后改用短声,并用高频呼叫对方船,"恒盛 188"轮无应答。"浙台渔冷 057"轮采取减速措施并小角度右转避让。04:53,"浙台渔冷 057"轮船艏撞击到"恒盛 188"轮船艏右舷,碰撞当时,"浙台渔冷 057"轮航向约 120 度,航速约 6.4 节。碰撞后,"浙台渔冷 057"轮因惯性作用与"恒盛 188"轮并靠一起,后"恒盛 188"轮接受"浙台渔冷 057"轮冲滩建议,两船分开,"浙台渔冷 057"轮跟随"恒盛 188"轮实施护航。

法院另查明,"浙台渔冷 057"轮于 2011 年 8 月 31 日取得中华人民共和国浙江渔业船舶检验局台州检验处颁发的渔业船舶临时航行安全证书,该轮于碰撞事故发生当时未按照标准定额配备适格船员,且未持有任何船舶证书。

法院认为,本案系船舶碰撞引起的损害赔偿纠纷,根据《海商法》第 169 条第 2 款的规定,船舶发生碰撞,碰撞的船舶互有过失的,对碰撞造成的船舶及其他财产损失,各船按照过失程度的比例负赔偿责任。"恒盛 188"轮作为交叉局面的让路船,在发现"浙台渔冷 057"轮后,继续保速保向航行,并要求对方船舶避让,"恒盛 188"轮未对已发现的异常情况保持应有的谨慎并运用良好的船艺进行观察和判断,违反《1972 年国际海上避碰规则》第 15 条,未切实履行让路船的义务,对局面和避让义务判断失误。"恒盛 188"轮未能及时察觉两船会遇的紧迫情况,对碰撞危险局面估计不足,直至碰撞前约 3 分钟方采取行动,违反《1972 年国际海上避碰规则》第 5 条、第 16 条的规定,存在瞭望疏忽、避让不及时,应对事故的发生承担责任。而"浙台渔冷 057"轮未持有船舶证书,且未按照标准定额配备适格船员,该轮并不具备安全航行的基本条件,违反《海上交通安全法》第 6 条的规定。"浙台渔冷 057"轮在航行中未保持正规瞭望,直至碰撞发生前 4 分钟才发现"恒盛 188"轮,存在瞭望疏忽,违反《1972 年国际海上避碰规则》第 5 条的规定。"浙台渔冷 057"轮作为交叉局面中的直航船,发现让路船后未按照避碰规则的要求采取适当的行动,违反《1972 年国际海上避碰规则》第 17 条第 1 款第 2 项的规定。综上所述,本院酌定"恒盛 188"轮与"浙台渔冷 057"轮在本次船舶碰撞事故中的过失责任比例为 50%:50%。原告强宇公司的损失总额为 10213802 元,原告阳光保险公司的损失总额为 1108800 元,被告应分别承担 10213802 元×50%＝5106901 元、1108800元×50%＝554400 元。关于原告强宇公司诉请的利息损失,依照最高人民法院《关于审理船舶碰撞和触碰案件财产损害赔偿的规定》关于"损失利息从损失发生之日或者费用产生之间起计算至判决或调解指定的应付之日止,按本金性质的同期利率计算"的规定,应从事故发生日即 2011 年 8 月 25 日起算并按中国人民银行公布的贷款利率计算。关于原告阳光保险公司主张的利息,起算时间合理,标准适当,法院予以支持。被告郭文义将"浙台渔冷 057"轮挂靠被告旺达公司经营,"浙台渔冷 057"轮在涉案事故发生当时并未按照标准定额配备适格船员,且亦未持有任何船舶证照,被告旺达公司作为挂靠公司,未尽必要的监督管理义务,理应对涉案碰撞事故造成的损失承担连带责任。

(四)上诉人格德船务有限公司诉被上诉人叶才定、岱山㧬鱼人渔业专业合作社船舶碰撞损害责任纠纷案

在船舶撞碰中,未遵守海上避碰规则造成碰撞事故紧迫局面的过失是判定责任大小的主要标准;在碰撞前一瞬间双方企图避免碰撞的发生而采取的紧急避碰措施,不论其正确与否,在衡量责任大小时仅属次要标准。在本案中,被上诉人所属的"浙岱渔 15366"轮严重瞭望疏忽,未及时发现前方锚泊船舶,且在面临碰撞危险局面时基本保速保向,违反了《1972 年国际海上避碰规则》第 5 条、第 6 条的规定。上诉人所属的"威尼斯桥"轮选择的锚泊位置为非正式规划锚地,且处于渔船密集进出航路,对过往船舶航行安全产生影响。对碰撞事故的发生,两船均有过失,综合两船导致事故发生的过错大小,法院认定,两船的过失责任比例为"浙岱渔 15366"轮承担 90%的主要责任、"威尼斯桥"轮承担 10%的次要责任。以下是浙江省高级人民法院 (2014)浙海终字第 41 号民事判决书的主要内容:①

上诉人(原审原告):格德船务有限公司(G. O. D. SHIPPINGS. A).

被上诉人(原审被告):叶才定。

被上诉人(原审被告):岱山㧬鱼人渔业专业合作社。

上诉人格德船务有限公司(以下简称格德公司)为与被上诉人叶才定、岱山㧬鱼人渔业专业合作社(以下简称渔业合作社)船舶碰撞损害责任纠纷一案,不服宁波海事法院(2013)甬海法事初字第 34 号民事判决,向本院提出上诉。本院于2014 年 3 月 13 日受理后,依法组成合议庭,于同年 4 月 15 日公开开庭审理了本案。本案现已审理终结。

原审法院经审理查明:"威尼斯桥"轮系格德公司所有,船旗国为巴拿马,船舶

---

① http://www.ccmt.org.cn/showws.php? id=8571,下载日期:2014 年 9 月 15 日。

种类为货船,54519 总吨。"浙岱渔 15366"轮系叶才定所有,船旗国为中国,船舶种类为捕捞渔船,122 总吨。渔业合作社负责"浙岱渔 15366"轮船舶办证、贷款等事务。2013 年 1 月 22 日 12:30,"威尼斯桥"轮由上海洋山港开航,空载,当日 15:48 船舶驶抵衢山鼠浪湖岛南侧水域抛锚,锚位 30°21′18″N、122°29′12″E。船舶锚泊前及锚泊后均未向相关港口管理机关报告。此后,船舶保持锚泊待命状态至碰撞事故发生。2013 年 1 月 24 日 07:15,"浙岱渔 15366"轮由浙江省岱山县高亭港开航,由船长叶才定负责操纵船舶航行,雷达 1 台开启,3 海里档,中心显示,"卫导"(具有电子海图、AIS 显示功能)1 台开启。08:08 左右,船舶驶出岱山水道,雷达供电系统故障后关闭。08:08—09:00,船舶沿东北方向向外海手操舵航行。09:00,船位 30°20′23″N、122°23′51″E,航向 072°,航速 8.4 节,距离"威尼斯桥"轮 4.8 海里,方位 078°。09:00—09:30,船舶沿东北偏东方向向外海航行,航向不定,平均约 075°,航速约 9 节,航行期间,船长与附近通航渔船高频联络商讨捕鱼事宜,并进行维修雷达供电系统的工作。09:10,船位 30°20′46″N、122°25′21″E,航向 083°,航速 8.7 节,距离"威尼斯桥"轮 3.5 海里,方位 067°。09:20,船位 30°21′05″N、122°27′20″E,航向 080°,航速 9 节,距离"威尼斯桥"轮 2 海里,方位 067°。此时"威尼斯桥"轮船长在雷达上观测到"浙岱渔 15366"轮向本船靠近,距离约 2 海里。09:30,"浙岱渔 15366"轮船位 30°21′25″N、122°28′37″E,航向 073°,航速 9.8 节,距离"威尼斯桥"轮 0.4 海里,方位 068°。09:31,"威尼斯桥"轮鸣放号笛提醒警告。09:32,"浙岱渔 15366"轮船艏与"威尼斯桥"轮右舷船舯附近碰撞,夹角约 80°。碰撞造成"威尼斯桥"轮右舷船舯水线上约 3 米处船体外板破损。

事故发生后,舟山岱山海事处出具事故调查报告,认定"浙岱渔 15366"轮承担事故主要责任,"威尼斯桥"轮承担事故次要责任。"威尼斯桥"轮于 2013 年 1 月 30 日至 2 月 6 日在浙江东邦修造船有限公司进行修理,支出修理费 150000 美元。因碰撞事故导致"威尼斯桥"轮船舶检验费支出 2403 美元、港务费支出 18983 美元、为处理事故产生合理交通费人民币 10000 元、合理的停租损失人民币 300000 元。

另查明,格德公司于 2013 年 3 月 19 日向原审法院提出诉前财产保全申请,要求禁止"浙岱渔 15366"轮的船舶所有人转让、抵押、光船租赁该轮,该院裁定予以准许。格德公司支出诉前财产保全申请费人民币5000元。

格德公司于2013年5月2日向原审法院提起诉讼,请求判令:(1)叶才定、渔业合作社连带赔偿格德公司因碰撞产生的损失人民币1000000元及该款自2013年1月24日起至判决生效之日止按照中国人民银行同期贷款利率计算的利息;(2)叶才定、渔业合作社承担格德公司支付的诉前保全申请费人民币5000元。

原审法院审理认为,本案系涉外船舶碰撞引起的损害责任纠纷,碰撞事故发生地为中国浙江海域,根据《民事诉讼法》第265条的规定,原审法院对本案具有管辖权。双方当事人均主张适用中国法律,且碰撞事故发生地在中国,故依照《涉外民事关系法律适用法》第3条、第44条的规定,本案适用中华人民共和国法律。

依照《海商法》第169条第1款的规定:"船舶发生碰撞,碰撞的船舶互有过失的,各船按照过失程度的比例负赔偿责任;过失程度相当或者过失程度的比例无法判定的,平均负赔偿责任。"叶才定所属的"浙岱渔15366"轮严重瞭望疏忽,未及时发现前方锚泊船舶,且在面临碰撞危险局面时基本保速保向,违反了《1972年国际海上避碰规则》第5条、第6条的规定。叶才定在事故发生前从事与值班无关的事项,未能全面履行航行值班职责,违反了《农业部渔业船舶航行值班准则(试行)》第3条第(5)项的规定。格德公司所属的"威尼斯桥"轮选择的锚泊位置为非正式规划锚地,且处于渔船密集进出航路,对过往船舶航行安全产生影响。对碰撞事故的发生,两船均有过失,综合两船导致事故发生的过错大小,原审法院认定,两船的过失责任比例为"浙岱渔15366"轮90%、"威尼斯桥"轮10%。格德公司损失合计人民币1378999元(美元兑人民币汇率按照起诉之日的汇率6.2082计算),叶才定应按责任比例承担人民币1241099元。格德公司主张的金额为人民币1000000元,低于叶才定应承担的金额,系格德公司主动放弃权利。格德公司主张的利息损失,原审法院按照中国人民银行同期贷款利率标准自起诉之日起予以保护。

关于渔业合作社是否为责任主体。格德公司认为,渔业合作社是船舶的实际管理人和受益人,应承担连带赔偿责任。渔业合作社辩称其仅是船舶的管理服务单位,不应对碰撞事故承担责任。该院认为,《最高人民法院关于审理船舶碰撞纠纷案件若干问题的规定》第4条规定,船舶碰撞产生的赔偿责任由船舶所有人承担,碰撞船舶在光船租赁期间并经依法登记的,由光船承租人承担。渔业合作社不是船舶所有人,也没有证据证明其参与船舶经营,故认定渔业合作社无须对碰撞事故承担赔偿责任,叶才定作为船舶所有人应承担赔偿责任。

关于叶才定能否享受海事赔偿责任限制。格德公司认为,叶才定的船舶雷达存在故障,其过错行为导致了涉案事故的发生,故不应享受海事赔偿责任限制。叶才定辩称,依照《海商法》及交通运输部《关于不满 300 总吨船舶及沿海运输、沿海作业船舶海事赔偿限额的规定》,其有权享受海事赔偿责任限制。原审法院认为,事故调查报告认定"浙岱渔 15366"轮严重瞭望疏忽,值班人员未履行船舶航行值班职责是事故发生的原因,格德公司没有证据证明引起的损失是由于叶才定故意或明知可能造成损失而轻率的作为或不作为,其主张叶才定不应享受海事赔偿责任限制,证据和理由均不充分,不予支持。关于"浙岱渔 15366"轮的海事赔偿责任限额,双方当事人均确认为 78000 特别提款权,其人民币数额为本判决作出之日(2014 年 1 月 16 日)按照国家外汇行政主管机关规定的国际货币基金组织的特别提款权对人民币的换算办法计算得 730012 元。

综上所述,格德公司船舶在事故中受损,损失合理部分,予以支持。叶才定主张海事赔偿责任限制,符合法律规定,格德公司主张的各项损失均属于限制性债权,叶才定有权享受责任限制。依照《海商法》第 169 条第 1 款、第 204 条、第 207 条第 1 款第(1)项、第 212 条,《民事诉讼法》第 64 条第 1 款、第 144 条、第 259 条之规定,判决如下:(1)叶才定于判决生效后 10 日内支付格德公司损失人民币 100 万元及该款自 2013 年 5 月 2 日起至判决确定的履行之日止按照中国人民银行同期贷款利率计算的利息,上述款项在叶才定享有的海事赔偿责任限额人民币 730012 元内受偿;(2)驳回格德公司的其余诉讼请求。如果未按判决指定的期限履行给付金钱义务,应当依照《民事诉讼法》第 253 条之规定,加倍支付迟延履行期间的债务利息。本案一审案件受理费人民币 13800 元,由格德公司负担 3726 元,叶才定负担 10074 元。

格德公司不服原审判决,向本院提出上诉称:(1)原判认可舟山岱山海事处出具的《水上交通事故调查报告》,并据以认定碰撞事实,且进一步认定"威尼斯桥"轮对碰撞事故的发生有过失,过失责任比例为 10%,该认定有误。(2)原判认定渔业合作社不需承担责任错误。(3)原判未认定因碰撞后漏油而发生的罚款系船舶碰撞损失错误。(4)原判认定"浙岱渔 15366"轮可以享受责任限制有误。请求:撤销原判,改判"浙岱渔 15366"轮对碰撞事故承担全部责任,格德公司因船舶碰撞损失总计人民币 1443998 元,渔业合作社与叶才定就船舶碰撞损失在诉请的人民币 100 万元及利息范围内承担连带赔偿责任。

叶才定、渔业合作社未提交书面答辩状,其在庭审中共同答辩称:(1)原判认定叶才定承担 90%责任已是主要责任中最高比例,本案事故责任双方三、七分较为合理。(2)渔业合作社对渔船是管理服务,原审法院了解基层情况,作出的认定是正确的。(3)涉案船舶能否享受海事赔偿责任限制有相关法律规定。请求驳回上诉,维持原判。

在二审中,格德公司向本院提交了两组证据材料:(1)国家海事局授权出版的《中国朝鲜韩国黄海北部及渤海》海图、《中国东海舟山群岛马鞍列岛至岱山岛》海图、《中国东海舟山群岛及附近》海图,拟证明海图上对禁止船舶航行水域明确标出"禁止航行"字样,对禁渔、禁止锚泊水域明确标有禁渔、禁锚图案,在"威尼斯桥"轮的锚泊处,海图上并未标明禁止锚泊或禁止航行,故"威尼斯桥"轮在该处锚泊无任何过错。(2)上海海事大学出具的《"威尼斯桥"轮和"浙岱渔 15366"轮船舶碰撞案相关的 AIS 数据和航海技术分析报告》,拟证明"威尼斯桥"轮锚泊之处经常有商船锚泊,并非船舶习惯航路,具有足够水域供商船和渔船安全航行,而事故当时"浙岱渔 15366"轮没有任何减速或改向迹象,直至碰撞发生。

叶才定、渔业合作社对格德公司提交的证据真实性未持异议,但认为不能证明叶才定应承担 100%的责任,原判认定 90%的责任已经太高。

叶才定、渔业合作社向本院提交了四组证据材料:(1)岱山县岱东镇人民政府出具的《证明》,拟证明渔业合作社职能和业务范围是管理渔业和服务渔民,没有从事渔业生产和经营。(2)岱山县海洋与渔业局出具的《证明》,拟证明渔船属于渔民所有,合作社无权处置渔船的财产,也不享受或承担渔船的渔业生产收益和亏损。(3)"浙岱渔 15366"轮《渔业船舶所有权证书》《渔业船舶登记证书》,拟证明涉案船舶所有权属于叶才定个人。(4)《渔业合作社组织机构代码证》《农民专业合作社法人营业执照》,拟证明合作社是非营利组织,不属于企业法人,其经营范围不包括进行渔船生产经营。

格德公司对叶才定和渔业合作社提交的证据质证认为:对证据的真实性均无异议,但不同意证据(1)(2)的证明目的,镇政府和渔业局对本案事实并不了解,出具的证明没有事实依据。对证据(3)(4)无异议。

本院对双方当事人提交的证据经审核认为:双方当事人对证据的真实性均不持异议,本院予以确认,对证据的证明力,将结合本案其他事实予以综合认定。

经审理,本院对原判查明的事实予以确认。

本院认为,格德公司系在巴拿马共和国注册成立的公司,本案属于涉外船舶碰撞损害责任纠纷。本案碰撞事故发生在我国境内,依照《涉外民事关系法律适用法》的规定,应适用中华人民共和国法律。原审法院对本案予以管辖及适用中华人民共和国法律审理本案正确,本院予以确认。

【延伸阅读】

1.《1972 年国际海上避碰规则公约》

最早的航行规则是根据人们的航海经验和长期形成的习惯组成的,但各国并无统一的习惯,英国和地中海、西欧及北欧的沿海国家各有各的习惯。本国的习惯不能运用于他国的水域,所以发生事故后,无法作出一致的结论。后来,经营航运业和驾驶的人员集中协商讨论,统一欧洲各国的航行规则,这就是国际海上避碰规则的由来。

1910 年国际上正式公布了《海上避碰规则》。经过长期航行经验的总结和对规则的修改,1948 年起采用修订的规则。1960 年到 1972 年又根据当时的需要,两次对规则进行了修改,经过修改的新规则代替了旧的规则。现在国际上通行的是《1972 年国际海上避碰规则》。

《1972 年国际海上避碰规则公约》于 1977 年 7 月 15 日生效,我国政府于 1980 年 1 月 5 日向政府间海事协商组织(IMCO)秘书长交存了认可的文件,成为该公约的缔约国。1981 年 11 月 19 日,在政府间海事协商组织第 12 次大会上通过了《1972 年国际海上避碰规则修正案》。根据《1972 年国际海上避碰规则公约》第 6 条第 4 款的规定,因在 1982 年 6 月 1 日前没有 1/3 的缔约方通知海协反对该修正案,所以,《1972 年国际海上避碰规则修正案》于 1982 年 6 月 1 日正式生效。

海上避碰规则主要是关于船舶避碰技术方面的国际规则,内容不涉及因碰撞而发生的责任问题。但当船舶发生碰撞事故后,它是判定碰撞双方责任的基本依据。

《1972年国际海上避碰规则》的主要内容如下:

(1)瞭望:每一船舶应经常用视觉、听觉以及适合当时环境和情况下一切有效手段保持正规的瞭望,以便对局面和碰撞危险作出充分的估计。

(2)安全航速:每一艘船舶在任何时候均应用安全航速行驶,以便能采取适当而有效的避碰行动,并能在适合当时环境和情况的距离以内把船停住。安全航速并无固定的限制,而是根据实际情况采取适当的航速作为避免碰撞的手段。在决定安全航速时,应考虑以下各方面的因素:能见度情况;通航密度,包括渔船或者任何其他船舶的密集程度;船舶的操纵性能,特别是当时情况下的冲程和旋回性能;夜间出现的背景亮光,诸如来自岸上的灯光或本船灯光的反向散射;风、浪和水流的状况以及靠近航海危险物的情况;吃水与可用水深的关系。

(3)碰撞危险:每一船舶应用适合当时环境情况的一切有效手段断定是否存在碰撞危险,如果有任何怀疑,则应认为存在这种危险。在断定是否存在碰撞危险时,如果来船的罗经方位没有明显的变化,则应认为存在这种危险;即使来船的罗经方位有明显的变化,有时也可能存在这种危险,特别是在驶近一艘很大的船舶或拖带船组时,或者是在近距离驶近他船时,更是如此。

(4)避免碰撞的行动:为避免碰撞所采取的任何行动,如果当时的环境许可,这种行动应该是积极地,并应及早地进行和注意运用良好的船艺。为避免碰撞而作的航向和(或)航速的任何变动,如果当时的环境许可,应大得足以使它船用视觉或雷达观察时容易觉察到,就是说应避免对航向和(或)航速作一系列的小变动,使它船难以觉察本船的意图。

(5)狭水道:船舶沿狭水道或航道行驶时,只要安全可行,应尽量靠近本船右舷的该水道或航道的外缘行驶。任何船舶如果当时的环境许可,都应避免在狭水道内锚泊。

(6)帆船:两艘帆船相互驶近致有构成碰撞危险时,如果两船在不同舷受风,左舷受风的船应给他船让路;如果两船在同舷受风时,上风船应给下风船让路;如果左舷受风的船看到在上风的船而不能断定究竟该船是左舷受风还是右船受风,则应给该船让路。另外规则对帆船还作了相当高的技术要求。国际公约对帆船的技术要求,我国声明保留,并根据我国的具体情况,对帆船的行驶另行作出规定,以便本国帆船遵守。

(7)追越:一船正从他船正横后大于22.5度的某一方向赶上他船时,即该船对其所超越的船所处位置,在夜间只能看见被追越船的尾灯而不能看见它的任一舷灯时,应认为是在追越中。当一船对其是否在追越他船有任何怀疑时,该船应假定是在追越,并应采取相应的行动。

(8)对遇局面:当两艘机动船在相反的或接近相反的航向上相遇致有构成碰撞危险时,各应向右转向,从而各从他船的左舷驶过。当一船对是否存在这样的局面有任何怀疑时,该船应假定确实存在这种局面,并应采取相应的行动。

(9)交叉相遇局面:当两艘机动船交叉相遇致有构成碰撞危险时,有他船在本船右舷的船舶应给他船让路;如果当时环境许可,还应避免横越他船的前方。

(10)船舶在能见度不良时的行动规则:每一船舶应以适合当时能见度不良的环境和情况的安全航速行驶。

(11)船长在遇上危急(Immediate Danger)时才可以违反避碰规则,也就是说当船舶的碰撞已经不可避免时,才可以采取违反避碰规则的措施以降低损害程度。

《1972年国际海上避碰规则》与《1960年国际海上避碰规则》相比,增加了以下两个方面的新内容:

(1)关于灯号的规定,原规则规定灯号的使用仅限于日落到翌日的日出为限,1972年规则改为可以全天使用,白昼也可以使用灯号。原规则对灯光的强度未作具体的规定,1972年规则根据现有的科学水平,规定了灯光的强度,以便远距离的船舶除去听到声号外,还能看见灯号,尽早采取避碰措施。

(2)在船舶往来频繁的海峡、经常发生事故的水域,采取"分道通航制",使往来船舶各按规定的航道行驶,避免发生碰撞。在实行分道通航制的区域中,船舶应该遵守以下规则:在相应的通航分道内顺着该分道的船舶总流向行驶;尽可能让开通航分隔线或分隔带,通常在通航分道的端部驶进或驶出,但从分道的任何一侧驶进或驶出时,应与分道的船舶总流向形成尽可能小的角度;船舶应尽可能避免穿越通航分道,但如果不得不穿越时,应尽可能与分道的船舶总流向成直角穿越。

2.《1910 年统一船舶碰撞若干法律规定的国际公约》(简称《1910 年船舶碰撞公约》)

本公约是 1910 年 9 月 23 日在布鲁塞尔举行的第 3 次海洋法外交会议上签订的,1913 年 3 月 1 日起生效。目前,公约已成为有关船舶碰撞方面最重要的国际公约,得到较普遍的承认和接受,因而在国际社会形成了较为统一的船舶碰撞的法律制度。我国于 1994 年加入了该公约,我国《海商法》关于船舶碰撞的规定就是参照该公约制定的。本公约的主要内容有:

(1)适用范围。公约第 1 条规定,在海船之间或海船与内河船舶之间发生碰撞,使船舶或船上财物、人身遭受损害所引起的赔偿,不论碰撞发生在任何水域,都应按本公约的规定处理。第 11 条规定,本公约不适用于军事舰艇或专门用于公务的政府船舶。此外,第 12 条还规定,如果在某一案件中,有关的船舶都属于缔约国,或者在本国法律所规定的任何其他情况下,本公约的规定适用于全体利害关系人,但是:其一,对属于非缔约国的利害关系人,每一个缔约国都可以在互惠条件下适用本公约的规定;其二,如果全体利害关系人和受理案件的法院属于同一个国家,应该适用国内法,而不适用本公约。

(2)船舶碰撞赔偿责任的划分。公约第 2 条、第 3 条及第 4 条规定,船员无过失造成的碰撞损失,根据"天灾自负"的原则,由遭受者自己承担;单方过失造成的船舶碰撞损失由过失方负担;双方或多方过失造成的船舶碰撞损失,依各船过失程度比例分担。

(3)诉讼时效。公约规定损害赔偿的请求权时效为两年,自事故发生之日起计算;负连带责任的偿还请求权时效为一年,从应给付之日起计算。

(4)碰撞后的救助责任。公约第 8 条规定,碰撞事故发生之后,相碰撞船舶的船长在对本船舶和船员、旅客没有严重危险的情况下,应采取措施尽力救助对方船舶及船上船员和旅客。船长还应尽可能将其船名、船籍港、出发港和目的港通知他船。

3.1952 年《统一船舶碰撞中民事管辖权方面若干规定的国际公约》

1952 年 5 月 10 日在布鲁塞尔举行的第九次海洋法外交会议上通过了《统一船舶碰撞中民事管辖权方面若干规定的国际公约》,批准这个公约的国家不多,对国际航运界影响不大。

公约规定下列法院对船舶碰撞案件具有民事管辖权：

(1)被告经常居住地或营业地法院；

(2)执行扣船地或提出担保地法院；

(3)碰撞事故发生地法院；

(4)双方当事人协议的管辖法院。

公约规定，一个碰撞案件同时有两个或两个以上的法院享有管辖权时，原告有权选择由哪一个法院管辖。

我国不是本公约的参加国。我国《民事诉讼法》第 31 条规定："因船舶碰撞或者其他海事损害事故请求损害赔偿提起的诉讼，由碰撞发生地、碰撞船舶最初到达地、加害船舶被扣留地或者被告住所地人民法院管辖。"我国《海事特别程序法》第 6 条第 1 项规定："因海事侵权行为提起的诉讼，除依照《民事诉讼法》第 29 条至第 31 条的规定以外，还可以由船籍港所在地海事法院管辖。"

由于我国设立了海事法院，因而上述规定应该理解为，因船舶碰撞或其他海损事故造成损害，原告提起损害赔偿之诉的，下列海事法院均有管辖权：

(1)碰撞发生地的海事法院、受害船舶在受害后最初到达地的海事法院；

(2)加害船舶碰撞受害船舶后继续航行，在航行中被扣留，不论事故是否发生在被扣留地海事法院辖区内，被扣留地的海事法院均有管辖权；

(3)被告住所地的海事法院，这通常就是加害船舶的船籍港所在地海事法院。

第二节　船舶碰撞损害赔偿

【知识背景】

船舶损害赔偿的基本法律问题

(一)对船舶和货物的损害赔偿

虽然《1910 年碰撞公约》和我国《海商法》并未就船舶碰撞损害赔偿的原则、范围和计算作出规定,但是最高人民法院根据《民法通则》和《海商法》的有关规定,结合我国海事审判实践并参照国际惯例,制定并于 1995 年发布的《关于审理船舶碰撞和触碰案件财产损害赔偿的规定》(以下简称《碰撞损害赔偿规定》),对审理船舶碰撞和触碰案件的财产损害赔偿作了特别规定。

1. 赔偿原则

(1)恢复原状。《碰撞损害赔偿规定》第 2 条规定:"赔偿应尽量达到恢复原状,不能恢复原状的折价赔偿。"该条规定就是对"恢复原状原则"的确立。恢复原状是我国"民法通则"第 134 条规定的承担民事责任的方式之一,各国几乎都采用了该项原则。根据 1985 年《碰撞损害赔偿公约草案》第 3 条的规定,"恢复原状"是指"损害赔偿应使受害方尽量接近受害事故发生前的状况"。《1987 年里斯本规则》的规则 D 也有类似的解释。因此,这项原则不仅仅是民法意义上物质形态的原状的恢复,而通常体现为对受害方的金钱补偿。原因是某些受损财产本身是不可能恢复的,只能通过经济赔偿给予弥补。

(2)直接损失赔偿原则。《碰撞损害赔偿规定》第 1 条第 1 款确立了碰撞直接造成的损害方可追偿的原则,并明确了直接损失的范围。

(3)受害方尽力减少损失原则。《碰撞损害赔偿规定》第 1 条第 2 款通过排除赔偿受害方未合理减少而扩大的损失以确立该项原则。据此,当船舶发生碰撞后,受害船应尽力采取合理措施,将损失控制在最小的范围之内。例如,船舶碰撞后须入坞修理,船东不就近修理,而选择另一距离遥远且修理费更高的地点修理,因此而扩大的费用,加害方有权拒赔。

2. 赔偿的范围和计算方法

(1)船舶的损害赔偿范围和计算方法。当发生船舶碰撞时,可能是造成船舶的全损,也可能是造成船舶的部分损害。对船舶全损的赔偿范围包括:船舶价值损失和未包括在船舶价值内的船舶上的燃料、物料、备件、供应品、渔船的捕捞设备、网具、渔具等损失,此外,还应包括船员工资、遣返费及其他合理费用。对船舶部分损害的赔偿范围包括:合理的船舶临时修理费、永久修理费及辅助费用、维持费用。船舶应就近修理,除非请求人能证明在其他地方修理更能减少损失和节省费用,或者其他合理的理由。如果船舶经临时修理可继续营运,受害人有责任进行临时修理。船舶碰撞部位的修理,同受害人为保证船舶适航,或者因另外事故所进行的修理,或者与船舶例行的检修一起进行时,赔偿仅限于本次船舶碰撞的受损部位所需的费用和损失。无论船舶是全损还是部分损害,在碰撞案件中,对船舶的损害赔偿都还应包括以下费用和损失的赔偿:合理的救助费,沉船的勘查、打捞和清除费用,设置沉船标志费用;拖航费用,本航次的租金或者运费损失,共同海损分摊;合理的船期损失;其他合理的费用。

船舶价值损失的计算,以船舶碰撞发生地当时类似船舶的市价确定;碰撞发生地无类似船舶市价的,以船舶船籍港类似船舶的市价确定,或者以其他地区类似船舶市价的平均价确定;没有市价的,以原船舶的造价或者购置价,扣除折旧(折旧率按年 4%～10%)计算;折旧后没有价值的,按残值计算。船舶被打捞后尚有残值的,船舶的价值应扣除残值。

在船舶碰撞中,船期损失也应当列入赔偿的范围。船期损失期限的计算,船舶全损的,以找到替代船所需的合理时间为限,但最长不得超过两个月;船舶部分损害的修船期限,以实际修复所需的合理时间为限,其中包括联系、住坞、验船等所需的合理时间;渔业船舶,按上述期限扣除休渔期为限,或者以一个鱼汛期为限。对于船期损失,一般以船舶碰撞前后各两个航次的平均盈利计算;无前后两个航次可参照的,以其他相应航次的平均净利润计算;渔船鱼汛损失,以该渔船前三年的同期鱼汛平均净收益计算,或者以本年内同期同类渔船的平均净收益计算。计算鱼汛损失时,应当考虑到碰撞渔船在对船捕鱼作业或者围网灯光捕鱼作业中的作用等因素。

船舶碰撞导致期租合同承租人停租或者不付租金的,租金损失额,以停租或者不付租金额,扣除可省的费用计算。因货物灭失或者损坏导致到付运费损失的,运费损失额,以尚未收取的运费金额扣除可节省的费用计算。

船舶价值损失的利息,从船期损失停止计算之日起至判决或者调解指定的应付之日止。其他各项损失的利息,从损失发生之日或者费用产生之日起计算至判决或者调解指定的应付之日止。利息按照本金性质的同期利率计算。

《1910 年船舶碰撞公约》第 4 条第 2 款规定:"船舶或其所载货物,或船员、旅客或船上其他人员的行李或财物所受的损害,应由过失船舶按上述比例承担。即使对于第三者的损害,一艘船舶也不承担较此种损害比例为多的责任。"也就是说,如果甲、乙两船舶碰撞,波及了丙船,尽管丙船完全是无辜的,但丙船也只能向甲、乙两船要求按比例承担赔偿责任,而不能要求甲、乙两船承担连带责任。我国《海商法》第 169 条第 2 款也规定:"互有过失的船舶,对碰撞造成的船舶以及船上货物和其他财产的损失,依照前款规定的比例负赔偿责任。碰撞造成第三人财产损失的,各船的赔偿责任均不超过其应当承担的比例。"2008 年《最高人民法院关于审理船舶碰撞纠纷案件若干问题的规定》第 7 条规定:"船载货物的权利人因船舶碰撞造成其货物损失向承运货物的本船提起诉讼的,承运船舶可以依照海商法第一百六十九条第二款的规定主张按照过失程度的比例承担赔偿责任。"碰撞船舶船载货物权利人或者第三人向碰撞船舶一方或者双方就货物或其他财产损失提出赔偿请求的,由碰撞船舶方提供证据证明过失程度的比例。无正当理由拒不提供证据的,由碰撞船舶一方承担全部赔偿责任或者由双方承担连带赔偿责任。①

在双方互有责任的船舶碰撞关系中,各过失船对无辜的第三者各负各的责任,而不是将其视为民法上的共同侵权行为而承担连带责任,是因为船舶碰撞作为一种特殊的侵权行为,其造成的损害十分巨大,且多是因为船舶所有人的雇佣人员的疏忽造成的,法律规定使其承担较为严格的责任,可以在一定程度上加强有关人员的责任心,提高驾驶船舶的业务技能,遏制船舶碰撞事故的发生。当然,从无辜受害船的角度来讲,自己所遭受的损害须按不同的比例向不同的加害船要求赔偿,无疑会增大其负担,不如按民法规定作为共同侵权行为向任何一艘侵权船要求全部赔偿来得方便。因此,也有不少海商法学者提出,各过失船对无辜第三者承担连带责任,而不是各负各的责任。他们指出,即使各船东不按民法规定作为共同侵权行为而承担连带责任,也应该把船舶碰撞作为一种同时发生的事件和现象,或因共同过失所发生的损害的附带关系,由加害船进行连带赔偿。

(2)货物的损害赔偿范围和计算方法。在船舶碰撞案件中,发生货物损害的,应对货物的损害进行赔偿。一般而言,货物损害赔偿的范围是:货物的灭失或者部分损坏引起的贬值损失;合理的修理或者处理费用;合理的财产救助、打捞和清除

---

① 参见 2008 年《最高人民法院关于审理船舶碰撞纠纷案件若干问题的规定》第 8 条。

费用,共同海损分摊;其他合理费用。另外,对船舶触碰造成设施损害的赔偿包括设施的全损费用或者部分损坏的修复费用以及设施修复前不能正常使用所产生的合理的收益损失,其赔偿的期限以实际停止使用期间扣除常规检修的期间为限,设施部分损坏或者全损,其赔偿额分别以合理的修复费用或者重新建造的费用扣除已使用年限的折旧费计算,设施使用的收益损失额,以实际减少的净收益,即按停止使用前三个月的平均净盈利计算;部分使用并收益的,应当扣减。

在对货物的损害进行赔偿前,应首先对受损价值作出合理的计算。货物受损价值的计算方法是:货物灭失的,按照货物的实际价值,即以货物装船时的价值加运费加受害人已支付的货物保险费计算,扣除可节省的费用;货物损坏的,以修复所需的费用,或者以货物的实际价值扣除残值和可节省的费用计算;由于船舶碰撞在约定的时间内迟延交付所产生的损失,按迟延交付货物的实际价值加预期可得利润与到岸时的市价的差价计算,但预期可得利润不得超过货物实际价值的10%;船上捕捞的鱼货,以实际的鱼货价值计算,鱼货价值参照海事发生时当地市价,扣除可节省的费用;船上的渔具、网具的种类和数量,以本次出海捕捞作业所需量扣减现存量计算,但所需量超过渔业部门规定或者许可的种类和数量的,不予认定;渔具、网具的价值,按原购价或原造价扣除折旧费用和残值计算;船员个人生活必需品的损失,按实际价值适当予以赔偿;船上其他财产的损失,按其实际价值赔偿。在船舶碰撞案件中,船舶对货物的损害赔偿一般不包括对本船所载运货物的赔偿,而只是对对方船舶所载运的货物的损失,按其过失比例负赔偿责任。因为按照通常所采用的海上货物运输合同(如租船合同、提单)的规定,由于船长、船员、引航员在驾驶和管理船舶中的疏忽和过失所造成本船所载运货物的损失,船方是不负赔偿责任的。而船舶碰撞通常都是由于船长、船员、引航员在驾驶和管理船舶中的疏忽和过失所造成的,属于法定的或约定的免责事项。

例如:甲、乙两船相碰,双方互有过失,甲船负 1/4 的过失责任,乙船负 3/4 的过失责任。甲船货物损失 200 万元,乙船货物损失 100 万元。按照我们前面所讲的赔偿方法,甲船应该赔偿乙船损失的 1/4,即赔偿乙船的货损 100 万元的 1/4,即 25 万元。剩余的 75 万元货物损失根据提单的免责条款,乙船承运人并没有义务进行赔偿,这 75 万元损失只有由货主自行承担。在实践中,几乎所有的国际货物买卖都是在保险公司投保了的,货物一旦在承保的风险范围内发生损害,就由保险公司负责赔偿。所以,乙船的这75万元货损并非由货主承担,而是由保险公司进行赔偿。根据同样的道理,甲船的货物损失也是这样来处理的。

(二)对人身伤亡的损害赔偿

1.赔偿原则

《1910年船舶碰撞公约》第4条第3款规定:"对于人身伤亡所造成的损害,各过失船舶对第三者承担连带责任。但这并不影响已经支付较本条第1款规定其最终所应赔偿数额为多的船舶向其他过失船舶取得摊款的权利。"我国《海商法》第169条第3款也规定:"互有过失的船舶,对造成的第三人的人身伤亡,负连带赔偿责任。一船连带支付的赔偿超过本条第1款规定的比例的,有权向其他有过失的船舶追偿。"

连带责任是民法上的概念,是指债权人或债务人一方人数为2人以上,依照法律的规定或者当事人的约定,享有连带权利的每个债权人,都有权要求债务人履行义务,履行了义务的人,有权要求其他负有连带义务的人偿付他应当承担的份额。

《1910年船舶碰撞公约》和我国《海商法》规定的连带责任与民法上的连带责任的概念是一致的。按照上例,甲船的过失责任是1/4,乙船的过失责任是3/4,在发生人身伤亡损害赔偿的情况下,受害人或其家属可以对甲、乙两船中的任一船方提起诉讼,受害人从任何一方都可以得到100%的赔偿。比如受害人或其家属向甲船提起诉讼,甲船赔付了人身伤亡的100%的赔偿之后,再向乙船追偿3/4赔偿份额。同样,如果受害人或其家属向乙船索取了100%的赔偿,则乙船也可以向甲船追偿其中的1/4。

但是,《1910年船舶碰撞公约》第4条第4款规定:"关于取得摊款的权利问题,各国法律可以自行决定有关限定船舶所有人对船上人员责任的契约或法律规定所应具有的意义和效力。"这就是说,虽然过失船对人身伤亡负连带责任并不影响他们之间进行追偿的权利,但是根据公约第4条第4款的规定,这种追偿要受制于各国国内法的规定。

例如:在海上旅客运输合同中,有的国家承认承运人对旅客人身伤亡的免责权利。如果发生旅客人身伤亡的甲船所属国家正好承认承运人对旅客人身伤亡的免责权利,那么,关于旅客人身伤亡的索赔便不能向甲船承运人提出,但却可以根据《1910 年船舶碰撞公约》的关于船舶碰撞事故的人身伤亡,过失方负连带责任的规定转向碰撞中的另一过失方乙船提出,乙船在赔付以后,由于甲船是根据其国内法的规定免除责任的,这种免除责任又得到公约的许可,因此,乙船只好负全部责任。再比如说,有的国家规定,本船船员的人身伤亡如果是船上人员过失行为的结果,船舶所有人亦可免除责任。因为本船不负人身伤亡的赔偿责任,只得向碰撞事故的另一过失方提出索赔,同样,另一过失方也只好按连带责任原则承担全部责任。

2. 赔偿范围和计算方法

最高人民法院《关于审理涉外海上人身伤亡损害赔偿的具体规定(试行)》对涉外人身伤亡损害赔偿问题作了以下规定:[①]

对人身伤害的赔偿范围包括四个方面:(1)收入损失。对受伤致残而丧失劳动能力者,其收入损失按受伤、致残之前的实际收入的全额赔偿;因受伤、致残丧失部分劳动能力者,按受伤、致残前后的实际收入的差额赔偿。受伤者的收入损失,计算到伤愈为止;致残者的收入损失,计算到 70 岁。(2)医疗、护理费。医疗费中包括挂号费、检查诊断费、治疗医药费、住院费等;护理费包括住院期间必须陪护人的合理费用和出院后生活不能自理所雇请的护理人的费用。(3)安抚费。所谓安抚费是指对受伤致残者的精神损失所给予的补偿。(4)其他必要的费用。包括伤残人员的交通、食宿之合理费用、伤愈前的营养费、补救性治疗费、残疾用具费、医疗期间陪住家属的交通费、食宿费等合理支出。

因死亡事故对死亡者家属所做的赔付包括以下各项:(1)收入损失。即按照死者生前的综合收入水平计算的收入损失,其计算公式为:收入损失＝(年收入－年个人生活费)×死亡时起至退休的年数＋退休收入×10(年)。死者的年个人生活费按年收入的 25％～30％计算;死者的收入损失计算到 70 岁。(2)医疗、护理费。(3)安抚费。即指对死者遗属的精神损失所给予的补偿。(4)丧葬费。包括运尸、火化、骨灰盒和一期骨灰存放费等合理支出,但以死者生前 6 个月的收入总额为

---

① 参见 1992 年最高人民法院《关于审理涉外海上人身伤亡损害赔偿的具体规定(试行)》。

限。(5)其他必要的费用。如寻找尸体费用,遗属的交通、食宿及误工等合理费用。

尽管有上述规定,对海上人身伤亡的损害赔偿,每人最高不超过 80 万元人民币。对人身伤亡的赔偿应支付给死者遗属或受伤者本人。伤亡者所在单位或个人为处理伤亡事故垫付的费用,应从赔偿费中返还。

【案例裁决/法律文书摘录】

(一)阿尔瑟尔·波斯特玛、爱文·阿莱特·波斯特玛、拉丝尼·博得耶尔·波斯特玛、爱无·本杰明·波斯特玛诉广州番禺某某客运有限公司、广东省某某客货运输合营有限公司、罗某某、广州市某某航运疏浚有限公司海上人身损害赔偿责任案

本案是船舶碰撞导致的人身伤亡赔偿纠纷,赔偿范围和计算方法成为双方当事人之间争议的焦点。本案法院就受害人的退休收入、丧葬费、律师费、公证认证费、翻译费和邮递费等进行了审理和认定,以下为中华人民共和国广州海事法院(2010)广海法初字第 739 号民事判决书的主要内容:[①]

原告:阿尔瑟尔·波斯特玛。

原告:爱文·阿莱特·波斯特玛(系受害人之子)。

原告:拉丝尼·博得耶尔·波斯特玛(系受害人之子)。

原告:爱无·本杰明·波斯特玛(系受害人之子)。

被告:广州番禺某某客运有限公司(以下称莲某某公司)。

被告:广东省某某客货运输合营有限公司(以下称三某公司)。

被告:罗某某。

被告:广州市某某航运疏浚有限公司(以下称某某公司)。

四原告共同诉称:2009 年 11 月 5 日,受害人马尔曼·伊莲娜·安娜·玛利亚(Irene Anna Maria Maalman)(以下称"马尔曼")与丈夫阿尔瑟尔·波斯特玛(均为荷兰公民)乘坐莲某某公司所经营的"三某"号双体豪华客轮由香港前往广州番禺,该轮航行至番禺浮莲岗水道时与"粤广州货 0217"轮发生碰撞,造成马尔曼死

---

① http://www.ccmt.org.cn/showws.php? id=7098,下载日期:2014 年 9 月 23 日。

亡。"三某"轮与"粤广州货 0217"轮对碰撞事故均存在过错。三某公司和莲某某公司分别为"三某"轮的所有人和经营人,罗某某和某某公司分别为"粤广州货0217"轮的所有人和经营人,四被告应承担连带赔偿责任。马尔曼死亡前的年退休收入为 8015.83 欧元,事故产生丧葬费用 19,700.74 欧元、律师费 5500 欧元和人民币 40000 元、公证认证费 659.5 欧元、翻译费人民币 7345.5 元、邮递费 189.02欧元。四被告的赔偿范围包括收入损失、安抚费、丧葬费和其他合理费用。请求判令:四被告连带赔偿四原告收入损失 40079.15 欧元、丧葬费用 4007.92 欧元、安抚费人民币 200000 元、律师费 5500 欧元和人民币 40000 元、公证认证费 659.5 欧元、翻译费人民币 7345.5 元、邮递费 189.02 欧元,合计人民币 722070.49 元(按起诉之日欧元对人民币汇率中间价 9.4125 计算),并承担本案诉讼费用。四原告在举证期限内共同向本院提供了证据。

被告莲某某公司辩称:"三某"轮在本次事故中不存在过错,不应承担任何碰撞责任;四原告不能证明与死者的亲属关系,不是本案的适格原告,无权索赔;四原告的证据不能证明索赔项目及金额的必要性和合理性。

被告三某公司辩称:碰撞事故发生前,"三某"轮就已经转让给莲某某公司,交付后一直由莲某某公司指挥、管理和控制,三某公司已经不是"三某"轮的船舶所有人,不应对涉案事故承担任何责任。被告三某公司没有向本院提供证据。

被告罗某某辩称:"粤广州货 0217"轮的各项设备都是经过广东省船舶检验局有关部门检验合格的,并不存在任何安全隐患,"三某"应承担本次事故的全部责任。被告罗某某在举证期限内没有向本院提供证据。

被告某某公司辩称:"三某"轮的驾驶人员判断错误,采取措施不当,在明知有一台机械设备有故障的情况下试图强行加速,改变方向,造成了本次碰撞事故。本次事故的一切法律责任及经济损失、人身赔偿等应当由莲某某公司及三某公司承担。被告某某公司在举证期限内没有向本院提供证据。

经庭审质证,结合原、被告各方提供的证据,合议庭查明如下事实:

2009 年 6 月 12 日,三某公司与莲某某公司签订《"三某"轮高速客船买卖合同》,约定:三某公司以人民币 13756392 元的价格将其所有的"三某"轮转让给莲某某公司。至涉案事故发生时,双方没有办理船舶所有权变更登记。

"三某"轮系铝合金高速客船，船籍港江门，总吨 524，净吨 175，总长 39.90 米，型宽 11.50 米，型深 3.80 米，登记的船舶所有人和经营人均为三某公司。该轮港澳航线营运证记载的客运航线为广东省各市所属客运口岸至香港、澳门航线。

"粤广州货 0217"轮系内河水泥散货船，船籍港番禺，总吨 164，净吨 91，总长 33.00 米，型宽 7.00 米，型深 2.30 米，登记的船舶所有人为罗某某，船舶经营人为某某公司。该轮船首有一货物输送臂，伸出船首长度约 15 米，加上本船长 30 米，实际长度 45 米。该输送臂在夜间较难被肉眼发现，雷达回波不能辨认。

2009 年 11 月 5 日，马尔曼(1944 年 11 月 18 日出生)与丈夫阿尔瑟尔·波斯特玛(均为荷兰公民)乘坐"三某"轮从香港中城驶往广州番禺莲某某客运港。19 时 53 分 40 秒，"三某"轮在广州番禺浮莲岗水道沙北渡口上游约 140 米处与"粤广州货 0217"轮发生碰撞，造成马尔曼死亡。

关于原、被告争议的事实，合议庭认定如下：

合议庭认为：《调查报告》是作为海事行政主管机关的广州海事局结合相关录音录像资料、勘查记录、船员询问笔录等调查材料进行综合认定后作出的。《最高人民法院关于审理船舶碰撞纠纷案件若干问题的规定》第 11 条规定："船舶碰撞事故发生后，主管机关依法进行调查取得并经过事故当事人和有关人员确认的碰撞事实调查材料，可以作为人民法院认定案件事实的证据，但有相反证据足以推翻的除外。"各被告虽然在答辩和法庭辩论中对《调查报告》认定的碰撞责任提出异议，但是没有提供足以反驳的相反证据。因此，对与涉案碰撞事故有关的事实应当根据《调查报告》予以认定。据此，可以认定"三某"轮与"粤广州货 0217"轮对本次碰撞事故均存在过错。

1. 马尔曼的退休收入

四原告为证明马尔曼的退休收入，提供了 PGGM 商业操作公司 2009 年度结算报告和 ASR 人寿保险公司 2009 年度结算报告。

PGGM 商业操作公司 2009 年度结算报告记载：出生日期 1944 年 11 月 18 日，退休金税无，退休金包括退休金税/国民保险金 3135 欧元，相关退休金税/国民保险金 1039 欧元，劳务法定医疗保险金 2935 欧元，包含附加医疗保险金 202 欧元。

ASR 人寿保险公司 2009 年度结算报告记载：出生日期 1944 年 11 月 18 日，支出和折扣：计税退休金 3651 欧元，工资税/国家保险费 1050 欧元，健康保险折扣 176 欧元。

原告主张上述证据记载的收入为马尔曼 2009 年 1 月 1 日至 11 月 5 日的退休收入，据此计算马尔曼死亡前的年退休收入为 8015.83 欧元[计算公式：(3135＋3651)÷309×365＝8015.83]。

莲某某公司和三某公司提出异议认为，上述证据不能直接证明退休金的金额，作为出具上述证据的第三方机构也不能证明退休金的数额，并且四原告计算的上述收入未扣除相应的税费。

合议庭认为，四原告提供了上述证据原件并且办理了公证认证手续，莲某某公司和三某公司虽然提出异议但是没有提供相反的证据，因此，根据上述证据可以认定马尔曼死亡前的年退休收入为 8015.83 欧元。

2. 丧葬费、律师费、公证认证费、翻译费和邮递费

四原告提供了丧葬费支出证明、律师费支出凭证和发票、公证认证费用凭证、翻译费发票、快递费凭证，以证明四原告因涉案事故产生丧葬费 19700.74 欧元、律师费 5500 欧元和人民币 40000 元、公证认证费 659.5 欧元、翻译费人民币 7345.5 元、邮递费 189.02 欧元。

四原告提供的上述证据记载的丧葬费用为 19511.72 欧元、律师费 4027.91 欧元和人民币 40000 元、公证认证费 659.5 欧元、翻译费人民币 7345.5 元、邮递费 95.41 欧元。

莲某某公司和三某公司提出异议认为，丧葬费支出证明不能证明每一项都是合理的支出，四原告不能证明实际支付了律师费，也不能证明公证费、翻译费、邮递费和本案有关。

合议庭认为，四原告提供了上述证据原件并且办理了公证认证手续，莲某某公司和三某公司虽然提出异议但是没有提供相反的证据，因此，根据上述证据可以认定四原告因涉案事故产生丧葬费用为 19511.72 欧元、律师费 4027.91 欧元和人民币 40000 元、公证认证费 659.5 欧元、翻译费人民币 7345.5 元、邮递费 95.41 欧元，对于四原告主张的超出部分缺乏事实依据，不予认定。

依照《海事诉讼特别程序法》第 6 条、《民事诉讼法》第 29 条关于"因侵权行为提起的诉讼,由侵权行为地或者被告住所地人民法院管辖"的规定,因海事侵权行为提起的诉讼,可以由侵权行为地或被告住所地人民法院管辖。本案的侵权行为地和四被告住所地均在中华人民共和国广东省,属于本院辖区,因此本院对本案具有管辖权。

本案中发生碰撞事故的两船均为中国国籍,依照《海商法》第 273 条关于"船舶碰撞的损害赔偿,适用侵权行为地法律。船舶在公海上发生碰撞的损害赔偿,适用受理案件的法院所在地法律。同一国籍的船舶,不论碰撞发生于何地,碰撞船舶之间的损害赔偿适用船旗国法律"的规定,本案应当适用中华人民共和国法律处理实体争议。

根据上述认定的事实,"三某"轮和"粤广州货 0217"轮对本次碰撞事故的发生均存在过失,依照《海商法》第 169 条第 3 款关于"互有过失的船舶,对造成的第三人的人身伤亡,负连带赔偿责任。一船连带支付的赔偿超过本条第一款规定的比例的,有权向其他有过失的船舶追偿"的规定,"三某"轮和"粤广州货 0217"轮对马尔曼的死亡负连带赔偿责任。两船登记的船舶所有人分别为三某公司和罗某某,依照《海商法》第 9 条第 1 款关于"船舶所有权的取得、转让和消灭,应当向船舶登记机关登记;未经登记的,不得对抗第三人"的规定和《最高人民法院关于审理船舶碰撞纠纷案件若干问题的规定》第 4 条关于"船舶碰撞产生的赔偿责任由船舶所有人承担,碰撞船舶在光船租赁期间并经依法登记的,由光船承租人承担"的规定,三某公司和罗某某应对马尔曼的死亡负连带赔偿责任,莲某某公司和某某公司不承担赔偿责任。

依照最高人民法院《关于审理涉外海上人身伤亡案件损害赔偿的具体规定(试行)》(以下称《规定》)第 1 条的规定,三某公司和罗某某应连带赔偿四原告收入损失、丧葬费、安抚费和其他必要费用,具体损失认定如下:

1. 收入损失

马尔曼出生时间为 1944 年 11 月 18 日,死亡时间为 2009 年 11 月 5 日,依照《规定》第 4 条第(1)项关于"收入损失是指根据死者生前的综合收入水平计算的收入损失。收入损失=(年收入-一年个人生活费)×死亡时起至退休的年数+退休收入×10"的规定和第 5 条第 1 款关于"受伤者的收入损失,计算到伤愈为止;致残者的收入损失,计算到 70 岁;死亡者的收入损失,计算到 70 岁"的规定,收入损失为40342.68 欧元(计算公式:8015.83×5＋8015.83×12÷365＝40342.68)。

2. 丧葬费

依照《规定》第 4 条第(4)项的规定,丧葬费应以死者生前 6 个月收入总额为限。马尔曼死亡前的年退休收入为 8015.83 欧元,四原告实际支出的丧葬费用为19511.72 欧元,四原告可以请求赔偿丧葬费为 4007.92 欧元。

3. 安抚费

安抚费是指对死者遗属的精神损失所给予的补偿。合议庭认为四原告请求的安抚费人民币 200000 元数额过高,酌情认定安抚费为人民币 50000 元,超出部分不予支持。

4. 其他必要的费用

四原告因涉案事故产生律师费 4027.91 欧元和人民币 40000 元、公证认证费659.5 欧元、翻译费人民币 7345.5 元、邮递费 95.41 欧元,上述费用均属于四原告因诉讼产生的必要费用,属于《规定》第 4 条的赔偿范围。

收入损失、丧葬费、安抚费和其他必要费用合计 49133.42 欧元和人民币97345.5 元,四原告请求按起诉之日欧元对人民币的汇率中间价折算为人民币,予以支持。中国人民银行授权中国外汇交易中心公布的 2010 年 11 月 4 日(即原告起诉之日)欧元对人民币汇率中间价为 1 欧元对人民币 9.4125 元,据此折算,三某公司和罗某某应连带赔偿四原告收入损失、丧葬费、安抚费和其他必要费用共人民币 559814 元。

综上所述,依照《海商法》第 9 条第 1 款、第 169 条第 3 款、《最高人民法院关于审理船舶碰撞纠纷案件若干问题的规定》第 4 条、最高人民法院《关于审理涉外海上人身伤亡案件损害赔偿的具体规定(试行)》第 4 条、第 5 条和《中华人民共和国民事诉讼法》第 64 条第 1 款的规定,判决如下:

两被告向四原告连带赔偿收入损失、丧葬费、安抚费和其他必要费用共人民币559814 元;驳回四原告的其他诉讼请求;本案受理费人民币 11021 元,由四原告共同负担人民币 2477 元,被告三某公司和罗某某连带负担人民币 8544 元。

（二）福州吉丰船务有限公司诉大护商船株式会社船舶碰撞损害赔偿纠纷案

本案即涉及如何认定船舶以及货物损失范围的典型案例。当发生船舶碰撞时，可能是造成船舶的全损，也可能是造成船舶的部分损害。对船舶全损的赔偿范围应当包括：船舶价值损失；船员工资、遣返费；沉船的勘查、打捞和清除费用，设置沉船标志费用；本航次的租金或者运费损失；合理的船期损失；其他合理的费用。船舶碰撞导致其他损失如期租合同承租人停租或者不付租金的租金损失。本案当事人就船舶碰撞产生的船舶全损赔偿范围和计算方法产生争议，以下是中华人民共和国青岛海事法院（2009）青海法海事初字第 46 号民事判决书的主要内容：①

原告：福州吉丰船务有限公司。

被告：大护商船株式会社（DAE HO SHIPPING CO.，LTD）。

原告诉称：2008 年 9 月 4 日 22 时许，原告所属的中国籍货轮"吉丰 689"轮在青岛港临时锚地区域锚泊期间，遭遇大护商船株式会社所属的韩国籍"杰尼斯光芒"（ZENITH SHINE）轮碰撞，并最终导致"吉丰 689"轮沉没。本次事故造成原告船舶价值损失人民币 10000000 元，船上燃料及物料等损失人民币 400000 元，船期损失 600000 元，船上货物损失人民币 537600 元，以及应青岛海事局要求委托专业公司对沉没的"吉丰 689"轮进行水下抽油和清障打捞作业产生的费用人民币 8000000 元。此外，在打捞实施前，为处理沉没的"吉丰 689"轮相关事宜，原告向青岛海事局交付了人民币 500000 元现金的应急支出。原告为及时支付前述打捞费用和应急支出，进行民间融资，为此支付截至起诉之日的相关利息约人民币 441000 元。原告认为，碰撞事故是由于被告所属的韩国籍"杰尼斯光芒"轮的航行过错所致，被告作为该轮的船舶所有人应对本次事故承担全部赔偿责任，应当向原告赔偿前述经济损失总计人民币 20478600 元。在本案审理过程中，原告将诉讼请求的标的额变更为人民币 119269200 元，其中：（1）船舶价值人民币 10000000 元；（2）船期损失人民币 600000 元；（3）打捞费用人民币 8000000 元；（4）船上货物损失人民币 400000 元；（5）船员工资及遣散费用人民币 169200 元。

被告大护商船株式会社辩称：原告仅提供了船舶所有权登记证书的复印件，且

---

① http://www.ccmt.org.cn/showws.php? id＝7042，下载日期：2014 年 9 月 21 日。

无法证明与原件一致;原告未能证明其为"吉丰 689"轮的船舶所有人;原告未能有效举证证明其各项损失;"吉丰 689"轮对于碰撞事故应当承担主要责任。

原、被告均提供了相关证据。经庭审质证,结合各方当事人提交的证据和质证意见,合议庭查明以下事实:

"吉丰 689"轮:

2008 年 8 月 28 日 18:50,"吉丰 689"轮由广东斗门港载陶土 2800 吨,艏吃水4.80 米,艉吃水 5.40 米,驶往青岛港卸货。9 月 4 日 01:40"吉丰 689"轮抵青岛港朝连岛临时锚地抛锚候泊,左锚锚链 5 节入水,锚位:35°54′.5N 120°43′.5E,开锚灯,前后锚灯工作正常。

9 月 4 日约 21:40,该轮船首向约 030°,船长发现一艘来船右舷角 80°~90°距离约 3~4 海里。约 21:51,该轮船长发现来船距离约 1.5 海里,舷角不变,用VHF16 频道呼叫来船,但无应答。当来船距离 5~6 链时,船长叫值班水手准备探照灯(手持莫尔斯信号灯)。当来船距离 200~300 米时,值班水手用探照灯(手持莫尔斯信号灯)照射来船,但来船仍朝着该轮驶来。22 时 03 分 30 秒,来船"杰尼斯光芒"(ZENITH SHINE)轮船头球鼻艏稍偏右部位与该轮第一货舱右舷前部以80°~90°碰撞角度发生了碰撞。碰撞位置:35°54′.5N 120°43′.5E。碰撞发生后,该轮艉部迅速下沉,船长立即组织自救。约 22:07,该轮启动 1、2 号发电机组,开舱检查、堵漏。由于进水量大,整个船体迅速下沉。22:20 许,"吉丰 689"轮船长宣布弃船,船员放艇、登艇。约 22:40 许,该轮全部 13 名船员获救并登上"杰尼斯光芒"轮。23:10 许,"吉丰 689"轮沉没。

"杰尼斯光芒"(M/V ZENITH SHINE)轮:

2008 年 9 月 4 日 10:00,"杰尼斯光芒"轮由连云港压载状态驶往青岛港。21:45,"杰尼斯光芒"轮抵青岛港潮连岛临时锚地附近,航向 302°,航速 8.7 节。这时,二副来到驾驶台,负责用雷达瞭望和定位,轮机长来到驾驶台(该轮主机在驾驶台控制,每当机动时轮机长在驾驶台操车),站在主机车钟旁。22:00,船长命令全体船员各就各位,驾驶台固定舵工来到驾驶台替换了原来操舵的舵工。船长坐在置于主机操纵台前面的引航员椅上指挥。22:02 船位 35°54′.3N 120°43′.8E,航向303°,航速 8.7 节;22:03 船位 35°54′.4N 120°43′.6E,航向 303°,航速 8.8 节。"杰尼斯光芒"(ZENITH SHINE)轮船长突然发现锚泊的"吉丰 689"轮,他立即停车并全速倒车。约 30 秒钟后,即约 22 时 3 分 30 秒,"杰尼斯光芒"轮船头球鼻艏稍偏右的部位以 80°～90°碰撞角度与"吉丰 689"轮第一货舱前部水下部位发生碰撞。碰撞时船位 35°54′.5N 120°43′.5E。碰撞发生后,"杰尼斯光芒"轮仍全速倒车,很快与"吉丰 689"轮脱离,致使"吉丰 689"轮大量进水,其船艏迅速下沉。与"吉丰 689"轮脱离后,"杰尼斯光芒"轮在"吉丰 689"轮附近抛锚锚泊。其船员立即准备救生设备对"吉丰 689"轮进行救助。最终"吉丰 689"轮全部 13 名船员获救并登上"杰尼斯光芒"轮。"吉丰 689"轮于 23:10 沉没。

事故发生时,"杰尼斯光芒"轮主机、辅机工作正常,电罗经导航工作正常,误差为＋1°。两部雷达仅一部 ARPA 雷达工作在 0.75 海里档,另一部导航雷达没有工作。两部 VHF 分别工作在 8、16 频道,工作正常。AIS 和 GPS 各一部,均工作正常。左右舷灯、前后桅灯及尾灯等号灯工作正常。

事故发生时,事故海域天气晴朗,南风 1～2 级,能见度 7～8 海里,微波。

由于碰撞事故发生地位于中华人民共和国领海,依照《海商法》第 273 条第 1 款的规定,本院适用中华人民共和国法律审理本案。

关于原告的损失问题,经过庭审,法院认为:

根据《最高人民法院关于审理船舶碰撞纠纷案件若干问题的规定》第 4 条的规定,船舶碰撞产生的赔偿责任由船舶所有人承担,碰撞船舶在光船租赁期间并经依法登记的,由光船承租人承担。被告大护商船株式会社在碰撞事故发生时系"杰尼斯光芒"(ZENITH SHINE)轮登记的船舶所有人,应当对本案碰撞事故承担相应的赔偿责任。

依照《最高人民法院关于审理船舶碰撞和触碰案件财产损害赔偿的规定》第 1 条、第 2 条、第 3 条、第 4 条、第 7 条的规定,请求人可以请求赔偿对船舶碰撞或者触碰所造成的财产损失,船舶碰撞或者触碰后相继发生的有关费用和损失,为避免或者减少损害而产生的合理费用和损失,以及预期可得利益的损失。因原告所属的"吉丰 689"轮因碰撞沉没,应认定为船舶全损。因此,被告应当赔偿船舶价值损失、合理的沉船打捞和清除费用、合理的船期损失、船载货物损失、船员工资、遣返费及其他合理费用及其利息等损失。但因请求人的过错造成的损失或者使损失扩大的部分,不予赔偿。

依照《海商法》第 169 条的规定,船舶发生碰撞,碰撞的船舶互有过失的,各船按照过失程度的比例负赔偿责任,互有过失的船舶,对碰撞造成的船舶以及船上货物和其他财产的损失,依照过失程度的比例负赔偿责任。鉴于本案中"吉丰 689"轮与"杰尼斯光芒"对于船舶碰撞事故均具有过失,原告应承担 10％的责任,被告应承担 90％的责任,因此,被告对于原告遭受到的损失,应当承担 90％的赔偿责任。

1. 船舶价值损失

依照《最高人民法院关于审理船舶碰撞和触碰案件财产损害赔偿的规定》第 8 条的规定,船舶价值损失的计算,以船舶碰撞发生地当时类似船舶的市价确定;碰撞发生地无类似船舶市价的,以船舶船籍港类似船舶的市价确定,或者以其他地区类似船舶市价的平均价确定;没有市价的,以原船舶的造价或者购置价,扣除折旧(折旧率按年 4％～10％)计算;折旧后没有价值的按残值计算。船舶被打捞后尚有残值的,船舶价值应扣除残值。在本案中,尽管原告提交的船舶保险单不能单独证明船舶价值,但是原告提交了《公估报告》以证明船舶的价值。该公估报告的鉴定机构和鉴定人员均具备相应的评估资质,其根据市场询价,依据原告提交的海上船舶检验证书簿等船舶资料,参照国内同类型船舶建造的一般配置情况,采用重置价值法,采用重置法对"吉丰 689"轮事故发生时的重置成本进行评估,并依照该轮自建成至事故发生时的船龄,按年折旧率 5％计算其船舶价值,在没有证据证明存在船舶碰撞发生地当时类似船舶的市价或者船舶船籍港类似船舶的市价或其平均价的情况下,其估算方法以及估算结果并无不当。被告并未提交证据予以推翻。本院对其认定的"吉丰 689"轮于事故发生时的价值为人民币 10095424 元的评估意见予以采信,但其未扣除该轮残骸的残值,应予纠正。因该轮打捞的残骸为 700 吨,原、被告对其残值均确认为人民币 140 万元,本院予以确认。扣除残值后,本院认定"吉丰 689"轮事故发生时的船舶价值损失为人民币 8695424.00 元。被告承担 90％的责任即为 7825881.60 元。综上所述,被告应当向原告赔偿船舶价值损失人民币 7825881.60 元及从船期损失停止计算之日即 2008 年 11 月 4 日起至本判决确定支付之日止,按照同期银行贷款利率计算的利息。

2. 船期损失

《最高人民法院关于审理船舶碰撞和触碰案件财产损害赔偿的规定》第10条的规定，因船舶全损造成的船期损失的计算期限以找到替代船所需的合理期间为限，但最长不得超过两个月。而且一般应以船舶碰撞前后各两个航次的平均净盈利计算；无前后各两个航次可参照的，以其他相应航次的平均净盈利计算。在本案中，原告提交的证据虽然证明事发前的其中一个航次的运费收入为人民币 377100元，事故航次的运费收入为人民币 187600 元，但仅系航次经营收入，其并未提交证据证明该两航次的净盈利，本院不予采信。鉴于被告认可"吉丰 689"轮的船期损失为 40 万元，视为被告自认，原告未提出异议，亦未提交证据予以推翻。依照《最高人民法院关于民事诉讼证据的若干规定》第 8 条第 1 款的规定，本院予以确认。被告承担 90% 的责任即为人民币 36 万元。据此，本院认定，被告应当向原告赔偿"吉丰 689"轮的船期损失人民币 36 万元及自损失发生之日即 2008 年 9 月 4 日起至本判决确定支付之日止，按照同期银行贷款利率计算的利息。

3."吉丰 689"轮残骸的打捞、清除费用

原告应主管机关要求，委托有资质的打捞公司对"吉丰 689"轮的残骸进行打捞、清除，约定的打捞费用人民币 800 万元，属于合理的残骸的打捞、清除费用，被告并未提交证据予以推翻，本院予以认定。虽然依照青岛海事法院 (2009) 青海法海商初字第 348 号民事调解书，原告实际应多支付人民币 48 万元给打捞公司，但该费用系因原告未及时按照约定支付打捞、清除费用而产生的违约金等费用，属于原告自行扩大的损失，与碰撞事故并无直接的因果关系，因此，对该部分费用，本院不予支持。据此，本院认定，合理的残骸的打捞、清除费用为人民币 800 万元。被告按照 90% 的责任比例应当向原告支付"吉丰 689"轮残骸的打捞、清除费用人民币 720 万元及自该费用产生之日即 2008 年 10 月 18 日起至本判决确定支付之日止，按照同期银行贷款利率计算的利息。

4. 船载货物的损失

在本案中，事故航次原告运载的货物随船沉没，该船载货物损失，原告应予赔偿。青岛海事法院在依法审理后作出 (2009) 青海法海商初字第 127 号民事判决认定了该船载货物损失，被告并未提交证据证明原告未出庭应诉导致了损失的扩大，因此，本院对

判决书认定的损失为人民币 40 万元及自 2008 年 9 月 8 日至 2009 年 3 月 23 日按照人民银行同期贷款利率计算的利息予以确认。原告仅主张 40 万元,视为放弃部分诉讼请求,并不损害他人合法权益,本院予以确认。据此,被告按照 90% 的责任比例应当向原告赔偿船载货物损失人民币 36 万元以及自损失发生之日即 2008 年 9 月 4 日起至本判决确定支付之日止,按照同期银行贷款利率计算的利息。

5. 船员工资及遣散费用

关于原告主张的船员工资及遣散费用人民币 169200 元,鉴于被告予以认可,本院予以确认。据此,被告按照 90% 的责任比例应当向原告赔偿船员工资及遣散费用人民币 152280 元以及自费用产生之日即 2008 年 9 月 4 日起至本判决确定支付之日止,按照同期银行贷款利率计算的利息。

依照《海商法》第 169 条第 1 款、第 2 款、第 204 条、第 207 条第 1 款第(1)项、第(3)项,《最高人民法院关于审理海事赔偿责任限制相关纠纷案件的若干规定》第 17 条第 2 款、第 18 条、第 19 条的规定以及《最高人民法院关于审理海事赔偿责任限制相关纠纷案件的若干规定》与《最高人民法院关于审理船舶碰撞纠纷案件若干问题的规定》的有关规定,判决如下:被告向原告赔偿船舶价值损失人民币 7825881.60 元及自 2008 年 11 月 4 日起至本判决确定支付之日止,按照同期银行贷款利率计算的利息;被告向原告赔偿船期损失、船载货物损失、船员工资及遣散费用共计人民币 872280 元及自 2008 年 9 月 4 日起至本判决确定支付之日止,按照同期银行贷款利率计算的利息;被告向原告赔偿"吉丰 689"轮残骸的打捞、清除费用人民币 720 万元及自 2008 年 10 月 18 日起至本判决确定支付之日止,按照同期银行贷款利率计算的利息。

【延伸阅读】

1. 郭瑜:《海商法教程》,北京大学出版社 2012 年第 2 版。

2. 邢海宝:《海商法教程》,中国人民大学出版社 2008 年版。

3. 傅廷中:《海商法论》,法律出版社 2007 年版。

4. 司玉琢:《海商法专论》,中国人民大学出版社 2007 年版。

5. 姚云飞:《中国船舶碰撞之法律概念研究》,载《中国海商法研究》2012 年第

2 期。

6.李彭杰:《我国〈海商法〉中涉外船舶碰撞损害赔偿的法律适用规则评析》,载《法制与社会》2013 年第 20 期。

第七章
海难救助

【内容摘要】海难救助是伴随着风险极高的航海事业及其他海上作业而成长起来的一项古老的海事法律制度,在现代航运经济中仍然是无可替代的风险分担机制之一。广义上的海难救助存在多种形式,但海商法中的海难救助却有其特定的构成要件。为促成海难救助合同在危急状况下的成功订立,海事实践中的相应规则与格式合同应运而生,并针对救助合同当事双方的特定权利义务作出安排。获取救助报酬是救助方参与海难救助的基本动机,我国相关海商事法律法规以及海难救助相关国际立法,都对救助报酬的获取原则、计算标准及特别补偿制度等作出了相关规定,并顺应国际海事实践体现出新的发展趋势。

第一节 海难救助概述

● ● ●

【知识背景】

一、海难救助的概念

海难救助（Marine Salvage）又称海上救助，是指救助人对在海上或者相关水域遇险的船舶、其他财产进行的使其脱离危险的行为。

"Maritime salvage is concerned with the saving of life and property from the dangers of the sea. The law of maritime salvage is of very ancient origin and is generally base on the principles of equity. Under such principles a volunteer who successfully saves maritime property in danger at sea gains a right of reward from the owner."[①]

据我国《海商法》第 171 条，其海难救助相关规定"适用于在海上或者与海相通的可航水域，对遇险的船舶和其他财产进行的救助"，但需要遵守第 173 条的进一步限定，"不适用于海上已经就位的从事矿物资源的勘探、开发或者生产的固定式、浮动式平台和移动式近海钻井装置"。由此可知，我国《海商法》调整的海难救助，是指没有救助义务的外来力量在海上或任何与海相通的水域对遭遇海难的船舶、货物和人命的全部或部分实施援救，从而使救助人享有救助报酬请求权的海事法律关系。

"It should be noted that in the maritime context the word 'salvage' has two accepted meanings: first, the act of saving, or assisting in saving, or rescuing

---

① Edgar Gold, Aldo Chircop, Hugh Kindred, *Maritime Law*, Irwin Law Inc., 2003, p. 594.

maritime property, such as a vessel, cargo, freight, or other recognized subject of salvage, without any prior legal or contractual obligation, from a danger at sea; and second, the actual reward, remuneration, or compensation payable to the successful salvor by the beneficiary of such service. "[1]

二、海难救助的法律性质

海难救助是海商法特有的一种法律制度。这一发生在救助方与被救助方之间的法律关系的性质为何,学界概有无因管理说、特殊事件说、准合同说、不当得利说、并存说等,观点各异,难有定论。其中,无因管理说获得了较为广泛的支持。不过,源于民法的无因管理理论在适用于海难救助实践时仍然出现疑问:不存在报酬请求权的无因管理,无法解释构成海难救助机制重要环节的救助报酬请求权。而在英美法系中,海难救助的成立与合同的存在并无直接关联;即使没有真实的契约关系,海难救助的报酬请求仍然得到了司法实践的支持,被认为是基于衡平原则和简单正义的应有局面。

"The right to salvage may, but does not necessarily, arise out of an actual contract. ... It is the equitable principle of remunerating private and individual services, meritorious in their nature, which forms the foundation of salvage in accordance with the rules of simple justice. The protection of lives at sea and of maritime property is of paramount importance and is to be encouraged, not discouraged, by the courts. Without such encouragement the maritime industry could be one so fraught with such dangers and risks that few, if any, would reasonably engage in such day-to-day commercial ventures. "[2]

---

① Edgar Gold, Aldo Chircop, Hugh Kindred, *Maritime Law*, Irwin Law Inc., 2003, p. 595.

② Christopher Hill, *Maritime Law*, 5th edition, LLP Reference Publishing, 1998, p. 311.

三、海难救助的类型

随着海难救助理论及实践的发展,海难救助逐渐演化出多种形式,并可依据相应的标准划分出不同的类型:

1. 基于救助对象的划分

依据救助对象的不同,可以将海难救助分为对物的救助、对人的救助以及对环境的救助。

对物的救助主要是指对船舶及船上财产的救助,其救助对象范围已逐渐扩大到对船舶及船上财产以外的海上财产的救助,如对遇难的水上飞机、落海的卫星等的救助。对人的救助即指救助或意图救助在海上遇险船舶上人命的行为。对环境的救助则主要指有关于海洋环境保护的救助行为,以防止船舶的危险状况及救助过程对海洋环境的破坏。

广义上,海难救助既包括对物的救助,也包括对人的救助,并随着航运事业的繁荣与复杂化逐渐将对海洋环境的救助也视为必需。狭义的海难救助则仅指对物的救助,传统上只有对物的救助才能产生救助报酬的请求,晚近发展中又逐渐将对环境的救助也纳入报酬的考量。而有关人命的救助,一方面,由于人命"无价",无法用金钱来估算获救的人命价值;另一方面,救助人命也无须以金钱为动机,而是所有理性行为的人都应做到之事。因此,通常只有在人命和财产一起获救时,人命救助方才能从获救财产的可支付酬金中获得一定比例的报酬;而在仅有人命救助而无财产获救的情形下,救助方并无请求报酬的法定权利。这一立场在相关国际立法中也得到了确认和体现。①

2. 基于救助实施依据的划分

按救助实施的依据,可将救助分为纯救助、合同救助、义务救助、强制救助。

第一,纯救助。纯救助,也称自愿救助,指船舶遇难后,救助人未经请求即自行

---

① 如,1989 年《国际救助公约》:"第 16 条 人命救助 1. 获救人无须支付报酬,但本条规定不影响国内法就此作出的规定。2.在发生需要救助的事故时,参与救助作业的人命救助人有权从支付给救助船舶,其他财产或防止或减轻环境损害的救助人的报酬中获得合理份额。"

实施救助的行为。在这种救助下,如果救助有效果,救助人有权获得救助报酬。纯救助早在罗马时代就已盛行,海上救助便是从纯救助发展而来的。但因纯救助下并不签订救助合同,常引发当事人在救助报酬上的争议,现今已很少使用。

第二,合同救助。传统海商法的合同救助主要有两种形式:一为"无效果,无报酬"的救助,二为雇佣救助。前者以"无效果无报酬"为原则订立救助协议展开救助,是海上救助实践最为普遍的形式,也是我国《海商法》海难救助一章所调整的主要对象。后者中救助方则依被救助方的请求,据救助方所使用的人力和设备,以按时计酬的方式提供救助服务。雇佣救助更多体现的是海上雇佣劳务的性质,常适用于情况相对简单、救助方承担风险较小,救助费用较低的救助服务。随着海难救助事业的发展和标准海难救助合同的演进,合同救助已渐为海难救助的主体和核心。

第三,义务救助。义务救助,又称法定救助,是指基于法律的义务性规范,在职务上和业务上具有法定救助义务的任何救助主体,对海上遇险船舶及其船上人员和财产所应当或必须实施的救助行为。在有关国际公约和海运国家的有关立法中,都对义务救助作了规定,如,船员依雇佣合同对本船进行的救助、船长尽力救助海上人命的义务、船长在碰撞时的救助义务等。[①] 义务救助不能请求救助报酬,若救助人违反法定救助义务还应承担法律责任。

第四,强制救助。强制救助,是指沿海国政府对发生在本国管辖水域内具有重大危害的海难事故,依据国内相关法律采取强制措施而发生的救助。如,《1989年救助公约》第5条规定:"(1)本公约不影响国内法或国际公约有关由公共当局从事或控制的救助作业的任何规定;(2)然而,从事此种救助作业的救助人,有权享有本公约所规定的有关救助作业的权利和补偿;(3)负责进行救助作业的公共当局所能享有的本公约规定的权利和补偿的范围,应根据该当局所在国的法律确定。"参照该公约,我国《海商法》第192条也规定:"国家有关主管机关从事或者控制的救助

---

① 如,《海商法》第166条规定:"船舶发生碰撞,当事船舶的船长在不严重危及本船和船上人员安全的情况下,对于相碰的船舶和船上人员必须尽力施救";第174条规定:"船长在不严重危及本船和船上人员安全的情况下,有义务尽力救助海上人命"。

作业,救助方有权享受本章规定的关于救助作业的权利和补偿。"

据此,其一,强制救助是保证辖下水域安全的主权行为,无论被救助方的意愿如何,国家主管机关均有权依法采取救助行动;其二,即使并无被救助方的许可,强制救助作业方仍可向获救船舶请求报酬;其三,这一款项的获得并不以救助效果的存在为前提,且由于主管机关的设备、人员等均由国家划拨,因此确定通常救助报酬时的某些考虑因素应被排除在外。①

四、海难救助的作业方式

对处于危险中的船舶,迅速组织人员、设备赶赴现场,按照先救人后救物的原则进行救助,是海难事故发生后最常见的救助方式。近年来,传统的救助作业之外,不同类别的救助服务内容正不断细化丰富,并作为救助报酬的请求依据得到司法实践的确认。较为常见的海难救助作业方式包括:

1. 开展检测与调查(inspections and surveys)。采取包括潜水检测等方式,对遇险船舶状况进行勘察,并对其当前困境作出评估。

2. 建议、形成和执行救助方案(salvage plan)。为制定救助方案进行必要的测绘与计算,为执行救助方案提供现场可使用的必要运输工具、供给、设备及人员。

3. 抢险(rescue)。对遭遇紧急危险的船舶提供应急措施,包括开泵抽水,进行必要的临时抢修,为极度损坏船舶安排适当进港路线等。

4. 拖航(towing)。较多情况下,是将失去自航能力的船舶拖往安全地带;在特别情况下,也可能将遇险船舶从原地点拖离,以防危险蔓延至他船,如将一艘正在燃烧中的遇难船自没有起火的船旁搬离,使后者免除危险。

5. 起浮(refloating)。通过开挖航槽或卸载、转运遇险船舶所载货物使搁浅中的船舶浮起或把位于礁石之上避免更大的损失。

6. 搁浅(beaching or stranding)。将遇险船舶或即将沉没的船舶驶往浅滩免其下沉或搁浅于礁石之上避免更大的损失。

---

① 参见司玉琢主编:《国际海事立法趋势及对策研究》,法律出版社 2001 年版,第 404～405 页。

7. 灭火(fire fighting)。对失火的船舶采取各种有效措施单独或协助扑灭船上火灾或使其脱离火灾危险区。常见的灭火救助是灌水灭火和沉船灭火。

8. 打捞(raising)。对沉入水下的船舶或货物及其他财产进行水面或水下打捞。

9. 守护。守护救助的主要方式为待命(standing by)、护送(escorting)、引导(guiding)等。一方面,待命的船舶可以帮助遇难船进行通信联系,就近关注险情的变化,为采取进一步必要和可能的措施做好准备;另一方面,待命与护送即使未能参与直接救助,也往往为遇险船舶提供精神上的鼓励,遇险船上的船员在有船守护的情形下,通常会对自行操作脱险增加信心。

10. 防范海盗劫掠(preventing piratical looting)。为被困遇险船舶提供警戒与保护,尤其在特定海域,防范海盗破坏船舶、盗抢货物、伤害人命的可能危险。

11. 其他援助。其他有助于援救遇险船舶的辅助行动也可能成为救助报酬请求的依据。如,接近和定位遇险船舶、向遇难船舶提供食品、淡水、燃料等必需品;向遇险船舶提供消息以便其成功寻求救助;当船员弃船或全船船员病倒而在船舶无人控制的情况下,派员上船协助把船驶往安全地带;遵从政府特定要求采取救助措施;防范或减少可能存在的第三方索赔等。[①]

五、海难救助的立法演变

海难救助古已有之,早在最为古老的成文海法之一"罗得法"(*Rhodian Law*)中就已经有了给付救助报酬的初步规定。作为伴随海上运输事业成长的基本海事制度,海难救助相关立法也在漫长的历史发展中经历了不同阶段的演变。

1. 对遇险物自由掠夺阶段

早期相关法律规定中,并无海难救助的基本概念。古代有关法律对遭遇海难的船舶或货物不作保护性的规定,任凭强者自由掠夺,海难救助规则尚为空白。

2. 官方占有遇难物时代

[①] D. W. Steel, F. D. Rose, & R. Shaw, *Kennedy and Rose on the Law of Salvage*, 6th ed., London: Sweet & Maxwell, 2002, p.104.

中世纪时,欧洲沿海各国,多主张对遇难物享有占有权,但只准各国诸侯公开占有,禁止民众自由掠夺。为增加收入,这一做法在北大西洋、北海沿岸诸国甚为风行,但在地中海沿岸诸国较为缓和。

3. 全面禁止占有遇难物阶段

12 世纪《奥列隆惯例集》的问世,禁止了对遇难物自由掠夺,并逐渐将诸侯的公然占有也列入禁止的范围。这个惯例集对大西洋沿岸诸国颇有影响。到了 15 世纪,各国法律均对遇难物占有权加以否定。

4. 奖励海难救助阶段

19 世纪以后,随着国际航运业的发展,各国间海上贸易日益增多,海难事故的不断攀升,使得海难救助制度的设立成为迫切的需要。单纯保护遇难物的消极立法已经不能适应这种要求,以法国路易十四的《海事条例》规定对遇难物的救助给予奖励为起始,开辟了奖励海难救助积极立法的新纪元。从此,各国有关海上立法都相继仿效,并不断改进和发展,虽因各国经济政治制度的不同,有关规定不尽统一,但奖励海难救助行为的基本立场已经形成,并渐成体系。

5. 国际化统一阶段

1910 年在布鲁塞尔召开的第 3 届海洋法外交会议上,签订了《1910 年统一海上救助若干法律规则的国际公约》(以下简称《1910 年救助公约》),并于 1913 年 3 月 1 日正式生效。近 50 个国家和地区参加了该公约,对统一海难救助的法律制度,起到了积极的、重要的作用。

1981 年国际海事委员会又起草了新的救助公约草案,该草案于 1989 年 4 月 28 日在国际海事组织外交大会上正式通过,定名为《1989 年国际救助公约》(*International Convention on Salvage*,1989,以下简称《1989 年救助公约》)。《1989 年救助公约》共五章三十五条,其突出的特点在于不仅调整救助人和被救助人之间的权利义务关系,还增加了救助人在进行救助工作的同时,应承担防止或减轻环境污染损害义务的规定。由此,公约建立了海上救助与海洋环境保护的直接关系,鼓励救助人对危及环境的遇险船舶或其他财产进行救助,加重了遇险船舶所有人和救助人对于环境保护的责任,较好地保护了救助人的权益。同时,该公约接受了1980 年劳氏救助合同格式中诸如对油轮救助的特殊规定和救助人可以享受责任限制等内容的修改,并因此对共同海损制度、船舶保险制度、船东互保制度等都产生影响。

改革开放以来,中国海洋经济和航运事业得到了飞速的发展,并越来越多地参与到联合国及其他国际组织有关海洋事务方面的国际立法行动中来。1996年,我国加入《1989年救助公约》、2000年批准《1979年国际海上搜寻救助公约》。在对《1989年救助公约》第30条第1款(a)、(b)、(d)三项作出保留的基础上,我国《海商法》以该公约的基本内容为主要参照制定了有关"海难救助"的第九章。与此同时,我国更积极参与、被吸纳为国际救生艇联盟和国际救助联合会等国际组织的一员,成长为国际救助打捞事业的一支重要力量。

【案例裁决/法律文书摘录】

(一)国家主管机关参与海难救助及请求救助报酬的认定

国家海事行政主管机关参与救助作业,是否有权提起民事诉讼? 如何认定海事行政机关从事的救助作业是合同救助还是强制救助? 参与救助的海事行政机关是否可以请求救助报酬?

"中华人民共和国汕头海事局诉中国石油化工股份有限公司广东粤东石油分公司救助合同纠纷案"[1]

原告:中华人民共和国汕头海事局。

被告:中国石油化工股份有限公司广东粤东石油分公司。

经庭审质证,原告和被告对对方提交的证据的真实性没有异议,本审判员予以确认。根据双方提交的证据可查明如下事实:

2005年1月,被告向厦门华航石油有限公司(下称华航公司)购买0#柴油1000吨,由其自行提取货油并安排运输。1月24日,深圳市海通洋船务有限公司接受被告的委托,委派武汉黄石市鄂东海运有限责任公司(下称鄂东公司)所属的"明辉8"轮装载被告所有的0#柴油980吨,从福建东山港驶往汕头港。1月26

---

[1] 广州海事法院2005年民事判决书,摘自"中华人民共和国广州海事法院"网:http://www.gzhsfy.gov.cn/showws.php? id=1832,下载日期:2014年10月2日。

日,"明辉 8"轮与福建省协通船务企业有限公司所属的"闽海 102"轮在南澳岛附近海域发生碰撞,"明辉 8"轮 1 号货油舱破损进水并沉没。

1 月 27 日,原告向"明辉 8"轮船舶所有人鄂东公司发出《海事行政强制措施决定书》,要求鄂东公司实施清除污染、抽取货油、消除污染隐患的行政强制措施。原告同时将该决定书抄送给福建省协通船务企业有限公司和被告等单位。1 月 29 日,原告向鄂东公司发出《海事行政强制执行书告诫书》,告诫鄂东公司如果其逾期履行抽油清污的义务,原告将采取清除污染、抽取货油、消除污染隐患的强制执行方式,费用由鄂东公司承担。……2 月 1 日,原告向鄂东公司发出《海事行政强制执行书》,称,鄂东公司仍未履行《海事行政强制措施决定书》和《海事行政强制执行告诫书》的义务,原告依据法律规定,采取清除污染、抽取货油、消除污染隐患的强制执行方式。

……

1 月 31 日,被告向原告发出《有关"明辉 8"海上事故处理事宜的函》,称,"明辉 8"轮在南澳靠东山方向 7 海里处与"闽海 102"轮碰撞,"明辉 8"轮沉没,现有关搜救工作正在原告的领导下进行。"明辉 8"轮本航次所载其所有的 0#柴油共 980 吨,货物实际价值共 3822000 元。"明辉 8"轮的沉没将造成其巨大损失,故请原告在组织打捞时最大限度地减少货主的损失。本次事故造成的相关救助费用,本应由船舶责任方承担,但其作为货主,若货物得以获救,其将根据《海商法》以及相关法律法规的规定,处理有关费用问题。……

1 月 31 日,原告致函上海打捞局称,2005 年 1 月 31 日,"明辉 8"轮所载货油的货主委托原告对该货油进行救助,并承诺货物获救后根据《海商法》以及相关法律法规支付有关费用。原告根据货主的委托,委托上海打捞局对该货物进行救助,抽取沉船上剩余的货油,由此产生的费用按照《海商法》的规定处理。

2 月 1 日,原告与上海打捞局签订《合同书》。该合同载明,鉴于"明辉 8"轮沉没后,部分货油及燃油泄漏,造成重大污染损害,污染责任方未采取防污措施,货主致函原告请求对船舶内货油进行救助等事实,双方就抽取"明辉 8"轮剩油事宜达成一致。……但在该合同签订之前,上海打捞局早已与原告就抽取"明辉 8"轮剩油达成初步意向。上海救捞局派遣的"沪救捞 3"轮于 2005 年 1 月 26 日 16:30 离开码头起航,准备到汕头抽取"明辉 8"轮剩油。

……

3 月 4 日,原告向被告发出粤汕海事[2005]31 号《关于支付"明辉"轮货油救助费用的函》,称:原告接受被告的委托后,委托上海打捞局对"明辉 8"轮进行救助,共抽出约 439 立方米货油,现寄存于南澳外青山油库。上海打捞局提出的救助费用为 4324090 元。现要求被告在 5 天内支付上述款项,或者提供与获救或有价值相当的担保 1400000 元。

3 月 11 日,被告复函原告称其并未委托原告对"明辉 8"轮所载货油进行救助,且并未承诺支付有关费用,而是阐明若货物获救,将根据相关法律作出相应的处理。

3 月 28 日,原告向本院申请拍卖从"明辉 8"轮抽取的货油,所得价款用于支付抽油救助作业所需费用。……

本审判员认为,本案为一宗海上救助作业纠纷。原、被告双方的争议焦点可归纳为:

1. 原告作为海事行政主管机关,是否有权提起民事诉讼。根据《海洋环境保护法》第 71 条的规定,原告作为防止船舶污染海域的海事行政主管机关,当"明辉 8"轮发生碰撞事故致使其装载的货油发生泄漏以及未泄漏的货油可能造成海洋环境重大污染损害时,有权强制采取避免或者减少污染损害的措施,其中包括与上海打捞局签订合同,以抽取货油,避免或减少污染损害。根据原告与上海打捞局签订的《合同书》的约定,原告有权代表救助方统一向被救助方和/或被代履行方进行索赔,上海打捞局保证不直接向被救助方和/或被代履行责任方提出任何索赔。被告是"明辉 8"轮船载货油的所有人,即为货油的被救助方。原告根据《合同书》的上述约定和《海商法》第 192 条的规定向被告索赔救助费用并提起民事诉讼,符合法律规定,应予准许。被告认为原告作为海事行政主管机关,无权提起民事诉讼,没有法律依据,不予支持。

2. 原告对"明辉 8"船载货油的救助是基于行政职权还是基于被告的委托。原告依据被告发出的《有关"明辉 8"海上事故处理事宜的函》,主张原、被告之间存在委托救助合同关系。原告认为,被告在该函中确认了解有关的搜救工作正在原告的领导下紧张地进行,并承诺其作为货主,若货物获救,将依照《海商法》及相关法律的规定处理有关费用问题。故救助的提供和接受是原告和被告双方自愿的,并达成一致意见,救助合同成立。被告认为,原告依法实施清污抽油,是其作为行政主管部门履行法定职责的行为。原告清污在前,被告发函在后,发函的目的是最大限度地减少损失并提供救助油品储存地,并非委托原告进行救助,不应承担救助费用。本审判员认为,根据上述查明的事实,自1月26日"明辉8"轮与"闽海102"轮发生碰撞沉没后,原告为履行防止船舶污染海域的职责而实施了一系列行政行为。从1月29日发布的汕航通字2005004号航行通告的内容以及上海打捞局自1月28日派遣"沪救捞3"轮对"明辉8"轮沉船进行抽油等事实表明,原告于1月28日已组织上海打捞局对"明辉8"轮沉船进行抽油作业。换言之,即使被告没有发函,原告也会组织有关单位对"明辉8"轮实施救助。可见,被告于1月31日致原告的《有关"明辉8"海上事故处理事宜的函》并没有委托原告进行救助的意思表示,也没有就有关救助合同的主要条款达成一致,因此,原告据此认为其救助行为是基于被告委托而发生的,没有事实和法律依据,不能成立。

3. 原告是否有权向被告请求救助费用。虽然不能认定原告的救助行为是基于被告委托而发生的,但是,原告对"明辉8"轮船载货油的救助行为是基于履行防止船舶污染海域职责的行为,该救助作业属于国家主管机关从事或者控制的救助作业,根据《海商法》第192条的规定,国家有关主管机关从事或者控制的救助作业,救助方有权享受本章规定的关于救助作业的权利和补偿。此外,根据《海商法》第186条第(2)项的规定,如果不顾遇险的船舶的船长、船舶所有人或者其他财产所有人明确的和合理的拒绝,仍然进行救助的,该救助行为无权获得救助款项。在本案中,根据《海事行政强制措施决定书》,原告依行政职权要求"明辉8"轮所有权人实施清除污染、抽取货油,并将该决定书抄送给福建省协通船务企业有限公司和被告等单位。被告明知原告可能采取抽取货油的救助措施而不提出异议,视为其已同意由原告依职权实施救助行为。因此,原告作为控制救助作业的救助方,有权根据《海商法》第九章的规定获得救助报酬。至于原告与上海打捞局之间的费用结算,属于双方的内部法律关系,不影响被告对救助费用的支付。

......

根据《海商法》第 179 条和第 180 条第 2 款的规定,原告在采取强制抽油措施中,取得了救助效果,有权获得救助报酬,但被告应支付不超过获救货物价值的救助报酬。……原告请求被告赔偿原告救助费用的利息,但因被告只需支付以获救价值为限的救助报酬,原告的请求没有合法依据,不予支持。

(二)海难救助与强制打捞

打捞作业是否一定属于海难救助行为? 为何需要强制打捞? 强制打捞与海难救助有何区别?

"深圳市海隆实业有限公司诉广东省东莞市水上运输总公司石龙水上运输公司等强制打捞及清除油污纠纷案"①

原告:深圳市海隆实业有限公司。

被告:广东省东莞市水上运输总公司石龙水上运输公司。

原告海隆公司诉称:2001 年 12 月 11 日,石龙公司所有的"东运 419"轮在深圳蛇口港附近水域沉没,船上 43 只集装箱也全部落海。海隆公司根据深圳海事局的指令,参与了打捞沉船和落海集装箱以及沉船漏油的海上清污工作,海隆公司的投入和工作成果得到深圳海事局的确认。海隆公司为此发生了打捞和清污费用共计132174.9 元。石龙公司作为"东运 419"轮的所有人,阳明公司作为货物的全程承运人,应对打捞和清污费用承担连带责任。请求判令两被告连带支付打捞和清污费用共计 132174.9 元并确认上述费用具有船舶优先权。

被告石龙公司辩称:海隆公司与石龙公司之间不存在民事合同关系,海隆公司受国家行政机关的委托进行强制打捞,是国家行政机关的受托人,因此应该由有关行政机关向责任方索赔,海隆公司不具备索赔的主体资格,请求驳回海隆公司的诉讼请求。

被告阳明公司辩称:本案应属于非强制性救助。"东运 419"轮沉没、所载集装箱落海,是"东运 419"轮船方过失造成的,集装箱所有人和货物所有人对该事故不存在任何过错,无须承担任何责任。此外本案货物是整箱货物,集装箱只是货物的

---

① 广州海事法院 2002 年民事判决书,摘自"中华人民共和国广州海事法院"网:http://www.gzhsfy.gov.cn/showws.php? id=766,下载日期:2014 年 10 月 3 日。

一部分,如果要承担费用,也是货物所有人的责任,与阳明公司无关。海隆公司受行政机关的委托参与打捞救助工作,其应向委托方主张有关费用,而不应直接向责任主体要求支付费用。请求驳回海隆公司的诉讼请求。

......

本代理审判员认为:"东运419"轮沉船事故发生后,沉船及落海集装箱对事故发生地及附近海域的航行安全和海洋环境保护产生很大的威胁,深圳海事局根据《中华人民共和国海上交通安全法》第40条的规定,责令石龙公司限期清除打捞沉船和落海集装箱。在石龙公司拒不全面履行打捞义务的情况下,深圳海事局组织海隆公司等单位进行打捞和清污工作,其目的并不是使沉船及落海集装箱的价值得以获救,而是为了消除沉船及落海集装箱可能给航行安全带来的危害以及沉船泄漏的燃油对海洋环境造成的损害,因此本案不属于海难救助纠纷,而属于强制打捞及清除油污纠纷。

本案的争议焦点是:

1. 谁是打捞清除沉船和落海集装箱以及清除油污的责任主体?

2. 海隆公司能否直接向责任主体主张打捞和清污费用?

根据《中华人民共和国打捞沉船管理办法》第2条、第5条的规定,清除打捞影响航行安全的沉船,包括沉船本体、船上器物以及货物的责任主体是沉船所有人。深圳海事局也是向"东运419"轮的所有人石龙公司发出了限期清除打捞沉船及落海集装箱的通知,表明石龙公司是清除打捞沉船和落海集装箱的责任主体。根据《中华人民共和国海洋环境保护法》第17条的规定,石龙公司也是清除因沉船造成的油污的责任主体。本案的沉船事故是石龙公司过失所致,如果沉船、落海集装箱及沉船的油污给他人造成损害,其法律后果应由石龙公司承担。由于沉船及落海集装箱对事故附近海域的航行安全产生很大的威胁,较易造成碰撞事故;沉船上的燃油也会对事故地附近的海洋环境造成污染,沉船和落海集装箱被尽快和及时的打捞,油污被尽快和及时地清除,可以避免或减轻石龙公司可能承担的侵权责任。

海隆公司虽是应深圳海事局的要求,参与打捞和清污工作的,但其并没有进行打捞和清污的法定或约定的义务。海隆公司参与打捞沉船和落海集装箱以及清除沉船造成的油污等工作不仅免除或减轻了石龙公司相应的打捞和清污的行政义务,而且使石龙公司避免或减轻了因不及时打捞和清污可能承担的侵权责任。海隆公司打捞和清污的行为构成无因管理,其有权要求石龙公司支付打捞和清污所产生的费用。

【延伸阅读】

1.司玉琢:《中华人民共和国海商法问答》,人民交通出版社 1993 年版。

2.司玉琢:《海商法》,法律出版社 2007 年版。

3.司玉琢、李志文:《中国海商法基本理论专题研究》,北京大学出版社 2009 年版。

4.林鹏鸠:《论海难救助之概念》,载《大连海事大学学报》1995 年第 3 期。

5.曲涛:《论沉船强制打捞清除中的法律问题》,载《中国海商法年刊》1999 年。

6.刘长霞:《论主管机关的海难救助报酬请求权》,载《中国海洋大学学报(社会科学版)》2013 年第 2 期。

第二节　海难救助的成立条件

【知识背景】

救助行为是否能够获得海商法的认可、成立为海难救助,需以相应要素或必备条件的满足为前提。对此,学界提出,成立海难救助或需满足"三要件"①,或应符

---

① 海难救助成立的"三要件"被认为是:"危险的存在"(Danger)、"自愿的救助"(Voluntariness)及"救助成功"(Success)。参见 Edgar Gold, Aldo Chircop, Hugh Kindred: *Maritime Law*, Irwin Law Inc., 2003,pp. 605~608。

合"四要件"①,或须达成"五要件"②。依据当前海难救助相关国际公约及主要国内立法的已有规定,成立海商法上的海难救助并获得救助报酬请求权,应体现于以下五个方面:

(一)救助标的必须是可救助的财产

1. 救助人命:排除在救助标的之外

《1989 年救助公约》和大多数国家的海商法都规定,海难救助的标的不包括人命。③ 正如前节"海难救助的类型"中所述,对人命的救助原则上不得请求报酬,通常只在救助财产的同时救助人命的情况下可适当增加财产救助报酬。

"Life salvage independent of property is a rare occurrence and reported cases this century are almost, if not entirely, non-existent. ... As, under the Admiralty doctrine, there must be a fund formed from the salved property out of which salvage is paid or payable, and as it is impossible to value human life in terms of 'hard cash', life cannot be a distinct and separate subject of salvage within the accepted sense of the word. ... Where, however, as is usually the case, life and property are saved in one and the same operation, it is the custom and practice to award a greater remuneration than if property alone had been saved. If there has been saving of life at some point of time in the salvage operation, then ship and/or cargo—owner as owners of the salved properties may find themselves liable to pay life salvage, but where life *only* is saved there is no

---

① 海难救助的"四要件"形式得到了较多采纳。参见司玉琢:《海商法》,法律出版社 2007 年版,第 284~288 页;贾林青:《海商法》,北京大学出版社 2013 年版,第 198~199 页。

② "五要件"说通常在传统"四要件"外添加了"救助实施的地域范围"或"所适用的救助法的管辖范围"。参见张湘兰、邓瑞平、姚天冲:《海商法论》,武汉大学出版社 2001 年版,第 260~262 页;[美]台特雷:《国际海商法》,张永坚等译,法律出版社 2005 年版,第 271~276 页。

③ 如,我国《海商法》第 185 条规定:"在救助作业中救助人命的救助方,对获救人员不得请求酬金,但是有权从救助船舶或其他财产、防止或者减少环境污染损害的救助方得到的救助款项中,获得合理的份额。"

binding legal obligation. "①

2. 救助财产:法律所认可的船舶和其他财产

第一,船舶作为救助标的。据我国《海商法》第 172 条第 1 款的规定,我国海难救助中的船舶是"指本法第 3 条所称的船舶和与其发生救助关系的任何其他非用于军事的或者政府公务的船舶"。据此,我国承认为成立海难救助关系的船舶中,至少一方应为《海商法》第 3 条所称的海船或海上移动装置,而另一方则可为除用于军事的或政府公务以外的任何舰艇,包括 20 总吨以下的舰艇,既可以是海船,也可以是内河船。

由此看来,相较于《1989 年救助公约》,我国《海商法》中海难救助的船舶无论是其身份类型或是航行区域,均要狭窄许多。就船舶身份而言,《1989 年救助公约》第 1 条"定义"船舶为"任何船只、艇筏或任何能够航行的构造物",并不在任何一方排除军事或政府公务船舶,也不排除 20 总吨以下船舶间的互助。就船舶航行区域而言,《1989 年救助公约》同条规定为"可航水域或其他任何水域",而我国却明确对发生在内陆水域的内河船间的救助作出保留,将其排除在救助标的之外。

第二,其他财产作为救助标的。《1989 年救助公约》第 1 条及我国《海商法》第 172 条第 2 款都规定,财产是指非永久地和非有意地依附于岸线和任何财产,包括有风险的运费。另外,《1989 年救助公约》第 3 条及我国《海商法》第 173 条还规定,海上已经就位的从事海底矿物资源的勘探、开发或者生产的固定式、浮动式平台和移动式近海钻井装置,不适用于有关海难救助的规定。由此可知:

其一,海难救助中对财产的救助主要是指对货物的救助。通常,船舶遭遇海难,将或多或少、或迟或早地危及货物的安全;因而对船舶救助成功,也就意味着对货物救助成功。当然,对货物单独进行救助的情形仍然存在,如,从遇难船上卸下货物改由他船承运、从发生火灾的船上抢救出货物、从海上打捞起漂浮货物、在海滩上拣到的因事故而漂上海滩的货物等。其二,有意和永久依附于岸线的固定建筑物和设施,如桥梁、防坡堤、码头等,不在救助标的之列。其三,由于救助专业性

---

① Christopher Hill, *Maritime Law*, 5th edition, LLP Reference Publishing, 1998, pp. 312~313.

的较高需要,设置于海床上从事矿产采掘的任何固定或浮动平台或离岸移动挖掘设备,也不在救助标的之中。

(二)救助标的处于危险之中

海难救助的前提是救助标的处于不论何种原因引起的真实危险中。所谓真实的危险不论大小,也无须实际发生,只要从通常意义上理解不可避免即将发生即可成立。这种危险既可能针对船货的共同安全,也可能分别针对船舶、货物、船员或旅客。判断危险存在的通常标准有二:一是船长根据自己良好的船艺和经验,对当前情况作出合理的判断,确认如不施救,船货就会发生重大损失或继续损失;二是船舶丧失自救的能力,而危险即将发生,或已经发生,或尚在继续。

"…It must be in danger when the services are rendered. Exposure to danger is critical, because the preservation of property from danger is the underlying policy reason justifying the rewards given to maritime salvors. If some property is exposed to danger, but other property is not, the latter will not be liable in respect of salvage.

…

The danger need not be a present one. Areasonable apprehension of future danger will also suffice. This is illustrated by *The Aldora*, where a vessel ran aground outside a dredged channel leading into Blyth harbour. At that piont, the vessel was held to be in position of danger because it was unlikely that she would have refloated without assistance. Even if she had been able to do so, it was unlikely that she would have been able to keep clear of the west bank of the dredged channel."[1]

(三)救助须出于自愿

自愿是海难救助的必备要素。所谓自愿,关涉救助人与被救助人双方,意指:其一,救助方自愿提供救助服务,其对被救助方既无法定救助义务、亦无合同救助义务;其二,被救助方愿意接受救助方的服务,即救助须得到被救助方的同意。我

---

[1] Simon Baughen, *Shipping Law*, 5th Edition, Taylor and Francis, 2012, pp. 277~278.

国《海商法》第 186 条第 2 款明确规定,"不顾遇险的船舶船长、船舶所有人或者其他财产所有人明确的和合理的拒绝,仍然进行救助的",无权获得救助报酬。

"The issue of the voluntariness in a salvage service requires a determination of whether the salvor had a legal duty to assist; for example, a contract or other legal or official obligation between salvor and the ship or property salved will generally preclude voluntariness. ... Neither the crew nor the pilot of a ship, nor the owner, master, or crew of a tug towing the vessel under contract of towage, nor the ships agent is, under ordinary circumstances, entitled to salvage. Crew members and passengers are generally not entitled to salvage as they are considered to be acting in the interests of self-preservation. However, there are some exceptions to the rule. Ship's crew members can, in very exceptional cases, claim salvage if their contract of service to the vessel has ended. Such a termination can occur either by discharge by the master, the proper abandonment of the ship under the master's orders, or a hostile capture of the vessel. "[①]

姊妹船间的相互救助是认定海难救助中自愿要件构成的特殊情形之一。所谓姊妹船,是对同一船舶所有人的各船舶间关系的形象指称。由于姊妹船同属一个船舶所有人,因而有意见认为,其中一艘船舶及船员对同一雇主的另一艘船舶实施救助,仍属于其与所有人或雇主的合同义务范围,不具备自愿特征,也不能请求救助报酬。但从各国立法及司法实践发展来看,认为姊妹船间的救助符合海难救助要件、可以请求救助报酬的相反立场已逐渐形成主流意见。如,我国《海商法》第191 条规定:"同一船舶所有人的船舶之间进行的救助,救助方获得救助款项的权利适用本章(即第 9 章'海难救助')规定"。

姊妹船间相互救助应给付救助报酬的主要理由为:

第一,船员只应对本船安全负有责任。船长和船员对他船的救助已超出他们

---

① 　Edgar Gold, Aldo Chircop, Hugh Kindred, *Maritime Law*, Irwin Law Inc. , 2003, p. 606.

与船舶所有人签订的雇佣合同的义务范围。若以救助双方属于同一船舶所有人为由拒绝支付救助报酬,无疑令救助船上船长及船员的额外劳动不能得到回报和奖励,消磨救助积极性。

第二,对救助方而言,除船舶所有人外,在租约等情形下期租船人等也享有参与救助报酬分配的权利。若姊妹船之间的救助不支付救助报酬,将使期租船人的损失难以得到弥补。

第三,船舶所有人所支付的救助报酬可从保险人处得到补偿。在实践中,获救船舶与货物最后分担的救助报酬通常都由其各自保险人承担。因此,姊妹船间的救助报酬若不予支付,意味着船舶所有人同时放弃了其本应分享的那部分救助报酬,反而在事实上蒙受损失,只有承担支付救助费用义务的保险人最终获益。

(四)救助有效果

救助报酬的获得建立在救助效果存在的基础之上。"无效果,无报酬"原则是国际公约和各国海商法普遍接受的请求救助报酬的基本原则。不过,随着海上原油及化学品运输的迅速发展,"无效果,无报酬"原则却渐成为救助海洋环境污损事故的一大掣肘。一方面,原油等获救财产价值相对较低,令报酬金额受限;另一方面,油船等海上环境污损救助风险极高却成功率极低。因而,在"无效果,无报酬"原则之下,救助者往往对可能具有深远影响的海洋环境救助望而却步。为鼓励救助可能污损海上环境的遇险船舶,从而防止或减轻海洋环境污染,《1989 年救助公约》对此类救助设定了"特别补偿条款",在海洋环境救助中适用"无效果,有补偿"的突破规则。这一"特别补偿"制度也在我国《海商法》中得到吸纳和确立。①

"The requirement that service must be successful can be summed up in this often used expression,'no cure—no pay'. Success need not, however, be total. Partial success, however small, that is to say provided there is some measure of

---

① 《海商法》第 179 条:"救助方对遇险的船舶和其他财产的救助,取得效果的,有权获得救助报酬;救助未取得效果的,除本法第 182 条或者其他法律另有规定或者合同另有约定外,无权获得救助款项。"《海商法》第 182 条:"对构成环境污染损害危险的船舶或者船上货物进行的救助,救助方依照本法第 180 条规定获得的救助报酬,少于依照本条规定可以得到的特别补偿的,救助方有权依照本条规定,从船舶所有人处获得相当于救助费用的特别补偿。"

preservation to the owners, is sufficient. Arising out of this concept is the allied rule that salvage can in certain circumstances still be payable where the service to be rewarded has not actually contributed to the final saving of the property, as, for example, where another vessel answers a call for assistance but her efforts produce no success and indeed worsen the situation because perhaps the two ships come into collision through the fault of the salving vessel. This, in itself, may cause the salvor's claim to fail but if that fault has not occurred, a court may admit that the owners of the salving ship would have been entitled to an award. "①

（五）救助发生在特定水域

海上风险远大于陆上风险是确立海难救助制度、承认救助报酬的又一基本考量。因此,不少国家都对成立海难救助行为、实施海事管辖的地域范围作出明确的限定。如,我国《海商法》第 171 条明确规定,海难救助"适用于在海上或与海相通的可航水域,对遇险的船舶和其他财产实行的救助"。这意味着,只有当危险发生在海上或与海相通的可航水域,或者救助直接及于在海上或与海相通的可航水域中的救助标的物时,海难救助才可能成立。而内陆水域（内河、湖泊等）发生危险或内河船间的救助,不适用海难救助规则;船舶在船厂修理或建造时遭遇火灾等危险,亦不成立海难救助关系。不过,值得注意的是,相关国际立法在这一问题上却采取了不同的开放姿态。如,《1910 年救助公约》第 1 条规定,"无论发生在何种水域","救助服务适用于海上航行,也适用于内河航行";而《1989 年救助公约》第 1 条也规定,救助可发生在"可航水域或其他任何水域中援救处于危险中的船舶或任何其他财产的行为或活动"。

---

① Christopher Hill, *Maritime Law*, 5th edition, LLP Reference Publishing, 1998, p. 319.

【案例裁决/法律文书摘录】

(一)司法实践中的危险要素认定

什么样的危险可认定为海难救助构成要件？应由谁来判断、又如何判断船舶是否面临真实的危险？

上诉人东方之光海运有限公司(以下简称东方海运公司)与上诉人莱州市安达船运代理有限公司(以下简称安达船运公司)海难救助纠纷一案"①

上诉人(原审被告)：东方之光海运有限公司(EASTERN LIGHT SHIPPING LIMITED)。

被上诉人(原审原告)：莱州市安达船运代理有限公司。

原审法院查明,2003年2月23日00:42,东方海运公司所属的利比里亚籍"汤姆"轮(M.V. TORM PACIFIC)装载4909根(24380.559立方米)圆木从利比里亚Buchanan港抵达蓬莱港外锚地,驶向泊位时于15:34在航道上搁浅,该轮在三艘拖轮的帮助下使用主机尝试脱浅失败。

2003年2月23日约17:40,安达船运公司所属的"鲁日海03"轮在长岛港接到蓬莱海事处的通知,要求其到蓬莱港参与对"汤姆"轮的过驳抢险作业,"鲁日海03"轮随后抵达现场,从2月23日22:35至25日02:10,该船与另两艘驳船为"汤姆"轮减载货物,总共卸货大约2700公吨。根据中国外轮理货总公司蓬莱分公司的记录,"鲁日海03"轮共减载圆木538根(1496.362立方米)。"汤姆"轮卸下部分货物后,在利用船上动力和三艘拖轮的帮助下脱浅。

山东海事司法鉴定中心接受青岛海事法院的委托,其鉴定人员于2003年2月28日在蓬莱港登上"汤姆"轮,就该轮搁浅是否属海难事故、该轮是否属于海难救助的对象以及该轮所面临的风险和可能遭受的损失等委托内容进行了现场检验和鉴定,并于2003年4月7日出具了鲁海司鉴字(2003)第08号《关于"汤姆"轮在蓬莱港搁浅所面临的风险和可能遭受的损失程度的鉴定报告》(以下简称《鉴定报告》)。该《鉴定报告》结论为:(a)根据该轮本航次的装载和积载情况,在蓬莱港航

---

① 摘自山东省高级人民法院(2004)鲁民四终字第8号判决书。

道所发生的搁浅事故,在经过几次借助拖轮和船舶主机动力均不能脱浅的情况下,应当认为该轮属于被救助的对象;(b)该轮在满载货物的情况下,如不及时救助,将面临下列风险和损失:(1)由于船舶处在不对称搁浅情况下,船舶已产生严重横倾,如遭遇大风,将会产生船货倾覆的危险,造成船货的重大损失。按该船的船舶状况和货物情况估算,其船舶现值1000万美元,货物现值约385万美元。(2)船体结构和船壳板将在不对称受力的情况下,可能产生局部破坏和开裂,使船舶进水,浮力减小,更加难以起浮。一旦船体损坏,将是船体结构的大面积变形和开裂。(3)如果船体结构的损坏发生在双层底油舱范围内,将会导致燃油外泄,产生严重的海洋污染。

合议庭认为,根据我国《海商法》第171条的规定,海难救助的对象是遇险的船舶和其他财产。遇险从广义上说是指船舶及其他财产在海上或者与海相通的可航水域内遭受到的一切真实危险,包括现实的和不可避免即将出现的危险。本案中,无论是山东司法鉴定中心和双诚公司结论不同的鉴定报告,还是蓬莱海事处和蓬莱货运公司先后出具的相互矛盾的证明,均是对"汤姆"轮航道搁浅自然状态描述后作出的自我判断,而"汤姆"轮是否已发生危险并构成被救助的对象,最终应由法院依据"汤姆"轮的搁浅状况依据法律规定作出判断。基于涉案"汤姆"轮在蓬莱港航道搁浅,经过几次借助拖轮和船舶主机动力均不能脱浅的基本事实,足以判定"汤姆"轮发生搁浅后,已丧失自救能力,必须借助外力才能够脱险。因此,"汤姆"轮依靠自身力量不能移动时,即发生现实危险,已构成海难救助的对象。

⋯⋯

本案争议的焦点问题是:安达船运公司的行为是否构成海难救助及救助报酬如何确定的问题;本案发生的诉讼费用和律师费用如何承担的问题。

关于安达船运公司的行为是否构成海难救助及救助报酬如何确定的问题。如前所述,涉案"汤姆"轮在蓬莱港航道搁浅,经过几次借助拖轮和船舶主机动力均不能脱浅的情况下,已丧失自救能力,"汤姆"轮发生的危险是现实的,已构成海难救助的对象,故安达船运公司的行为系海难救助行为。关于本案救助报酬的确定,根据我国《海商法》第180条的规定,应综合考虑以下各项主要因素:(1)即使"汤姆"轮航道搁浅,但并未受恶劣天气及其他状况的影响,致使船货处于紧急危险状态之中,故本次海难的危险程度及安达船运公司所冒的风险较小;(2)在具体减载的过程中,安达船运公司仅提供"鲁日海 03"号船舶,将"汤姆"轮上卸下的木材运往码头,无特殊努力和技能的付出;(3)安达船运公司共支出的费用和遭受的损失为101236 元人民币;(4)"汤姆"轮自身的船舶价值约 1000 万美元;(5)"汤姆"轮卸下部分货物后,利用船上动力和三艘拖轮的帮助成功脱浅,取得了救助成效。诉讼费和律师费是当事人因诉讼而支出的费用,不属于我国《海商法》规定的确定救助报酬应考虑的范畴,一审法院将上述费用与其他因素一起作为确定救助报酬的基础不当。综上所述,为体现对救助作业的鼓励,本院裁量东方海运公司应支付安达船运公司救助报酬 10 万美元。

(二)海难救助构成中自愿要素的特殊情形

1. 为遇险船舶所雇佣的人员(船员、引航员等)参与救助是否构成海难救助?在何种情形下,身负合同义务的人员救助船舶也可获得救助报酬请求权?

"The Sandefjord"①

[1953] 2 Lloyd's Rep. 557

The Master of a vessel stranded on the Goodwin Sands in charge of a pilot accepted the pilot's advice that offers of assistance by tugs should be rejected and that a kedge anchor should by laid by a lifeboat. The court found that the pilot's service were salvage services and upheld his claim for salvage. Not only did the pilot take a personal risk in giving this advice, because had his recommendations eventually proved disastrous he could have put his personal reputation and even job in jeopardy, but also he relieved the ship's owners of the almost certain alternative of a vast salvage award for tug assistance. The problem for any court in determining the right award in such circumstances is to make it big enough to compensate for the risk taken in that particular instance but at the same time not so big as actively to encourage pilots in future circumstances to take similar undue risks. Obviously, the basic, guiding and underlying reason for salvage

---

① [1953] 2 Lloyd's Rep. 557, 1953-11-17.

awards is to encourage seafaring people to take reasonable risks for the purpose
of saving maritime property in danger.

2. 遇险船上旅客参与救助行动,属于自救行为还是构成海难救助? 可否请求
救助报酬?

"Newman v. Walters"[1]

127 E. R. 330

1804

A ship being in danger, and the captain and part of the crew having made
their escape, a passenger, at the request of the rest of the crew, took the
command and brought the ship safe to port. The merits of the passenger in
saving the ship were acknowledged by the owner in a letter to one of the
underwriters, wherein he expressed his desire to make him a compensation. Held
that the passenger was entitled to sue the owner for salvage.

Lord Alvanley Ch. J. :

The question is, Whether the Plaintiff in this action be entitled to recover
any thing? I was rather surprised to hear it contended, that when the person who
had the command of the ship had deserted her, the Plaintiff, who was a mere
passenger, was bound to interfere for her safety. The crew indeed ought not to
desert the ship so long as they can possibly remain on beard, and if the mate in
this case had saved the ship by doing what the Plaintiff did, he would not have
been entitled to claim a compensation in the nature of salvage. I do not go the
length of saying, that a passenger who is found on board in time of danger is to
do nothing; he must do works of necessity for the preservation of the lives of all
on board. But here the Plaintiff did more than he was called upon by his duty to
perform; for when he took upon himself the direction of the ship he made himself
responsible in the same manner as if he had been master. This he was under no

---

obligation to do. In summing up this case to the jury I stated to them, that this was not literally a case of salvage, but I have since been induced to alter that opinion, particularly by what is reported to have fallen from Sir W. Scott, 1 *Robinson's Admiralty Rep*. *p*. 306, respecting the claim of a pilot praying salvage; for he there says, "it may be in an extraordinary case difficult to distinguish a case of pilotage from a case of salvage properly so called; for it is impossible that the safe conduct of a ship into a port under circumstances of extreme danger and personal exertion may exalt a pilotage service into something of a salvage service". Suppose a tempest should arise while the pilot is on board, and he should go off in a boat to the shore to fetch hands, and should risk his life for the safety of the ship in a manner different from that which his duty as a pilot required: in such case it seems to me that he would be entitled to a compensation in the nature of salvage, and I am glad that Sir W. Scott appears to entertain the same opinion. Without entering into the distinctions respecting the duties incumbent on a passenger in particular cases, I think, that if he goes beyond those duties he is entitled to a reward in the same manner as any other person. In this case the Plaintiff did not act as a passenger when he took upon himself the direction of the ship; he did more than was required of him in that situation, and having saved the ship by his exertions is entitled to retain his verdict in this action.

【延伸阅读】

1. 黄庆源、黄隆丰:《海难救助之法律问题》,联经出版事业公司 1986 年版。

2. 杨良宜:《海事法》,大连海事大学出版社 1999 年版。

3. 司玉琢:《国际海事立法趋势及对策研究》,法律出版社 2001 年版。

4. 笪恺:《海商法上的人命救助》,载《法学杂志》1999 年第 5 期。

5. 李志文、高俊涛:《海难救助"无效果无报酬"原则的生态化嬗变》,载《法学》2010 年第 7 期。

6.刘刚仿:《中国海难救助客体法律制度的梳理与完善——兼议中国海商法相关制度的修改》,载《中国海商法年刊》2011年第3期。

第三节　海难救助合同

● ● ●

【知识背景】

一、救助合同的类别

(一)"无效果　无报酬"救助合同

"无效果　无报酬"(No Cure No Pay)救助合同,即以"无效果即无报酬"原则来设定救助人与被救助人权利义务的海难救助合同类型。该类型救助合同的主要特点为:

(1)多适用于船舶处于较高危险状态,或者遇难船舶需要复杂的救助工作,且可能会造成船货全损的情形。通常当海上救助成功的可能性较小,且即使成功其效果也不大时,"无效果　无报酬"救助合同对被救方来说十分有利。

(2)救助报酬的支付以取得救助效果为前提。救助行为若取得效果,即使仅有部分效果也应给付报酬;而无效果的救助行为不产生支付救助报酬的义务;救助效果的大小决定着最终救助报酬分配的多少。救助双方不受合同中所填写的报酬金额的约束,既防止施救船乘机要挟巨额报酬,也避免紧急情况下将宝贵的时间浪费在报酬数额的争论之中。这激励着救助人为产生救助效果而尽其最大努力,从而有利于遇难船、货的获救,有利于实现海上救助的目的。

(3)救助作业由救助方负责指挥,并对救助中的一切风险包括对第三人造成的人身伤亡及财产损失的损害赔偿承担责任。若救助方和被救助方共同过失造成第三人人身伤亡、财产损失,双方承担连带责任,对双方的损失按各自的过失比例分担。

（二）雇佣救助合同

雇佣救助合同又称实际费用救助合同，即据救助作业实际支出的费用数额和时间计付救助款项的救助合同。该类型救助合同的主要特点为：

（1）多适用于遇险船舶或财产离岸线或港口较近，救助作业危险程度低，救助工作比较简单，救助成功的可能性较高的情形。如，遇难船舶驶离港口不远，所需要的只是一般拖带性作业；或是在良好的天气之下，船舶在泥地上搁浅；或是一艘失去动力的船在大海上漂浮，但触礁概率较低。当被救助方对救助成功较有把握时，其通常舍"无效果　无报酬"救助合同而采用雇佣救助合同。

（2）救助报酬的支付以救助方的实际救助作业的劳务支出为条件。救助方按合同约定从事相应的海难救助作业，即可获得救助报酬，而不论救助行为是否取得效果。救助报酬的数额多寡同样与救助效果无关，救助方在救助过程中所花费的人力、物力和时间方是确定报酬的计算依据。

（3）救助行为由被救助方指挥。救助中的风险和责任，包括对第三人造成人身伤亡和财产损失的损害赔偿责任，均由被救助方承担。

二、救助合同的订立

海难救助合同是指救助人和被救助人在救助开始前或进行中达成的，由救助方救助遇难船舶或其他财产、由被救助方支付救助报酬或救助费用的，口头或书面协议。海难救助制度由纯救助发展而来，即救助者未经遇难者请示而进行的救助，双方无须事先约定。由于缺少救助合同，纯救助行为常常引发救助报酬纠纷，因而在现代海难救助实践中，除在无法订立救助合同的少数特殊场合外，纯救助形式渐不被采用。海难救助合同已成为现代海难救助法律中的重要内容。

（一）救助合同的订立资格

各国海商事法律和相关国际条约都对被救助方的订约人资格有专门的规定，但往往未对救助方的订约人资格作出特别的要求。我国《海商法》第175条第2款规定："遇险船舶的船长有权代表船舶所有人订立救助合同。遇险船舶的船长或者船舶所有人有权代表船上财产所有人订立救助合同。"据此规定，船长或船舶所有人可以全权代表船货双方签订救助合同。船长签订救助合同后，被救船舶的所有人以及被救财产的所有人不得以未经授权或以不予追认为由拒绝承认救助合同的效力,并不得以此来对抗救助人的救助报酬请求权。不过,在特殊情况下,船长可能丧失代理订立救助合同的资格。如,海难若在装卸港发生,所有的货方均已知悉他们的货物的危急状态,船长此时便丧失"不得已的代理人"的资格,不应代货方与救助方签订任何救助合同。船长只需履行托管人的义务,告知救助方与货方直接联系,由货方自己作决定及签订合同即可。

(二)救助合同的订立方式

由于海难救助合同的签订通常发生在遇险船舶处于海难的危急状态之时,双方不太可能对合同的具体条款和内容进行仔细地商讨,因而各国的海商法和有关的国际公约对海难救助合同的形式、合同的具体内容以及合同的成立时间等并无严格的要求,且允许在事后对合同中的显失公平的条款加以变更或废除。在"无效果　无报酬"救助合同实践中,任何船舶前来救助时,不必懂得合同文字,也无须研究合同的具体内容,只要确认英文"No Cure No Pay"字样即可放心签字;其或在危急时无须签字,只要通过无线电信号说明为"无效果　无报酬",即可展开施救。因此,海难救助合同的订立,既可以为书面形式,也可以为口头形式。若采取书面形式的,则多采用标准合同格式,如"劳氏救助合同"或其他"无效果　无报酬"救助合同格式。

英国劳合社的合同标准格式"劳氏救助合同"在各"无效果　无报酬"救助合同标准格式中最负盛名。最初的劳氏救助合同由律师兼救助仲裁员的威廉·华尔顿爵士(Sir William Walton)在 1902 年拟定。随着海上救助法律的发展和完善,劳氏救助合同格式也不断得到修订。如,由于传统的劳氏救助合同不适用于油轮的救助,1980 年专门针对油轮救助对劳氏救助合同格式进行了修改;而 1990 年的劳氏救助合同修订本,则及时吸纳了《1989 年救助公约》中关于特别补偿的规定。目前,劳氏救助合同已修订为 LOF 2011 标准格式。

中国贸促会海事仲裁委员会依据《海商法》第九章的规定,参照 LOF1990 的精神,对原"中国国际贸易促进委员会海事仲裁委员会救助契约标准格式"进行修改,制定了 1994 年"中国海事仲裁委员会救助合同标准格式",代号 CMAC1994。CMAC1994 中英文对照,共有 17 条。其主要内容如下:

(1)由船长代表船主、货主和运费所有人(如船舶出租时,运费所有人不再属于船主而归承租人)签订救助合同,船主、货主、运费所有人各自负责履行合同中规定的义务,互相之间不负连带责任。

(2)经约定将船舶、货物拖带进入某一安全港口为止,救助方应尽最大努力救助船、货、运费。

(3)救助方救助成功,获得报酬;救助获得部分成功,救助方也可获得适当的报酬。救助双方因救助报酬而发生争议,或因执行合同而发生的一切争议,都应提交中国海事仲裁委员会解决。

(4)救助人可以合理地免费使用遇险船舶的属具,但是不应当使遇险船舶的财产遭受不必要的损失。

(5)在救助完毕后,被救助方应立即向海事委员会提交保证金,否则救助方或海事委员会对获救船舶或财产有留置权。

(三)救助合同的成立时间

海难救助合同通常成立在救助开始之前,在需要时也可于救助过程中成立。据我国《海商法》第175条规定,"救助方与被救助方就海难救助达成协议,救助合同成立",在救助方与被救助方就海难救助达成协议之时,救助合同即可成立,无须对成立时间作出具体的约定。

(四)救助合同的效力与变更

海难救助合同一经签订,对船(船舶所有人及船舶本身)、货(货物、集装箱货、燃油及运费)等各方均发生约束力,任何一方不得解除、变更合同的内容。不过,考虑到订约时双方的特殊地位与救助作业的难易、耗资的不可预见性,各国法律及相关国际公约亦对海难救助合同的变更或无效有相应的规定。如,《1989年救助公约》第7条规定:"如有以下情况,可以废止或修改合同或其任何条款:(a)在胁迫或危险情况影响下签订的合同,且其条款不公平;或(b)合同项下的支付款项同实际提供的服务不大相称,过高或过低。"

我国《海商法》第176条也规定在上述类似情形下可能影响海难救助合同的效力,但要求当事人需要通过起诉或仲裁,由"受理争议的法院或者仲裁机构"来"判决或者裁决变更救助合同"。这意味着,依我国法:(1)当事人对合同效力的质疑必须通过法院或仲裁机构确认,当事人一方或双方无法动摇合同的效力;(2)无论救助合同存有何种不公平情形,只能依法寻求合同的变更,而不存在合同的无效或解除。

三、救助合同当事人的权利与义务

救助人,即实施海难救助行为的行为人,通常是遭遇海难的船舶、货物和人命之外的没有救助义务的外来力量,包括施救的船舶所有人、承租人、经营人、保险人、船长、船员、引航员以及国家主管机关等。

被救助人,即遭遇海难的船舶、货物所有人等。船舶遭遇海难,应根据情况采取不同的措施,积极进行救助工作。全体船员应在船长的统一指挥下努力自救;如果仅靠船舶自身的力量不能脱险时,船长应果断请求其他船舶前来救助。

(一)救助人的基本义务

船舶在海上航行中,收到遇难船的求救信号,在不对本船及其船上船员和旅客构成严重威胁的前提下,都应尽力前往救助。在去往救助前,应与遇难船取得联系,说明本船的船名、国籍、船籍港、船舶呼号、船舶的位置、装货港、目的港或前方到达港等情况,供遇难船选择救助者时参考。一旦遇难船选择了本船,应立即前往,并与遇难船签订救助合同。救助船的船长应随时电告船东或代理人本船的动向,如果船长自行决定前去救助,应考虑本船与绕航的关系、租船合同下的解约日问题、本船的货物是否会迟延、船上所剩的燃油、本船的设备状态等。

(1)谨慎救助义务

在救助作业过程中,无论是专业救助人还是非专业救助人,都需要以应有的谨慎、以适合当时危急情形的合理措施进行救助。救助方要以高度的责任心和尽最大的努力,发挥通常的合理技术的技能,以挽救财产、减少损失,并避免对第三人造成损失,特别是避免或减少救助作业对环境造成污染损害。救助人谨慎救助,不仅是海上救助作业的必然要求,也是救助人应尽的重要义务。

(2)寻求或接受他人援助的义务

救助人在合理需要的情况下,应寻求其他救助方援助。船舶遭遇海难时往往情况复杂,且海上危险不断发生变化,给救助工作带来新的困难。首先,当根据救助现场实况,有必要增加新的救助力量时,救助人应当主动寻求其他救助方的增援;其次,在自己无力继续进行救助的情况下,应合理地将救助工作交给其他救助人,以避免因自己无力救助而扩大损失。

被救助方也可以要求其他救助方参与救助作业,若此增加救助方的要求是合理的,救助方有义务接受并配合他方共同施救。但若证实此要求不合理,或发现其他救助人的援助为不必要,那么原救助方的救助报酬的金额不受影响。

(3)在安全地点如实移交获救财产的义务

救助工作完成以后,救助人应将获救的船舶和其他财产送到安全港口,并在取得合理的担保以后,如实向被救助方交付获救的船舶和其他财产。救助人如若隐匿、盗窃获救船舶和其他财产的,将丧失救助报酬请求权或减少救助报酬的金额。

(4)防止或减少环境污染的义务

据《1989 年救助公约》第 8 条第 1 款规定,"救助人对处于危险中的船舶或其他财产的所有人"负有的前两项义务为:"(a)以应有的谨慎进行救助作业;(b)在履行(a)项所规定的义务时,以应有的谨慎防止或减轻环境损害"。这意味着,在谨慎救助的一般义务要求之下,救助人还应根据当时的危险状况、采取合理措施以尽到防止或减少环境污染的应有注意义务。随着国际海洋环境保护意识的加强与保护情势的紧迫,这一义务获得了海难救助立法者愈加明确的关注。

(二)被救助人的基本义务

船长在请求其他船舶前来救助时,应说明本船的船名、国籍、船籍港、船舶呼号、船舶的位置、装货港、目的港或前方到达港、遭遇海难的大致情况等,以便其他船舶考虑是否前来救助。遇难船的船长不应拒绝来船的救助,除非确信能及时地与他船签订救助合同。在有多个救助人同意前来救助时,船长应考虑以使其脱险为限来接受救助。

在不影响救助作业的前提下,被救助方应注意收集救助现场的资料和证据,诸如被救助船舶面临的危险程度、遇难的地点与环境情况、救助船的性质与技术水平、救助的效果、救助方有无过失或不法行为等,以便确定救助报酬时参考。

(1)通力合作的义务

在救助作业过程中,被救助方应与救助方通力合作,以促使救助工作顺利完成。①被救助方应将有利于救助的真实情况告知救助方;②被救助方应听从救助方的指挥;③被救助方应无偿提供必要的船员参与救助方的救助工作;④被救助方有义务提供给救助方以合理地免费地使用被救助船上的设备、设施和物料。不过,若救助方的不合理使用使被救助方的财产遭受不必要损失的,救助方应予赔偿或从应得的救助报酬中扣减。

(2)防止和减少环境污染的义务

同对救助方的义务一样,《1989 年救助公约》也对被救助方的海洋环境保护责任作出了要求。其第 8 条第 2 款规定,遇险船舶的所有人、船长或遇险货物的所有人,在救助作业实施过程中,应与救助人通力合作,合理谨慎地防止或减少环境污染损害。

(3)及时接受获救财产的义务

当获救的船舶或者其他财产已经被送至安全地点时,被救助方应及时接受救助方提出的合理的移交要求,并在所通知地点及时接受救助人移交而来的获救财产。被救助人无理拒绝接受所获救财产的,或因被救助人不合理的延迟接受使获救财产损坏、丢失及其他进一步损失的,不影响救助人的救助报酬请求权的成立,并应承担、补偿在其拒绝或延迟接受期间保管、维护获救财产等相关费用。

(4)提供担保的义务

在未根据救助人的要求对获救的船舶或者其他财产提供满意的担保以前,未经救助方的同意,不得将获救的船舶或其他财产从救助作业完成后最初到达的港口或者地点移走。所谓满意的担保,即指船舶所有人或货物的所有人或有其他财产所有人提供担保的金额不应低于他应向救助人支付的救助款项。因此获救船舶的所有人在获救的货物交还前,还应尽力使货物的所有人对其应当承担的救助款项也提供满意的担保。

(5)支付救助款项的义务

救助作业完成后,被救助人应按法律规定或合同约定,与救助人协商并支付救助款项。救助款项,即指被救助方依照法律的规定应当向救助方支付的任何救助报酬、酬金或者补偿。我国《海商法》第 190 条规定:对于获救满 90 日的船舶和其他财产,如果被救助方不支付救助款项也不提供满意的担保,救助方可以申请法院裁定强制拍卖;对于无法保管、不易保管或者保管费用可能超过其价值的获救的船舶和其他财产,可以申请提前拍卖。拍卖所得的价款,在扣除保管和拍卖过程中的一切费用后,依照规定支付救助款项;剩余的金额退还被救助方,无法退还、自拍卖之日起满一年又无人认领的,上缴国库;不足的金额,救助方有权向被救助方追偿。

【案例裁决/法律文书摘录】

(一)救助合同成立的认定

救助中提供拖航服务属救助合同还是拖航合同? 救助报酬未能达成一致时救助合同是否成立?

"广州海上救助打捞局与大连吉粮轮船有限公司等救助报酬纠纷案"①

原告:广州海上救助打捞局。

被告:大连吉粮轮船有限公司。

被告:J03B 号提单项下货物的所有人。

被告:J03A 号提单项下货物的所有人。

被告:J01C 号提单项下货物的所有人。

被告:J01D 号提单项下货物的所有人。

被告:J01B 号提单项下货物的所有人。

被告:J02 号提单项下货物的所有人。

被告:J05 号提单项下货物的所有人。

被告:J01A 号提单项下货物的所有人。

被告:J03C 号提单项下货物的所有人。

被告:J04 号提单项下货物的所有人。

原告诉称:"吉星"轮于 10 月 24 日在汕头海域与"大庆"油轮相撞,"吉星"轮船东——大连吉粮轮船有限公司(下称吉粮公司)请求救助。原告接受委托后,派出"穗救 209"轮施救,"吉星"轮及其船载十票提单项下货物安全获救。根据吉粮公司于 10 月 24 日的救助委托及我国《海商法》第 180 条的规定,并综合各方面因素,

---

① 摘自广州海事法院(2000)广海法汕字第 89 号、第 90 号、第 91 号民事判决书。

各被告应以其获救财产价值的3%支付救助报酬。……

被告吉粮公司辩称:本案法律关系并非救助,而是拖航。"吉星"轮与"大庆"轮发生碰撞后,主机发生故障。尽管船舶存有备件可由船员予以修复,但为了让海事局尽快调查碰撞事故,才委托原告派船拖带"吉星"轮。本案没有出现危急情形和救助行为。从吉粮公司发出的委托函内容和原告所属"穗救209"轮起拖"吉星"轮的情况可知,本案法律关系只能是拖航关系,因此原告的主张不能成立。……

其他十被告未答辩,也未提供证据。

原告、被告吉粮公司各自对对方提供的证据无异议,合议庭予以确认。根据上述证据及开庭审理所确定的事实,查明:

2000年10月24日,被告吉粮公司所有的"吉星"轮和"大庆"轮在北纬23°22′6″、东经117°35′8″处发生碰撞,"吉星"轮船头被撞破一个75cm×44cm的洞,且主机发生故障,失去动力。为此,被告吉粮公司发函给原告,请求原告"安排一条拖轮协助吉星轮进港"。原告遂派出"穗救209"轮于24日15:03到达现场施救,15:25开始起拖,并于25日14:00将"吉星"轮拖至汕头港6号锚位。在拖带"吉星"轮同时,原告给被告吉粮公司发函,要求以"无效果　无报酬"原则计算救助报酬。被告吉粮公司答复应按空驶时间每马力小时0.6元、拖带时间每马力小时1.6元计算拖航费用。同日,原告向被告吉粮公司发函,主张以获救价值的3%确定救助报酬,被告未予同意。"穗救209"轮总计工作时间为30小时,航程120海里。根据广州中心气象台发布的南海海洋天气预报,10月24日08:00至25日08:00,汕头附近海面偏东风4—5级,阵风6级;10月25日08:00至26日08:00,汕头附近海面东北风5—7级,阵风8级。

……

案件的争议焦点在于被告吉粮公司请求原告"安排一条拖轮协助吉星轮进港"的委托函是否为拖航合同;"穗救209"轮拖带"吉星"轮的行为是否为救助行为。

合议庭一致认为:"吉星"轮在与他船发生碰撞后,尽管碰撞损害情况并未导致船舶处于危险状态,但因其主机出现故障,如果不及时将"吉星"轮拖航至港口,"吉星"轮及其船载货物在当时的气象情况下仍有可能发生沉没的危险。结合上述情形并根据我国《海商法》第175条的规定,原告与被告吉粮公司在"穗救209"轮拖带"吉星"轮之前,虽未就本次拖航费用达成一致的意见,亦未明确将本次拖航定性为"救助性拖航",但双方就处于危险状态的"吉星"轮及其船载货物拖航至安全地带事宜达成协议,可以认定本次拖航为救助行为,救助合同业已成立。被告吉粮公司主张其委托函应定性为拖航合同,不符合我国《海商法》第七章所规定的海上拖航合同的成立条件,其主张依法不能成立。被告吉粮公司主张以拖航合同的计费办法支付拖航费也不能成立,不予支持。然而,鉴于救助方在本次作业中所用的时间不长、支出的费用不高和承担的风险不大,以及"吉星"轮及其船载货物所面临的危险程度较轻等实际情况,原告请求以获救财产价值3‰计算的救助报酬明显过高,应以获救财产价值的1‰计算救助报酬较为合理。原告要求11被告共同承担其已支付"粤汕监巡02"号拖轮的护航费,各被告未提出异议,应予支持。

【延伸阅读】

1.张湘兰等:《海商法论》,武汉大学出版社2001年版。

2.贾林青:《海商法》,北京大学出版社2013年版。

3.刘传刚:《论船长订立海难救助合同的权利》,载《大连海事大学学报(社会科学版)》2003年第2期。

4.赵淑洲:《完善中国国内统一的标准救助合同格式的探讨》,载《中国海商法年刊》2009年第3期。

5.孙彪:《劳氏救助合同诞生100周年的回顾与展望》,载《航海技术》2010年第1期。

第四节　救助报酬

【知识背景】

救助报酬,是指救助人对海上遇险的船舶、货物、人命进行救助并取得效果的,由获救的船舶、货物所有人支付给救助人的救助款项。《1989 年救助公约》第 12 条及我国《海商法》第 179 条均规定,救助方对遇险的船舶和其他财产的救助,取得效果的,有权获得救助报酬。我国《海商法》第 188 条、第 189 条进一步对救助款项的担保权和先行支付请求权作出了规定。海难救助报酬无疑是海难救助制度的基本内容,有关救助报酬的确定与分配是海难救助该内容环节的关注重心。

一、救助报酬的确定

(一)救助报酬的确定原则

立足前述海难救助的构成条件,现代海难救助在确定救助报酬时的主要原则有:

(1)救助报酬以救助效果为前提

据古已有之的"无效果,无报酬"原则,在通常情况下,若救助人未能取得救助效果,即使付出巨大的劳动,花费了大量人力、物力和资金,亦无权请求救助报酬。海难救助的目的便在于使船、货所有人免受或减少财产损失,若救助的结果不仅未能保全财产,反而令船、货所有人额外付出报酬,则海难救助制度已违背其初衷、必丧失应有的生命力。因此,以救助的成功作为报酬请求的前提是海上救助的基本激励机制之所在;以获救财产的价值的存在与多寡决定报酬的支付与金额,也因而成为确定救助报酬的原则之一。

"Salvage is awarded because maritime property has been saved. The value of the property salved forms the found out of which the salvage award becomes payable. It follows that that award can never exceed the value of the property salved. Accordingly, the first step in assessing any reward for salvage is to fix the value of the salved property at the time that it arrived at the place of safety following the successful conclusion of the salvage operations. Not only does this put a 'cap' on the overall amount of any award, but it also determines the respective contributions to any award of the different owners of the maritime property that has been salved. ... Liability will fall not only on the owners of the property in question，but also on those with a possessory interest in it. "①

(2)救助报酬不超过财产的获救价值

船舶和其他财产的获救价值，是指船舶和其他财产在获救后的估计价值或者实际出卖的收入，其中应当扣除有关税款和海关、检疫、检验费用以及进行卸载、保管、估价、出卖而产生的费用。财产的获救价值以"净价"为准，且不包括船员获救的私人物品和旅客获救的自带行李的价值，因其数量少、种类多、价值难定。获救价值通常应依据救助服务结束时的时间和地点的相关因素来计算；而发生在救助活动结束之后、可能减损获救财产价值的其他事件，如货物市场价值的改变等，均与获救财产价值无关。如，一艘芬兰油轮在二战中获救，但当其到达安全地点并进行修理之时，当地国家宣布芬兰为敌对国并将此油轮作为战利品。这一举动无疑减损了该船的价值，但却并不影响其获救价值的估算。② 又如，一艘拖轮拖带一艘蒸汽船前往阿伯丁，在雇用了引航员准备进港时，遭到蒸汽船的拒绝。蒸汽船由此在沿岸漂浮，其后续的起浮及修理的费用将船舶价值减损至 1759 英镑。法院认为，作为救助报酬的计算基础，蒸汽船的获救价值并非 1759 英镑，而应为 8500 英镑；后者正是该船若不拒绝进港救助服务、正常到达阿伯丁时的应有价值。③

我国《海商法》第 180 条第 2 款明确规定："救助报酬不得超过船舶和其他财产的获救价值。"就被救助人的意愿而言，若救助报酬超过了获救财产的价值，被救助人将不会同意接受救助，海难救助亦不可能成立。即使在双方约定了救助报酬数额的情况下，救助报酬的数额原则上也不应超过船舶和其他财产的获救价值。④正如前一原则中所述的，获救财产是支付救助报酬的前提和基础，无论是救助报酬超过获救价值，还是救助报酬几乎等于获救价值，海难救助都将失去其实践运作的动力。

---

① Simon Baughen：*Shipping Law*，5th Edition，Taylor and Francis，2012，p. 295.

② *The Josefina Thorden*，[1945] 1 All ER 344.

③ *The Germania*，[1904]，p. 131.

④ 在海难救助的历史中，救助报酬与获救财产价值的比例鲜少超过 50%；在现代海难救助实践中，随着船舶价值的提高，这一比例更是少有超过 20%。参见张丽英：《海商法》，中国政法大学出版社 1997 年版，第 171 页；司玉琢：《海商法》，法律出版社 2007 年版，第 289 页。

（3）救助报酬因救助方过失相应减免

我国《海商法》第 187 条规定："由于救助方的过失致使救助作业成为必需或者更加困难的，或者救助方有欺诈或者其他不诚实行为的，应当取消或者减少向救助方支付的救助款项。"该条规定要求救助方应当合理谨慎地实施救助，是对救助方在救助中未能恪尽职责甚至为了自身利益实施不诚实行为或进行欺诈的惩戒，也是对被救助方合法利益的保护。

"Serious misconduct by salvors may result in a reduction，and，in extreme cases，a forfeiture of any award，even though the services may have been successful either wholly or in part. To have this effect，the misconduct need not result in any actual damage being sustained by the maritime property. However，the burden of proving misconduct lies on the owners of the maritime property in question and the standard of proof is such as leaves no reasonable doubt. "①

（二）救助报酬的确定要素

船舶遭遇海难时，救助双方在救助开始前后均可以就救助报酬的数额进行约定；救助成功后，即按双方的约定支付救助报酬。但是，双方约定的救助报酬的数额，并不具有绝对的法律拘束力，如果约定数额显著不当、有失公平，任何一方都可以请求增加或减少。据《1910 年救助公约》第 7 条规定："在危险期间并在危险影响下订立的任何救助协议，经当事一方请求，如果法院认为条件不公平，可以宣告该协议无效，或予以变更。在任何情况下，如经证明当事一方同意的事项，因有欺诈或隐瞒而归于无效，或所付报酬与救助服务相比，多得过分或少得过分，经受到影响一方请求，法院可以宣告协议无效，或将该协议加以变更。"我国《海商法》第 176 条也有类似的规定。因此，即使救助合同对救助报酬已有约定，当事方仍可请求法院或仲裁机构依法斟酌相关情况，以重新确定一个合理的数额。

由于每一起海上救助作业的具体情况各不相同，法院或仲裁机关应当立足于对鼓励救助作业的展开，并综合考虑救助过程相关的各方因素，以确定救助报酬的数额。根据我国《海商法》第 180 条的规定，在确定救助报酬时应考虑的因素主要

---

① Simon Baughen：*Shipping Law*，5th Edition，Taylor and Francis，2012，p. 297.

包括：

(1)船舶和其他财产的获救的价值。海上救助都是在一定的危险之下进行的，遇难船舶的吨位越大，所承运的货物越多、价值越巨，救助方所冒风险便越大，因而应考虑给予较高的救助报酬。

(2)救助方在防止或者减少环境污染损害方面的技能和努力。如救助人在防止或减少环境污染损害方面的技能低下，或未尽最大努力防止环境污染损害的发生，有时不但不能获得救助报酬，反而还可能被要求承担巨额的污染损害赔偿，在"无效果 无报酬"的条件下实施救助更是如此。

(3)救助方的救助成效。在海上救助法律关系中，救助成功了一部分也算是有效果。正如前文所述，救助成功是获得救助报酬的基础。救助效果的大小，将极大地影响救助报酬的数额的多少。遇险船舶经抢救后，若仍避免不了危险而受到全部灭失、毫无救助效果，将无从给付报酬；若虽未全部灭失但救助成果很小，即使经过长时间的抢救，付出了巨大的劳动，并且所使用的工具大量、严重损坏，救助船得到的报酬仍将十分有限。

(4)危险的性质和程度。在救助作业过程中，救助船舶和船上人员自身往往也处于危险之中，甚至可能也被卷入海难之中。因此，被救助的船舶、旅客、船员、货物所遭受的危险程度，以及救助人、救助船舶实施救助的危险程度，也是确定救助报酬数额的一大考虑因素。救助船舶在救助工作中面临的危险程度越大，得到的报酬也应越多；反之，面临的危险性较小，得到的报酬也相应地减少。

(5)救助人在救助船舶、其他财产和人命方面的技能和努力。救助人在这方面的技能和努力在很大程度上直接关系到救助的成功与否和救助效果的大小。如果救助人在救助船舶、其他财产和人命方面展示出较高的技能、又克尽其最大的努力，则应考虑给予较高的救助报酬；反之，所确定的救助报酬将较低甚至不予支付报酬。

(6)救助人所用的时间、支出的费用和遭受的损失。救助船舶实施救助作业占用较长时间、付出较多劳务的，可在一定程度上说明救助船舶的较大努力及被救船舶遭遇的较严重危险。当然，更长的时间占用并不必然带来更高的救助报酬。有时由于救助者的技术水平低下，反导致正常救助时间延长，因而只能给予较少的报酬;反之,若救助者措施优良,能在短时间内使遇难船舶脱离险情,则应获得较多的报酬。同时,作为一项高风险投入,救助方支出的费用多少与救助遭受的损失大小也应同时被纳入考虑。通常情况下,若救助人遭受的损失较大、为了救助而支出的费用较多,则应考虑给予较高的救助报酬。

(7)救助人或者救助设备所冒的责任风险。责任风险,是指救助人因救助而可能产生的污染环境的责任、对无辜的第三人进行赔偿的责任等救助风险。如果救助人所冒的责任风险较大,其投入的救助成本将较高,因而救助报酬应考虑更多。依据《1910 年救助公约》第 8 条的规定,在考虑责任风险的这一因素时,应将所冒责任风险的财务价值一并加以考虑;如果救助船舶具有特殊用途的,应把船舶的这种特殊用途也考虑在内。

(8)救助人提供救助服务的及时性。对于被救助船舶而言,在险境中多停留一分钟,救助难度便增大一分,损失亦愈加难以掌握。救助方若能提供及时的救助,往往可以取得较好的救助效果;反之,将减损救助效果甚至没有效果。因此,如果救助人提供救助服务及时,应适当增加救助报酬的数额;如果救助人拖延救助,未及时提供救助服务的,则应减少报酬的数额。

(9)用于救助作业的船舶或其他设备的可用性及使用情况。不同的海难救助作业对救助船和救助设备的要求也各不相同。如,帮助船舶搁浅的救助作业,与帮助船舶脱浅的救助作业,以及帮助扑灭船上火灾的救助等,若由拥有相应设备和功能的船舶来完成,将更为经济和高效。因此,救助船和其他设备的可用性和使用情况在确定救助报酬数额时应加以考虑。

(10)救助设备的备用状况、效能和设备的价值。这一因素主要针对专业救助船舶而定。专业救助船舶在平时一直处于待命状态,且经常进行救助训练,一旦发生海难,即可迅速前往事发海域实施救助。专业救助船舶的效能和救助的技术价值不菲,在减轻、防止污染的能力方面也较强,因此应考虑给予较高的救助报酬。

二、救助报酬的承担与分配

(一)救助报酬的承担

《1989 年救助公约》第 13 条第 2 款规定:"按照第 1 款确定的报酬应由所有的

船舶和其他财产利益方按其获救船舶和其他财产的价值比例进行支付,但是缔约国可在其国内法中作出规定,报酬须由这些利益方中的一方先行支付,该利益方有权向其他利益方按其分摊比例进行追偿。本条中的任何规定均不影响抗辩权。"我国《海商法》第 183 条因而规定:"救助报酬的金额,应当由获救的船舶和其他财产的各所有人,按照船舶和其他各项财产各自的获救价值占全部获救价值的比例承担。"

据此,救助报酬的承担方是获救的船舶所有人和获救的其他财产的所有人。由于救助报酬的数额被限制在船舶和其他财产的获救价值以内,因而获救的船舶所有人和其他财产的所有人所负担的救助报酬给付义务是一种有限责任。若上述所有人已就船舶和货物向保险人投保,救助报酬可以由保险人负担。如果海难是船舶和货物共同面临的,海难救助免除了船舶和货物的共同危险,则救助报酬可以作为共同海损费用,由获救的船、货方分摊,且该分摊额亦可根据保险合同的规定由保险人承担。

按相关国际公约及主要国内立法规,对于人命救助,被救助者没有支付救助报酬的义务,救助人亦不得向获救人索取报酬。不过,当同一海难中的船货获得成功救助时,不论人命救助方是否参加了其他救助活动,都可参与救助报酬的分配,从而基于获救财产的价值享有一定比例的救助报酬。如,我国《海商法》第 185 条明确规定:"在救助作业中救助人命的救助方,对获救人员不得请求酬金,但是有权从救助船舶或者其他财产、防止或者减少环境污染损害的救助方获得的救助款项中,获得合理的份额。"可见,在人命救助的情形之下,其救助报酬的承担方仍然是获救船舶和其他财产的所有人。

"If the award is enhanced because of life salvage, the amount of such enhancement will be apportioned rateably between the owners of the maritime property salved. But if, say, cargo alone is salved, any enhancement due to the saving of life will be borne solely by cargo interests. It is important to note that each owner of maritime property is liable only for its share of a salvage award. If, say, cargo interests have not been made a party to the proceedings, the salvors will be unable to recover their share of the award from the shipowners. "①

（二）救助报酬的分配

海难救助并不一定都由单一船舶进行；即使由单一船舶进行，也是由船方船舶与其所雇佣的多个救助作业人共同完成的。因此，救助报酬的分配，既可能存在于多个救助方之间，也可能存在于同一救助方的不同作业人之间分配；既可能存在于单纯的财产救助人之间，也可能存在于财产救助人与人命救助人之间。所谓救助报酬的分配，即指在上述主体之间救助报酬的分配比例的确定。据我国《海商法》第 184 条规定："参加同一救助作业的各救助方的救助报酬，应当根据本法第 180 条规定的标准，由各方协商确定；协调不成的，可以提请受理争议的法院判决或者经各方协议提请仲裁机构裁决。"具体而言：

（1）共同救助人间的分配

共同救助，指救助是由几个独立的救助者（船舶）共同进行的。在单一救助人的情况下，即使这一救助人的多个雇佣人都参与到救助作业中来，也不应被认为是共同救助。在共同救助情形下，救助报酬的比例分配通常为：存在约定比例时，按约定比例分配救助报酬；但关于这一约定的报酬分配比例只在共同救助人之间具有效力，不能拘束被救助人，被救助人只需支付全部救助报酬即可。不存在约定比例时，救助报酬分配的比例，可按相关法律规定，由法院或仲裁庭考量各方情况决定其比例数额。

"Where more than one salvor is involved in contemporaneous salvage services, their respective shares are determined by the same principles as apply to the assessment of the whole award. Where the salvors have rendered separate services at different times, special favour is usually shown to the first salvors. However, second salvors will receive a larger share of the award if their efforts contributed more towards the eventual preservation of the ship or cargo. If the second salvors dispossess the first salvors, who are willing to continue their

---

① Simon Baughen：*Shipping Law*，5th Edition，Taylor and Francis，2012，p. 294.

services, then the second salvors will be entitled to a reward only if they can prove that there was no reasonable probability of the first salvors saving the vessel on their own. "①

（2）同一救助人的内部分配

船舶救助他船时，该救助船的船东和船员被认为共同从事了救助活动：船东以其船舶投入救助，船员以其救助劳务参与救助。若无船东所派出船舶的参与，海难救助的实施几乎为不可能；而船员对他船的救助行为也超出了船员雇佣契约所约定的合同义务的范围。因此，无论是单一救助人还是共同救助人，海难救助的成功都会带来同一救助船舶的船东和船员之间的救助报酬的分配问题。

第一，关于救助报酬的请求权人。海难救助报酬的请求权人是船舶所有人、船长、船员。不过，专业救助船的船长、船员不在该权利主体范畴之内，因为专业救助船的经营主业即使进行海难救助，船长、船员的救助活动也不过是履行雇佣合同中规定的义务罢了。

第二，关于船东与船员间的报酬分配比例。同一救助船内部的救助报酬分配，一般需根据船旗国的法律规定在船舶所有人、船长、船员之间进行。在船东与船员之间，国际上常见的分配比例是：若从事救助的船舶为轮船，船东获得救助费的2/3；若从事救助的船舶为帆船，则船东获得救助费的1/2。

第三，关于船员之间的报酬分配比例。在划分给船东相应救助报酬后，船员间通常按工资比例对所判定的救助报酬进行分配。若某位船员在救助过程中曾作出特殊的贡献，可考虑在报酬中划给其更高比例。

第四，关于租船合同下的报酬分配比例。对于程租船合同而言，由海难救助造成的时间损失完全由出租人即船舶所有人本身承担，程租船人因为未受任何损失而无权请求救助报酬。而对于定期租船合同而言，由于海难救助占用了期租人依据租约所能享有的船期，事实上扣减了其对所租用船舶的营运利益。因此，期租人应参与救助报酬的分配，享有一定比例的救助报酬。但这一救助报酬的请求需要通过船方提出，不能由期租人直接提出。

① Simon Baughen: *Shipping Law*, 5th Edition, Taylor and Francis, 2012, p. 298.

三、特别补偿

随着世界范围内的能源消费的加剧,海上石油运输量不断增加,油轮吨位不断增大,因油轮发生海损事故而造成的重大油污事件时有发生,造成的海洋污染和其他方面的损害日益严重。因此,防止油污损害渐渐成为与海难救助制度发展的重要关切。无论是根据劳氏救助合同还是世界各国惯例,救助者均须将遇难船拖到安全地带方能索取救助报酬。但实践情形却是,各沿海国家出于对其管辖水域环境的保护立场,往往对可能导致油污损害的船舶事故采取强制性干预措施,如,拒绝获救的油轮进入沿岸国家港口、命令救助人把事故油轮拖往远离海岸的水域并将其凿沉等,导致救助者难以为获救的油轮带入安全地点,从而使本来成功的救助变得毫无效果,救助者丧失报酬请求权。如此情形的持续,无疑将海上航行船舶对油轮事故敬而远之,使急需救助又后果深远的油污损害事件难以得到有效救助,最终令海洋环境恶化、人类整体利益受损。

特别补偿的提出,显然是出于对海洋环境保护的考虑,目的是鼓励对油轮和其他可能导致环境污染损害危险的船舶、货物及其他财产的救助。《1989年救助公约》最先确立特别补偿制度,并逐渐得到世界各国的广泛接受。

根据《1989年救助公约》的相关规定,对可能造成环境污染的船舶、货物实施救助的,可以请求特别补偿。补偿的数额应当与救助人在救助作业中直接支付的合理费用以及实际使用的救助设备和投入救助的人力成本相当。救助人进行救助作业,取得防止或者减少环境污染损害效果的,可以另行增加特别补偿,增加的额度可以达到救助费用的30%;若法院或仲裁庭认为公平合理,可以将此项特别补偿进一步增加,增加额度甚至可以达到救助费用的100%。原则上,只有当特别补偿的总额高于救助人根据公约第13条应获得的救助报酬时,才能在所高出的范围内予以支付。由于救助人的过失,未能避免和减少环境损害的,可以全部或部分地剥夺救助人获得特别补偿的权利。

立足于《1989年救助公约》的精神,借鉴该公约的相关机制,我国《海商法》也在第9章确立了特别补偿制度:

1."无效果,有一定报酬"(No Cure Some Pay)原则

突破传统的"无效果,无报酬"原则,在油污损害领域确立起"无效果,有一定报酬"原则,是《1989 年救助公约》特别补偿制度的关键立足点。这一原则也成为我国《海商法》特别补偿制度的重要基础。依据该原则,救助报酬由"救助人费用"和"冒险资金"两个部分组成。前者是指救助人为进行救助工作而实际支出的开支,包括救助船舶船员的工资、加班费、伙食费和为救助而使用的材料、设备、燃料、费用等,又称为"救助成本"。后者是指为了表彰、鼓励救助人的救助工作而支付的金钱,取得这笔金钱正是救助人冒险进行救助的动力所在。救助人对油轮的救助,危险极高又可能遭受沿岸国的强烈干涉,使本可以成功的救助归于无效。因此,为了保护油轮救助人的积极性,只要没有过失,即使没有效果,救助人也可以请求海难救助报酬,即可以索要在救助工作中合理支出的"救助人费用"和不超过该项费用一定比例的"冒险资金"。"无效果,有一定报酬"原则的确立,对于鼓励救助遇难油轮,防止和减少海洋污染,保护世界生态环境都极为必要,各国无不对这一做法持积极和乐观的态度。

2. 特别补偿的确定

当事人或者受理给付请求的法院或仲裁机构,应当根据国际公约和我国相关法律的规定,考虑我国《海商法》第 180 条第 1 款所规定的救助方提供救助服务的及时性,用于救助作业的船舶和其他设备的可能性和使用情况,救助设备的备用情况、效能和设备的价值等三项因素来确定特别补偿。我国《海商法》第 182 条规定,确定特别补偿,是以"救助费用"为限。在实践中,该救助费用一般包括三项合理费用,即:

(1)救助人在救助作业中直接支付的合理费用;

(2)实际使用救助设备的合理的费用(如实际使用设备的折旧、购置或者租用和修理费用等);

(3)投入救助人员的合理费用。

3. 特别补偿的支付

确定特别补偿并不意味着必然支付特别补偿。只有当依法确定的特别补偿超过救助方依法能够获得的救助报酬时,救助方才能获得特别补偿的相应支付。

根据《1989 年救助公约》第 13 条、第 14 条和我国《海商法》第 182 条的有关规定,不同情形下的特别补偿支付概为:

(1)在救助船舶或者船上财物失败,防止或者减少环境污染损害也无效的情形下,救助方只能获得相当于救助费用的特别补偿。

(2)在救助船舶或者船上货物成功,但防止或者减少环境污染损害无效的情形下,若救助报酬大于或者等于救助费用,救助方只能获得等于救助报酬的特别补偿;若救助报酬少于救助费用,则救助方可获得等于救助费用的特别补偿。

(3)在救助船舶或者船上货物失败,但防止或者减少环境污染损害有效的情形下,救助方可以获得 100%~130% 的救助费用的特别补偿。

(4)在救助船舶或者船上货物成功,且防止或者减少环境污染损害有效的情形下,若救助报酬大于或者是相当于 100%~200% 的救助费用,救助方获得救助报酬,并不再支付特别补偿;若救助报酬少于 100%~200% 的救助费用,救助方可获得相当于 100%~200% 的救助费用的特别补偿。需要注意的是,当特别补偿的支付超过救助费用的 130% 时,应由受理争议的法院或者仲裁机构综合考虑确定救助报酬的各项因素,作为判决或裁决。

【案例裁决/法律文书摘录】

(一)救助报酬承担人的确认及影响救助报酬的因素判断

计算救助报酬时应考虑哪些因素? 参与救助的他船所获的救助报酬是否可作为本船救助报酬的确定参考? 如何划定救助报酬承担方的范围?

"中华人民共和国汕头海事局与被告信盈海运有限公司、信成(香港)海运有限公司海难救助报酬纠纷案"[①]

原告:中华人民共和国汕头海事局。

被告:信盈海运有限公司(HSIN YING SHIPPING CO. ,LTD.)(以下简称信盈公司)。

被告:信成(香港)海运有限公司[EVER SUCCESS(HK)SHIPPING

[①]　摘自广州海事法院(2007)广海法初字第 352 号民事判决书。

COMPANY LIMITED〕（以下简称信成公司）。

......

合议庭一致认为：

本案是一宗海难救助报酬纠纷。本案中被救助船舶最先到达地为广东省海域，依照《民事诉讼法》第 32 条关于"因海难救助费用提起的诉讼，由救助地或者被救助船舶最先到达地人民法院管辖"的规定，本院对本案具有管辖权。

因本案被告信盈公司住所地在英属维尔京群岛，具有涉外因素，原、被告虽然未就解决争议所适用的法律作出约定，但是在诉讼中信盈公司和信成公司主张本案纠纷适用《中华人民共和国海商法》处理；汕头海事局还主张优先适用《1989 年国际救助公约》，但不排除《海商法》的适用。汕头海事局主张适用的《1989 年国际救助公约》的有关规定与《海商法》的规定一致，且不排除《海商法》的适用，因此，应当认定原、被告双方均同意适用《海商法》。依照《海商法》第 269 条的规定，本案应当适用中华人民共和国法律。

本案事实中，双方当事人争议的焦点归纳为四个问题，合议庭分析及处理意见分述如下：

1. 信盈公司与汕头海事局是否存在救助合同关系

据本案查明的事实，信盈公司因"信盈"轮遇险向汕头海事局请求救助，汕头海事局派"海巡 31"轮前往进行救助，因此，双方当事人意思表示真实一致。依照《海商法》第 175 条第 1 款关于"救助方与被救助方就海难救助达成协议，救助合同成立"的规定，双方之间救助合同关系成立，该合同没有违反我国现行法律、行政法规的强制性规定，属合法有效，双方当事人均应依约履行。

汕头海事局是海事行政主管机关，本次救助作业属于"国家有关主管机关从事或者控制的救助作业"。依照《海商法》第 192 条关于"国家有关主管机关从事或者控制的救助作业，救助方有权享受本章规定的关于救助作业的权利和补偿"的规定，汕头海事局作为本次救助作业的救助方，对其从事或者控制的救助作业，有权享受《海商法》第 9 章规定的关于救助作业的权利和补偿。信盈公司和信成公司认为本次救助不属于强制救助，汕头海事局无权依照《海商法》第 192 条的规定请求救助报酬，该主张没有事实和法律依据，不予支持。

2. 汕头海事局是否有权获得救助报酬

(1)本次救助标的是法律所承认的。本次救助标的是"信盈"轮,该轮是《海商法》第三条所称的船舶,是《海商法》所承认的救助标的。

(2)"信盈"轮处于海上危险之中。根据上述查明的事实,信盈公司所属的"信盈"轮在台湾海峡中间出现主机失控,并遭遇到大风浪,船舶抛锚后偏荡严重,横摇达二十几度,随时面临倾覆危险。并且船公司同意全体船员离船,全体船员转移至"海巡31"轮。虽然在"东海救131"轮实施拖带作业时,天气、海况有所好转,但是此时"信盈"轮船员已经全部离船,加上"信盈"轮主机失控,"信盈"轮仍然处于危险之中。直至"信盈"轮被拖带至南澳锚地时,"信盈"轮才完全脱离危险。因此,从"信盈"轮开始面临危险至到达南澳锚地之前的整个过程来看,"信盈"轮面临的危险是客观存在的。信盈公司和信成公司认为船员离船后"信盈"轮没有危险,没有事实依据。

(3)汕头海事局实施了救助行为且救助行为是自愿的。根据上述查明的事实,汕头海事局在本次事故中,成功救助了"信盈"轮的17名船员,并在整个救助过程中从事了搜救、值守、监管、护航和指挥的工作。"海巡31"轮虽然没有直接从事拖带作业,但是其在救助过程中值守、监管、护航和指挥对成功救助"信盈"轮起到了不可或缺的作用。因此,"海巡31"轮实施的上述行为属于救助行为。信盈公司和信成公司认为汕头海事局没有从事救助行为的主张没有事实依据,不予支持。

在救助过程中,信盈公司没有对汕头海事局的救助行为作出明确而合理的拒绝救助的意思表示。汕头海事局对"信盈"轮也没有法律规定或合同约定的救助义务,其从事的救助行为是自愿的。

(4)救助行为有效果。从整个救助过程来看,"信盈"轮和船上全部船员及货物最终成功抵达深澳锚地,成功获救,因此,本次救助效果良好。本次的救助作业是由汕头海事局和交通部东海救助局共同实施的,并不存在信盈公司和信成公司主张的两次救助作业,信盈公司和信成公司认为汕头海事局的救助行为没有救助效果没有事实依据,不予支持。

综上所述,汕头海事局实施的救助符合海难救助的构成要件,取得了救助效果,其有权依照《海商法》第179条关于"救助方对遇险的船舶和其他财产的救助,取得效果的,有权获得救助报酬;救助未取得效果的,除本法第182条或者其他法律另有规定或者合同另有约定外,无权获得救助款项"的规定,获得本次救助作业的救助报酬。

3.汕头海事局请求的救助报酬的数额及利息

信盈公司和汕头海事局没有约定救助报酬的数额,也未约定计算救助报酬的方式,因此,汕头海事局请求的救助报酬应依照《海商法》第180条的规定确定。

(1)"信盈"轮面临的危险和"海巡31"轮所冒的风险。"信盈"轮在台湾海峡中间出现主机失控,并遭遇到大风浪,事故现场持续东北风7至8级,阵风9级,浪高4至5米,长涌浪,船舶抛锚后偏荡严重,横摇达20几度,随时面临倾覆危险。并且船公司同意全体船员离船,全体船员转移至"海巡31"轮后,无人操纵船舶。根据事故当时天气情况和船舶情况来看,"信盈"轮面临很大的危险。即使后来天气、海况有所好转,但此时"信盈"轮船员已经全部离船,加上"信盈"轮主机失控,"信盈"轮仍然面临较大危险。"海巡31"轮在此种情况下对"信盈"轮进行救助,冒了一定风险。

(2)汕头海事局耗费的救助成本和提供服务的及时性。汕头海事局使用了"海巡31"轮从事救助,该轮是南海海区千吨级公务船,造价149800000元,价值巨大。本次救助过程历时约4天,其中"海巡31"轮停泊时间约44小时,航行时间约54.5小时,该轮在整个救助过程中没有发生任何故障。该轮主机功率11600千瓦,由此产生的油料、物料、人力等费用较大。

"海巡31"轮的所有人和经营人虽然均为广东海事局,但是广东海事局与汕头海事局存在隶属关系,汕头海事局实际使用了"海巡31"轮。广东海事局与汕头海事局就"海巡31"轮的占有、使用和收益的关系属于另一法律关系,不属于本案的审理范围。汕头海事局实际使用了"海巡31"轮从事救助作业,应当享有因此而产生的权利。信盈公司和信成公司认为汕头海事局未举证证明其是"海巡31"轮的船舶所有人或经营人,无权请求救助报酬,该主张没有事实和法律依据,不予支持。

"信盈"轮于2007年2月26日07:00发出求救信号,"海巡31"轮于2007年2月26日09:00作起锚准备,14:06抵达事故现场,因此,汕头海事局的救助行动是及时的。

（3）汕头海事局在救助船舶、其他财产和人命方面的技能和努力。汕头海事局在整个救助过程中从事了搜救、值守、监管、护航和指挥的工作,整个救助作业连续进行了约 4 天时间。汕头海事局成功救助"信盈"轮全部 17 名船员,由于"信盈"轮船员熟悉该轮的情况,将全体船员转移至"海巡 31"轮对成功救助"信盈"轮也是有帮助的。并且,汕头海事局在"东海救 131"轮拖带过程中指挥多艘船舶成功避让,使"信盈"轮和船上货物成功脱险,整个救助过程没有造成其他损失。上述救助行为是在天气、海况十分恶劣、"信盈"轮主机失控的情况下实施的。因此,汕头海事局在救助过程中,体现了一定的技能和努力。

（4）救助的效果。"信盈"轮保险金额为 400 万美元,依照《海商法》第 220 条关于"保险金额由保险人与被保险人约定。保险金额不得超过保险价值;超过保险价值的,超过部分无效"的规定,"信盈"轮船舶价值不少于 400 万美元。从本次救助作业的结果来看,"信盈"轮和船上船员及货物均安全抵达汕头南澳锚地,安全脱险,因此,救助效果良好。

综合以上因素,考虑该救助报酬不得超过获救船舶的价值,并体现对救助作业的鼓励,确定汕头海事局请求的救助报酬为 200 万元。信盈公司和信成公司认为汕头海事局获得的救助报酬不应超过"东海救 131"轮获得的报酬,但"东海救 131"轮获得的报酬不是确定本案救助报酬的考虑因素,信盈公司和信成公司的主张没有事实和法律依据,不予支持。汕头海事局主张的 200 万美元的救助报酬过高,对于高于 200 万元的部分也不予支持。信盈公司已向汕头海事局支付了 50 万元救助报酬,汕头海事局还应获得 150 万元救助报酬。

信盈公司和信成公司主张即使汕头海事局按照"无效果、无报酬"原则请求救助报酬,根据《海商法》第 180 条的规定和《救助收费办法》的规定,其也不能获得救助报酬或获得的救助报酬应非常低,不应超过 456576 元。合议庭一致认为,信盈公司和信成公司的上述主张没有事实和法律依据,理由如下:第一,《救助收费办法》属于部门规章,并非法律或行政法规,应当依照《海商法》第 180 条的规定确定本案救助报酬。第二,《救助收费办法》已于 2007 年 11 月 4 日废止。第三,《救助收费办法》于 1991 年制订,根据目前的物价水平来看,其规定的收费标准过低,已明显不适合于目前的实际情况。

关于汕头海事局请求的救助报酬的利息。汕头海事局与信盈公司没有约定救助报酬的支付期限,事后也未达成补充协议,也无参照的合同有关条款和交易习惯,依照《中华人民共和国合同法》第62条关于"履行期限不明确的,债务人可以随时履行,债权人也可以随时要求履行,但应当给对方必要的准备时间"的规定,汕头海事局应当给信盈公司支付救助报酬的必要的准备时间。合议庭一致认为,完成救助作业后两个月的准备时间较为合理,救助报酬的利息应从2007年5月3日起算。汕头海事局请求从2007年3月3日起计算救助报酬的利息,不予支持。150万元救助报酬的利息应自2007年5月3日起至应当支付之日止按中国人民银行同期流动资金贷款利率计算。

4.信成公司是否应承担连带责任

信盈公司虽然保证对信成公司与汕头海事局签订的和解协议项下的救助报酬承担连带支付责任,但是信成公司并未与汕头海事局就救助报酬达成最终的和解协议,并且依照《海商法》第183条关于"救助报酬的金额,应当由获救的船舶和其他财产的各所有人,按照船舶和其他各项财产各自的获救价值占全部获救价值的比例承担"的规定,救助报酬应由获救船舶或其他财产的所有人承担。"信盈"轮的所有人为信盈公司,本案救助报酬及利息应由信盈公司承担,汕头海事局请求信成公司连带支付救助报酬没有事实和法律依据,不予支持。

(二)获救价值的确定与救助报酬的分担

对获救船货价值有争议时应如何确定?对一救助报酬,各被救助方应如何分担?

"宁波市镇海满洋船务有限公司与金运船舶香港有限公司等海难救助合同纠纷案"①

原告:宁波市镇海满洋船务有限公司。

被告:金运公司。

被告:大创公司。

---

① 参见宁波海事法院(2009)甬海法商初字第423号、浙江省高级人民法院(2011)浙海终字第32号民事判决书。

法院经审理查明：

"奕泰"轮为金运公司所有。2009年8月25日，该轮装载收货人大创公司的1008.14吨废五金，从韩国仁川港运往中国海门港。货物报关单记载，货物单价为C&F580美元/吨。2009年8月27日17时54分，"奕泰"轮航行至嵊泗海域时触礁，船员采取自救措施脱浅成功，并恢复航行。当日21时，船舶右倾逐渐增加，至次日凌晨3时，船舶右倾开始严重，并有覆没危险。6时10分，右舷被海水浸没，倾斜速度加快，船长经金运公司同意后，在象山鹤浦南田岛附近冲滩成功，并向舟山及宁波海事部门报告。

2009年8月29日16时，满洋公司接到宁波海事局通知，要求对"奕泰"轮施救。满洋公司了解情况后，陆续调遣抓斗船、清油船（"象渔供369"、"象渔供379"）、驳船（"浙椒机1019"、"浙椒机952"）、起重船（"苏运集1"）、供电船、抛锚船、交通船、拖轮（"满洋6"、"满洋7"、"东舟拖9"、"甬港拖21"）等船舶前往事故现场展开救助。8月30日，金运公司致函满洋公司确认救助并要求做防油污处理，又在此前后三次对满洋公司提出的不同船舶与设备的救助报价做了确认。2009年8月31日16时船上货物清理至"浙椒机1019"和"浙椒机952"两轮上。两船先驶到宁波白峰码头停靠，后驶往台州海门港。在大创公司提供担保后，满洋公司于9月20日将货物交付给大创公司。经理货，获救货物为964.12吨。"奕泰"轮则于9月3日获救，于同日7时40分被拖带至宁波滨海船舶修造有限公司码头停靠。当日中午，金运公司总经理丛文华等人在满洋公司制作的、记载相关救助船舶和设备作业时间的《每日使用汇报》上签字确认，宁波海事局象山海事处批注"情况属实"。在救助过程中，满洋公司还使用围油栏和消油剂做了防油污处理。2009年12月13日，金运公司经满洋公司同意，以人民币144万元的价格将"奕泰"轮出售。

......

法院认为：

1.关于各救助项目的单价

满洋公司根据救助报价确认函来主张救助单价，两被告则认为金运公司是在情况危急的情况下不得已确认显失公平的报价。法院考虑到金运公司确认报价时,救助尚未进行或正在进行中,为防止显失公平,应大创公司的申请,委托海安公估公司对单价进行了评估。经将评估结果与满洋公司的报价对比,法院发现多数报价与评估结果一致,但仍有部分项目的报价明显高于评估结果,因此,依照我国《海商法》第176条第(2)项的规定,法院采纳了评估意见。此外,由于"浙椒机952"、"浙椒机1019"两轮的营运证已过期,法院根据海安公估公司庭审时关于如果两轮的营运证已过期,那么每轮在货物保管期间的租金应从2万元/天减为1.5万元/天的意见,将保管费单价减至1.5万元/天,减少幅度为25%。相应地,两轮在救助期间的救助报酬也减少25%,由2万元/台班减为1.5万元/台班。

2.关于救助时间

满洋公司主要依据《每日使用汇报》主张各项救助行为开始与结束的时间,大创公司则认为《每日使用汇报》所记载的救助时间存在虚假,并提出证据予以抗辩。因法院委托评估时尚未开庭调查事实,故评估时计算救助报酬暂以《每日使用汇报》记载的时间为准,但允许两被告提供原始证据推翻《每日使用汇报》记载的救助作业时间,法院在查证后对救助工作量予以修正,并据此修正救助报酬。

……

……法院对各救助船舶和设备开始与结束救助的时间进行了调整,并据此对评估报告计算的救助报酬做了修正,经核算最终确认救助报酬总计为2097447元人民币。

3.关于货物保管费用

关于"浙椒机1019"、"浙椒机952"两轮保管货物的时间,法院认为满洋公司明确主张16天保管期,未超过实际保管天数,故对此主张予以支持。……此项保管费仅为货物保管而发生,应由货物所有人即大创公司承担。

4.关于救助报酬分摊

根据我国《海商法》第183条的规定,两被告应按照"奕泰"轮与货物各自的获救价值占全部获救价值的比例承担救助报酬。

(1)全部获救价值

①"奕泰"轮获救价值。该轮获救后以144万元人民币出售给案外人,本案三方当事人同意以此价作为该轮的获救价值,法院予以采信。

②货物获救价值。依照我国《海商法》第 181 条的规定,货物的获救价值是指获救后的估计价值或者实际出卖的收入,扣除有关税款和海关、检疫、检验费用以及进行卸载、保管、估价、出卖而产生的费用后的价值。但是本案中各方当事人均未申请对货物获救后的价值进行评估,也没有提供证据证明获救货物出卖后的收入及相关费用,法院经征得各方当事人同意,采用货物的进口单价作为计算货物价值的依据,按照货物获救当日(2009 年 8 月 31 日)的美元兑人民币汇率中间价折合成人民币,共计为:580 美元/吨×964.12 吨×6.83＝3819265 元人民币。此款扣除本案中已查明的保管费用 561600 元人民币即为货物的获救价值 3257665 元人民币。

③全部获救价值:1440000 元人民币＋3257665 元人民币＝4697665 元人民币。

(2)船、货双方各自分摊的救助报酬

①"奕泰"轮分摊的救助报酬。2097447 元人民币×【(1440000 元人民币÷4697665 元人民币)×100％】≈642941 元人民币

②货物分摊的救助报酬。2097447 元人民币×【(3257665 元人民币÷4697665 元人民币)×100％】≈1454506 元人民币

上述船、货双方应分摊的救助报酬未超过船、货各自的获救价值,法院予以保护。

【延伸阅读】

1.张湘兰等:《海商法论》,武汉大学出版社 2001 年版。

2.张丽英:《海商法》,中国政法大学出版社 1997 年版。

3.司玉琢:《海商法专论》,中国人民大学出版社 2007 年版。

4.郭萍、于泓:《论救助款项的含义——兼论对我国〈海商法〉部分条文的理解》,载《当代法学》2002 年第 12 期。

5.陈永灿:《船舶救助报酬的法律性质》,载《中国海商法年刊》2010 年第 1 期。

6.高俊涛、李志文:《我国海难事故环境救助报酬制度的审视与重构》,载《华中科技大学学报(社会科学版)》2012 年第 3 期。

第八章
共同海损

【内容摘要】海上运输面临着各种风险,海上事故带来的损失往往是巨大的,如果所有损失均由船方或货方单独承担显然有失公平,因此,通过立法确定共同海损制度,是"一人为大家作出的牺牲由大家分摊"的"同舟共济"精神在立法上的直接体现。近半个世纪以来,因共同海损理算的耗时、烦琐而使该制度面临不断的挑战和革新。本章重点学习共同海损的法律概念及构成要件、共同海损的损失范围、共同海损与过失的关系,掌握我国《海商法》及《约克·安特卫普规则》的有关规定,了解共同海损理算的基本理念和共同海损的理算方法、理算步骤等。

第一节　共同海损概述

●　●　●

【知识背景】

共同海损的成立和损失范围

（一）共同海损的成立

海损（Average）是指在海上运输中,凡由于自然灾害或意外事故引起的船舶、货物的损坏和支出的额外费用。如船舶触礁、搁浅、碰撞、沉没、风灾、机件损坏、货物受潮变质等都属于海损之列。

按损失的性质分,可将海损分为单独海损和共同海损。

在海上运输中,由于不可抗力或意外原因,发生了人们所预见不到的航海事故,从而直接给船货造成的损失叫单独海损(Particular Average)。单独海损还包括为了船舶或货物单方面的利益采取措施而带来的损失和费用。例如:堆在甲板上的货物在暴风雨中被海浪卷入海中;由于驾驶人员的疏忽致使船舶搁浅,船底受损等属于单独海损;某船员生病,船长决定弯靠港口,送病员上岸就医,由此造成的船期损失等,也属于单独海损。单独海损所造成的损失,按一般运输合同的规定,都是由受损方自己负责或者由责任方负责的。如果受损的财产或费用已经保险的,那么则由保险公司负责赔偿。

在海上运输中,船舶和货物遭受共同危险时,为了共同安全的需要,有意和合理地采取措施而产生的特殊牺牲和特殊费用,称为共同海损(General Average)。例如:遇到狂风大浪,全船随时有覆没危险时,船长命令抛弃部分货物以挽救船舶和其他货物,被抛弃的货物就是共同海损的牺牲;当船舶失掉车叶无法推进时,请其他船舶拖至安全港区所支付的救助报酬,就是共同海损的费用。显然,共同海损的牺牲和费用不仅不是海上危险直接导致的结果,而且恰恰相反,它是为了解除海上危险而人为造成的另外一种性质的损失,这种损失是在正常情况以外发生的人为的、特殊的损失。

我国《海商法》第193条规定:"共同海损,是指在同一海上航程中,船舶、货物和其他财产遭遇共同危险,为了共同安全,有意地合理地采取措施所直接造成的特殊牺牲、支付的特殊费用。"可见,共同海损是指在海上运输中,船舶和货物遭受共同危险时,为了共同安全的需要,有意和合理地采取措施而产生的特殊牺牲和特殊费用。

从共同海损的概念我们可以看出,海上运输中的损失和费用必须具备以下五个方面的条件,才能构成共同海损。

1. 船舶和货物必须处于共同危险状态

危险必须是船货共同面临的,空载航行的船舶、卸载完毕后的船舶遭遇海难,因不存在共同的利害关系方,不能构成共同海损。如果危险仅仅是船舶或货物单方面面临的,为挽救其脱险采取措施而造成的损失和费用也不能构成共同海损。

船货所面临的危险必须是实际存在的危险,而不是臆测的危险。由于船长考虑不周,贸然采取措施,但事后证明并没有共同危险的,船方应负过失责任。

共同危险的确实存在,并不是说当这种危险出现时,如不马上采取措施,船货立刻就要遭受全损。共同危险的确实存在是指:如果不迅速采取行动,已经存在的危险势必导致船货进一步的损失,直到全损的后果。

导致共同海损的危险还必须是在一般情况下不可预测的,可以预测的或常见的事故不得称为危险。例如:台风季节在有台风的海区航行,经常会遇到台风的影响,船长已收到台风警报,船舶将受到台风的袭击,这时船长决定加快航速赶在台风之前抵达附近港口避风,待台风过后再续航。这样,船舶加快航速多消耗的燃料,进出避风港口的费用以及在这期间船员的工资、伙食费用,都不能作为共同海损的损失和费用要求分摊。因为遇到台风或大风浪,根据具体情况需要避风,这是预料中的正常情况,不属共同海损中的"危险"。

2. 措施必须是有意和合理的

所谓措施必须是有意的,是指船、货在遇到海难时,为了摆脱困境,主动采取措施以避免船、货的共同危险。船方在采取这类行动时通常是明知因此会给船、货造成损失的。比如引水灌舱灭火,水除了灭火的功能外,还会造成货物的水损,但是为了船、货的共同安全,不得不这样做。

所谓措施必须合理,是指应该以最小的损失获得船、货的共同安全。也就是说,在采取措施的当时来看,措施是最有成效的和节约的,因而是符合全体利害关系方的利益的。这里所说的合理措施,并不要求必须发生预期的后果,只要确实是经过慎重考虑才作出的决定都被认为是合理的措施。

因采取措施不合理而造成的损失,其不合理部分不得受到共同海损的补偿。例如:船舶因故搁浅,为了起浮脱浅,决定抛货,在这种情况下抛弃的货物一般应该是重量大、价值低,同时也应该是便于抛弃的货物,这样做效果快,损失小,因而是合理的。相反,如果抛弃的货物是重量轻、价值高的货物,并且船舶已经起浮脱浅还继续抛货,这种抛弃就是不合理的,因此而引起的不合理损失和费用部分不得列为共同海损,应由作出错误决定的责任方负担。这里需要注意的是,采取共同海损措施不仅仅限于船长负责指挥。一般说来,在遭遇共同危险时,船长负责船舶管理驾驶,应充分利用其经验与智慧,采取适当的措施,责无旁贷。但因事故特殊或者船长不能发令指挥时,为了船、货共同安全,他人也可负责指挥,其采取的措施也应该认为是共同海损,并不一定非由船长指挥才算共同海损。

除要求船长所采取的措施必须是有意和合理的之外,是否要求船长的处分行为与保存下来的船、货之间存在因果关系,各国是存有分歧的。在这个问题上,包括中国在内的大多数国家主张,不论船长的处分行为与保存下来的船、货之间是否存在因果关系,只要船舶和货物有所保存,即构成共同海损,被保存下来的船、货即应分摊共同海损牺牲。这是因为船舶和货物在海上遭遇海难,船长的处分行为如何有时极难预料,有无因果关系也不易加以判断。

3. 损失和费用必须是特殊的

船方采用措施造成的损失和支出的费用,只要是其应尽义务之外的,不是在正常情况下应该发生的都被认为是特殊的。

例如:船舶因故搁浅,为了摆脱险情,使用顺快车、倒快车,虽然明知这样使用超出机器正常负荷,可是为了共同的安全,迫不得已必须使用,从而使船、货转危为安,但机器却遭到严重损坏,这种损坏即是特殊使用所造成的,应该作为共同海损。机器损坏,此船不能自行开往目的港,只好由前来救助的船舶拖至避难港,因而支付了拖带费和港口费用,这些费用的发生也是特殊的,应作为共同海损费用进行分摊。但如果避难港就是船舶原定航程的中途停靠港,则只要在该港的费用不超过原来计划应支付的营运费用,则不认为是额外支付的,因为即使不遭遇海难,该项营运费用也会发生。如果超过则只有超过部分才是额外支付的,可以列为共同海损费用。

4. 共同海损的损失和费用必须是共同海损措施的直接合理后果

我国《海商法》第 193 条第 2 款规定:"无论在航程中或者在航程结束后发生的船舶或者货物因迟延所造成的损失,包括船期损失和行市损失以及其他间接损失,均不得列入共同海损。"这一规定意味着,能够列入共同海损的损失和费用必须是共同海损措施直接产生的合理的损失和费用,对于共同海损措施间接产生的损失和费用,不得列入共同海损。如船舶发生共同海损必须在中途港卸货后入坞修理才能继续航行,这时所产生的卸货和重新装货费都属于共同海损行为的直接后果,在这样的过程中货物遭受一些损坏,也是共同海损措施的合理后果。如果卸下的货物存在码头仓库,另再遭火灾损失,这与共同海损措施无直接联系,故不能作为共同海损。不过如果船东已为这些入库货物投保火险,这样的保险费习惯上可以认为属于共同海损的开支。

5. 措施必须要有效果

共同海损行为是为了使同一航程各方均受益,因此措施必须要有效果。为了避免船、货的共同危险,虽然为此作出了很大的牺牲,支付了巨额的费用,但是最终船、货还是遭受全损,共同海损仍不能成立。从法理上讲,共同海损分摊的基础是获救的财产,财产所有人没有义务用他的其他财产来抵补,所以一旦同一航程中的船、货遭受全损,共同海损的基础随之消失,共同海损不复存在。采取共同海损措施后,只要产生了一定的效果,使船舶、货物都得以保存,或者保存了其中任何一种,都构成共同海损。法律并不否认仅有船舶或货物被保存时的共同海损性质。

以上五点是共同海损的构成要件,是统一的整体,缺一不可。船方或货方的海损如果具备了以上五个方面的要求,那么就构成共同海损,船方或货方就可以宣布共同海损,要求各受益方分摊由于共同海损所引起的损失和费用。

(二)共同海损损失

共同海损损失是指由于共同海损措施所作出的牺牲和所支出的费用。哪些牺牲和费用应列入共同海损,哪些不应列入,国际航运领域中由于货方和船方立场不同,长期争论不休。

代表货方利益的所谓共同安全派认为共同海损的范围应严格按照共同海损的概念来划分,因而可以列为共同海损的范围只限于为了解除共同危险而造成的特殊损失和额外费用。当船舶一经获得安全后再发生的任何损失和支出的任何额外费用都不应列入共同海损的范围之内。

代表船方立场的所谓共同利益派则认为可以列入共同海损损失的范围不应限于获得共同安全为止,而应包括到船舶安全续航获得保证为止。理由是:船舶承运货物是为了把货物安全地运到目的港。如果发生共同海损,船舶需要修理是为船、货共同利益,则仅驶入避难港,危险并未彻底解除,就不可能继续把货物运至目的港,因此必须将船舶修复,并获得适航条件时才可能继续履行运输任务,应将船舶在避难港到修复为止支付的额外费用也列入共同海损之内。

《北京理算规则》在原则上站在发展中国家一方,但又考虑到目前国际航运界的做法,在条款中说明"在当前情况下可列入共同海损"。我国《海商法》第 194 条直接规定:"船舶因发生意外、牺牲或者其他特殊情况而损坏时,为了安全完成本航程,驶入避难港口、避难地点或者驶回装货港口、装货地点进行必要的修理,在该港口或者地点额外停留期间所支付的港口费,船员工资、给养,船舶所消耗的燃料、物料,为修理而卸载、储存、重装或者搬移船上货物、燃料、物料以及其他财产所造成的损失、支付的费用,应当列入共同海损。"

在海上运输中,船舶、货物等遭受自然灾害、意外事故或其他特殊情况,为了解除共同危险,采取合理措施所引起的特殊损失和合理的额外费用称为共同海损。共同海损包括以下八个方面的范围:

1. 为了抢救船舶和货物而造成的船、货等合理损失

在海上造成这一项损失的原因有多种多样,大体说来有以下几种:

(1)自动搁浅。自动搁浅是船、货遭遇共同危险,为了避免船、货遭受更大的损失而采取的一项救险措施。例如:船舶在航行中发现船壳破裂海水进舱,经抢救抽水,舱内水位仍然上升,为避免沉船,有意识地将船舶驶向浅滩搁浅。由于自动搁浅而引起的损失是为了船、货的共同安全,应属于共同海损。《1974 年约克—安特卫普规则》规定,不论船舶是否势将搁浅,如果为了船、货的共同安全,该船有意搁浅,因此所造成的损失应作为共同海损。

(2)起浮脱险。船舶搁浅后通过自行采取措施强行起浮造成船、货损失的,均属于共同海损。例如:船舶借助涨潮或风力,开足马力倒车后退,这时机器往往使用过度而造成损失。同时起锚机、绞车等也可能因同时使用而造成损失。另外开车使用的燃料或使用的物料均属共同海损。船底由于倒退时划破并因此舱内进水损及货物,此项破损和货损也属共同海损。又如,为起浮脱险抛弃或卸下部分货物和船上燃料以减少船舶吃水,则所抛弃的财物和卸载过程中造成的船、货损失及卸载费都属于共同海损。如果货物卸于租用的驳船上,则驳船的租费也属于共同海

损。

（3）扑灭船上火灾。船舶由于雷电、电线老化短路起火、货物自燃、焊接船板或设备的火星燃及它物，装卸中吸烟烟蒂误投入货堆等引起火灾，从而使用船上灭火设备或借助岸上或其他船上的消防设备灭火，包括用灭火剂灭火，封舱后向舱内浇水，打开船底阀或凿洞引水进舱甚至沉船等。只要这些措施是为了维护船、货共同利益，则所造成的船、货损失均为共同海损，如因灭火剂或浇水引起的残损，灭火中践踏造成的破损，凿破船壳等损失。1974 年约克·安特卫普规则规定：任何烟熏和火烤所造成的损坏都不得受到共同海损的补偿。此外，船上配置的消防设备因灭火遭受损失，符合该设备配置的目的，所以也不能认为是特殊牺牲，一般不作共同海损处理。

（4）货物、物料充作燃料。当船舶按照适航的要求备足了本航次所需燃料，但由于航程中遇恶劣气候，航行时间延长，致使原来备足的燃料耗尽，不得已将货物或船舶的物料充作燃料，这是典型的但是比较古老的共同海损损失，现代已经比较少见。因为在现代技术条件下，船舶完全有可能在燃料耗尽以前弯靠避难港口添加燃料，而代之以弯靠避难港费用。

（5）抛弃。船舶在海上发生海事后，为了解除船、货共同危险，被迫抛弃货物或船上燃料物料或设备，均属于共同海损。被抛弃而引起的共同海损又有以下种类：被抛弃的船上索具、救生艇、铁锚、甲板辅机等习惯上放置在甲板上的设备物料；被抛弃的习惯上允许装于甲板上的木材、火车头，活牲畜等货物；被抛弃的舱内货物；为抛弃而直接造成船舶或其他货物的损失，如抛弃货物而损及车叶，开舱抛货使海水入舱湿损货物等。对于因浪击入海，或因被抛弃财产的所有人的过失所引起的船货共同危险，其财产的抛弃均不能作为共同海损。

（6）卸载、移动货物。为了船、货的共同安全需在避难港卸载，或移动船上部分货物或燃料物料（如为修理船舶必须作此项作业等），以及因这些作业造成的船、货损失均属于共同海损。因为避难港装卸条件可能较差，以及这些作业往往比较紧急，因此在作业中造成损失是较难避免的，它们均应属于共同海损之列。

（7）切除嵌楔物。切除嵌楔物主要发生在船舶碰撞的情况下，例如两船碰撞后两船船体或上层建筑撞嵌在一起，而它又可能造成船、货共同危险，这时将嵌入本船的对方船体部分切除,即是共同海损的损失。

(8)割断锚链。船舶在锚地在风浪或激流中走锚,在紧急情况下为避免与附近船舶碰撞,来不及用正常起锚的办法起锚,有意识地将锚链切断弃锚,这种损失属于共同海损。

2. 避难港的费用

(1)驶入、驶出避难港的费用。船舶为了船、货的共同安全,在船舶航程延长时间①内所支出的额外费用属于共同海损。也就是说,船舶为了船、货的共同安全离开原航线,驶往附近可以作为船舶避免危险并进行修理的港口所发生的额外费用,以及船舶在避难港修复或采取其他措施解除共同危险之后又载运全部或一部分原装货物驶回原航线而支付的额外费用,都可以作为共同海损而由受益方进行分摊。但如果避难港是船舶原定的中途港,则船舶进入该港的正常营运费用不应算入共同海损费用内。

(2)避难港口费用。即船舶出入避难港需向港口当局或其他有关单位支付的各项额外费用,其中包括:进出港引航费、进出港拖轮费、进出港系解缆费、港税、灯塔税、码头税、检疫费、汽艇费以及其他费用。这些费用都是为了船舶在港处理共同海损事故所必须停留的时间内所支付的港口费用,即从船舶驶抵系缆至该船完成继续航行准备工作解缆启航为止的额外停留时间内所支付的港口费用。

(3)船舶在延长航程时间和在避难港外停留期间合理支付的船员工资和给养以及合理消耗的燃料、物料费用。在延长航程时间和在避难港处理共同海损事故所需的额外停留时间内,船东支付给船员的工资、船舶的给养、消耗的燃料和物料均为共同海损行为的直接后果,这些费用均列入共同海损费用之列。

3. 救助费用、抢卸和重装货物等的费用以及其他额外费用

(1)救助费用。救助必须是船、货双方以外的第三者的行为,构成共同海损费用的救助费必须是该救助涉及船、货双方共同安全而发生的费用。例如:船舶发生搁浅后由救助方拖轮将船拖离脱浅,使船、货转危为安,这属于共同海损行为,所需

---

① 船舶航程延长时间是指船舶从驶离原航线至抵达避难港和从驶离避难港返抵原航线这两段时间。

支出的费用属于共同海损费用。

（2）船舶在避难港口解除共同危险，需要卸载或移动一部分货物或燃料、物料，因此引起的费用也是共同海损行为的直接后果，应作为共同海损费用。例如：船舶在航行中遇到恶劣气候，造成货物倒塌和船、货的共同危险，因而驶进避难港将货卸下或重新堆置绑扎，因此而产生的费用即属共同海损费用。

（3）其他额外费用是指共同海损费用保险费、船、货共同海损损失检验费、船舶避难港代理费、电报费、共同海损费用利息和垫付费用手续费、共同海损理算费等。

4. 修理港的有关费用

由于本航程的意外事故，为了安全地完成航程必须修理时，船舶在修理港合理停留时间必须支付的港口费用、船员工资和给养、消耗的燃料和物料费用以及由于修理而卸载、重装和移动船上货物等引起的费用和损失，按照《约克·安特卫普规则》的规定，都作为共同海损由各受益方进行分摊。《北京理算规则》照顾到目前国际上的实际做法，在条款中说明了这些费用"在当前情况下可列入共同海损"。

5. 代替费用（Substituted Expenses）

我国《海商法》第 195 条规定："为代替可以列为共同海损特殊费用而支付的额外费用，可以作为代替费用列入共同海损；但是，列入共同海损的代替费用的金额，不得超过被代替的共同海损的特殊费用。"

在处理共同海损的时候，为了共同安全和共同利益，应该支出的共同海损费用的数额相当浩大，同时另有一项节省的办法，用比较少的费用也能达到为共同安全与共同利益的目的。代替费用是一种为了节省原应列入共同海损的费用而支付的费用。代替费用本身不属于共同海损的范畴，但由于支付这项费用可以节省或避免支付另一项或多项原应列入共同海损的费用，对船、货双方都有利，因此，代替费用习惯上列入共同海损费用之内。但这笔费用的数额绝不能超过要支付的共同海损费用。

代替费用以下列情况为前提：

第一，船方采用代替措施不是运输合同规定的一种义务，而是在特殊情况下采取的一种临时性措施。

第二，采取代替措施必须是谨慎合理的。代替费用必须比被代替的费用为低，

如果超过了被代替费用,除非船、货双方另有协议,超过部分应由采取措施方(一般
是船方)负担。例如,船舶在航行中发生了事故,应驶进附近港口避难,但因目的港
已非遥远,可以雇佣拖船拖往目的港,节省到避难港口的开支。如果船舶驶进附近
港口避难,假设支出的数字如下:

①进出港口费用　　　　　　　　　　　　　　　　9000 元
②在港内停留期间船员工资、伙食费和燃料物料费用　　4500 元
③其他零星费用　　　　　　　　　　　　　　　　6500 元
　　　　　　　　　　　　　　　　　共计　　20000 元

上列各费均系为了共同安全而开支的费用,应该认为是共同海损。为了节省
起见,不驶进附近港口而雇佣拖船把船舶拖往目的港,拖费仅 8000 元,在这种情况
下,8000 元代替了 20000 元,为共同海损节省了 12000 元。8000 元是额外费用,
20000 元是共同海损费用,也就是被代替的原来认为是共同海损的费用。8000 元
没有超过 20000 元,因此,全部额外费用 8000 元应该认为是共同海损。

共同海损理算规则规定,使用代替费用是许可的,有关各方也愿意分摊代替费
用。这种性质的费用与民法规定有所不同,按照民法的规定,真正发生的开支,一
定要按事实办理,不允许采取另外的方法来代替所要解决的事项。

在避难港经常遇到的代替费用主要有:

(1)船舶临时修理费。船舶在避难港仅作临时性修理,到目的港卸完货后再作
永久性修理。这个临时修理费即作为共同海损费用。

(2)拖轮拖带费用。船舶发生海损后本可以雇拖轮拖至避难港,避难港也确具
有修理条件,但考虑拖往目的港可以更为节省费用支出,因而由拖轮拖到目的港。
这时的拖轮费被认为是共同海损的代替费用。

(3)雇佣驳船费。当需将货物卸船进行修理,雇佣驳船将货物卸入驳船比卸到
岸上存仓更为节省时间,其雇佣驳船费即为代替费用。

(4)转运货物费。需卸下的货物较多而且可能修理时间较长,如果货物存岸费
用很大,可考虑另派一艘船将货运到目的港,这时发生的转运费是一种代替费用。

(5)修理船舶的工人加班费。船舶在避难港进行修理的时候,为了缩短停泊的
日期加了夜班,使修理提前完成。此项加班费的支出,缩短了停泊的期间,也节省

了这期间船员工资、伙食、燃料和物料等费用,此项加班费应由共同海损补偿。但加班费不能超过被节省了的时间内所应支付的船员工资、伙食、燃料和物料等费用。

(6)船舶带货入坞附加费。船舶入坞修理一般要将货物全部卸下,但有时为了节省费用,经修船人同意可带部分货物入坞,由于这样会增加危险,所以入坞费也要增加,这种增加的入坞费也作为共同海损的代替费用。

6. 代替航程(Substituted Voyage)

使用代替航程来代替为了共同安全和共同利益所要航行的航程,由于采取代替航程所开支的费用,应该认为是共同海损费用。

例如:一艘英国轮船由印尼雅加达装货直航日本,原定沿途不停靠任何港口,按规定船方应该提供适航船舶承运货物。在该船开航一天后,发觉第七个汽缸盖漏裂,已经处于不适航状态,本应返回雅加达,以装货港为避难港,等待伦敦总公司将汽缸盖航空寄雅加达调换。但船长并未采取返航雅加达的措施,而是与总公司联系后,采取了继续航行,弯靠马尼拉港调换新汽缸盖的措施。弯入马尼拉港和在马尼拉换汽缸盖的时间仅用了两天。因此,采取弯入马尼拉的航程代替了返航雅加达的航程(返程一天,等待伦敦寄来气缸三天),节省了四天的船员工资、伙食、燃料、物料费用。因此,马尼拉虽然不是一个指定的弯靠港口,开往马尼拉是绕道航行,但是为了船舶适航的目的,绕航是合理的,也是许可的,弯入马尼拉所应支付的船员工资、伙食、燃料、物料和进出港口费,应认为是共同海损。

7. 代替损失(Substituted Losses)

以小损失代替大损失,即为代替损失。

例如:船舶搁浅后,为了避免严重后果,企图脱浅,在无外援的时候一般的做法是,船长动车自行脱险,不必请外来相遇的船舶或附近港口拖船来援救脱险。船长企图自行脱浅,开动轮机,但怕车叶转动时,叶片受损发生裂断,船上无后备车叶,因而不敢动车。船长在搁浅处测量船位,只要船尾向左稍动一下,就可以使船尾处于深水地位。船长命令放下救生艇推顶船尾,使船尾处于深水地位不致被泥沙冲击,避免车叶转动时受损。船长明知救生艇机力不够,不能胜任,但为了船舶能够自行动车脱险和避免车叶受损,不得不使用救生艇推顶大船船尾使船向左移动,让船尾处于深水地位。由于救生艇动力单薄,在完成任务之后,艇机损坏。此项损坏是代替了车叶在动车脱浅的工作中受损,故救生艇的机损应认为是共同海损。

【案例裁决/法律文书摘录】

(一)"铨宝湖"轮共同海损分摊纠纷案

共同海损的构成,并不考虑危险的来源,无论是自然的还是人为的,只要危险客观存在且威胁到船舶、货物和其他财产的共同安全,也不需要考虑过失的性质,无论当事人对过失能否免责,都可以构成共同海损。本案中"铨宝湖"轮在航行途中主机弹性联轴节失效,螺旋桨轴失去动力,船舶失去控制,且正受强热带风暴的威胁,船舶及其所载货物共同面临真实存在的危险。原告畅达公司为了船、货的共同安全,请求救助,使船、货脱离了危险,措施合理,效果显著,因此支出一些特殊的费用,属于共同海损。本案主要案情如下:①

原告:福建畅达船务马尾公司(以下简称畅达公司)。

被告:烟台华联商厦对外经济开发总公司(以下简称华联商厦)。

被告:招远市黄金机械总厂(以下简称黄金机械总厂)。

1994年7月11日,畅达公司所属的"铨宝湖"轮在龙口港装载华联商厦的普硅525#水泥5019.2吨和黄金机械总厂的选矿设备439.1吨。大副沈金元在装完货后开出的货物装载图中,记载装货后船舶平均吃水7.21米。7月18日06:42,"铨宝湖"轮从龙口港起航,开往目的港三亚。航行途中,"铨宝湖"轮主机多次出现故障并停航检修。8月3日16:45,途经汕尾海域遮浪角附近时,主推进系统弹性联轴节橡胶挤出,联轴节失效,螺旋桨轴失去动力。23:35,畅达公司向广州海上救助打捞局请求救助。经救助,"铨宝湖"轮于8月5日被安全拖抵沙角锚地。8月7日,畅达公司向广州港务监督递交了海事报告。8月10日,畅达公司宣布共同海损,要求货主与其联系理算、分摊事宜。10月5日,中国人民保险公司龙口支公司就共同海损,为华联商厦提供了45万元担保。10月11日,山东省招远金丝厂就共同海损,为黄金机械总厂提供了40万元担保。10月17日,中国人民保险公司

---

① http://www.ccmt.org.cn/shownews.php? id=2875,下载日期:2014年8月20日。

龙口支公司为黄金机械总厂提供了 38.36 万元担保。10 月 14 日"铨宝湖"轮靠广州黄埔新港卸货。水泥由华联商厦就地自行处理,选矿设备则由黄金机械总厂转运至三亚港。

就海难救助报酬,广州海上救助打捞局先后申请海事法院扣押了"铨宝湖"轮和部分货物,并分别提起诉讼。经海事法院审理,判决畅达公司承担 18.93 万元,华联商厦承担 9.78 万元,黄金机械总厂承担 11.22 万元。

事故发生后,广州港务监督于 8 月 31 日给予海事鉴证。9 月 16 日,中华人民共和国船舶检验局(广州)就"铨宝湖"轮主推进系统损坏状况出具检验报告,验明:弹性联轴节橡胶挤出,弹性联轴节失效,螺旋桨轴失去动力。建议:需进一步拆检以确定弹性联轴节内部损坏的状况、范围及原因,尽快修理以恢复适航能力。

根据广州中心气象台的实况记录和广州海洋环境预报台的记录,8 月 3 日 20:00,现场北风 4 级。4 日 08:00、20:00,西南风 5 级。5 日 08:00,西南风 7 级。5 日 20:00,西南风 5 级。9413 号强热带风暴 8 月 3 日 23:35 位于台湾海峡,8 月 4 日凌晨在福建省厦门至漳浦之间沿海地区登陆,登陆时中心最大风力 8—9 级,6 级大风半径 250 公里左右,"铨宝湖"轮请求救助时正受其影响。9414 号强热带风暴 8 月 3 日在菲律宾以东洋面向西北方向移动,5 日到达马尼拉以东洋面,8 日 02:00 前后在台湾东北部登陆,登陆时最大风力约 12 级。

另查,"铨宝湖"轮为 1974 年巴西造钢质杂货船,总吨位 4794 吨,净吨位 2495 吨,载货量 6059 吨,总长 115.45 米,型宽 17.40 米,型深 9.8 米,干舷为夏季 2815 毫米。主机 1 台,型号为四冲程增压 8S45HU,额定功率 3560KW。适航证书有效期至 1995 年 1 月 10 日。离开龙口港时,该轮有港务监督的出口签证。据福建省赛歧海上安全监督局下白石监督站检查,"铨宝湖"轮艉压载舱有用于压载调整水尺的石头约 75 吨,使该轮平均吃水大约增加 5 厘米。"铨宝湖"轮的航海日志和轮机日志对该航次装完货后船上所存油水数量均无记载。

诉讼期间,畅达公司提供一份注明是大副沈金元 1994 年 7 月 18 日作出的装载图,该装载图作如下说明:"由于在龙口港离码头时发现船舶超水尺 10cm 多,故开航前在锚地进行吃水调整,打出压载水 98 吨,船耗淡水 100 多吨,本轮在开航前的六面吃水情况测得 F6.85m,M6.95m,A7.20m,平均 7.00m。"上述情况航海日志和轮机日志亦无记载。为进一步查明案件事实,法院多次通知畅达公司提供"铨宝湖"轮该航次油水数量的记录和拆检弹性联轴节损坏原因的证据,并要求指派大副沈金元到庭就有关两份装载图记载不一的情况接受调查,但畅达公司始终未提供有关证据,也没有指派大副沈金元到庭接受调查。

畅达公司向海事法院起诉认为:"铨宝湖"轮开航时适航证书有效并取得了港口当局的合法出口签证。在开航前和开航当时畅达公司已做到谨慎处理,配备合格船员和装备船舶,使船舶适航。该轮在适航有效期内,主推进系统弹性联轴节断裂,是承运人在开航前和开航当时经过谨慎处理,恪尽职责未能发现的,属船舶潜在的缺陷。船舶航行途中,主机车轴弹性联轴节突然断裂,无法修复,船舶失去续航能力。在强台风逼近的情况下,为船货共同安全,请求救助,已构成共同海损,由此产生救助费用、货物卸船费、仓储费、转堆费、选矿设备转运目的港费用、船舶港口使费、油料和淡水费、船员工资以及弹性联轴节配件和安装费等特殊费用,除已由各方分别支付的救助费用外,共计 2030000 元,应由华联商厦和黄金机械总厂按共同海损分摊价值比例分摊。

华联商厦和黄金机械总厂答辩认为:"铨宝湖"装货后,在总货吨位未超过该船载重吨位的情况下,平均吃水超过水线 35 厘米,显示该船严重不适航。由此造成的损失,应由畅达公司自己承担。请求法院驳回畅达公司的共同海损分摊请求。

海事法院认为:"铨宝湖"轮在航行中因弹性联轴节橡胶挤出,弹性联轴节失效,螺旋桨轴失去动力,致使船舶突然失控。此时又适逢强热带风暴影响,船舶及其所载水泥、设备遭受共同危险。在此情况下,畅达公司为了船、货的共安全,请求救助,使船、货获救并被拖抵安全锚地,措施合理有效,符合法律规定的共同海损的构成要件,共同海损成立。畅达公司的诉讼请求中关于救助报酬(已由各获救受益人支付)、货物卸船、仓储、转堆费用、船舶港口使用费、选矿设备转运目的港费用以及货物卸完前的船舶油料、淡水费用和船员工资、伙食费用属共同海损费用,但弹性联轴节配件和安装费用不是为了船、货的共同安全而支出的,不属于共同海损费用。

"铨宝湖"轮在龙口港装完货后,大副沈金元开出的货物装载图记载装货后船舶平均吃水 7.21 米,按该轮船检规范计算,已严重超载,船舶不适航。畅达公司应负举证责任,证明弹性联轴节的损坏不是上述原因或其他承运方不可免责的原因所致,以支持其提出共同海损分摊请求的主张。但畅达公司经法院多次要求,仍拒绝提供有关"铨宝湖"轮该航次油水数量的记录和拆检弹性联轴节损坏原因的证据,又不指派大副沈金元到庭接受调查。因此,畅达公司请求共同海损分摊的证据不足,理由不充分,不予支持。华联商厦和黄金机械总厂的抗辩理由成立。

海事法院认为,本案的共同海损成立,但难船所有人要求货方分摊共同海损的证据不足。根据《民事诉讼法》第 64 条第 1 款、《海商法》第 196 条、第 197 条的规定,海事法院判决:

驳回畅达公司的诉讼请求。

(二)香港民安保险有限公司诉统一和平海运有限公司共同海损纠纷案

共同海损损失是指由于共同海损措施所作出的牺牲和所支出的费用。本案中"SEA DIAMOND"轮发生碰撞事故以后,左舷船壳板严重受损,船和货物处于危险之中,该轮就近驶入上海港卸下全部货物进行修理,是为了船货共同安全及完成预定航程所必需的。所以,该轮在上海港产生的费用符合共同海损条件。但该共同海损事故的产生是因船舶碰撞而引起的,被分摊方可以基于船舶碰撞损害赔偿的法律关系而向第三方进行追偿。以下是中华人民共和国上海海事法院民事判决书(2002)沪海法海初字第 18 号内容摘要:[①]

原告:香港民安保险有限公司。

被告:统一和平海运有限公司(UNION PEACE MARINE CORP)。

原告诉称,2000 年 4 月 26 日凌晨,被告所属"ORIENT HONESTY"轮在中国长江口与他船"SEA DIAMOND"轮发生碰撞。由于船舶损坏严重,"SEA DIAMOND"轮船东于 4 月 30 日将船上所有货物卸下,对该轮进行修理。"SEA DIAMOND"轮船东就上述事故宣布了共同海损,并委请香港德理有限公司进行共同海损理算。由于原告所承保的货物装载于"SEA DIAMOND"轮上,为此原告向

---

① http://www.ccmt.org.cn/shownews.php? id=6007,下载日期:2014 年 9 月 5 日。

该轮船东提供了共同海损担保。2001 年 12 月 28 日,香港德理有限公司出具了共同海损理算报告后,原告为此支付了共同海损分摊费用共计 70144.15 美元。

原告认为,原告所遭受的损失,完全是由于被告所属"ORIENT HONESTY"轮与"SEA DIAMOND"轮碰撞所致,被告应承担侵权责任。据此,请求判令被告赔偿原告经济损失 70144 美元及利息,并承担诉讼费用。

被告在法定期间未作书面答辩,也未出庭应诉。

法院经审理查明:2000 年 2 月 21 日,原告承保的货物装上"SEA DIAMOND"轮由喀麦隆运往中国蛇口港,该轮在中国张家港卸下另一票货物后,驶往蛇口港。2000 年 4 月 26 日凌晨,被告所属"ORIENT HONESTY"轮在中国长江口与"SEA DIAMOND"轮发生碰撞事故,致使"SEA DIAMOND"轮受损。4 月 30 日,"SEA DIAMOND"轮卸下船上所有货物,进厂进行修理。经该轮船东宣布共同海损,香港德理有限公司对此事故进行了共同海损理算,太平保险有限公司为此向香港德理有限公司出具了共同海损担保。经理算,确定货主应分摊共同海损的金额为 70144.15 美元。原告通过香港德理有限公司向"SEA DIAMOND"轮船东支付了上述分摊额,2002 年 3 月 25 日,香港德理有限公司确认收到原告支付的共同海损分摊金额。

另查明,太平保险有限公司于 2000 年 11 月 3 日刊登公告,确认将其保单项下的权利及义务转让给原告。

再查明,2000 年 5 月 3 日,指示收货人中盛实业有限公司向原告出具了收据,并将追偿权益转让给了原告。

在本院另案审理的被告与"SEA DIAMOND"轮船东之间的船舶碰撞损害赔偿纠纷案中,本院已判决被告在本次碰撞事故中应承担 60％的责任。

本院认为,本案为共同海损分摊费用追偿纠纷。"SEA DIAMOND"轮在发生了碰撞事故,造成船舶受损以后,在就近港口上海港卸下全部货物进行船舶修理。根据理算报告记载,"SEA DIAMOND"轮发生碰撞以后,其左舷船壳板严重受损,船和货物处于危险之中,船舶驶入上海港是为了共同安全所必需。船舶在上海港进行修理是为了完成航程所必需。因此,"SEA DIAMOND"轮在上海港产生的费用符合共同海损特征。虽然共同海损调整的是本船船东与货主之间的分摊与追偿的关系,但该共同海损事故的发生是因船舶碰撞而引起的,被分摊方是基于船舶碰撞损害赔偿的法律关系而向第三方进行的追偿,原告所分摊的共同海损费用亦属于在船舶碰撞事故中货物损失的范围。在已经确定被告应承担60％碰撞责任的情况下,被告理应赔偿原告由此而产生的共同海损分摊费用,但应以被告所承担的碰撞责任比例为限。原告的诉讼请求去掉小数点以后的尾数,于法不悖,本院予以认可。原告请求从其支付共同海损费用之日起的利息损失理由正当,但原告未向本院提供利息计算依据,本院按中国人民银行美元活期存款利率从原告支付共同海损分摊费之日起计算。依照《海商法》第169条第2款和最高人民法院《关于审理船舶碰撞和触碰案件财产损害赔偿的规定》第4条第3款的规定,判决如下:

被告统一和平海运有限公司赔偿原告香港民安保险有限公司共同海损分摊费用42086.40美元及利息(利息按中国人民银行美元活期存款利率从2002年3月25日起计算至本判决生效之日止)。

上述款项,被告应于本判决生效之日起10日内向原告支付完毕。

案件受理费人民币10831.95元,原告承担4332.78元,被告承担6499.17元。被告承担之数应于本判决生效之日起7日内径付原告。

【延伸阅读】

1.《1974年约克—安特卫普规则》

2.《北京理算规则》

第二节 共同海损理算

【知识背景】

共同海损理算的若干法律问题

共同海损发生后由海损理算人（Adjustor）进行一系列的调查研究和审核计算工作，称为共同海损理算。

共同海损理算工作包括以下方面：确定应作为共同海损受到补偿的损失和费用的项目及金额；确定应参加分摊的受益方及其分摊价值；确定各受益方的分摊额及最后应付的金额和结算办法；编制理算书。

共同海损理算应以航程终止地点和时间的财产状况为依据。理算的地点和时间是指航程终止的地点和时间，而不是编制理算书的地点和时间。

（一）共同海损损失金额的确定

海损损失金额包括单独海损损失金额和共同海损损失金额。单独海损损失金额是指由于自然灾害或意外事故直接造成损失的数额，这一损失额由受损方自行负担，如属保险责任范围，可以从保险公司得到赔偿。共同海损损失金额就是指应得到共同海损补偿的数额，包括由于采取共同海损措施而造成的牺牲和费用。

1. 船舶损失金额（The amount allowable for loss or damage to the ship）

关于船舶损失金额的计算，不同的理算规则有不同的规定，但基本内容都是一致的，当事人可以根据自愿原则选择不同的理算规则进行理算。我国《海商法》第198条第1项规定："船舶共同海损牺牲的金额，按照实际支付的修理费，减除合理的以新换旧的扣减额计算。船舶尚未修理的，按照牺牲造成的合理贬值计算，但是不得超过估计的修理费。船舶发生实际全损或者修理费用超过修复后的船舶价值的，减除不属于共同海损损坏的估计的修理费和该船舶受损后的价值的余额计

算。"对船舶损失金额较常见的计算方法是:

(1)船舶进行修理时,从损坏部分实际支付的合理修理费中扣减换新费用,其余额作为共同海损损失金额。船舶永久性修理时,由于新材料替换了旧材料,超过了恢复原状的要求,因此,应按照船龄、船舶种类以及修理材料的种类性质从修理费用中扣除一定的数额,以使之公平合理。但在临时修理时不作换新的扣减。

(2)船舶未进行修理时,在估计的修理费限度内作换新的扣减,即从合理的修理估价中扣除换新费,其余额作为共同海损损失金额。

(3)船舶全损时,应从该船的估计完好价值中扣除不属于共同海损的估计修理费用及残骸的售价,其余额作为共同海损损失金额。在实践中,船舶全损的共同海损案件极少。

2. 货物损失金额(The amount allowable for loss or damage to the cargo)

货物损失金额就是由于共同海损措施使货物受到损失,货方应得到的共同海损补偿额。

《北京理算规则》规定:货物损失金额按照损失部分的到岸价格,减除由于损坏无须支付的运费确定。而我国《海商法》第198条第2项则规定:"货物共同海损牺牲的金额,货物灭失的,按照货物在装船时的价值加保险费加运费,减除由于牺牲无须支付的运费计算。"

如果受损货物已经出售而其损失数额未经另行议定,那么作为共同海损受到补偿的数额,应根据出售净得数额与上述货物的完好净值之间的差额确定。

未申报的货物或谎报内容装载的货物,即使因共同海损措施而受损,也不得作为共同海损受到补偿,但获救时,仍有分摊共同海损的义务。装运时不正当地以低于实际价值申报的,在发生共同海损牺牲时,按其申报价值计算牺牲金额,但应按实际价值承担分摊义务。

3. 运费损失金额(The amount allowable for loss of freight)

运费损失金额是指承运人由于货物损失而引起的运费损失数额,这通常是指到付运费而言的。运费损失金额按照货物遭受损失而引起的运费损失金额减去为取得这笔运费本应支付、但由于货物牺牲而无须支付的营运费用计算。

（二）共同海损分摊价值的计算

分摊价值是指由于共同海损措施而受益的财产价值，包括船舶、货物、运费等，共同海损牺牲的金额也应参加分摊。因此，共同海损分摊价值应以航程终止时船舶、货物和到付运费的实际净值为基础，加上共同海损牺牲的金额计算。

1. 船舶分摊价值（The contributory value of the ship）

船舶分摊价值是指参加分摊共同海损的船舶价值。《约克-安特卫普规则》和《北京理算规则》都规定，这项价值应按照船舶在航程终止时的当地完好价值减除不属于共同海损的损失金额计算，或按照船舶在航程终止时的当地实际价值加上共同海损牺牲金额计算。

共同海损理算的内容和主要的目的，就是要明确分摊的数额和补偿的数额。有了明确的分摊和补偿之后才能进行理算。船货发生了事故，有了共同海损行为，而受益的船货在共同海损之后仍须航行，有可能再次遇到海难，使得全部财产灭失。或者受到共同海损损失的财产到达终了港的时候，已经贬值或一文不值，从而由共同海损的摊出方面转变为共同海损的受补偿方面。所以在共同海损行为的当时，被救财产的价值是靠不住的。同样，这也是共同海损的损失和分担的理算为什么不以起运港的船货价值为标准的原因。

所谓终了地点，可能是原来航程的目的港，也可能是中途的避难港。如果船货在中途避难港改变了原来的航程计划，中途避难港可以认为是航程终了地点。

2. 货物分摊价值（The contribtbutory value of the cargo）

货物分摊价值是指参加分摊共同海损的货物价值，包括到达目的港的货物价值及因共同海损牺牲的金额。

《北京理算规则》规定：货物分摊价值的计算，应按照货物的到岸价格减除不属于共同海损的损失金额和承运人承担风险的运费。

我国《海商法》第 199 条第 2 项规定："货物共同海损分摊价值，按照货物在装船时的价值加保险费加运费，减除不属于共同海损的损失金额和承运人承担风险的运费计算。货物抵达目的港以前出售的，按照出售净得金额加上共同海损牺牲的金额计算。"

3. 运费分摊(The contributory value of the freight)

运费分摊价值是指参加分摊共同海损的运费数额。这里是指到付运费,即货物安全运抵目的港后才能收取,假使货物灭失就收不到的运费。

我国《海商法》第199条第3项规定:"运费分摊价值,按照承运人承担风险并于航程终止时有权收取的运费,减除为取得该项运费而在共同海损发生以后,为完成本航程所支付的营运费用,加上共同海损牺牲的金额计算。"《北京理算规则》规定:运费分摊价值,应按承运人承担风险并于事后收到的运费,根据共同海损事故发生时尚未完成的航程作相应比例的扣减,再加上运费的共同海损损失金额。

4. 免除分摊义务的财产

(1)旅客随身携带的行李,但如果行李是根据合同托运的,仍有分摊义务;

(2)船员随身携带的个人物品;

(3)邮件。

(三)共同海损分摊金额的确定

共同海损分摊金额是指由于共同海损措施而受益的船舶、货物和运费等应分摊的共同海损牺牲的数额。

在进行共同海损理算时,以共同海损总额(即船舶、货物和运费的共同海损损失和共同海损费用的总和)除以共同海损分摊价值的总额,得出共同海损百分率,再以这个百分率分别乘以船舶、货物、运费等的分摊价值,便可算出各自的分摊金额。即:

共同海损总额(船、货、运费的共同海损损失和费用的总和)÷共同海损分摊价值的总额(由于共同海损措施而受益的船、货、运费价值＋共同海损总额)＝ ×

$$100\% = \% \times \begin{Bmatrix} 船舶 \\ 货物 \\ 运费 \end{Bmatrix} 的分摊价值 = \begin{Bmatrix} 船舶 \\ 货物 \\ 运费 \end{Bmatrix} 的共同海损分摊金额$$

(四)共同海损分摊与过失的关系

共同海损的概念和构成要件表明,危险是由何种原因造成并不影响共同海损行为的成立,但过失是否影响共同海损损失的分摊却存在着不同的观点。

1. 承运人不可免责的过失对共同海损分摊的影响。对此有两种观点存在:一派观点认为过失影响共同海损分摊,如 1890 年《约克-安特卫普规则》在 1903 年增补的一条新规则中规定:"即使引起牺牲或费用的事故可能是由于航次中某一方的过失造成的,也不影响要求分摊共同海损的权利,但这并不妨碍非过失方与过失方之间就此项过失提出索赔或抗辩。"①另一派观点认为过失影响共同海损分摊,如《北京理算规则》第 2 条第 3 款规定:"对作为共同海损提出理算的案件,如果构成案件的事故确系运输合同的一方不能免责的过失所引起的,则不进行共同海损理算,但可根据具体情况,通过协商另作适当处理。"

我国《海商法》第 197 条规定:"引起共同海损特殊牺牲、特殊费用的事故,可能是由航程中一方的过失造成的,不影响该方要求分摊共同海损的权利;但是,非过失方或者过失方可以就此项过失提出赔偿请求或者进行抗辩。"

根据以上规则,实践中,当发生共同海损时,不论是否涉及船舶所有人的过失,作为船方,一般都宣布共同海损。因为,如果该船参加了船舶所有人保赔协会,在货方拒绝分摊共同海损的情况下,还可由协会予以赔偿。但若船方担心货方拒绝分摊而不宣布共同海损,则被视为放弃了请求分摊的权利,因而也就无法再向协会请求赔偿。

一方对于共同海损事故负有过失不影响共同海损理算的理由主要有:(1)共同海损是独立于运输合同的特殊法律制度。(2)理算人既非仲裁员,也非法官,无权就航次中的过失责任问题进行决定,而只能提供共同海损成立与否以及分摊数额等方面的专业意见。(3)即使承运人对于共同海损事故负有不能免责的过失,承运人出于保险索赔的目的仍需理算。另外,对于货方合理拒绝的分摊金额,船舶所有人一般可以取得保赔协会的赔偿,为此,也应进行共同海损理算。

按照我国《海商法》规定的"先分摊后追偿"原则,非过失方与过失方之间可提出索赔或抗辩。索赔是指要求具有不可免责的过失一方赔偿损失。抗辩是指非过失方拒绝分摊共同海损。在非过失方之间,不能提出拒绝分摊的抗辩,也无所谓索赔。关于共同海损分摊的索赔与抗辩可分三种情况:第一,过失方遭受共同海损损失。此时,如过失方提出共同海损分摊请求,非过失方可拒绝分摊。第二,非过失

---

① 　邢海宝著:《海商法教程》,中国人民大学出版社 2008 年版。

方遭受共同海损损失,但不直接向过失方索赔,而参加共同海损机制。考虑到其他利益方已经提供了共同海损担保,主张共同海损至少可以取得其他方的分摊额,然后向过失方索赔余下的损失,这比单独向信誉不佳的过失方索赔风险要小得多,因此,非过失方也可主张共同海损,对此,过失方以及其他非过失方不得拒绝分摊。而且,非过失方仍有权就自身所分摊的共同海损金额,向过失方追偿。同理,其他非过失方分摊了非过失方的共同海损损失之后,也有权向过失方追偿。第三,非过失方遭受共同海损损失而直接向过失方索赔。

对于分摊当时过失尚不能确定,分摊后过失确定的,不影响非过失的分摊方向过失方进行追偿。作为船舶所有人的过失方,如向非过失方提出责任限额抗辩,很可能成立。[①]

2. 承运人可以免责的过失对共同海损分摊的影响。美国 1893 年的《哈特法》(*Harter Act* 1893)规定:船方应在船舶开航前或开航当时,谨慎从事,提供适航的船舶,但对于经过谨慎处理仍不能发现的缺陷,船方不负船舶不适航的责任。对于船长、船员在管理、驾驶船舶方面的过失、疏忽所造成的货物损失,船方也不负赔偿的责任。这就是哈特法规定的所谓免责条款。但美国法院认为,要求共同海损分摊的人必须没有任何过失(即使是根据法律可以免责的过失)否则不得要求共同海损分摊。事实上,我们知道共同海损往往是由于船方管理、驾驶船舶的过失所造成的,美国法院的观点显然对船方是极其不利的。美国法院的观点,就其历史背景来说,是因为当时美国的航运能力不能满足其货物进出口运输的要求,不得不依赖于英国及其他航运发达国家的船队来完成,这就决定了美国在海上货物运输方面,比较重视货主的要求,以保护本国商人的经济利益。这样,船方为了保护其自身的利益,就将杰森条款(Jason Clause)订入租船合同和提单之内,美国法院也承认杰森条款的效力。

杰森条款有新旧两种之分,新杰森条款言简意赅,包括面较广,为当前航运界所采用。新杰森条款的意思是:承运人可以免责的过失造成的共同海损牺牲和费用,承运人向货方请求共同海损分摊,货方不得以共同海损的发生是由于承运人可

---

① 邢海宝著:《海商法教程》,中国人民大学出版社 2008 年版,第 408 页。

免责的过失引起为由拒绝分摊共同海损责任。《中国远洋运输公司提单条款》背面关于新杰森条款的内容是这样规定的：如果在航次开始之前或之后，由于无论是疏忽与否的任何原因而引起意外、危险、损坏灾难，而根据法令、合同或其他规定，承运人对此事件或此类事件的后果都不负责，则货物托运人、收货人或货物所有人应在共同海损中与承运人一起分担可能构成或可能发生的具有共同海损性质的牺牲、损失或费用，并应支付关于货物方面所发生的救助费用和特殊费用。如果救助船舶为承运人所有或由其经营，则其救助费用应犹如该救助船舶系为第三者所有一样，全额支付。承运人或其代理人认为足以支付货物方面的预计分摊款额及其救助费用和特殊费用的保证金，如有需要，应由货物托运人、收货人或货物所有人在提货之前付给承运人。

值得注意的是，新杰森条款并没有肯定由于承运人不可免责的过失造成的共同海损也要进行分摊。这一点与《北京理算规则》是一致的。

（五）共同海损的时限与担保

1. 共同海损的时限

共同海损的时限（Time Limit of General Average）是指共同海损发生后，宣布共同海损和提供有关材料的期限。这一规定是为了保存证据，加快理算进程。

《北京理算规则》规定，如果船舶在海上发生事故，各有关方应在船舶到达第一港口后的 48 小时内宣布；如船舶在港内发生事故，应在事故发生后的 48 小时内宣布。有关方应在收到材料后 1 个月内提供有关共同海损事故的损失的证明材料，在航次结束后 1 年内则应提供全部材料。如有特殊情况，应在上述期限内向中国商会海损理算处提出申请和理由，经理算处同意后，可以适当延长时间。如果有关方不按上述规定办理，共同海损理算处可以根据情况不予理算，或仅根据已有材料进行理算。[①] 我国海商法对提供有关材料的期限未作任何规定。《海商法》第 196条规定，提出共同海损分摊请求的一方应当负举证责任，证明其损失应当列入共同海损。

1974 年《约克－安特卫普规则》E 规定，在共同海损案件中，要求赔偿的一方

---

① 参见 1975 年《北京理算规则》第 7 条。

应当承担举证责任,证明其提出的牺牲或费用理当列入共同海损。但它没有规定提出举证材料的时限。而 1994 年《约克－安特卫普规则》E 规定,所有提出共同海损索赔的关系方,都应于共同航次终止后 12 个月内以书面形式向海损理算师通知要求分摊的牺牲或费用。如不通知或经要求后 12 个月不提供索赔证据或关于分摊价值的详细材料,则海损理算师可以根据其所掌握的材料估算补偿数额或分摊价值。除非估算结果明显不当,关系方不得提出异议。

2. 共同海损担保

共同海损担保(General Average Security),是为确保共同海损分摊,经有关方的请求而由各受益方作出的保证行为。共同海损往往是在卸货港宣布的,如果不采取一定的保证性措施,待船方将货物放行以后,一旦货方拒绝分摊共同海损,则船方的利益就得不到保证。因此,虽然从理论上来讲,提供担保的既可以是船方也可以是货方,但通常都是由船方要求货方提供担保。共同海损担保有如下几种形式:①

(1)由货方提供海损保证金(General Average Deposit)。即由收货人在提货以前,向船舶所有人提供分摊共同海损的现金担保。保证金应交由中国国际贸易促进委员会海损理算处,以保管人的名义存入银行。保证金的使用由理算人决定,保证金的提供、使用或退还,不影响各方的最终分摊责任。保证金若产生利息,属保证金交付人收益。②

(2)由货物保险人提供海损担保函。共同海损担保函(General Average Guarantee),是收货人向船舶所有人提供的,经货物保险人签署的,保证分摊共同海损的书面文件。海损担保函有以下两种形式:其一,限额担保函(Limited Guarantee),是保险人以对被保险人应当赔付的金额大小为限来决定全额赔付还是比例赔付而出具的书面保证。此种担保函使船方利益得不到充分的保障,故船方一般不愿意接受这种限额担保函。其二,无限额担保函(Unlimited Guarantee),是保险人出具的不论货物保险金额大小,保险人都对该项货物的共同海损分摊金

---

① 司玉琢:《海商法》,法律出版社 2003 年版,第 298～300 页。

② 参见 1974 年《约克-安特卫普规则》和 1975 年《北京理算规则》第 6 条。

额予以全额赔付的书面保证。

（3）签署海损协议书。海损协议书（Average Bond）是由船、货双方签署的，保证分摊共同海损的书面文件。在共同海损的法律关系中，支付货物共同海损分摊金额的义务主体是收货人，而非保险人。在我国，中国人民保险公司出具的海损担保函，即意味着保险人对赔付共同海损分摊金额承担直接责任，故收货人无须另行签署海损协议书。

（4）签署不分离协议。所谓不分离协议（Non-separation Agreement）是指在发生共同海损以后，由船、货双方共同签署的关于共同海损分摊的义务，不因货物的转运而发生变化的书面协议。有时，船舶在途中发生共同海损，可能无法将货物继续运往目的港，因而需将货物交由他船转运。货方可能据此声明，既然船、货已经发生分离，已不存在共同危险问题，因而拒绝分摊船舶在修理期间所发生的共同海损费用。

（5）行使货物留置权（Lien on Cargo）。当货方拒绝参加共同海损分摊并拒绝提供担保时，船方可以在合理的限度内留置其货物，并可以申请拍卖货物或以其他方式出卖货物，以所得货款来抵偿其应该得到的共同海损分摊金额。当然，共同海损要经过较长时间的理算，一时难以确定分摊金额，船方可以通过估算的方式来确定留置货物的数量。

在上述几种方法均无法实施的情况下，若船舶参加了船舶所有人担保协会，还可向协会请求赔偿。

宣布共同海损、办理理算、指定理算地点是船方的特权也是船方的责任，持有提单的货方和订有租船契约的租方无权过问。共同海损分摊和补偿的价值以航程终了的港口为准，但并不是说进行理算也必须在终了地点。在什么地方理算和聘请什么样的理算人均由船方决定。在进行理算的时候，理算规则没有规定的事项和情况，应以理算地点的法律和习惯为准。

【案例裁决/法律文书摘录】

（一）海南华联轮船公司诉广西国际合作经贸公司等共同海损分摊纠纷案是较为典型的共同海损分摊纠纷案件，涉及共同海损的构成条件、引发共同海损的原因的法律定性、有关拖带费等费用支出是否构成共同海损、不可免责过失所致的共同海损是否可以拒绝分摊等诸多海商法领域的专业性问题，值得探讨。以下是北海海事法院（2000）海商初字第054号判决书的主要内容：①

原告：海南华联轮船公司。

被告：广西国际合作经贸公司（下称经贸公司）。

被告：中国人民保险公司广西壮族自治区分公司（下称广西人保）。

原告诉称：1999年3月25日，原告所属的"M. V. QINHAI 108"（"琴海108"）轮载运被告经贸公司的货物自马来西亚驶往中国北海港，途中船舶主机发生故障，无法自行修复，为了船、货共同安全，不得不雇请拖轮拖至北海。拖轮费等有关费用是为船、货的共同安全而额外支出的，构成共同海损，应由受益的船、货方分摊。被告广西人保在原告宣布共同海损后为货方经贸公司出具担保，保证向原告支付经理算确认的应由货方承担的共同海损分摊额。经理算，货方应分摊共同海损费用158 622.20美元。虽经原告催讨，但两被告却拒不履行分摊义务，故诉请法院判令被告经贸公司分摊该共同海损费用，被告广西人保承担连带责任，并由两被告承担本案诉讼费用。

被告经贸公司和广西人保辩称：原告没有从事国际海上运输经营资格，无管理国际海运船舶的能力，故船舶自始不适航。经贸公司不是"琴海108"轮所运货物的所有人，不应承担共同海损分摊义务，即经贸公司不是适格被告；作为经贸公司担保人的广西人保因而也不是适格被告。原告所诉称的共同海损事故，是作为承运人的原告不可免责过失造成的，货方有权拒绝分摊。故请求法院驳回原告的诉讼请求。

---

① http://www.ccmt.org.cn/shownews.php? id＝4789，下载日期：2014年8月25日。

　　北海海事法院经公开审理查明:1999 年 2 月 25 日,中国北京的中土畜三利贸易公司(下称三利公司)与新加坡的 WILMAR TRADING PTE LTD(丰益贸易私人有限公司,下称丰益公司)签订一份买卖合同,由三利公司向丰益公司购买 2 000吨(±2％卖方选择)四海牌棕榈油,价格为 CNF 北海每吨 455.50 美元,总价 91.1万美元,信用证方式付款,装运日期为 1999 年 3 月 15 日或以前。3 月,丰益公司作为托运人向原告托运该买卖合同项下的货物。3 月 18 日,原告的代理人签发了编号为 AMSB/001/99 的清洁、已装船提单,载明:托运人丰益公司,收货人凭指示,通知方三利公司,由"琴海 108"轮将四海牌棕榈油 1857.40 吨(10 040 桶)自马来西亚槟城港(PENANG MAIN PORT)运至中国北海港,运费已预付。该提单背面的共同海损条款载明:"共同海损应根据承运人的选择在任何港口或地点根据1974 年《约克-安特卫普规则》理算。"3 月 25 日,"琴海 108"轮驶离槟城港开往中国北海。3 月 30 日,原告向托运人丰益公司传真,称:"'琴海 108'轮自 3 月 18 日马来西亚当地时间 18:30 装货完毕,19 日离港后,主机第三、五、六、八缸头漏水严重(主要原因是船龄较老,已有 26 年),当时船东考虑在锚地修船方便,船员自修不成功时可聘请当地修理厂家上船,致使在锚地停留大约 8 天。"但原告在庭审中主张,该传真的内容是原告业务经办人佟巍巍出于担心货主索赔迟延交付损失而虚构的,此期间并无任何修船事实记录,真实原因是原告代理因未收到代理费而拒不为其办理结关手续,至 3 月 25 日原告结清代理费后,方才办妥手续开航。为此,原告提供了其与马来西亚的代理之间关于支付船舶港口费用的两份传真。

　　1999 年 4 月 4 日 23:40,在北纬 15°03.3′,东经 109°15.2′处,"琴海 108"轮主机停车,船舶向南漂航,漂航速度 3 节至 2.5 节。主机停车后船员即投入抢修,但因条件所限,经两天多抢修,仍无法修复主机。4 月 7 日 20:20,船舶发出求救信息,当时船位北纬 12°09′,东经 109°29′。4 月 8 日 02:18 至 15:07,越南芽庄港派出的"CNT700"号拖轮将"琴海 108"轮拖进越南金兰湾港(BANG°I PORT)锚地抛锚,地点为北纬 11°53.12′,东经 109°09.24′。越南方面收取了拖轮费、救助费 8万美元。同日,船长王桂庭在金兰湾港代表船东发表共同海损声明(NOTE OF SEA PROTEST),宣布共同海损;轮机长法庭出具海事报告,内容为:"每缸启动阀不严密。由于一、七缸温度过高,在 400℃～420℃,采取吊一、七缸,安装后启动阀卡死,化不开,现已按公司同意封死。没有备件换。主要原因是主机十几天在排温400℃左右,淡水温度74℃左右……长期运行致启动阀卡死而卸不下来,加上年久老化造成阀杆及阀口烧坏、变形,使气密不严而无法启动。"在金兰湾锚地,船员检修了空气分配器、主机主启动阀及启动系统其他部分,拆检第一至第九缸启动阀,进排气阀等部件,发现第七缸缸头启动阀杆断裂,阀头掉进气缸,其他几个缸的启动阀开闭不灵活、不密封,同时整个空气系统被废气污染。由于能力及条件所限,在金兰湾锚地无法将主机修复。5月10日,原告委托的代理人RAFFLES SHIPMANAGEMENT SERVICES PTE LTD(拉法斯船舶管理服务私人有限公司)与广州海上救助打捞局(下称广州救捞局)签订一份拖轮租船合同,租用广州救捞局的拖轮将"琴海108"轮拖至中国北海。5月14日,"穗救205"号拖轮开始拖带作业;5月17日,"琴海108"轮被拖至北海港锚地。该拖带费用总计5.5万美元。5月22日08:30开始卸货,5月25日04:30卸货毕。原告以未收到货方的共同海损担保为由留置所运货物。6月28日,经贸公司以货主身份向本院状告海南华联轮船公司,要求放行货物,本院在该案中确认了经贸公司的货主身份并以调解方式结案。

在北海港经验船师检验,认定主机不能启动的原因是:主机各缸空气启动阀启动活塞的密封环失去弹性,气密较差,已存在隐患,加上第七缸启动空气阀阀盘断裂,该气缸完全失去气密,导致进入各缸的启动空气压力不足而无法启动。验船师对永久性修理建议:第七缸启动空气阀阀盘组件、进气阀和排气阀、包括导管及弹簧应换新;主机各缸启动阀启动活塞密封环应换新;主机启动空气管内包括分配阀应清洗吹通;上述工作完成后应进行主机启动试验,以证实启动系统工作正常。上述修理已由船方完成。

1999年5月20日,中保财产保险有限公司广西壮族自治区分公司(被告广西人保的前身)向原告出具共同海损担保函,承诺"如果共同海损牺牲及/或费用被证明是因共同海损行为而合理产生的,且经确认下述货物应参加分摊,我司保证支付相应的共同海损分摊金额。"该担保函是为被告经贸公司担保的,货物为自马来西亚到中国北海的四海牌1 857.4吨棕榈油,发票金额846 045.7美元。

原告委托中国国际贸易促进委员会海损理算处对"琴海108"轮进行共同海损

理算,该处于 1999 年 10 月 31 日出具了共同海损理算书。根据该理算书,可认入共同海损的费用总额 183 121.99 美元,该费用的利息及手续费 8176.25 美元,共同海损理算费 6120 美元,总计 197418.24 美元,其中船方应分摊 38796.02 美元,货方应分摊 158622.22 美元。

另查明,"琴海 108"轮于 1974 年丹麦建造,巴拿马籍,总登记吨 1861 吨,净登记吨 1060 吨,总长 78 米,型宽 13 米。1998 年 1 月 2 日,船舶所有人中泰国际海运有限公司(CHUNGTAI INTERNATIONAL SHIPPING S. A.)与原告签订光船租赁合同,将"琴海 108"轮光租给原告使用,租期为 2+2 年。原告光租该船后未进行船舶光船租赁登记。原告系 1993 年 11 月 12 日成立的集体经济性质公司,注册资金 300 万元,经营方式为运输、服务;经营范围:海南至华南沿海各港间的货物运输、船舶代理、货物代理、船舶租赁、海员劳务出租、海上旅游。

北海海事法院根据上述事实和证据认为:本案为共同海损分摊纠纷。"琴海 108"轮自马来西亚槟城港驶往目的港中国北海港途中发生诉称的共同海损,根据《民事诉讼法》第 33 条"因共同海损提起的诉讼,由船舶最先到达地、共同海损理算地或者航程终止地的人民法院管辖"之规定,本院对该案具有管辖权。又参照《海商法》第 274 条"共同海损理算,适用理算地法律"的规定,审理本案实体争议,应适用《中华人民共和国海商法》等相关法律。

根据《海商法》第 197 条"引起共同海损特殊牺牲、特殊费用的事故,可能是由航程中一方的过失造成的,不影响该方要求分摊共同海损的权利;但是,非过失方或者过失方可以就此项过失提出赔偿请求或者进行抗辩"的规定,被告以共同海损事故是原告不可免责过失造成为由进行抗辩并拒绝分摊共同海损损失,符合法律之明文规定,本院依法予以支持;原告诉讼请求被告分摊共同海损损失,没有法律依据,应依法予以驳回。

北海海事法院根据《海商法》第 193 条、第 47 条以及第 197 条之规定,作出如下判决:

驳回原告海南华联轮船公司对被告广西国际合作经贸公司、中国人民保险公司广西壮族自治区分公司的诉讼请求。

案件受理费 38864.25 元,由原告负担。

（二）黄某、中国人民财产保险股份有限公司××市港口支公司诉尤某、宁海县××航运公司共同海损理算案。依照我国《海商法》规定，由各受益方分摊的共同海损必须是在海上货物运输中不涉及任何一方的过失，或者是依据法律规定或协议的约定可以免责的过失造成的。如果共同海损是由于航程中一方或几方不可免责的过失造成的，则依法应由过失方承担全部赔偿责任，不能要求无过失的受益方分摊。广州海事法院民事判决书（2010）广海法初字第 106 号摘录如下：①

原告：黄某。

原告：中国人民财产保险股份有限公司××市港口支公司。

被告：尤某。

被告：宁海县××航运公司。

两原告诉称：两被告所属的"××95"轮于 2009 年 2 月 7 日承运原告黄某所属的白砂糖一批，从钦州港运往泉州。2 月 11 日，该轮在广东省徐闻县外罗水道与"××118"轮发生碰撞，致"××95"轮货舱进水。为船货共同安全，船长采取抢滩、抛货等措施。为了船货共同安全而采取的抛货等措施所致的货物损失，属共同海损牺牲和费用。两原告委托中国国际贸易促进委员会海损理算处进行了理算。理算结果为，包括利息和理算费在内、货物的共同海损损失及费用为 1490330.64 元其中船方应分摊 728790.33 元货方应分摊 761540.31 元。原告财保××市港口支公司为上述货物的保险人，向原告黄某支付了赔偿款 1729486.30 元，依法取得了代位求偿权。两被告作为货物的承运人和实际承运人或船东，应对其中船方应分摊的货物共损失承担支付责任，请求法院判令两被告连带支付给两原告为船货共同安全而造成的货物共同海损损失中，船方应分摊的共同海损损失 728790.33 元，以及该款自 2009 年 10 月 30 日起按中国人民银行企业流动资金同期贷款利率计算的利息，并判令两被告连带承担本案诉讼费用。两原告为支持其诉讼主张，在举证期限内向法庭提交了相应的证据材料。

---

① http://www.ccmt.org.cn/showws.php? id＝7084，下载日期：2014 年 9 月 10 日。

被告尤某答辩称：原告的诉讼请求与事实不符，被告不应承担赔偿责任。被告尤某为支持其抗辩主张，在举证期限内向法庭提交了相应的证据材料。

被告××航运公司答辩称：其是"××95"轮的经营权人而非所有人，因此其不应承担连带赔偿责任。被告××航运公司在举证期限内未提交证据材料。

合议庭查明本案有关事实如下：2009 年 2 月 7 日，"××95"轮承运编织袋包装的 19180 件，959 吨重的白砂糖，从广西钦州港运至福建泉州市南安水头码头。该票货物的水路货物运单上记载的托运人为广西××糖业有限公司，收货人为原告黄某，承运船舶为"××95"轮，在承运人签章一栏盖有被告××航运公司"××95"轮公章。被告提供的货物配载图显示，该轮前货舱（一号货舱）装载了 9780 包489 吨白糖，后货舱（二号货舱）装载了 9400 包 470 吨白糖。原告黄某为上述货物向原告财保××市港口支公司投保了国内水路货物运输基本险，保险金额为2781100 元，保险费 1668.66 元，保险单特别约定该保单每次事故绝对免赔额为保险金额的 0.5%。

原告财保××市港口支公司委托的公估人××公司出具的公估报告记载：2009 年 2 月 10 日，"××95"轮装载上述货物从钦州港出发，次日在广东省湛江辖区徐闻县东部海岸的外罗水道与茂名××海运物流有限公司所属的"××118"轮发生碰撞。碰撞后"××95"轮一号货舱左舷舷侧产生破口，货舱进水，该轮船长立即向附近浅滩冲滩。冲滩成功后，海水仍不断涌入"××95"轮一号货舱，该轮立即组织抢险抽水，并呼叫当地海事局协助抢险。当天下午，"××95"轮与当地李世华组织的抢险队签署了金额为 25 万元的抢险合同。随后抢险人员组织安排抽水、堵漏、抛货，于 12 日早晨 7 至 8 时许，将"××95"轮破孔堵住。堵漏成功后，"××95"轮随着抽水抛货逐渐浮起，最终在破孔部位被堵住并高于水面的情况下，驶往湛江港码头，并于当天靠泊码头开始卸货。12 日至 18 日，"××95"轮在湛江港卸下白糖 8877 包，货运记录注明好包 3391 包，湿包 5486 包（在出货时经检查发现好包货物中含有 25 包湿损货物，在码头货运记录中未作注明）。由于"××95"轮未支付施救费，在卸货过程中，与李世华组织的施救方发生纠纷，最终双方商定施救费为 15 万元，由船方支付给施救方。

在"××95"轮冲滩搁浅抢险的过程中，该轮一号货舱的部分海水涌入二号货舱。为尽可能地保船、保货，"××95"轮船长请求外罗渔码头的陈某组织当地渔民用渔船将二号货舱的部分货物转运至外罗渔码头，当时口头约定抢救每包货物的价格为26元，但施救方事后又口头提价至每包35元。由于双方对施救费的金额、获救货物的数量等产生分歧，公估报告的附件显示，各方经协商于2009年2月16日签署一份联合协议，写明：陈某组织的施救方将约1000包白糖搬运至外罗渔码头存放，由于部分货物被偷盗，按950包计算。原告黄某代表陈某将受损的750包白糖以每吨2600元卖给陈某，余下的近200包白糖交给陈某作为施救费用。"××95"轮船长尤某、原告黄某代表陈某、受损白糖买方陈某、施救方陈某在协议上签字确认，××公司检验师陈某、船舶保险人委托的公估人上海××保险公估公司深圳分公司检验师何某作为公证人也在协议上签字。其后，陈某将白糖价款97500元汇给原告黄某。

2009年2月20日，在原、被告代表及竞标人的参与下，对卸于湛江港码头的5486包水湿白糖进行竞标拍卖，结果由陈某以每吨1800元的价格竞得该批白糖。陈某、尤某、陈某及参与竞标的陈某等人签署一份竞标协议，记载了该次竞标的规则及结果。其后，陈某将价款496008元分三次汇给原告黄某。

公估报告计算的本次事故造成的货方损失如下：在外罗渔码头抢救的950包货物，按每吨3000元的市价计算价值142500元，货物变卖价格为每吨2600元，损失19000元；在湛江港卸下的5486包水湿白糖市价822900元，拍卖所得496008元，损失326892元；卸在湛江港的3391包完好货物中有25包水湿货物，按水湿货物的拍卖价格计算，损失1500元；抛海货物为9353包，市价为1402950元，全部损失；货方以200包白糖抵偿在外罗的施救费用，按每吨2600元计算，施救费为26000元；货方支付给湛江港3391包货物的码头作业费5949.20元；以上损失合计为1782291.14元。船方的损失则是船方支付的施救费用15万元和修船所需费用。原告财保××市港口支公司支付了公估费35050元给××公司。

在公估报告的附件中有"××95"轮船长尤某出具的海事声明，内容为船舶碰撞事故发生后，该轮为避免船舶沉没，被逼冲滩，冲滩成功后，为防止夜里潮水增高、船舶再次沉没，采取了抛弃前后舱货物的自救措施。"××95"轮的船舶证书记载该轮所有人为被告尤某，经营人为被告××航运公司，庭审中被告尤某述称该轮由其实际经营。

关于涉案货物的价格。原告黄某提供的白糖购销合同中白糖的购买价格为每吨 2860 元至 2930 元,但购销合同中记载的白糖名称、品种、规格及数量等与××市港口(集团)有限责任公司与"××95"轮的货物交接清单中记载的白糖名称、品种、规格及数量等不完全相同。原告黄某向原告财保××市港口支公司投保的货物保险金额为每吨 2900 元。

2009 年 7 月 10 日,原告财保××市港口支公司将保险赔款 1694436.43 元支付给原告黄某,原告黄某的代理人出具了权益转让书给原告财保××市港口支公司。

关于本案所涉船舶碰撞事故的责任认定,被告尤某提供了"××95"轮与"××118"轮在事故发生后达成的赔偿责任的协议,协议约定:船舶损坏部分由各自负责;"××95"轮所载货物受损部分,由"××118"轮负责 70%,"××95"轮负责 30%。

被告尤某提供的委托运输协议载明,涉案航次运费以每吨 56 元计算,运费到付,被告称目前仍未收到运费。

两原告委托中国国际贸易促进委员会就本次事故中货物损失进行共同海损理算,并致函两被告,请两被告将需分摊的共同海损损失费用等证据材料,提交给中国国际贸易促进委员会海损理算处。两被告称已按要求将有关文件提交理算处。

2009 年 10 月 29 日,中国国际贸易促进委员会海损理算处出具"××95"轮共同海损简易理算书,内容为:由于船舶在航行中发生碰撞事故,船舶和船上所载货物处于危险中,船长决定委请救助人施救并采取冲滩措施,是为了船、货的共同安全所必需,因此由于冲滩而造成二舱货物的损失及救助中所抛货物的损失属于共同海损牺牲,所出售货物的部分款项用于支付救助费用属于共同海损。船舶的共同海损分摊价值,按照船舶在湛江卸货完毕时当地的完好价值,减除不属于共同海损的损失金额计算,鉴于本案编制的是共同海损简易理算书,为节省费用,船舶的保险价值 2500000 元将作为船舶分摊的基础,减除不属于共同海损的损失金额计算(关于船舶在冲滩中是否造成船舶损失,委托方告知,船东代理人口头承认冲滩过程中船舶本身并未遭受损失,而且从船舶修理账单中也未发现有冲滩损失修理项目,因此在计算船舶分摊价值时,将不考虑船舶共同海损损失的补偿);货物的分摊价值,按照货物在装船时的价值加保险费加运费,减除不属于共同海损的损失金额和承运人承担风险的运费计算。货物在抵达目的港以前售出的,按照出售净得金额,加上共同海损牺牲的金额计算。

外罗渔码头二舱受损货物 950 包 47.5 吨,货物成本加保险费为每吨 2901.74 元,货物价值为 137832.65 元,减去售出货物净得 123500 元,共同海损金额为 14332.65 元;救助中抛货价值为 9353 包 467.65 吨,共同海损金额为 1356998.71 元;货物共同海损损失利息 66537.75 元;二舱受损货物 950 包中的 200 包出售款抵偿施救费用为 26000 元;利息和手续费 1781.53 元;理算费(包括通讯、邮寄、打印及复印费用等)24680 元,以上货物共同海损损失及费用合计 1490330.64 元。

船舶的分摊价值:2500000 元减去损失 123973.20 元为 2376026.80 元;货物分摊价值:外罗渔码头出售货物净得 123500 元加共同海损损失 15028.08 元得 138528.08 元;湛江港出售货物净得 496008 元加货物完好价值 491264.58 元得 987272.58 元;所抛货物 1356998.71 元;以上三项相加货物的分摊价值为 2482799.37 元。

船舶的分摊价值 2376026.80 元与货物的分摊价值 2482799.37 元分别与货物共同海损损失及费用总额 1490330.64 元相比,得出船方应分摊共同海损损失 728790.33 元,货方应分摊损失 761540.31 元。

合议庭成员一致认为:本案是因船舶碰撞事故引起船舶与船载货物的共同危险,为避免该危险而采取的措施所直接造成的特殊牺牲、支付的特殊费用,由货方提出共同海损分摊的共同海损纠纷案件。

"××95"轮在航行中与"××118"轮碰撞后,该轮一号货舱左舷舷侧破口,货舱进水,在此情况下,"××95"轮船长为了船、货的共同安全,立即向附近浅滩冲滩。冲滩成功后,海水仍不断涌入一号货舱,该轮立即组织抢险抽水,并请求救助,先后与李某、陈某组织的施救人员达成救助协议,采取抽水、堵漏、抛货等措施以避免船舶再次沉没、货物全损,另外还将二号货舱的部分货物转运至外罗渔码头,最终使"××95"轮浮起并安全驶抵湛江港码头。该救助措施合理有效,符合法律规定的共同海损的构成要件,共同海损成立。原告的诉讼请求中关于其支付给陈某的救助报酬、从二号货舱中抢救的受损货物及抛海货物等为船、货的共同安全发生的牺牲和费用属共同海损费用。

被告认为中国国际贸易促进委员会海损理算处为本案共同海损分摊出具的理算报告,没有将被告的损失进行分摊。依照《海商法》第197条的规定,由各受益方分摊的共同海损必须是在海上货物运输中不涉及任何一方的过失,或者是依据法律规定或协议的约定可以免责的过失造成的。如果共同海损是由于航程中一方或几方不可免责的过失造成的,则依法应由过失方承担全部赔偿责任,不能要求无过失的受益方分摊。本案中,两原告请求分摊的共同海损损失和费用,是"××95"轮与"××118"轮在航行中发生碰撞直接造成的。根据两轮事后达成的赔偿责任协议的约定,该次碰撞是由两轮双方的过失造成的,而"××95"轮该航次从事的是我国国内港口之间的沿海货物运输,不适用《海商法》第四章关于海上货物运输合同的规定,不存在过失免责的问题。因此,由于"××95"轮不可免责的过失造成被告支出的共同海损牺牲和费用,应由其自行承担,被告不能要求无过失的货方分摊;由于"××118"轮的过失造成被告的共同海损损失,被告则可以另一法律关系请求该轮所有人赔偿。

被告对理算报告中外罗渔码头及救助中所抛货物的计算有异议。"××95"轮船长在事故发生后出具的海事声明及签署的联合协议表明,抛货是为了避免船舶再次沉没采取的自救措施,对外罗渔码头抢救出的货物折价处理及以货物抵偿施救费等也是在公估人见证下,船方、货方及救助人达成一致意见的处理方案,现被告否认曾采取抛货措施,认为对外罗渔码头货物的处理不合理,没有提供相反证据予以反驳,不予支持。

被告认为理算报告对受损货物的价格计算不合理,为此其提供了抬头为××市港口集团有限责任公司的装货理货单,以理货单上记载的白糖品种、规格五花八门、各品种的白糖数量极少为由,认为"××95"轮装载的该批白糖为陈糖,价格远低于市价。但被告提交的理货单没有××市港口集团有限责任公司的签章,在理货单上签名的理货员也未出庭作证,无法证明该理货单的真实性。即使理货单的真实性得到证明,也无法由此推定被告所主张的事实,更不能推断出该白糖的价格,故被告对白糖价格的异议,不予支持。对于理算报告采用的白糖单价,从原告提供的白糖购销合同看,虽然三份合同中仅有一份可以提供原件核对,但是合同记载的白糖均价已超过了每吨 2900 元,而广西糖网上公布的货物运输期间南宁地区白糖价格也不低于每吨 2900 元。因此,理算报告以货物装船时的价值每吨 2900 元加保险费计算货损金额,尚属合理,可予采纳。综上所述,中国国际贸易促进委员会海损理算处作为具有共同海损理算资质的专业机构,其编制的理算报告,在当事人没有异议或未提供足以反驳的相反证据和理由的情况下,可以作为本案共同海损分摊的依据。

"××95"轮的船舶证书载明,被告尤某为该轮的所有人,被告××航运公司为该轮的船舶经营人,但在庭审中被告尤某述称该轮由其实际经营。由于本案为共同海损纠纷案件,是由各受益方对因共同海损措施作出的牺牲或支付的费用进行分摊损失的,理算报告也显示,由于共同海损措施而受益的财产价值只包括了船舶和货物两个部分,因此,拥有"××95"轮财产权和实际控制权的被告尤某应承担责任,而被告××航运公司作为"××95"轮载明的船舶经营人,只负责对其经营的船舶进行安全航行管理,并基于公示的船舶经营人身份对外承担责任。虽然在水路货物运单中盖有被告××航运公司"××95"轮的公章,该公章应认定为"××95"轮的船章而非被告××航运公司的公章,且原告在庭审中未提交证据证明被告××航运公司实际占有并经营"××95"轮,从经营中受益,即原告未能证明被告××航运公司因本案共同海损措施而受益,故其要求被告××航运公司承担连带责任的诉讼请求,证据不足,依法应予驳回。

依据《民事诉讼法》第 64 条、《海商法》第 193 条、第 196 条、第 197 条之规定,判决如下:被告尤某支付给两原告共同海损分摊金额 728790.33 元及其利息(自2009 年 10 月 30 日起至本判决确定的付款之日止,按中国人民银行同期流动资金贷款利率计算);驳回两原告对被告宁海县××航运公司的诉讼请求。

【延伸阅读】

1. 郭瑜:《海商法教程》,北京大学出版社 2012 年第 2 版。

2. 邢海宝:《海商法教程》,中国人民大学出版社 2008 年版。

3. 傅廷中:《海商法论》,法律出版社 2007 年版。

4. 司玉琢:《海商法专论》,中国人民大学出版社 2007 年版。

5.郭忠芳:《论我国共同海损制度的完善》,载《法制与社会》2013 年第 11 期。

6.谭迎庆:《浅议国际共同海损制度的发展对我国的影响》,载《法制与经济(下半月)》2007 年第 9 期。

第九章
船舶污染责任法

随着世界科技的逐步发展,人类在取得巨大成就的同时,其行为也或多或少地给环境留下了难以抹去的痕迹,带来了无法弥补的损害,然而环境也给人类发出了警告,比如全球温室二氧化碳效应、海啸、船舶污染等现象都是环境在给人类提醒,让人们在发展的同时不要忘记保护环境。

海洋蕴藏着丰富的生物资源、化学资源、矿产资源、动力资源和水资源等。海洋占地球表面积的70.8%,海洋是一个巨大而完整的生态系统。从1609年著名荷兰法学家格劳秀斯的《海洋自由论》一书发表以来,海洋自由一直被奉为海洋法的基本原则。然而,现代海洋科学已经从对全球海洋受到严重污染的考查和研究中得出与格劳秀斯的海洋论的前提即海洋是不可耗尽的完全相反的结论:海洋的生命力是可能被耗尽的。海洋生态资源不仅包括有形的物质资源实体,还包括物质资源存在的载体——海洋生态环境。海洋生态资源作为人类的共同财富,具有公共物品的特性,海洋生态保护和建设又具有正的外部性,这些特点使得海洋资源的开发利用者缺乏进行海洋生态保护和建设的内在激励机制,导致近海污染加重,渔业资源退化衰竭,海洋环境灾害频繁等生态环境问题日益严重。海洋对社会经济发展的支撑能力正在被不断削弱。科学技术的发展导致了海洋环境的恶化,使海洋环境污染成为国际社会普遍关注的问题。我国正处于高速的经济发展时期,繁荣的经济也随之带来了一定的海洋环境问题。1989年3月24日,美国埃克森石油公司的超级油轮"埃克森－瓦尔德斯(Exxon Valdez)"号[①]事件直接推动了美国《1990 年油污法》的制定,它被称为美国历史上最严重的一场环境灾难。

2010 年美国墨西哥湾原油泄漏事件引起了国际社会的高度关注。4 月 20 日,英国石油公司租赁的位于美国墨西哥湾的一座名叫"深水地平线"的钻井平台爆炸起火,该事件导致平台沉没,人员遇难并引发了大规模原油污染。4 月 29 日,美国政府将此定性为"国家灾害","深水地平线"钻井平台每 4 天的漏油量相当于1989 年阿拉斯加"埃克森－瓦尔德斯"号油轮泄漏事故的规模。2010 年 4 月 20日,美国墨西哥湾发生原油泄漏事件,时隔不久,2010 年 7 月 16 日,大连发生输油管道爆炸事故。一再发生的海上溢油事故让海洋环境面临着空前的考验,同时也凸显出目前船舶污染损害赔偿方面法律的重要性。

船舶污染是指船舶逸漏排放污染物于海洋,产生损害海洋生物资源、危害人体健康、妨碍渔业和其他海上经济活动、损害海水使用质量、破坏环境等有害影响。[②]根据这一概念,船舶污染有 5 个方面的基本特征:(1) 直接污染海洋环境。与陆地污染源不同,船舶污染是船舶逸漏或不正当排放污染物质于海洋,而不是通过船舶专门将陆上有害物质倾倒入海中。(2)船舶污染物质通常是运输中的有害物质和船舶清除垃圾、船上人员生活污水,但最主要是油类物质。据估计每年由于石油运输活动排放到海洋中的石油高达 100 多万吨,而由于人类其他活动泄入海洋中的石油仅为此数字的 1/10。(3)船舶污染包括船舶所有人、经营人、承租人和对环境污染事件负有直接责任的人员;污染受害人为沿海国家、当地政府、居民、渔民和企业。(4)船舶污染具有跨国性或国际性,易引起较复杂的国家管辖问题。这一特点是由船舶的移动性和海洋的自然流动性所决定的。是一种特殊的海上侵权行为,属于环境侵权行为。在这种侵权行为关系中,与船舶污染有关的人为侵权人(义务主体),包括船舶所有人、经营人、承租人和对环境污染事件负有直接责任的人员;

---

① 1989 年 3 月 24 日,大型油轮"Exxon Valdez"号在美国阿拉斯加的威廉王子海峡触礁,船舱破裂,超过 5 万吨原油泄漏,是美国有史以来最严重的油污染灾难。该污染案最终通过和解的方式解决,赔偿总额达 11.5 亿美元,而实际损失高达 80 亿美元,船舶所有人无法支付这笔巨额赔偿。

② 张湘兰等:《海商法论》,武汉大学出版社 1996 年版,第 198 页。

污染受害人(权利主体)为沿海国家、当地政府、居民、渔民和企业。(5)船舶污染具有跨国性或国际性,易引起较复杂的国家管辖问题。这一特点是由船舶的移动性和海洋的自然流动性所决定的。

第一节　船舶污染责任法的立法框架

●　●　●

船舶污染责任立法的国际公约是立法框架的基本组成,对船舶污染责任立法特点的现状梳理是进一步认识各国的油污立法以及中国的油污立法的精炼总结。

【知识背景】

船舶污染责任的主要立法

现行的国际公约中有关船舶污染及其损害赔偿的公约主要以与油污有关的民事责任公约及其赔偿基金公约最受重视,真正涉及民事责任制度的船舶污染责任法也正是如此。

(一)我国参加的主要国际公约

1.《国际油污损害民事责任公约》

《国际油污损害民事责任公约》(*International Convention On Civil Liability For Oil Pollution Damage*)是确定船舶油污损害之民事责任的最主要公约。1967 年的"Torrey Canyon"号油污事件[①]对《国际油污损害民事责任公约》(1969年)、《国际干预公海油污事故公约》(1969 年)以及《基金公约》(1971 年)的产生起到了直接的推动作用。原政府间海事协商组织在 1969 年 11 月 29 日于布鲁塞尔召开的海上污染损害法律会议上,通过了《国际油污损害民事责任公约》,简称《1969 年民事责任公约》,或 CLC69。该公约于 1975 年 6 月 19 日生效,共有缔约

---

① *Lloyd'Rep.* 2. 1969. p. 591.

国 100 多个。我国于 1980 年 1 月 30 日向政府间海事协商组织秘书长交存了批准书,自 1980 年 4 月 29 日起对我国生效。《1969 年民事责任公约》的目的在于统一国际社会上长期存在的船舶溢出或排放油类污染之民事责任的不一致的规范。从内容上看,该公约确定了船舶污染责任法的责任主体、责任限制、责任限制的丧失、赔偿范围等问题,并对油污法上的一些重要概念,如船舶、船舶所有人、油类、油污损害、预防措施等重要概念进行了界定。

国际海事组织于 1984 年 5 月对《1969 年民事责任公约》进行了修订,该议定书最终未能生效。1992 年 11 月 23 日至 27 日,国际海事组织通过了《1969 年民事责任公约 1992 年议定书》。主要是大幅度提高了赔偿限额,5000 吨及其以下的船舶,赔偿限额为 300 万特别提款权;5000 吨以上的船舶每吨加算 420 特别提款权,最高限额为 5970 万特别提款权。该议定书于 1996 年 5 月 30 日生效,我国于 1999 年 1 月 5 日加入该议定书,《1969 年民事责任公约 1992 年议定书》2000 年 1 月 5 日对我国生效。

2000 年 10 月通过了《1969 年民事责任公约 2000 年议定书》的修正案,该修正案将 1992 年议定书第 6 条(1)规定的责任限制提高了 50.37%。该议定书于 2003 年 11 月生效,对我国不具有约束力。

2.《设立国际油污损害赔偿基金的国际公约》

为了向油污受害人提供充分的赔偿,弥补《1969 年民事责任公约》赔偿的不足,1971 年 12 月通过了《设立国际油污损害赔偿基金的国际公约》(*International Convention on the Establishment of an International Fund for Compensation for Oil Pollution Damage*),简称《1971 年基金公约》,或 FUN D 71。该公约于 1978 年 10 月 16 日生效,并分别在 1976 年、1984 年、1992 年及 2000 年制定出了议定书,其中,1984 年议定书未获生效。《1971 年基金公约 1992 年议定书》是当前最有影响的基金公约的议定书,它与《1969 年民事责任公约 1992 年议定书》同时生效,我国只有香港地区才是《1969 年民事责任公约 1992 年议定书》的参加者,它对大陆不具有约束力。

《基金公约》主要规定了对受害人的赔偿办法,以及摊款构成,它与《民事责任公约》存在着互相补充,甚至相互交叉的关系,它们共同构成了国际船舶污染责任制度的重要内容。按照《民事责任公约》的规定,船舶所有人对每一油污事件的赔偿总额按船舶吨位计算。而《基金公约》则在船舶所有人按《民事责任公约》不负赔偿责任的情况下,在《民事责任公约》规定的最高赔偿限额内,向污染受害人承担赔偿的义务。当油污受害人遭受的损害超出了《民事责任公约》所规定的船舶所有人的赔偿限额时,基金组织就超出的部分向污染受害人负责赔偿。

3.《有关海上运输有害有毒物质损害责任和赔偿的国际公约》

对海洋环境构成污染的,不止石油这样的物质,还包括化学品等有毒有害物质。20 世纪 70 年代末,政府间海事协商组织就开始着手制定《有关海上运输有毒有害物质损害责任和赔偿的国际公约》(*Compensation for Damage in Connection with the Carriage of Hazardous and Noxious Substances by Sea*),经过多次反复讨论,在 1996 年 4 月 15 日至 5 月 3 日召开的关于有毒有害物质的责任限制的国际会议上,通过了《有关海上运输有毒有害物质损害责任和赔偿的国际公约》,简称《1996 年有毒有害物质公约》,或者 HNS 公约。该公约授权因石油、天然气、化学物质或者其他有害物质的排泄而遭受人身、财产或者环境损害或者损失的受偿主体获得相应的赔偿。该公约不调整因持续性油类造成的油污、放射性物质和煤造成的损害赔偿关系。与《民事责任公约》类似,该公约也施行严格责任和强制保险制度。目前,该公约尚未生效。国际海事组织(IMO)日前正式签署批准《1996 年有毒有害物质公约》议定书草案,是自有关草案首次在 1996 年面世以来,首获 IMO 批准,首份全球认可的"有毒有害物质保赔公约"有望尽快生效。IMO 批准后,仍有待 12 个缔约国加入该公约 18 个月后才会正式生效,其中 4 个国家商船总吨位不少于 200 万吨。

4.《燃油污染损害民事责任国际公约》

《民事责任公约》和《基金公约》调整的法律关系仅限于由油轮运输的油类或者燃油而引起的损害赔偿关系,由非油轮需要的燃料油造成的污染损害赔偿关系不在这两个公约的调整范围之内。随着造船技术的提高,船舶大型化的趋势日趋明显,非油轮自用燃油污染问题,日益得到国际社会的广泛关注,燃油污染损害赔偿成为 1996 年的国际海事组织法律委员会第 75 届大会的主要议题。在该大会上,加拿大提交给国际海事组织法律委员会的一份报告显示,燃油污染具有多发的性质,而且已经占全球污染的 35％左右。英国代表提出一份由"英国保赔社团"(UK Protection and Indemnity Club,简称 UK P & I Club)①于 1993 年制作的重大赔偿案件分析报告指出,有近半数的污染索赔来自"非货油"。澳洲代表通过对 1975 年至 1996 年间的数据进行统计,指出澳洲邻近水域的油污事件,有 83％是由非油轮所致,而且在油污清除费用方面,用于燃油油污清除的费用高达全部清除费用的 78％。因此,建立非油轮燃油油污引起的赔偿制度迫在眉睫。②

与运输油类引起的油污不同,在燃油引起的损害赔偿关系中,赔偿主体并不涉及油类货主,只涉及船舶所有人及保险人。船舶燃油比普通油类污染危害性更强,治理难度更高,可能造成的损害更大。按照 1982 年《联合国海洋法公约》的宗旨,国际海事组织在 1996 年第 73 届法委会上将制定关于燃油污染损害赔偿责任问题定为优先议题加以研究。在 2000 年第 81 届法律委员会上,形成了《燃油污染损害民事责任国际公约》(*International Convention on Civil Liability for Bunker Damage*)的框架,于 2001 年 3 月 23 日的外交会议上正式通过,③简称《2001 年燃油公约》或 BUNKER2001,2008 年 11 月 21 日该公约开始生效。2009 年 3 月 9 日,《2001 年燃油公约》对我国正式生效。④ 这意味着,航行于我国沿海水域的 1000 总吨以上的船舶,全部需要办理强制性油污保险。而在过去,只有载运 2000 吨以上持久性油类的国际航行油船才有此规定。如今,《燃油公约》对我国正式生效,这意味着可以建立一套比较完善的船舶燃油污染民事责任和强制保险制度,确保燃油污染得到及时的治理,污染损害受害人得到比较充分的赔偿。对船东而言,

---

① 郑飚:《〈2001 年燃油污染损害赔偿民事责任国际公约〉评介》,载《中远香港季刊》(香港)2002 年第 6 期。

② 1998 年"Pallas"号船舶在德国海域发生事故。该船装载了约 800 吨的燃油,为了清除污染,花费了大量的费用。同年,"Dong Won No. 329"渔船在新西兰发生溢油事故,清污费达到 140 万新元。参见宋春风:《2001〈关于燃油污染损害赔偿民事责任国际公约〉介评》,载《海商法研究(5)》,法律出版社 2001 年版。

③ 该公约规定在 18 个缔约国(其中应包括 5 个船舶吨位超过 100 万总吨的国家)批准、认可或加入的一年后生效。目前,尚未生效。

④ 我国海事局于 2008 年 12 月 23 日下发了《关于实施〈2001 年国际燃油污染损害民事责任公约〉的通知》。

则可以把船舶燃油污染从原本的不可控风险转化为可控风险。

经过半个多世纪的努力,船舶污染责任制度在国际层面形成了一套相对完善的法律机制。[1]

(二)我国制定的主要国内立法

我国没有专门调整船舶油污损害赔偿制度的法律,相关内容散见于《民法通则》《环境保护法》《海洋环境保护法》《海商法》等法律规则中,正是这些规范构成了我国船舶油污损害赔偿制度的基本内容。

1.《民法通则》

船舶油污造成的损害是一种特殊的侵权行为,这种侵权仍然具有民事的性质,由我国民法上侵权民事责任进行规范。我国《民法通则》第六章有关民事责任的规定为受害人提起民事诉讼获得赔偿提供了民事法律基础。《民法通则》第 106 条、第 107 条、第 117 条、第 119 条、第 124 条、第 132 条、第 134 条等都是相关的条款,在特别法没有规定的时候,可以直接适用。

2.《环境保护法》

《环境保护法》第 41 条规定了造成污染一方的赔偿责任。为油污损害的受害人进行索赔提供了可能性。

3.《海洋环境保护法》

《海洋环境保护法》第 90 条确立了造成油污一方的民事责任(赔偿危害、赔偿损失),第 92 条规定了环境污染责任的免除。我国《海洋环境保护法》第 95 条第 6 款在确定油类的范围时,把油类界定为"任何类型的油及其炼制品"。显然,《海洋环境保护法》对油类规定得非常广泛,几乎包括了所有的油类范围,既包含持久性烃类矿物油,也包含非持久性烃类,既包含货油,也包含燃油。这为受害人因任何

---

[1] 船舶污染损害赔偿法制的发展远远超过了环境法领域的其他部门,主要原因在于:第一,与核能源等污染相比船舶污染是一个能为大众真切感知的环境问题;第二,国际海事组织和联合国环境署的积极努力;第三,船舶污染对于国家政府来说,很容易理解,船东和石油公司都具有国际企业性质,相比国内企业来说更具有成为管制对象的合法理由。See Colin De La Rue and Charles B. Anderson , *Shipping and the Environment : Law and Practice*, LLP Reference Publishing,1998,pp. 18~20.

油类引起的油污损害提起诉讼提供了方便。

《环境保护法》第 42 条也规定了因环境污染损害赔偿提起诉讼的时效为 3 年，从当事人知道或者应当知道受到污染损害时起计算。[①]

4.《海商法》

我国《海商法》第 268 条规定："中华人民共和国缔结或者参加的国际条约同本法有不同规定的，适用国际条约的规定；但是，中华人民共和国声明保留的条款除外。中华人民共和国法律和中华人民共和国缔结或者参加的国际条约没有规定的，可以适用国际惯例。"该条在《海商法》第 14 章涉外关系的适用之中，直接来源于《民法通则》第 8 章民事法律关系第 142 条的规定，它们试图解决的问题是：在处理涉外民事纠纷时，如果中国的法律与中国参加的国际公约不一致，该如何适用法律？ 按此，中国法院在审理涉外船舶油污损害赔偿案件时，如果中国法与中国参加的国际公约规定不一致，就直接适用国际公约的规定。

我国《海商法》第 11 章是有关海事责任限制的规定，其中第 210 条规定了具体的责任限制标准。这一责任限制标准与我国参加的《1969 年民事责任公约 1992 年议定书》第 6 条关于责任限制的规定不一致，因此，在中国审理涉外油污案件时，就责任限制部分，应当直接适用《1969 年民事责任公约 1992 年议定书》的规定。这一结论也在《海商法》第 208 条第 2 款中得到了明确。[②] 按此，我国《海商法》第 11 章规定的责任限制仅适用于没有涉外因素的船舶油污案件。我国《海商法》第 265 条规定："有关船舶发生油污损害的请求权，时效期间为 3 年，自损害发生之日起计算；但是，在任何情况下时效期间不得超过从造成损害的事故发生之日起 6 年。"

我国虽已初步形成了一个船舶污染责任方面的法律体系，但在许多问题上的规定却存在明显的不足。特别是缺乏污染损害赔偿制度的部分基本内容。按照我

---

① 虽然《环境法》具有公法的性质，但是该条关于诉讼时效的规定属于民事规范，它与《民法通则》有关一般民事案件诉讼时效的规定构成了特别法与一般法的关系，具有优先适用的效力。

② 我国《海商法》第 208 规定："本章规定不适用于下列各项：……（2）中华人民共和国参加的国际油污损害民事责任公约规定的油污损害的赔偿请求……"

国参加的国家公约的规定,强制保险和油污基金是油污损害赔偿制度的重要内容。我国《海洋环境保护法》虽然在第 66 条规定:"国家完善并实施船舶油污损害民事赔偿责任制度,按照船舶油污损害赔偿责任由船舶所有人和货主共同承担风险的原则,建立船舶油污保险、油污损害赔偿基金制度",但是如何建立强制保险、油污基金,没有相应的法律规范,显得缺乏操作性。

【案例裁决/法律文书摘录】

广州海事法院 2010 年受理陈炳浓诉新韩投资有限公司(SHINHAN CAPITAL Co. ,LTD)船舶污染损害赔偿纠纷,以民事判决书(2010)广海法初字第 16 号作出了判决,摘录如下:

原告:陈炳浓。

被告:新韩投资有限公司。

原告陈炳浓与被告新韩投资有限公司船舶污染损害赔偿纠纷一案,"宙斯(Zeus)"轮船舶污染事故发生后,被告就该事故向广州海事法院申请设立海事赔偿责任限制基金,原告向广州海事法院申请了债权登记并提起确权诉讼。因原告在确权诉讼中对被告就涉案海事赔偿责任限制的主张明确提出异议,广州海事法院裁定终止确权诉讼,案件转入本案适用普通程序,依法组成合议庭,公开开庭进行了审理。

法院查明如下事实:

2008 年 9 月 24 日凌晨,"宙斯"轮在广东省台山上川岛东面海域受台风"黑格比"影响触礁,船体断裂,燃油泄漏,原告位于上川岛高冠湾中心洲附近的渔排因此遭受污染损害。

台山市川岛镇高笋村民委员会于 2008 年 9 月 27 日出具的《现场勘验记录》记载,本次污染造成原告渔排损失情况为:(1)黄丁斑:养殖面积 35 平方米、死鱼规格 1.4～1.6 斤、死鱼数量 800 尾、死鱼重量 1200 斤、市场价每斤人民币 60 元,死鱼损失人民币 72000 元;(2)青斑:养殖面积 35 平方米、死鱼规格 1.4～1.7 斤、死鱼数量 500 尾、死鱼重量 750 斤、市场价每斤人民币 48 元,死鱼损失人民币 36000 元;(3)渔具损失人民币 5000 元。上述死鱼损失共计人民币 108000 元,渔具损失人民币 5000 元。该《现场勘验记录》有审核单位台山市川岛镇农林渔业办公室的签章;有在场人员陈景欢和养殖户陈炳浓的签名。

台山市川岛镇人民政府上川农渔事务所 2008 年 9 月出具的《水产品价格咨询表》显示,500～1000 克黄丁斑活鱼市场零售价为每公斤人民币 128 元;800～1100 克青斑活鱼市场零售价为每公斤人民币 96 元。

根据《船舶国籍证书》记载,"宙斯"轮的船舶所有人为被告,船籍港为韩国济州。《货船安全构造证书》记载该船的船舶类型为其他货船。韩国船级社给该船签发了《国际载重线证书》《货轮设备安全证书》,有效期均至 2009 年 9 月 20 日,船长为 Jang Jeong A。

船长在事故发生前一天即 2008 年 9 月 23 日发给船东的电报记载:因为 0814 号"黑格比"台风,船舶抛锚避风。船舶位于北纬 21°42.190′,东经 112°50.50.763′。"宙斯"轮船上有重油 221.80 吨、轻油 18.35 吨、淡水 60 吨、气缸润滑油 2.830 吨、系统润滑油 5.08 吨。

广州海事法院(2009)广海法初字第 509 号案中裁定准许"宙斯"轮责任人设立海事赔偿责任限制基金 796256 特别提款权,折合人民币 8537377.20 元。原告在规定的期限内向本院申请了债权登记,债权登记申请费人民币 1000 元。

合议庭成员一致认为:本案系船舶污染损害赔偿纠纷。根据《最高人民法院关于海事法院受理案件范围的若干规定》第 4 条的规定,本案属于海事法院专门管辖的案件。涉案污染事故发生地、损害结果地广东省台山上川岛海域在本院辖区范围内,依照《海事诉讼特别程序法》第 7 条第(2)项的规定,因船舶排放、泄露、倾倒油类或者其他有害物质,海上生产、作业或者拆船、修船作业造成海域污染损害提起的诉讼,由污染发生地、损害结果地或者采取预防污染措施地海事法院管辖,据此,广州海事法院对本案具有管辖权。

(一)我国为侵权行为地

因涉案船舶的船籍国是韩国且被告系韩国公司,本案具有涉外因素。又因涉案事故的发生地和损害结果发生地均在中国海域,依照《民法通则》第 146 条关于"侵权行为的损害赔偿,适用侵权行为地法律。当事人双方国籍相同或者在同一国家有住所的,也可以适用当事人本国法律或者住所地法律"的规定,应适用中华人民共和国法律处理本案实体争议。

(二)《燃油公约》未生效,应适用《海商法》

本案属于船舶油污损害赔偿纠纷。在我国,调整油污损害民事法律关系应适用相关的国际公约和国内法律、法规。涉案事故系船舶燃油污染,适用于船舶燃油损害赔偿的相关国际公约主要是《2001年国际燃油污染损害民事责任公约》(下称《燃油公约》)。因"宙斯"轮系韩国籍外轮,本案具有涉外因素,我国是《燃油公约》的参加国,根据国际公约优先适用的原则,本案应优先考虑适用《燃油公约》。但《燃油公约》自2009年3月9日起方对我国生效,在涉案事故发生之后,对本案没有溯及力。在国际公约不能适用的情况下,本案应适用我国的国内法。在国内法中,规范船舶油污损害赔偿民事责任的法律法规有:《民法通则》《海商法》和《海洋环境保护法》。《海商法》是调整海上运输关系和船舶关系的特别法,而船舶油污产生的法律关系是在海上运输过程中产生的侵权关系,《海商法》应优先于《民法通则》适用。《海洋环境保护法》关于油污民事损害赔偿责任条款,属于归责原则的规定,不能解决油污损害赔偿问题,特别是没有责任限制的规定。因此,本案应适用《海商法》。

依照《海商法》第207条的规定,判决如下:被告新韩投资有限公司向原告陈炳浓赔偿经济损失人民币108000元及利息,从被告新韩投资有限公司申请设立的海事赔偿责任限制基金中按比例受偿;债权登记申请费人民币1000元从被告新韩投资有限公司申请设立的海事赔偿责任限制基金先行拨付给广州海事法院。

【延伸阅读】

1. 邓瑞平等:《海上侵权法比较研究》,厦门大学出版社2013年版。

2. 王玫黎、倪学伟、禹华英:《海商法学》,武汉大学出版社2010年版。

3. 司玉琢:《海商法专题研究》,大连海事大学出版社2002年版。

4. 司玉琢:《海商法》,法律出版社2012年版。

5. 司玉琢主编:《国际海事立法趋势及对策研究》,法律出版社2002年版。

第二节　船舶污染责任法的主体

船舶油污损害赔偿关系的主体包括权利主体和责任主体(包括义务主体)。

【知识背景】

船舶污染责任法主体的基本理论

(一)船舶污染责任的权利主体

1. 船舶污染责任的权利主体的概念

船舶污染责任法的权利主体,也称索赔人,是指参加船舶污染损害赔偿民事法律关系,对船舶污染损害赔偿享有权利的人。《1969 年民事责任公约》没有出现权利主体的表述,只是规定,凡遭受污染损害即与污染损害有关的受害人均可以向责任人提出索赔。依据公约提出索赔的人,必须证明合法权益受到油污的损害,而且这些合法权益属于公约的赔偿范围。同时,《1969 年民事责任公约》还在第 1 条第 2 款解释了人的定义,是"指任何个人或集体或任何公营或私营机构(不论是否法人),包括国家或其任何下属单位"。显然,这里的人,既包括船舶损害赔偿关系中的权利人,也包括损害赔偿关系中的义务人。

与《1969 年民事责任公约》不同,《1994 年油污指南》对此作了较为全面的解释。[①]《1994 年油污指南》明确了污染损害的权利主体包括自然资源的所有人或者管理人,具体包括:(1)油污造成有形财产灭失或者损害,依据所有权或者占有权而

---

① 关于《1994 年油污指南》的性质、效力与作用,学界有两种不同的认识。一种观点认为,从《1994 年油污指南》的形成、适用范围及以及普遍接受程度来看,应该作为国际惯例加以适用。另一种观点认为,《1994 油污指南》不是国际公约,在法律上没有约束力,可以理解为对《1969 年民事责任公约》损害赔偿范围的专家解释。

具有法律上认可的任何利益的主体,如财产所有人、占有人;(2)水产养殖的经营者和依靠捕鱼为生的渔民;(3)旅游服务的经营者,如旅馆、饭店商店、沙滩设备及相应设备的经营者;(4)依靠水源进行生产或者冷却的企业,如海水淡化、制盐、发电厂;(5)预防措施及清污措施的实施者;(6)因采取合理的预防或者清除措施而产生的损害的受害人;(7)为受油污染的动物进行清理的人;(8)自然资源的所有人或者管理人。①

2. 我国法上的船舶污染责任法的权利主体

我国目前没有专门的油污法,有关船舶污染责任法权利主体的规定散见于各种不同效力的法律规范中。

(1)代表国家行使权利的有关部门

在污染损害中,直接受害的是海洋环境、生态、渔业等自然资源,因此,自然资源的所有人是理所当然的权利人。我国《宪法》第9条第1款规定:"矿藏、水流、森林、山岭、草原、荒地、滩涂等自然资源都属于国家所有,即全民所有。"我国《海域使用管理法》第3条也规定海域属于国家所有。因此,在污染损害中,国家是损害赔偿关系的权利人。船舶污染事故侵犯的是国家对海域的财产所有权,包括占有、使用、收益和处分的权能,此时的受害人是国家,国家享有提起诉讼的权利。虽然油污事故作为民事侵权行为,由此引发的索赔应当发生在平等的自然人、法人及其他组织之间,而国家是国际法上的主体,一般不能作为民事法律关系的当事人,但是在某些特殊情况下,国家也可以作为民事权利人,作为平等的民事主体,对损害国家财产的侵权人提起索赔。相关的国际公约和外国法律对作为海洋环境污染损害受害人的国家的权利主体地位也进行了明确。②

我国《海域使用管理法》第3条规定,海域属于国家所有,国务院代表国家行使海域所有权。法律授权国务院对自然资源进行监督管理。这里的"监督管理"至少

---

① 参见《1994年油污指南》第7条、第8条以及第10条,载《中国海商法年刊》(1994),大连海事大学出版社1994年版,第466～467页。

② 《1969年民事责任公约》第1条第2款规定:"人"是指任何个人或集体或任何公营或私营机构(不论是否法人),包括国家或其任何下属单位。

包括两个方面的内容：一方面，对属于国家所有的自然资源进行保护，防止他人带来的破坏；另一方面，在发生损害时，有权代表国家提起民事赔偿。此时国务院是国家的代表。在国务院代表国家进行油污损害赔偿的法律关系中，国务院与国家的法律人格重合，国务院在索赔中的行为就是国家的行为，该行政机关以自己的名义进入法律程序索赔环境损失，与国家本身提起索赔诉讼具有相同的效力和效果。[1] 我国《民事诉讼法》第49条规定，在民事法律关系中，行政机关可以作为"机关法人"参与诉讼。

但国务院是由许多不同的机关组成的，在发生油污损害赔偿时，由哪些部门提起诉讼在我国的司法实践中存在着不同的认识。例如，在"塔斯曼"号油污事件中，法院确定的索赔主体是"海洋和渔政部门"；在"海成"号油污事件中，确定的索赔主体是"渔政部门"；而在"闽燃供2"轮船油污事件中，代表国家进行索赔的是"环保和水产部门"。[2]

我国《海洋环境保护法》确定了国务院环境保护部门负责主管全国海洋环境保护工作，其他相关部门如海事、渔政和军事等部门都参与管理的原则。[3] 可见，该条将我国海洋环境保护的管理权限按管理对象的不同分别授予了不同的行政主管部门，管理对象划分的标准以污染源（如陆源、海上工程、船舶）为主线，兼顾了管理对象的用途和归属（如商船、渔船、军事船舶）。有学者认为，认定国家有关行政主

---

① 李志文、王慧婷：《行政机关代表国家进行沿海油污索赔的主体地位分析》，载《大连海事大学学报》2003年第3期。

② 司玉琢主编：《海商法案例教程》，知识产权出版社2003年版，第275页。

③ 《海洋环境保护法》第5条："国务院环境保护部门主管全国海洋环境保护工作。国家海洋管理部门负责组织海洋环境的调查、监测、监视，开展科学研究，并主管防止海洋石油勘探开发和海洋倾废污染损害的环境保护工作。中华人民共和国港务监督负责船舶排污的监督和调查处理，以及港区水域的监视，并主管防止船舶污染损害的环境保护工作。国家渔政渔港监督管理机构负责渔港船舶排污的监督和渔业港区水域的监视。军队环境保护部门负责军用船舶排污的监督和军港水域的监视。沿海省、自治区、直辖市环境保护部门负责组织协调、监督检查本行政区域的海洋环境保护工作，并主管防止海岸工程和陆源污染物污染损害的环境保护工作。"

管部门应依照事故所发生的水域和性质来确定其行使的监督管理权。[①] 笔者同意这种看法。"水域"确定了索赔主体的地域标准,在哪个海域造成污染,由哪个海域的主管部门提起诉讼;跨海域的油污,可以由相关海域的主管部门共同提起诉讼;对权利存在争议的,由上级主管部门指定索赔主体。"性质"与行政部门的管理监督范围一致,造成海洋生态破坏的,由环保局提起诉讼;造成渔业资源破坏的,由渔业局提起诉讼;因污染而支付的清污费用,由海事局提起诉讼等。具体而言,就是按照损害赔偿的范围来确定索赔主体。(1)海事部门有权就发生油污后采取强制清污措施而支出的费用,包括清污费、调查监控费提起诉讼。《海洋环境保护法》第71条规定了发生海洋环境污染后海事部门采取有关措施的权利,并在第92条中规定了海事部门就此提起诉讼的权利。(2)渔业部门有权就油污造成的渔业损失代表国家提起诉讼。《环境保护法》第5条第4款规定,国家渔业行政主管部门对海洋渔业资源有监督管理权。《渔业法》第6条规定:"县级以上地方人民政府渔业行政主管部门主管本行政区域内的渔业工作。"第7条规定:"国家对渔业的监督管理,实行统一领导,分级管理。海洋渔业,除国务院渔业行政主管部门及其所属的渔政管理机构监督管理的海域和特定渔业资源渔场外,由毗邻海域的省、自治区、直辖市人民政府渔业行政主管部门监督管理。"按此,对于因污染造成渔业损失的,渔业主管部门可以代表国家提起诉讼。(3)环境保护部门有权就海洋环境污染以及造成的生态损害提起民事诉讼。绝大多数油污还会造成自然生态,如珍稀动植物的损失,按照《环境保护法》第17条和《海洋环境保护法》第5条的规定,环保部门有权代表国家对此提起诉讼。

(2)其他自然人、法人

另外,自然资源归属于国家所有,但并不影响其他单位和个人使用。按照所有权与使用权分离的原则,我国《海域使用管理法》第16条第1款规定"单位和个人可以向县级以上人民政府海洋行政主管部门申请使用海域"。这样,我国所拥有的海域就可以分为两个部分:一部分为未被单位和个人申请使用的海域;另一部分为

---

① 赵劲松、赵鹿军:《船舶油污损害中的诉讼主体问题》,载《中国海商法研究(15)》,大连海事大学出版社2005年版,第299页。

被单位和个人申请使用的海域。对于前者,其行使损害赔偿请求权的主体为国家,由其主管部门提起诉讼;对于后者,其行使损害赔偿请求权的主体为拥有使用权的单位和个人。当海域使用权人使用的海域遭受船舶污染损害时,这些单位和个人就是实际的受害人。

我国《民法通则》第124条规定:"违反国家保护环境防止污染的规定,污染环境造成他人损害的,应当依法承担民事责任。"《环境保护法》第41条规定:"造成环境污染危害的,有责任排除危害,并对直接受到损害的单位或者个人赔偿损失。"《海洋环境保护法》第90条规定:"造成海洋环境污染损害的责任者,应当排除危害,并赔偿损失;完全由于第三者的故意或者过失,造成海洋环境污染损害的,由第三者排除危害,并承担赔偿责任。"根据以上的规定,这里的"他人"、"单位或者个人"就是受害人,其范围包括海域使用权人。这样,未被单位和个人申请使用的国家所拥有的海域遭受船舶污染事故损害的,其受害人是国家;海域使用权人(包括单位和个人)使用的海域遭受船舶污染事故损害的,其受害人是海域使用权人。在实践中,常见的受害人包括因为油污造成有形财产灭失或者损害的所有人、占有人;水产养殖的经营者和依靠捕鱼为生的渔民;旅游服务的经营者,如旅馆、饭店及相应设备的经营者;依靠水源进行生产或者冷却的企业,如海水淡化、制盐、发电厂等。

（二）船舶油污损害赔偿的义务主体

1. 义务主体的概念

在船舶油污引起的债权关系中,义务主体是实施油污行为并向受害人支付相应赔偿金额的人。对环境造成污染威胁的船舶油污事故发生后,如何确定义务主体是处理船舶油污损害赔偿案件需要首先解决的问题。对此,有的学者从司法实践中诉讼主体如何确定的角度进行了阐述；[1]有的学者从海商法理论层面进行了探讨。[2] 这些文章从不同的角度论证了船舶油污损害赔偿的义务主体，提出了不少具有建设性的主张。

当 1967 年发生"Torrey Canyon"号船舶油污损害事件时，国际上并没有确定船舶油污责任的统一立法，因而如何确定当事人、当事人的责任和责任限额成了本案诉讼中最棘手的问题。结果，法院为了便于赔偿，以船东而非承运人作为责任主体，拍卖了该船东的另一财产——即该船位于新加坡的姊妹船——向受害人进行了清偿。该案的判决建立了船东承担赔偿义务的制度，并最终推动了《1969 年民事责任公约》《1969 年国际油污干预公约》以及《1971 年基金公约》的产生。

2. 船舶所有人

《民事责任公约》把船舶所有人明确为船舶油污损害赔偿关系中唯一的义务主体。《1969 年民事责任公约》第 3 条第 1 款规定："除本条第 2 款和第 3 款另有规定以外，在事件发生时，或如事件包括一系列事故，在此种事故第一次发生时，船舶所有人应对该事件引起的漏油或排油所造成的污染损害负责。"《1969 年民事责任公约 1992 年议定书》第 4 条第 1 款的规定基本上重复了《1969 年民事责任公约》的表述。[3] 那么，何为"船舶所有人"呢？《1969 年民事责任公约》第 1 条第 3 款规定："'船舶所有人'是指登记为船舶所有人的人，如果没有这种登记，则是指拥有该船的人。但如船舶为国家所有而由在该国登记为船舶经营人的公司所经营，船舶

---

[1] 赵劲松、赵鹿军：《船舶油污损害中的诉讼主体问题》，载《中国海商法研究（15）》，大连海事大学出版社 2005 年版。戚道孟：《论海洋环境污染损害赔偿纠纷中的诉讼原告》，载《中国海洋大学学报》2004 年第 1 期；梅宏：《论船舶油污事故的责任主体及责任性质》，http://www.ccmt.org.cn/hs/explore/exploreDetial.php？sId=442，下载日期：2014 年 5 月 10 日。

[2] 韩立新、司玉琢：《船舶碰撞造成油污损害民事赔偿责任的承担》，载中国海商法协会主办：《中国海商法年刊》（2003），大连海事大学出版社 2003 年版；张湘兰、徐国平：《试论船舶油污损害赔偿义务主体》，载《武汉大学学报（哲社版）》2004 年第 5 期；裴一聪：《船舶油污损害赔偿责任的主体及其分散渠道》，载《经济与法》2005 年第 11 期。

[3] 《1969 年民事责任公约 1992 年议定书》第 4 条第 1 款规定："除本条第 2 款和第 3 款规定者外，在事故发生时的船舶所有人，或者，如果该事故系由一系列事件构成，则第一个此种事件发生时的船舶所有人，应对船舶因该事故而造成的任何污染损害负责。"

所有人即指这种公司。"

3. 船舶经营人和管理人、光船承租人

美国《1990 年油污法》将船舶油污损害的赔偿主体规定为任何所有、经营或光船承租船舶的任何人，包括个人、公司、合伙或联营。[①] 对船舶溢油而引起的清污费用和赔偿请求，由上述人员承担严格的、连带责任。其理由在于，在美国的立法者看来，将船舶经营人和光船承租人纳入承担民事责任的体系，可以增加他们避免溢油事件的积极性，而且一旦发生溢油事件他们也能够积极主动地采取清污防污措施。在立法理念上，按照"污染者付费"的原则，也应当由事件控制船舶的人来承担燃油污染责任。[②]

4. 特定情况下的第三人

美国《1990 年油污法》规定，如果船舶所有人、船舶经营人或光船承租人能够证明，损害完全是由第三方的作为或者不作为引起的，或者完全由于其作为或者不作为与不可抗力或者战争行为共同造成的，则该第三方应视为船舶油污损害赔偿的义务主体。在操作技术上，先由船舶所有人、经营人、光船承租人支付污染损害和清污费用，然后向该第三人追偿。英国《1995 年商船航运法》增加了陆地所有人的责任。陆地所有人在向船舶输油的过程中由于其行为或疏忽也有可能承担责任。该法第 131 条规定，船舶若是在英国的海船可航水域排放油类或者混合物，下列人为责任人：(1)若排放来自船舶，则该船舶所有人、船长有责任，除非他能证明此排放是按下述(2)发生和排放的。(2)若排放来自船舶，但发生在向另外某一船舶或陆上某地输油或自该船或陆地向本船输油的过程中，并且排放是因为另一船舶或陆地上管理设备的人或另一船舶所有人或船长及陆地占有人的行为或疏忽，则该船船长或船舶所有人有责任，如有可能陆地占有人也有责任。

---

① 参见美国《1990 年油污法》第 2701 条有关"责任主体"的定义。
② 傅国民、徐庆岳：《〈船舶燃油污染损害民事责任国际公约〉评介》，载《海商法研究(7)》，法律出版社 2001 年版。

【案例裁决/法律文书摘录】

日照市盛华水产集团公司诉日照港务局水域污染损害赔偿案,经青岛海事法院受理后进行了判决,①现摘录部分判决书内容。

原告:日照市盛华水产集团公司(下称盛华公司)。

被告:日照港务局。

1991年1月,石臼港务局作出《石臼港总体布局规划》,并报送有关单位。交通部、山东省人民政府于1991年1月4日以(91)交计字74号文件,作出《关于〈石臼港总体布局规划〉的批复》,该批复明确自批复下达之日起,在石臼港港界范围内不得再建与规划的港口功能无关的其他永久性建筑物,必须建设的临时性建筑物,需经港务局同意,签订必要的协议文件,港口发展建设时需拆除的,应无条件拆迁。对石臼港港界范围外的岸线由日照市主管部门按照规定监督实施。属港区范围的,授权石臼港务局监督执行。

石臼港务局后更名为日照港务局(以下简称港务局)。

1993年4月15日,日照市水产局和东港区石臼街道办事处作为甲方,日照港务局作为乙方,日照市土地管理局作为中间方签订了《关于对日照港务局规划的中、西港区范围内的海带田养殖区搬迁补偿协议书》,该协议书确定,为切实解决好日照港规划的中西港区规划范围内海带田(包括海参、扇贝、贻贝、石花菜等养殖物)养殖区搬迁补偿问题,确保国家重点工程建设的顺利进行,双方就日照港中西港区规划范围内海带田搬迁补偿达成如下协议:甲方需搬迁规划的中西港区规划范围内的海带田养殖区,经双方核定共2000亩,一次性搬迁,补偿费共计1400万元,分三次付清:1993年4月30日前付400万元,1993年8月31日前付500万元,其余500万元于1993年12月31日前全部付清。自本协议签订后,海带田开始搬迁,整个搬迁工作,于1993年12月31日前全部完毕。乙方在施工期间,甲方在上述海区范围内尚未搬迁的海带田,如因施工造成损害,乙方不再给予赔偿。

---

① 日照市盛华水产集团公司诉日照港务局水域污染损害赔偿案,http://www.ccmt.org.cn/shownews.php? id=1329,下载日期:2014年8月19日。

日照市人民政府 1993 年 4 月 15 日作出的(11)号《关于日照港中、西港区规划范围内的海带田养殖区搬迁补偿问题的纪要》对上述协议作了记载。

此后,港务局分别于 1993 年 4 月 30 日和 8 月 31 日支付了搬迁补偿费 400 万元和 500 万元。海带田也开始搬迁。但海带田未如期搬迁完,其余 500 万元搬迁补偿费也未如期付清。

1998 年 4 月 20 日,日照市人民政府办公室印发了日照市人民政府专题会议纪要[1998]第 9 号《关于日照港港口建设协调会议纪要》。该纪要述明,海上养殖区的拆迁界限:以东海育苗厂南 150 米向东平行坐标线至东港区码头连线为拆迁界限,界限以北部分,所有养殖设施必须于 5 月底前拆除。港口航道中心线两侧各 215 米的水域,以及航道口门处至锚地之间的养殖设施和渔网,均需于 5 月底前拆除。对今后因清理航道可能造成的航道边缘海水污染,由石臼街道办事处、日照开发区负责,分别向群众做好解释工作,并不得要求另行赔偿。原遗留的拆迁费 500 万元由日照港务局分两期付给市政府,4 月底前付 250 万元,待市政府于 5 月底前组织有关单位检查验收合格后,将另外 250 万元付清。本纪要确定的拆迁及遗留拆迁费支付,各有关方已如期履行。

1995 年日照市东港区人民政府对各养殖区进行确权发证,此证(除 1998 年市政府第 9 号专题会议纪要确定拆迁的养殖面积)至今有效。其中有养殖区在日照港界之内。5 月 18 日,东港区人民政府为东港区石臼街道六村居委会颁发了 0006 号浅海滩涂养殖使用证。养区类别扇贝,盛华公司属东港区石臼街道办事处六村居委的一个水产企业,具有法人资格。

1997 年 12 月 24 日,港务局委托青岛海洋大学环境保护研究中心对木片码头工程环境影响进行评价。1998 年 8 月青岛海洋大学出具了《日照港木片码头工程项目环境影响报告书》。评价结论中对施工期预测表述为,施工期悬沙浓度和沉积厚度,主要在回填区溢流口附近较大,由于周围没有浅海养殖,且为短期效应,故对海洋环境影响不大。污染防治对策中对施工期污染防治对策表述为,选择吹填区溢流口的合适位置,尽量放在弱流区,且应远离排泥管处,应控制溢流口悬浮物浓度不大于 50mg/L,若浓度过大时,应合理调度,采取必要措施后再排放。吹填作业应在围堰工程建成后进行,围堰内侧应有防悬浮泥沙外漏的措施。

随后,港务局按工程设计要求进行施工,建成了回填区的内外护岸及溢流口,内、外护岸倒滤层的建设,取得了日照港建设监理有限公司出具的合格验收单。

1999 年 5 月 27 日日照港东西港区进港航道改道工程竣工验收委员会出具了日照港东西港区进港航道改造工程竣工验收证书。6 月 15 日日照港务监督向交通部海事局出具了《关于日照港东西港区进出港航道正式启用的请示》。2000 年 7 月 20 日,国家海事局向日照海上安全监督局作出海通航字[2000]392 号《关于日照港东西港区进出港航道正式启用的请示》的批复,同意启用航道。

2000 年 5 月 23 日日照港务监督颁发日港监准字(2000)第 003 号《水上水下施工作业许可证》,准许天津航道局第二疏浚公司"吸扬 12"等船自 2000 年 5 月 29 日至 2001 年 4 月 30 日在木片码头港池及航道水域范围内进行疏浚及陆域吹填作业。此后,"吸扬 12"在木片码头港池及航道水域范围内开始施工作业。

2000 年 3 月盛华公司从烟台购进小规格扇贝苗种 2950 万粒,共计价值 219934 元,盛华公司称将上述苗种放养于养殖区内培育。

2000 年 7 月 15 日,盛华公司向东港区水产局和港务局递交了"天津航道局'吸扬 12 号'吸泥船给日照港木片码头回填排放的污水,给我扇贝苗种造成死亡损失的报告",说"吸扬 12 号"吸泥船排出大量污水,给养殖区造成严重污染,从 6 月中旬起,扇贝苗开始死亡。到目前,2950 万粒扇贝苗种全部死亡,给盛华公司 4 个养殖场造成了重大经济损失。请求渔业环境监测部门、"吸扬 12 号"和日照港务局领导及水产、渔政部门现场勘察,找出事故原因,并给予协调解决经济赔偿问题。

2000 年 7 月 20 日下午 3 时,渔政监督管理站站长吴乃强、检查员李文先、孟涛对扇贝养殖现场进行了勘察,制作了勘验笔录及扇贝受损情况勘验报告,报告中称"一、污水来源:从九村码头上船出海到木片码头东坝堤中间处看到有宽约 70 米坝堤大量排放浓度很高的黄色污水,随污水的流向一直看到盛华公司的养殖区,看到黄色污水还大面积存在,但浓度比坝堤处有些减轻。二、扇贝苗死亡情况:经查看,盛华公司约有 9000 笼苗种。抽取了 3 笼样本,共查出死扇贝 8952 粒,活扇贝 206 粒,死亡率达 99% 以上。通过抽样调查计算出盛华公司的扇贝苗数量约有 2750 万粒。"

2000 年 7 月 26 日,农业部渔业环境监测中心黄渤海区监测站出具了(2000)

农黄渤海环监报告第 007 号"山东省日照市东港区盛华水产集团公司扇贝养殖水域污染事故调查报告",该报告结论为:"2000 年 6 月以后,受天津航道局'吸扬 12'船在日照港挖泥围堰填海的影响,盛华水产集团公司扇贝养殖区悬浮物含量超过《渔业水质标准》,造成悬浮物污染,泥沙大量沉积,使扇贝养殖笼的网衣上糊满了泥沙,网眼被糊死,扇贝养殖笼内与外界无法进行水交换,最终导致养殖笼内的扇贝窒息死亡。"同日,农业部渔业环境监测中心黄渤海区监测站还出具了(2000)农黄渤海污损评报告第 007 号"山东省日照市东港区盛华水产集团公司扇贝养殖水域污染事故损失评估报告"。该评估报告确定,受污染水域的养殖面积共计 200 亩,养殖的种类为栉孔扇贝,壳长 2～3cm,养殖方式为筏式养殖,扇贝离养成时间还有 12 个月左右,根据国家农业部颁发的《水域污染事故渔业损失计算方法规定》,评估损失为 214.20 万元。

2000 年 10 月,青岛环海海洋工程勘察研究院出具了《日照港木片码头疏浚回填工程现场监测报告》。该报告结论部分称,通过 2000 年 8 月 27 日现场监测并现场采样和实验室分析得出,木片码头及航道疏浚和回填工程对附近海域的水质影响范围很小。从监测所得资料看,施工期间海水仍能满足二类水质的各项指标。从接近养殖区边缘的采样点来看,随着潮汐潮流的变化海水中悬浮物的含量虽然有所不同,但是其量值都比较低,这说明疏浚及回填工程对海水中悬浮物含量的影响很小,疏浚工程对养殖区没有影响。从剖面探测资料来看,挖泥船在施工过程中,只有小范围的深水在船周围随海流移动,浑水团的半径约为 50 米,这说明挖泥船施工过程中对附近海域所造成的影响是轻微的。在现场监测期间,回填工程溢流口已经停止溢流,为了求得溢流对附近海域的影响范围和影响程度,进行了数值模拟,从模拟结果得出,超一、二类水质(水中悬浮物人为增加量 10mg/L 以上)的扩散面积为 0.58 平方千米,其边界距溢流口的最大距离为 1000 米,而养殖区的北部边缘距溢流口为 1500 米,所以可以认为溢流对养殖区没有影响。综上所述,可以得出挖泥船在施工过程中对海域所造成的影响是十分轻微的。回填工程溢流出的浑水团扩散范围较小,对养殖区无影响。

盛华公司以其所养殖海域均经政府统一规划并核发了养殖使用证,日照港务局和航道局在未采取防污措施的情况下进行施工,违反有关规定,给其造成了损失为由,起诉至青岛海事法院,请求判令二被告赔偿原告经济损失 226 万元及勘验鉴定费用。

航道局未提供答辩状,当庭辩称,我方船只作业时,由当地发布了通知,各种手续都是完备的,经港监各部门检验并核发了许可证,3 月份以前,我方把上层淤泥部分已清除掉。6 月份以后,施工挖的都是不会造成海水污染的部分,即中粗砂和亚黏土,不会造成污染。

港务局辩称,答辩人在木片码头建设中严格按照海洋环境保护法及国家基本建设程序的规定,在项目建设可行性研究报告书经交通部审核后,于 1997 年 12 月 24 日委托青岛海洋大学环境保护研究中心编制《日照港木片码头工程项目环境影响报告书》(以下简称《报告书》),并经山东省环保局审查批准。答辩人疏浚与陆域工程施工方案也是经过日照海监局审查批准,取得《水上水下施工许可证》后,于 2000 年 6 月开始施工的。在木片码头的施工过程中,严格按《报告书》的要求建造了内、外护岸,内、外护岸均设计了倒滤层,内护岸倒滤层施工自 1999 年 5 月开始,至 1999 年 12 月结束,外护岸倒滤层施工自 1999 年 4 月开始,至 1999 年 12 月结束,全部工程通过日照港监理公司验收。吹填区溢流口位置也是按《报告书》的要求,造在离排泥管最远的北部边界。答辩人调查了山东省海上环境监测网日照市环境监测站的两次例行监测,其中港区及养殖区附近 3 个监测点的水质,都符合山东省近岸海域环境功能区划的海水水质标准,专家的论证与实际的监测结果都证明施工期养殖区水域不存在污染。早在 1993 年答辩人与日照市水产局、东港区石臼街道办事处(原告隶属石臼街道办事处)签订《关于对日照港务局规划的中、西港区范围内的海带田养殖区搬迁补偿协议书》(以下简称《协议书》),对日照港规划的中、西港区范围内的海带田(包括海参、扇贝、贻贝、石花菜等养殖物)约定补偿费共计 1400 万元,分三次支付。整个搬迁工作于 1997 年 12 月 31 日前全部完毕。答辩人按协议履行义务。由于原告等村的养殖设施没有按《协议书》规定的时间全部拆除,后来又在该水域重新养殖。答辩人就此情况向日照市政府及有关部门反映。1998 年 3 月 29 日日照市政府为此召开了主题会,关于木片码头建设等问题,确定了拆迁拆除界限,并于 5 月前完成。拆迁工作由东港区石臼街道办事处、日照开发区、市水产集团总公司等负责组织进行,对今后因清理航道可能造成的航道边缘海水污染,由东港区石臼街道办事处、日照开发区负责,分别向群众做好解释工作,并不得要求另行赔偿。基于以上事实,认为原告指控与事实不符,要求赔偿缺乏法律依据,请求法院依法驳回起诉。

2000年11月4日,在原、被告在场的情况下,青岛海事法院对原告主张的受损养殖区中148排架扇贝所在水域进行了现场勘察,结果水域的一部分进入1998年日照市人民政府专题会议纪要《关于日照港港口建设协调会议纪要》中划定的航道中心线两侧215米范围。

在此期间,日照海事局从未批准任何单位和部门在日照港港区、锚地、航道等水域进行养殖、捕捞作业。

青岛海事法院经审理认为,港务局和航道局进行日照港木片码头建设,手续完备,建设工程符合设计要求。

1993年的《关于对日照港务局规划的中、西港区范围内的海带田养殖区搬迁补偿协议书》和日照市人民政府的相应会议纪要未明确拆迁界限,就此问题不能认定。

1998年日照市人民政府专题会议纪要《关于日照港港口建设协调会议纪要》中划定的拆迁界限,不能被认为是1993年确定的拆迁界限。

根据我国1986年《渔业法》和《海上交通安全法》的规定,县级以上地方人民政府根据国家对水域利用的统一安排,可以将规划用于养殖业的全民所有的水面、滩涂,确定给全民所有制单位和集体所有制单位从事养殖生产,核发养殖使用证,确认使用权,取得使用权的单位,可以将上述水面承包给集体单位或个人。未经主管机关(港务监督机构)批准,不得在港区、锚地、航道、通航密集区以及主管机关公布的航路内设置、构筑设施或者进行其他有碍航行安全的活动。日照市东港区人民政府于1995年将在1991年已由交通部、山东省人民政府划定为日照港界内的水域确权给石臼街道办事处六村居委会用于海上养殖并核发了浅海滩涂养殖使用证,显然日照市东港区人民政府的上述行为违反了渔业法的规定,盛华公司在港界内的水域从事养殖生产也不符合法律规定。所以,盛华公司在本案中的从事养殖而使用水面的权利不能视为合法权利,因而航道局和港务局对盛华公司的养殖物受到的损害不承担赔偿责任。

　　根据 1986 年《渔业法》的规定,港务局建设使用水面滩涂,应给予适当的补偿,但现行渔业法对此未予规定,而搬迁补偿问题不在当事人请求范围之内,本案不予审理,由当事方通过相关途径解决。

　　综上所述,原告的诉讼请求,理由不充分,法律依据不足,本院不予支持,应予驳回。据此,判决如下:

　　驳回原告盛华公司对被告航道局和港务局的诉讼请求。

　　判决后,当事双方均未上诉。

　　本案是一起典型的水域污染损害赔偿因不具有从事海上养殖合法权利而被驳回诉讼请求的案件,其争议的焦点只有一个,就是政府行为导致权利来源不合法,当此权利遭到他人侵害时,能否得到法律保护的问题。就此问题,司法界一直有不同的两种做法,且都有生效的判决予以支持:一种就是,权利来源不合法乃政府行为所致,权利人对此不能知晓、不能对抗、无力回转,其本身没有过错,应得到一定程度的保护。此种做法主要出于对权利人的同情,对其予以保护。另一种就是,法律保护的是合法的权利,权利来源不合法直接导致权利的不合法,无论何种原因导致,均不能得到保护。此种做法完全从法律本身的规定和法律的内在精神出发,依法不能保护的就不保护。

　　本案原告的水域养殖权是否合法成为本案审理的关键。据 2000 年我国《渔业法》第 11 条规定:"国家对水域利用进行统一规划,确定可以用于养殖业的水域和滩涂。单位和个人使用国家规划确定用于养殖业的全民所有的水域、滩涂的,使用者应当向县级以上地方人民政府渔业行政主管部门提出申请,由本级人民政府核发养殖证,许可其使用该水域、滩涂从事养殖工作。"可见,水域养殖许可证的法定核发单位应为县级以上人民政府,而其核发养殖许可证的权力有一个限制,那就是应当在国家统一划定的用于养殖业的水域和滩涂范围内核发。本案中,早在 1991 年石臼港务局(现日照港务局,以下统称港务局)作出《石臼港总体布局规划》,交通部、山东省人民政府也作出《关于〈石臼港总体布局规划〉的批复》,确定在石臼港港界范围内不得再建与规划的港口功能无关的其他永久性建筑物,必须建设的临时性建筑物,需经港务局同意。这两个文件明确了在日照港港界范围内的主管机关为港务局。《海上交通安全法》第 22 条规定,未经主管机关批准,不得在港区、锚地、航道、通航密集区以及主管机关公布的航路内设置、构筑设施或者进行其他有碍航行安全的活动。据审理调查,港务局在此期间,日照海事局从未批准任何单位和部门在日照港港区、锚地、航道等水域进行养殖、捕捞作业。日照市东港区人民政府于 1995 年将在 1991 年已由交通部、山东省人民政府划定为日照港界内的水域确权给石臼街道办事处六村居委会用于海上养殖并核发了浅海滩涂养殖使用证,显然其确权行为违反了渔业法的规定,由此导致盛华公司的养殖权也不合法。依来源不合法之权利不合法、非法权利不受法律保护的原则,虽然其权利确受到损害,其损失也确实存在,但是法律无法对其进行保护。

另,对于这样的案件,以侵权为诉因无法得到支持,但法律并不是就此置其于不顾,而是可以提起行政诉讼,要求确权发证的该人民政府对其损失予以赔偿。

【延伸阅读】

1. 邓瑞平等:《海上侵权法比较研究》,厦门大学出版社 2013 年版。

2. 王玫黎、倪学伟、禹华英:《海商法学》,武汉大学出版社 2010 年版。

3. 司玉琢:《海商法专题研究》,大连海事大学出版社 2002 年版。

4. 司玉琢:《海商法》,法律出版社 2012 年版。

5. 司玉琢主编:《国际海事立法趋势及对策研究》,法律出版社 2002 年版。

6. 邓海峰:《海洋油污损害国家索赔的理论与实践》,法律出版社 2013 年版。

7. 司玉琢主编:《海商法学案例教程》,中国知识产权出版社 2008 年版。

第三节　船舶油污损害赔偿的范围

船舶油污损害赔偿的范围是指船舶溢出或排放运输油、燃油造成海洋环境污染后,受害人可以向责任人请求赔偿损失的范围。其包括如下几个层面的内容:(1)在发生油污后,哪些船舶排放的哪些油类属于需要进行赔偿的范围。也就是说,当造成环境污染后,若要追究其法律责任,它应当限定在哪些船舶排放的哪些油类上。在此层面上,考量的是加害对象问题。(2)适用的地域。这意味着在哪些法律领域内才适用海商法上的船舶油污损害赔偿制度。(3)造成损失的范围。一旦要求造成油污的船舶所有人进行赔偿,必须确定在哪些额度内进行赔偿。这种损失是仅仅包括直接损害,还是包括间接损失,纯经济损失是否包括在内?(4)在技术上,还包括如何对这些赔偿的范围,或者说油污造成的损失进行计算。

【知识背景】

一、适用的船舶和油类

(一)适用的船舶

按照《1969年民事责任公约》第1条第1款的规定,引起油污损害赔偿的船舶指的是"装运散装油类货物的任何类型的远洋船舶和海上船艇",《1971年基金公约》第1条第2款确认了这样的定义。这样的界定无疑包括了那些专门用于装运散装油类货物的船舶。但对于那些能够运输散装油类货物但不是专门为此目的制造的航行器是否包括在内,《1969年民事责任公约》没有说明。意识到这个问题,《1969年民事责任公约1992年议定书》对此进行了补充,它规定引起船舶油污损害赔偿责任的船舶包括,为运输散装油类货物而建造或改建的任何类型的海船和海上航行器;和能够运输油类和其他货物,并且在其实际运输散装油类货物以及在此种运输之后的任何航行(已证明船上没有此种散装油类运输的残余物者除外)期间的船舶。为与《1969年民事责任公约》一致,《1971年基金公约1992年议定书》在第2条第3款又做了与《1969年民事责任公约1992年议定书》同样的修改。

我国《海商法》第3条规定:"本法所称的船舶,是指海船和其他海上移动式装置,但是用于军事的、政府公务的船舶和20总吨以下的小型船艇除外。"这一规定显然与有关国际公约的规定不同。在笔者看来,尽管我国《海商法》第3条对船舶进行了界定,由于我国《海商法》只有第11章和第13章的部分内容涉及船舶油污损害赔偿,仅限于责任限制和时效,而且仅适用于有关的国际公约没有规定的领域,因此不应作为我国船舶油污损害赔偿制度上的船舶。在完善我国船舶油污损害赔偿制度时,我国应当借鉴《1969年民事责任公约》对船舶作出的界定。

（二）适用的油类

（1）有关国际公约的界定

在油污损害赔偿制度适用的油类方面，《1969 年民事责任公约》第 1 条第 5 款规定："油类是指任何持久性油类（persistent oil），例如原油、燃料油、重柴油、润滑油以及鲸油，不论是作为货物装运于船上，或作为这类船舶的燃料。"显然，《1969 年民事责任公约》将油类的范围界定在持久性油类的范围内，并列举出持久性油类的范围，包括原油、燃料油、重柴油、润滑油以及鲸油。《1971 年基金公约》第 1 条第 3 款中规定的"摊款石油"包括原油和燃料油。"原油，是指任何发生于地下的天然碳化氢混合液体，不论是否已为便于运输而加以处理，还包括已经提出过某些馏分的原油[有时称为'拨头'原油（topped crudes）或已加入某些馏分的原油（有时称为'穗油'（spiked crudes）或'改质油'（reconstituted crudes）]。""燃料油，是指从原油炼出的用作发生热量或能量的燃料的重馏分或剩余物，或这些物质的混合物，其成分与'美国材料试验协会规定的第四号燃料油（符号 D369—69）'相同或较重。"

何谓持久性油类，《1969 年民事责任公约》没有明确的定义。1971 年基金大会在其索赔手册中规定："'持久性油类'是指'非持久性油类'之外的所有油类。'非持久性油类'是指在装运时主要由非残留部分组成、并且用 ASTM 方法 D86/87 或其后修订版本在 340 摄氏度蒸馏提纯的容积超过 50％。"之后，《1971 年基金公约》在 1981 年的一次工作会议上又将"持久性油类"定义为："由于它们的化学成分很难在油污事件后在海洋环境中分解掉，因此极有可能四处扩散并需要清理的那些油类。"[①]此次会议还对"持久性油类"的标准做了技术说明以便在理论和实践中有一定的参考。[②] 按照这样的定义，持久性油类包括原油、船用重质油、第 4 号燃油、大多数润滑油、残余燃油（如船用燃油、丙级锅炉油、第 5 和第 6 号燃油）、沥青、香柏油以及鲸油。非持久性油类包括煤气（如液化天然气和液化石油气）、汽油、石

---

① 司玉琢：《海商法专题研究》，大连海事大学出版社 2002 年版，第 394 页。

② 事实上，在《1969 年民事责任公约》的制定过程中，制定者们就曾争论：是将公约调整的范围限制在油类，还是包括其他有害物质上。除了科威特和荷兰之外的多数国家的代表主张将公约的调整范围限制在油污上，而因其他有害物质造成的环境污染由国际海事协商组织解决。

油溶剂、煤油(如航空燃油)、蒸馏油(如清油、车用柴油、第 2 号燃油)、汽油混合物等。① 持久性油类与非持久性油类的区别在于,持久性油类从船舶溢出之后,无法自然消失或者减少,因而会造成广泛的污染。而那些"非持久性"的油类,如汽油、轻柴油等,很快会挥发,而且海洋可以通过自净作用得以恢复,对海洋环境不会构成太大的危害,故公约没有作出相应的要求。

《1969 年民事责任公约 1984 年议定书》对油类的概念进行了修改。按照议定书第 5 条的规定,国际油污损害赔偿制度中的"油类是指任何持久性烃类矿物油,如原油、燃料油、重柴油、润滑油不论是作为货物装运于船上,或作为这类船舶的燃料"。与《1969 年民事责任公约》相比较,议定书不再把鲸油作为油类的范围,其原因在于负有摊款义务的石油公司并不接纳鲸油;将"持久性油类"更加明确到"持久性烃类矿物油",总体上缩小了油类的范围。

在"油类"的规定上,《1969 年民事责任公约 1992 年议定书》与《1969 年民事责任公约 1984 年议定书》规定得完全一样,也将动物性油脂如"鲸油",排除在公约所调整的油类的范围以外。②

因非油轮的燃油所引起的污染,也不受《1969 年民事责任公约》以及《1969 年民事责任公约 1992 年议定书》的调整,它适用《2001 年燃油公约》的规定。该公约调整的对象是任何形式船舶或非油轮船舶的燃油泄露,包括了非持久性油类。③

(2)我国法

我国现存的法律法规中,对于油类作出规定的主要法律有 1999 年《海洋环境

---

① 徐国平:《船舶油污损害赔偿法律制度研究》,武汉大学 2004 年博士论文。

② 《1969 年民事责任公约 1992 年议定书》第 2 条第 5 款规定:"油类"系指任何持久性烃类矿物油,如原油、燃料油、重柴油和润滑油,不论是在船上作为货物运输还是在此种船舶的燃料舱中。另外,《1996 年有毒有害公约》没有明确的油类定义,而是包含在"有毒有害"的物质中。按此公约,有毒有害物质包括:首先,经修正的《经 1978 年议定书修订的 1973 国际防止船舶造成污染公约》附则 I 的附录 I 中所列散装运输的油类;其次,经修正的《经 1978 年议定书修订的 1973 年国际防止船舶造成污染公约》附则 II 的附录 II 中所述的散装运输的有毒液体物质和按上述附则 II 第 3(4)条被暂定为 A、B、C 或 D 污染类别的物质和混合物。参见司玉琢:《海商法专题研究》,大连海事大学出版社 2002 年版。

③ 《2001 年燃油公约》第 1 条第 5 款规定:"燃油,系指用于或打算用于操作或推进船舶的任何碳氢矿物油及此类油的任何残余物,包括润滑油。"

保护法》和 1983 年通过的《防止船舶污染海域管理条例》。《海洋环境保护法》第
95 条第 6 款规定：“油类，是指任何类型的油及其炼制品。”显然，《海洋环境保护
法》对油类规定得非常广泛，几乎包括了所有的油类范围，既包含持久性烃类矿物
油，也包含非持久性烃类，既包含货油，也包含燃油。《防止船舶污染海域管理条
例》第 52 条第 3 款规定作出了与《海洋环境保护法》完全一致的规定。同时它要求
在中华人民共和国管辖海域内的一切船舶，均不得排放油类、油性混合物、废弃物
和其他有毒有害物质。① 这表明了我国保护海洋环境防止船舶污染海洋方面的坚
定决心。

二、适用的地域

《1969 年民事责任公约》第 2 条规定：本公约仅适用于在缔约国领土包括领海
上发生的污染损害和为防止或减轻这种损害而采取的预防措施。而《1969 年民事
责任公约 1984 年议定书》第 3 条对此做了较大的修正，它规定：“本公约专门适用
于：(1)在下列区域内造成的污染损害：(a)缔约国的领土，包括领海，以及，(b)缔约
国根据国际法设立的专属经济区。如果缔约国尚未设立这种区域，则为该国根据
国际法所确定的超出并与其领海毗连的区域，而自该国测量其领海宽度的基线算
起，外延不超过 200 海里；(2)为预防或减轻这种损害而在任何地方采取的预防
措施。”

《1969 年民事责任公约 1984 年议定书》第 3 条规定了三项内容：(1)在一个国
家的领土内，包括领海②(territorial sea)内造成的损害。在一个国家的领土、领海
上造成损失，该国政府理所当然地可以就这种损害提起诉讼。多数国家的宪法都

---

① 《防止船舶污染海域管理条例》第 4 条规定：“在中华人民共和国管辖海域内的一切船
舶，不得违反《中华人民共和国海洋环境保护法》和本条例的规定排放油类、油性混合物、废弃物
和其他有毒有害物质。”
② 一般来说，领海(territorial sea)是沿着国家的海岸、受国家主权管辖和支配的一定宽度
的海水带。按照 1982 年《联合国海洋法公约》第 3 条的规定：“沿海国的主权及其陆地领土及
其内水以外邻接的一带海域，在群岛国的情况下则及于群岛水域以外邻接的一带海域，称为领
海。”

规定,海洋、矿藏等自然资源属于国家所有,在对这种资源造成损害时,国家可以作为民事主体的一方参与诉讼。如果船舶污染给一个国家的公民造成了人身或者财产损害,如因为沿岸居民食用了污染的海洋食物致中毒而死,由于这种损害发生在一个国家的领土范围之内,该公民的近亲属也可以就此提起诉讼。(2)在一个国家的专属经济区(exclusive economic zone)造成的损害。在法理上,一个国家之所以对其专属经济区享有一定的经济权利,其原因在于,专属经济区与领海毗连,如果前者受到污染性损害,由于这种污染具有的高度扩散性,很可能会污染沿海水域。这样,尽管领海没有受到实际的侵害,但存在一种受害的威胁。国家要求对该海域的污染进行赔偿的基础在于消除危险。从类型上看,这种防止污染的权利类似于民法上的妨碍除去请求权。为此,《1969年民事责任公约1984年议定书》要求适用的地域为一个相对较大的区域,不仅包括缔约国的领土和领海,还包括遭受这种损害的专属经济区。(3)为减轻损害而采取预防、减轻措施的任何地方。

三、赔偿的范围

1.《民事责任公约》

《1969年民事责任公约》第1条第6款规定:"'油污损害'是指由于船舶溢出或排放油类(不论这种溢出或排放发生在何处)后,在运油船舶本身以外因污染而产生的灭失损害,并包括预防措施的费用以及由于采取预防措施而造成的进一步灭失或损害。"按此规定,具体包括三类:(1)因污染而产生的灭失损害,指的是现有财产价值的减少,为直接的经济损失。(2)预防措施的费用。(3)由于采取预防措施而发生进一步的灭失或损害。

这里的"预防措施"指的是事故发生后为防止或减轻污染损害由任何人所采取的任何合理措施。任何人和机构在损害事件发生前的措施以及超出了防止和减少污染的范畴的措施而产生的费用和新的灭失或损害不在赔偿范围之列。公约专门规定对这部分损失进行赔偿,这是因为这些损失可能比污染的损害更大。例如,分解剂比油类的毒性更大。"事故"是指造成污染损害的任何事故,或者由于同一原因引起的一系列事故。虽然《1969年民事责任公约》在第1条第6款、第7款、第8款都分别对"油污损害"、"预防措施"、"事故"等重要概念进行了界定,但是严格来讲,这些条款并没有涉及赔偿范围。因此,公约事实上是回避了这个问题,或者至少对于赔偿范围的规定是模糊不清的。

《1969年民事责任公约1992年议定书》增加了"对环境损害(不包括此种损害的盈利损失)的赔偿",这部分赔偿"应限于已实际采取或将要采取的合理恢复措施的费用"。这显示出对于环境生态问题的重视。但公约仍然没有对赔偿范围作直接的规定。从立法技术上来说,《1969年民事责任公约》及《1969年民事责任公约1992年议定书》,对污染损害所下的定义采用的是概括式的表述方法,只笼统地规定了赔偿的范围限于"因污染而产生的灭失或者损害",而没有对污染损害的具体范围进行细化。

2.《基金公约》

由于油污损害后果严重,为保证受害人得到充分的赔偿,同时又要减轻船舶所有人的经济负担,《1971年基金公约》确立了石油进口公司参与分摊海上油污损害责任的辅助赔偿制度,即建立国际油污赔偿基金。基金来源于公约缔约国每日历年收到海运摊款石油超过15万吨的任何机构或实体,摊款石油指原油和燃料油。《1971年基金公约1992年议定书》主要是对污染受害者给予赔偿。公约第4条第1款规定,任何遭受油污损害的人,由于下列原因不能按照《1969年民事责任公约1992年议定书》的条款得到损害的全部和足够赔偿时,基金应付给赔偿费:(1)船舶所有人由于按照责任公约对损害不承担责任。一般来说,船舶所有人不承担责任的情况,是不可抗力、战争、第三方的故意行为、政府的过失等。(2)船舶所有人和保证人由于经济上的原因不能负担或只能负担部分责任。在受害者采取合理步骤以寻求其可以得到的补救办法后,仍不能得到其按照责任公约应得赔偿金额的全部赔偿,有关的船舶所有人便应被视为不能履行其财务义务,并且财务保证不足。(3)超过了《1969年民事责任公约》所规定的责任限制。从以上规定可以看出,国际基金不仅在船舶所有人责任之外进行补充性赔偿,在第一种情况下,更具有代表船舶所有人进行赔偿的功能。

3.我国法

我国《环境保护法》《海洋环境保护法》等都没有具体规定油污损害赔偿的范围,因此,法院在审理油污损害赔偿案件时采纳了不同的标准。为统一在实践中的做法,2005 年的《第二次全国涉外商事海事审判工作会议纪要》第 150 条规定了油污损害赔偿的范围,具体包括:(1)船舶油污造成的公民、法人和其他组织的财产损失。(2)为防止或减轻污染支出的清污费用损失。清污费用的计算,应当结合污染范围、污染程度、溢油数量、清污人员和设备的费用以及有关证据合理认定。(3)因船舶油污造成的渔业资源和海洋资源损失,此种损失应限于已实际采取或将要采取的合理恢复措施的费用。可以看出,这种规定是参照了《1969 年民事责任公约 1992 年议定书》的规定,但是没有明确是否包括渔业资源中长期损失和纯经济损失。[①] 因此,在实践中仍然存在着争议。

2011 年最高人民法院审判委员会第 1509 次会议通过《最高人民法院关于审理船舶油污损害赔偿纠纷案件若干问题的规定》,2011 年 7 月 1 日起施行。该规定第 9 条规定:"船舶油污损害赔偿范围包括:(一)为防止或者减轻船舶油污损害采取预防措施所发生的费用,以及预防措施造成的进一步灭失或者损害;(二)船舶油污事故造成该船舶之外的财产损害以及由此引起的收入损失;(三)因油污造成环境损害所引起的收入损失;(四)对受污染的环境已采取或将要采取合理恢复措施的费用。"这对于解决油污损害赔偿范围有了一定的依据,同时它也扩大了损失的赔偿范围,将因财产损害导致的收入损失、预防措施造成的进一步灭失或损害、因环境损害导致的收入损失纳入赔偿范围;此外,不仅针对"因船舶油污造成的渔业资源和海洋资源损失",而且是针对"受污染的环境"。

四、损害的计算

在油污损害赔偿中,一个重要的问题就是对损害的测度,这最终决定了原告所获得的或者被告所支付的财产额度。在民法原理上,最常见的测量损害的方法就是全额赔偿原则,亦即原告所获得的赔偿就是他所失去的全部。因此,全额赔偿原则又称为"填平原则"。损害的量化受制于很多条件,特别是受制于赔偿范围(limitation of damages),后者是指受害人在具体情况下所采取的合理措施以使其

---

① 邓海峰:《海洋油污损害国家索赔的理论与实践》,法律出版社 2013 年版,第 34 页。

处于更好的好像事故没有发生那样的状态。①

1. 清污费用

《1969 年民事责任公约》和《1969 年民事责任公约 1992 年议定书》在解释油污赔偿时,都包括了预防措施的费用。"预防措施"被公约解释为指事件发生后为防止或减轻污染损害由任何人所采取的任何合理措施。② 这些预防措施包括打捞、略去油类之类的措施。预防措施是否合理通常由"国际邮轮船东防污染联合会"(International Tanker Owners Pollution Federation,ITOPF)判定,它也是管辖《1969 年责任协定》的组织。

2. 商人和渔民的利益损失

在计量商人和渔民利益损失的时候,一般通过比较污染前和污染后的结果来合理地确定。国际油污赔偿基金的习惯做法是将污染后的结果与污染前两年的结果进行比较。但最近也有人提出,在计量商人和渔民损失的时候,也应当将油污发生当年的预算结果计算在内。国际油污赔偿基金委员会否定了这种建议,坚持了先前的做法。但是,国际油污赔偿基金委员会执行委员会同意,应当考虑每个案件的具体情况。③ 笔者认为,应当视具体情况将油污发生当年的预算结果考虑在内。因为有些商人的经营活动相对稳定,除非发生战争等不可抗力的情况,其预期利益是稳定的,但对于某些风险较大的行业,则应斟酌考虑当年的市场行情。对于渔民而言,鱼类的繁殖相对稳定,除非出现特殊情况,每年的预期结果相差不大。如果发生油污,就会造成大量鱼类死亡,渔民将遭受难以弥补的损失。因此,应当将渔民当年的预算结果计算在内。

3. 固定费用与额外费用

"固定费用"指的是无论是否发生油污都存在的费用。"额外费用"是指与某一溢油事件有直接关系的费用。对这两种费用,国际油污赔偿基金做了这样的解释:

---

① Andrew Burrows, *Remedies for Torts and Breach of Contract*, Oxford University Press, 2004, p. 69.

② 参见《1969 年民事责任公约》第 1 条第 7 款。

③ Gotthard Gauci, *Oil Pollution at Sea: Civil Liability and Compensation for Damage*, Wiley and Sons, 1997, p. 123.

"基金大会成立的会间工作小组于 1981 年在国际油污赔偿范围内讨论了固定费用和额外费用的可接受性。根据《1969 年民事责任公约》和《1971 年基金公约》，额外费用总是可以获赔的，对此工作小组没有异议。但是，在固定费用问题上，它们却存在分歧。工作小组指出，在计量相关的固定费用时，仅那些与清污时期密切联系的以及那些没有包含在企业一般开支中的花费应当包括在内。大会注意到了工作小组的报告，并一致签署了工作小组的结果。"①国际油污赔偿基金第 7 届会间工作小组报告说，该小组采纳了国际油污赔偿基金目前就所谓固定费用应当予以维持的政策。也就是说，一部分合理的固定费用应当可以获得赔偿，其原因在于这些费用与清污过程密切相关，并且不包含在企业的一般开支中。②

在"Amoco Cadiz"案中，产生了一个公共服务的额外费用原理(the doctrine of gratuity of public services)。在该案中，美国上诉法院判决，法国不仅获得了清污工作中每个工人的工资和操作飞机、船舶增加的费用；而且还包括了即使不发生溢油公共服务最终也会产生的运行费用(operational cost)。美国《1990 年油污法》专门规定了这个问题。该法第 2702(b)(2)F 条规定了赔偿额中的与公共服务有关的费用，即"在除污行为之间或之后提供公共服务的净费用，包括由排油而产生的防火、安全、健康危险，这些都可以由州，或者州的组成机构赔偿"。我国有关的法律，包括《海商法》《环境保护法》《水污染防治法》等都没有这方面的规定。

4. 环境污染造成的损害

赔偿的量化是油污损害诉讼中的必要部分。在前庭审(pre-trial)阶段，特别是涉及保险时，损失的调停者或者评估者都首先要对损害进行量化。英国 1906 年的《海事保险法》就有这方面的规定。③ 不过，在实践中，对环境损害的量化多依赖于专家，法院很难准确地进行测量。具体而言，在衡量环境损害时，存在下列一些困难：第一，在对一些野生动物造成损害时，这些损害从短期、中期或者长期来看，有

---

①　国际油污赔偿基金，*Annual Report* 1988，pp. 59～60.

②　Gotthard Gauci，*Oil Pollution at Sea: Civil Liability and Compensation for Damage*，Wiley and Sons，1997，p. 124.

③　See Section 69 of *Marine Insurance Act* 1906.

时是可以扭转的。如因为油污造成了鸟类死亡,但清除了油污之后,鸟类又进行了繁殖。这时,是否应当将鸟类的死亡计算在损害的范围之内就产生了争议。第二,有时,对一些非市场资源造成的损害是不可逆转的,如某类鸟因为油污全部死亡,这时也给计算带来了困难。第三,污染造成的长期影响有时也很难衡量。第四,如果在受污染的地区原来存在一些未量化的污染,例如,存在一些从前面的事故中产生的污染,因此如何划清既有的污染与现有污染的界限也非常困难。第五,在决定油污损害的赔偿额度时,就任何赔偿的评估而言,并不存在一个绝对的客观标准。意大利法院在一则判例中曾经指出,“天气”、“油的类型”、“损害可以恢复原状的程度”、“资源的可再生性”给赔偿额度的量化带来了困难。[1]

5. 惩罚性赔偿

惩罚性赔偿主要针对的是那些主观上存在故意的侵权人,或者与犯罪行为有关的侵权人。其赔偿的额度高于通常的赔偿额度。这种制度发端于美国。但是,美国《1990 年油污法》并没有明确规定惩罚性赔偿。在我国,没有专门的油污法,在相关的《海商法》《环境保护法》等法律中,也没有有关惩罚性赔偿的规定。但在知识产权的损害赔偿有关立法中,存在着是否属于惩罚性赔偿的争论。[2]

很难想象,在油污损害赔偿中,可以对侵权人施以惩罚性赔偿。在 1993 年的 Gibbons and others v. South West Water Services Ltd 案中,原告曾经请求法院判决对方支付惩罚性赔偿金,理由是由于对方的事故将硫化铝倾入河中,他们饮用了污染的水。[3] 就此请求,上诉法院判决,如果原告有关惩罚性赔偿的请求建立在公共妨害(public nuisance)的基础之上,其请求是不能获得支持的。

国际油污赔偿基金保护手册规定,基金并不基于侵害人的过错程度以及获得的利润计算赔偿。这也说明该基金手册也在油污范围内不承认惩罚性赔偿。事实

---

① Gotthard Gauci, *Oil Pollution at Sea : Civil Liability and Compensation for Damage*, Wiley and Sons, 1997, p.127.

② 我国专利法规定,损害赔偿的额度可以按照专利许可使用费的倍数计算。为此,有的学者认为,这是我国专利法上确定惩罚性赔偿的证明。See Peter Feng, *Intellectual Property Law In China*, Sweet & Maxwell, 2003, p.99.

③ Env. L. R., 1.1993. p. 266.

上,在多数人看来,由于在油污损害中确定的清污费用和赔偿额度非常高,因此,它们实际上与惩罚性赔偿没有实质性的区别。[1]

赔偿范围是船舶油污损害制度中的一个重要内容。有关的国际公约、外国法以及我国对赔偿范围的规定,主要部分是一致的,如包括清污费用、油污造成的损失等。但在如何具体确定损失时,国际公约、各国的做法存在一定的分歧。

【案例裁决/法律文书摘录】

原告洪基宽、梁美、梁安诉被告广西合浦西场永鑫糖业有限公司海域渔业污染损害赔偿纠纷案。[2]

原告:洪基宽。

原告:梁美(洪基宽之妻)。

原告:梁安(梁美之兄)。

被告:广西合浦西场永鑫糖业有限公司。

原告洪基宽、梁美、梁安诉被告广西合浦西场永鑫糖业有限公司海域渔业污染损害赔偿纠纷一案,北海海事法院于 2004 年 12 月 30 日受理后,依法组成合议庭,于 2005 年公开开庭进行了审理。本案现已审理终结。

原告诉称,其经营的 303 亩文蛤养殖场位于合浦县西场镇凿港江出海口高沙海域。2002 年 8 月至 2003 年 7 月,其筹资 403000 元购买上海文蛤苗 85000 公斤投放养殖场。2003 年 11 月期间,原告文蛤场与周围养殖场同时突发大面积文蛤死亡现象。经环保部门和水产行政主管部门调查,其主要原因是被告向原告文蛤养殖场海域违法排放严重超过国家规定排放标准的污水,造成污染面积达 3653 亩,造成文蛤死亡 2118000 公斤,直接经济损失 9319200 元。其中原告经济损失 772986.33 元。被告超标排污,没有申报排放污染物,不按政府通知期限治理污

---

[1] Gotthard Gauci, *Oil Pollution at Sea: Civil Liability and Compensation for Damage*, Wiley and Sons, 1997, p.141.

[2] 三原告洪基宽、梁美、梁安诉被告广西合浦西场永鑫糖业有限公司海域渔业污染损害赔偿纠纷,http://www.ccmt.org.cn/showws.php? id=2042,下载日期:2016 年 10 月 12 日。

染,在损害发生后还继续排污的行为,严重违反了《海洋环境保护法》和《水污染防治法》的规定。为了保护原告的合法权益,维护江水、海水养殖环境的安全,制裁被告的违法排污行为,特此起诉,请求依法判决被告赔偿原告经济损失772986.33元。

被告辩称,原告未持有海域使用证和养殖证,故原告不是合法的文蛤养殖户,其非法养殖不应受法律保护。原告据以认定其损失的依据是专家意见及有关鉴定材料,但专家意见及有关鉴定材料存在诸多违背科学和不合法因素,不能证明损害事实的存在。在其开始制糖生产前原告文蛤已有死亡的事实,故其不存在污染侵权的行为,原告养殖文蛤死亡事实与被告行为之间没有任何因果关系。综上所述,原告不能证明其为合法的文蛤养殖户,也不能证明其受到污染损害的事实,故请求驳回原告的诉讼请求。

北海海事法院审判委员会讨论认为,综合双方的观点,本案争议的焦点之一是非法养殖应否赔偿及赔偿损失数额的计算问题。

原告认为,根据广西壮族自治区人民政府《广西壮族自治区海域使用管理办法》第16条"养殖用海最高期限为40年"、《海域法》第25条"养殖用海最高期限为15年"的规定,其使用海域并未超过法定的期限。合浦县政府批准原告使用海域的期限仅为1年,违反了法律法规的规定,不应作为裁判的依据。同时,有关政府下属部门向原告收取部分海域使用金,说明其使用海域养殖得到了政府的许可。《海域法》为后法,《渔业法》为前法,根据后法优于前法的法律适用原则,应适用后法《海域法》来确定原告的海域养殖权,即只要取得海域使用权证就取得了海域养殖权,无须再取得养殖证。

被告认为,原告在既未取得海域使用权,又未取得养殖权的情况下进行养殖属非法养殖,不应受法律保护。

北海海事法院认为,被告排污行为侵害了原告文蛤养殖收益,但原告该收益权应得到法律保护,则需具有必要的法律条件即该权利具有合法性。如果原告系非法养殖,则原告向侵害人要求赔偿的诉讼请求就丧失了应具有的合法基础。我国民法规定侵权之债产生的基础在于侵权人不法行为侵害了受法律保护的合法利益,在这一前提下,侵害人才就其侵权行为所造成的损害承担责任。如果原告无海域使用权和养殖权而进行养殖,其收获养殖的利益为非法利益就不能受到法律的保护。因此,本案中,原告是否具有合法的海域使用权和养殖权成为其养殖利益是否应予保护的关键。原告虽提交了 3 本海域使用权证书,但其批准使用期限均为 1 年,即 2000 年 1 月 1 日至 2000 年 12 月 31 日,该证据证明原告合法使用海域的权利终止于 2000 年 12 月 31 日。根据 2002 年 1 月 1 日起开始实施的《海域法》第 3 条第 2 款"单位和个人使用海域,必须依法取得海域使用权"、第 19 条"地方人民政府批准用海的,由地方人民政府登记造册,向海域使用申请人颁发海域使用权证书。海域使用申请人自领取海域使用权证书之日起取得海域使用权"的规定,任何单位和个人应向地方人民政府申领海域使用权证书,自领取海域使用权证书之日起才取得使用海域权。但原告未向合浦县人民政府或主管部门申领海域使用权证就于 2002 年 8 月开始使用海域养殖文蛤,其养殖行为显然违法。关于原告认为养殖用海最高期限为 15 年或者 40 年,合浦县政府批准原告使用海域的期限仅为 1 年,违反了法律法规的规定,故不能以此认定其使用海域并超过批准使用期限的问题。原告该主张系政府管理机关行政执法关系问题,况且,法律规定养殖用海最高期限为 15 年或者 40 年,这并不等于相关政府机关必须无条件批准使用 15 年或者 40 年。海域属国家所有,政府作为海域的管理者,可以根据养殖户的申请和海域的实际情况决定批准使用期限。在本案中,政府只批准原告使用 1 年,期限届满后,其使用权当然终止。故原告诉称使用海域未超过法定的期限,其理由于法无据,本院不予支持。原告虽交纳了部分海域使用金,但交纳海域使用金并不等于取得了海域使用权,还须持有地方人民政府核发的海域使用权证,这是法律强制性规定,不论是政府还是公民、法人都必须无条件执行,故原告对 303 亩海域不具有合法的使用权。根据 1986 年 7 月 1 日起施行的《中华人民共和国渔业法》(下称《渔业法》)第 11 条"单位和个人使用国家规划确定用于养殖业的全民所有的水域、滩涂的,使用者应当向当地县级以上地方人民政府渔业行政主管部门提出申请,由本级人民政府核发养殖证,许可其使用该水域、滩涂从事养殖生产"的规定,养殖证是单位或者个人使用水域、滩涂从事养殖生产活动的法律凭证,单位或者个人依法取得了养殖证,意味着使用者在批准使用期限内使用水域滩涂从事养殖生产并收益的权利受法律保护。原告未依法取得养殖证,就不享有使用水域、滩涂从事养殖生产的权利,其使用权不受法律保护。原告主张《海域法》为后法,《渔业法》为前法,根据后法优于前法的法律适用原则,应适用后法《海域法》来确定原告的海域养殖权,即只要取得海域使用权证就取得了海域养殖权,无须再取得养殖证的理由亦属不当。我国《海域法》和《渔业法》均为全国人大常委会通过的且正在实施有效法律,任何公民和法人从事海水养殖必须在取得海域使用权证的同时还须取得养殖证,这是法律强制性规定。故原告诉称只要取得海域使用权证就取得海域养殖权无须再取得养殖证的理由违背了法律的规定。如对其非法利益予以保护,无疑是鼓励原告可以不遵守国家法律法规,可以非法使用海域和非法养殖,其产生的负面效应将是其他公民和法人纷纷效仿,其结果将是对国家法制和国家海域的破坏。

综上所述,北海海事法院认为原告既未取得海域使用权,又未取得养殖权,其养殖行为显属非法使用海域和非法养殖。根据《中华人民共和国民法通则》第5条"公民、法人的合法的民事权益受法律保护,任何组织和个人不得侵犯"和《海域法》第23条"海域使用人依法使用海域并获得收益的权利受法律保护,任何单位和个人不得侵犯"、第42条"未经批准,非法占用海域的,责令退还非法占用的海域,恢复原状,没收违法所得……"及农业部《完善水域滩涂养殖证制度试行方案》第4条"养殖证是生产者使用水域滩涂从事养殖生产活动的合法凭证。持证人从事养殖生产的合法权益受法律保护。当水域滩涂因国家建设及其他项目征用或受到污染造成损失时,养殖者可凭养殖证申请补偿或索取赔偿"的规定,原告非法使用海域非法养殖文蛤获得的利益属非法利益,不应受国家法律法规的保护。故对原告请求被告赔偿养殖文蛤损失的主张,应依法予以驳回。

纵观本案情况,原告未取得海域使用权和养殖权,擅自将文蛤苗非法投放养殖,违反了《海域法》和《渔业法》的强制性规定,其行为具有过错,致使文蛤被污染损害,原告应自负主要责任。但考虑到原告对购买的文蛤苗具有合法的财产权,被告违法排污造成原告投放的文蛤苗损失应予适当补偿。原告筹资403 000元购买85 000公斤文蛤苗,平均每公斤4.74元,按"专家意见"损失率0.7367计算,原告文蛤苗损失为296816元(85000公斤×0.7367×4.74元)。原告对此损失应承担60%的责任,被告承担40%的责任。

综上所述,依照《民法通则》第117条"损坏国家的、集体的财产或者他人财产的,应当恢复原状或者折价赔偿"、第124条"违反国家保护环境防止污染的规定,污染环境造成他人损害的,应当依法承担民事责任"、第131条"受害人对于损害的发生也有过错的,可以减轻侵害人的民事责任"、《环境保护法》第141条第1款"造成环境污染危害的,有责任排除危害,并对直接受到损害的单位或者个人赔偿损失"的规定,经本院审判委员会讨论决定,判决如下:

其一,被告广西合浦西场永鑫糖业有限公司赔偿原告洪基宽、梁美、梁安文蛤苗种损失118 726元;

其二,驳回原告洪基宽、梁美、梁安其他诉讼请求。

案件受理费12739元,其他诉讼费2548元,财产保全费2850,合计18137元,由原告洪基宽、梁美、梁安负担12637元;由被告广西合浦西场永鑫糖业有限公司负担5500元。鉴定费2315元,由被告广西合浦西场永鑫糖业有限公司负担。

本案系海事法院受理的因陆源污染造成的养殖损害赔偿纠纷,也是在2014年9月2日最高人民法院举行海事法院成立三十周年新闻发布会上通报的"海事审判十大典型案例"之一。[①] 该案的典型意义在于明确了在没有养殖许可证和海域使用权证情况下取得的养殖收益不能受到法律保护的基本原则,同时通过该案判决书可窥见污染赔偿的范围。侵权之债产生的基础在于侵权人不法行为侵害了受法律保护的合法利益,只有在这一前提下,侵害人才就其侵权行为所造成的损害承担责任。在本案中,洪基宽等人既无海域使用权证书,也无养殖许可证,其养殖行为属违法养殖,因养殖产生的收益等不应受法律保护。但洪基宽等人对其筹资购买的文蛤苗种具有合法的财产权益,该合法权益不应因其养殖行为的违法性而丧失,应予以一定程度的法律保护。

【延伸阅读】

1.邓瑞平等:《海上侵权法比较研究》,厦门大学出版社2013年版。

2.王玫黎、倪学伟、禹华英:《海商法学》,武汉大学出版社2010年版。

---

① 最高人民法院发布《海事审判白皮书》并公布海事审判十大典型案例,http://www.chinacourt.org/article/detail/2014/09/id/1431025.shtml,下载日期:2014年8月19日。

3. 司玉琢:《海商法专题研究》,大连海事大学出版社 2002 年版。

4. 司玉琢:《海商法》,法律出版社 2012 年版。

5. 邓海峰:《海洋油污损害国家索赔的理论与实践》,法律出版社 2013 年版。

6. 司玉琢主编:《海商法学案例教程》,中国知识产权出版社 2008 年版。

7. 郭瑜:《海商法的精神——中国的实践和理论》,北京大学出版社 2005 年版。

8. Colin De La and Charles B. Anderson, Shipping and the Environment, *Law and Practice*, LLP, 1998.

9. Colin De La Rue and Charles B. Anderson, *Shipping and the Environment*: *Law and Practice*, LLP Reference Publishing, 1998.

10. Gotthard Gauci, *Oil Pollution at Sea*: *Civil Liability and Compensation for Damage*, John Wiley and Sons Inc., 1997.

第十章
海事赔偿责任限制

【内容摘要】海上运输活动最显著的特征是面临着陆上运输所无法比拟的特殊风险,如恶劣气候、海啸等自然灾害和船舶搁浅、触礁、沉没、失火等意外事故,这些巨大的风险足以使从事航海业者无法承受巨额的经济损失或赔偿责任而濒临破产。为了鼓励航运业的持续发展,针对海上特殊风险,海商法领域逐渐形成了一系列特殊的法律制度,海事赔偿责任限制便是其中之一。海事赔偿责任限制是指在发生重大海损事故造成财产损失或人身伤亡时,责任人根据法律的规定,可以将自己所须承担的赔偿责任限制在一定范围内的法律制度。本章主要从海事赔偿责任限制的适用船舶、权利主体、限制性和非限制性海事请求、责任限制权利丧失、责任限额和责任限制程序几个方面介绍海事赔偿责任限制制度。

第一节　海事赔偿责任限制的适用船舶

【知识背景】

海事赔偿责任限制的适用船舶

（一）国际公约中的适用船舶

International Convention for the Unification of Certain Rules Concerning the Limitation of the Liability of the Owners of Sea going Ships（简称《1924 年公约》）第 1 条将责任限制适用的船舶界定为"海船"（seagoing vessels），第 12 条第 1 款授权各缔约国在内国法中对除军舰和专用公务船舶以外的责任限制适用船舶作出规定。Convention Relating to the Limitation of the Liability of Owners of Seagoing Ships（简称《1957 年公约》）第 1 条第 1 款同样将适用船舶的定义限于"海船"（Sea going ship），第 8 条允许缔约国保留确定其他类型船舶与海船同样适用该公约的权利。从 Convention on Limitation of Liability for Maritime Claims（简称《1976 年公约》）第 1 条第 2 款表述中可以看出，其适用船舶仍是海船，第 15 条"适用范围"第 2 款规定缔约国可以通过国内法将责任限制适用于在内陆水域航行以及 300 吨以下的船舶，扩大了责任限制适用船舶的范围。

（二）各国立法中的适用船舶

英国虽作为《1976 年公约》的缔约国，但其国内法中适用责任限制的船舶范围远比公约宽泛。英国 1995 年《商船法》第 313 条将船舶解释为用于航行的任何形式的船舶,不论是否从事远洋航线①,甚至包括了游艇②、《1976 年公约》明确排除的气垫船③以及在建船舶④,但固定的钻井平台、海上餐厅、航标灯等不在船舶范畴之内。对于 300 吨以下的小型船舶,英国法参照《1976 年公约》第 6 条标准规定了不同的人身伤亡和其他损失的责任限额。⑤ 加拿大立法与英国的做法类似,对于内陆水域航行的船舶、300 吨以下的船舶和在建船舶都设立了责任限制。⑥

　　美国未参加任何责任限制公约,其立法与大多数公约缔约国有所不同。1886年《责任限制法》第 188 条包括远洋航行的船舶和在湖泊、河流中使用或是内陆水域航行的船舶,包括运河船舶、驳船和港作驳船。但涉及人身伤亡损害赔偿时,责任限制所适用的船舶将不包括游艇、拖船、油船、捕鱼船或其供给船、自航驳、难以名状的自航船、运河船、大平底船、车辆驳船、驳船、港作驳船或难以名状的非自航船。⑦ 可见,美国责任限制法对待人身伤亡的受害人十分谨慎,规定了严格的适用船舶界定标准,明确将游艇等排除在外。对于非人身伤亡损害赔偿责任限制的适用船舶是否包括游艇有一定的争议。一些美国法院拒绝将责任限制的适用范围扩大至游艇,⑧但现今的美国大多数法院都认同游艇属于海事管辖范围,并且在考虑

---

① *Merchant Shipping Act* 1995,U.K. 1995,c. 21,Schedule 7,Part II,para. 2.

② Griggs and Williams,*Limitation of Liability for Maritime Claims*,London:Lloyd's Press,1998,p. 78.

③ *Hovercraft Act* 1968,U. K. 1968,c. 59,sect. 1 and the Hovercraft (Civil Liability) Order 1986(S. I. 1986/1305),as amended by the Hovercraft [Convention of Limiration of Liability for Maritime Claims(Amendment)] Order 1998,S. I. 1257.

④ *Merchant Shipping Act* 1995,U. K. 1995,c. 21,Schedule 7,Part II,para. 12. 在建船舶一般情况下不应当属于船舶的范畴,但是为了船舶融资的需要,国际公约以及各国国内法往往规定在建船舶可以进行权利登记,并且可以设定抵押权,如 1967 年《建造中船舶权利登记公约》、我国《海商法》第 14 条等。从船舶建造过程看,在船坞完成船体的基本建造后,船体从船坞下到水中装配必要的动力和助航设备后进行试航,若在建船舶通过试航被认定为符合船舶规范要求后,将由船舶检验部门颁发船舶证书,成为海商法意义上的船舶。

⑤ Merchant Shipping Act 1995,U. K. 1995,c. 21,Schedule 7,Part II,para. 5(1).

⑥ Marine Liability Act,S. C. 2001,c. 6,sect. 25(1)(a)(i),25(1)(b) and sect. 28(1).

⑦ Federal Limitation of Shipowner's Liability Act,46 U. S. C. A. s. 183(f).

⑧ Matter of Lowing,635 F. Supp. 520,pp. 527～528(W. D. Mich. 1986);Estate of Lewis,683 F. Supp. 217 p. 220,1988 AMC 1000 p. 1004(N. D. Cal. 1987).

其非商业性特征的基础上,同意将责任限制权利赋予游艇。① 政府船舶也可以适用责任限制,②但不由《责任限制法》规定,而是在 1920 年《公务船舶法》(*Public Vessels Act*)之中有明确的规定。按照该法,因美国的公务船舶引起的损害或为美国公务船舶提供的拖带或救助服务包括合同救助产生的报酬,可以对美国政府提起诉讼或者以美国政府为第三人提起诉讼,美国将享有根据法律船舶所有人、承租人、经营人和代理人所享有的所有豁免和责任限制。③ 海事建筑物,尤其是永久固定于海洋底土的,由于缺乏用于航海运输的建造意图,所以不能被视为船舶而无法享受美国法中的责任限制。④

（三）我国立法中的适用船舶

根据我国《海商法》第 3 条的规定,本法所称船舶是指海船和其他海上移动式装置,并且包括船舶属具,但是不包括用于军事的、政府公务的船舶和 20 总吨以下的小型船艇。对于内陆水域航行的船舶,我国的其他法律也没有进行规定,因而此类船舶在我国不能享受责任限制,这与大多数航运国家的做法不符,美国、英国、加拿大、挪威等国都将内河船舶纳入责任限制范畴。我国 20 吨至 300 吨的船舶适用交通部的《关于不满 300 总吨位船舶及沿海运输、沿海作业船舶海事赔偿限额的规定》,人身伤亡和非人身伤亡赔偿请求的责任限额都极低,仅为《海商法》责任限额的 1/6。单从《海商法》的表述中无法看出我国的责任限制是否适用于在建船舶,但如果将已经下水的在建船舶视为其他海上移动装置,便可纳入《海商法》的调整范围。第 3 条船舶的定义也不包括内河船舶,因而内河船舶不能适用责任限制,除非其与第 3 条所指船舶发生碰撞或海难救助关系,则可以适用《海商法》中的船舶

---

① Sisson v. Ruby, 497 U. S. 358 P. 359, 1990 AMC 1801 P. 1802(1990).

② Empresa Lineas Maritimas Argentinas S. A. v. United States, 730 F. 2d 153 p. 155, 1984 AMC 1698 p. 1701(4 Cir. 1984).

③ 46 App. U. S. C 788, 788(2002).

④ In re United States Air Force Texas Tower No. 4203 F. Supp. 215, 1962 AMC 1684 (S. D. N. Y. 1962)一案中,未用于运输的永久固定于底土的离岸雷达平台被认为不属于责任限制中的适用船舶;然而,In re Sedco Inc. , 543 F. Supp. 561 pp. 571～572, 1982 AMC 1461 p. 1475(S. D. Tex. 1982)一案中,旨在履行运输职能并且未永久固定于底土的半潜式钻井装置即被认为是责任限制中的适用船舶。

碰撞或海难救助规定,但仍不能适用责任限制。如果内河船舶与海船发生碰撞,海船的所有人可以享受责任限制,而内河船东不能享受责任限制,这样有失公允的结果显然与责任限制制度相背离。① 在"'宁武机181'轮责任限制案"②和"'集发'轮责任限制案"③中,上海海事法院均认为涉案船舶系内河船舶而无权享受责任限制。事实上,内河船舶也同样具有高投入、高风险等特点,并且多数航运国家的立法都明确将内河船舶纳入责任限制的调整范围,我国也应当对内河船舶的责任限制问题作出明确的规定,可以是通过修改《海商法》,也可以是另行制定相关的法律。

【案例裁决/法律文书摘录】

我国近年的司法实践明确表明在建船舶不能适用责任限制。上海海事法院审理的原告中海工业(江苏)有限公司诉被告中国太平洋财产保险股份有限公司扬州中心支公司、中国太平洋财产保险股份有限公司海上保险合同纠纷案④,原告将其正在建造的船舶"安民山"轮向被告投保船舶在建险。2009年7月9日"安民山"轮在试航时因船舶失电、失控先触碰张家港东华能源股份有限公司(以下简称东华公司)码头,后又与"华航明瑞16号"轮发生碰撞,造成"安民山"轮损坏,"华航明瑞16号"轮沉没,东华公司码头局部倒塌,一名码头工人溺亡。张家港海事局于2009年10月25日出具事故调查结论书,认定"安民山"轮对此次事故承担全部责任。在原告就上述事故向被告请求赔付过程中,双方就"安民山"轮能否享受海事赔偿责任限制、保险赔偿数额及利息损失确定以及两被告民事责任的承担方式发生争议。以下为本案关于海事赔偿责任限制部分的判决内容:

原告:中海工业(江苏)有限公司。

被告:中国太平洋财产保险股份有限公司扬州中心支公司。

---

① 傅廷中:《海商法论》,法律出版社2007年版,第412页。

② 上海海事法院(2002)沪海法基字第3号民事裁定书。

③ 上海海事法院(2004)沪海法限字第1号民事裁定书。

④ 上海海事法院(2011)沪海法商初字第1308号民事判决书。

被告：中国太平洋财产保险股份有限公司。

关于原告就涉案事故能否享受海事赔偿责任限制。依据《海商法》第11章有关海事赔偿责任限制的规定，享受海事赔偿责任限制的前提必须符合主、客体两个方面的条件：(1)有权享受海事赔偿责任限制的主体是船舶的所有人、经营人或承租人，且该船舶须是《海商法》第3条所规定的船舶，即指海船和其他海上移动式装置，不包括内河船舶，用于军事的、政府公务的船舶以及20总吨以下的小型船艇；(2)事故所造成的损失赔偿请求属于限制性海事赔偿请求。本院认为，首先"安民山"轮不构成《海商法》意义上的船舶。《海商法》第3条所定义的船舶应指完整意义上的船舶，包括进行了船舶登记、通过各项技术检测、取得正式船舶证书和船名等，而在建船舶未进行正式登记，也未取得主管部门颁发的正式证书，虽然其在试航阶段也具备了一定的水上航行能力，但是仍处于对船体的测试检验阶段，其最终能否通过测试进而取得正式的船舶资格并不确定，因而在建船舶不构成《海商法》意义上的船舶，原告也就不能成为《海商法》第11章所规定的船舶所有人或船舶经营人。

其次，即使在建船舶可以被认定为《海商法》第3条所规定的船舶，此类船舶在试航过程中造成的损失赔偿请求依现行法律规定亦难以归入限制性海事赔偿请求的范围。《海商法》第207条列明了四项限制性海事赔偿请求：(1)在船上发生的或者与船舶营运、救助作业直接相关的人身伤亡或者财产的灭失、损坏，包括对港口工程、港池、航道和助航设施造成的损坏，以及由此引起的相应损失的赔偿请求；(2)海上货物运输因迟延交付或者旅客及其行李运输因迟延到达造成损失的赔偿请求；(3)与船舶营运或者救助作业直接相关的，侵犯非合同权利的行为造成其他损失的赔偿请求；(4)责任人以外的其他人，为避免或者减少责任人依照本章规定可以限制赔偿责任的损失而采取措施的赔偿请求，以及因此项措施造成进一步损失的赔偿请求。上述第(2)项和第(4)项情形与本案无关，第(1)项和第(3)项则特别强调了事故所造成的损失须与"船舶营运"直接相关，如此规定与海事赔偿责任限制制度的立法精神——保障航运业、降低航运经营者风险相一致。而"安民山"轮在事故发生时系一艘在建船舶，尚未取得正式的船舶证书，不具备船舶营运资质，其试航作业不是与"船舶营运"直接相关的活动，而是与"船舶建造"相关的活动,因此涉案事故所造成的损失不属于《海商法》第 207 条所规定的情形。既然"安民山"轮在试航作业过程中造成人身伤亡和财产损失赔偿请求不属于《海商法》第 207 条所规定的限制性海事赔偿请求,那么原告也就不能依据《海商法》第 11 章的规定限制其赔偿责任。综上所述,原告在事故发生后向相关损失方和受害人全额支付赔款,符合法律规定,并无不当。两被告主张原告在对外赔付过程中未行使海事赔偿责任限制权利进而损害保险人利益的抗辩依据不足,本院不予采纳。

【延伸阅读】

1. [美]G. 吉尔摩、C. L. 布莱克著:《海商法》:杨召南、毛俊纯、王君粹译,中国大百科全书出版社 2000 年版。

2. [英]R. P. 格兰姆:《简明海商法》,上海翻译出版公司 1986 年版。

3. 夏元军、阎铁毅:《论海事赔偿责任限制制度对内河运输船舶的适用》,载《中国海洋大学学报(社会科学版)》2012 年第 2 期。

4. 华东政法大学国际航运法律研究与人才培养中心数据与资料部,http://isl—info. ecupl. edu. cn/shippingcases/Cases_Display. asp? RID＝&FID＝&GUID＝{C77A9587－F2AA－4E43－AF92－B8BC4DEA629F}&FGUID＝04107E2E－3053－4EB5－89CB－3469D421CDC6&keyword＝％24,下载时间:2014 年 10 月 2 日。

第二节　海事赔偿责任限制的权利主体

●　●　●

海事赔偿责任限制制度是为保护船舶所有人的利益而设立的,因此历史上一直称之为"船舶所有人责任限制"或"船东责任限制"。随着航运业的发展,海上经济关系日趋复杂化和多样化,船舶的所有人与实际经营人分离。为达到该制度保护和促进航运业持续发展的目的,应尽可能地使更多的参与航运业的主体享受到责任限制的权利。因而,船舶经营人、船舶承租人、救助人,船舶所有人的受雇人、代理人及责任保险人也逐渐被纳入责任限制权利主体的范畴,单一的"船舶所有人责任限制"也就演变成了综合的"海事赔偿责任限制"。

【知识背景】

海事赔偿责任限制的权利主体

船舶所有人责任限制最初是以委付制形式出现的,在该制度下,仅船舶所有人才有资格根据其对船舶享有的所有权将船舶委付给受害人以清偿债务,因而责任限制权利主体仅限于船舶所有人本人。随后的执行制和船价制都未改变责任限制与船舶价值的关联,直至金额制的出现才真正实现了责任限额与船舶本身价值的彻底脱离,意味着享有责任限制权利不再需要以放弃船舶所有权为代价,即对船舶享有除所有权以外的其他权利主体也有了去享有责任限制权利的可能。

(一)国际公约中的责任限制权利主体

《1924 年公约》的并用制度要求责任限制主体同时适用船价制和金额制,并未彻底摆脱以船舶价值为基础的物的有限责任制度,所以此时的责任限制主体仍仅限于船舶所有人。但该公约第 10 条规定凡对公约第 1 条所列举事项承担责任的不享有船舶所有权的船舶经营人或第一租船人均可适用公约条款,即意味着经营人和承租人也被视为与船舶所有人享有同样的责任限制权利。

《1957 年公约》明确采用了金额制,责任限制主体范围从而得到了极大的扩展,公约第 6 条第 2 款规定了船舶承租人、船舶管理人、船舶经营人与船长、船员和为船舶所有人、承租人、管理人或经营人服务的其他雇佣人员同船舶所有人[①]一样享有责任限制权利。《1957 年公约》首次扩大责任限制主体范围的起因是著名的

---

① 此处的船舶所有人范围很广,共同共有人和按份共有人,登记的和未登记的所有人都包括在内。参见 G. Brice, "The Scope of the Limitation Action", in N. Gaskell, ed., *Limitation of Shipowners' Liability: The New Law*, London: Sweet & Maxwell, 1986, p. 29.

"喜马拉雅"(The Himalaya)案①。虽然责任限制公约解决的是海上侵权责任的损害赔偿问题,不同于合同责任,但是"喜马拉雅条款"也为责任限制公约所接纳,将责任主体范围扩大至船舶非物权所有人。

《1976年公约》第1条增加了救助人、船舶所有人或救助人对其行为、疏忽或过失负有责任的任何人和责任保险人。上述主体从事海上活动所面临的风险与船舶所有人相同,应当视为与船舶所有人处于同等地位、享受同等待遇。责任保险人也属于《1976年公约》的责任限制权利主体范畴,如果被保险人(船舶所有人)可以限制责任,那么保险人便可以在相同的范围内享有公约赋予的被保险人本人的利益。该条款的目的在于保证责任保险人面对直接诉讼时不会处于比被保险人更不利的地位,也意味着责任保险人享有责任限制的前提是被保险人享有该权利。

(二)各国立法中的责任限制权利主体

《1976年公约》先后被英国1979年和1995年《商船法》纳入国内法范畴。为了鼓励港口经营管理的长久发展,英国1995年《商船法》第191条规定,港口管理人、港口当局、码头或运河所有人可以享有责任限制权利。英国《商船法》第192条特别赋予女王陛下的船舶像其他船舶一样的责任限制权利,港口机构和人员的责任限制规定也适用于王室。

美国1851年《船舶所有人责任限制法》中的船舶所有人仅包括由自己出资或采购负责配备船员、供应船舶所需物料、船舶航行的承租人,即光船承租人②。因而,美国法中的责任限制主体范围很窄,只有对船舶享有法定所有权的船舶所有

---

① [1954] 2 Lloyd's Rep. 267. 该案中的索赔人是"喜马拉雅号"游轮的一名游客,于下船时因舷梯断裂而摔伤,其持有的船票上载有承运人疏忽免责条款。根据当时的责任限制法,仅船舶所有人可以享有责任限制权利,索赔人为了规避船舶所有人可能免责或限制责任,转而起诉船长和水手以获得更多赔偿,法官支持了原告的请求。此后,船公司为了避免此类事件再度发生,通常会在合同中增加一项明确规定承运人的免责和责任限制权利同样适用于雇佣人员和代理人的条款,这就是所谓的"喜马拉雅条款"。

② Spooner & Son v. Conn. Fire Ins. Co. , 206 F. Supp. 495, 507(S. D. N. Y. , 1962).

人①和光船承租人,排除了期租和航次租船承租人②,由于后两种租船方式下仍然是由船舶所有人进行配备船员、供应物料和负责航行的,不符合法律的规定,其承租人无法享受责任限制的权利。此外,船舶管理人、船舶经营人和责任保险人③也被排除在责任限制主体之外。《责任限制法》的 1985 年法案将责任限制主体扩大到管理人、经营人、定期承租人、航次承租人、救助人和保险人,与《1976 年公约》的规定基本相同。

（三）我国立法中的责任限制权利主体

我国《海商法》有关责任主体的规定④与《1976 年公约》基本一致,只是未将船舶管理人纳入责任主体范畴。这是由于在《海商法》起草之时,我国并没有船舶管理这一行业,未能进行前瞻性立法。如今,船舶管理已是重要的国际航运辅助业,我国的船舶管理业也逐渐兴起,陆续成立了许多专业的船舶管理公司,采取向船舶所有人提供船舶全面技术和船员的管理、船舶租赁、船舶买卖、船舶保险、管理咨询等广泛的管理服务并收取管理费用的运营模式。船舶管理人的服务职能充分说明其对船舶享有正当利益,理应成为责任限制权利主体,这也是责任限制公约和各国立法的普遍做法,如英国 1995 年《商船法》、加拿大 2001 年《海事责任法》及 1990 年《韩国商法典》等都将船舶管理人视为责任限制权利主体。因此,我国也应当赋予船舶管理人责任限制的权利。

无船承运人的法律地位在我国海事赔偿责任限制制度中存有一定的争议。无

---

①　American Car& Foundry Co. v. Brassert, 289 U. S. 261 p. 264, 1933 AMC 749 p. 751 (1933). 所有人必须是对船舶的所有、管理和经营方面有某种程度的掌控,Amoco Cadiz Lim. Procs. , 954 F. 2d 1279 p. 1302, 1992 AMC 913 p. 938(7 Cir, 1992).

②　Diamond S. S. Transp. V. People's Saving Bank and Trust Co. , 152 F. 2d 916 p. 921, 1946 AMC 128 p. 137(4 Cir, 1945).

③　对于此点的讨论,还可以参见 Gordon P. Gates, "Crown Zellerbach Dethrones Nobel Towing: Shipowner's Limitation of Liability is Available to Insurers", 62 Tulane Law Review, 1988, pp. 615~623.

④　《海商法》第 204 条至第 206 条。

船承运人的概念最早出现于美国[①]，我国的无船承运人概念始于 2002 年《国际海运条例》[②]。我国航运界和海事司法界对无船承运人是否享有责任限制权利存在两种鲜明对立的观点。最高人民法院 2010 年《责任限制若干规定》第 12 条明确将无船承运业务经营者排除在船舶经营人之外，即意味着在我国现行的法律体系下不允许无船承运人享有海事赔偿责任限制权利。

【案例裁决/法律文书摘录】

在 The CMA Djakarta[③] 一案中，集装箱船 CMA Djarkata 的所有人将船舶期租给承租人 Classica 从事班轮运输，在租约期间船上发生爆炸和火灾，船舶所有人最终只得弃船，救助人对船舶施救并全面修复。船舶所有人成功主张爆炸是由违规装运危险物品——漂白粉的集装箱引起，并要求期租人赔偿船舶修理费用、救助费用、共同海损分摊和赔付货损等损失，在诉讼中期租人主张责任限制。上诉法院试图将 The Aegean Sea[④] 先例确定的仅光船承租人可以享受责任限制权利的原则扩大承租人范围至期租人与承租人。以下是上诉法院 Waller, Longmore and Neuberger 三位法官就承租人责任限制问题的审理意见：

"(3) the ordinary meaning of the word 'charterer' in art. 1(2) of the 1976

---

① 1961 年美国联邦海事委员会（Federal Maritime Commission）之第四项通令（General Order）规定，不营运船舶而作为海洋公共承运人，以自己的名义作成费率表、作广告宣传而进行集货、安排海上承运人，自己承担责任并提供海上运输服务的人，即无船承运人；美国 1984 年《航运法》（*Shipping Act*）第 1 条第 17 款规定无船承运人是指不经营用以提供远洋运输服务的船舶公共承运人，其与远洋公共承运人之间的关系属于托运人；美国 1998 年《远洋航运改革法》（*Ocean Shipping Reform Act*）再次强调无船承运人是指不经营船舶而提供海上运输服务的公共承运人，并且与海上公共承运人的关系为托运人，而对货物托运人而言，则是承运人。

② 《国际海运条例》第 7 条规定："无船承运业务经营者以承运人身份接受托运人的货载，签发自己的提单或者其他运输单证，向托运人收取运费，通过国际船舶运输经营者完成国际海上货物运输，承担承运人责任的国际海上运输经营活动。"

③ CMA CGM SA v. Classica Shipping Co. Ltd. (The CMA Djakarta) [2004] EWCA Civ 114，[2004] 1 All ER (Comm) 865，[2004] 1 Lloyd's Rep 460.

④ Aegean Sea Traders Corporation v. Repsol Petroleo S. A. and Another (The Aegean Sea) [1998] 2 Lloyd's Rep. 39.

Convention connoted a charterer acting in hiscapacity as such, not a charterer acting in some other capacity (*see* par. 13);

(4) to say that a charterer had to be acting qua owner or as if he were owner was not only to impose a gloss upon the wording of the Convention and accord it a meaning other than its ordinary meaning, it was also to impose a requirement the ambit of which would often be difficult to ascertain; accordingly, no such gloss would be given to the word 'charterer' in art. 1(2); the word would be given its ordinary meaning (*see* pars. 15 and 18);

(5) in confirming that ordinary meaning no assistance was to be derived from either the travaux preparatoires or the 1957 Convention (*see* pars. 19 and 20);

(6) however, the owners' claim for damage to their ship was not a claim which fell within art. 2; the ordinary meaning of art. 2.1(a) did not extend the right to limit to a claim for damage to the vessel by reference to the tonnage of which limitation was to be calculated (*see* par. 26);

(7) the owners' claim for amounts paid to salve the ship did not fall within art. 2.1(a) since it was not a claim in respect of loss or damage to property within the Article (*see* par. 29);

(8) the owners' claim to be indemnified against their liability to contribute in general average was similarly not subject to limitation; any contribution made by the owners would be made as a result of the damage to the vessel and did not, therefore, fall within art. 2.1(a) (*see* par. 30);

(9) however, the owners' claim to be indemnified against their liability in respectof cargo claims was a result of ' loss of or damage to property ... occurring ... on board the ship 'which fell within art. 2.1(a); the charterers were entitled to limit their liability for that claim even though it was being passed on via the shipowners (*see* par. 32);

(10) accordingly, the charterers' appeal failed except to the extent that they

would be entitled to limit their liability to indemnify the owners for the owners' own liability for cargo claims, to the extent that that liability was discharged by owners in a sum exceeding the appropriate limit (*see* par. 33). "

上诉法院以解释公约第 1 条方法错误为由反对了高等法院的判决,采取了解释国际公约所要求的"普遍和广泛接受的解释原则"进行解释,更符合 1969 年《维也纳条约法公约》(*Vienna Convention on the Law of Treaties*)①有关条约之解释的规定。② 主导大法官 Longmore 认为未能防止危险货物装船的错误并不是期租合同项下管理或经营船舶的行为,若因此而不产生责任限制权利是对"承租人"这个术语本身含义的误解。公约将承租人纳入所有人的概念并赋予其责任限制权利的做法并不是强调承租人必须以所有人身份行事或是将他比拟为船东。上诉法院的判决确定了判断承租人能否享有责任限制权利不在于责任发生时其处于何种身份或资格,而应当取决于对其提起的索赔诉讼的类型。

【延伸阅读】

1. 刘乔发:《无船承运人能否成为海事赔偿责任限制主体》,载《中国海事》2006年第 10 期。

2. 方菁:《无船承运人的海事赔偿责任限制权探讨》,载《航海》2011 年第 4 期。

3. 刘凯:《我国海事赔偿责任限制制度存在的问题及解决办法》,载《中国水运》2008 年第 2 期。

---

① Art 31&32,the Vienna Convention,该条款规定条约应依其用语按其上下文并参照条约之目标及宗旨所具有的通常意义进行善意的解释,并将缔结条约的准备工作和总结情况作为解释条约的补充资料。

② Stag Line Ltd v. Foscolo,Mango & Co Ltd[1932] AC 328,350,(1931) 41 Lloyd's Rep 165,174;James Buchanan & Co Ltd v. Babco Forwarding & Shipping (UK) Ltd [1978] AC 141,152,[1977] 3 WLR 907,911—912,[1977] 3 All ER 1048,1052—1053,[1978] 1 Lloyd's Rep 122;Fothergill v. Monarch Airlines Ltd[1981] AC 251,272,282 and 293,[1980] 3 WLR 209,214,223,233—234,[1980] 2 All ER 696,699—700,706,714—715,[1980] 2 Lloyd's Rep 295,298,304,311;Morris v. KLM Royal Dutch Airlines [2002] UKHL 7,para 78,[2002] 2 AC 628,656.

4. 我 国 海 事 赔 偿 责 任 限 制 制 度 的 责 任 主 体 http://www.66law.cn/topic2010/hspczrxzwt/8921.shtml。

5. 海事赔偿责任限制主体内部求偿之冲突与协调,中国涉外商事海事审判网,http://www.ccmt.org.cn/showexplore.php? id=4142。

第三节　限制性与非限制性海事请求

【知识背景】

限制性与非限制性海事请求

一次海损事故必然导致众多海事赔偿请求,但责任人不能对所有的请求都限制责任,只能对法律规定范围内的请求主张责任限制。责任限制公约和各国立法都对是否能够主张责任限制的请求范围予以了明确的规定,即限制性和非限制性海事请求。

(一)限制性海事请求

1.国际公约中的限制性海事请求

《1957 年公约》第 1 条将限制性海事请求概括为三类:(1)船上所载的任何人员的人命伤亡以及船上任何财产的灭失或损害;(2)应由船舶所有人对其行为、疏忽或过失负责的、在船上或不在船上的任何人员的行为、疏忽或过失引起的陆上或水上任何其他人员的人命伤亡,任何其他财产的灭失或损害,或任何权利受到的侵犯。但对于后一种人员的行为、疏忽或过失,只有当其行为、疏忽或过失发生在驾驶或管理船舶中,或在运载货物的装船、运输或卸船时,或在旅客登船、乘船或上岸时,船舶所有人才有权限制责任;(3)有关船舶残骸清除的法律所规定的以及由于起浮、清除或拆毁任何沉没、搁浅或被弃船舶(包括船上任何物品)而发生的或与之有关的任何义务或责任,以及由于对港口工程、港池或航道所造成的损害而引起的任何义务或责任。公约允许缔约国对此作出保留,许多国家都很关心港口问题,在维护港口和管理、疏通航道方面也确实缺少经费,因而都对此项海事请求作出了保留。

《1976 年公约》第 2 条第 1 款包括了《1957 年公约》规定的所有限制性海事请求,只是采取了不同的表述方式,规定了六类限制性海事请求,而不论其责任产生基础为何,可以是依据合同或违反法定义务,毕竟索赔的目的是要减轻受害人的经济负担而不是追究赔偿请求的法律基础或抗辩方式。

(1)有关发生在船上或与船舶营运或救助作业直接相关的人命伤亡或财产的灭失或损害(包括对港口工程、港池、航道和助航设施的损害),以及由此引起的相应损失的索赔。

此类海事请求的范围很广泛,是最为重要的损失类别,可进一步细分为四类:在船上发生的或与船舶营运或救助行动直接有关的人命伤亡索赔;船上发生的财产损失索赔;与船舶营运直接相关的财产损失索赔,对于财产取其广义包括港口工程、港池及港口设施等,此类是为与其他船舶或建筑物碰撞导致损失而设立;与救助作业直接相关的财产损失索赔。

(2)有关货物、旅客或其行李海上运输的延迟所产生的损失索赔。

对于迟延交付导致的货物损失,货主还可以根据《汉堡规则》[1]主张单位责任限制[2],以相当于迟延交付的货物应支付运费的 2.5 倍数额为限,但不得超过海上货物运输合同约定的应付运费总额。当迟延导致的货损赔偿总额超过单位责任限制额时,货主还可以利用海事赔偿责任限制进行"二次限制"。

(3)有关发生在与船舶营运或救助作业直接相关的除合同权利之外的权利侵犯引起的其他损失的索赔。

此类海事请求排除了侵害合同权利的损失,是指由侵权行为引起的区别于第

---

① Art 6(1)(a), the Hamburg Rules.

② 单位赔偿责任限制和海事赔偿责任限制同为海商法中的责任限制方式,单位责任限制是只限于承运人对运输中的旅客及其行李、货物损害承担的赔偿,根据提单或提单适用的国际公约或国内立法规定按每位旅客每次限额、每件货物或行李的件数或毛重每千克的重量限额进行赔偿的责任限制。

一类财产损失以外的其他损失。此类海事请求的关键在于是否为非合同权利受到侵害,而不去探究某项权利的具体法律属性或是由此产生的法律责任的性质。

(4)有关沉没、遇难、搁浅或被弃船舶,包括船上的任何物件的起浮、清除、销毁或使之无害的索赔。

依照公约的特别规定,此类及后两类海事请求均不包括责任人基于合同所产生的报酬,即意味着责任人针对依据合同应当支付给受害方的报酬不可享有责任限制的权利。公约明确加入"使之无害的索赔"的措辞,旨意不仅涵盖受委托的第三方对船舶的清除或销毁中产生的损失索赔,更要包括基于政府主管机关的强制命令而采取上述行为所产生的损失和费用。如果船舶在沉没后发生泄漏或是某部分脱离船体,对于任何弥补损失或消除危害的措施产生的费用,船舶所与人都可以主张责任限制。

(5)有关船上货物的清除、销毁或使之无害的索赔。

考虑到有可能存在船舶沉没前船载货物已经落入海中,与船舶分离开来,难以适用清除沉船的规定,所以公约将船载货物的清除、销毁或使之无害的索赔单独规定。由于沉船可能危及航道安全,各国有关行政机关须采取强制清除措施,公约允许缔约国对此类索赔作出保留。[1] 在海事实践中,许多国家都对此进行保留。[2]

(6)有关责任人以外的任何人,为避免或减少责任人按本公约规定可主张责任限制的损失所采取的措施,以及由此而引起的进一步损失的索赔。

此项海事请求的目的在于针对责任人可以限制责任的损失类型,当第三人为了避免或减少此类损失所产生的费用提起赔偿请求时,责任人可以享有限制责任。

2.各国立法中的限制性海事请求

英国1995年《商船法》直接赋予了《1976年公约》国内法的效力。澳大利亚与新加坡在加入《1976年公约》的同时都对限制性海事请求的第4项船舶残骸清除

---

[1] Art 18(1),the 1976 Convention
[2] 英国一直以来都将船舶残骸清除视为无限责任的政策,没有理由要求港口当局等主体承担残骸清除的部分费用,所以《1995年商船法》对上述第4项予以保留,而对此项海事请求却没有排除。当第4项中的船上任何物件足以包容船载货物时便产生了冲突,唯一可能的解释是能限制责任的有关船载货物的索赔发生于船舶沉没、遇难、搁浅或被弃之前。

和第 5 项船载货物移除的索赔作出了保留,我国《海商法》①也作出了同样的保留。加拿大未作出任何保留,船舶所有人可以对残骸清除主张责任限制。② 香港地区与英国一致,除非行政长官决定设立一笔基金用作补偿港口当局或有关管理机构因残骸清除的责任限制造成相关赔偿的减损部分,否则公约第 4 项残骸清除不得适用责任限制。③ 但实践中这样的基金在英国和香港都没有发生过,另有立法规定船舶所有人不能享有责任限制且负有严格责任。美国《船舶所有人责任限制法》没有对限制性海事请求和非限制性海事请求的项目进行罗列,具体索赔项目的性质根据相应立法来确定。例如《残害法》(*Wreck Act*)特别规定船舶残骸移除费用不得限制责任,对于油污责任,美国 1989 年通过的《1990 年油污法》(*Oil Pollution Act*)建立了独特的船舶油污损害赔偿体系,规定了全世界最高的船舶所有人责任限额和基金补偿。

(二)非限制性海事请求

1. 国际公约中的非限制性海事请求

《1957 年公约》规定了两类非限制性海事请求:

(1)救助报酬的请求或共同海损分摊的请求。海难救助遵循"无效果,无报酬"(no cure no pay)的原则,救助成功后救助报酬不得超过获救财产的本身价值,这实际上是对救助报酬的一种限制,若再赋予被救助船舶所有人针对救助报酬享有责任限制的权利,无疑是对救助报酬的双重限制,对救助人显然有失公平。同理,共同海损分摊是由同一航程的各受益方按比例摊付共同海损牺牲和费用,各受益方摊付的金额是在获救财产价值内进行的,已经被限制在其所收益的财产价值范围之内,再次进行责任限制不合理也不公平。

(2)船长、船员、在船上的任何船舶所有人的雇佣人员,或职务与船舶有关的船舶所有人的雇佣人员提出的请求,包括其继承人、私人代表或家属的请求在内。此类请求是为了特别保护船长、船员及船舶所有人的其他受雇人员的利益而设立的,

① 《海商法》第 207 条。
② Sec 24,Marine Liability Act 2001.
③ Sec 15,Merchant Shipping (Limitation of Shipowners Liability) Ordinance 1997.

有利于船舶所有人恪尽职守,提供适航的船舶,维护船舶航行安全。^① 此类请求取决于船舶所有人与其雇用人之间签订的雇佣合同适用的准据法,若雇佣合同准据法不允许船舶所有人有权主张责任限制,则船舶所有人不得享受责任限制;若合同准据法允许船舶所有人限制责任并且规定了高于公约的责任限额,则船舶所有人以准据法确定的责任限额为依据享有责任限制。

《1976 年公约》第 3 条列举了五类非限制性海事请求:

(1)有关救助或共同海损分摊的索赔。

若事故是由船舶所有人违反海上运输合同造成的,货主在向救助人支付了报酬或承担了共同海损分摊后可以向船舶所有人求偿,此时船舶所有人可以主张责任限制,只需将求偿项目归入公约六项限制性海事请求的范围当中。《1996 年议定书》特别对救助报酬的索赔进行了修改,"救助费用的请求,如果适用,包括经修订的《1989 年国际救助公约》第 14 条规定的特别补偿^②"。根据《1996 年议定书》,救助人为防止污染产生了费用却未能获得足够的报酬的此项请求应该被视为对救助作业的支付款项,与救助报酬一样不得限制责任。

(2)有关 1969 年 11 月 29 日签订的 *International Convention on Civil Liability for Oil Pollution Damage* 或实施中的该公约任何修正案或议定书中规定的油污损害的索赔。

此项海事请求仅排除 1969CLC 规定的油污损害赔偿^③。*International*

---

① 何丽新、谢美山:《海事赔偿责任限制研究》,厦门大学出版社 2008 年版,第 169 页。

② 《1989 年国际救助公约》第 14 条被明确并入海难救助领域广泛适用的《劳埃德救助合同标准格式》(*Lloyd's Standard Form of Salvage Agreement*),旨在保护海洋环境和鼓励救助,在"无效果,无报酬"的原则之外,对救助构成环境污染损害威胁的船舶或船上货物时,即使救助财产未成功且未能减轻或防止环境污染,救助人仍可以获得相当于其所花费用的特别补偿。如果取得防止或减轻环境污染损害的效果,该特别补偿还可以另行增加至救助人所发生费用的 130%,如果法院或仲裁庭认为公平合理可以将此项特别补偿进一步增加至所发生费用的 200%。特别补偿直接与救助费用相关,从根本上不同于救助报酬。

③ Art 1(5)(6), the 1969CLC. 由于船舶溢出或排放油类(不论这种溢出或排放发生在何处)后,在运油船舶本身以外因污染而产生的灭失损害,并且油类仅是指任何持久性油类,例如原油、燃料油、重柴油、润滑油以及鲸油(不论是作为货物装运于船上,还是作为这类船舶的燃料)。

Convention on Civil Liability for Bunker Oil Pollution Damage（简称《燃油公约》）主要调整船舶的燃油舱燃油泄漏导致的污染损害,制定时参照了 CLC 体系,却未设立独立的责任限制,其责任限制问题取决于缔约国国内法。*International Convention on Liability and Compensation for Damage in Connection with the Carriage of Hazardous and Noxious Substances by Sea*（简称《HNS 公约》）的调整对象包括了《1973 年国际防止船舶造成污染公约 1978 年公约》附件 I 的附录 1 中所列的散装运输油类,该公约有独立的责任限制规定,从而排除责任限制公约的适用。除此以外的非持久性油类所产生的污染损害仍适用责任限制公约。

(3)有关制约或禁止核损害责任限制的任何国际公约或国内法所约束的索赔。

有关核损害责任限制的国际公约[①]和各国立法都规定了责任限制,即允许核营运人和核装置国对一次核事故所造成的损害只在规定的索赔期内承担一定限额的赔偿责任,该责任限制原则是对核营运人承担绝对责任的补充,也是对核营运人承担风险责任的合理分散,有利于消除投资者承担无限责任的忧患,从而促进核能和平利用事业的发展。[②] 若责任限制公约的缔约国同时也加入了上述公约或是存在核损害责任限制内国法,那么在核损害领域,责任限制公约将不再适用。

(4)对核动力船舶所有人提出的核损害索赔。

《核动力船舶经营人责任公约》规定了核动力船舶经营人的核事故损害赔偿责任和责任限制,但该公约一直未能生效,缔约国只能通过制定相关的国内法对核动力船舶所有人的民事责任予以规范从而排除责任限制公约的适用。

(5)职责与船舶或救助作业相关的船舶所有人或救助人的雇员的索赔,包括他们的继承人、家属或其他有权提出索赔的人员,如果船舶所有人或救助人根据其与上述雇员之间的服务合同所适用的法律无权对此种索赔进行责任限制,或者按照

---

① 《1962 年核动力船舶经营人责任公约》(*Convention on the Liability of Operators of Nuclear Ships*)、《1963 年核损害民事责任维也纳公约》(*Vienna Convention on Civil Liability for Nuclear Damage*)、《1997 年核损害补充公约》(*Convention on Supplementary for Nuclear Damage*)及《1971 年海上核材料运输民事责任公约》(*Convention relating to Civil Liability in the Field of Maritime Carriage of Nuclear Material*)等。

② 蔡先凤:《论核损害民事责任中的责任限制原则》,载《法商研究》2006 年第 1 期。

此种法律,仅允许以高于本公约第 6 条规定的责任限额限制其责任。

此类海事请求是对雇佣人员的特别保护,只有当根据船舶所有人或救助人与雇佣人员签订的劳务合同所适用法律不允许责任限制或责任限额高于 1976 年公约的规定时,才排除适用责任限制公约。此项表述加入救助人这一主体,并不是对公约本意进行实质性更改,而是为了强调了救助人属于 1976 年公约新增的责任限制主体范畴。

2. 各国立法中的非限制性海事请求

英国 1995 年《商船法》[①] 的规定与公约一致,非限制性海事请求包括《1989 年救助公约》第 14 条规定的特别补偿索赔以及依照合同提起的相应索赔。《商船法》第 153 条 CLC 油污责任索赔归为非限制性海事请求,使除船舶所有人以外的责任主体可以享有责任限制的权利。《1965 年核装置法》第 14 条第 1 款将 1894 年《商船法》第 503 条规定的责任限制明确予以排除,该法案在第 16 条规定了特定条件下成立的独立的责任限制。1995 年《商船法》第 185 条第 4 款明确规定当请求人在船上或是依据英国任何部分的法律签订的劳务合同而被雇佣于该船或进行救助作业的人员时,或该责任产生于本法生效以后,船舶所有人均不得对请求人遭受的人身伤亡或财产损失进行责任限制。

澳大利亚、加拿大、新加坡和香港对非限制性海事请求的规定直接援引了《1976 年公约》第 3 条的表述。香港地区《管制免责条款条例》第 7 条不允许雇主对其疏忽造成的人命伤亡损害赔偿责任进行限制。在 Fong Yau Hei v. Gammon Construction Ltd[②] 一案中,法院判决尽管该条例没有特别针对公约第 3 条第 5 款进行制定,但该条例第 7 条所暗含的公共政策足够排除雇员的索赔受到责任限制公约的制约。美国的非限制性海事请求归纳起来有以下几类:拖欠的船员工资[③]、受伤船员的赡养费和治疗津贴[④]、绕航引起的非运输合同项下的货损索赔[⑤]、不应

① Para 4(1),Part II, Schedule 7,the 1995 MSA.
② [2006] 2 HKC 14.
③ 46 U. S. C. App. §189.
④ Brister v. A. W. I., Inc., 946 F. 2d 350 (5ᵗʰ Cir. 1991).
⑤ The Pelotas, 66 F. 2d 75 (5ᵗʰ Cir. 1933).

得的运费返还①、船舶所有人个人签订的合同(包括应支付的拖带合同、救助合同以及船舶的维修、配备和服务合同款项)②、优先的船舶抵押权③、根据《油污法》和《空气洁净法》提起的环境索赔④。

3. 我国立法中的非限制性海事请求

《海商法》第 208 条非限制性海事请求是参照《1976 年公约》制定的。我国参加了 1969CLC 及其 1976 年和 1992 年议定书,涉外油污损害赔偿请求不再适用《海商法》的规定,但无涉外因素的油污损害仍然适用《海商法》有关责任限制的规定。我国没有参加相关的国际核能损害责任限制公约,也没有相关的国内立法,只有国务院几个相关批复⑤,但规范性法律文件的效力有限,因此该领域的基本法⑥缺位必须要尽快解决。我国也未参加《核动力船舶经营人责任公约》,国内法也没有核动力船舶责任限制的规定,因此我国核动力船舶经营人对其造成的核能损害不能享受责任限制。

此外,《海商法》没有明文规定对公约限制性海事请求作出保留的第 4 项船舶残骸清除和第 5 项船载货物移除的索赔究竟属于何种性质,责任人对该请求到底能否限制责任以及船舶碰撞或救助事故引起的上述费用的请求能否限制责任在司法实践中均存有争议。最高人民法院于 2008 年 5 月 23 日和 2010 年 9 月 15 日相继施行了《关于审理船舶碰撞纠纷案件若干问题的规定》(简称《船舶碰撞若干规定》)和《责任限制若干规定》。根据《船舶碰撞若干规定》第 9 条⑦和《责任限制若

---

① In Re Liverpool & Great Western Steam Co., 3 Fed. 168 (S. D. N. Y. 1880).

② Richardson v. Harmon, 222 U. S. 96 (1911); The St. Jago de Cuba, 22 U. S. (9 Wheat.) 409 (1824); Signal Oil & Gas Co. v. Barge W－701, 654 F. 2d 1164 (5ᵗʰ Cir. 1981).

③ Petition of Zebroid Trawling Corp., 428 F. 2d 226 (1ˢᵗ Cir. 1970).

④ Complaint of Metlife Capital Corp., 132 F. 3d 818 (1ˢᵗ Cir. 1997).

⑤ 1986 年《国务院关于处理第三方核责任问题给核工业部、国家核安全局、国务院核电领导小组的批复》和 2007 年《国务院关于核事故损害赔偿责任问题的批复》,后一批复的内容与《核损害民事责任维也纳公约》的基本原则大体一致。

⑥ 《原子能法》和《核损害赔偿条例》。

⑦ 《船舶碰撞若干问题》第 9 条规定,因起浮、清除、拆毁由船舶碰撞造成的沉没、遇难、搁浅或被弃船舶及船上货物或者使其无害的费用提出的赔偿请求,责任人不能享受海事赔偿责任限制。

干规定》第17条①第1款的规定,因打捞②提起的索赔,不论是否由于船舶碰撞导致,都不属于限制性海事请求,责任人不能依法享受海事赔偿责任限制。这点应是中国现行解决该问题的原则性规定,是一项极其必要的解释规定,明确肯定了自《海商法》生效以来在海事司法实践中已经将因打捞提起的索赔作为非限制性海事请求的特别做法。后者第17条第2款的意思是船舶碰撞中的一方船舶责任人支付对本船打捞提起的索赔时,不能限制责任,但是在其支付该索赔后向对方船舶追偿时,对方船舶责任人有权将此追偿索赔作为限制性海事请求。这样的规定是上述原则性规定的例外,为处理船舶碰撞中的此类船舶责任方之间的索赔提供了具体的规则。

【案例裁决/法律文书摘录】

华泰财产保险股份有限公司嘉兴中心支公司(下称华泰保险)诉林占和船舶碰撞损害保险代位求偿纠纷案③中原告华泰财产保险股份有限公司是货主(品润公司)的保险人,货主委托"金冠99"轮将122.65吨冷轧钢从上海运往广东佛山。该轮受台风影响在象山港水域锚泊时,与被告林占和所属"浙奉渔17080"船发生碰撞,货主托运的货物均随"金冠99"轮沉没。事故发生后,"金冠99"轮船东与打捞公司签订打捞合同,品润公司因此产生打捞费及运费、码头费等损失合计68684元。原告华泰保险根据保单约定向货主理赔。碰撞事故经调查后认定,被告林占和所属"浙奉渔17080"船的过失是造成本起事故的全部原因,应承担本起事故的全部责任。原告华泰保险取得代位求偿权,向宁波海事法院起诉,请求法院判令被告林占和予以赔偿。被告林占和答辩称:(1)原告未能证明已经赔付本案打捞费,

---

① 《责任限制若干规定》第17条规定,《海商法》第207条限制性海事请求不包括因沉没、遇难、搁浅或者被弃船舶的起浮、清除、拆毁或者使之无害提起的索赔,或者因船上货物的清除、拆毁或者使之无害提起的索赔。但在船舶碰撞事故中,责任人遭受上述索赔产生的损失向对方船舶追偿时,被请求人可以享受责任限制。

② 打捞是指对包括沉船、沉物或其中存在或溢出的污染物所采取的起浮、清除、拆毁或者使之无害的行为或措施的俗称。

③ 宁波海事法院(2009)甬海法事初字第42号民事判决书。

并未取得本案诉权;(2)原告诉请的打捞费依据不足,证据之间互相矛盾且与本案没有关联;(3)如果存在损失,应属限制性债权;(4)被告有权享受海事赔偿责任限制并在58000个特别提款权范围内承担赔偿责任。以下是本案针对损失是否为限制性债权的部分审理意见:

对于被告主张可以享受海事赔偿责任限制而原告抗辩认为其无权享受的问题,本院认为,涉案碰撞事故调查结论并未认定"浙奉渔17080"船存在船员配备不足,亦未认定船舶配员问题与事故发生存在因果关系,而原告虽抗辩被告无权享受海事赔偿责任限制,但其依据的理由及提供的证据并不能证明涉案碰撞系被告故意或者明知可能造成损失而轻率地作为或不作为所造成,故本院认定被告作为船舶所有人有权享受海事赔偿责任限制。

至于原告诉请的68669.21元债权是否属于限制性债权问题,原告认为,根据《最高人民法院关于审理船舶碰撞纠纷案件若干问题的规定》(下称《碰撞纠纷规定》)第9条关于"因起浮、清除、拆毁由船舶碰撞造成的沉没、遇难、搁浅或被弃船舶及船上货物或者使其无害的费用提出的赔偿请求,责任人不能依照《海商法》第11章的规定享受海事赔偿责任限制"之规定,原告诉请的打捞费及抢险费属于该规定中"因起浮由船舶碰撞造成沉没船舶及船上货物或者使其无害的费用",被告作为碰撞事故责任人不能依照《海商法》第11章的规定享受海事赔偿责任限制。被告则认为,该费用应当属于船舶碰撞所造成的损失,属于限制性债权。本院认为,《碰撞纠纷规定》第9条是针对打捞清除人起诉打捞清除责任人而言的。而本案货主品润公司既不是涉案沉船沉物打捞清除责任人,也不是打捞清除人,故不能适用规定第9条。本案货主支付打捞费,可视为货主委托打捞,应属于《中华人民共和国海商法》第207条第1款第(4)项规定的"责任人以外的其他人,为避免或者减少责任人依照本章规定可以限制赔偿责任的损失而采取措施的赔偿请求,以及因此项措施造成进一步损失的赔偿请求",该请求对作为碰撞对方船舶的被告而言,当属限制性债权。由于被告在本案中并不存在丧失责任限制的事由,故有权援引海商法上述条款享受海事赔偿责任限制。

【延伸阅读】

1. 司玉琢:《海商法专论》,中国人民大学出版社 2010 年版。

2. 傅廷中:《海商法论》,法律出版社 2007 年版。

3. 林鹏鸠、付小娟:《对中国司法解释中打捞费有关责任限制规定的理解》,载《中国海商法年刊》2010 年第 4 期。

4. 上海海事法院上海国际海事法律信息交流平台,http://shhsfy. gov. cn/hsinfoplat/platformData/infoplat/pub/hsfyintel_32/shouye_5802/。

5. 敬海律师事务所,http://www. wjnco. com/cn/articles _ show. asp? Articles_id＝237。

第四节　海事赔偿责任限制权利的丧失

● ● ● ●

责任限制公约和各国立法均明确规定,责任限制主体有故意或过失等行为导致损害发生时,将丧失海事赔偿责任限制的权利。

【知识背景】

海事赔偿责任限制权利的丧失

（一）国际公约中的责任限制权利丧失

1. 丧失责任限制权利的行为

《1957 年公约》中将过错标准作为衡量标准,公约第 1 条规定"除非导致索赔请求的事故是由所有人的实际过错或知情造成的,海船所有人可以限制责任"。公约第 6 条第 3 款规定船长或船员被起诉时,即使引起索赔的事故是由其中一人或数人的实际过错或知情导致的,船舶所有人仍可限制责任。但如果船长或船员同时是船舶所有人、共有人、承租人、管理人或经营人,则仅在其行为、疏忽或过失是相关人员以该船船长或船员身份作出时,才适用责任限制。责任限制立法的目的不仅在于根据"雇主责任原则"限制船舶所有人对其雇员所负的责任,更是让船舶所有人对自己的过错或知情承担完全责任。

在海上保险纠纷 The Eurysthenes[①]一案中,Denning 勋爵在上诉法院审理中分析了"知情"一词出现于责任限制立法的历史发展,知情不必然要求船舶所有人的恶意行为,只要是事前知道并且同意的行为即可,也不必然要求船舶所有人自身的行为,只要经其有意的同意即可。并且知情不必是真正知情,"睁一只眼闭一只眼"(turning a blind eye)所导致的推定知情即可,其性质比疏忽更严重。

《1976 年公约》效仿了航空法[②],第 4 条规定"损失是由于责任人本身故意造成的或者明知可能造成这一损失而轻率地采取作为或不作为所引起"。在该公约下只有恶意行为才能阻止船舶所有人限制责任,取代了过错标准,使船舶所有人责任限制的权利几乎牢不可破。首先,责任人故意必须是责任人主观上的故意去造成损失,而非疏忽行为所致,需要证明责任人本人对于此损失后果的积极追求。此处的故意类似于刑法中的直接故意的犯罪意图(mens rea),即有造成财产损失或人命伤亡的主观意图。事实上,在海事司法实践中,证明责任人主观故意造成损失的情况并不多见,责任人明知可能造成损失而轻率地作为或不作为更有可能去证明。

2. 举证责任

《1957 年公约》第 1 条第 6 款规定对于引起索赔的事故是否由于船舶所有人的实际过失或私谋所致的举证责任由谁承担的问题应根据法院地法(lex fori)确定。遵循"谁主张,谁举证"的举证责任分配原则,各国通常都规定主张责任限制权利的责任人承担证明其"没有实际过错或知情"的举证责任。[③]《1976 年公约》第 4

---

① [1976] 2 Lloyd's Rep. 171(CA).

② Art 25,the Warsaw Convention as amended by Art 13,the Hague Protocol 1955,"如经证明造成损害系出于承运人、受雇人或代理人故意造成或明知可能造成此种损害而轻率地采取的行为或不作为所致,则不适用第 22 条规定的责任限额;如系受雇人或代理人有上述行为或不作为,还必须证明他是在执行其受雇职务范围内行事"。

③ 从 The Emoire Jamaica [1955] 2 Lloyd's Rep. 109;The Norman [1960] 1 Lloyd's Rep. 1;The Lady Gwendolen [1965] 1 Lloyd's Rep. 335 等先例中可以看出英国的做法即要求主张责任限制的船舶所有人承担举证责任。

条明确要求对责任限制权利有异议的当事人证明责任人本人存在丧失责任限制的行为。[①] 从举证责任分配的明显转换可以看出公约已经在朝着更有利于船舶所有人的方向发展。尽管《ISM 规则》对船公司有关船舶管理系统化、文件化的要求使得公司内部行为更为透明,为受害人调取船公司的事故报告文件提供了便利,在一定程度上降低了受害人举证的难度,但在司法实践中鲜有受害人成功打破责任限制的实例。

(二)各国立法中的责任限制权利丧失

英国先后加入了在其主导下通过的三部责任限制公约,并纳入国内法。因而英国法律关于责任限制权利丧失的规定与公约是一致的。英美法系的很多其他国家或地区也作出了相同的规定,如澳大利亚 1989 年《海事赔偿责任限制法》、加拿大 2001 年《海事责任法》等。美国 1851 年《责任限制法》与《1957 年公约》类似,第183 条第 1 款规定美国或外国籍船舶所有人对于任何人侵吞、减损、毁灭船上的任何财产、货物或商品,或是碰撞、任何作出的行为或发生的事情造成的灭失或损害,只要没有私谋或不知情(without privity or knowledge),所承担的责任将不超过船价和运费总额。1985 年《责任限制法》采纳了《1976 年公约》"故意造成此种损失或明知可能造成此种损失而轻率采取的作为或不作为"的规定,使所有人享有责任限制权利的条件更为明确。

(三)我国法律规定

我国《海商法》第 209 条规定,如果证明,引起赔偿请求的损失是由于责任人的故意或者明知可能造成损失而轻率地作为或者不作为造成的,责任人无权限制赔偿责任权利。该规定的表述与《1976 年公约》一致,但与大多数缔约国很难证明责任人丧失责任限制权利的做法不同,我国海事法院判定责任人丧失责任限制权利的案件不在少数。例如"'春木一号'轮海事赔偿责任限制案",审理法院认为"春木一号"轮的目的港为湛江港,但责任限制申请人韩国租赁发展有限公司作为该轮船东未按《1974 年国际海上人命安全公约》和《1978 年国际海员培训、发证和值班标

---

① Patrick Griggs, Richard Williams and Jeremy Farr, *Limitation of Liability for Maritime Claims*, London: Lloyd's Press, 2005, p. 39.

准公约》的要求为该轮配备湛江港的航路指南、灯塔表、航行通告、进出港指南、进出港管理规章等有关航海资料,又未使该轮船长、大副等通过雷达观测与模拟、自动雷达标绘仪、无线电话通讯等专业的训练和取得相应的证书。因而"春木一号"轮是一艘严重不适航的船舶,违规冒险进港,构成了《海商法》第 209 条规定的"明知可能造成损失而轻率地作为",以致酿成船舶碰撞导致有毒物质污染损害的严重事故,法院驳回了租赁公司的责任限制申请。① 我国《海商法》适用的是"重大过失等同于故意"的原则,所以责任人存有故意或重大过失都不能主张责任限制。

在"'三善创造者'轮责任限制案"②中,广州海事法院经审理认定作为承运人的申请人,在"三善创造者"轮装载本案所涉货物时,专门派人进行监督,对违章装载甲板货、货物积载绑扎不当负有直接责任。上述过错的后果是一个合格的承运人应当预见的,申请人明知可能造成损失而轻率地装载甲板货,不应当为而为之;对货物尤其是违章装载的甲板货应当进行可靠的加固绑扎,应当为而不为,以致造成船沉货损的严重后果。因而,法院认为申请人无权限制赔偿责任,裁定驳回责任限制申请。在对该案的评述中,有学者支持法院的裁判,并且认为船舶除不能享受海事赔偿责任限制外,还不能享受单位赔偿责任限制。③ 而另有学者认为,该案审理法院将甲板货的违规装载和加固绑扎不当归为承运人本人的明知可能造成损失而轻率的作为或不作为,是对《海商法》的误解,船舶所有人有权享受责任限制。④这两种观点的冲突实则关系到对船舶所有人本人行为的认定,对于具体认定方法可以借鉴由英国确立的"本人的代表人"(alter ego)概念。我国司法实践在认定责任限制权利丧失问题上确实存在着对《海商法》有关规定的理解偏差,2010 年《责任限制若干规定》第 18 条强调《海商法》第 209 条所称"责任人"是指海事事故的责任人本人,该司法解释明确了法院认定丧失责任限制权利的重点应在于确定"责任

---

① 中国涉外商事海事审判网,http://www.ccmt.org.cn/shownews.php? id=994,下载日期:2012 年 2 月 10 日。

② 广州海事法院(1996)广海法汕字第 012 号民事裁定书。

③ 金正佳:《海商法案例与评析》,中山大学出版社 2004 年版,第 283~292 页。

④ 王淑梅:《从一起案件的审理看海事赔偿责任限制的法律规定》,载《海商法研究》2001 年第 1 期。

人本人"。

【案例裁决/法律文书摘录】

在 The Leerot[①] 案中，Leerot 装载了货主 Brookes 的货物平静地停靠在泊位，被超速进港的 Zim Piraeus 号船舶碰撞，导致 Leerot 进水，船载货物遭到损害。Zim Piraeus 船舶所有人承认对碰撞负责并主张责任限制。海事法庭 David Steel 法官准许了该责任限制，货主提起了上诉。以下是上诉法院 Phillips 法官、Henry 和 Brooke 大法官的部分审理意见：

（1）it was only the personal act or omission of a shipowner which defeated the right to limit; to defeat the right to limit it was necessary to identify the causative act or omission on the part of the shipowner, charterer, manager or operator of a sea—going ship that caused the loss; it was only conduct committed with intent to cause such loss or recklessly with knowledge that such loss would probably result that defeated the right to limit; and this required foresight of the very loss that actually occurred, not merely of the type of loss that occurred (see p. 294, col. 2; p. 295, col. 1);

（2）when damage resulted from a collision the shipowner would only lose his right to limit if it could be proved that the deliberately or recklessly acted in a way which he knew was likely to result in the loss of or damage to the property of another in circumstances where the same consequences would be likely to flow to his own vessel (see p. 295, col. 1);

（3）the appellants had thus far expended £70,000 on their discovery exercise; while the documents they had obtained did not answer all questions about the minutes before the collision they rendered the theory that the main bearing problems experienced by the vessel might have led to an engine shutdown at the critical moment a coincidence that was almost incredible; what was totally

---

① ［2001］2 Lloyd's Rep. 291.

absurd was the suggestion that the 50 second interruption in the operation of the engine might be attributable to an act or omission of the owners done with the intention of bringing their vessel into collision or performed recklessly with the knowledge that it was likely to produce this result (see p. 298, col. 1);

(4) the learned Judge was right to conclude that the respondents were entitled to limit their liability and that the decree to the effect should not be delayed in order to permit the appellants to pursue further discovery (see p. 298, col. 2);

(5) instead of applying to the Admiralty Registrar for a case management conference, the respondents applied to the Admiralty Judge for a limitation decree; Brooke cargo interests were notified of the application and filed an acknowledgment of service though they had not been served with the writ; they made their own application that a decree should not be given and that they should be granted further discovery; this was a deviation from the procedure under both the old rules of the Supreme Court and the new practice direction; that procedure envisaged that the time at which an unnamed defendant could challenge the right to limit was after the initial decree was made; in the circumstances no challenge could be made to the Judge's right (i) to grant a decree of limitation or (ii) to decline to do so and to order the respondents to provide further discovery if he thought fit; the appeal would be dismissed (see p. 302, col. 2).

【延伸阅读】

1.张湘兰等主编:《海商法论》,武汉大学出版社 2001 年版。

2.杜建星、余正:《设立海事赔偿责任限制基金对择定行诉的影响》,载《中国律师 2005 年海商法研讨会论文集》2005 年版。

3. Patrick Griggs, Richard Williams and Jeremy Farr, *Limitation of Liability for Maritime Claims*, London: Lloyd's Press, 2005, pp. 33~36.

4.《英国民事诉讼规则》之海事诉讼,CCCL 中国民商法律网,http://

www. civillaw. com. cn/article/default. asp? id＝27719。

第五节　海事赔偿责任限额

●　●　●

海事赔偿责任限额是责任主体对一次事故引起的所有限制性海事请求的总赔偿额。海事赔偿责任限制制度先后经历了委付制、执行制、船价制和金额制，不同形式的责任限额计算标准有所不同。前三种形式同为海上财产制度，以船舶价值作为衡量的根据，而金额制以船舶吨位为基准计算责任限额。目前适用的责任限制公约和大多数航运国家的立法都采用金额制。

【知识背景】

海事赔偿责任限额

（一）国际公约中的责任限额

《1957年公约》彻底否定了船价制度，改用单一的金额制度，以船舶吨位乘以规定的每吨限额来计算损害赔偿的责任限额。该公约遵循一次事故一个限额的"事故制度"，如果同一航次中发生两次或两次以上的事故时，应当以每次单独事故作为基础计算出多个独立的责任限额。界定"一次事故"的关键在于分析事故发生的原因[1]，如果是同一原因引起的多起事故，应当认定为一次事故。[2] 公约第1条第5款规定了相互索赔的冲抵问题，如果船舶所有人有权因同一事故向索赔人提起反索赔，双方索赔请求额应先进行冲抵，公约只对冲抵后的差额适用，即"先冲

---

[1] Anderson 勋爵在 The Lucullite［1929］33 Lloyd's Rep. 186 先例中对"一次事故"进行了解释，"两船分别受损失存在不同的疏忽行为，并且第二艘船舶受到后一疏忽行为的损害并不必然或非不可避免地与前一疏忽行为发生联系"。

[2] 傅廷中：《海商法论》，法律出版社 2007 年版。

抵,后限制"。[1]

公约第 3 条对财产损失和人命伤亡规定了不同的责任限额:如果事故仅产生了财产损失,责任限额为每吨 1000 金法郎;如果仅有人命伤亡,责任限额为每吨 3100 金法郎;如果事故既引起人命伤亡,又引起财产损失,责任限额为每吨 3100 金法郎,其中专门用于人命伤亡索赔的份额以每吨 2100 金法郎计算,而财产损失索赔以每吨 1000 金法郎计算,如果 2100 金法郎的责任限额不足以支付全部人身损害索赔,未付差额与财产索赔一起按比例以财产损失的 1000 金法郎限额支付。此规定为人命伤亡设立了较高的责任限额,并且运用"溢出"(spill-over)条款[2]调整人命伤亡与财产损失责任限额的关系,更好地保障人权。该公约的另一特点是对所有船舶一视同仁,按公约规定的每吨同一金额乘以船舶吨位确定责任限额,不足 300 吨的船舶视为 300 吨,船舶吨位的确定方式与《1924 年公约》相同。用于不同航行目的的船舶大小相差甚远,这样的规定会造成不公平的局面,例如 300 吨的船舶所可能造成的损失不一定刚好是 3000 吨船舶的 1/10。

《1976 年公约》极大地提高了责任限额。公约以 1969 *International Convention on Tonnage Measurement of Ships* 附件一 *Regulations for Determining Gross and Net Tonnages of Ships* 计算得出的总吨位为基础,将船舶吨位分成不同级别,人命伤亡分为五个等级,财产损失分为四个等级。此种方法比《1957 年公约》的单一吨位计算方法更符合实际船价。公约第 6 条第 1 款规定了每一次事故的责任限额计算方法,对于人命伤亡索赔,不超过 500 吨时以每吨 333000SDR 计算;500 吨以上的船舶按以下增加,在 501 吨与 3000 吨之间,每吨 500SDR;在 3001 吨与 30000 吨之间,每吨 333SDR;在 30001 吨与 70000 吨之间,每吨 250SDR;70000 吨以上,每吨 167SDR。对于财产损失索赔,不超过 500 吨时以每吨 167000SDR 计算;500 吨以上的船舶,在 501 吨与 30000 吨之间,每吨 167SDR;在 30001 吨与 70000 吨之间,每吨 125SDR;70000 吨以上,每吨 83SDR。

---

① 司玉琢等编著:《新编海商法学》,大连海事大学出版社 2006 年版,第 518 页。

② Sarah C. Derrington and James M. *Turner*, *The Law and Practice of Admiralty Matters*, Oxford: Oxford University Press, 2007, p. 264.

这样的规定保证了吨位较小的船舶必须承担一笔可观的责任赔偿,同时避免大型船舶承担过大的责任限额。若同时发生人命伤亡和财产损失,当人命伤亡损害赔偿限额不足以支付全部的人命伤亡索赔时,剩余部分与财产损失索赔一起在财产损失赔偿责任限额中按比例分配。

　在不影响人命伤亡受偿的前提下,公约允许缔约国在国内法中规定港口工程损害、港池、航道和助航设施较其他财产损失优先受偿。当救助人试图寻求责任限制时,责任限额应当按照引起损害的当事船舶吨位来计算,公约第6条第4款规定如果救助作业不从任何船舶进行,或者只是在对其进行施救工作的船舶上进行,救助人的责任限制以1500吨计算。公约第7条就旅客人命伤亡的责任限额予以规定,包括根据旅客运输合同载运者以及经承运人同意,随同照料货物运输合同中所载车辆或活动物者提起的索赔,并不是按照船舶吨位计算的,而是按照船舶所载乘客数量乘以46666SDR计算的,总限额不得超过2500万SDR。

　《1996年议定书》进一步提高了责任限额,并且将第一级别船舶吨位由500吨提升到2000吨。对于人命伤亡索赔,不超过2000吨时以每吨2000000SDR计算;2000吨以上的船舶按以下增加,在2001吨与30000吨之间,每吨800SDR;在30001吨与70000吨之间,每吨600SDR;70000吨以上,每吨400SDR。对于财产损失索赔,不超过2000吨时以每吨1000000SDR计算;2000吨以上的船舶,在2001吨与30000吨之间,每吨400SDR;在30001吨与70000吨之间,每吨300SDR;70000吨以上,每吨200SDR。同样对于旅客人命伤亡的责任限额,也提高到了175000SDR乘以船舶所载乘客数量,而且一并取消了2500万SDR总限额的上限,还允许缔约国通过国内法设立更高责任限额的旅客人命伤亡责任制度体系。该议定书的修正案于2015年生效,在保持2000吨为第一级别责任限额的基础上,将各吨位级别的责任限额再次提高约50%。[①]

　(二)各国立法中的责任限额

　作为《1976年公约》的缔约国,英国有关责任限额的规定与公约一致。英国后

① IMO,http://www.imo.org/About/Conventions/ListOfConventions/Pages/Convention－on－Limitation－of－Liability－for－Maritime－Claims－(LLMC).aspx,下载日期:2014年8月25日。

加入《1996 年议定书》,所以 1995 年《商船法》附件 7 第二部分第 5 条对 300 吨以下的船舶规定的低于公约规定的责任限额也得到了相应的提高:人身伤亡赔偿请求的责任限额为 1000000 计算单位,财产损害赔偿请求的责任限制为 500000 计算单位。美国的 1985 年《责任限制法》规定了较《1976 年公约》更高的责任限额,对人身伤亡赔偿责任限额的吨位划分更细致,尤其重视对小型船舶受害人的保护。

(三)我国立法中的责任限额

我国《海商法》参照《1976 年公约》以船舶总吨位分级分别对人身伤亡和非人身伤亡限额进行规定,海上旅客的人身伤亡赔偿责任限额也与公约规定一致。公约第 15 条第 2 款允许缔约国在国内法规定意欲在内陆水域货物运输和小于 300 吨的船舶的责任限制制度,大多数缔约国在立法或司法实践中都承认内河船舶与海船同样适用公约的责任限制,小于 300 吨的船舶可直接适用公约关于 300 吨以上船舶的责任限制规定,或者另行对 300 吨以下的船舶规定一个较低的责任限制额,不再按吨位区分限额。我国没有内河船舶责任限制法律,内河船舶在我国不能享受责任限制。300 吨以下的船舶适用交通部《关于不满 300 总吨位船舶及沿海运输、沿海作业船舶海事赔偿限额的规定》,该规定对 300 总吨以下船舶以 20 总吨、21 总吨为界划分责任限额等级。国内海上运输旅客适用交通部《港口间海上旅客运输赔偿责任限额的规定》。

这样的规定导致内外有别的"双轨制"模式成为我国海事赔偿责任限制制度最大的不足。《关于不满 300 总吨位船舶及沿海运输、沿海作业船舶海事赔偿限额的规定》第 4 条规定,从事我国港口之间运输或沿海作业的船舶,不论吨位是否超过 300 吨,其人身伤亡和财产损失的责任限额均为相同吨位船舶的一半,不满 300 吨的,按上述该规定第 3 条责任限额的 50％计算;300 吨以上的,按《海商法》第 210 条第 1 款责任限额的 50％计算。第 5 条规定,同一事故中的当事船舶的海事赔偿限额,有适用《海商法》第 210 条或者本规定第 3 条规定的,其他当事船舶的海事赔偿限额应当同样适用。该条规定为司法实践带来了困扰,若同一事故中涉及的两艘船舶分别是 300 总吨以上的国际航行船舶和不满 300 吨或从事国内航行的船舶时,对于责任限额的确定,分别适用的是《海商法》和该规定,该如何判断两船应当采用何种相同标准。虽然实践中多采取"就高不就低"的做法,认为两船的责任限制均适用《海商法》的标准,但是这与以船舶吨位确定海事赔偿限额的原则①相悖。此外,"同样适用"缺乏现实可能性,不论是将不满 300 吨或从事国内航行的船舶套入《海商法》中,还是将 300 吨以上的国际航行船舶套入该规定,都于法无据,更何况后一做法还有违法律优先行政法规的位阶原则。因此,学者建议将该条文中的"同样适用"表述改为"分别适用相应的规定"。②《港口间海上旅客运输赔偿责任限额的规定》第 4 条规定,国内海上运输旅客责任限制按照 4 万元人民币乘以船舶证书规定的载客定额计算赔偿限额,但最高不超过 2100 万元人民币。该规定与《海商法》第 211 条相比,仅仅是后者的 1/12 左右,属于极度的"同命不同价"。该规定至今已有 20 余年,已经与我国现阶段人民生活水平严重不相适应。

结合我国现阶段航运业发展水平,有学者建议加入《1976 年公约》,但不应适用《1996 年议定书》,如此具有涉外因素的案件可直接适用公约,并且辅之以修改和完善国内法,在保障国际整体利益和行业发展原则的前提下实现与公约的接轨。③ 公约不允许对 300 总吨以上的沿海航行船舶责任限额作出保留,加入公约后发生具有涉外因素的海上事故时,300 吨以上的船舶的责任限额将与国际航行船舶保持一致,自动实现"双轨制"到"单轨制"的转变。但不具有涉外因素或 300 吨以下的船舶仍需要通过提高现行国内法的责任限额,才能达到内外统一的效果。加入公约后,具有涉外因素的国内海上旅客运输责任限额,可以直接适用 46666SDR 的人均限额规定,保证了该类旅客的人身伤亡得到充分的赔偿。但不

---

① 金额制度之下的海事赔偿责任限额是以船舶吨位为计算标准的,不同吨位的船舶依法享有不同的责任限额。即使一次海损事故中涉及吨位大小不一的当时船舶,但最终各自承担的责任限额都是以各自的船舶吨位为标准计算而得的。如果发生大船与小船的碰撞,都有过错的情况下,在双方的索赔额相互抵销后,确定承担差额部分赔偿责任的是小船,就应当依据法律规定的小船的责任限额来确定该小船需要承担的赔偿限额,而绝非一律采用大船的责任限额。

② 赫子竞:《评交通部关于 300 总吨以下船舶责任限额的规定——建议将第 5 条的"同样适用"改为"分别适用相应的规定"》,《中国海商法年刊(1998)》,大连海事大学出版社 1999 年版;郭萍:《海事赔偿责任限制方面的国内法冲突及解决办法》,《大连海事大学学报》1997 年第 2 期。

③ 胡正良等:《中国加入〈海事赔偿责任限制公约〉问题研究》,载上海海事大学海商法研究中心编:《海大法律评论 2008》,上海社会科学院出版社 2009 年版。

海商法律实务 ●●●

具有涉外因素的国内海上旅客运输责任限额,即我国公民的赔偿问题,仍需要提高交通部规定的责任限额,否则仍不能彻底摆脱"双轨制"。

【案例裁决/法律文书摘录】

在我国的海事司法实践中,由于"双轨制"的存在,最常见的责任限额争议案件即责任人主张适用《关于不满 300 总吨位船舶及沿海运输、沿海作业船舶海事赔偿限额的规定》的较低责任限额,而受害人主张适用《海商法》的较高责任限额,法院将根据案件的具体情况进行裁判。在"闽海 231"轮海事赔偿责任限制案①中,厦门公司所属的"闽海 231"轮在广东省表角附近水域与石狮公司所属的"重庆"轮发生碰撞,厦门公司向海事法院提出海事赔偿责任限制申请,依照《关于不满 300 总吨船舶及沿海运输、沿海作业船舶海事赔偿限额的规定》责任限额为 1268459 元。石狮公司对法院裁定准许厦门公司的海事赔偿责任限制申请提出异议,认为厦门公司所属的"闽海 231"轮属港澳航线运输船舶,其申请不符合海事赔偿限额规定。海事法院进一步查证认为:"闽海 231"轮属港澳航线运输船舶,且其吨位超过 300 吨,故该轮的海事赔偿责任限制金额应按《海商法》第 210 条第 1 款计算;石狮公司的异议成立。据此撤销前一裁定;厦门公司可以向海事法院申请设立责任限制基金,总金额为 2536918 元及其从事故之日起至基金设立之日止的利息。裁定作出后,厦门公司没有提出上诉。

近期的浙江恒晖海运有限公司申请设立海事赔偿责任限制基金②一案,恒晖公司光船承租的"化运 2"轮从东莞沙田开往北海途中,在中国南海珠江口东澳岛东北面附近海域与"盛安达 7"轮发生碰撞,造成"盛安达 7"轮及所载货物沉没,多名船员死亡或失踪,"化运 2"为责任船舶。恒晖公司向法院提起设立海事赔偿责任限制基金申请,基金数额按照《关于不满 300 总吨船舶及沿海运输、沿海作业船舶海事赔偿限额的规定》为 253756.50 特别提款权。异议人桂钦公司称:"盛安达

---

① 广州海事法院案例精选,http://www.gzhsfy.gov.cn/showanli.php? id=3030,下载日期:2014 年 8 月 26 日。
② 广州海事法院(2014)广海法限字第 1 号民事裁定书。

444

7"轮是可以航行港澳航线的船舶,且事故发生时其锚泊于珠江口澳门水域候潮,拟通过澳门港进入马骝洲水道抵达目的港。虽然"盛安达7"轮事故发生航次为我国港口间运输,但是发生碰撞的地点为港澳水域,其在特定时间段的航行性质属于港澳航线,故"盛安达7"轮应按照《中华人民共和国海商法》确定赔偿限额。根据《关于不满300总吨船舶及沿海运输、沿海作业船舶海事赔偿限额的规定》第5条的规定,"化运2"轮光船承租人也应依据《海商法》第210条的规定计算责任限额,为507513特别提款权。另一异议人异议人恒益公司也作出同样的辩称。以下是法院关于确定责任限额的部分判决意见:

针对基金数额计算标准不当的异议意见,根据查明的事实,本案碰撞事故发生时,"化运2"轮和"盛安达7"轮均从事国内港口之间货物运输,事故发生地点属于珠江口大头洲岛以南水域,符合我国交通部《关于不满300总吨船舶及沿海运输、沿海作业船舶海事赔偿限额的规定》第2条关于"本规定适用于超过20总吨、不满300总吨的船舶及300总吨以上从事中华人民共和国港口之间货物运输或者沿海作业的船舶"的规定,因此应适用《关于不满300总吨船舶及沿海运输、沿海作业船舶海事赔偿限额的规定》来计算赔偿限额。两异议人提出的本案碰撞事故地点为澳门水域,"盛安达7"轮从事港澳航线航行,与查明的事实不符,也不予支持。

【延伸阅读】

1. 李桢:《国际海事组织法律委员会第98届会议概况》,载《中国海事》2011年第6期。

2. 王淑梅:《关于海事赔偿责任限制若干问题的调研报告》,载万鄂湘主编:《涉外商事海事审判指导》,人民法院出版社2008年第1期。

3. International Maritime Organization（IMO）,http://www.imo.org/About/Pages/Default.aspx。

第六节　海事赔偿责任限制程序

●　●　●

【知识背景】

海事赔偿责任限制程序

（一）海事赔偿责任限制权利的行使

在实体法层面上，海事赔偿责任限制权利是责任主体的一种抗辩权，此种抗辩权在行使程序中，可以通过在海事索赔诉讼中作为抗辩提出以限制赔偿责任，或是在事故发生后由责任主体主动向法院提起海事赔偿责任限制确认之诉两种方式实现。第一种方式是在未设立责任限制基金时，在海事索赔诉讼中，责任主体作为被告针对原告的诉讼请求，以抗辩的形式向法院申请责任限制，法院在判决中直接裁判责任主体是否有权限制责任。第二种方式是由责任主体主动提起以海事请求人为被告的责任限制确认之诉，法院于受理后通知利害关系人，并发布公告。若公告期满无异议则裁定准许限制责任，若利害关系人提出异议，法院将进行程序性审查，异议成立，裁定驳回申请人的申请，若异议不成立，则裁定准予申请人限制责任。在准许申请人限制责任的裁定生效后，申请人还可以自行决定是否在法院设立责任限制基金。

（二）海事赔偿责任限制基金

责任限制基金是责任主体要求限制赔偿责任，一旦经海事法院审查认可，就可以向海事法院提交一笔相当于责任限额的款项，作为分配给所有限制性海事请求的基金。[①] 责任人一旦设立了责任限制基金，便在法律上取得了对抗债权人对其财产实施强制措施的抗辩权，有权要求释放被扣押的船舶或其他财产。基金的此

---

① 司玉琢：《海商法专论》，中国人民大学出版社 2007 年版，第 528 页。

种担保效力应当视为责任人的特权,因而责任人在主张责任限制权利时有权自行决定是否设立基金来避免其船舶或其他任何财产遭受扣押或查封。责任限制公约授权援引责任限制的主体可以设立责任限制基金,但并没有强制要求设立基金,除非缔约国的国内法有如此要求。

通常情况下,责任人会在主动申请责任限制权利的同时设立责任限制基金,但这并不表示基金设立必须与责任限制诉讼同步进行,也可以在诉讼前或诉讼中设立。设立责任限制基金程序仅审查申请人权利主体资格、债权性质、当时船舶类型及事故详情等,而责任人最终能否享受责任限制权利还需要通过实体审理才能确定。因而设立基金只能表明责任人试图限制责任的意愿,并不能表明其就此而有权限制责任,责任人是否能够享受责任限制权利并不影响基金的设立。[①] 责任限制基金的设立程序具有相对独立性,并不是责任人援引责任限制权利程序的前提条件或必需程序,两者之间不具备必然的因果关系。

(三)我国海事赔偿责任限制程序

我国《海事诉讼法》未能建立一套完整的海事赔偿责任限制程序规则与实体法配套,仅在第九章和第十章分别对"设立海事赔偿责任限制基金程序"和"债权登记与受偿程序"作出规定,不足以构成责任限制程序的全部内容。最高人民法院《海诉法解释》也只针对了这两部分进行补充说明。最高人民法院2010年《责任限制若干规定》对部分海事赔偿责任限制程序进行了说明,解决了一些理论和实践中有争议的问题。

1. 设立海事赔偿责任限制基金的程序问题

《海事诉讼法》第105条和第106条规定,海事法院应当在受理设立海事赔偿责任限制基金申请后的7日内通知已知的利害关系人,并同时发布公告。利害关系人有异议的,应当在收到通知之日起7日内或者未收到通知的在公告之日起30日内,以书面形式向海事法院提出。法院收到书面异议的,应当进行审查,在15日之内作出准予或不准予设立基金的裁定。当事人对裁定不服的,可以在收到裁定书之日起7日内提起上诉,二审法院在收到上诉状之日起15日内作出裁定。在海

---

① 金正佳主编:《海事诉讼法论》,大连海事大学出版社2001年版,第407~408页。

事实践中,海损事故发生后一般会出现诸多债权人,在申请设立基金的公告发布后就可能有若干利害关系人提出异议,法院需要作出多个裁定。法院可能采取收到不同利害关系人异议后分别作出和收到全部异议审查后作出一个裁定的不同做法。事实上,不管何时提出异议,法院审查的是异议人的异议是否成立,不管有多少个异议人,只要有一个异议人的异议不成立,即其债权属于限制性债权,并且符合其他法定条件,法院就应当准予责任人设立基金。因而对所有利害关系人而言,裁定是否准予设立基金是一个共性问题。所以法院对不同利害关系人的异议分别作出裁定和收到全部异议后作出一个裁定的后果是相同的。在众多的债权人中可能存在非限制性债权,但只要有限制性债权人,就应当准予责任人设立基金,尽管设立基金的效果是免除责任人的财产被采取强制措施,但该效果不对非限制性债权人产生影响,其依然可以对责任人的财产采取强制措施。因此采取前一种做法对利害关系人的利益没有不利影响,还可以减少诉累,提高司法效率。[①]

2. 确权诉讼

《海事诉讼法》第112条规定海事法院受理设立责任限制基金的公告发布后,债权人应当在公告期间就与特定场合发生的海事事故有关的债权申请登记。公告期间届满不登记的,视为放弃债权。如果债权人申请债权登记提供的证明是判决书、裁定书、调解书、仲裁裁决书或者公证债权文书,那么根据该法第115条的规定,海事法院经审查认定上述文书真实合法即裁定予以确认。而如果提供的是上述文书以外的其他海事请求证据,根据该法第116条的规定,债权人应当在办理债权登记以后,在受理债权登记的海事法院提起确权诉讼。当事人之间有仲裁协议的,应当及时申请仲裁。海事法院对确权诉讼作出的判决、裁定具有法律效力,当事人不得提起上诉。

确权诉讼直接影响着基金的分配和各债权人的债权受偿。基于一次海损事故成立的海事赔偿责任限制基金数额是一定的,其中每一债权的成立、数额及受偿顺序都对其他债权的受偿有着重大的影响。因而法院对登记债权进行审查必须通过

---

① 王淑梅:《〈关于审理海事赔偿责任限制相关纠纷案件的若干规定〉的理解与适用》,载《人民司法》2010年第19期。

严格的程序,才能充分保障所有债权人的利益。鉴于生效的裁判文书和仲裁裁决书具有极强的证明力,只要真实合法,法院便能直接对其所证明的债权予以认定,而对于其他海事请求证据意欲证明的债权,则需要通过确权诉讼才能予以确定。

海事实践中可能存在债权人在公告后申请债权登记的情况,而此时基金还未实际设立,并且极有可能基金最终没有实际设立,或是因利害关系人的异议成立法院从而裁定驳回申请人的设立基金申请,或是《海诉法解释》第 84 条规定的情形,即虽然裁定已经生效,但是申请人逾期未设立基金而按自动撤回申请处理。进行债权登记的最终目的是服务于基金分配,如果并没有实际设立基金,那么债权登记也失去了存在的意义。为了避免使债权登记失效,《责任限制若干规定》第 7 条提供了解决办法,债权人申请登记债权,符合有关规定的,海事法院应当在海事赔偿责任限制基金设立后,再对债权人的申请进行审查,根据是否提供债权证据的,裁定是否准予登记,如果未设立基金,就应当裁定终结债权登记程序。

确权诉讼和海事赔偿责任限制之间的问题主要是在确权诉讼中,债权人应当何时主张责任人无权限制责任,以及法院是否可以在确权诉讼中认定责任人能否限制责任。根据一系列申请设立海事赔偿责任限制基金的案例可以看出,海事法院只审查程序性问题,不过问责任人是否有权享受责任限制,实行程序与实体分开的原则。根据《责任限制若干规定》第 7 条的规定,海事法院在基金设立之后才对债权人的登记申请进行审查并开始确权诉讼程序。在"'润达 402'轮"[①]案件中,"润达 402 轮"船舶所有人润达船务公司向厦门海事法院申请设立海事赔偿责任限制基金,法院依法受理并进行通知和公告,债权人广州宝钢南方贸易有限公司在公告期内向法院申请债权登记,随后开始确权诉讼程序。在诉讼中,申请人提出责任限制抗辩,债权人并无异议,法院经审理也未发现被告有丧失责任限制的情形,于是双方当事人就赔偿数额达成了调解协议,原告从被告设立的基金中受偿。本案便是在确权诉讼中一并确认了责任人的责任限制权利并对债权人的赔偿请求进行了实体审理,该做法于法无据。

---

① 厦门海事法院(2003)厦海法确字第 008 号民事调解书。

在"'华山顶'轮确权诉讼案件"①中,"华山顶"轮在火灾后的救助作业中沉没,船方于事故后主动向厦门海事法院申请设立责任限制基金。厦门海事法院依法受理后予以准许并向所有债权人发出通知,经债权登记后,案件进入确权诉讼审理阶段。索赔方在确权诉讼中对被告能否享有责任限制提出异议。由于《海事诉讼法》未对确权诉讼中债权人提起责任限制异议进行规定,厦门海事法院就此通过福建省高级人民法院向最高人民法院征询意见,厦门海事法院根据最高人民法院的答复作出裁定,认为原告关于被告不能享受责任限制的请求已超过《海事诉讼法》规定的确权诉讼案件审理范围,此项争议连同原告的赔偿请求应当通过普通程序一并审理。《责任限制若干规定》第10条肯定了该案的裁定意见,债权人提起确权诉讼时,应当以书面形式提出责任人无权限制责任的主张。案件的审理不适用确权诉讼程序,当事人对海事法院作出的判决、裁定可以依法提起上诉。责任限制权利是责任人极为重要的一项实体性权利,如果允许法院在确权诉讼程序中进行审理,实行一审终审,当事人不得上诉,对责任人来说有失公平。同样的,责任限额也是实体性问题,应当根据普通程序实行两审终审,对债权人来说也更为有利。

【案例裁决/法律文书摘录】

(一)设立海事赔偿责任限制基金的程序

"(韩国)兴亚航运有限公司申请设立海事赔偿责任限制基金案"②的申请人兴亚航运有限公司所属"兴亚东京"轮于2004年7月11日凌晨在韩国水域与"荣大洋2"号轮发生碰撞,后一船舶沉没。"荣大洋2"的船舶所有人于2004年7月12日在青岛海事法院对兴亚航运有限公司提起索赔诉讼并通过该法院扣押了"兴亚东京"轮。兴亚航运有限公司于2004年8月5日向青岛海事法院申请设立海事赔偿责任限制基金,"荣大洋2"轮的船舶所有人在收到法院通知后即提起了以下异议:(1)责任人是否有权享受责任限制决定了责任人是否能够设立基金;(2)申请人只要不符合《海诉法解释》第83条设立基金申请人的主体资格、事故所涉及债权的

① 厦门海事法院(2003)厦海法确字第035号民事裁定书。
② 青岛海事法院(2004)青海法保字第36—1号民事裁定书。

性质和申请设立基金的数额这三项中的一项,法院就应当驳回其申请;(3)本案所涉债权不属于限制性债权;(4)若允许申请人设立基金,最终确认责任人无权享受责任限制将会导致异议人得不到足额赔偿。本案中双方的争议焦点在于申请人是否有权享受责任限制以及在实体问题判决之前申请人是否可以设立海事赔偿责任限制基金。以下是青岛海事法院在确定了其对设立基金享有管辖权的基础上的审理意见:

1. 申请设立责任限制基金不应以申请人有权限制责任为条件

责任人设立基金是否以其享有责任限制为条件,是本案双方当事人争议的主要问题之一。《海商法》第213条规定的设立责任限制基金的条件是:"责任人要求依照本法规定限制赔偿责任的,可以在有管辖权的法院设立责任限制基金"。根据该规定,只要责任人要求限制赔偿责任,就可以依法申请设立责任限制基金。《海事诉讼特别程序法》第101条规定申请设立责任限制基金的条件是,责任人"在发生海事事故后,依法申请责任限制的,可以在海事法院申请设立海事赔偿责任限制基金"。该法规定的设立责任限制基金的条件与《海商法》规定的条件基本相同,并未规定其他条件。最高人民法院在《关于〈海事诉讼特别程序法〉若干问题的解释》中对责任人申请设立责任限制基金也未规定以责任人可以享受责任限制为条件。该解释第83条规定,对申请人申请设立责任限制基金提出异议的,"海事法院应当对设立基金申请人的主体资格、事故所涉及的债权的性质和申请设立基金的数额进行审查"。由此可见,根据我国的法律规定,不管责任人是否可以限制赔偿责任,只要其主张责任限制,就可以申请设立责任限制基金。我国有关法律之所以规定设立海事赔偿责任限制基金不以责任人有权限制赔偿责任作为设立基金的条件,其主要目的是,在重大事故发生之后、海事赔偿责任问题确定之前,允许有关责任人尽快设立责任限制基金,以避免其船舶或其他财产被扣押或多次扣押。

本案的异议人以责任人不能享受责任限制为由,主张驳回申请人的申请,该主张没有法律依据,本院不应支持。

2. 非限制性债权人不得阻止责任人设立责任限制基金

我国的海事赔偿责任限制制度是指在重大事故发生后,责任人对法律规定的某些特定海事请求权(即限制性债权)依法予以限制赔偿的法律制度。根据我国有关法律的规定,这种限制赔偿的制度仅适用于限制性债权,不适用于法律规定的非限制性债权和其他海事请求权。有关的责任限制基金也只能用于赔偿限制性债权人。我国《海商法》第214条规定的"向责任人提出请求的任何人",最高人民法院在"关于适用《海事诉讼特别程序法》若干问题的解释"第86条的规定,应当是指向责任人提出请求的任何限制性债权人,即有权"向责任限制基金提出请求的任何人",不可能也不应当包括非限制性债权人和其他海事债权人。

鉴于责任人设立责任限制基金对非限制性债权人和其他债权人的债权并没有影响,因此,非限制性债权人和其他海事债权人,对责任人申请设立责任限制基金无权提出异议。海事法院根据最高人民法院的有关司法解释,审查利害关系人"事故所涉及的债权性质",目的在于通过审查其债权的性质确定异议人是否有资格提出异议。

限制性债权是指我国《海商法》第207条规定的四种债权。根据我国《海商法》的有关规定,只有债权人的债权是因申请责任限制的特定事故引起的,其请求的对象是对事故负有责任的船舶所有人(包括船舶承租人和船舶经营人),请求的内容符合《海商法》第204条的规定,才属于限制性债权。在责任限制基金设立的过程中,法院审查异议人的债权是否属于限制性债权应当以此为标准,而不应以责任人是否有权限制赔偿责任为标准。

因此,本案的异议人以其请求权属非限制性债权,申请人不能享受责任限制,要求本院驳回申请人的申请,其理由不能成立。

3. 申请设立责任限制基金的数额有误,不应驳回申请人的申请

申请人有关船舶的登记总吨位为4914吨,对此,当事双方并无异议。双方争议的是该吨位船舶的准确责任限额。引起争议的原因是双方当事人对《海商法》第210条第2款的理解有分歧。该款规定,"对非人身伤亡的索赔赔偿请求1、总吨位300吨至500吨的船舶赔偿限额为167000计算单位;2、总吨位超过500吨的船舶,500吨以下的部分适用第1目的规定,500吨以上的部分,应当增加下列数额:501吨至30000吨的部分,每吨增加167计算单位;……"。申请人认为,该船责任限额的计算公式应当为:$167000+(4914-501)\times167=903971$(计算单位)。异议人则认为,该计算公式应当为:$167000+(4914-500)\times167=904138$(计算单位)。

双方争议的是,该款规定的"500 吨以上的部分"应否包括 500 吨。本院认为,"500 吨以上的部分"是指船舶的总吨位减去 500 吨后剩余的部分。因此,异议人提出的计算方法是正确的,即该船的限额应当为 904138 计算单位(特别提款权)。按照申请人提供的 2004 年 8 月 20 日国际货币基金组织公布的特别提款权与美元的汇率(1 个特别提款权相当于 1.47349 美元),该船的限额应当为 1332238.3 美元。

对申请人计算的责任限额出现错误法院是否应当驳回该申请人的申请问题,我国的法律和最高人民法院的有关解释并没有规定。本院认为,最高人民法院的司法解释之所以允许利害关系人对"申请设立基金的数额"提出异议,目的就在于避免申请设立基金的数额出现错误。如果申请人申请设立的责任限额计算有误,在利害关系人提出异议后,法院可以通过裁定确定基金的数额。拒不按法院要求的数额设立的,不产生法律规定的设立基金的后果。但法院不应以此为由,驳回申请人的申请。这主要是因为,设立责任限制基金的权利是申请人的一项权利,它对申请人的利益具有重大的影响,法院不应由于申请人抄写或计算数额上的疏忽而剥夺其应当享有的权利。

因此,异议人以申请人责任限额计算有误为由要求驳回其申请,本院不予支持。

综上所述,本院认为,根据我国有关法律的规定,申请人申请设立责任限制基金,应以该申请人是否主张责任限制为必要条件,至于责任人是否有权限制赔偿责任,与设立责任限制基金程序无关;我国的海事赔偿责任限制制度仅适用于有关事故引起的限制性债权,责任人设立责任限制基金的法律后果,也只能影响限制性债权人,并不影响其他债权人;申请人申请设立责任限制基金数额计算有误,法院可以通过审查予以纠正,不能因此而驳回其设立责任限制基金的申请。本案申请人的申请符合中华人民共和国的有关法律规定,应当允许其设立责任限制基金。

(二)确权诉讼

"中国人民财产保险股份有限公司合肥市分公司、法国达飞轮船股份有限公司等申请海事债权确权民事判决书"[①]一案,原告中国人民财产保险股份有限公司合

---

① 宁波海事法院(2013)甬海法权字第 176 号民事判决书。

肥市分公司起诉称:原告承保的货物载于"BARELL"轮集装箱内,自上海运往坦桑尼亚达累斯萨拉姆,被告签发了清洁提单。该轮在中国福州江阴港附近海域发生搁浅、沉船事故,涉案集装箱所载货物全损。原告依据保险合同赔付被保险人货损 47872 美元后取得代位求偿权。被告就涉案事故已设立海事赔偿责任限制基金,原告已进行债权登记并获准许,据此提起确权诉讼,请求判令被告赔偿此笔货损费用。被告法国达飞轮船股份有限公司对涉案货物全损无异议,但辩称:(1)原告主体不适格,原告不持有全套正本提单,且未取得合法的代位求偿权;(2)原告主张的货损金额依据不足,应按照报关单上记载的货物价值 6920 美元为准;(3)涉案货损系由于船长、船员在驾驶船舶中的过失导致,被告能够享受航行过失免责;(4)被告即使需要承担赔偿责任,也可以享受责任限制,原告应在责任限制基金内受偿。以下是法院的审理意见:

本院认为本案系具有涉外因素的海事债权确权纠纷,涉案海事赔偿责任限制基金设立在本院,根据《最高人民法院关于审理海事赔偿责任限制纠纷案件的若干规定》第4条的规定,本院对本案具有管辖权。对原、被告的争议焦点,本院分析认定如下:

1. 关于原告主体是否适格的问题

根据《海事诉讼特别程序法》第96条的规定,原告作为保险人提起保险代位求偿诉讼的,应当向法院提交保险人支付保险赔偿的凭证,以及参加诉讼应当提交的权益转让书等文件。而原告未能提交相应的证据,故其关于已取得代位求偿权的主张,证据和理由均不充分,本院不予支持。

2. 关于承运人能否享受航行过失免责的问题

福建海事局的事故调查报告认定,涉案船舶证书齐全有效,船员配备符合最低安全配员要求,船舶配备的各项设备均处于正常工作状态。因此,原告主张涉案船舶在开航前和开航时不适航,证据和理由均不充分,本院不予采信。涉案事故系由于船长、船员驾船过失导致船舶严重偏离航道而触礁,而涉案集装箱装载于一舱舱面,事故发生后直接离船落水,该集装箱货物已全损。故涉案货物的损失与事故存在直接因果关系,根据《海商法》第51条的规定,被告可以享受航行过失免责。

综上所述,本院认为,虽然涉案货物在事故中全损,但是原告作为保险人未证明其取得了代位求偿权,且货物损失系由于船长、船员在驾驶船舶或管理船舶中的过失造成的,被告依法不负赔偿责任。故判决驳回原告的诉讼请求。

【延伸阅读】

1. D. C. Jackson,*Enforcement of Maritime Claims*,London：LLP,professional publishing,2000,paras. 24.90~24.99.

2. Sarah C. Derrington and James M. Turner,*The Law and Practice of Admiralty Matters*,Oxford：Oxford University Press,2007, pp.270~273.

3. 王建瑞:《海事赔偿责任限制制度的十个问题》,载《中国海商法年刊》2010年第4期。

4. 中国裁判文书网,http://www. court. gov. cn/zgcpwsw/。

第十一章
海上保险合同

【内容摘要】海上运输从古至今都是风险四伏的,即使在航海技术高度发达的现代,亦难以完全避免船货葬身海底的命运。因此,转嫁与分散航海风险的海上保险制度开整个保险业的先河,对促进海上运输的发展与繁荣发挥了积极的作用。保险利益、代位求偿、保险委付是保险合同中的重要概念,全面正确地理解这些概念,是学好本章内容的前提条件,应予以特别关注。常见的海上保险合同主要是船舶保险合同和海上货物运输保险合同,另外还有运费保险合同、期待利益保险合同、责任保险合同等,海上保赔合同亦是近年来时有发生纠纷的一类合同。保险合同关于保险人与被保险人权利与义务的约定是应重点掌握的内容,而保险单中的格式条款是否属于"霸王条款"? 其效力如何? 这是审判实务中常见的争议焦点,需要法官依据法律、司法智慧和审判经验进行甄别与裁判。

第一节　海上保险合同概述

【知识背景】

海上保险合同的若干基本法律问题

（一）海上保险合同的法律特征

《海商法》第 216 条的规定，海上保险合同是指保险人按照约定，对被保险人遭受保险事故造成保险标的的损失和产生的责任负责赔偿，而由被保险人支付保险费的合同。海上保险合同具有以下法律特征：

1. 海上保险合同是诺成、双务、有偿合同

海上保险合同为诺成合同，双方当事人意思表示一致，合同即成立并生效，是否交付保险费不是合同成立或生效的要件。该合同一般采取标准的保险单或保险凭条的形式签订，也可以由保险人在投保人的投保单上签章确认，书面订立保险合同较为少见。合同双方当事人互负义务，如被保险人有支付保险费的义务，在发生保险责任范围内的保险事故遭受损失时，有要求保险赔付的权利；保险人有收取保险费的权利，同时有依法赔付保险损失的义务。

2. 海上保险合同是射幸合同

保险与赌博都具有射幸性，二者的数理基础都是概率论中的大数法则。被保险人交纳根据大数法则计算出来的一小笔保险费，一旦发生保险事故，即可获得一大笔赔偿；没有发生事故时，则由保险人赚取保险费。交纳保险费与获得保险赔偿之间不具有一一对应的关系，更不是等价有偿的结果，保险行为实际上是一种机会

性行为。① 保险"是赌博,还是合法地转嫁风险,保险利益是唯一的试金石"②。各国保险法律为了避免保险沦为纯粹的赌博,均要求被保险人在损失发生时,必须对保险标的具有保险利益,否则保险合同因与赌博无异而将认定为无效。

3. 海上保险合同是补偿性质的合同

被保险人通过向保险人支付一定的保险费,把不确定的损失转变为固定的费用,当保险事故发生后,被保险人即可获得最大限度的补偿,从而恢复到未遭遇保险事故前的经济状况。保险起到了既分散风险,又补偿损失的作用。被保险人投保的目的,就是在遭遇保险事故受到损失后,能及时获得保险赔付,因此,补偿损失的性质,是海上保险合同的本质属性。

4. 海上保险合同是要求最大诚信的合同

作为海上保险业的专家,保险人应该对海上风险等级、船舶性能、货物特性、被保险人的防损能力等具有专业化的了解和相应的能力。但是,保险人毕竟居于船舶航行和货物运输的局外,其对保险标的的了解,进而对风险大小的评估和保险费率的确定等,主要还是依赖于被保险人的诚实告知。因此,海上保险合同特别要求贯彻最大诚信原则,被保险人负有如实告知船舶状况、货物特性等可能影响保险人决定是否承保以及保险费率高低的重要事项之责任,若未如实告知,可能导致保险合同无效的结果。

5. 海上保险合同是格式合同

海上保险合同的保险条款都是保险人事先单方拟制并预先印妥的,被保险人对该保险条款"要么接受,要么走开",通常不能讨价还价、协商修改保险条款。保险人有义务准确、谨慎地拟定保险条款,尽量做到含义明确、没有歧义。如果发生对保险条款解释上的分歧,或者有两种以上的解释结论,则应该作出对保险人不利的解释,以保护被保险人的利益。对格式条款有"两种以上的解释",应当是按照一般人通常的理解,存在两种以上可能的解释,而不是双方当事人存在不同理解就可

① 王家福等:《合同法》,中国社会科学出版社 1986 年版,第 409 页。
② 黄伟青:《论国际海运货物保险的保险利益》,载北海海事法院编:《第十届全国海事审判研讨会论文集》2001 年版。

以认定为存在两种以上的解释。《合同法》第 41 条与 2014 年修订的《保险法》第 30 条的规定,都强调对格式条款的理解发生争议的,应当按照通常理解予以解释,只有当这种通常理解有两种解释的,才应当作出有利于被保险人的解释。①

(二)海上保险合同的订立、转让与解除

1. 海上保险合同的订立

海上保险合同的订立,需通过要保、核保、保险费报价、暂保、签发保险单和缴纳保险费六个环节。被保险人提出保险要求,并与保险人协商就保险标的、险别、保险金额、保险费等达成协议,海上保险合同即告成立。保险人应当及时向被保险人签发保险单或其他保险单证,并载明双方约定的有关内容。

保险单是保险合同的证明文件,另外,保险凭证、承保单、船票等,亦是保险合同的证明。在实践中,一般多为合同成立后,由保险人向被保险人签发保险单。保险单的正面,记载有保险人、被保险人的名称、保险标的、保险价值、保险金额、免赔额、运输工具的名称、起运港目的港以及其他特别约定的事项等。保险单背面通常为事先印制的保险条款,也有的保险单背面没有任何内容。

《海商法》第 222 条规定:"合同订立前,被保险人应当将其知道的或者在通常业务中应当知道的有关影响保险人据以确定保险费率或者确定是否同意承保的重要情况,如实告知保险人。"这一规定是最大诚信原则的必然要求。所谓重要情况,是指影响谨慎的保险人确定收取保险费的数额和决定是否承保的每一项资料,如船舶何时改装过、何时发生过海事、船员状况如何等。在保险合同订立后才发现的重要的情况,如果危及保险标的的安全,被保险人仍有告知义务。《海商法》所要求的告知为无限客观告知,对于保险标的的重要情况,即使保险人未询问,被保险人也应主动告知。但保险人知道或者在通常业务中应当知道的情况,或降低风险的任何情况,保险人未询问的,被保险人无须告知。

---

① 2002 年修订的《保险法》第 31 条规定,对于保险合同的条款,保险人与投保人、被保险人或者受益人有争议时,人民法院或者仲裁机关应当作有利于被保险人和受益人的解释。本条从字面上看,只要保险人与被保险人对保险条款的理解存在争议,就要作出对保险人不利的解释。显然,这种规定是不够完善的。

保险合同是对可能发生而尚未发生的危险进行的保险,如果订立合同时,危险已经发生或注定不会发生,则没有订立保险合同的必要。因此,订立合同时,被保险人已经知道或者应当知道保险标的已经因发生保险事故而遭受损失的,保险人不负赔偿责任,但是有权收取保险费;保险人已经知道或者应当知道保险标的已经不可能因发生保险事故而遭受损失的,被保险人有权收回已经支付的保险费。

被保险人对同一保险标的就同一保险事故向几个保险人重复订立合同,而使该保险标的的保险金额总和超过保险标的的价值的,除合同另有约定外,被保险人可以向任何一个保险人提出赔偿请求。被保险人获得的赔偿金额总和不得超过保险标的的受损价值。在海上重复保险中,各保险人按照其承保的保险金额与保险金额总和的比例承担赔偿责任。任何一个保险人支付的赔偿金额超过其应当承担的赔偿责任的,均有权向未按照其应当承担赔偿责任支付赔偿金额的保险人追偿。

2. 海上保险合同的转让

关于海上货物运输保险合同的转让,《海商法》第 229 条规定:"海上货物运输保险合同可以由被保险人背书或者以其他方式转让,合同的权利、义务随之转移。合同转让时尚未支付保险费的,被保险人和合同受让人负连带支付责任。"国际货物贸易是以货物位移和物权转移为表现形式的,海上货物运输保险合同必须适应国际货物贸易的需要,允许保险合同自由转让而不必取得保险人的事先同意或事后追认。该合同的转让,以被保险人在保险单背面签章为表现形式,但受转让方再行转让该保险合同时,则没有必要另行背书。在海事审判实务中,国内的货物销售方作为被保险人投保,货物运到国外后发现保险责任范围内的货损,若国内销售方承担了货损的修复、更换等责任,则一般认为海上货物运输保险合同没有转让,被保险人仍是投保人。

关于船舶保险合同的转让,因船舶的安全航行很大程度上取决于船舶所有人对船舶的管理水平、工作责任心和航海经验,保险人是否承保某艘船舶以及收取保险费的多与少,都与具体的船舶所有人密切相关,船舶转让可能增加船舶的安全风险,使原保险合同所依据的承保、收费等条件发生重大变化,所以,因船舶转让而转让船舶保险合同的,应当取得保险人同意。未经保险人同意,船舶保险合同从船舶转让时起解除;船舶转让发生在航次之中的,船舶保险合同至航次终了时解除。合同解除后,保险人应当将自合同解除之日起至保险期间届满之日止的保险费退还被保险人。

3. 海上保险合同的解除

根据意思自治原则,保险人与被保险人协商一致的,随时可以解除海上保险合同。但双方协商不一致的,应按以下规则解除合同:

第一,保险责任开始前,被保险人可以要求解除合同,但是应当向保险人支付手续费,保险人应当退还保险费。

第二,根据合同约定在保险责任开始后可以解除合同的,被保险人要求解除合同,保险人有权收取自保险责任开始之日起至合同解除之日止的保险费,剩余部分予以退还;保险人要求解除合同,应当将自合同解除之日起至保险期间届满之日止的保险费退还被保险人;但是,货物运输和船舶的航次保险,保险责任开始后,被保险人不得要求解除合同。如果合同没有约定可以解除合同的,保险责任开始后,被保险人和保险人均不得解除合同。

第三,被保险人未履行告知义务的合同解除,即保险合同的法定解除。由于被保险人的故意,未将保险标的的重要情况如实告知保险人的,保险人有权解除合同,并不退还保险费,合同解除前发生保险事故造成损失的,保险人不负赔偿责任;不是由于被保险人的故意,未将保险标的的重要情况如实告知保险人的,保险人有权解除合同或者要求相应增加保险费。保险人解除合同的,对于合同解除前发生保险事故造成的损失,保险人应当负赔偿责任,但是,未告知或者错误告知的重要情况对保险事故的发生有影响的除外。

（三）海上保险合同的内容

《海商法》第 217 条规定:"海上保险合同的内容主要包括下列各项:保险人名称、被保险人名称、保险标的、保险价值、保险金额、保险责任和除外责任、保险期间和保险费等。"

1. 保险人名称

在海上保险合同中,应明确保险人的名称、地址、电话等以方便联系。保险人是海上保险合同的一方主体,其有权收取保险费,并在发生保险事故时有义务及时进行保险赔付。我国目前从事海上保险业务较多的保险人主要有中国人民财产保险股份有限公司、中国太平洋财产保险股份有限公司、中国平安保险股份有限公司、华泰财产保险股份有限公司等。

2. 被保险人名称

被保险人是海上保险合同的另一方主体,其名称、地址、电话等亦必须在合同中予以明确,且有关名称应该与工商行政管理机关核准的名称相同或与身份证上的姓名相同,以免产生不必要的纠纷。被保险人是我国《海商法》规定的海上保险合同的主体,但在我国《保险法》中,除被保险人的规定外,还有关于投保人的规定。投保人是指直接向保险人办理保险事务的人,可以是被保险人本人,也可以是被保险人的代理或代表,还可以是具有保险利益的其他人。换言之,投保人的概念主要是针对人身保险而言的,在财产保险中,投保人与被保险人通常是同一的。在海上保险的个别情况下,可能存在投保人与被保险人的区别,如 FOB 价格条件成交的货物,在国内由卖方办理海上货物运输保险的,卖方为投保人,国外的买方为被保险人。当然,在大多数海上保险合同情况下,投保人与被保险人竞合,因而《海商法》仅有关于被保险人的规定。

3. 保险标的

这是指被保险人要求保险人提供保险保障的某一财产或者某种利益。《海商法》第 218 条明确规定,海上保险合同的保险标的限于以下 7 个方面,即:船舶;货物;船舶营运收入,包括运费、租金和旅客票款;货物预期利润;船员工资和其他报酬;对第三人的责任;由于发生保险事故可能受到损失的其他财产和产生的责任、费用。

4. 保险价值

这是指保险标的的价值,一般由保险人与被保险人约定。在保险单中有载明保险价值的,为定值保险单,这是实践中一般采用的保险单形式;仅载明保险金额,而将保险价值留待需要确定保险赔偿额度时才予计算的保险单,为不定值保险单。《海商法》第 219 条规定,保险人与被保险人未约定保险价值的,保险价值计算的规则是"保险责任开始时保险标的的实际价值和保险费的总和"。据此,船舶的保险价值,是保险责任开始时船舶的价值,包括船壳、机器、设备的价值,以及船上燃料、物料、索具、给养、淡水的价值和保险费的总和;货物的保险价值,是保险责任开始时货物在起运地的发票价格或者非贸易商品在起运地的实际价值以及运费和保险费的总和;运费的保险价值,是保险责任开始时承运人应收运费总额和保险费的总和。

5. 保险金额

保险金额又称保险金,是指被保险人对保险标的实际投保的数额,也是保险人根据保险单对保险标的所受损失给予赔付的最高数额,是全损的赔付限额。保险金额由保险人与被保险人约定。保险金额与保险价值相等的,为足额保险,当保险事故造成损失时,保险人对该损失全额赔付。保险金额不得超过保险价值,超过保险价值的,为超额保险,超过部分无效。保险金额小于保险价值的,为不足额保险,是法律所允许的,但当发生保险标的的全损时,保险人按保险金额赔付,不足额部分由被保险人自行承担;当发生保险标的的部分损失的,保险人按保险金额与保险价值的比例赔付。

6. 保险责任和除外责任

保险责任是指保险人根据保险合同对被保险人承担的保险事故导致损失的赔付责任,除外责任则是指保险人对特定风险造成的损失不承担赔付责任。这实际上是一个问题的两个方面,前者明确规定哪些损失是保险人需要承担赔付责任的,后者则指明哪些损失保险人不予赔付。这是海上保险合同中的重要内容,双方应尽可能地予以明确约定。

7. 保险期间

这是指保险人承担保险赔偿责任的起止期间,在该期间内发生的保险事故造成的损失,保险人予以赔付,在该期间之前和之后出现的损失,即使是保险事故所致,保险人亦不承担责任。

8. 保险费

保险费又称保费,是被保险人因保险人承保了某种损失风险而向其支付的对价或报酬。一般而言,保险费的支付与否,并不是保险合同成立或生效的要件,而是属于保险合同的履行问题。即使未交纳保险费,也不影响保险合同的成立和生效,发生保险事故造成损失的,保险人不得以未收到保险费为由而拒赔,而只能将未付的保险费从保险赔款中扣除。

（四）保险人的责任

保险人的责任主要表现为保险标的在保险责任期间，发生保险责任范围内的事故造成损失时，对被保险人的赔偿责任。

1. 保险人承担赔偿责任的条件

保险人承担保险标的的赔偿责任，应符合以下条件：

第一，保险标的发生损害，且该损害与保险事故之间具有法律上的因果关系，即损害是由于保险事故造成的。只有保险标的发生损害，才可能产生保险人的赔偿责任问题，这是保险赔偿的题中之意。不同的保险险别，约定了不同的承担保险责任的保险事故，保险人仅对该约定的保险事故造成的保险标的的损害承担责任。即使是在海上货物运输一切险中，保险人也仅对列明的风险承担责任，而不是对"一切"事故造成的货损承担赔偿责任。

第二，保险标的的损失必须发生在保险责任期间。保险条款一般都明确约定了保险人承担责任的起止时间，如海上货物运输一切险所约定的"仓至仓"责任期间，在该段期间内发生的损失，保险人才承担赔偿责任，之前和之后所发生的损失，因保险责任尚未开始或保险责任业已结束，即使损失起因于保险事故，保险人也不承担赔偿责任。

第三，保险标的的损失不属于除外责任，也不是被保险人的故意造成的。在货物保险中，除合同另有约定外，对于航行迟延、交货迟延或者行市变化造成的货损、货物的自然损耗、本身的缺陷和自然特性引起的货损以及包装不当造成的货损，属于除外责任，保险人不予赔偿。在船舶保险中，除合同另有约定外，船舶开航时不适航造成的船舶损失，船舶自然磨损或者锈蚀，属于除外责任，保险人免责；但在船舶定期保险中，被保险人不知道船舶开航时不适航的，该不适航造成的损失，属于保险责任。倘若保险标的是被保险人故意造成的，如被保险船东本人或者指使其船员将保险船舶戳沉，由此造成的损失，保险人当然不予赔偿。

2. 保险人承担赔偿责任的一般规定

保险人应当及时进行保险赔偿。《海商法》第 237 条规定："发生保险事故造成损失后，保险人应当及时向被保险人支付保险赔偿。"保险的好处之一，是当被保险人遭遇保险事故造成损失时，可直接向保险人要求赔偿并获得保险赔款，以使被保险人免于与第三人的索赔纠纷,尽快恢复生产。保险人的赔偿何为"及时",《海商法》未有明定。《保险法》第 23 条规定,保险人收到被保险人的赔偿或给付保险金的请求后,应当及时作出核定,情形复杂的,应当在 30 日内作出核定,并将核定结果通知被保险人;对属于保险责任的,在与被保险人达成有关赔偿或给付保险金的协议后 10 日内,履行赔偿或给付保险金的义务,双方对该期限有约定的,从其约定。保险人如未及时履行该义务,除支付保险金外,还应赔偿被保险人因此所受到的损失,该损失通常认为是以央行同期流动资金贷款利率计算的利息。

保险人对保险标的损失的赔偿范围。保险金额是保险人承担赔偿或者给付保险金责任的最高限额,因此,保险人赔偿保险事故造成的损失,在全额保险和超额保险的情况下,以保险金额为限。在不足额保险下,即保险金额低于保险价值的,保险标的全损时,以保险金额为限予以赔偿;在保险标的部分损失时,按照保险金额与保险价值的比例赔偿。保险金额低于共同海损分摊价值的,保险人按照保险金额同分摊价值的比例赔偿共同海损分摊。需要注意的是,在船舶碰撞责任保险等第三者责任保险中,不存在不足额保险问题,发生保险事故造成对第三者责任的,保险人按保险金额予以赔偿,在损失低于保险金额时按实际损失额赔偿。保险标的在保险责任期间发生若干次保险事故所造成的损失,即使损失金额的总和超过保险金额,保险人也应当如数赔偿,而不受保险金额的限制;但对发生部分损失后未经修复又发生全部损失的,保险人按照保险金额赔偿。

保险人对施救费、评估费等的赔偿。被保险人为防止或者减少根据合同可以得到赔偿的损失而支出的必要的合理费用,为确定保险事故的性质、程度而支出的检验、估价的合理费用,以及为执行保险人的特别通知而支出的费用,应当由保险人在保险标的损失赔偿之外另行支付。这些费用常见的是抢险费、工人加班费、评估费等。保险人对这些费用的支付,以相当于保险金额的数额为限;保险金额低于保险价值的,除合同另有约定外,保险人应当按照保险金额与保险价值的比例支付该费用。

3. 保险标的的损失和保险委付

保险标的的损失可分为全损和部分损失两种形态,全损又包括实际全损和推定全损。

保险标的发生保险事故后灭失,或者受到严重损坏完全失去原有形体、效用,或者不能再归被保险人所拥有的,为实际全损。船舶在合理时间内未从被获知最后消息的地点抵达目的地,除合同另有约定外,满两个月后仍没有获知其消息的,为船舶失踪。船舶失踪视为实际全损。船舶发生保险事故后,认为实际全损已经不可避免,或者为避免发生实际全损所需支付的费用超过保险价值的,为推定全损。货物发生保险事故后,认为实际全损已经不可避免,或者为避免发生实际全损所需支付的费用与继续将货物运抵目的地的费用之和超过保险价值的,为推定全损。

不属于实际全损和推定全损的损失,为部分损失。

保险委付是指保险标的在推定全损的场合视为已全部损失,被保险人放弃保险标的,将财产的一切权利义务转让给保险人而收取全部保险金额的制度。保险委付是一种单方行为,被保险人提出保险委付并不需要征得保险人的同意。是否接受保险委付,则完全由保险人根据保险标的的实际情况自主决定,与被保险人没有关系,但不论接受与否,都应在合理的时间内通知被保险人。保险人接受委付前,被保险人可以撤回委付,而一旦保险人接受委付,则被保险人不得撤回委付,保险人亦不得反悔。

保险委付仅限于推定全损的场合,《海商法》第250条规定:"保险人接受委付的,被保险人对委付财产的全部权利和义务转移给保险人。"保险人接受委付后,将保险标的的物权转移到自己的名下,对保险标的享有完全的权利,并承担从保险事故发生时起附着在保险标的上的相关义务和责任,如享有对保险标的的所有权、处理权、对第三人的索赔权,承担保险标的给第三人造成损失的赔偿和善后义务,以及打捞沉船、清除油污的责任等。保险人接受委付,可能赢利,也可能亏本,在实践中保险人往往给予被保险人全额赔偿而不接受委付。

4. 保险人的代位求偿

这是指因第三人对保险标的的损害而造成保险事故时,保险人自向被保险人赔偿保险金之日起,在保险赔付范围内代位被保险人行使对第三人的赔偿请求权。代位求偿是一种法定的债权让与,是财产保险中的一种重要制度。在人身保险中基于生命和身体无价的认识而不涉及代位求偿问题。保险人代位求偿,以已经向被保险人支付了保险赔款为前提,至于是否有被保险人出具的权利转让书,并不是代位求偿的必备条件。

保险人所要代位的是被保险人与第三人的合同关系或侵权关系中的损害赔偿请求权,被代位的合同关系或侵权关系与保险人、被保险人之间的保险合同关系是两个独立的法律关系。第三人在代位求偿权纠纷中是否承担法律责任以及承担多少法律责任的基础,与保险合同关系完全无涉,而仅仅取决于第三人与被保险人的合同关系或侵权关系。因而第三人在代位求偿权诉讼中的抗辩权仅是针对受害人即被保险人的抗辩权,其抗辩的范围既不得扩大,亦不得缩小。

第三人与保险合同无关,如果在代位求偿诉讼中实质性地审查保险合同,无异于突破了合同相对性原则,使保险合同外的第三人享有了保险合同内的权利;如果因为保险合同而减轻了第三人本应负担的赔偿责任,则既违背了代位求偿权乃被保险人对第三人的损害赔偿请求权的权源性规定,又与民法对第三人责任有效追究的公平理念相悖。因此,最高人民法院2007年《关于审理海上保险纠纷案件若干问题的规定》第14条规定:"受理保险人行使代位请求赔偿权利纠纷案件的人民法院应当仅就造成保险事故的第三人与被保险人之间的法律关系进行审理。"这一做法的直接结果是,保险代位求偿权诉讼蜕去了"保险"的特色,而与一般的债权转让无异。这可以看作是商法渐次归化于民法的一个表现。

保险人行使代位求偿权利时,被保险人未向造成保险事故的第三人提起诉讼的,保险人应当以自己的名义而不是被保险人的名义向该第三人提起诉讼。如果被保险人已经向该第三人提起诉讼的,保险人可以向受理该案的海事法院提出变更当事人的请求,代位被保险人行使对第三人的请求权。假如被保险人取得的保险赔款不能弥补第三人造成的全部损失的,保险人和被保险人可作为共同原告向第三人请求赔偿。保险人支付保险赔偿时,可以从应支付的赔偿额中相应扣减被保险人已经从第三人处取得的赔偿。保险人通过代位求偿权诉讼从第三人取得的赔偿,超过其支付的保险赔偿的,超过部分应当退还给被保险人。

《海商法》第253条规定:"被保险人未经保险人同意放弃向第三人要求赔偿的权利,或者由于过失致使保险人不能行使追偿权利的,保险人可以相应扣减保险赔偿。"这是法律对被保险人保护保险人代位求偿权的义务的明确规定。在实践中对此条款有两种不同的理解:第一种意见认为被保险人有法定义务起诉第三人,以保住诉讼时效,否则即为擅自放弃向第三人求偿权或有过失致保险人不能行使追偿权;第二种意见认为被保险人无法定义务起诉第三人,其保护保险人代位求偿权的义务仅是一种消极的不作为义务。

上述问题因最高人民法院 2013 年《关于适用〈保险法〉若干问题的解释(二)》出台而得以部分解决。该解释第 19 条关于"保险事故发生后,被保险人或者受益人起诉保险人,保险人以被保险人或者受益人未要求第三者承担责任为由抗辩不承担保险责任的,人民法院不予支持"的规定,让被保险人解除了必须起诉第三者的限制,使保险理赔回归保险功能的本源。但该解释第 16 条关于"保险人代位求偿权的诉讼时效期间应自其取得代位求偿权之日起算"的规定是否适用于海上保险,则值得考量。一般民商事请求权的诉讼时效,因提起诉讼、当事人一方提出要求或同意履行义务、债权转让通知到达第三人等原因而中断。因此,非海上保险合同保险人代位求偿权的时效从取得代位求偿权之日起算,可视为时效中断后的重新起算。但是,海上保险合同下保险人代位求偿所涉及的债权,为被保险人与责任人之间受《海商法》调整的各种债权,《海商法》下诉讼时效的中断为法律明确规定的提起诉讼、提交仲裁、申请扣押船舶和被请求人同意履行义务等 4 种情况,当事人一方提出要求、债权转让通知到达第三人等,均不产生时效中断的效果。显然,如按该解释第 16 条认定海上保险代位求偿的时效起算,将使《海商法》下的时效制度混乱不堪。

对此,最高人民法院法释[2014]15 号《关于海上保险合同的保险人行使代位请求赔偿权利的诉讼时效期间起算日的批复》规定,海上保险合同的保险人行使代位求偿权的诉讼时效起算日,按照《海商法》第 13 章规定的相关请求权之诉讼时效起算时间确定。即保险人承继被保险人向第三者赔偿请求权的诉讼时效,而不是从保险人取得代位求偿权之日起算时效。保险人对这一规定应予高度注意,以免因疏忽而丧失时效权利。

(五)被保险人的义务

1. 及时支付保险费

保险费是保险人承保某种海上危险而应收取的对价和报酬。《海商法》第 234

条规定："除合同另有约定外,被保险人应当在合同订立后立即支付保险费;被保险人支付保险费前,保险人可以拒绝签发保险单证。"被保险人未按规定支付保险费,已签发保险单的,保险人可以留置保险单;经保险人催告仍未支付的,保险人有权解除保险合同,合同解除前发生保险事故造成损失的,保险人应承担赔付责任,但有权收取保险费及迟延支付保险费的利息。

2. 在保险事故发生时对保险标的应具有保险利益

《保险法》第 12 条规定:"财产保险的被保险人在保险事故发生时,对保险标的应当具有保险利益。""财产保险是以财产及其有关利益为保险标的的保险。""保险利益是指投保人或者被保险人对保险标的具有的法律上承认的利益。"这一规定对海上保险同样适用。在海上保险中,被保险人在投保时不一定对保险标的具有保险利益,但发生保险事故时必须具有保险利益,否则保险合同无效。另外,被保险人在投保时,如果对保险标的没有保险利益,且订立合同后没有获得该保险利益的可能性,则属于赌博行为,合同无效。

《保险法》第 12 条关于"保险利益是指投保人或者被保险人对保险标的具有的法律上承认的利益"的规定,借鉴于英国《1906 年海上保险法》。从法条的文义上解释,似乎与英国法一样,强调的是保险标的与被保险人之间法律上的联系,但何为"法律上的联系"没有进一步的规定,而英国则有判例对其具体化。一般来说,英国关于保险利益的规定过于保守,强调的是被保险人与保险标的之间的现实存在的法律联系,对于两者之间经济上的联系不予重视,被保险人对保险标的的期待利益不认为是一种法律上的联系。美国、澳大利亚等国强调的是被保险人与保险标的之间的经济联系,而不限于财产所有权或对财产的合同权利,期待利益被认为是保险利益,甚至被保险人没有保险利益,保险合同仍然有效,只是保险赔偿不能支付给被保险人或合同约定的受益人,而应支付给保险合同外的真正具有保险利益的人。[①]

保险利益的争议,是海上保险合同纠纷案件中双方当事人的焦点问题之一。我国近年来的海事审判,对保险利益的界定趋于相对宽松,如认为被保险人对保险

---

① 司玉琢著:《海商法专论》,中国人民大学出版社 2007 年版,第 626 页。

标的的期待利益构成保险利益,被保险人只要对保险标的具有某种经济方面的联系,亦认为具有保险利益。譬如,在三和贸易有限公司诉平安保险股份有限公司南宁办事处水路货物运输保险合同纠纷案中,审案法官认为,对于两个以上的当事人分工合作进口货物,只有当其分工而致整个贸易活动完成,其利润的取得及其利润的分配之后,各当事人的自身利益才能得以具体量化,即在一个贸易活动未完成或未顺利完成前,各当事人均对其贸易关系及其标的具有利益,该利益是一个整体,一个不可分割的利益体。[①] 这就是比较典型的将期待利益认定为保险利益的案例。

一般说来,以下情况属于具有保险利益:船舶所有人对船舶具有保险利益,租船人对租来的船舶具有保险利益;货主对货物具有保险利益;代理人对其垫付的费用具有保险利益;外贸代理人对代理进出口的货物具有保险利益;承运人对到付运费具有保险利益。

3. 认真履行保证条款约定的义务

保证有默示保证和明示保证之分。我国的默示保证为合法性保证,即要求船舶和货物合法。明示保证由保险条款具体约定,如中国人民保险公司的船舶保险条款第 6 条关于船级、船级社、船舶所有权、船旗、光船出租、被征购或征用等,即属于被保险人保证的内容。被保险人违反合同约定的保证条款时,应当立即书面通知保险人。保险人收到通知后,可以解除合同,也可以要求修改承保条件、增加保险费。

4. 防灾防损及出险时的通知与施救义务

被保险人投保后,在消防、安全、劳动保护等方面,应按照国家有关部门的规定,加强经营管理,做好防灾防损的工作。保险人可以对被保险人进行必要的安全检查,督促被保险人做到预先防范、降低风险、减少损失。

一旦保险事故发生,被保险人应当立即通知保险人,并采取必要的合理措施,防止或减少损失。被保险人收到保险人发出的有关采取防止或者减少损失的合理

---

① 伍载阳、倪学伟:《货运保险案件中的几个理论与实务问题》,载《中国海商法协会通讯》2005 年第 1 期。

措施的特别通知的,应当按照保险人通知的要求处理。对于被保险人未立即通知保险人,或者不按保险人的要求采取施救措施,造成损失扩大的,保险人对扩大的损失不负赔偿责任。

5. 向保险人提供保险事故性质和损失程度的证明资料,协助保险人追偿

在保险事故发生以后,被保险人要特别注意收集能够证明保险事故性质和保险标的损失程度的证明和资料,主动或者在保险人要求时,向保险人提交。该证明与资料的收集,不仅对被保险人顺利从保险人处获得保险赔付具有重要意义,而且对保险人在赔付后向第三人代位求偿有关键作用,这也是被保险人协助保险人追偿的一个表现形式。

【案例裁决/法律文书摘录】

(一)未依法申领进口许可证的货物是否影响保险利益

2002 年修订的《保险法》第 12 条第 2 款及第 6 款原则性规定:财产保险的被保险人在保险事故发生时,对保险标的应当具有保险利益;保险利益是指投保人或者被保险人对保险标的的具有的法律上承认的利益。对于应依法申领进口许可证后方可进口的货物,当事人没有领取进口许可证是否影响其保险利益,进而影响保险合同的效力,曾是一个长期争论的问题。在最高人民法院(2009)民提字第 1 号香港智得国际贸易有限公司与中国人民财产保险股份有限公司广州市分公司、潮安文祠殷发五金制品厂有限公司海上货物运输保险合同纠纷案中,这一问题得到了明确的回答。[①]

再审申请人(一审原告,二审上诉人):香港智得国际贸易有限公司(Metrich International Trading Ltd.)(下称智得公司)。

上诉人(一审原告):潮安文祠殷发五金制品厂有限公司(下称潮安公司)。

上诉人(一审被告):中保财产保险有限公司广州分公司(下称广州人保)。

---

① 万鄂湘、陆效龙、余晓汉:《最高人民法院 2009 年海事海商审判综述》。该案的二审判决书见:http://www.lawtime.cn/info/wuliu/anli/2011032930936.html,下载日期:2014 年 8 月 19 日。

在该案中,智得公司以单价每吨 278 美元(CNFFOCQD 中国汕头)向潮安公司出售从俄罗斯进口的钢材,潮安公司为该批货物向广州人保投保了平安险。涉案货物的两套提单均载明:货物(净重共 8988.69 吨)于 1996 年 12 月 30 日清洁装船,承运船舶"桑瑞琴 3"(Sunrichin 3)轮,装货港俄罗斯的 Nahodka 港,卸货港中国汕头,托运人 Intracomgmbh,收货人"凭中国银行潮州分行指示"。该两套提单经 Intracomgmbh、潮安公司、智得公司空白背书。潮安公司曾申请中国银行潮州分行为货物价款开出以智得公司为受益人的信用证,但国外银行未提交信用证下的单据,中国银行潮州分行没有付款,也没有对提单进行背书。"桑瑞琴 3"轮在开往汕头港途中货舱进水,于 1997 年 1 月 8 日沉没。潮安公司没有支付货款,于 1997 年 4 月 25 日向智得公司出具权益转让证书,将涉案保险单项下一切权利和义务转让给智得公司。智得公司、潮安公司向广州人保索赔未果,向广州海事法院起诉。诉讼中,潮安公司、智得公司没有提供涉案钢材的进口许可证。

广州海事法院一审认为,潮安公司作为货物买方承担货物运输中的风险,对投保的货物具有保险利益,潮安公司与广州人保签订的保险合同合法有效。涉案货物的提单已经托运人背书,虽然提单的转让未经记名指示人潮州银行背书,但是并不能否定潮安公司已经持有提单并对提单项下的货物具有保险利益的事实。本案保险标的的损失就是潮安公司的损失;至于货款是否支付,属于贸易合同而非保险合同的范畴,保险合同下被保险人的损失不能以贸易合同项下的货款是否支付来衡量。沉船导致货物全损,属平安险的责任范围,广州人保应当承担赔偿责任。一审判决:广州人保向智得公司赔偿 2498855.82 美元及其利息。

广州人保不服一审判决提起上诉,广东省高级人民法院经审理认为:本案所涉保险标的是进口钢材,属核定公司经营的商品,是国家限制进口的货物,根据《对外贸易法》第 9 条、第 19 条的规定,应由核定经营的公司进口或申领进口许可证后方可进口。潮安公司并不是核定经营钢材进出口的公司,没有领取进口许可证,所进口的钢材是不合法的,潮安公司对此不可能享有法律上承认的利益,并无保险利益可言,其与广州人保所签订的保险合同依法应认定无效。潮安公司没有支付货款,没有实际损失,其无权索赔。二审判决:撤销一审判决;驳回智得公司、潮安公司的诉讼请求。

智得公司不服二审判决向最高人民法院申请再审,最高人民法院提审后经审理认为:尽管潮安公司无进口许可证进口钢材违反了对外贸易法的规定,但保险合同与买卖合同属于两个不同的法律关系,受不同的法律调整;潮安公司违反法律规定进口货物,并不必然导致其签订的货物运输保险合同无效;原审判决混淆了保险法律关系和外贸管理法律关系,认定涉案保险合同无效,属于适用法律错误;潮安公司无进口许可证并不影响保险合同的效力。

(二)代位求偿诉讼与保险合同关系的合法性审查

受理保险人行使代位求偿权诉讼的法院,应当仅就造成保险事故的第三人与被保险人之间的法律关系进行审理,不应实质性审查保险合同关系的合法性。国际海上货物运输中货物毁损灭失的风险何时转移,除了考察当事人对价格条件的约定外,还应注意当事人是否以行为方式修改了该价格条件,即注意审查何人对保险标的具有保险利益。广东省高级人民法院对"顺安"轮货损一案的审判,对此具有借鉴意义。该案判决的主要内容如下:①

上诉人(一审原告):中国人民保险公司广东省分公司(下称广东人保)。

被上诉人(一审被告):中成国际运输有限公司广州分公司(下称中成广州分公司)。

2002年4月27日,广州国际经济技术合作公司(下称广州国际)与中成广州分公司签订"孟加拉工程设备货运代理合同",约定:广州国际委托中成广州分公司发运输变电设备,发运时间5月20日至31日;中成广州分公司负责货物自上海港装船至吉大港卸船并交付收货人为止的全部工作,包括代理租船订舱、装船、出口报关、卸船等,如因中成广州分公司存储、运输、装卸不当造成货损,应赔偿由此产生的一切损失;中成广州分公司收取的"海运费用"包括运费、港口包干费、仓储费、报关费。

5月16日,广州国际向中成广州分公司出具出口货物托运单。6月7日,广州国际出具GIETC/BPG/M/0003号发票,记载:买方达卡供电局,货物为地下电缆

---

① 倪学伟、杨优升:《一起货物运输保险代位求偿纠纷案》,载司玉琢主编:《中国海商法年刊(2008)》,大连海事大学出版社2009年版,第445~455页。

49.5 公里,配电变压器 300 台,CIF 总价 3819122.93 美元。

　　6 月 20 日,中海船务代理有限公司以"顺安"轮船东代理人的身份签发已装船提单一式三份。同日,原告签发编号 KC040290000001326 的海洋货物运输保险单一份,载明:被保险人广州国际,保险货物 100 箱 50 公里地下电缆及 300 木箱配电变压器,"顺安"轮承运,自上海港至吉大港,2002 年 6 月 20 日开航,承保险别为一切险,保险金额为 3846289.50 美元。

　　8 月 31 日,"顺安"轮抵吉大港并开始卸货,9 月 4 日卸毕。詹姆斯芬雷有限公司在达卡的收货人货仓对货物检验,并书面报告:28 箱配电变压器不同程度受损,9 捆电缆的保护性木板断裂,电缆绝缘表面数处刮伤、割裂。为修复受损的配电变压器和电缆,广州国际共支付修理费、材料费、运费、差旅费等共计 357095.58 元人民币(以下未特别说明的,均指人民币)。

　　2003 年 9 月 1 日,原告向广州国际支付保险赔款 357095.58 元,并收到了广州国际的"收据和权益转让书"。

　　原告广东人保诉称:2002 年 6 月 20 日,中成广州分公司承运原告承保的广州国际出口孟加拉国铜芯电缆和配电变压器,该货物于 9 月 4 日卸船时发现严重损坏。原告为此赔付被保险人,并取得代位求偿权。请求判令被告赔偿 357095.58 元及其利息。

　　被告中成广州分公司辩称:被保险人广州国际在货损发生时对保险标的不具有保险利益,原告理赔错误,不能取得代位求偿权;我方与广州国际签订的是国际货运代理合同,原告诉请我方承担承运人责任没有法律依据。

　　广州海事法院经审理认为:被告中成广州分公司与广州国际签订的"孟加拉工程设备货运代理合同",虽然其中有代为报关等中成广州分公司作为代理人的约定,但是其内容主要是关于中成广州分公司作为承运人、广州国际作为托运人的权利义务的约定以及运费收取、安全运输等规定,符合货物运输合同的条件和特征,因而应认定该合同为含有货运代理内容的国际海上货物运输合同。该合同是双方当事人的真实意思表示,合法有效。

　　发票显示涉案货物以 CIF 价格成交,表明货物在起运港越过船舷之前,由广州国际承担货物毁损的风险,越过船舷之后则由收货人达卡供电局承担该风险。

广州国际在投保时享有保险利益,其与原告之间的保险合同合法有效。但当被保险货物越过船舷后,广州国际即不再承担货损风险,从而丧失了保险利益,其无权要求保险人赔付有关损失。原告对不具有保险利益的广州国际的保险赔付不符合法律规定,其赔付后不能取得代位求偿权。遂判决驳回原告广东人保的诉讼请求。

广东人保不服该判决,向广东省高级人民法院上诉称:虽说发票记载的货物价格为 CIF,但货损风险并未在装货港越过船舷后转移至买方。在记名提单转让后,托运人可依运输合同向承运人提出索赔。

被上诉人中成广州分公司辩称:在国际贸易中,买方在货损后不懂得专业设备的维修,找卖方修理是常见的做法,广州国际代为承担相关的检验、修理等费用,最大的可能性就是与买方存在代为修复的协议,广州国际代为支付的费用最终由买方承担。

广东省高级人民法院经审理认为:广州国际就涉案货物运输向广东人保投保一切险,货物在目的港交货时发现受损,该损失是由一切险责任范围内的风险引起的,为此广东人保向广州国际支付了保险赔款。广东人保是否取得代位求偿权,取决于被保险人广州国际是否享有对上述损失的求偿权。本案是海上货物运输合同代位求偿纠纷,而非海上货物运输保险合同纠纷,法院只应就被保险人与承运人之间的运输合同关系进行审理,原审法院以广州国际不具有保险利益为由认定广东人保不具有代位求偿权不当,本院予以纠正。

广州国际与中成广州分公司签订的货运代理合同明确约定在运输期间发生货损时,由中成广州分公司向广州国际赔偿损失。广州国际作为托运人,基于运输合同产生的请求权不会因为货物在装货港越过船舷就消失,在货物交付后因货损遭受损失,广州国际仍有权向中成广州分公司索赔,广东人保在向广州国际作出保险赔付后依法取得代位求偿权。

货物发票虽载明 CIF 价格条件,但不能由此得出广州国际在起运港货物越过船舷后必然没有损失的结论。在本案中,没有证据表明广州国际已经收取了涉案货物的货款,而相关修理合同、修理费发票显示广州国际委托有关单位在目的地对货物进行修理并支付了修理费。在没有相反证据的情况下,应认定广州国际承担了运输途中货物受损的损失。广东人保作为保险代位权人,有权要求承运人中成广州分公司赔偿损失。至于广东人保得到赔付后是否获得额外利益问题,涉及买卖双方对利益的某种安排,可以由买卖双方另行解决,与保险合同及运输合同分属于不同的法律关系。

依照《民事诉讼法》第 153 条第 1 款第(2)项、第(3)项、《海商法》第 44 条、第 46 条第 1 款、第 252 条第 1 款之规定,判决撤销广州海事法院(2003)广海法初字第 432 号民事判决;中成广州分公司赔偿广东人保货物损失 357095.58 元及利息。

【延伸阅读】

1.司玉琢:《海商法专论》,中国人民大学出版社 2007 年版。

2.司玉琢、李志文主编:《中国海商法基本理论专题研究》,北京大学出版社 2009 年版。

3.汪鹏南:《海上保险合同法详论》,大连海事大学出版社 2003 年版。

4.张丽英、赵劲松、赵鹿军编:《中英海上保险法原理及判例比较研究》,段安洪、林坚审,大连海事大学出版社 2006 年版。

5.[美]G. 吉尔摩、C.L. 布莱克著:《海商法》,杨召南、毛俊纯、王君粹译,吴焕宁校,中国大百科全书出版社 2000 年版。

6.[加]威廉·泰特雷著:《国际海商法》,张永坚等译,法律出版社 2005 年版,第 471～511 页。

第二节　船舶保险合同

●　●　●

【知识背景】

船舶保险合同的若干基本法律问题

在海上保险中,规定保险条件的合同内容叫保险条款,分为基本险条款和附加险条款两种。基本险条款是保险合同的主体部分,是合同的根本条款,一般都印制在保险单的背面。附加险条款是根据双方的约定补充的条款,是有关当事人变更基本险条款或超过基本险条款的约定。投保附加险以投保了基本险为前提,但在保险理赔时,附加险条款优先于基本险条款适用。

目前,我国远洋船舶保险适用的是中国人民保险公司 1986 年 1 月 1 日修订的船舶保险条款,其基本险是全损险和一切险;沿海及内河船舶保险适用的是中国人民银行于 1996 年 7 月 25 日发布,11 月 1 日起执行的沿海、内河船舶保险条款。本节主要介绍远洋船舶保险的有关问题。

（一）远洋船舶保险的责任范围

船舶保险的标的是船舶,包括其船壳、救生艇、机器、设备、仪器、索具、燃料和物料。本保险分为全损险和一切险。船舶保险的险别不同,保险人的责任范围亦不同。

1. 船舶全损险

船舶全损险承保由于下列原因所造成的被保险船舶的全损:地震、火山爆发、闪电或其他自然灾害;搁浅、碰撞、触碰任何固定或浮动物体或其他物体或其他海上灾害;火灾或爆炸;来自船外的暴力、盗窃或海盗行为;抛弃货物;核装置或核反应堆发生的故障或意外事故。

全损险还承保由于下列原因所造成的被保险船舶的全损:装卸或移动货物或燃料时发生的意外事故;船舶机件或船壳的潜在缺陷;船长、船员有意损害被保险人利益的行为;船长、船员和引水员、修船人员及租船人的疏忽行为;任何政府当局为防止或减轻因承保风险造成被保险船舶损坏引起的污染所采取的行动。但如果此种损失是由被保险人、船东或管理人未恪尽职责所导致的,则保险人不予赔偿。

2. 船舶一切险

船舶一切险除承保全损险保险事故所造成的被保险船舶全损和部分损失外,还承保下列责任和费用:

第一,碰撞责任,即因被保险船舶与其他船舶碰撞或触碰任何固定的、浮动的物体或其他物体而引起被保险人应负的法律赔偿责任,但对下列损失和费用不承担责任:人身伤亡或疾病;被保险船舶所载的货物或财物或其他承诺的责任;清除障碍物、残骸、货物或任何其他物品；任何财产或物体所造成的污染或玷污（包括预防措施或清除的费用），但与被保险船舶发生碰撞的他船或其所载财产所造成的污染或玷污不在此限；任何固定的、浮动的物体以及其他物体的延迟或丧失使用的间接费用。

第二，当发生共同海损和救助时，保险人负责赔偿被保险船舶的共同海损、救助、救助费用的分摊部分。被保险船舶若发生共同海损牺牲，被保险人可获得对这种损失的全部赔偿，而无须先行使向其他各方索取分摊额的权利。

第三，施救费用。因承保风险造成船舶损失或使船舶处于危险之中，被保险人为防止或减少根据本保险可以得到赔偿的损失而付出的合理费用，保险人应予以赔偿。

（二）远洋船舶保险的除外责任

远洋船舶投保后，保险人并非对其一切损坏和灭失都要赔付。除根据保险责任范围予以负责外，保险人对由于以下原因造成的被保险船舶的损失、责任和费用，不承担赔付责任：

1. 船舶不适航

这是指船舶本身不适航，包括船长、船员配备不当，船舶装备或装载不妥，但以被保险人在船舶开航时，知道或应该知道此种不适航为限。作为保险人除外责任的船舶不适航，与作为承运人的适航义务有一定的关联，但又不完全等同。承运人的适航义务，除了船舶本身适航及适当配备船长、船员，装备船舶外，还包括配备供应品和船舱适货。而船舶是否适货，与船舶保险人对船舶的保险责任没有密切的联系，故船舶不适货，并非保险人的除外责任。

2. 被保险人及其代表的疏忽或故意行为

对于船舶所有人及其代表的疏忽造成的船舶损失，保险人不负赔偿责任。如船舶所有人购进一艘新船，船东未将船舶详细结构说明及图纸交给船长，船长因不清楚船舶结构，以致航行中造成船舶事故，这一损失即不得向船舶保险人索赔。但船长本人的疏忽，如驾驶船舶的疏忽造成船舶碰撞、触礁的损失，属于承保的责任范围，应由保险人赔付。

船舶所有人及其代表的故意行为造成船舶损坏的，如船东指使船员故意将被保险船舶戳沉,一旦查实,保险人即不负保险责任。但对于共同海损中船舶的故意冲滩、搁浅的行为造成的损坏,不属于保险人的除外责任。

3. 船舶正常的磨损

被保险人恪尽职责应予发现的船舶正常磨损、锈蚀、腐烂或保养不周,或船舶的材料缺陷与不良状态部件,但其未恪尽职责而未予发现,以致未对船舶进行修理或更换相应部件,从而造成的船舶损坏,保险人不负责任。保险人是对船舶的意外事故承担赔偿责任,如对潜在缺陷造成的船舶损坏负责赔偿,但不包括有潜在缺陷的部件本身的更换或修理费用。

4. 战争和罢工

对于战争险和罢工险条款承保责任和除外责任造成的船舶损失,保险人免责。战争作为一种绝对危险,被排除在意外事故之外,因战争造成的船舶损坏,总是作为保险人的一项除外责任,除非被保险人投保了战争险。同样,罢工造成的船舶损坏,由特别附加险罢工险条款解决,在船舶全损险和一切险中保险人不负赔偿责任。

5. 特别约定的除外责任

从事海运的船舶,除非事先征得保险人的同意并接受修改后的承保条件和所需加付的保费,否则,保险人对下列情况所造成的损失和责任均不负责:被保险船舶从事拖带或救助服务;被保险船舶与他船(非港口或沿海使用的小船)在海上直接装卸货物,包括驶近、靠拢和离开;被保险船舶作为拆船或拆船目的的出售的意图航行。

(三)保险责任期间与保险责任终止

1. 保险责任期间

船舶保险分为定期保险和航次保险两种,保险责任期间分别是:

定期保险的责任期间以双方在保险合同中的约定为准,但最长为 1 年,起止时间以保险单上注明的日期为准。保险到期时,如被保险船舶尚在航行中,或处于危险中,或在避难港或中途港停靠,经被保险人事先通知保险人并按日比例加付保险费后,本保险继续负责到船舶抵达目的港为止。保险船舶在延长时间内发生全损,需要加交 6 个月的保险费。

航次保险以保单订明的航次为准,不载货船舶的保险责任期间自起运港解缆或起锚时开始,至目的港抛锚或系缆完毕时终止;载货船舶的保险责任期间自起运港装货时开始,至目的港卸货完毕时终止,但自船舶抵达目的港当日午夜零时起最多不超过 30 天,30 天后船舶卸货仍未完毕的,保险责任终止。

2. 保险责任终止

当保险责任期间届满,保险人的保险责任终止;当发生保险事故时,在保险人对被保险船舶按照全损赔付后,保险责任自动终止。这是保险责任终止的两种常态。

当船舶的船级社变更,或船舶等级变动、注销或撤回,或船舶所有权或船旗改变或转让给新的管理部门,或光船出租或被征用,除非事先书面征得保险人的同意,保险责任应自动终止。但是,船舶有货载或正在海上航行时,经被保险人或新船东的要求,可延迟到船舶抵达下一个港口或最后卸货港或目的港后,保险责任终止。

当货物、航程、航行区域、拖带、救助工作或开航日期方面有违背保险单条款规定时,被保险人在接到消息后,应立即通知保险人并同意接受修改后的承保条件及所需加付的保险费,船舶保险继续有效,否则,保险责任自动终止。

(四)免赔额与保险费

1. 免赔额

保险单设定免赔额的目的,是要减少保险人小额赔款处理的工作量,集中精力于大额损害的赔付工作。免赔额分为相对免赔额和绝对免赔额两种,相对免赔额是指损失额在一定数额以下的,保险人不予赔付,但超过该数额的,保险人即对损失全部赔付;绝对免赔额是指保险标的发生损失额在一定数额以内的,保险人不予赔付,损失超过该数额的,保险人在扣除该数额以后再予赔付。

我国对远洋船舶保险实行绝对免赔额制度,对于承保风险所致的船舶部分损失,保险人每次事故要扣除保险单规定的免赔额后再予赔付,但对碰撞责任、救助、共同海损、施救的索赔,不扣除免赔额。对于恶劣气候造成两个连续港口之间单独航程的损失索赔,视为一次意外事故,仅扣除一次免赔额后作赔付。对于船舶的全损索赔以及船舶搁浅后专为检验船底引起的合理费用的赔付,不扣除免赔额。

2. 保险费

交纳保险费是被保险人的主要义务之一。船舶保险的全部保险费应在承保时付清;经保险人同意,定期船舶保险的保险费也可分期交付,但被保险船舶在承保期限内发生全损时,未交付的保费应予结清。

被保险船舶退保或保险终止时,保险费自保险终止日起,可按净保费的日比例计算退还被保险人。被保险船舶无论是否在船厂修理或装卸货物,在保险人同意的港口区域内停泊超过 30 日的,停泊期间的保费按净保费的日比例之 50% 计算退还被保险人;如果超过 30 日的停泊期分属两张同一保险人的连续保单,停泊退费应按两张保单所承保的天数分别计算。船舶航次保险,自保险责任开始一律不办理退保和退费。

(五)被保险人的义务

被保险人一经获悉被保险船舶发生事故或遭受损失,应在 48 小时内通知保险人,如船在国外,还应立即通知距离最近的保险代理人,并采取一切合理措施避免或减少本保险承保的损失。被保险人或保险人为避免或减少本保险承保的损失而采取措施,不应视为对委付的放弃或接受,或对双方任何其他权利的损害。

被保险人与有关方面确定被保险船舶应负的责任和费用时,应事先征得保险人的同意。被保险人要求赔偿损失时,如涉及第三者责任或费用,被保险人应将必要的证件移交给保险人,并协助保险人向第三方追偿。

【案例裁决/法律文书摘录】

(一)船舶保险中的碰撞责任包括两船无接触的间接碰撞

无论是相关国际条约,还是我国的《海商法》,均规定船舶碰撞包括直接碰撞和间接碰撞两种形式。在船舶保险合同中,未约定两船无直接接触的间接碰撞为保险除外责任的,应当认定该碰撞为保险责任,有关损失由保险人予以赔付。青岛海事法院和山东省高级人民法院对"浮山"轮船舶保险合同纠纷案的审理,对此作出了明确的司法认定,可资类似案件参考。该案二审判决书的相关内容如下:[①]

---

① http://www.ccmt.org.cn/showws.php? id=873,下载日期:2014 年 8 月 20 日。

上诉人(一审被告):中国人民保险公司青岛市分公司(下称青岛人保)。

上诉人(一审原告):巴拿马浮山航运有限公司(Floating Mountain Shipping Ltd. S. ,A. ,Panama)(下称浮山航运)。

青岛海事法院一审查明:1997年1月1日,浮山航运所属"浮山"轮的经营管理人青岛汇泉船务公司向青岛人保为"浮山"轮投保,青岛人保同日出具船舶保险单,保险期限为1997年1月1日至1997年12月31日,保险条件为根据中国人民保险公司船舶保险条款(1986年1月1日)承保,保险险别为一切险加战争险,保险金额100万美元,免赔金额2500美元,保险费按约定费率计算,按季平均交费。

1997年5月31日23:30,尼柯细亚航运公司(Lethia Maritime G. L. T. D. Nicosia Cyprus)所属"继承者"(Successor)轮,自澳大利亚载矿石16.5万吨到达青岛港外超大型船舶临时锚泊点,该轮须由青岛港主航道进入。6月3日15:50"继承者"轮航向由283°改为230°准备进入检疫锚地时,"浮山"轮由引航站以航向105°出港,两轮相距3海里。16:03,"浮山"轮突然向右转向,对着"继承者"轮右舷首部开来,为避免碰撞,"继承者"轮向左转向,避开了"浮山"轮,但由于落流的影响,"继承者"轮被压向左舷的浅点,于16:20搁浅在检疫锚地东南0.3海里处。6月6日,尼柯细亚航运公司委托烟台救捞局对"继承者"轮进行救助,并签订了"无效果无报酬"合同。至6月12日09:30,"继承者"轮被拖离浅滩起浮。

青岛海监局认为,此次事故是由于"继承者"轮避让"浮山"轮后,顾此失彼,没有充分考虑到向左转向,重载船受横流作用,被压到浅滩而造成搁浅。搁浅位置海地是泥沙,船体并未造成损坏,经初步检验,只是在5舱处船底有一点轻微凹陷。

1997年6月19日,"继承者"轮船东作为原告,以浮山航运为被告向新加坡高等法院申请扣押"浮山"轮并提起诉讼,新加坡高等法院对"浮山"轮予以扣押并以(1997)853号案立案审理。在审理过程中,双方达成和解协议,由浮山航运赔偿"继承者"轮船东35万美元,浮山航运已支付该费用。另外,浮山航运为聘请律师支付了新加坡币144322.77元,另支付咨询费新加坡币33417.04元。案件和解前,浮山航运曾于2000年1月13日传真青岛人保,称拟与"继承者"轮船东和解。

一审法院认为,双方当事人所争议的焦点在于浮山航运所遭受的损失是否属于青岛人保保险单上记明的保险范围,即"浮山"轮与"继承者"轮之间所形成的间接碰撞是否属于保险条款所规定的"碰撞"。《海商法》第8章"船舶碰撞"规定,"船舶碰撞是指船舶在海上或者与海相通的可航水域发生接触造成损害的事故",第170条又规定,"船舶因操纵不当或者不遵守航行规章,虽然实际上没有同其他船舶发生碰撞,但是使其他船舶以及船上的人员、货物或者其他财产遭受损失的,适用本章规定"。这说明,《海商法》对船舶间发生的直接接触而造成的碰撞损害(学理上称为"直接碰撞")与尽管船舶间没有直接发生接触但同样造成损害(学理上称为"间接碰撞")的法律处理结果是完全相同的,二者的责任基础、责任的构成要件、损害赔偿范围的确定与计算等均无差别,所以《海商法》实际上已将间接碰撞纳入了"船舶碰撞"的范围之内。而在最高人民法院《关于审理船舶碰撞和触碰案件财产损害赔偿的规定》中,则明确将"船舶碰撞"界定为"在海上或者与海相通的可航水域,两艘或者两艘以上的船舶之间发生接触或者没有直接接触,造成财产损害的事故"。涉案保险单的保险条款虽规定对船舶"碰撞"造成的损失予以赔偿,但并未明确定义船舶碰撞,亦未在免责条款中列明间接碰撞属免赔范围。根据《保险法》关于对保险条款发生争议时应作有利于被保险人解释之规定,本院认定本案保险条款中的船舶碰撞应包括《海商法》第170条所规定的情况,即"浮山"轮因操纵不当,致"继承者"轮遭受了损失,属于两船舶间接碰撞,是青岛人保的保险责任范围。

浮山航运要求青岛人保赔偿间接碰撞损失的诉讼请求应予支持,但应扣除免赔额2500美元。律师费及咨询费的支付,系浮山航运在新加坡法院支付的司法费用,并非青岛人保按照保险单的规定所应支付的费用,故对此项诉讼请求不予支持。依照《民法通则》第106条第1款、第111条、《保险法》第30条、第147条、《海商法》第170条、最高人民法院《关于审理船舶碰撞和触碰案件财产损害赔偿的规定》第16条第1款第(3)项的规定,判决如下:(1)青岛人保赔偿浮山航运保险金347500美元及利息;(2)驳回浮山航运的其他诉讼请求。

青岛人保不服一审判决,上诉称:保险人承保的碰撞责任仅限于有直接接触的碰撞,《海商法》第170条对船舶间未发生接触造成损害的情形单独加以规定,正说明此情形不是船舶碰撞,而只是可以适用有关船舶碰撞的规定进行处理。原审判决关于船舶碰撞包括间接碰撞的结论,是对船舶碰撞概念的不合理扩张。

被上诉人浮山航运不服一审判决,辩称:保险合同条款中所称的"法律费用"实际上就是一审判决认定的司法费用,应属船舶保险人的赔偿责任范围。"继承者"轮船东在新加坡法院对我方索赔高达260余万美元,我方必须聘请当地律师出庭答辩,经过艰辛努力,争取到以35万美元和解结案,维护了保险人的利益。请求二审改判青岛人保赔偿浮山航运已支付的律师费及咨询费计新加坡币177739.81元及利息,折合人民币82万元。

山东省高级人民法院经审理认为,间接碰撞已纳入了船舶碰撞的范围之内,应属于青岛人保赔偿的范围。浮山航运在国外法院因船舶间接碰撞纠纷参加诉讼,为了诉讼所支付的律师费应认定是法律费用,但浮山航运支付的咨询费用不是必要的法律费用,不应由保险人负担。依照《民事诉讼法》第153条第1款第(3)项之规定,判决如下:维持青岛海事法院(1999)青海法海商初字第180号民事判决书第1项,撤销其第2项,改判青岛人保赔偿浮山航运已支付的律师费用新加坡币144322.77元或人民币665830.20元及利息,驳回浮山航运关于咨询费的诉讼请求。

(二)船舶全损险的列明风险与除外责任

船舶全损险的被保险人要求保险人赔偿船舶沉没损失的,应证明船舶沉没的原因属于保险人承保的风险,否则保险人可以拒赔。天津海事法院及天津市高级人民法院对"诺列天"(Royal Aleutian)轮船舶保险合同纠纷案的判决,对船舶全损险责任范围的认定具有借鉴意义。该案二审判决书的相关内容如下:①

上诉人(一审原告):香港怡信有限公司(Ease Faith Limited)(下称怡信公司)。

被上诉人(一审被告):中国平安财产保险股份有限公司北京分公司(下称平安北京公司)。

被上诉人(一审被告):中国平安财产保险股份有限公司(下称平安公司)。

一审天津海事法院经审理查明,2005年8月,怡信公司自美国陈氏公司购买无动力船舶"诺列天"轮。为将该轮自美国阿拉斯加荷兰港拖航至中国张家港,9月10日,拖船"吉雷"(Grif)轮接受检查,被认可能够胜任前述拖航任务。9月14

① http://www.ccmt.org.cn/showws.php? id=7961,下载日期:2014年8月22日。

日,怡信公司与拖船"吉雷"轮的租借人斯佩丝航运公司(Space Mariners Inc.)签订国际海洋拖运协议。9 月 15 日,怡信公司取得"诺列天"轮轻载船重量估计。9 月 23 日,阿拉斯加海事调查公司出具 MS0696 号证书,验船师结论认为:基于所做的最终检查,包括拖船及被拖船只的安排和设备,"诺列天"轮适于预定拖航,拖船"吉雷"轮适合按预定安排拖运"诺列天"轮。

在涉案船舶投保事宜的洽谈过程中,2005 年 9 月 1 日,平安公司方面致函怡信公司,表明:同意在提供拖带合同及适航证明等相关资料后承保,保险费率为 2%。9 月 23 日,平安北京公司签发船舶保险单,记载:被保险人和船舶所有人为怡信公司,船名为"诺列天"轮,船舶类型一栏中用英文注明"Former Navy Lst, Converted to Shore Based Fish Processor"(前身为海军坦克登陆舰,后改装成岸上鱼类加工船),保险条件为 1986 年船舶保险条款全损险,保险价值和保险金额均为 45 万美元,保险责任自 2005 年 9 月 23 日拖航开始时起,至 12 月 31 日 24 时止,或被拖船舶进入目的港锚地抛锚为止,保险责任终止条件以先发生的条件为准。拖船名称"吉雷"轮。

2005 年 10 月 3 日,被保险船舶"诺列天"轮在北纬 54°25.5′,东经 168°46.5′沉没。(堪察加)彼得罗巴甫洛夫斯克港港口管理机构出具了《关于海损事故调查报告》(以下简称《调查报告》),认为:船的甲板上有 31～32 处裂口,船舷有相当大的腐蚀,而且甲板上并未配备橡胶封垫,以至于在颠簸中水进入船体。事故在天气恶劣的情况下发生,西南风 20～22 米/秒,风级 7～8 级,浪高 5～5.5 米;事故可能发生原因在于已磨损的结构材料使用时间过长,材料受腐蚀,船体封闭性较差,导致大量水流进船体造成损失;非机组成员过错。怡信公司向平安北京公司要求理赔未果,遂成讼。

天津海事法院一审认为,平安北京公司签发涉案船舶保险单,与怡信公司之间的船舶保险合同关系合法有效。怡信公司是被保险船舶的合法买受人,支付了船款,并依据购船合同在接收船舶后承担风险,怡信公司对保险标的具有保险利益。

国家对废钢船进口的限制并不影响怡信公司的保险利益和保险索赔的权利,并且怡信公司已经证明国内买方中国华星创业有限公司被允许从事废钢船进口业务。平安北京公司知晓被保险船舶并非一般意义上的船舶。就船舶本身而言,二手船与废钢船之间没有严格的区别,"废钢船"并非有专门定义的称谓,怡信公司无须专门明示被保险船舶为"废钢船",保险单上的记载足以反映船舶状况。

怡信公司依据保险条款中的"其他自然灾害"和"船舶机件或船壳的潜在缺陷",主张被保险船舶发生了保险事故。怡信公司提交的《调查报告》中有两处关于天气的记载:施救时,海上的风速为 14 米/秒、风力为 5 级;调查结论部分,西南风 20~22 米/秒,风级 7~8 级,浪高 5~5.5 米。录像资料反映的天气状况与《调查报告》基本相符。可见,发生事故当时的天气状况虽然恶劣,但是并未达到自然灾害的程度。潜在缺陷应指具有熟练技术的人员以通常的注意以及周到的检查仍不能发现的瑕疵,而被保险船舶甲板的多处裂口、船舷严重锈蚀和缺少一定的密封措施,是显而易见的,是一个谨慎的检验人以通常、合理的方法即可检验发现的表面缺陷,并非船壳、船舶机件的潜在缺陷。怡信公司虽然提供了船舶适拖证书,但是该适拖证书中并未提到上述缺陷,怡信公司也未能证明上述缺陷是经合理的检验无法发现的潜在缺陷。因此,怡信公司不能证明是投保的全损险中所列的原因造成被保险船舶全损,对其赔偿请求不予支持。

怡信公司与中国华星创业有限公司就涉案船舶签订了买卖合同,约定船只售后将被拆卸,交船地点为中国张家港。涉案保险航程实际是怡信公司履行该合同的交付、为拆船出售目的所做的航行,而怡信公司未能证明已依照保险条款"事先征得保险人的同意并接受修改后的承保条件和所需加付的保费",因此依据保险条款第 4 条第(3)项的规定,保险人对本案为拆船出售目的的航行造成的损失和责任不负赔偿责任。根据《民事诉讼法》第 64 条第 1 款之规定,一审判决驳回怡信公司的诉讼请求。

怡信公司不服该判决,向天津高级人民法院提起上诉。二审查明,涉案《调查报告》关于"船的甲板上有 31—32 处裂口"的翻译有误,应为"船甲板在 31—32 肋骨区间上层有一条沿其整个宽度走向的裂缝"。其他事实与一审相同。

天津市高级人民法院经审理认为:涉案保险条件为船舶保险条款(1986)全损险。该保险条款约定平安北京公司承保的责任范围为列明式风险,因此,怡信公司要求平安北京公司承担保险责任时,除应证明被保险船舶已经发生保险事故外,还应证明被保险船舶的全损是由于责任范围内的何种风险造成的。

根据查明的事实,发生沉船事故时风力应不超过8级,而船舶最初进水时风力只有5级,结合事故现场照片、录像资料等证据所显示的天气状况,沉船事故发生时虽为恶劣天气,但此种天气状况不构成自然灾害,仍属于一般海上风险。怡信公司关于因自然灾害原因造成船舶沉没、属于保险责任范围的主张事实依据不足,不能得到支持。

被拖船舶虽为船龄很长的废钢船,但其也应具备抵御航程中一般海上风险的能力。而潜在缺陷是指由谨慎的检验人以通常、合理的方法不能发现的瑕疵。在本案中,该轮虽然在起拖前由专业验船师进行了检验并出具了适航证书,但是根据《调查报告》的记载,该轮存在外部结构封闭状态及整体都不符合要求,船甲板31—32肋骨处有裂口,船舷有相当大的腐蚀,甲板上未配备橡胶封垫等缺陷,并认定此次事故发生可能的原因是由于已磨损的结构材料使用时间过长,材料受腐蚀,船体封闭性较差,导致大量水流进船体造成损失。该报告所记载的船舶缺陷是通过通常合理的检验即可发现的表面缺陷,并非船体、船舶设备的潜在缺陷,且上述缺陷的存在使该轮不能承受拖航过程中遇到的一般海上风险而发生沉船事故。因此,该事故不属于"船舶机件或船壳的潜在缺陷"的原因造成的。另,根据涉案船舶保险条款第2条第(3)项的约定,"被保险人恪尽职责应予发现的正常磨损、锈蚀、腐烂或保养不周"等原因造成的损失、责任或费用属于除外责任,保险人不负责赔偿。《海商法》第244条亦规定除合同另有约定外,因船舶自然磨损或者锈蚀造成保险船舶损失的,保险人不负赔偿责任。因此,怡信公司关于船舶潜在缺陷造成损失的主张事实依据及法律依据均不充分,本院不予支持。

保险人责任免除条款通常情况下是指保险合同标准格式中"除外责任"的规定,而本案争议的条款是"海运"条款中"除非事先征得保险人的同意并接受修改后的承保条件和所需加付的保费,否则,本保险对下列情况所造成的损失和责任均不负责。……(三)被保险船舶为拆船或为拆船出售目的的航行"的约定。在本案中,怡信公司并未在订立合同前将涉案船舶用于拆解这一重要情况告知平安北京公司,未尽到如实告知义务,违反了该条款的约定及《海商法》第222条第1款的有关规定,平安北京公司不应承担保险赔偿责任。怡信公司所称曾多次向平安北京公司投保废钢船,该公司应当知道被保险船舶的使用目的的主张证据不足,不能成立。对于怡信公司提出的该保险条款应适用于海上货物运输条件,本案被保险船舶的航程是拖轮航行,不适用该条款的主张,因其未能提交相应的证据或法律依据证明该条款所称航行不包括被保险船舶被拖带航行的情形,因此该主张亦不能成立。

一审判决认定事实基本清楚,适用法律正确。依照《民事诉讼法》第 153 条第 1 款第(1)项的规定,判决驳回上诉、维持原判。

【延伸阅读】

1.赵德铭主编:《国际海事法学》,北京大学出版社 1999 年版。

2.司玉琢主编:《海商法》,法律出版社 2007 年第 2 版。

3.张丽英、赵劲松、赵鹿军编:《中英海上保险法原理及判例比较研究》,段安洪、林坚审,大连海事大学出版社 2006 年版,第 312～323 页。

4.沈志先主编:《海事审判精要》,法律出版社 2011 年版。

5.朱作贤:《论船舶保险碰撞责任条款中的"交叉责任原告"》,载《中国海商法研究》2013 年第 2 期。

6.马炎秋、刘晓雯:《抵押船舶保险法律关系分析》,载《大连海事大学学报(社会科学版)》2012 年第 4 期。

第三节　海上货物运输保险合同

【知识背景】

海上货物运输保险合同的若干基本法律问题

海上货物运输保险合同是指保险人按照约定,对被保险人遭受保险事故造成海上运输中保险标的即货物的损失和产生的责任负责赔偿,而由被保险人支付保险费的合同。我国现行的海上货物运输保险合同所适用的保险条款,是中国人民保险公司1981年1月1日修订的海上货物运输保险条款。

(一)保险人的保险责任

在海上货物运输保险中,保险人承保的险别有平安险、水渍险和一切险三种,其中,平安险的保险责任范围最窄,一切险的保险责任范围最宽。

1. 平安险

在平安险中,对以下事故造成的损失,保险人负赔偿责任:

(1)被保险货物在运输途中由于恶劣气候、雷电、海啸、地震、洪水等自然灾害造成整批货物的全部损失或推定全损。当被保险人要求赔付推定全损时,须将受损货物及其权利委付给保险人。被保险货物用驳船运往或运离海轮的,每一驳船所装的货物可视为一个整批。如果自然灾害仅造成货物的部分损失,则不属于平安险的保险责任。

(2)由于运输工具遭受搁浅、触礁、沉没、互撞、与流冰或其他物体碰撞以及失火、爆炸等意外事故造成货物的全部或部分损失。

(3)在运输工具已经发生搁浅、触礁、沉没、焚毁等意外事故的情况下,货物在此前或此后又在海上遭受恶劣气候、雷电、海啸等自然灾害所造成的部分损失。

(4)在装卸或转运时由于一件或数件整件货物落海造成的全部或部分损失。

(5)被保险人对遭受承保责任内危险的货物采取抢救、防止或减少货损的措施而支付的合理费用,即施救费用,但以不超过该批被救起货物的保险金额为限。

(6)运输工具遭遇海难后,在避难港由于卸货所引起的损失以及在中途港、避难港由于卸货、存仓以及运送货物所产生的特别费用。

(7)共同海损的牺牲、分摊和救助费用。

(8)运输合同订有"船舶互撞责任"条款,根据该条款规定应由货方偿还船方的损失。

2. 水渍险

水渍险的责任范围,除包括上列平安险的各项责任外,还负责被保险货物由于恶劣气候、雷电、海啸、地震、洪水等自然灾害所造成的部分损失。

3. 一切险

一切险的责任范围,除包括上列平安险和水渍险的各项责任外,还负责被保险货物在运输途中由于外来原因所致的全部或部分损失。

需要注意的是,平安险和水渍险条款的风险属于列明风险,而一切险条款中的"外来原因",并未进一步列明其范围,故"外来原因"属于非列明风险。被保险人只要能证明货物是在保险人责任期间,因外来原因遭受损失,而不必证明具体是由哪一种风险造成的,保险人即应承担赔偿责任,除非保险人能证明损失是由除外风险引起的。中国人民银行《关于〈海洋货物运输保险"一切险"条款解释的请示〉的复函》(银函[1997]210号)将"外来原因"限定为"仅指盗窃、提货不着、淡水雨淋、短量、混杂、玷污、渗漏、碰损、破碎、串味、受潮受热、钩损、包装破碎和锈损",因该解释只是中国人民银行作为保险业的主管机关作出的解释,其作为部门意见不能当然地对平等民事主体的民事合同产生约束力,不能强制性地自动成为保险单中的一项条款,即不能改变"一切险"非列明风险的性质和特征。

(二)保险人的除外责任

被保险货物并非在任何情况下发生货损,都由保险人进行赔付。对列明的除外责任所引起的货损,保险人免责。在海上货物运输保险中,由于以下原因造成货物损失的,保险人不负赔偿责任:

1. 被保险人的故意行为或过失所造成的损失。

2. 属于发货人责任所引起的损失。

3. 在保险责任开始前,被保险货物已存在的品质不良或数量短差所造成的损失。

4. 被保险货物的自然损耗、本质缺陷、特性以及市价跌落、运输延迟所引起的损失或费用。

5. 海洋运输货物战争险条款和货物运输罢工险条款规定的责任范围和除外责任。

(三)保险人的责任期间

海上货物运输保险人的责任期间为"仓至仓"期间,即自被保险货物运离保险单所载明的起运地仓库或储存处所开始运输时生效,包括正常运输过程中的海上、陆上、内河和驳船运输在内,直至该项货物到达保险单所载明目的地收货人的最后仓库或储存处所或被保险人用作分配、分派或非正常运输的其他储存处所为止。如未抵达上述仓库或储存处所,则以被保险货物在最后卸载港全部卸离海轮后满60天为止。如在上述60天内被保险货物需转运到非保险单所载明的目的地,则以该项货物开始转运时终止。

由于被保险人无法控制的运输延迟、绕道、被迫卸货、重行装载、转载或承运人运用运输合同赋予的权限所作的任何航海上的变更或终止运输合同,致使被保险货物运到非保险单所载明目的地时,在被保险人及时将获知的情况通知保险人,并在必要时加缴保险费的情况下,本保险仍继续有效,被保险货物如在非保险单所载明的目的地出售,保险责任至交货时为止,但不论为何情况,均以被保险货物在卸载港全部卸离海轮后满60天为止。

(四)被保险人的义务

被保险人应按保险合同的约定履行其义务,若因未履行约定义务而影响保险人利益的,保险人对有关损失有权拒绝赔偿。被保险人的义务主要有:

1. 收集货损证据的义务

当被保险货物运抵保险单所载明的目的港后,被保险人应及时提货,当发现被保险货物遭受任何损失时,应即向保险单上所载明的检验、理赔代理人申请检验。如发现被保险货物整件短少或有明显残损痕迹,应即向承运人、受托人或有关当局(海关、港务当局等)索取货损货差证明。如果货损货差是由于承运人、受托人或其他有关方面的责任造成的,被保险人应以书面方式向其提出索赔,必要时还须取得延长时效的认证。

2. 施救义务

对遭受承保责任内危险的货物,被保险人和保险人都可迅速采取合理的抢救措施,防止或减少货物的损失。被保险人采取此措施,不应视为放弃委付的表示,保险人采取此措施,亦不得视为接受委付的表示。

3. 通知义务

如遇航程变更或发现保险单所载明的货物、船名或航程有遗漏或错误时,被保险人应在获悉后立即通知保险人,并在必要时加缴保费,保险才继续有效。在获悉有关海洋货物运输保险条款中"船舶互撞责任"条款的实际责任后,应及时通知保险人。若客观上被保险人并不知悉、亦不可能知悉航程变更等事由,则被保险人没有这种通知义务,且不影响保险合同的效力。

4. 索赔时提交单证的义务

被保险人在向保险人索赔时,必须提供下列单证:保险单正本、提单、发票、装箱单、磅码单、货损货差证明、检验报告及索赔清单。如涉及第三者责任,还须提供向责任方追偿的有关函电及其他必要单证或文件。

【案例裁决/法律文书摘录】

(一)一切险"仓至仓"责任期间的认定

在海上货物运输保险中,一切险的保险人"仓至仓"责任期间,应终止于货物到达保险单所载明目的地被保险人在某一处所实际分配、分派货物之时,而并非终止于货物到达该处所之际。广州海事法院对"MSC 诺亚"(MSC NOA)轮货物运输保险合同纠纷案的判决,对"仓至仓"责任期间作了精彩论述,该判决得到二审法院的维持。一审判决书的有关内容如下:①

原告:广东恒兴集团有限公司(下称恒兴公司)。

被告:华泰财产保险股份有限公司广东省分公司(下称华泰保险公司)。

2007 年 2 月 6 日,原告与香港拓威贸易有限公司(Hongkong Topway Trading Co., Ltd.)(下称拓威公司)签订鱼粉买卖合同,约定:原告作为买方,向拓威公司购买秘鲁蒸汽鱼粉 450 吨,成本加运费(CFR)每吨 1125 美元;在装运港以集装箱装运;由买方负责投保一切险和战争险。

被告签发生效日期为 2007 年 3 月 13 日的货物运输保险单记载:被保险人为原告,被保险货物为 451.10 吨秘鲁蒸汽鱼粉,总保险金额 4359099.41 元,于 2007 年 3 月 13 日自秘鲁派塔港起运,目的地为中国上海,承保条件为 1981 年 1 月 1 日中国人民保险公司海洋运输货物保险条款所规定的一切险。

原告恒兴公司诉称,保险标的鱼粉自燃受损,系保险责任期间发生的保险责任事故,被告依法应予赔偿。诉请法院判令被告赔付保险金 3272248.11 元,并由其

---

① http://www.ccmt.org.cn/showws.php?id=4837,下载日期:2014 年 8 月 28 日。

承担全部诉讼费用。

被告华泰保险公司辩称,龙吴港码头堆场是被保险人用作分配、分派或非正常运输的储存处所,保险责任在货物卸离驳船存入该堆场时终止。货物拆箱交付时外观完好,即证明在保险责任期间并未发生货损。

广州海事法院经审理认为,保险合同自 2007 年 3 月 13 日在派塔港开始运输时生效。原、被告对保险责任的起讫乃"仓至仓"责任并无异议,但对保险责任何时终止以及保险责任终止时货物是否发生了损坏,则存有完全对立的立场和意见。

涉案货物鱼粉已运抵保险单所载明的目的港上海港,因而保险人的责任期间不适用于货物未抵达目的地仓库或储存处所,则以被保险货物在最后卸载港全部卸离海轮后满 60 天为止的规定,亦不适用在上述 60 天内被保险货物需转运到非保险单所载明的目的地时,则以该项货物开始转运时终止的规定。涉案鱼粉的保险责任期间只能适用"该项货物到达保险单所载明目的地收货人的最后仓库或储存处所或被保险人用作分配、分派或非正常运输的其他储存处所为止"的规定。

收货人提货后将货物堆放在码头堆场而未运进仓库,此时可以对货物作出两种不同的处理:可以将货物运进保险单所载明目的地收货人的最后仓库或储存处所,也可以由被保险人在码头堆场将货物分配、分派。倘若货物运进收货人的最后仓库,则进库一刻起保险责任终止;倘若货物不运进仓库而直接将货物分配、分派,则从货物实际分配、分派一刻起,保险责任终止。将保险责任期间理解为码头堆场货物实际分配、分派时方才终止,是符合保险条款本意的,也是与保险责任期间从货物进入最后仓库一刻终止的规定吻合一致的,否则,进入码头堆场的货物就会面临两种完全不同的命运:从堆场进入仓库的货物以入库一刻终止保险责任,而分配、分派的货物则一进入堆场就终止了保险责任。若此,被保险人就会选择先将存放于堆场的货物入库,再分配、分派货物。显而易见,这样理解保险条款,将会造成被保险人不必要的成本支出,而保险人却并没有因此而得到任何额外的好处和利益,故而是不可理喻的。鉴此,被告对鱼粉的保险责任终止于 2007 年 5 月 14 日原告在上海龙吴码头分配或分派鱼粉之时,而非终止于 5 月 2 日货物在龙吴码头从集装箱内拆出完毕之时。

根据庭审查明的事实,涉案鱼粉在原告于 2007 年 5 月 14 日龙吴码头分配或分派之时发现货损,即鱼粉存在异味、臭味、焦灼味,颜色暗红或黄棕色,已经影响了鱼粉的正常使用。涉案鱼粉在起运港装运时质量符合要求,货损不可能在原告分配或分派货物时一瞬间发生,而显然是一个由量变到质变的渐变的损坏过程,即货损是在被告的保险责任期间发生的,目前没有证据证实货损是由于保险人的除外责任引起的,因而被告理应承担相应的赔付责任。至于货损是在集装箱内发生,还是拆箱后堆存在龙吴码头堆场时发生,基于两者均在保险责任期间内的认识,故并不对被告的理赔责任产生任何实质意义的影响。

保险单约定的保险金额为4359099.41元,扣除0.3%的绝对免赔额,减去经处理收回的鱼粉残值1123395元,被告应向原告赔付的保险金额为3222627.11元。根据《海商法》第240条的规定,原告支付的鱼粉整理费11190元,服务费600元,检验费19761元,装卸费847元,堆存费9828元,共计42226元,由被告在保险标的损失赔偿之外另行支付。

广州海事法院依照《海商法》第237条、第240条之规定,判决被告华泰保险公司向原告恒兴公司赔付被保险货物损失3222627.11元,向原告支付受损货物检验费等42226元。

(二)海上货物运输保险中的"一切险"属非列明风险

如何理解海洋运输货物保险条款中"一切险"的责任范围,在海上保险法理论界和司法实践中一直存在着不同的观点。最高人民法院对"哈卡"(Hagaag)轮海运货物保险合同纠纷案的再审结论,明确了"海洋运输货物保险条款"规定的一切险,除包括平安险和水渍险的各项责任外,还包括被保险货物在运输途中由于外来原因所致的全部或部分损失。在不存在被保险人故意或者过失的情况下,除非被保险货物的损失属于保险合同规定的保险人的除外责任,保险人应当承担运输途中外来原因所致的一切损失。该案概况如下:①

1995年11月28日,海南丰海粮油工业有限公司(下称丰海公司)在中保财产保险有限公司海南省分公司(下称海南人保)投保了"哈卡"轮所运载的4999.85吨桶装棕榈油,投保险别为一切险。海南人保的承保范围除包括平安险和水渍险的

---

① 《海事审判十大典型案例》,载《人民法院报》2014年9月3日。

各项责任外,还"负责被保险货物在运输途中由于外来原因所致的全部或部分损失"。该条款规定了 5 项除外责任。1995 年 11 月 23 日至 29 日,"哈卡"轮起航后,由于该轮的船东与期租船人之间发生船舶租金纠纷,"哈卡"轮中止了提单约定的航程并对外封锁了该轮的动态情况,直至 1996 年 4 月"哈卡"轮走私至中国汕尾被我海警查获。根据广州市人民检察院免予起诉决定书的认定,"哈卡"轮所载棕榈油已被盗卖或被我国检察机关作为走私货物没收上缴国库。丰海公司向海南人保提出索赔申请,海南人保明确表示拒赔,丰海公司因此向海口海事法院提起诉讼。

海口海事法院一审认为,本案投保货物的损失是由于船东盗卖和走私行为造成的,应属于丰海公司所不能预测和控制的外来原因,符合丰海公司投保的一切险的承保条件。一审判决海南人保应赔偿丰海公司保险价值损失 3593858.75 美元。海南省高级人民法院二审认为,根据保险单所附的保险条款和保险行业惯例,一切险的责任范围属于列明风险,包括平安险、水渍险和普通附加险。丰海公司投保货物的损失不属于一切险的责任范围。二审判决撤销一审判决,驳回丰海公司的诉讼请求。

丰海公司向最高人民法院申请再审。最高人民法院再审认为,本案保险标的的损失不属于保险条款中规定的除外责任之列,应为收货人即被保险人丰海公司无法控制的外来原因所致,本案保险事故属一切险的责任范围。最高人民法院于 2004 年 7 月 13 日判决撤销海南省高级人民法院二审判决,维持海口海事法院一审判决。

【延伸阅读】

1.司玉琢主编:《海商法》,法律出版社 2007 年第 2 版。

2.赵德铭主编:《国际海事法学》,北京大学出版社 1999 年版。

3.张丽英、赵劲松、赵鹿军编:《中英海上保险法原理及判例比较研究》,段安洪、林坚审,大连海事大学出版社 2006 年版。

4.司玉琢、李志文主编:《中国海商法基本理论专题研究》,北京大学出版社 2009 年版。

5.覃伟国、余晓汉:《深圳华联粮油贸易公司诉华安财产保险股份有限公司国际海运货物保险合同纠纷案》,载金正佳主编:《中国海事审判年刊(2002)》,人民交通出版社 2003 年版。

6.李守芹、李洪积:《中国的海事审判》,法律出版社 2002 年版。

第十二章
船舶扣押与拍卖

【内容摘要】船舶扣押与拍卖是处理海事争议的重要法律制度,正确理解船舶扣押与拍卖的法理内涵与程序,是学好海商法的必要基础。与普通民事诉讼的财产保全方式不同,船舶扣押作为保护海事请求人合法权益的海事保全措施,其必须由海事管辖权法院专门管辖,申请扣押必须基于特定的海事请求,扣押对象应符合法律规定,避免滥扣现象的发生。船舶拍卖则应符合拍卖的各项条件,管辖法院应依法对拍卖船舶的申请进行审查并对债权进行登记,船舶拍卖委员会要严格依照《海事诉讼特别程序法》的规定按法定流程实行拍卖。

第一节　船舶扣押制度概述

● ● ●

【知识背景】

船舶的若干基本法律问题

（一）船舶扣押的概念

船舶扣押作为一国海事诉讼程序中的一项财产保全措施,对保障海事请求人的合法权益有着重要的作用。基于此,各国法律和相关国际公约对船舶扣押制度均作出了较为细致的规定,但船舶扣押的概念在世界范围内仍未有统一的定义。

1952年《统一海船扣押某些规定的国际公约》第1条第2款规定,"船舶扣押是指依照法律程序扣押船舶,以便保全海事请求,但不包括因执行或满足一项判决而扣押船舶",该规定排除了执行判决的扣船。《1999年国际扣船公约》在第1条第2款中将船舶扣押定义为:"是指为保全海事请求,由法院作出命令,扣留船舶,或限制其移动。但为执行或履行法院判决或其他可执行文书而扣留船舶的除外。"

我国对船舶扣押的规定主要见于《海事诉讼特别程序法》中,该法在"海事请求保全"部分对申请船舶扣押的海事请求、担保等问题进行了规定,但未对船舶扣押的概念进行界定,仅对海事请求保全作出定义:"海事请求保全是指海事法院根据海事请求人的申请,为保障其海事请求的实现,对被请求人的财产所采取的强制措施。"一般地,广义的海事请求保全包括海事财产保全、海事行为保全及海事证据保全,而《海事诉讼特别程序法》的定义将海事请求保全限定为狭义的财产保全,那么作为海事请求保全措施的一种,船舶扣押亦具有不同于其他海事保全措施的特性。因此,有学者将船舶扣押这一概念界定为:"依海事请求人的申请,为保全其海事请求的实现,由海事法院在诉讼或仲裁之前或之中实施的将船舶滞留或限制离开的强制措施。"[1]也有学者认为船舶扣押是:"一种特殊的海事财产保全措施,是海事管辖权法院依特定请求权人的申请,对特定船舶所采取的限制其移动或(和)限制其权属变更的强制措施。"[2]

结合我国《海事诉讼特别程序法》、1952年《统一海船扣押某些规定的国际公约》《1999年国际扣船公约》的规定以及相关学术观点,本书认为我国现在的船舶扣押制度具有以下法律性质和特点:(1)船舶扣押是具有一种特殊性质的财产保全强制措施,即其是基于法定的海事请求而向管辖法院提出扣押申请的。(2)船舶扣押的管辖法院具有专门性,须由专门的海事法院进行管辖,排除了普通法院对船舶

---

[1] 张丽英:《船舶扣押及相关法律问题研究》,法律出版社2009年版,第37页。
[2] 向明华:《全球经济化背景下的船舶扣押法律制度比较研究》,法律出版社2013年版,第15页。

扣押安全的管辖。(3)船舶扣押的申请需由海事关系当事人提出,排除了法院依职权进行扣押的情形。

(二)船舶扣押制度的要件

如前所述,船舶扣押制度具有独特的法律性质和特点,因此申请船舶扣押需要符合相关要件。虽然我国《海事诉讼特别程序法》没有对船舶扣押的条件作专条规定,但是从相关条款中能找到申请船舶扣押所需的条件,具体包括:

1. 法定的海事请求

申请船舶扣押的首要条件是申请扣押人具有法定的海事请求,而在实践中如何确定可以据以申请扣押船舶法定海事请求的范围是船舶扣押制度中的重要问题。对于此,各国法律及相关国际公约对海事请求的界定有较大的差异。基于对物诉讼制度,英美法系中的船舶扣押制度目的在于直接确立对物的管辖,即允许基于特定的与船舶直接相关的海事请求而申请扣船的当事船舶。这一制度限制了申请人申请扣船的海事请求范围,有利于最大限度地维持航运秩序的正常进行,保护船方的利益。与英美法系不同,大陆法系中船舶扣押制度被作为财产保全措施的一种,申请人可基于任何性质的民事请求权申请扣押债务人的船舶。这一制度尽管给予了船舶扣押申请人较为充分的救济,但却可能给船方及第三方的合法利益造成损害,干扰正常的航运经营秩序。

(1)1952年《统一海船扣押某些规定的国际公约》中的"海事请求"

由于英美法系和大陆法系在船舶扣押制度上存在着较大的差异,国际海事委员会在制定1952年扣船公约时没有对船舶扣押进行定义,既没有将船舶扣押与英美法系国家对物诉讼概念相联系,也没有将其与大陆法系国家的财产保全理论相混同。其通过对"海事请求"采取封闭式定义的方式,将17种海事请求事由列入公约中,这一灵活立场统一了公约项下海事请求的范围。根据1952年《统一海船扣押某些规定的国际公约》第1条第1款的规定,有关的"海事请求"是指,由于下列一个或一个以上的原因引起的请求:①发生碰撞或处于其他状态下的船舶所造成的损害;②由于任何船舶或因任何船舶的操作而造成的人身伤亡;③海难救助;④与使用或租赁任何船舶的协议,不论是以租船合同或其他形式出现;⑤关于在任何船上运输货物的协议,不论是以租船合同或其他形式出现;⑥任何船舶所载货物包括行李的灭失或损失;⑦共同海损;⑧船舶抵押借款;⑨拖带;⑩引水;⑪在任何地方供应船舶营运或日常维护所需的物品或材料;⑫任何船舶的建造、修理或装备,或船坞费用或规费;⑬船长、高级船员或一般船员的工资;⑭船长所支付的费用,包括托运人、承租人或代理人代表船舶或其他船舶所有人支付的费用;⑮对任何船舶的权利和所有权方面的争执;⑯任何船舶的共有人之间对该船的所有权、占有权、营运或获利方面的争执;⑰任何船舶的抵押权或质权。

(2)1999 年《扣船公约》中的"海事请求"

如前所述,1952 年《统一海船扣押某些规定的国际公约》在海事请求中的完全列举及绝对排除的方式虽然明确了海事请求的范围,在某种程度上反映了英美法系对物诉讼中限制扩大船舶扣押范围的价值取向,但是随着实践的发展"封闭式"方式在法律适用上存在着灵活性不足的局限。于是在 1999 年《扣船公约》的制定过程中,部分代表试图采用开放式列举方式克服 1952 年公约的不足,但为防止开放式列举可能引发的公约适用中的实质不统一,1999 年《扣船公约》仍继续采用封闭式列举的方式来限制海事请求的种类,同时为了适应实践的发展,其项下的海事请求从 1952 年公约的 17 项增加到了 22 项。根据 1999 年《扣船公约》第 1 条第 1款的规定,"海事请求"指以下一种或一种以上事由引起的请求:①船舶运行引起的灭失或损坏。②与船舶营运直接有关的人身伤亡,不论发生在陆上或水上。③救助作业或任何救助协议,如适用,包括在船舶本身或其货载构成环境损害威胁时对船舶实施的救助所产生的任何特殊赔偿。④船舶对环境、海岸或有关利益方造成的损害或损害威胁;为预防、尽可能减少或消除此种损害而采取的措施;此种损害的赔偿;为恢复环境而实际采取或准备采取的合理的措施的费用;第三方因此种损害而蒙受或可能蒙受的损失;以及与本项所指的性质类似的损害、费用或损失。⑤与起浮、清除、收回或摧毁沉没的、成为残骸的、搁浅的或放弃的船舶或使之无害有关的费用或开支,包括与起浮、清除、收回或摧毁仍在或曾在该船上的任何物件或使之无害有关的费用或开支,以及与维护放弃的船舶和维持其船员有关的费用或开支。⑥有关船舶的使用或租用的任何协议,不论载于租船合同或其他协议。⑦有关船舶载运货物或旅客的任何协议,不论载于租船合同或其他协议。⑧船载货物(包括行李)或与其有关的灭失或损坏。⑨共同海损。⑩拖航。⑪引航。⑫

为船舶的营运、管理、维护或维修而向其提供的物品、材料、给养、燃料、设备（包括集装箱）或服务。⑬船舶的建造、改建、修理、改装或装备。⑭港口、运河、码头、港湾及其他水道规费和费用。⑮因船长、高级船员和其他在编船员在船上工作而应支付给他们的工资和其他款项，包括应为其支付的遣返费和社会保险费。⑯为船舶或船舶所有人支付的费用。⑰船舶所有人或光船承租人应支付或他人为其支付的船舶保险费（包括互保会费）。⑱船舶所有人或光船承租人应支付的任何与船舶有关的佣金、经纪费或代理费。⑲有关船舶所有权和占有的任何争议。⑳船舶共有人之间有关船舶的使用或收益的任何争议。㉑对船舶的抵押权或"质权"或同样性质的权利。㉒因船舶买卖合同产生的任何争议。

（3）我国《海事诉讼特别程序法》中的"海事请求"

从最高人民法院 1986 年出台《关于诉讼前扣押船舶的具体规定》开始，我国的船舶扣押就与一般财产保全制度相分离，并且限制了申请扣押船舶的事由。此后，在我国《海事诉讼特别程序法》的制定中，借鉴了 1999 年《扣船公约》的做法，在第 21 条中以列举的方式列出可以申请扣押船舶的 22 类"海事请求"，具体包括：①船舶营运造成的财产灭失或者损坏。②与船舶营运直接有关的人身伤亡。③海难救助。④船舶对环境、海岸或者有关利益方造成的损害或者损害威胁；为预防、减少或者消除此种损害而采取的措施；为此种损害而支付的赔偿；为恢复环境而实际采取或者准备采取的合理措施的费用；第三方因此种损害而蒙受或者可能蒙受的损失；以及与本项所指的性质类似的损害、费用或者损失。⑤与起浮、清除、回收或者摧毁沉船、残骸、搁浅船、被弃船或者使其无害有关的费用，包括与起浮、清除、回收或者摧毁仍在或者曾在该船上的物件或者使其无害的费用，以及与维护放弃的船舶和维持其船员有关的费用。⑥船舶的使用或者租用的协议。⑦货物运输或者旅客运输的协议。⑧船载货物（包括行李）或者与其有关的灭失或者损坏。⑨共同海损。⑩拖航。⑪引航。⑫为船舶营运、管理、维护、维修提供物资或者服务。⑬船舶的建造、改建、修理、改装或者装备。⑭港口、运河、码头、港湾以及其他水道规费和费用。⑮船员的工资和其他款项，包括应当为船员支付的遣返费和社会保险费。⑯为船舶或者船舶所有人支付的费用。⑰船舶所有人或者光船承租人应当支付或者他人为其支付的船舶保险费（包括互保会费）。⑱船舶所有人或者光船承租人应当支付的或者他人为其支付的与船舶有关的佣金、经纪费或者代理费。⑲有关船舶所有权或者占有的纠纷。⑳船舶共有人之间有关船舶的使用或者收益的纠纷。㉑船舶抵押权或者同样性质的权利。㉒因船舶买卖合同产生的纠纷。

该条文的规定一方面通过完全列举的方式限制了司法过程中对申请扣船"海事请求"范围的随意扩大或缩小,也为我国日后加入 1999 年《扣船公约》做好了准备;但另一方面这种完全列举的方式在适应扣船实践的发展上仍有一定的局限性。

2. 扣押的对象

船舶扣押制度与普通财产保全制度下的扣押对象有一定的差异。扣船制度下的"船舶",既是保全型扣船法律关系的客体,也是对物诉讼法律关系中的主体。① 目前在我国船舶扣押实践中,根据被扣船舶与申请扣船的海事请求权之间的关系,扣押的对象可分为:当事船舶、姊妹船、联营船三类。

(1)当事船舶

根据当事船舶(the Particular Ship)是指直接引发申请扣船海事请求的船舶(in Respect of Which the Maritime Claim Arose)。根据我国《海事诉讼特别程序法》的规定,应予扣押的当事船舶包括:海事请求责任人所有的船舶、对海事请求负有责任的承租人光租的当事船舶、为行使船舶优先权、船舶所有权、船舶抵押权及类似权利而扣押的当事船舶②。

第一,海事请求责任人所有的船舶

我国《海事诉讼特别程序法》认为扣押责任人的当事船舶时应具备两个条件,即船舶所有人应对海事请求负有责任,同时在实施扣押时责任人即扣押船舶的所

---

① 赖来焜:《最新海商法》,神州图书出版有限公司 2002 年版,第 36 页。
② 《海事诉讼特别程序法》第 23 条第 1 款:"有下列情形之一的,海事法院可以扣押当事船舶:(一)船舶所有人对海事请求负有责任,并且在实施扣押时是该船的所有人;(二)船舶的光船承租人对海事请求负有责任,并且在实施扣押时是该船的光船承租人或者所有人;(三)具有船舶抵押权或者同样性质的权利的海事请求;(四)有关船舶所有权或者占有的海事请求;(五)具有船舶优先权的海事请求。海事法院可以扣押对海事请求负有责任的船舶所有人、光船承租人、定期租船人或者航次租船人在实施扣押时所有的其他船舶,但与船舶所有权或者占有有关的请求除外。"

有人。这一规定有别于 1952 年《扣船公约》所确立的当事船舶扣押制度[①]，这种制度也被称为"广义的当事船舶扣押"，即请求人对引起海事请求当事船舶的扣押没有附带任何条件限制，不论该当事船舶是否为责任人所有、租赁或经营，也不论当事船舶在发生海事请求和扣船时是否属于同一人所有、租赁或经营。与此不同，1999 年《扣船公约》则确立了一种狭义的当事船舶扣押制度，其限制了扣押当事船舶的条件，规定在发生海事请求时，船舶所有人对该请求负有责任，在实施扣押时责任人仍为该船的所有人。

第二，对海事请求负有责任的承租人光租的当事船舶

在光船租赁合同项下，船舶出租人仅保有船舶所有权，向承租人出让了船舶的占有权、使用权和经营权，因此光船承租人在实际上对船舶拥有实际控制权，船舶在营运中发生的风险及海事请求一般由承租人承担。根据《海事诉讼特别程序法》第 23 条第 2 款的规定，当光船承租人对海事请求负有责任，并且在实施扣押时是该船的光船承租人或所有人时，可扣押当事船舶。

第三，为行使船舶优先权、船舶所有权、船舶抵押权及类似权利而扣押的当事船舶

在海商法中，船舶优先权、船舶所有权及船舶抵押权因其独有的法律性质而具有追及力，其权利人的权利不以当事船舶的占有发生转移而受影响。因此，与前述两种当事船舶扣押不同，为行使船舶优先权、船舶所有权、船舶抵押权及类似权利而扣押的当事船舶不受申请扣押时和发生海事请求时船舶属于同一所有人条件的限制。

（2）姊妹船

尽管在相关国际公约和国内法中均没有明确提出"姊妹船"这样一个概念，但都无一例外地规定了"姊妹船可扣押"的原则。在船舶扣押制度中，姊妹船有广义和狭义之分，狭义的姊妹船是指与当事船舶在实施扣押时属于同一船舶所有人的船舶。广义的姊妹船是指海事责任人所拥有的其他船舶。1952 年《扣船公约》确

[①] 1952 年《扣船公约》第 3 条第 1 款规定，请求人可以扣押当事船舶，但并没有要求该船舶所有人应对扣船申请所依据的海事请求承担个人责任。

立的是狭义的姊妹船扣押制度,其认为姊妹船是"仅指在发生海事请求时该当事船舶所有人拥有的任何其他船舶",同时"海事请求产生时,如果该船全部股份由同一个人或相同人员所拥有,这些船舶便应视为属于同一所有人"①。而 1999 年《扣船公约》项下的姊妹船则属于广义的概念,其认定的姊妹船包括但不限于"与当事船舶同属一人所有的船舶;光租人所有的其他船舶,期租人或承租人所有的其他船舶"②。我国《海事诉讼特别程序法》吸收了广义的姊妹船标准,在第 23 条中规定:"海事法院可扣押对海事请求负有责任的船舶所有人、光船承租人、定期租船人或航次租船人在实施扣押时所有的其他船舶,但与船舶所有权或占有有关的请求除外。"该规定中的"其他船舶"即指姊妹船。

事实上,在实践中选择扣押当事船舶的姊妹船是为申请人在客观上失去了扣押当事船舶的可能性,如出现当事船舶异地执行不便、当事船舶逃逸等情形时,为保障申请人合法利益而进行的。不论是广义或狭义的姊妹船扣押制度,其实质仍是以责任人的责任财产承担债务。

(3)联营船

联营船(Associated Ship)是与当事船舶或姊妹船存在密切联系可依法予以扣押的船舶。在实践中船公司为防止姊妹船在海事请求中被扣押,采用成立单船公司的方式逃避责任。为此,一些国家在国内法中引入了联营船舶扣押制度,最早为南非所实行,其依据为"刺破单船公司的面纱"理论。事实上由于各国对联营船扣押的态度存在着较大的差别,在相关国际公约的制定中,对这一问题并没有作明确的规定,而是将其交由各国国内法进行规置③。目前我国《海事诉讼特别程序法》并没有对联营船扣押制度作出规定,也不允许通过国内法对联营船进行识别。

3. 对船舶扣押有管辖权的法院

如前所述,与普通财产保全不同,船舶扣押因其独特的性质和程序,许多国家

---

① 参见 1952 年《扣船公约》第 3 条。

② 参见 1999 年《扣船公约》第 3 条。

③ 1952 年《扣船公约》并未涉及联营船扣押问题,而在 1999 年《扣船公约》的制定中,由于部分国家的反对,公约对联营船扣押这一问题也未进行规定。

规定对船舶扣押案件实行专门法院管辖制度。依照我国《海事诉讼特别程序法》第12条的规定,船舶扣押措施由海事法院进行管辖。同时该法第22条还规定:"非因本法第21条规定的海事请求不得申请扣押船舶,但为执行判决、仲裁裁决及其他法律文书的除外。"这条规定是否是对地方法院受理非因海事请求而申请扣押船舶的肯定呢？而在实践中,出于部门利益或认识偏差等原因,地方法院认为基于此规定其可受理船舶扣押案件。为防止地方法院在保全、执行程序中变相扣押船舶,2003年最高人民法院公布了《关于适用中华人民共和国海事诉讼特别程序法若干问题的解释》(以下简称《海事诉讼特别程序法》司法解释),该解释第15条规定"除海事法院及其上级人民法院外,地方人民法院不应受理当事人提出的船舶保全申请。地方人民法院为执行生效法律文书需要扣押和拍卖船舶的,应当委托船籍港所在地或船舶所在地的海事法院执行"。为此,地方人民法院与海事法院间关于船舶扣押案件管辖的争议在立法上得以明晰。

【案例裁决/法律文书摘录】

（一）诉前扣押 CORAL 轮案[①]

提示:清洁提单下的原糖在目的港卸货时发现受污染并有水渍,提单持有人申请海事法院扣押当事船舶,海事法院准许了提单持有人的申请。这是一宗典型的诉讼前扣押船舶案件,涉及诉讼前扣押船舶的基本问题。

申请人:越南海防商业贸易进出口公司。

被申请人:马耳他阿法罗纳航运有限公司。

1995年11月14日申请人向海事法院提出扣押船舶申请,申请扣押被申请人所属的停泊于蛇口港的"科罗"轮(M/V CORAL),要求被申请人提供1000000美元的担保。申请人称:

1995年6月1日,申请人与佳华国际公司（ KAI WAH INTERNATIONAL COMPANY,以下简称佳华公司）签订了编号为74－M /HDCK的买卖合同,约

[①]　http://www.lawtime.cn/info/jingjizhongcai/anli/201012137775.html,下载日期:2014年11月15日。

定由申请人向佳华公司购买 25000 公吨（由卖方选择 5% 的增减）的巴西原糖，单价 CIF 海防 392.8 美元/吨，总金额 9820000 美元，货物交付地点为越南海防。9 月 3 日被申请人所属的"科罗"轮抵达巴西桑托斯港，装运申请人购买的原糖。9 月 11 日，"科罗"轮开始装货，9 月 14 日装载完毕，并由 SGS 巴西公司对"科罗"轮的 7 个货舱进行了签封。同日，"科罗"轮船长签发了编号为 1—7 号的 7 套正本提单，提单均载明：货物为透明散装原糖，装货港巴西桑托斯，卸货港越南海防港，承运船"科罗"轮，收货人凭指示，通知方为申请人，"清洁装船，运费已预付"。7 套提单记载的货物总重量为 22800 吨。

10 月 23 日，申请人、被申请人经口头协商，同意将卸货港改为中国蛇口。11 月 10 日，"科罗"轮抵达中国蛇口港并开始卸货。卸货前，经检查，发现该轮 7 个货舱签封完好。同日，受申请人委托进行灌包作业的蛇口招商港务股份有限公司函告申请人："在作业过程中，发现货物含有很多块状杂质和其他杂质。"

申请人认为：申请人作为"科罗"轮所载货物的收货人及提单持有人，具有据以申请扣押船舶的海事请求权，为保全海事请求权，特申请扣押"科罗"轮。

申请人向海事法院提供了蛇口招商股份有限公司为其出具的 250000 美元的担保函。在"科罗"轮解除扣押后。申请人以 100000 美元的现金换出担保函。

海事法院认为：

申请人的申请符合法律规定，依照《民事诉讼法》第 251 条第 2 款、第 252 条的规定，于 1995 年 11 月 14 日裁定：

1. 自即日起扣押被申请人马耳他阿法罗纳航运有限公司所属的"科罗"轮；

2. 责令被申请人在收到裁定书之日起 30 内提供 1000000 美元的担保。

同日，海事法院院长签发了扣押船舶命令，执行人员登上"科罗"轮，向船长宣读并送达了民事裁定书和扣押船舶命令。11 月 19 日，被申请人向海事法院提供了中国船东互保协会出具的 1000000 美元的担保函。11 月 20 日 10:00 海事法院解除对"科罗"轮的扣押。

第二节 船舶扣押的程序与方式

【知识背景】

船舶的若干基本法律问题

扣押船舶需要按照法定的程序进行,目前我国法院对船舶进行扣押的程序规定主要依照《海事诉讼特别程序法》《关于扣押与拍卖船舶适用法律若干问题的规定》和最高人民法院 1994 年《扣船规定》执行[①]。

(一)船舶扣押的程序

1. 船舶扣押申请的提出

对于船舶扣押申请的提出,主要规定在《海事诉讼特别程序法》第 15 条和第 16 条中。第 15 条规定"海事请求人申请海事请求保全,应当向海事法院提交书面申请。申请书应当载明海事请求事项、申请理由、保全的标的物以及要求提供担保的数额,并附有关证据。"根据该规定,船舶扣押程序的启动由海事请求人自主决定,海事法院不能依职权决定船舶扣押,体现了《海事诉讼特别程序法》对当事人权利的尊重。[②] 同时,第 15 条中提出了对船舶扣押申请的形式要件,即:申请必须以书面形式提出。正如法条中所列,船舶扣押书面申请还应随附有关的证据材料,此处的"有关证据"是指证明产生海事请求的事实、被申请人的责任、保全标的物的情况等方面的证据。值得注意的是,不同于实体案件的举证责任,提出海事请求保全时附随的证据只要求初步证据即可,证据涉及证明产生海事请求的事实、被请求人

---

① 依最高人民法院《关于学习宣传〈海事诉讼特别程序法〉的通知》,《海事诉讼特别程序法》生效前存在的司法解释,只要不与《海事诉讼特别程序法》的规定相冲突,仍然适用。

② 张丽英:《船舶扣押及相关法律问题研究》,法律出版社 2009 年版,第 86 页。

507

的责任以及保全标的物的情况等方面的内容及凭证。

《海事诉讼特别程序法》第 16 条规定:"海事法院受理海事请求保全申请,可以责令海事请求人提供担保。海事请求人不提供的,驳回其申请。"本条规定又变成为申请人反担保的规定,即在扣船申请人提供书面申请后,海事法院的扣船程序随即启动,法院可以责令海事请求人提供担保。《关于扣押与拍卖船舶适用法律若干问题的规定》第 4 条规定了海事请求人申请扣押船舶担保的例外,即:但因船员劳务合同、海上及通海水域人身损害赔偿纠纷申请扣押船舶,且事实清楚、权利义务关系明确的,可以不要求提供担保。

2. 船舶扣押申请的审查

在收到海事请求人提出扣船申请后,具有管辖权的海事法院应依法进行审查。对船舶扣押申请的审查主要包括:①(1)对主体的审查,即审查申请人是否具有申请扣押船舶的资格。如申请人为法人,需要其工商注册登记证明;如申请人为外籍法人,需要审查相关身份证明;如申请人为自然人时,也需要其身份证明。(2)审查被申请人与申请人之间的法律关系。(3)对海事请求的审查,主要审查申请扣押船舶的事实与理由是否与《海事诉讼特别程序法》中的 22 种"海事请求"相符。(4)对法院管辖权的审查,查看受理申请的法院是否对该扣船申请具有管辖权。

3. 船舶扣押的裁定

当法院通过对船舶扣押申请的审查,认定申请人的扣船申请合法后,管辖法院应依法对船舶扣押进行裁定。同时《海事诉讼特别程序法》第 17 条中还规定:"当事人申请不符合申请船舶扣押保全条件的,驳回其申请。当事人对裁定不服的,可以在收到裁定书之日起五日内申请复议一次。海事法院应当在收到复议申请之日起五日内作出复议决定。复议期间不停止裁定的执行。利害关系人对海事请求保全提出异议,海事法院经审查,认为理由成立的,应当解除对其财产的保全。"根据这一规定,申请人对法院裁定不服的,不能提起上诉,只能通过复议申请的形式进行。该复议只能由海事请求人和被请求人提起,其他利害关系人如:与船舶扣押相关的第三人没有提起复议的权利,只能提出异议。但《海事诉讼特别程序法》并未

---

① 关正义:《扣押船舶法制制度研究》,法律出版社 2007 年版,第 142~143 页。

对复议的具体程序进行规定,实践中复议具体程序一般由合议庭进行审查。

4. 船舶扣押的送达与执行

如前所述,当具有管辖权的海事法院裁定应采取海事请求保全措施的,就应予立即执行。送达与执行扣押船舶裁定的具体规定主要见于 1994 年《最高人民法院关于海事法院诉讼前扣押船舶的规定》(以下简称 1994 年《扣船规定》)中,据规定,扣押船舶和释放被扣押船舶的法律文书,由海事法院执行人员送达给被扣押船舶的船长,船长应在送达回证上签字。若船长拒绝签字的,由送达人、见证人签字,即视为送达。在执行扣船裁决时,由执行人员登轮送达扣押船舶命令或送达解除扣押船舶命令,应向船长宣读,并将命令张贴在船舶主桅下部其他明显部位。执行人员执行送达任务时,应着法院制式服装并出示"执行公务证"。海事法院可以在发布扣押船舶或解除扣押船舶命令的同时,向有关部门发出协助执行通知书,并在通知书中列明协助执行事项。必要时,可派员登轮对船舶实施扣押和监护。

值得注意的是,在扣押外籍船舶时,海事法院应在发布扣船命令的同时书面通知船籍国驻中国使、领馆;海事法院在采取上述行动时,凡因情况紧急,应在事后通知船籍国驻我国使、领馆;通知书由海事法院报送其所在省、市高级人民法院审查后,径送外交部领事司,再通过领事司负责转给被通知的船舶派遣国驻我国的使、领馆;同时海事法院在送达通知书时,须附有扣押船舶的民事裁定书[①]。

同时,《关于扣押与拍卖船舶适用法律若干问题的规定》第 9 条规定:"扣押船舶裁定执行前,海事请求人撤回扣押船舶申请的,海事法院应当裁定予以准许,并终结扣押船舶裁定的执行。扣押船舶裁定作出后因客观原因无法执行的,海事法院应当裁定终结执行。"

5. 船舶扣押期间的管理

当船舶被扣押后,船东或船舶管理人出于利益考量有时会放弃船舶,使船舶处于危险之中。当出现这种情况时,为保证当事人的合法权利,海事法院有必要采取措施使船舶处于安全状态。

---

① 　参见最高人民法院《关于执行领事条约中对派遣过船舶实行强制措施时保护条款的通知》(法〔1994〕2 号)第 1 条、第 4 条、第 5 条、第 6 条。

于是《关于扣押与拍卖船舶适用法律若干问题的规定》就规定,船舶扣押期间由船舶所有人或光船承租人负责管理。船舶所有人或光船承租人不履行船舶管理职责的,海事法院可委托第三人或者海事请求人代为管理,由此产生的费用由船舶所有人或光船承租人承担,或在拍卖船舶价款中优先拨付。

(二)船舶扣押的方式

在船舶扣押的具体实施过程中,我们通常把海事法院对当事船舶采取的两种强制措施称为:"死扣押"和"活扣押",这两种船舶扣押方式各有其特点。

1. "死扣押"

在实践中"死扣押"即实际扣押,是经海事法院裁定,为保全海事请求而对船舶进行限制离开的法律程序,其通过采取限制或剥夺被扣押人对船舶的占有权、处分权的措施达到扣押的强制目的。通过"死扣押"的方式,可使被扣押船舶难以逃脱,也可促使被扣押人尽快提供放船担保。因此,对于外籍船舶常常采用"死扣押"的方式,以免其逃逸。然而,在"死扣押"方式下,船舶被扣后不能投入营运,亦不能处分或设置抵押权,使船舶无法发挥其经济功能,使被扣人的偿还能力降低,扣船申请人因此往往难以得到满意的清偿结果。从这个角度来看,"死扣押"在清偿效率和灵活性上有一定的不足。

2. "活扣押"

相对于"死扣押","活扣押"是法院实施船舶扣押措施的另一种方式,它是对船舶进行的非实际扣押,即在限制被申请人对船舶处分权的条件下不限制或部分限制被申请人对被扣船舶的经营活动的保全措施。《海事诉讼特别程序法》第 27 条规定"海事法院裁定对船舶实施保全后,经海事请求人同意,可以采取限制船舶处分或抵押等方式允许该船继续营运",这条规定为我国采取"活扣押"的方式给予了支持。

在司法实践中,"活扣押"可以使申请人的海事请求得到一定程度的担保;减少扣船期间产生的相关费用,如停泊费、维持费等;船舶的继续营运为日后偿债的实现提供了较好的物质保障;同时也降低了因错误扣船而造成的赔偿风险。但是,"活扣押"也有自身的局限性,主要体现为两点:一是由于海上运输风险较大,"活扣押"项下的船舶可能在继续营运过程中造成价值的减损,增加扣船申请人海事请求保全的风险。二是在"活扣押"期间对船舶的控制力减弱,增加了船舶被放行后逃逸的风险。鉴于此,最高人民法院在 2002 年《海诉法解释》第 29 条中,对"活扣押"的适用范围作了限制,"限于航行于国内航线上的船舶完成本次航次"。

【案例裁决/法律文书摘录】

(一)诉讼中扣押"南航油 2"轮和"芗油 11"轮案①

提要:申请人因船舶碰撞造成水域污染对碰撞船舶所有人提起诉讼,并申请诉讼中财产保全,扣押两碰撞船舶。海事法院准许了申请人的申请,采用"活扣押"的方式扣押船舶。本案例反映了"活扣押"船舶的一些基本做法。

申请人:广东省渔业协会(以下简称渔业协会)。

被申请人:广东南海市航运公司(以下简称南海航运公司)。

被申请人:福建漳州市轮船公司(以下简称漳州轮船公司)。

1996 年 11 月 4 日,南海航运公司所属的"南航油 2"轮与漳州轮船公司所属的"芗油 11"轮在珠江水域发生碰撞,导致"南航油 2"轮右舷 2 号油舱大面积破损,货油泄入该水域,造成污染事故。油污事故造成了该水域渔业资源和渔业生产的损失。

因油污事故受损害的广东省海洋与水产厅、番禺市新盈镇红港村民委员会、番禺市莲花山镇明星村民委员会、番禺市新垦镇红洋村民委员会、东莞镇港湾管理区、番禺市新垦镇红江村民委员会、番禺市新垦镇红海村民委员会、东莞市新湾镇新湾管理区等单位,委托渔业协会向海事法院提起诉讼,请求法院判令南海航运公司和漳州轮船公司赔偿渔业资源和渔业生产损失 1885530 元。

渔业协会起诉并经海事法院受理后,提出财产保全申请,请求海事法院扣押两肇事船舶,责令两被申请人各提供 200 万元的担保。渔业协会在申请扣押船舶时不知道"南航油 2"轮和"芗油 11"轮在何处。

海事法院经审查认为:

渔业公司的申请符合财产保全的条件,应予准许。遂裁定:

---

① http://www.ccmt.org.cn/shownews.php? id=2443,下载日期:2016 年 12 月 8 日。

1. 准许渔业公司的财产保全申请。

2. 扣押南海航运公司所属的"南航油 2"号油轮。扣押期间,该轮仍由南海航运公司管理使用,但不得隐匿、转移、变卖、毁损和抵押。

3. 扣押漳州轮船公司所属的"芗油 11"号油轮。扣押期间,该轮仍由漳州轮船公司管理使用,但不得隐匿、转移、变卖、毁损和抵押。

4. 责令南海航运公司提供人民币 200 万元的担保。

5. 责令漳州轮船公司提供人民币 200 万元的担保。

海事法院作出裁定后,通知上述船舶的登记机关协助执行,不予该船舶办理所有权注销登记、变更登记和抵押登记。

漳州市轮船公司不服海事法院的裁定,申请复议,认为:海事法院既扣押被申请人的船舶,又责令被申请人提供担保,保全措施重复;责令两被申请人各提供 200 万元的担保,担保总额达 400 万元,超出了申请人提出的 1885530 元的诉讼请求范围。请求海事法院撤销裁定或减少担保金额。

海事法院复议认为:裁定责令提供担保不是财产保全措施,而是作为解除财产保全的条件,保全措施并无重复;两被申请人之间责任尚未确定,责令其各自提供 200 万元的担保并无不当。据此,驳回漳州轮船公司的复议申请,维持原裁定。

本案在审理过程中,经调解,三方当事人自愿达成协议:

1. 南海航运公司和漳州轮船公司一次性赔偿渔业公司 800000 元,作为由于本次事故引起的污染损害赔偿的最终的及全部的赔款。其中南海航运公司赔偿 560000 元,漳州轮船公司赔偿 240000 元。在收到海事法院调解书之日起 30 日内付清。

2. 渔业公司保证在收到全部赔款后两个工作日内向法院提出解除对"南航油 2"轮和"芗油 11"轮的扣押。

两被申请人在调解书约定的时间内付清了赔款。经渔业公司申请,海事法院解除了对"南航油 2"轮和"芗油 11"轮的扣押。

第三节 错误扣船

● ● ●

【知识背景】

船舶的若干基本法律问题

随着扣船案件的增多,在司法实践中错误扣船的现象时有发生,给当事人的合法权益造成了损害。为避免错误扣船的发生,保障船舶扣押执行的顺利进行,维护海事司法公正,有必要对错误扣船进行了解。

(一)错误扣船概述

1. 错误扣船的概念

对于错误扣船,我国《海事诉讼特别程序法》虽然规定了错误扣船应当承担赔偿责任,但是对其概念并没有作出明确的规定。目前,对于错误扣船的定义主要分为广义的错误扣船和狭义的错误扣船两种。

广义的错误扣船是指各种违反船舶扣押实体或程序法律规范,以及违背诚实信用、善意等原则而应当承担赔偿责任的船舶扣押。如 1999 年《扣船公约》就规定在实施扣船过程中,出现扣押错误或不公正、要求和提供过多担保等情况,扣船实施地国的法院在请求人对扣押船舶造成的损失或损害负有责任时,应具有判定此种责任程度的管辖权[1]。狭义的错误扣船是指根据特定的扣船法律制度而应当予以追究赔偿责任的扣船行为,即违反特定法律规定的扣船。从我国目前的司法实践来看,错误扣船是指不符合"扣船的实质要件"[2]。此种"实质要件"主要指 1986 年最高人民法院《扣船规定》和 1999 年《海事诉讼特别程序法》中所规定的法定扣

---

[1] 参见 1999 年《扣船公约》第 6 条第 2 款。

[2] 许绍田:《错误扣船相关问题的探讨》,载《天津航海》2004 年第 4 期。

船条件:"申请人申请扣船应符合法定的海事请求","被申请人应对海事请求负有责任"以及"被扣船舶属于可扣押的范围"。

2. 错误扣船的种类

我国《海事诉讼特别程序法》没有将错误扣船进行明确的分类。从司法实践来看,错误扣船主要分为三类:主体错误、扣押对象错误以及其他形态的扣船错误。[①]

(1)主体错误

第一,海事请求人的错误

根据《海事诉讼特别程序法》第 22 条的规定,非因海事请求不得申请扣船。因此,在实践中,如果申请人不具有海事请求资格而申请扣船造成的错误扣船即为申请人不适格。这也是在错误扣船中常见的错误形态。

第二,海事被请求人的错误

在船舶扣押关系中,海事被请求人是依据法律应对海事请求负有责任的人。当船舶所有权或租赁关系发生变动时,由于新的船舶所有人、承租人对变动前的船舶变动没有责任,此时如未厘清船舶归属变化而对船舶进行扣押,容易因海事被请求人不适格而导致错误扣船的发生。

第三,普通法院违法扣船造成的主体错误

如前所述,根据《海事诉讼特别程序法》和最高人民法院的规定,有权实施扣船的法院为有管辖权的海事法院,普通法院不能实施扣船。在实践中,部分普通法院出于部门利益、地方保护主义等原因进行扣船,给当事人造成了巨大的经济损失,干扰了海事审判的正常秩序。

(2)客体错误

扣船客体错误即扣船的对象错误,是指在扣船过程中扣押了与海事请求无关的船舶,主要包括以下几种情况:

第一,对当事船的错误扣押

根据《海事诉讼特别程序法》第 25 条的规定:"海事请求人申请扣押当事船舶,不能立即查明被请求人名称的,不影响申请的提出。但扣押的当事船舶除了要对

---

① 倪学伟:《错误扣船的形态、性质及相关问题》,载《中国海商法年刊》2006 年第 1 期。

申请人的海事请求负责外还需在实施扣押时仍然属于船舶所有人或光船所有人所有"。据此,如果当事船舶所有人或光船租赁人在船舶被扣前已将当事船舶进行转让,那么在扣船时就容易造成对当事船舶的错误扣押。

第二,对姊妹船的错误扣押

一般地,与船舶优先权有关的海事请求,如果在当事船舶所有权发生转移的情形下,若产生优先权的船舶仍归原船主所有,则扣押该船的姊妹船是合法的。如果该船所有权已转移,那么对新船主的姊妹船则没有扣押权,否则为错误扣船。此外,与船舶所有权或占有有关的海事请求只能扣押当事船舶,如果扣押当事船舶的姊妹船也属于错误扣船。[①]

第三,对军事、政府公务船舶的错误扣押

在相关国际公约及我国法律中,均把军事船舶和公务船舶作为例外来处理[②],因此海事法院针对这两类船舶的扣押都属于错误扣押。

(二)错误扣船的损害赔偿

1. 损害赔偿的归责

错误扣船的规则是决定错误扣船损害赔偿的关键,依据的归责原则不同,对错误扣船损害赔偿的标准也不同。从目前的国际公约及各国实践来看,对错误扣船的规则原则主要分为主观归责原则和客观归责原则两种。

在英美法系国家,对错误扣船主要采取主观归责原则即过错责任原则。这一原则强调扣船申请人在申请扣船时有"恶意"或"重大过失"造成了错误扣船的损失,需承担相应的赔偿责任。大陆法系国家对错误扣船则普遍采用客观归责原则,客观归责原则即无过错责任原则,是指不论扣船申请人在主观上是否存在过失,依据法律都应承担相应的法律责任。

目前我国法律虽未明确规定错误扣船的归责原则,但相关立法和司法实践均反映了客观归责原则的要求。[③] 我国《民事诉讼法》第 96 条规定:"申请有错误的,

---

① 倪学伟:《错误扣船的形态、性质及相关问题》,载《中国海商法年刊》2006 年第 1 期。

② 参见《海事诉讼特别程序法》第 23 条第 5 款:"从事军事、政府公务的船舶不得被扣押。"

③ 向明华:《错误扣船归责比较研究》,载《现代法学》2009 年第 1 期。

申请人应当赔偿被申请人因财产保全所遭受的损失。"同时《海事诉讼特别程序法》第20条也规定:"海事请求人申请海事请求保全错误的,应当赔偿被请求人或者利害关系人因此所遭受的损失。"这一规定对海事请求人扣船申请错误提出了赔偿责任的要求,也从某种程度上对法院的审查提出了更严格的要求。

2. 损害赔偿的范围

在针对错误扣船损害的赔偿中,确定损害赔偿的范围是一个关键的问题。从国际立法来看,1952年《扣船公约》以及1999年《扣船公约》都没有涉及错误扣船损害赔偿的具体问题,将其留给各国国内法进行规制。

2003年最高人民法院在《关于适用〈中华人民共和国海事诉讼特别程序法〉若干问题的解释》第24条中规定:"申请扣押船舶错误造成的损失,包括因船舶被扣押在停泊期间产生的各项维持费用与支出、船舶被扣押造成的船期损失和被申请人为使船舶解除扣押而提供担保所支出的费用。"由上述规定可以看出,我国错误扣船的赔偿范围不仅包含错误扣船带来的实际损失,也包括了预期利润损失的部分。就赔偿的具体内容来看,实际损失主要包含了:(1)船舶扣押期间的各项维持费用和支出,如:船员劳务费用、港口费、经扣船法院同意的船舶移动费等。(2)为使船舶解除扣押提供担保的费用:当被扣船人以现金作保时,损失费用为现金的利息损失;当被扣船人以抵押方式作保时,损失费用为抵押物因被限制转让等而引发的损失;当被扣船人以保证方式作保时,损失费用为向第三人支付的担保费用。(3)扣押船舶的执行费用,包括法院扣船的交通费、执行费等。

【案例裁决/法律文书摘录】

(一)洋浦中兴运船务有限公司诉张学峰、邹斯庚申请海事请求保全错误损害赔偿纠纷案①

[案件基本信息]

1. 判决书字号:

---

① http://www.ccmt.org.cn/shownews.php? id=13530,下载日期:2014年11月16日。

一审判决书字号:(2010)青海法海商初字第 47 号。

二审判决书字号:(2012)鲁民四终字第 76 号。

2.案由:申请海事请求保全错误损害赔偿纠纷。

3.诉讼双方:

原告(上诉人):洋浦中兴运船务有限公司(以下简称中兴运公司)。

被告(被上诉人):张学峰。

被告(被上诉人):邹斯庚。

[基本案情]

2009 年 6 月 12 日,张学峰起诉利远公司、中兴运公司及邹斯庚非法留置船载设备至青岛海事法院,案号为(2009)青海法烟海事初字第 28 号。6 月 22 日,张学峰申请该院扣押中兴运公司所属的"中兴运壹号"轮。邹斯庚以其经营的烟台开发区大季家银河宾馆为张学峰提供担保。该院同日裁定扣押船舶,后应张学峰申请变更保全措施为"活扣押"。6 月 29 日,中兴运公司申请复议,该院于 7 月 10 日作出了复议决定书,认为中兴运公司的异议理由成立,决定解除对"中兴运壹号"轮的查封"活扣押"。11 月 23 日,该院经审查认为该案所涉系机械租赁合同关系,因此裁定将其移送至烟台经济技术开发区人民法院,该院予以受理,案号为(2010)开商初字第 78 号。2010 年 5 月 31 日,被告张学峰向烟台经济技术开发区人民法院提出撤诉申请,该院裁定予以准许。

2009 年 6 月 21 日,中兴运公司与闽泰公司签订《购船合同》,约定"中兴运壹号"轮转让价为 355 万元,交船期为 2009 年 7 月 1 日。合同签订后,闽泰公司依约支付了 30 万元的购船定金。因"中兴运壹号"于 6 月 22 日被青岛海事法院扣押,中兴运公司认为无法如约交船,于 2009 年 7 月 5 日向闽泰公司退还了 30 万元购船定金。闽泰公司遂在海口海事法院起诉原告,要求解除购船合同并要求中兴运公司双倍返还定金,即要求再支付 30 万元。2009 年 8 月 21 日海口海事法院经审理作出(2009)海商初字第 63 号民事判决书,判令解除《购船合同》并且中兴运公司向闽泰公司支付 30 万元及承担诉讼费 5800 元。2009 年 9 月 18 日,中兴运公司履行该判决项下的义务即向闽泰公司支付人民币 305800 元。在船舶扣押期间,原告为解除扣押一事进行复议及听证花费了 12006 元差旅费。

中兴运公司诉称:海口海事法院判决其向闽泰公司支付 30 万元及承担诉讼费 5800 元,以及其为解除扣押一事进行复议及听证花费的 12006 元差旅费,均系因被告张学峰错误申请扣船所致,请求判令张学峰赔偿中兴运公司损失 317806 元及诉讼费用;因被告邹斯庚为被告张学峰的财产保全申请提供担保,请求判令被告邹斯庚承担连带责任。

张学峰辩称:(1)被告申请保全没有错误。(2)中兴运公司的损失与被告申请保全之间无直接因果关系。(3)原告本身存在过错。

邹斯庚辩称:同意张学峰的上述三点辩论意见,另外,认为:(1)中兴运公司与闽泰公司之间恶意串通虚构船舶买卖合同,不应由张学锋承担任何赔偿责任。(2)假设张学锋海事保全申请错误,中兴运公司主张的全部损失也不属于海诉法司法解释第 24 条规定的海事保全申请错误的赔偿范围。

[案件焦点]

张学峰申请扣船是否错误及原告的损失与错误扣船之间是否存在因果关系。

[法院裁判要旨]

青岛海事法院经审理认为本案存在以下几个焦点:第一,张学峰申请采取扣押船舶的海事请求保全措施是否错误。张学峰以利远公司非法留置挖掘机为由申请扣押中兴运公司所有的船舶不符合《海诉法》第 21 条的规定。张学峰申请撤诉,证明中兴运公司在该案中并不承担民事责任。张学锋申请扣押并不承担任何民事责任的当事人的船舶,其申请存在错误。第二,中兴运公司的损失与张学峰错误申请扣船之间是否存在因果关系。买卖合同约定船舶于 2009 年 7 月 1 日交接,2009 年 7 月 10 日船舶才被解除扣押,已经影响了船舶的交接,导致中兴运公司不能履行买卖合同而承担违约责任,因此两者之间存在因果关系。第三,两被告主张的原告过错是否存在。原告在及时提供担保、及时提出复议申请、顺利获得船舶证书进行交接方面均存在过错。第四,原告的损失是否符合法律规定。按照最高人民法院关于《海事诉讼法司法解释》第 24 条的规定,申请扣押船舶错误造成的损失,包括因船舶被扣押在停泊期间产生的各项维持费用与支出、船舶被扣押造成的船期损失和被申请人为使船舶解除扣押而提供担保所支出的费用。该损失的范围是明确的、限定的,不包括因为扣押船舶错误造成的船东履约不能的定金损失、诉讼费损失和差旅费损失,因此原告主张的损失不在法律规定的赔偿范围之内。

综上所述,青岛海事法院依据《海事诉讼特别程序法》第 20 条、第 21 条、第 23 条、《最高人民法院关于适用〈海事诉讼特别程序法〉若干问题的解释》第 24 条之规定,判决驳回原告洋浦中兴运船务有限公司对被告张学锋、邹斯庚的诉讼请求。

原告持原审起诉意见提起上诉。山东省高级人民法院经审理认为争议内容与一审期间确定的四个争议焦点相同。

第一,张学峰申请采取扣押船舶的海事请求保全措施是否错误。申请保全错误的判断标准以被申请人在案件判决后是否承担与其保全措施数额相当的责任为依据。在本案中,张学峰在诉讼中申请保全,并且在法院依其申请采取保全措施后又撤回诉讼,其行为即构成申请保全错误。但是本案张学峰提出的为海事请求保全,保全措施为扣押船舶,我国《海事诉讼法》第 21 条对于扣押船舶列出了 22 项规定,对于申请人申请扣押船舶的,海事法院负有审查的义务。根据复议决定书以及移送管辖民事裁定书的结果,张学峰提出的扣押船舶申请,船舶的所有人并不是其海事请求的同一人,甚至张学峰的请求也不属于海事请求,因此,张学峰的非海事请求得以扣押船舶,错误并非在张学峰一人。

第二,中兴运公司的损失与张学峰错误申请扣船之间是否存在因果关系。根据海口海事法院(2009)海商初字第 63 号民事判决书的记载,2009 年 7 月 29 日,闽泰公司向海口海事法院提起诉讼。该院于 2009 年 8 月 21 日进行开庭审理,中兴运公司在该案的答辩意见中辩称船舶被青岛海事法院扣押,无法履行合同,正在积极处理善后事宜,待承租人支付我方违约金后可以视情况给予闽泰公司一定的补偿。根据青岛海事法院复议决定书的记载,青岛海事法院在 2009 年 7 月 10 日即作出解除争议船舶扣押的决定。中兴运公司在海口海事法院审理的案件中,隐瞒船舶已被解除扣押,船舶的买卖关系已经可以履行的事实,造成海口海事法院认定船舶已不能交付,从而判决解除合同,由中兴运公司承担违约责任。对于中兴运公司承担的定金双倍返还责任,是由中兴运公司隐瞒事实而致,张学峰申请扣押船舶错误与中兴运公司的损失没有法律和事实上的联系。张学峰、邹斯庚无须对中兴运公司主张的损失承担责任。因此,本案已无须判断中兴运公司是否存在过错以及中兴运公司的损失是否属于法律保护范围的问题。

综上所述,山东省高级人民法院根据《民事诉讼法》第 153 条第 1 款第(1)项的规定,判决驳回上诉,维持原判。

第四节　船舶拍卖

●　●　●

【知识背景】

船舶的若干基本法律问题

船舶拍卖是海事法院依职权或申请人申请,对依法实施扣押的船舶实行竞价拍卖,以清偿船舶所有人债务的一种保全措施。1987 年《关于强制变卖被扣押船舶清偿债务的具体规定》是我国对船舶拍卖的首个立法规定,而后 1994 年最高人民法院出台的《关于海事法院拍卖被扣押船舶清偿债务的规定》(以下简称《拍卖船舶规定》)初步确立了我国船舶拍卖法律制度,此后 2000 年《海事诉讼特别程序法》在《拍卖船舶规定》的基础上,将船舶拍卖纳入了扣船制度,对其进行了一系列专门规定,形成了较为完整的船舶拍卖制度。

(一)船舶拍卖的条件

我国《海事诉讼特别程序法》第 29 条规定:"船舶扣押期间届满,被请求人不提供担保,而且船舶不宜继续扣押的,海事请求人可以在提起诉讼或申请仲裁后,向扣押船舶的海事法院申请拍卖船舶。"根据该条规定,海事法院进行船舶拍卖程序需要具备以下几个条件:

1. 船舶扣押期间届满

《海事诉讼特别程序法》第 28 条规定:"海事请求保全扣押船舶的期限为三十日。海事请求人在三十日内提起诉讼或申请仲裁以及在诉讼或者仲裁过程中申请扣押船舶的,扣押船舶不受前款规定期限的限制。"据此,启动船舶拍卖程序的要件之一是船舶扣押期间届满而被请求人不能提供担保。

2. 船舶不宜继续扣押

船舶不宜继续扣押是保全船舶强制拍卖的基本条件之一。船舶在进行司法拍卖前需要经过船舶扣押程序,由于船舶特殊的价值属性,在扣押状态下会产生高额费用,如停泊费、管理维护费、机械设备损耗费等,1994年《拍卖船舶规定》中也将船舶不宜扣押解释为"船舶本身机件、设备不适合继续扣押",若长期扣押船舶,可能会造成船舶价值的减损并产生较高的维持成本而影响债务的清偿。实践中,对于船舶是否适合继续扣押的评判主体为人民法院,但对如何评估船舶状况,相关立法并未作出明确的规定。

3. 经当事人申请

启动船舶强制拍卖程序的另一个条件是船舶扣押当事人向扣押船舶的海事法院进行申请。2003年《关于适用〈中华人民共和国海事诉讼特别程序法〉若干问题的解释》第30条规定:"申请扣押船舶的海事请求人在提起诉讼或者申请仲裁后,不申请拍卖被扣押船舶的,海事法院可以根据被申请人的申请拍卖船舶,拍卖所得价款由海事法院提存。"据此规定,有权向海事法院申请拍卖船舶的当事人不仅包括海事请求人,也包括被申请人。同时,《关于扣押与拍卖船舶适用法律若干问题的规定》第18条规定,申请拍卖船舶的海事请求人未经债权登记,直接要求参与拍卖船舶价款分配的,海事法院应予准许。

(二)船舶拍卖的程序

船舶拍卖程序是构成船舶拍卖制度的重要部分,我国立法对船舶拍卖程序作出了专门的规定,主要包括以下环节:

1. 对船舶强制拍卖的审查

《海事诉讼特别程序法》第30条第1款规定:"海事法院收到拍卖船舶的申请后,应当进行审查,作出准予或不准予拍卖船舶的裁定。"如前所述,法院启动强制拍卖船舶须依照申请人的申请而不能依职权,因此法院的审查以书面形式进行,其对海事请求人的请求是否成立、被请求人是否应对海事请求负责等实体问题不作审查。经法院审查符合司法拍卖船舶条件的,由海事法院裁定准予拍卖。若申请不符合强制拍卖船舶的要求,海事法院将裁定驳回申请。当事人对于法院裁定不服的,只能在收到裁定书之日起5日内向法院申请复议,不能提起上述,复议期间将停止裁定的执行。

2. 船舶司法拍卖的公告与通知

(1)公告

当海事法院裁定准予强制拍卖船舶后,经相关船舶检验评估等技术程序,海事法院应对拍卖信息进行公布。

我国《海事诉讼特别程序法》第 22 条规定:"海事法院在裁定拍卖船舶后,应通过报纸或其他新闻媒体发布公告。"对于外籍船舶的拍卖,则规定"应通过对外发行的报纸或者其他新闻媒体发布公告"。根据规定,拍卖船舶的公告期间不得少于 30 日。从法理角度来看,对船舶司法拍卖进行公告的目的有二:一是发布信息,吸引更多竞买者参与拍卖,利于拍卖的公开、透明、高效进行;二是为告知与拍卖船舶相关的权利人及时进行债权登记,便于其参与受偿,维护债权人的合法权益。

一般而言,船舶拍卖公告应包含以下内容:被拍卖船舶的名称、国籍;拍卖船舶委员会的组成;拍卖船舶的时间、地点;被拍卖船舶的展示时间、地点;参与竞买需要办理的手续;办理债权登记事项;需要公告的其他事项。

(2)通知

与公告不同,船舶拍卖的通知是向特定的对象,即被拍卖船舶登记国登记机关、已知的船舶优先权人、抵押权人及光船租赁下的船舶所有人等。通知内容一般包括:被拍卖船舶的名称;拍卖船舶的时间和地点;拍卖船舶的理由和依据以及债权登记等。根据《海事诉讼特别程序法》的要求,通知应在拍卖船舶前 30 日发出,通知的方式主要包括书面通知和其他能够确认收悉的适当方式。通知的目的主要是确保当事人在船舶被拍卖前知悉相关内容,便于注销船舶登记,行使船舶优先权和船舶抵押权等权利。

3. 债权登记与审查

债权登记是船舶拍卖中不可缺少的一环,根据《海事诉讼特别程序法》第 111 条的规定:"海事法院裁定强制拍卖船舶的公告发布后,债权人应当在公告期间,就与被拍卖船舶有关的债权申请登记。公告期间届满不登记的,视为放弃在本次拍卖船舶价款中受偿的权利。"同时《海事诉讼特别程序法》还规定,登记的债权为"与拍卖船舶有关的债权",并未对债权的具体种类作出明确的列举。对此最高人民法院在有关《海事诉讼特别程序法》的司法解释中规定"与拍卖船舶有关的债权"是因《海事诉讼特别程序法》第 21 条所规定的 22 种海事请求所引起的债权。

《海事诉讼特别程序法》第 113 条规定"债权人向海事法院申请登记债权的,应当提交书面申请,并提供有关的债权证据"。这些证据包括证明债权的具有法律效力的判决书、裁定书、调解书、仲裁裁决书和公证债权文书,以及其他证明具有海事请求的证据材料。同时《卖船规定》中还规定,个人及企业法定代表人身份证明书及其他文件也应作为证据材料的一部分提交。在提交上述材料时,提交人应依规定缴纳相应的登记费用。

债权登记人在完成登记后,海事法院应依法对登记债权进行审查。根据我国《海事诉讼特别程序法》第 115 条的规定"债权人提供证明债权的判决书、裁定书、调解书、仲裁裁决书或者公证债权文书的,海事法院经审查认定上述文书真实合法的,应裁定予以确认。"若上述生效的法律文书没有经海事法院审查认定,则不能作为参与受偿分配的依据。同时,债权人如果提供其他海事请求证据的,应在办理债权登记以后,在受理债权登记的海事法院提起确权之诉;当事人之间有仲裁协议的,应当及时申请仲裁。海事法院对上述确权诉讼作出的判决、裁定具有法律效力,当事人不得提起上述。《〈海事诉讼特别程序法〉司法解释》第 90 条还规定"债权人依据海事诉讼特别程序法第 116 条规定向受理债权登记的海事法院提起确权诉讼的,应在办理债权登记后 7 日内提起"。

4. 船舶拍卖

(1)拍卖船舶委员会

拍卖环节是船舶强制拍卖的重点,与一般商业拍卖不同,船舶强制拍卖全程由拍卖船舶委员会负责[1]。根据《海事诉讼特别程序法》第 34 条第 1 款、第 2 款的规定:"拍卖船舶委员会由海事法院制定的本院执行人员和聘请的拍卖师、验船师三人或五人组成。拍卖船舶委员会组织对船舶鉴定、估价;组织和主持拍卖;与竞买人签订拍卖成交确认书;办理船舶移交手续。"在船舶强制拍卖过程中,拍卖师与验船师作为海事法院聘请的拍卖委员会成员,其在拍卖活动中与法院的执行人员一

---

[1]　参见《关于扣押与拍卖船舶适用法律若干问题的规定》第 11 条。

样享有同等的权利与责任。① 拍卖船舶委员会的性质是海事法院为船舶拍卖组织的临时机构,其对海事法院负责并受其监督。

(2)登记与展示

依照规定,在拍卖会正式举行前,竞买人应当在规定的期限内向拍卖船舶委员会进行买船登记。登记时竞买人除应当向拍卖船舶委员会交验本人、企业法定代表人或其他组织负责人身份证明和委托代理人的授权委托书外,还应缴纳相应的买船保证金。在《海事诉讼特别程序法》中并未明确规定保证金的数额,而依照最高人民法院《关于民事执行中拍卖、变卖财产的规定》,竞买人在拍卖前提交的保证金数额由法院依案件实际情况确定,至少不低于评估价或市价的 5%。

《拍卖法》第 48 条规定进行拍卖前拍卖人应对拍卖标的进行不少于 2 日的展示。《海事诉讼特别程序法》第 36 条也规定"拍卖船舶委员会应当在拍卖船舶前,展示被拍卖船舶,并提供查看被拍卖船舶的条件和有关资料"。展示拍卖标的的规定为竞买人详细了解被拍卖船舶的具体情况提供了途径,保障了竞买人的知情权。

(3)拍卖程序

《海事诉讼特别程序法》规定拍卖船舶委员会应组织和主持拍卖,但未对船舶拍卖的程序作出严格具体的规定,原则上应按照拍卖的一般流程进行。首先,拍卖应在公告的时间、地点进行。其次,在拍卖委员会安排下拍卖人员就位,由拍卖委员会中的首席拍卖师主持,助理拍卖师协助,并设置书记员和标价员;书记员清点竞买人人数,宣布纪律;拍卖师入席,宣布拍卖规则和注意事项,介绍船舶评估意见,告知竞买人权利;开始拍卖,实践中通常采用有底价、密封式的拍卖方式,拍卖时竞买人的报价达不到底价的,拍卖委员会宣布收盘,择日再拍。② 对经过两次拍卖仍然流拍的船舶,可以进行变卖。变卖价格不得低于评估价的 50%。

实践中,船舶拍卖一般在法院地或船舶扣押地进行。在拍卖成交后,拍卖委员会与买受人签订成交确认书并支付不低于 20% 的价款,剩余价款应在成交之日起 7 日内付清。但考虑到船舶总价较大,拍卖后 7 日内付清在实际操作中并非易事,

---

① 全正佳主编:《海事诉讼法论》,大连海事大学出版社 2001 年版,第 172 页。

② 邓亮昌:《试论司法拍卖制度》,载《法律适用》1994 年第 10 期。

因此,《海事诉讼特别程序法》规定若拍卖委员会与买受人另有约定的可不受成交7日内付清价款的限制。

5. 船舶移交与登记

船舶交付是船舶拍卖的后续环节,《海事诉讼特别程序法》第38条第1款规定"买受人付清全部价款后,原船舶所有人应当在指定的期限内于船舶停泊地以船舶现状向买受人移交船舶。拍卖船舶委员会组织和监督船舶的移交,并在船舶移交后与买受人签署船舶移交完毕确认书"。当船舶完成交接后,海事法院要发布解除扣押船舶的命令,并通过报纸或相关新闻媒体发布公告,公布船舶已公开拍卖并移交给买受人。

买受人在接收船舶后,应当持拍卖成交确认书和有关材料,向船舶登记机关办理船舶所有权登记手续。原船舶所有人应当向原船舶登记机关办理船舶所有权注销登记。原船舶所有人不办理船舶所有权注销登记的,不影响船舶所有权的转让。

【案例裁决/法律文书摘录】

(一)诉讼前拍卖"神户1"轮案①

提要:船舶所有人拖欠船员工资和代理公司的代理费,债权人向海事法院申请扣押并拍卖该轮,清偿债务。拍卖价款不足清偿船员工资,其他债务不能从价款中清偿。

[案情]

原告:韩国海东船舶株式会社(Haedong Fleet Co. Ltd. ,以下简称海东会社)。

原告:陈宝纯等十名中国籍船员和沈汉基等四名韩国籍船员(以下简称十四名船员)。

被告:阿华管理公司(Aqua Managment Sa)(以下简称阿华公司)。

被告:切斯特渥斯航运有限公司(Adriatic Tankers Shipping Co.)(以下简称切斯特渥公司)。

被告:艾德利帝克油轮航运有限公司(Trustworthy Shipping Co. Ltd.)(以下

---

① http://www. ccmt. org. cn/shownews. php? id=1356,下载日期:2014 年 10 月 15 日。

简称艾德利帝克公司）。

阿华公司是巴拿马籍油轮"神户 1"（KOBE 1）轮注册船东,切斯特渥斯公司、艾德利帝克公司是该轮的经营人。

1994 年 9 月,切期特渥斯公司委托海东会社为"神户 1"轮雇佣船员。9 月 8 日,切斯特渥斯公司对海东会社提出的船员工资标准予以确认。工资标准包括船长、轮机长等不同职务船员的工资、奖金和文娱费、通讯费等具体费用。9 月 12 日,切斯特渥斯公司和海东会社正式签订《代理协议》,委托海东会社作为代理人为其提供"神户 1"轮船员雇佣和管理业务,该协议约定:切斯特渥斯公司应于每月 10 日之前将船员的每月工资和高级船员的固定费用,汇到东京银行釜山办事处,另委托人支付代理人每月每船 1600 美元的代理费。此外,海东会社作为全体船员的代表和切斯特渥斯公司签订《雇佣协议》,该协议约定切斯特渥斯公司给予船员的福利待遇（不包括工资）和解雇津贴等。

十四名船员从 1994 年 9 月 12 日起至 11 月,分别到"神户 1"轮工作,担任从船长、轮机长到水手等不同职务。但三被告并没有依合同按时支付船员工资、奖金等费用,解雇船员也没有支付解雇津贴,没有依约支付海东会社代理费。

[扣押和拍卖船舶]

1995 年 12 月 5 日,陈宝纯等十名中国船员和海东会社向海事法院提出诉前财产保全申请,以"神户 1"号船船东和经营人通过海东会社雇佣船员,没有按合同约定支付代理费和船员工资为由,请求海事法院扣押停泊在广州黄埔造船厂的"神户 1"船,责令阿华公司、切斯特渥斯公司和艾德利帝克公司提供 30 万美元的担保。吉林市江城民族商社、吉林市纽约热狗有限公司为申请人提供担保,保证承担申请人因申请错误造成被申请人或其他第三人的损失。

经审查,海事法院认为,十名船员和海东会社的诉前财产保全申请符合法律规定,依照《民事诉讼法》第 251 条、第 252 条和最高人民法院《关于海事法院诉讼前扣押船舶的规定》的规定,于 12 月 11 日裁定:

1.准许十名船员和海东会社的诉前财产保全申请,扣押停泊在广州黄埔造船厂的"神户 1"轮;

2.责令船东和经营人在 30 日内提供 30 万美元的担保。

1996 年 1 月 3 日,十四名船员和海东会社向海事法院提起诉讼,请求法院判令被告支付船员工资、遣返费、保险费和海东会社的代理费等费用共 226259.73 美元。

海事法院裁定扣押"神户 1"号船后,三被告没有履行裁定,提供担保。

16 日,原告十四名船员和海东会社向海事法院申请拍卖船舶。海事法院经审查认为,原告申请拍卖船舶符合《民事诉讼法》第 226 条和中华人民共和国最高人民法院《关于拍卖被扣押船舶清偿债务的规定》,3 月 22 日裁定:

1. 准许原告关于强制拍卖船舶的申请,对停泊在广州黄埔造船厂的"神户 1"号船予以拍卖;

2. 拍卖所得价款在支付因扣押拍卖船舶的费用后,全部存入海事法院指定账号;

3. 原告应垫付拍卖船舶费用 10 万元。

原告向法院垫付人民币 10 万元拍卖船舶费用后,26 日,海事法院在《中国日报》《南方日报》和《中国航务周刊》等报刊上发表如下公告:

1. 成立"神户 1"号轮拍卖委员会,负责拍卖事宜。

2. 凡国内外具有法人资格并且有中国银行接受的国际通行货币支付能力者,可于 4 月 20 日向拍卖委员会提出买船申请。拍卖委员会有偿提供"神户 1"号轮有关资料,并安排察看该轮现状。

3. 定于 4 月 30 日公开拍卖"神户 1"号船。

4. 凡与该轮有关的债权人应自公告之日起 60 日内向法院办理债权登记手续,逾期不登记的,视为放弃在拍卖价款中受偿的权利。

海事法院成立由审判员、验船师、会计师三人组成的拍卖委员会,于 4 月 30 日公开拍卖该轮。珠海船务企业有限公司、顺德勒流镇扶间铁木船修造厂、参加竞买,最高叫价 18 万美元,没有超过审判委员会确定的底价,拍卖委员会宣布收盘,另定时间再次拍卖。

5 月 6 日,海事法院再次刊出公告,定于 6 月 4 日再次拍卖"神户 1"号轮。6 月 4 日,拍卖委员会对"神户 1"号轮进行第二次拍卖时,珠海船务企业有限公司、顺德勒流镇扶间铁木船修造厂、广东银海实业发展有限公司、中山市黄圃镇市政工程有限公司四家企业参加竞投,结果叫价仍没有达到底价。

经两次拍卖,最高报价均没有达到底价,拍卖委员会决定以其他形式变卖,由参加竞买的以上四家单位投标,规定报价必须在拍卖的最高价 18 万美元以上。结果,珠海船务企业有限公司报价 18.8 万美元。经审判委员会同意,以该价成交。拍卖委员会与该公司签订了成交确认书,该公司付清船舶价款后,海事法院于 6 月 13 日将该轮在黄埔造船厂移交给该公司,同时发布解除船舶扣押命令。

拍卖船舶结束后,海事法院在报刊上发布公告,说明船舶已卖给珠海船务企业有限公司,买方对该轮以前所负的债务不承担任何责任,该轮原所有人应向原登记机关办理注销登记。

[判决和清偿]

经审理,海事法院于 1996 年 11 月 11 日判决:

1. 被告切斯特渥斯航运有限公司、艾德利帝克油轮航运有限公司向十四名船员支付工资及其他费用 207282.05 美元及利息,被告阿华公司在"神户 1"轮拍卖款内负连带责任;

2. 被告切斯特渥斯航运有限公司、艾德利帝克油轮航运有限公司支付海东会社代理费 33600 美元;

3. 被告切斯特渥斯航运有限公司、艾德利帝克油轮航运有限公司支付原告十四名船员和海东会社律师费 12158.37 美元。

案件受理费、财产保全申请费、执行费及扣押和拍卖船舶产生的费用共 27049 美元,人民币 84922 元由被告承担,在拍卖船舶价款中先行拨付。

本案判决后,原、被告均没有上诉。

在公告规定的 60 日期限内,以下债权人提出债权登记申请:

1. 吉林省吉林市民族商社登记申请在拍卖船舶价款中支付为被告垫付林元林等五名船员的工资、交通费等 38416 美元;

2. 广州黄埔造船厂登记申请在拍卖船舶价款中支付被告所欠船舶修理费 397301.84 美元;

3. 伦敦巴克雷斯银行登记申请在拍卖船舶价款中支付被告所欠船舶抵押贷款 19122243 美元;

4. 广东船务代理公司登记申请在拍卖船舶价款中支付代理费及其垫付的港口费用 23714.64 美元和 4025.99 元人民币。

因拍卖船舶价款不足支付船员工资,海事法院在扣除诉讼费用,保存、拍卖产生的费用后,将船舶价款支付船员工资。海事法院分别通知各债权人,不再召开债权人会议。

(二)上海海事法院"伊旺·伯来玛第(IRWAN PERMADI)债权登记申请案"[①]

中华人民共和国上海海事法院民事裁定书

(2005)沪海法登字第 13 号

申请人伊旺·伯来玛第(IRWAN PERMADI),男,1972 年 12 月 9 日出生,印度尼西亚国籍,"SEVEN STAR"轮水手,住 JL. DUKUH PINGGIR I RT 06/05 NO. 11 KEL. KEBON MELATI KEC. TANAH ABANG JAKARTA PUSAT —INDONESIA,护照号 N355729,海员证号 P022974。

委托代理人赵跃生、顾元,上海市理合理律师事务所律师。

申请人伊旺 伯来玛第因"SEVEN STAR"轮船舶所有人 KMC 株式会社拖欠申请人在该轮工作期间的工资和伙食费并造成申请人经济损失,于 2005 年 12 月 7 日向本院申请债权登记,要求登记的债权为工资 3000 美元、工资利息人民币 200 元、伙食费 300 美元、伙食费利息人民币 15 元、遣返费人民币 7371 元和律师费人民币 856.20 元,并提供了上海海事法院(2005)沪海法商初字第 402 号民事判决书。

本院经审查认为,因本院依法通过报纸发布强制拍卖"SEVEN STAR"轮公告的日期为 2005 年 11 月 7 日,故申请人提出债权登记申请的日期在《海事诉讼特别程序法》第 111 条所规定的公告期间之内。申请人已提供了有关的债权证据,显示申请人申请登记的债权为与被拍卖船舶有关的海事债权,故申请人的债权登记申请符合《海事诉讼特别程序法》第 111 条、第 113 条和最高人民法院《关于适用〈海

---

① http://www. 110. com/panli/panli_63530. html,下载日期:2014 年 10 月 15 日。

事诉讼特别程序法〉若干问题的解释》第 87 条的规定。综上所述,申请人的债权登记申请符合法律规定,可予准许。依照《海事诉讼特别程序法》第 114 条的规定,裁定如下:

准予申请人伊旺 伯来玛第(IRWAN PERMADI)债权登记的申请。

申请登记费人民币 500 元,由申请人伊旺 伯来玛第交纳。

审　判　长　辛海

代理审判员　钱旭

代理审判员　汪洋

二〇〇五年十二月十九日

书　记　员　朱杰

(三)厦门海事法院关于拍卖"阿明 2"轮(MV Amin2)的公告①

中华人民共和国厦门海事法院

公　告

本院受理的德国航运贷款银行(DVB Bank SE)诉艾斯姆阿明航运有限公司(ISIM Amin Limited)、舍库萨格凯斯航运有限公司(Shokooh Sahar Kish Shipping Co.)船舶抵押借款合同纠纷一案,于 2014 年 5 月 5 日作出(2013)厦海法商初字第 641 号民事裁定书,裁定将扣押于中华人民共和国漳州港的"阿明 2"轮(MV Amin2)予以拍卖。本院现已成立"阿明 2"轮(MV Amin2)拍卖委员会,定于 2014 年 10 月 28 日 09:00 在本院拍卖厅举行公开拍卖会对该轮进行拍卖。凡愿参加竞买者,可于 2014 年 10 月 27 日 16 时前,向该轮拍卖委员会提交书面申请,并缴纳竞买保证金人民币 1300 万元。意向竞买者需实地察看船舶的,拍卖委员会将统一安排时间上船。

凡与该轮有关的债权人,应自公告之日起 60 日内向本院申请债权登记。逾期不登记的,视为放弃在本次船舶拍卖价款中受偿的权利。

船舶基本信息。船舶所有人:舍库萨格凯斯航运有限公司;船籍:伊朗;船舶注

① http://www.cnaas.com.cn/showaffiche.php? id＝3861,下载日期:2016 年 12 月 8 日。

册港口:格什姆;船舶类型:油轮;船舶总吨 81306 吨;净吨 52325 吨;船长:274.33 米;型宽:48 米;型深:23.10 米;引擎功率 18660 千瓦;船舶建造地点:韩国;建造时间:2009 年。(以上船舶信息出自登记资料,拍卖以船舶实况为准)

"阿明 2"轮(MV Amin2)拍卖委员会所在地址:福建省厦门市金尚路 906 号;船舶竞买联系人:俞建林、游晓舟,联系电话 0592－5289960、5289883;债权登记联系人:张星亮,联系电话:0592－5285123。

特此公告

二〇一四年九月二十五日

(四)申请人李开孟申请海事债权登记一案①
广州海事法院民事裁定书

(2014)广海法登字第 8 号

申请人:李开孟,住海南省儋州市。

申请人李开孟因船员劳务合同纠纷,于 2014 年 1 月 16 日向本院申请债权登记,要求登记"致远 88"轮船员劳务工资债权 10430 元。申请人提供"致远 88"轮船员证明等证据材料。

本院经审查认为,申请人在公告期限内申请登记与拍卖船舶"致远 88"轮有关的债权,且提供了有关债权证据,其申请符合法律规定,应准予登记。依照《海事诉讼特别程序法》第 114 条、第 116 条以及最高人民法院《关于适用〈海事诉讼特别程序法〉若干问题的解释》第 90 条的规定,裁定如下:

一、准予申请人李开孟债权登记的申请;

二、申请人李开孟应在本裁定送达之日起七日内,向本院提起确权诉讼。

申请人提起确权诉讼的,应根据债权性质,明确是否享有船舶优先权。

债权登记申请费 1000 元,由申请人李开孟负担。

本裁定为终审裁定。

---

① http://www.ccmt.org.cn/showws.php? id＝8402,下载日期:2014 年 10 月 15 日。

审　判　员　　黄耀新

二〇一四年二月十二日

书　记　员　　蔡锡鸿

【延伸阅读】

1. 张丽英:《船舶扣押及相关法律问题研究》,法律出版社 2009 年版。

2. 向明华:《经济全球化背景下的船舶扣押法律制度比较研究》,法律出版社 2013 年版。

3. Francesco Berlingeri, *Berlingeri on Arrest of Ship*, 5th Ed., London, Informa Publishing, 2011.

第十三章
海事诉讼程序

【内容摘要】海事诉讼在性质上属于民事诉讼的范畴,但由于海上航运活动的专业性、特殊性和风险性,因而形成了与普通民商事法律所不同的法律制度。随着现代航运业的蓬勃发展,我国海商事法律制度需要随之不断完善。与普通民商事诉讼制度也有所不同,我国海事诉讼程序在争议解决、程序设置上均体现出了海事诉讼的特殊性。

第一节　概　　述

【知识背景】

海事诉讼程序基本内容概述

(一)海事诉讼

一般地,我们将因海上活动而引发的民事争议称为海事争议。解决海事争议当事人之间法律纠纷的方式分为多种,主要有:海事诉讼、和解、第三方调解以及海事仲裁。① 作为最主要的海事争议解决方式,海事诉讼是指有权审理海事案件的法院在海事争议当事人和其他诉讼参与人的参加下,依法审理和解决海事争议案件的诉讼程序和制度。我国于 1999 年颁布了《海事诉讼特别程序法》,其与《民事诉讼法》一起成为我国调整海事诉讼活动的主要法律规范。

(二)海事诉讼的特点

如前所述,由于海事诉讼所涉及的海事法律关系性质特殊,因此海事诉讼也体现出了与普通民事诉讼所不同的特点:

1. 广泛的涉外性

海事诉讼具有广泛的涉外性,这一特点是由海事案件本身所决定的。首先,在实践中海上贸易往来常在不同国家间进行,因此海事纠纷的当事人可能有外国人、无国籍人,争议标的可能位于国外,这些都构成了海事诉讼涉外性的特点。其次,在解决海事争议所适用的实体法律规范上,国际公约和国际惯例占有较大的比例。再次,我国现有的海事诉讼程序规范中也引入了有关海事纠纷解决的国际公约,使其具有较强的国际性和涉外性。

2. 管辖的专门性

海事案件向来具有很强的专业性,基于这一特点,为保证海事审判的顺利进行,许多国家都专门成立了海事法院或制定专门管辖海事案件的法庭进行海事案件的审理。我国从海事审判的实践出发,专门组建了海事法院对海事案件进行专门的管辖,确保海事审判的质量。

3. 法律适用的特殊性

虽然海事诉讼属于民事诉讼,但是各国基于海事审理的需要,为海事诉讼设立了有别于普通民事诉讼的特别制度,如美国专门为海事诉讼制定了特别规范《联邦海事诉讼补充规则》。在我国的诉讼法体系中,《海事诉讼特别程序法》对海事诉讼特别制度和规则进行了详细的规定,是应优先适用的海事诉讼专门法律。

---

① 张湘兰主编:《海商法》,武汉大学出版社 2008 年版,第 347 页。

(三)海事诉讼时效

诉讼时效是指权利人经过法定期间,不向义务人行使请求权,致使其胜诉权归于消灭的法律制度。[①] 海事诉讼时效是指海事请求权人根据法律规定请求海事法院强制保护其海事请求权的有效期限。在我国,海事诉讼时效除依民事诉讼时效的一般规定外,优先适用《中华人民共和国海商法》(以下简称《海商法》)的规定。

1. 具体海事诉讼时效期间的规定

(1)海上货物运输合同诉讼时效。海事请求人就海上货物运输向承运人要求赔偿的时效期间为1年,自承运人交付或应当交付货物之日起计算。有关航次租船合同的请求权,时效期间为2年,自知道或者应当知道权利被侵害之日起计算。

(2)海上旅客运输合同诉讼时效。海事请求人向承运人要求赔偿的请求权,其时效期间为2年。

(3)有关海上保险合同诉讼的时效,海事请求人向保险合同保险人要求赔偿的时效期间为2年,自保险事故发生之日起起算。

(4)有关船舶租用合同的请求权,时效期间为2年,自知道或者应当知道权利被侵害之日起计算。

(5)有关海上拖航合同的请求权,时效期间为1年,自知道或者应当知道权利被侵害之日起计算。

(6)有关船舶碰撞的请求权,时效期间为2年,自碰撞事故发生之日起计算。

(7)有关海难救助的请求权,时效期间为2年,自救助作业终止之日起计算。

(8)有关共同海损分摊的请求权,时效期间为1年,自理算结束之日起计算。

(9)有关船舶发生油污损害的请求权,时效期间为3年,自损害发生之日起计算;但是,在任何情况下时效期间不得超过从造成损害的事故发生之日起6年。

2. 海事诉讼时效的中断与中止

根据《海商法》第267条的规定,时效因请求人提起诉讼、提交仲裁或者被请求人同意履行义务而中断。但是,请求人撤回起诉、撤回仲裁或者起诉被裁定驳回的,时效不中断。如果海事请求人申请扣船的,时效自申请扣船之日起中断。自中

[①]　司玉琢主编:《海商法》,法律出版社2012年版,第433页。

断时起,时效期间应重新计算。

对于时效中止,《海商法》第 266 条这样规定"在时效期间的最后六个月内,因不可抗力或者其他障碍不能行使请求权的,时效中止"。如果导致中止时效的原因消除,时效期间则应从原因消除之日起计算。

【案例裁决/法律文书摘录】

(2009)民申字第 84 号 A. P. 穆勒—马士基有限公司与浙江华都纺织有限公司、马士基(中国)航运有限公司海上货物运输合同纠纷案[①]

知识点:海事诉讼时效的中断

案情及审判简述:

在该案中,马士基中国公司作为承运人马士基公司的代理人,为华都公司出口的两个集装箱全棉染色提花布货物各签发了两套提单,该两套提单均载明华都公司为托运人,装运港为宁波,目的港为科托努。2002 年 12 月 19 日,承运船舶到达科托努波多诺夫港。2003 年 3 月 26 日,承运人通知目的港电放货物,两套计六份正本提单由马士基中国公司宁波分公司从华都公司处收回。涉案两个集装箱于 2003 年 3 月 31 日运至马士基堆场破封开箱后发现均为空箱,开箱的铅封号与提单记载的铅封号不一致。2004 年 3 月,华都公司以马士基中国公司为被告向天津海事法院起诉,于 2005 年 2 月 16 日申请追加马士基公司为共同被告。

天津海事法院一审认为:马士基公司作为承运人,应当对集装箱内货物的灭失负赔偿责任;马士基中国公司作为承运人马士基公司的代理人不负有赔偿责任;华都公司于诉讼时效期间内向马士基公司的代理人提起诉讼,可认定诉讼时效中断,故其于 2005 年 2 月 16 日申请追加马士基公司为被告未超过诉讼时效期间。一审判决:马士基公司赔偿华都公司货物损失 203520 美元及其利息;驳回华都公司对马士基中国公司的诉讼请求。马士基公司不服一审判决,提起上诉。

天津市高级人民法院二审认为:货物于 2003 年 3 月 26 日在目的港实际交付,

---

① 万鄂湘、陆效龙、余晓汉:《最高人民法院 2009 年海事海商审判综述》,载《环球法律评论》2010 年第 5 期。

华都公司作为权利人,请求时效应当从该实际交付之日起算的一年之内。由于在该时效内的2004年3月22日,华都公司在一审法院提起了针对承运人代理人马士基中国公司的诉讼,符合《海商法》第267条规定的时效中断的法定事由;同时根据最高人民法院《关于贯彻执行民法通则若干问题的意见》第173条第2款"对于权利人向债务保证人、债务人的代理人或者财产代管人主张权利的,可以认定时效中断"的规定,构成针对承运人马士基公司的诉讼时效中断。时效期间重新计算后,至华都公司在一审法院申请追加马士基公司为被告时未超过一年诉讼时效。二审判决:驳回上诉,维持原判。

马士基公司不服二审判决,提出再审申请。天津市高级人民法院审查后通知驳回马士基公司的再审申请。马士基公司不服天津市高级人民法院二审判决以及驳回再审申请通知书,向最高人民法院申请再审。

最高人民法院经审理认为:根据《海商法》第257条的规定,本案就海上货物运输向承运人要求赔偿的一年时效期间,应从承运人交付货物之日即2003年3月26日起算。2004年3月22日系华都公司起诉状上记载的提交时间,2004年3月26日系华都公司向一审法院发出特快专递的时间,2004年3月29日系一审法院收到起诉状的时间。根据《民事诉讼法》第75条的规定,华都公司向一审法院提起诉讼的时间应当认定为2004年3月26日,没有超过一年的诉讼时效期间。二审判决认定华都公司起诉时间为2004年3月22日确有不当,但认定并未超过诉讼时效期间的结论并无不当。华都公司于2004年3月26日向承运人马士基公司的代理人马士基中国公司提起诉讼,2005年2月16日追加马士基公司作为被告。《海商法》第267条规定,时效因请求人提起诉讼、提交仲裁或者被请求人同意履行义务而中断,但对于向承运人代理人提起的诉讼是否构成时效中断这一问题并未作出规定;在此情况下,应当适用《民法通则》的有关规定。原审法院适用《关于贯彻执行民法通则若干问题的意见》第173条第2款的规定认定时效中断并无不当。最高人民法院最终裁定驳回马士基公司的再审申请。

第二节　海事诉讼管辖

●　●　●

【知识背景】

我国海事诉讼管辖制度

（一）海事法院的管辖范围

1. 海事法院的管辖区域

对于海事诉讼审判,我国实行海事法院专门管辖与跨行政区域管辖相结合的地域管辖原则,形成了与地方人民法院管辖互不重叠的管辖区域。我国现有 10 个海事法院,最高人民法院分别颁发了《全国人大常委会关于在沿海港口城市设立海事法院的决定》《最高人民法院关于调整武汉、上海海事法院管辖区域的通知》《最高人民法院关于设立海口、厦门海事法院的决定》《最高人民法院关于设立宁波海事法院的决定》《最高人民法院关于北海海事法院正式对外受理案件问题的通知》《最高人民法院关于调整大连、武汉、北海海事法院管辖区域和案件范围的通知》《最高人民法院关于调整上海、宁波海事法院管辖区域的通知》等文件,对上述海事法院的管辖区域作出了具体的规定。

（1）上海海事法院管辖:北至江苏与山东交界处的延伸海域,及长江口至江苏浏河口一段水域,南至上海与浙江交界处,包括上海、连云港、洋山港等主要港口。①

（2）广州海事法院管辖:西至北部湾英罗河道中心线,东至与福建省交界处的

---

① 参见 1987 年《最高人民法院关于调整武汉、上海海事法院管辖区域的通知》、1990 年《最高人民法院关于设立海口、厦门海事法院的决定》、1992 年《最高人民法院关于设立宁波海事法院的决定》、2006 年《最高人民法院关于调整上海、宁波海事法院管辖区域的通知》。

延伸海域,南至与海南省交界处的延伸海域和珠江口至广州港的一段水域,其中包括南澳岛及其他海上岛屿和湛江、黄埔、广州、深圳、汕头等主要港口。①

(3)天津海事法院管辖:南自河北省与山东省交界处、北至河北省与辽宁省交界处的延伸海域,其中包括黄海、渤海的一部分以及天津、秦皇岛等主要港口。②

(4)青岛海事法院管辖:南自山东省与江苏省交界处、北至山东省与河北省交界处的延伸海域,其中包括黄海一部分、渤海一部分、海上岛屿和石臼所、青岛、威海、烟台等主要港口。③

(5)大连海事法院管辖:南自辽宁省与河北省的交界处、东至鸭绿江口的延伸海域和鸭绿江水域,其中包括黄海一部分、渤海一部分、海上岛屿,以及黑龙江省的黑龙江、松花江、乌苏里江等与海相通可航水域和大连、营口等主要港口。④

(6)宁波海事法院管辖:浙江省所属港口和水域,包括所辖岛屿、港口和通海的内河水域。⑤

(7)武汉海事法院管辖:自四川省宜宾市合江门至江苏省浏河口之间与海相通的可航水域、港口。⑥

(8)厦门海事法院管辖:南自福建省与广东省交界处、北至福建省与浙江省交界处的延伸海域,其中包括东海南部、台湾省、海上岛屿和福建省所属港口。⑦

(9)海口海事法院管辖:海南省所属港口和水域以及西沙、中沙、南沙、黄岩岛等岛屿和水域⑧。

---

① 参见1984年《最高人民法院关于设立海事法院几个问题的决定》和1999年《最高人民法院关于北海海事法院正式对外受理案件问题的通知》。

② 参见1984年《最高人民法院关于设立海事法院几个问题的决定》。

③ 参见1984年《最高人民法院关于设立海事法院几个问题的决定》。

④ 参见1984年《最高人民法院关于设立海事法院几个问题的决定》和2002年《最高人民法院关于调整大连、武汉、北海海事法院管辖区域和案件范围的通知》。

⑤ 参见1992年《最高人民法院关于设立宁波海事法院的决定》和2006年《最高人民法院关于调整上海、宁波海事法院管辖区域的通知》。

⑥ 参见1987年《最高人民法院关于调整武汉、上海海事法院管辖区域的通知》和2002年《最高人民法院关于调整大连、武汉、北海海事法院管辖区域和案件范围的通知》。

⑦ 参见1990年《最高人民法院关于设立海口、厦门海事法院的决定》。

⑧ 参见1990年《最高人民法院关于设立海口、厦门海事法院的决定》。

（10）北海海事法院管辖：广西壮族自治区所属港口和水域以及北部湾海域及其岛屿和水域，云南省的澜沧江至湄公河等与海相通的可航水域，以及以英罗湾河道中心线为界，河道中心线及其延伸海域以西，包括乌泥岛、涸洲岛、斜阳岛等水域。①

2. 海事法院管辖内容

如前所述，我国海事法院对海商、海事案件实行专门管辖，其具体管辖内容即受案范围主要依据 2001 年《最高人民法院关于海事法院受理案件范围的若干规定》（以下简称《受案范围规定》）实行，具体包括：（1）海事侵权纠纷案件，包括如船舶碰撞损害赔偿案件，船舶触碰海上、通海水域、港口及其岸上的设施或者其他财产的损害赔偿纠纷案件等在内的 10 类海事纠纷案件。（2）海商合同纠纷案件，包括如海上、通海水域货物运输合同纠纷案件，船舶经营管理合同纠纷案件，船舶的建造、买卖、修理、改建和拆解合同纠纷案件等在内的 22 类海事纠纷案件。（3）其他海事海商纠纷案件，包括如在海上或通海水域、港口的运输、作业（含捕捞作业）中发生的重大责任事故引起的赔偿纠纷案件，港口作业纠纷案件，共同海损案件等在内的 26 类海事纠纷案件。（4）海事执行案件，包括申请执行海事法院及其上诉审高级人民法院和最高人民法院就海事请求作出的生效法律文书的案件，海洋、通海水域行政主管机关依法申请强制执行的案件等 5 类案件。需要指出的是，尽管《受案范围规定》采用列举的方式列出了上述 63 种案件种类，但其在条文中"其他海事海商纠纷案件"的使用，表明海事法院的受案范围不限于已列举的案件种类。

（二）地域管辖

海事诉讼地域管辖是指各海事法院之间受理第一审海事案件的分工与权限。② 我国《海事诉讼特别程序法》在第 6 条中明确规定了海事诉讼的地域管辖。

---

① 参见 1999 年《最高人民法院关于北海海事法院正式对外受理案件问题的通知》和 2002 年《最高人民法院关于调整大连、武汉、北海海事法院管辖区域和案件范围的通知》。

② 江伟主编、傅郁林副主编：《民事诉讼法学》，北京大学出版社 2012 年版，第 365 页。

1. 因海事侵权行为提起的诉讼,除依照《民事诉讼法》第 29 条至第 31 条的规定[1]以外,还可以由船籍港所在地海事法院管辖。而根据《海事讼诉法司法解释》第 4 条的规定,此处的"船籍港"指被告船舶的船籍港。被告船舶的船籍港不在中华人民共和国领域内,原告船舶的船籍港在中华人民共和国领域内的,由原告船舶的船籍港所在地的海事法院管辖。

2. 因海上运输合同纠纷提起的诉讼,除依照《民事诉讼法》第 28 条[2]的规定以外,还可以由转运港所在地海事法院管辖。此处的起运港、转运港和到达港指合同约定的或者实际履行的起运港、转运港和到达港。合同约定的起运港、转运港和到达港与实际履行的起运港、转运港和到达港不一致的,以实际履行的地点确定案件管辖。[3]

3. 因海船租用合同纠纷提起的诉讼,由交船港、还船港、船籍港所在地、被告住所地海事法院管辖。

4. 因海上保赔合同纠纷提起的诉讼,由保赔标的物所在地、事故发生地、被告住所地海事法院管辖。

5. 因海船的船员劳务合同纠纷提起的诉讼,由原告住所地、合同签订地、船员登船港或者离船港所在地、被告住所地海事法院管辖。

6. 因海事担保纠纷提起的诉讼,由担保物所在地、被告住所地海事法院管辖;因船舶抵押纠纷提起的诉讼,还可以由船籍港所在地海事法院管辖。

7. 因海船的船舶所有权、占有权、使用权、优先权纠纷提起的诉讼,由船舶所在地、船籍港所在地、被告住所地海事法院管辖。此处"船舶所在地"指起诉时船舶的停泊地或者船舶被扣押地。

---

[1] 《民事诉讼法》第 29 条:"因铁路、公路、水上和航空事故请求损害赔偿提起的诉讼,由事故发生地或者车辆、船舶最先到达地、航空器最先降落地或者被告住所地人民法院管辖。"第30 条:"因船舶碰撞或者其他海事损害事故请求损害赔偿提起的诉讼,由碰撞发生地、碰撞船舶最先到达地、加害船舶被扣留地或者被告住所地人民法院管辖。"第 31 条:"因海难救助费用提起的诉讼,由救助地或者被救助船舶最先到达地人民法院管辖。"

[2] 《民事诉讼法》第 28 条规定:"因铁路、公路、水上、航空运输和联合运输合同纠纷提起的诉讼,由运输始发地、目的地或被告住所地人民法院管辖。"

[3] 参见《海事讼诉法司法解释》第 5 条。

同时,《民事诉讼法》第 32 条还规定,因共同海损提起的诉讼,由船舶最先到达地、共同海损理算地或者航程终止地的人民法院管辖。因海难救助费用提起的诉讼,除依照《民事诉讼法》第 32 条的规定确定管辖外,还可以由被救助的船舶以外的其他获救财产所在地的海事法院管辖。

(三)专属管辖

专属管辖是指特定法院对特定案件的一种强制性排他管辖。根据《海事诉讼特别程序法》第 7 条的规定,目前海事法院对三种海事诉讼具有专属管辖权:

1. 因沿海港口作业纠纷提起的诉讼,由港口所在地海事法院管辖。

2. 因船舶排放、泄漏、倾倒油类或者其他有害物质,海上生产、作业或者拆船、修船作业造成海域污染损害提起的诉讼,由污染发生地、损害结果地或者采取预防污染措施地海事法院管辖。

3. 因在中华人民共和国领域和有管辖权的海域履行的海洋勘探开发合同纠纷提起的诉讼,由合同履行地海事法院管辖。此处"有管辖权的海域"包括了中华人民共和国的毗连区、专属经济区、大陆架及其有管辖权的其他海域;"合同履行地"则是指合同的实际履行地;合同未实际履行的,为合同约定的履行地。[①]

(四)指定管辖与执行管辖

根据《海事讼诉特别程序法》第 10 条的规定,当海事法院与地方人民法院之间因管辖出现争议时,双方法院应进行协商,若协商不成,则应请双方共同的上级人民法院予以指定管辖。如果海事法院之间因管辖权发生争议,由争议双方协商解决;协商解决不了的,报请最高人民法院指定管辖。[②]

执行管辖又称执行案件的管辖,是指依照法律规定划分法院之间执行案件的分工和权限。在海事案件的执行管辖中,当事人申请执行海事仲裁裁决,申请承认和执行外国法院裁决、裁定以及国外海事仲裁裁决的,向被执行的财产所在地或被执行人住所地海事法院提出。被执行财产所在地或者被执行人住所地没有海事法院的,向被执行的财产所在地或者被执行人住所地的中级人民法院提出。同时《海

---

① 参见《海事诉讼法司法解释》第 11 条、第 12 条。
② 参见《海事诉讼法司法解释》第 17 条。

事讼诉法司法解释》还规定,当事人申请执行海事仲裁裁决或申请承认和执行国外海事仲裁裁决,并且被执行的财产为船舶的,无论该船舶是否在海事法院管辖区域范围内,均由海事法院管辖;船舶所在地没有海事法院的,由就近的海事法院管辖。

（五）协议管辖

海事纠纷的当事人都是外国人、无国籍人、外国企业或者组织,当事人书面协议选择中华人民共和国海事法院管辖的,即使与纠纷有实际联系的地点不在中华人民共和国领域内,中华人民共和国海事法院对该纠纷也具有管辖权。

第三节　海事保全相关制度

【知识背景】

我国海事保全相关制度介绍

（一）海事请求保全

1. 海事请求保全概述

海事请求保全是指海事法院根据海事请求人的申请,为保障其海事请求的实现,对被请求人的财产所采取的强制措施。一般的,海事请求保全所保全的被请求人财产主要有船舶、船载货物等。

虽然与普通财产保全一样,海事请求保全的目的也在于对有关财产采取强制措施,保障申请人权益的实现,但是其仍具有自身鲜明的特点：

（1）海事诉讼保全有特定的对象,其保全的对象主要是船舶以及被请求人财产包括船载货物、船用燃油、运费、租金、船用物资等特定标的,对其他财产的海事请求保全适用民事诉讼法有关财产保全的规定。[①]

---

① 参见《海事诉讼法司法解释》第18条。

（2）海事诉讼保全有专门的管辖法院。依照我国法律规定海事请求保全由海事法院或具有海事法院的高级人民法院进行专门管辖,这种专门管辖体现出了海事诉讼保全管辖的排他性。

（3）海事诉讼保全有独特的程序。首先,与普通民事诉讼有关财产保全的规定不同,海事请求保全需依海事请求人申请而启动,法院不能依职权主动实行。其次,海事保全程序具有较强的独立性,在我国,海事请求保全被视为同案诉讼的辅助程序而非必要组成部分。

2. 海事请求保全的一般程序

（1）申请

海事请求人申请海事请求保全,应当向海事法院申请海事请求保全,应当向海事法院提交书面申请。申请书应当载明海事请求事项、申请理由、保全的标的物以及要求提供担保的数额,并附有关证据。

当事人在起诉前申请海事请求保全的,应当向被保全的财产所在地海事法院提出。同时,根据《海事讼诉法司法解释》的规定,如果当事人在诉讼前请求保全已经卸载但仍在承运人掌管之下的货物,如果货物所在地不在海事法院管辖区域的,既可以向卸货港所在地的海事法院提出,也可以向货物所在地的地方人民法院提出。

（2）担保与反担保

海事法院受理海事请求保全申请,可以责令海事请求人提供担保。海事请求人不提供的,驳回其申请。

由于海事请求人在申请保全时,实体权利义务尚不明确,可能出现保全错误的情况。因此海事法院为减少保全错误,会要求海事请求人提供反担保以保障被申请人的合法权益。若申请人不能按法院要求提供反担保,法院可驳回其申请。

（3）裁定与复议

依照法律规定,海事法院接受申请后,应当在四十八小时内作出裁定。裁定采取海事请求保全措施的,应当立即执行;对不符合海事请求保全条件的,裁定驳回其申请。

当事人对裁定不服的,可以在收到裁定书之日起五日内申请复议一次。海事法院应当在收到复议申请之日起五日内作出复议决定。复议期间不停止裁定的执行。

（4）执行

海事法院裁定准予海事申请人保全申请的,应采取相应的执行措施,如查封、扣押、拍卖等。

（5）保全措施的解除

当海事法院实施保全措施后,遇到以下情形应解除保全措施:一是当被请求人提供了释放担保;二是被请求人有正当理由申请解除保全措施的;三是利害关系人对海事请求保全提出异议,海事法院经审查,认为理由成立的,应当解除对其财产的保全;四是海事请求人在本法规定的期间内,未提起诉讼或者未按照仲裁协议申请仲裁的,海事法院应当及时解除保全或者返还担保。

（6）保全错误的责任承担

根据《海事诉讼特别程序法》第20条的规定,海事请求人申请海事请求保全错误的,应当赔偿被请求人或者利害关系人因此所遭受的损失。被请求人或利害关系人可以向采取海事请求保全措施的海事法院提起诉讼,海事法院应当受理。

（二）海事强制令

1.海事强制令概述

海事强制令是指海事法院根据海事请求人的申请,为使其合法权益免受侵害,责令被请求人作为或者不作为的强制措施。从定义可以看出,海事强制令的保全对象是当事人的行为,其本质属于行为保全措施。

海事强制令有以下特点:一是海事强制令须由海事请求人向海事法院申请而作出;二是有别于其他保全措施,海事强制令的对象是行为而非财产物品;三是海事强制令不仅可以禁止当事人的行为,也可令被申请人积极作为具体行为。

2.海事强制令的管辖与受理

（1）管辖

根据我国《海事诉讼特别程序法》的规定,当事人在起诉前申请海事强制令的,应当向海事纠纷发生地的海事法院提出。同时《海事诉讼特别程序法》第53条还规定,海事强制令不受当事人之间关于该海事请求的诉讼管辖协议或者仲裁协议的约束。诉讼或仲裁前申请海事强制令的,不受管辖协议的约束,应向海事纠纷发生地的海事法院提出。① 若外国法院已受理相关海事案件或者有关纠纷已经提交仲裁的,当事人向中华人民共和国的海事法院提出海事强制令申请,并向法院提供可以执行海事强制令的相关证据的,海事法院应当受理。

(2)受理

根据法律的规定,法院对请求人提出的申请,只有在符合以下条件时才能予以受理,作出海事强制令:首先,请求人有具体的海事请求;其次,需要纠正被请求人违反法律规定或者合同约定的行为;再次,情况紧急,不立即作出海事强制令将造成损害或使损害扩大。

3. 海事强制令的程序

(1)申请与担保

与海事请求保全一样,海事强制令必须由当事人申请提起,海事法院不能依职权主动实行。当事人在申请书中应当载明申请理由,并附有关证据。

海事法院受理海事强制令申请的,也可要求海事请求人提供反担保。若海事请求人不能按法院要求提供反担保的,海事法院驳回其申请。海事强制令发布后十五日内,被请求人未提出异议,也未就相关的海事纠纷提起诉讼或者申请仲裁的,海事法院可以应申请人的请求,返还其提供的担保。②

(2)审查与裁定

海事法院在接受申请后,应当在四十八小时内作出裁定。裁定作出海事强制令的,应当立即执行;对不符合海事强制令条件的,裁定驳回申请。

当事人若对法院裁定不服的,在收到裁定书之日起五日内申请复议一次。海事法院应当在收到复议申请之日起五日内作出复议决定。复议期间不停止裁定的执行。

(3)执行

如前所述,海事强制令一旦作出应立即执行。被请求人拒不执行海事强制令

---

① 参见《海事诉讼法司法解释》第 41 条。
② 参见《海事诉讼法司法解释》第 45 条。

的,海事法院可以根据情节轻重处以罚款、拘留;构成犯罪的,依法追究刑事责任。对个人的罚款金额,为一千元以上三万元以下。对单位的罚款金额,为三万元以上十万元以下。拘留的期限,为十五日以下。

(4)撤销与赔偿

当海事法院作出海事强制令后,若利害关系人对海事强制令提出异议,经审查认为理由成立的,应当裁定撤销海事强制令。

海事请求人申请海事强制令错误的,应当赔偿被请求人或者利害关系人因此所遭受的损失。有关错误损害赔偿的争议,由作出海事强制令的海事法院受理。

(三)海事证据保全

1. 概述

海事证据保全是指海事法院根据海事请求人的申请,对有关海事请求的证据予以提取、保存或者封存的强制措施。

海事证据保全属于民事诉讼证据保全的范畴,但相较于普通民事诉讼证据保全,其具有以下特点:一是海事证据保全必须由当事人申请提起,海事法院不能依职权主动实行;二是海事证据保全不仅包括诉讼中的证据保全,还包括诉前或者仲裁前的证据保全。[①]

2. 海事证据保全的管辖

《海事诉讼特别程序法》第 63 条规定"当事人在起诉前申请海事证据保全,应当向被保全的证据所在地海事法院提出"。在第 64 条中还规定"海事证据保全不受当事人之间关于该海事请求的诉讼管辖协议或者仲裁协议的约束"。同时《海事诉讼法司法解释》第 47 条规定"诉讼前申请海事证据保全,适用海事诉讼特别程序法第六十四条的规定",据此,若当事人诉前申请海事证据保全,其不受诉讼管辖协议或仲裁协议的约束,应向被保全的证据所在地海事法院提起申请。

如果外国法院已受理相关海事案件或者有关纠纷已经提交仲裁,当事人向中华人民共和国的海事法院提出海事证据保全申请,并提供被保全的证据在中华人民共和国领域内的相关证据的,海事法院应当受理。

---

① 江伟主编:《民事诉讼法学》,北京大学出版社 2012 年版,第 378 页。

此外,海事证据保全后,有关海事纠纷未进入诉讼或者仲裁程序的,当事人就该海事请求,可以向采取证据保全的海事法院或者其他有管辖权的海事法院提起诉讼,但当事人之间订有诉讼管辖协议或者仲裁协议的除外。

3. 海事证据保全的程序

(1)申请

海事请求人申请海事证据保全,应当向海事法院提交书面申请。申请书应当载明请求保全的证据、该证据与海事请求的联系、申请理由以及载明证据收集、调取的有关线索。

(2)担保

海事法院受理海事证据保全申请,可以责令海事请求人提供担保。海事请求人不提供的,驳回其申请。

(3)审查与裁定

海事法院在收到当事人海事证据保全的申请后,应对申请进行审查,申请需符合以下条件:首先,请求人需是海事请求的当事人;其次,请求保全的证据对该海事请求具有证明作用;再次,被请求人是与请求保全的证据有关的人;最后,情况紧急,不立即采取证据保全就会使该海事请求的证据灭失或者难以取得。

海事法院接受申请后,应当在四十八小时内作出裁定。裁定采取海事证据保全措施的,应当立即执行;对不符合海事证据保全条件的,裁定驳回其申请。

(4)复议与异议

当事人对裁定不服的,可以在收到裁定书之日起五日内申请复议一次。海事法院应当在收到复议申请之日起五日内作出复议决定。复议期间不停止裁定的执行。被请求人申请复议的理由成立的,应当将保全的证据返还被请求人。

利害关系人对海事证据保全提出异议,海事法院经审查,认为理由成立的,应当裁定撤销海事证据保全;已经执行的,应当将与利害关系人有关的证据返还利害关系人。利害关系人对海事法院作出的海事证据保全裁定提出异议,海事法院经审查认为理由不成立的,应当书面通知利害关系人。

(5)执行

海事法院进行海事证据保全,根据具体情况,可以对证据予以封存,也可以提取复制件、副本,或者进行拍照、录像,制作节录本、调查笔录等。确有必要的,也可以提取证据原件。

(6)赔偿

海事请求人申请海事证据保全错误的,应当赔偿被请求人或者利害关系人因此所遭受的损失。被请求人请求海事请求人赔偿损失的,由采取海事证据保全的海事法院受理。

(四)海事担保

1. 概述

海事担保属于司法担保的一种,在我国《海事诉讼特别程序法》中并未对海事担保的概念作出具体的定义,只是对海事司法实践中的一些主要海事担保进行了列举。[①] 1999年最高人民法院向全国人大常委会所作的《关于〈海事诉讼特别程序法(草案)〉的说明》中提及了海事担保的性质:"海事担保通常是对海事请求权的担保。海事请求人向海事法院申请海事请求保全、海事强制令、海事证据保全时,应当向海事法院提供担保,以保证因申请错误可能给被申请人造成损失的赔偿;同时,被请求人为解除对其财产的扣押,也可以向海事法院及海事请求人提供海事担保。这是在海事保全程序中所特有的一种责任保证。"

2. 海事担保的分类

(1)按海事担保的方式来分,海事担保可分为现金担保、保证、抵押和质押。在海事司法实践中,应用得较多的是现金担保和保证,这两种方式各有其特点。首先,现金担保是以现金(包括现钞和现金支票)作保,在实践中现金担保操作简便,但由于海事实务中涉及金额较大,提供现金担保存在一定的难度和风险性。其次,保证是凭借保证人信誉或不特定财产作出的履行某项义务或责任的书面承诺。在海事保全中保证由于其办理程序较为简单,常被采用。

(2)按主体分,海事担保可分为申请人提供的担保和被申请人提供的担保。申请人提供的担保一般又称"反担保",即海事法院要求海事请求人提供的,保证赔偿

---

① 《海事诉讼特别程序法》第73条:"海事担保包括本法规定的海事请求保全、海事强制令、海事证据保全等程序中所涉及的担保。"

因申请海事请求保全错误而造成损失的担保。被申请人提供的担保是被请求人为解除对其财产的保全,以其财产或第三人财产及信用提供的担保。

(3)按类型分,海事担保分为海事请求保全担保、海事强制令担保以及海事证据保全担保。

3. 海事担保的程序

(1)海事担保的提交

根据《海事诉讼特别程序法》的相关法条,海事请求人在向法院申请海事请求保全、海事强制令及海事证据保全时,海事法院可以要求申请人提供担保。申请人在提出上述申请时应当在申请书中载明相关情况,附上相应的证据资料。

海事请求人或被请求人的担保应提交给海事法院,提供担保的具体方式应是可靠的,提供担保的金额应相当于因保全申请错误可能造成的损失,具体的数额可由当事人协商约定也可由海事法院决定。

(2)海事担保的变更与返还

担保提供后,提供担保的人有正当理由,如"海事请求人请求担保的数额过高;被请求人已采取其他有效的担保方式;海事请求人的请求权消灭"[①],可以向海事法院申请减少、变更或者取消该担保。

根据《海事诉讼特别程序法》第18条、第74条等的规定,海事请求人在规定期间内未提起诉讼或未按仲裁协议申请仲裁的,海事法院应及时解除保全、返还担保。若海事请求人不返还担保的,海事法院应责令其及时返还。

(3)海事担保的执行

若海事请求人与被请求人、被担保人间的争议经诉讼或仲裁程序确定后,海事担保的被担保人拒不履行生效裁决的,海事法院可强制执行。

---

① 参见《海事讼诉法司法解释》第52条。

【案例裁决/法律文书摘录】

陈贻垛申请海事强制令案①

案情：

申请人：陈贻垛。

被申请人：中海集装箱运输有限公司。

被申请人：中海华北物流有限公司。

申请人陈贻垛于 2002 年 8 月 20 日向本院递交海事强制令申请,申请人称：2002 年 3 月,申请人委托案外人饶春来代为办理 38 个集装箱货物由黄浦港至天津港的运输事宜,承运人为中海集装箱运输有限公司,托运人为李伟权,收货人为陈贻垛。2002 年 3 月 30 日货物到达卸货港天津新港。申请人已向被申请人支付运费人民币 7 万元,但被申请人以李伟权欠款为由,在天津港东方集装堆场扣押申请人的 38 个集装箱。经申请人交涉,被申请人放了 16 个集装箱,仍拒不交付运单编号为 0687184、0702283、0702275、0702274、0702291、0702293、0679539 的 22 个集装箱的货物。因此,申请人请求本院作出海事强制令,责令被申请人将箱号为 CCLU2408605、CCLU3236500、CCLU2098984、CCLU3057552、CCLU2362000、CCLU2411888、CCLU2149783、CCLU2247218、CCLU3168936、CCLU2454160、CCLU2454806、CCLU3191561、TGHU2263298、FSCU3438622、TTNU3319643、EASU9614087、GESU2210314、CCLU2418630、CCLU2102030、CCLU2359687、CCLU2127207、CCLU3229224 的 22 个集装箱货物立即交付申请人。

审判：

经审查,本院认为,申请人为使其合法权益免受侵害,向本院提出责令被申请人向其交付货物的申请符合法律规定。

依照《中华人民共和国海事诉讼特别程序法》第 52 条、第 55 条、第 56 条、第 57 条的规定,裁定如下：

1. 准许申请人要求被申请人交付货物的海事强制令申请。

---

① http://www.ccmt.org.cn/shownews.php? id＝5327,下载日期：2014 年 11 月 20 日。

2.责令被申请人将箱号为 CCLU2408605、CCLU3236500、CCLU2098984、CCLU3057552、CCLU2362000、CCLU2411888、CCLU2149783、CCLU2247218、CCLU3168936、CCLU2454160、CCLU2454806、CCLU3191561、TGHU2263298、FSCU3438622、TTNU3319643、EASU9614087、GESU2210314、CCLU2418630、CCLU2102030、CCLU2359687、CCLU2127207、CCLU3229224 的 22 个集装箱货物立即交付给申请人。

本裁定送达后立即执行。

如不服本裁定,可以在收到本裁定书之日起 5 日内向本院申请复议一次,复议期间不停止裁定的执行。

中海集装箱运输有限公司不服本院(2002)海告立保字第 39－1 号民事裁定,于 2002 年 8 月 28 日向本院申请复议,申请撤销第 39－1 号海事强制令。

中海集装箱运输有限公司的主要复议理由是:(1)按照我国《合同法》和国内水路货物运输规则的有关规定,在货物未交付给收货人之前,承运人必须服从托运人的指示,但在本案中,托运人李伟权在货物到港后,一直没有要求中海集装箱运输有限公司将货物放给陈贻垛,而且陈贻垛也一直没有提供正本运单。在这种情况下,中海集装箱运输有限公司无法查明真正的收货人。因此中海集装箱运输有限公司没有交货是完全正确的。(2)陈贻垛在其申请书中称其已向申请复议人支付运费人民币 70000 元也是完全错误的。因为据申请复议人调查,交付人民币70000 元款项的是李伟权而非陈贻垛。而李伟权交付的人民币 70000 元,并非涉案货物的运费。

经审查,本院认为,陈贻垛提供了对该批货物享有所有权的证据。也提供了中海集装箱运输有限公司签发的《水路集装箱货物运单》复印件,该《水路集装箱货物运单》载明"托运人为李伟权,收货人为陈贻垛"。中海集装箱运输有限公司向本院提供的《货物托运委托书》《水路集装箱货物运单》均记载收货人为陈贻垛,陈贻垛与申请复议人所提供的运单相一致。而且就该批货物的运输而言,运输已经完成,不存在托运人有其他交货指示的事实;此外,中海集装箱运输有限公司也未提供证据证明已将正本运单交付给托运人,因此要求收货人凭正本运单提货是不合理的。而且该批货物共 38 个集装箱,陈贻垛已经提走的 16 个集装箱也是凭运单复印件及身份证复印件办理的,尽管中海集装箱运输有限公司强调因托运人交付了 16 个集装箱的运费,应托运人要求,达成了电放货物的协议。但未能提供证据。可见,承运人及其代理人对该批货物的收货人是陈贻垛这一事实是明知的。申请复议人主张的无法查明真正的收货人的理由不能成立。综合本案证据,陈贻垛作为合法的收货人,有权提取货物。因此,根据《中华人民共和国海事诉讼特别程序法》的规定,陈贻垛要求中海集装箱运输有限公司交付货物的申请应予准许,中海集装箱运输有限公司的第一项复议理由不能成立。

对中海集装箱运输有限公司提出的第二项复议理由:陈贻垛并未支付该批货物的运费,向中海集装箱运输有限公司的代理人交付 7 万元运费的是托运人李伟权。而且李伟权交付的并非涉案运费。本院认为陈贻垛所提交的广州中海物流公司的付费收据,写明收到李伟权(陈贻垛)运费 7 万元。因此中海集装箱运输有限公司的复议理由不能成立,原裁定应予以维持。故依照《海事诉讼特别程序法》第 58 条第 1 款之规定,决定如下:

驳回中海集装箱运输有限公司的复议申请。

中海华北物流有限公司不服本院(2002)海告立保字第 39-1 号民事裁定,于 2002 年 8 月 27 日向本院申请复议,请求法院对(2002)海告立保字第 39-1 号民事裁定书进行复议,申请撤销海事强制令。

中海华北物流有限公司的主要复议理由是:(1)陈贻垛声称其是该 22 个集装箱的收货人,但其并不持有载明该 22 个集装箱货物的正本运单;若该 22 个集装箱货物以电报方式放货,中海华北物流有限公司也未收到任何该 22 个集装箱电报放货的通知。因此仅凭其提供的运单复印件,中海华北物流有限公司无法确定陈贻垛是否是该批货物的真正收货人,若把该批货物交给陈贻垛将有可能损害真正收货人的权益。(2)该 22 个集装箱货物由于长期无人提货,在目的港已产生 245840 元的滞箱费和 36348.60 元的堆存费等额外费用,收货人在提取货物时应当支付上述集装箱在目的港所产生的额外费用。

对中海华北物流有限公司提出的第二项理由:由于该 22 个集装箱货物长期无人提货,已产生的滞箱费 245840 元和堆存费 36348.60 元等额外费用,收货人陈贻垛应当在提取货物时予以支付。本院认为中海华北物流有限公司的两项复议理由是自相矛盾的,第一项理由是因陈贻垛没有正本运单无法确定其收货人身份,不能向其交付货物,这说明陈贻垛主张了提货,因不符合中海华北物流有限公司凭正本运单提货的要求,无法提货。陈贻垛已提取的 16 个集装箱,也能说明陈贻垛主张了提货。中海华北物流有限公司提出长期无人提货的理由显然是不能成立的。

综上所述,中海华北物流有限公司的复议理由不能成立,原裁定应予以维持。故依照《海事诉讼特别程序法》第 58 条第 1 款之规定,决定如下:

驳回中海华北物流有限公司的复议申请。

天津海事法院　杨　玲

2014 年 7 月 19 日

第四节　海事审判程序

●　●　●

【知识背景】

海事审判规则及程序介绍

(一)船舶碰撞案件的审理

1. 填写《海事事故调查表》

根据《海事诉讼特别程序法》的规定,当原告在起诉时、被告在答辩时,应当如实填写《海事事故调查表》。

2. 送达

海事法院向当事人送达起诉状或答辩状时,不附送有关证据材料。送达的方式可采用包括传真、电子邮件(包括受送达人的专门网址)等能够确认收悉的方式。

3. 举证

当事人应当在开庭审理前完成举证,举证内容包括填写《海事事故调查表》和提交有关船舶碰撞的事实证据材料。当事人完成举证并向海事法院出具完成举证说明书后,可以申请查阅有关船舶碰撞的事实证据材料①。《海事事故调查表》属于当事人对发生船舶碰撞基本事实的陈述。经对方当事人认可或者经法院查证属实,可以作为认定事实的依据。当事人不能推翻其在《海事事故调查表》中的陈述和已经完成的举证,但有新的证据,并有充分的理由说明该证据不能在举证期间内提交的除外。此处"新的证据"是指非当事人所持有,在开庭前尚未掌握或者不能获得,因而在开庭前不能举证的证据。

4. 审判期限

根据法律的规定,海事法院审理船舶碰撞案件,应当在立案后一年内审结。有特殊情况需要延长的,由本院院长批准。

（二）共同海损案件的审理

1. 共同海损理算

共同海损理算是共同海损纠纷案件的关键,当事人可以委托理算机构理算,理算机构作出的共同海损理算报告,若当事人没有提出异议,可以作为分摊责任的依据。当事人若对理算报告提出异议的,由海事法院决定是否采纳。若海事法院受理未经理算的共同海损纠纷,也可委托理算机构进行理算。

2. 审理

当事人可以不受因同一海损事故提起的共同海损诉讼程序的影响,就非共同海损损失向责任人提起诉讼。同时,当事人就同一海损事故向受理共同海损案件的海事法院提起非共同海损的诉讼,以及对共同海损分摊向责任人提起追偿诉讼的,海事法院可以合并审理。

3. 审判期限

根据法律的规定,海事法院审理共同海损案件,应当在立案后一年内审结。有特殊情况需要延长的,由本院院长批准。

（三）海上保险行使代位请求赔偿权的审理

海上保险人代位求偿权是指海上保险人在其赔付被保险人保险标的损失后,在赔偿金额范围内享有向海上保险事故责任方即第三人请求赔偿的权利。《海事

---

① 有关船舶碰撞的事实证据材料指涉及船舶碰撞的经过、碰撞原因等方面的证据材料。

诉讼特别程序法》对海上保险代位求偿案件的审理主要作了以下规定：

1. 代位求偿的请求人

根据《海事诉讼特别程序法》第 93 条、第 94 条、第 95 条的规定，海上保险人作为代位求偿请求人的情形主要有：(1)保险人以自己的名义向第三人提起诉讼。保险人行使代位请求赔偿权利时，被保险人未向造成保险事故的第三人提起诉讼的，保险人应当以自己的名义向该第三人提起诉讼。(2)保险人从第三人变更为原告提起诉讼。当保险人行使代位请求赔偿权利时，被保险人已经向造成保险事故的第三人提起诉讼的，保险人可以向受理该案的法院提出变更当事人的请求，代位行使被保险人对第三人请求赔偿的权利。(3)保险人与被保险人作为共同原告，若被保险人取得的保险赔偿不能弥补第三人造成的全部损失的，保险人和被保险人可以作为共同原告向第三人请求赔偿。

2. 代位请求赔偿诉讼提交的文件

保险人依照法律规定提起诉讼或者申请参加诉讼的，应当向受理该案的海事法院提交保险人支付保险赔偿的凭证，以及参加诉讼应当提交的其他文件。根据《海事诉讼法司法解释》第 68 条的规定，"其他文件"包括支付保险赔偿的凭证指赔偿金收据、银行支付单据或者其他支付凭证。仅有被保险人出具的权利转让书但不能出具实际支付证明的，不能作为保险人取得代位请求赔偿权利的事实依据。

3. 船舶油污损害的求偿

《海事诉讼特别程序法》第 97 条对船舶油污损害责任的损害赔偿作出了规定，对船舶造成油污损害的赔偿请求，受损害人可以向造成油污损害的船舶所有人提出，也可以直接向承担船舶所有人油污损害责任的保险人或者提供财务保证的其他人提出。

油污损害责任的保险人或者提供财务保证的其他人被起诉的，有权要求造成油污损害的船舶所有人参加诉讼。

(四)海事审判程序的特殊规则

1. 海事简易程序

根据规定，海事法院审理事实清楚、权利义务关系明确、争议不大的简单的海事案件，可以适用《中华人民共和国民事诉讼法》简易程序的规定。启动海事简易程序可以简化审判程序、提高诉讼效率。

2. 海事督促程序

在民事诉讼中，督促程序一般适用于基层人民法院。然而在海事诉讼中，对于债权债务关系明确的请求给付金钱的海事案件可通过海事督促程序予以解决。《海事诉讼特别程序法》第99条规定："债权人基于海事事由请求债务人给付金钱或者有价证券，符合《民事诉讼法》有关规定的，可以向有管辖权的海事法院申请支付令。债务人是外国人、无国籍人、外国企业或者组织，但在中华人民共和国领域内有住所、代表机构或者分支机构并能够送达支付令的，债权人可以向有管辖权的海事法院申请支付令。"

3. 公示催告程序

在海事司法实践中，提单等提货凭证持有人，因提货凭证失控或者灭失，可以向货物所在地海事法院申请公示催告。公示催告的程序主要包括：

（1）申请

申请人依据《海事诉讼特别程序法》第100条的规定向海事法院申请公示催告的，应当递交申请书。申请书应当载明：提单等提货凭证的种类、编号、货物品名、数量、承运人、托运人、收货人、承运船舶名称、航次以及背书情况和申请的理由、事实等。有副本的应当附有单证的副本。

（2）通知与公告

根据《海事诉讼法司法解释》的规定，海事法院决定受理公示催告申请的，应当同时通知承运人、承运人的代理人或者货物保管人停止交付货物，并于3日内发出公告，敦促利害关系人申报权利。公示催告的期间由海事法院根据情况决定，但不得少于30日。

承运人、承运人的代理人或者货物保管人收到海事法院停止交付货物的通知后，应当停止交付，至公示催告程序终结。

公示催告期间，转让提单的行为无效；有关货物的存储保管费用及风险由申请人承担。

同时，在公示催告期间国家重点建设项目待安装、施工、生产的货物，救灾物资，或者货物本身属性不宜长期保管以及季节性货物，在申请人提供充分可靠担保的情况下,海事法院可以依据申请人的申请作出由申请人提取货物的裁定。

(3)权利申报

公示催告期间,利害关系人可以向海事法院申报权利。海事法院收到利害关系人的申报后,应当裁定终结公示催告程序,并通知申请人和承运人、承运人的代理人或者货物保管人。申请人、申报人可以就有关纠纷向海事法院提起诉讼。

公示催告期间无人申报的,海事法院应当根据申请人的申请作出判决,宣告提单或者有关提货凭证无效。判决内容应当公告,并通知承运人、承运人的代理人或者货物保管人。自判决公告之日起,申请人有权请求承运人、承运人的代理人或者货物保管人交付货物。

利害关系人因正当理由不能在公示催告期间向海事法院申报的,自知道或者应当知道判决公告之日起一年内,可以向作出判决的海事法院起诉。

【案例裁决/法律文书摘录】

中国某某保险股份有限公司某某分公司诉宁波某某国际货运代理有限公司海上货物运输合同保险代位求偿纠纷一案 ①

宁波海事法院民事判决书

原告:中国某某保险股份有限公司某某分公司。住所地:宁波市××街××号。

负责人:朱某某,该公司总经理。

委托代理人:雷某某、吕某某,某某律师事务所律师。

被告:宁波某某国际货运代理有限公司。住所地:宁波市××路××号。

法定代表人:罗某某,该公司经理。

委托代理人:王某某,浙江某某律师事务所律师。

委托代理人:章某某,浙江某某律师事务所律师助理。

原告中国某某保险股份有限公司某某分公司诉宁波某某国际货运代理有限公

---

① http://www.ccmt.org.cn/showws.php? id=7116,下载日期:2015 年 10 月 20 日。

司海上货物运输合同保险代位求偿纠纷一案,本院于 2011 年 12 月 14 日立案受理后,依法适用简易程序。因案情复杂,本案于 2012 年 4 月 9 日转为按普通程序审理。本院依法组成合议庭,于 2012 年 4 月 9 日、5 月 29 日公开开庭进行了审理。原告的委托代理人雷某某,被告的委托代理人王某某到庭参加诉讼。本案现已审理终结。

原告中国某某保险股份有限公司某某分公司起诉称:2010 年 11 月 13 日,原告承保自中国宁波运往哥斯达黎加的 19 包货物(内含软木板、石墨盘根、金属缠绕垫片等),保单号为 12904780202010000012,承保险别为海上货物运输一切险。2010 年 11 月 11 日,上述货物交付被告,被告于同月 13 日签发已装船清洁提单,载明承运船舶为 CMA CGM BLUE WHALE,VPP697E 航次,19 包货物,场站至场站等。2010 年 12 月 10 日,该船抵达巴拿马,货物以陆运方式运往哥斯达黎加。途中货物灭失,据称系被抢。收货人据保单向原告索赔,原告核实后支付保险赔款 35901.03 美元,向检验公司支付公估费用 500 美元。原告因与被告沟通协商未果,遂诉至法院,请求判令被告赔偿货物损失 35901.03 美元、公估费用 500 美元。

被告宁波某某国际货运代理有限公司未提交书面答辩状,其庭审中辩称:(1)原告未提交其取得代位求偿权的相应证据,其主体不适格;(2)原告主张货物灭失之证据不足;(3)即使货物灭失,被告仅需赔偿报关单所记载的 16710 美元而非原告诉称的金额。被告据此请求驳回原告的诉请。

原告中国某某保险股份有限公司某某分公司为支持其诉讼请求,在举证期限内,向本院提供了下列证据材料:

1. 编号为 SJ00601565W 的提单,证明涉案运输合同关系;

2. 装箱单、货物交接单,证明货物数量、种类等;

3. 公路运输提单、装载检验证书,证明涉案货物海运至巴拿马后由 TGD 公司陆运至哥斯达黎加;

4. 托运人出具的发票、购销合同,证明货物价值;

5. 报关单(出口退税联);

6. 调查报告,证明涉案货物在被告承运期间丢失;

7. 调查费用发票及付款凭证,证明支出调查费用金额;

8.货运保单,证明涉案保险合同关系;

9.收据及权益转让书;

10.付款凭证。

原告以证9、10证明其已取得代位求偿权。

被告宁波某某国际货运代理有限公司为支持其答辩主张,在举证期限内,向本院提交了以下证据:编号为 NGBCFZ001890 的中海集装箱运输(香港)有限公司海运单、珠海市维佳联运国际货运代理有限公司宁波分公司(以下简称:维佳公司)网上信用材料,证明被告将涉案货物交由维佳公司出运。

经当庭质证,被告对原告证1、2的真实性无异议;指出原告证3、6、7、9均为域外形成却未依法办理公证认证手续;对证4、5、8、10各证据之真实性未予实质异议,但指出这些证据关于货物价值的记载相互冲突,从整体上对该4份证据的真实性及关联性提出异议。

对被告证据,原告对维佳公司的网上信用材料无异议,认为被告证据与本案无关。

本院经审查,对原告证1、2的真实性予以认定;原告证3、6、7、9均系域外形成,本院先后两次同意双方延期举证达3个月以上,原告至今未对这些材料依法办理相应的手续,故被告异议成立,本院对这些证据不予认定。经查,原告提交的报关单有两份,所涉9类货物品名、重量与证1提单、证2装箱单、货物交接单,证4之发票及购销合同、证8保单的相关记载相印证,但其报关金额(共计16711.17美元)与证4发票及购销合同(CIF24347.11欧元,其中运费1499.1欧元,保费40.17欧元)、保单所载保险金额(26781.82欧元)及原告所称保险赔偿数额(35901.03美元)显有较大差距,原告解释系汇率原因,显然不能成立(1欧元约为1.2美元),原告各份材料中货物价值之陈述肯定有一为虚假,鉴于证5公文书证之性质、海关监管秩序之维护,本院认定涉案货值为16711.17美元(FOB价),对这些证据的其他内容予以认定。被告与他人之间的法律关系或相关纠纷与本案无直接关联,应另行处理,故被告证据与本案缺乏关联性,本院不予认定。

本院根据双方当事人的陈述、庭审调查、本院确认的有效证据,认定下列事实:2010 年 10 月 6 日,宁波联合集团进出口股份有限公司(UNIMAX

INTERNATIONAL LIMITED)（以下简称：联合公司）与 AGENCIAS VIBO DE CENTRO AMERICA S. A. 签订购销合同，出售软木板、石墨盘根、金属缠绕垫片等 9 类货物，约定 CIF 价为 24347.11 欧元（其中运费 1499.1 欧元，保费 40.17 欧元），40% 货款电汇预付，余款装船前电汇，货物在预付款支付后 35 日内装船等。2010 年 11 月 7 日，联合公司将上述货物交给被告，被告于 11 月 13 日签发编号为 SJ00601565W 的已装船记名提单，载明托运人、收货人分别为货物销、购方，海运船舶及航次为 CMA CGM BLUE WHALE，VPP697E，装货港宁波、卸货港"COLIN FREE ZONE"（科隆自由贸易区）、交货地"SAN JOSE，COSTA RICA"（圣约瑟，哥斯达黎加）等。该批货物 2010 年 11 月 10 日申报出关，载明货值总额 FOB16711.17 美元。2010 年 11 月 11 日，原告签发以该货购买方 AGENCIAS VIBO DE CENTRO AMERICA S. A. 为被保险人的货物运输保险单，载明保险金额为 26781.82 欧元。2011 年 4 月 13 日，原告接受被保险人"货物陆运途中被抢灭失"之索赔，向其汇付保险赔款 35901.03 美元。原告因向被告索赔无果，遂诉至本院。

本院认为：本案具有涉外因素，双方当事人均为境内企业，诉讼中均依我国法律提出诉辩而未对法律适用提出其他主张，故应视为双方默示选择适用我国法律。AGENCIAS VIBO DE CENTRO AMERICA S. A. 系提单载明的收货人，亦是被保险人，原告依保险合同向其支付保险赔偿后依法取得代位求偿权，并在涉案运输合同关系上取代收货人之法律地位。被告提出的原告取得代位求偿权证据不足的辩称，无事实与法律依据，本院不予采纳。原告关于涉案货物"陆运途中被抢灭失"的相关证据经本院多次延期后仍未依法办理公证、认证手续，故该主张无相应的证据支持，本院不予采信。涉案货物自 2010 年 11 月 13 日出运至今，特别是诉讼中本院多次释明、询问，被告作为涉案货物的承运人始终未披露、告知货物的具体情况（所在处所、何人掌控、具体状态等）并为相应的证明，这显然有违承运人在运输合同下的基本义务或责任，本院有理由相信被告对涉案货物已失去掌控，并据我国《海商法》第 50 条第 4 款的规定，推定货物已灭失。原告诉请被告赔偿货款，合法有理，本院予以支持。关于货值，原告证据中购销合同、保单等记载与海关审验放行的报关单记载差距过大，为维护公文书证之效力、维护海关正常的监管秩序，本院认定涉案货物价值为 FOB 宁波 16711.17 美元,根据我国《海商法》第 55 条的规定并参酌购销合同对保险费的约定,本院确定被告应赔之货款为 16760 美元。原告诉请公估费用 500 美元,无相应的证据予以证明,本院不予支持。原告诉请利息损失,因原告未证明货物灭失之确切时间,本院据本案审理情况,酌以起诉日计息。综上所述,原告诉请,部分合法有理,本院予以支持。依照《海商法》第 46 条、第 50 条、第 55 条、第 252 条,《民事诉讼法》第 64 条第 1 款的规定,判决如下:

1. 被告宁波某某国际货运代理有限公司向原告中国某某保险股份有限公司某某分公司赔偿涉案货款 16760 美元及该款利息(按银行同期贷款利率自 2011 年 11 月 14 日计至本案判决确定的支付之日。提前支付的,计至实际支付之日)。

2. 驳回原告中国某某保险股份有限公司某某分公司的其他诉讼请求。

上述应付款项应于本案判决生效之日起 10 日内付清。如果未按本判决指定的期限履行给付金钱义务,应当依照《民事诉讼法》第 229 条之规定,加倍支付迟延履行期间的债务利息。

本案案件受理费 4760 元,由原告负担 2538 元,被告负担 2222 元。

如不服本判决,可在判决书送达之日起 15 日内,向本院递交上诉状,并按对方当事人的人数提出副本,上诉于浙江省高级人民法院[上诉案件受理费 4760 元(具体金额由浙江省高级人民法院确定,多余部分以后退还)应在提交上诉状时预交。上诉期届满后 7 日内仍未交纳的,按自动撤回上诉处理。款汇浙江省财政厅非税收入结算分户,账号:398000101040006575——515001,开户行:农业银行西湖支行,逾期按自动撤回上诉处理。

审判长　张继林

审判员　胡立强

代理审判员　徐嘉婧

二〇一二年六月二十五日

书记员　邓晓敏

【延伸阅读】

1. 贺万忠:《当代国际海事诉讼的理论与实践》,知识产权出版社 2006 年版。

2. 司玉琢等编著:《新编海商法》,大连海事大学出版社 1999 年版。

3. 邢海宝:《海事诉讼特别程序研究》,法律出版社 2002 年版。

4. 王玫黎、倪学伟、禹华英:《海商法学》,武汉大学出版社 2010 年版。